한국의 과학과 문명 021

# 농업기술과 한국문명

"이 저서는 2010년도 대한민국 교육부와 한국학중앙연구원(한국학진흥사업단)을 통해
한국학 특정분야 기획연구(한국과학문명사) 사업의 지원을 받아 수행된 연구임."(AKS-2010-AMZ-2101)

# 농업기술과 한국문명

| | | | |
|---|---|---|---|
| 초판 1쇄 | 2021년 12월 20일 | | |
| 지은이 | 염정섭, 소순열 | | |
| 출판책임 | 박성규 | 펴낸이 | 이정원 |
| 편집주간 | 선우미정 | 펴낸곳 | 도서출판 들녘 |
| 편집 | 이동하·이수연·김혜민 | 등록일자 | 1987년 12월 12일 |
| 디자인 | 한채린·김정호 | 등록번호 | 10-156 |
| 마케팅 | 전병우 | 주소 | 경기도 파주시 회동길 198 |
| 경영지원 | 김은주·나수정 | 전화 | 031-955-7374 (대표) |
| 제작관리 | 구법모 | | 031-955-7376 (편집) |
| 물류관리 | 엄철용 | 팩스 | 031-955-7393 |
| | | 이메일 | dulnyouk@dulnyouk.co.kr |
| | | 홈페이지 | www.dulnyouk.co.kr |

ISBN    979-11-5925-674-5 (94910)

979-11-5925-113-9 (세트)

값은 뒤표지에 있습니다. 잘못된 책은 구입하신 곳에서 바꿔드립니다.

한국의 과학과 문명 021

# 농업기술과 한국문명

염정섭, 소순열 지음

들녘

지은이 **염정섭** 廉定燮

서울대학교 인문대학 국사학과를 졸업하고, 서울대학교 대학원에서 석사, 박사학위를 받았다. 현재 한림대학교 인문학부 사학전공 교수로 재직하고 있으며, 영국 케임브리지대학에서 방문연구자를 지냈다. 저서로『조선시대 농법 발달 연구』,『미래를 여는 한국의 역사 3: 조선시대』(공저),『18~19세기 농정책의 시행과 농업개혁론』,『한국 근대 농업체제의 형성과 변동』등을 출판하였다.


지은이 **소순열** 蘇淳烈

전북대학교 농업경제학과를 졸업하고, 서울대학교 대학원에서 석사, 일본 교토대학에서 박사학위를 받았다. 영국 레스터대학, 미국 미주리대학과 일본 교토대학에서 각각 방문연구자와 객원교수를 지냈다. 한국지역사회학회장과 한국농업사학회장을 맡았으며, 현재 전북대학교 명예교수, 새만금위원회 공동위원장이기도 하다. 저서로『근대농업사연구』,『전북의 시장 경제사』(공저),『근대항구도시 군산의 형성과 변화』(공저),『경주마산업과 협동조합』(공동번역),『近代東アジア社会における外来と在来』(공저),『근대의 창, 군산 100년을 보다』(공저) 등 십여 권의 책이 있다.

---

**〈한국의 과학과 문명〉 총서**

**기획편집위원회**

연구책임자_ 신동원

전근대팀장_ 전용훈

근현대팀장_ 김근배

전 임 교 수_ 문만용

　　　　　　김태호

　　　　　　전종욱

전임연구원_ 신미영

**일러두기**

■ 명사의 붙여쓰기는 이 책의 키워드를 이루는 단어는 붙여쓰기를 원칙으로 했지만, 경우에 따라서는
  가독성을 위해 띄어쓰기를 했다.

■ 주석은 각 장별로 미주로 한다.

■ 인용 도판은 최대한 출처를 밝히고 저작권자의 허락을 얻었으나 일부 저작권자를 찾지 못하여 게재
  허가를 받지 못한 도판에 대해서는 확인되는 대로 통상 기준에 따른 허가 절차를 밟기로 한다.

# 〈한국의 과학과 문명〉 총서를 펴내며

우리나라는 현재 세계 최고 수준의 메모리 반도체, 스마트폰, 디스플레이, 철강, 선박, 자동차 생산국으로서 과학기술 분야의 경이적인 발전으로 세계의 주목을 받고 있다. 그것을 가능케 한 요인의 하나가 한국이 오랜 기간 견지해온 우수한 과학기술 문화와 역사 속에 있다고 우리는 생각한다.

문명이 시작된 이래 한국은 항상 높은 수준을 굳건히 지켜온 동아시아 문명권의 일원으로서 그 위치를 잃은 적이 없었다. 우리는 한국이 이룩한 과학기술 문화와 역사의 총체를 '한국의 과학문명'이라 부르려 한다. 금속활자·고려청자 등으로 대표되는 한국 과학문명의 창조성은 천문학·기상학·수학·지리학·의학·양생술·농학·박물학 등 과학 분야를 비롯하여 금속제련·방직·염색·도자·활자·인쇄·종이·기계·화약·선박·건축 등 기술 분야에서도 다양하게 분명히 드러난다.

우리는 이런 내용을 종합하는 〈한국의 과학과 문명〉 총서를 발간하고자 한다. 이 총서의 제목은 중국의 과학문명에 대한 새로운 인식의 지평을 연 조지프 니덤(Joseph Needham)의 『중국의 과학과 문명』을 염두에 두고 만들었다. 그러나 니덤이 전근대에 국한한 반면 우리는 전근대와 근현대를 망라하여 한국 과학문명의 총체적 가치와 의미를 온전히 담은 총서의 발간을 목표로 한다. 나아가 한국의 과학과 문명이 지닌 보편적 가치를 세계에 발신하고자 한다. 지금까지 한국은 세계 과학문명의 일원으로 정당한 가치를 인정받지 못한 채, 중국의 아류로 인식되어왔다. 이 총서에서는 한국 과학문명이 지닌 보편성과 독자성을 함께 추적하여 그것이 독자적인 과학문명이자 세계 과학문명의 당당한 일원임을 입증하고자 한다. 우리는 이 총서에서 근현대 한국 과학기술 발전의 역사와 구조를 밝힐 것이며, 이로써 인류의 과학기술 발전사를 새로이 해명하는 데에 기여할 것이다.

이 총서에서는 한국의 과학문명이 역사적으로 독자적인 가치와 의미를 상실하지 않았던 생명력에 주목한다. 이를 위해 전근대 시기에는 중국 중심의 세계 질서 아래서도 한국의 과학문명이 독자성을 유지하면서 발전을 지속한 동력을 탐구한다. 근현대 시기에는 강대국 중심 세계체제의 강력한 흡인력 아래서도 한국의 과학기술이 놀라운 발전과 성장을 이룩한 요인을 탐구한다.

우리는 이 총서에서 국수적인 민족주의나 근대 지상주의를 동시에 경계하며, 과거와 현재가 대화하고 내부와 외부가 부단히 교류하는 가운데 형성되고 발전되어온 열린 과학문명사를 기술하고자 한다. 이 총서를 계기로 한국 과학문명에 대한 관심과 이해가 더욱 깊어지기를 기대한다.

마지막으로 〈한국의 과학과 문명〉 총서의 발간은 교육부와 한국학중앙연구원 한국학진흥사업단의 지원에 크게 힘입었음을 밝히며 이에 감사를 표한다.

〈한국의 과학과 문명〉 총서 기획편집위원회

이제 오랫동안 손에서 떠나보내지 못하고 머릿속에서도 계속 간직하고자 했던 『농업기술과 한국문명』의 원고와 이별해야 할 순간이 다가왔다. 2015년 이후 지금까지 해마다 적어도 몇 개월 동안 본서와 관련하여 초고 작성, 보고서 제출, 원고 수정 보완 등을 수행하였다. 이 때문에 본서는 그 자체로 필자의 몸과 마음에 너무나 익숙하게 배어 있는 친구 같은 존재였다. 그동안 본서의 원고를 이렇게 저렇게 수정하고, 이러저러한 방향으로 보충 보완하는 작업은 당연히 너무나 많은 힘이 들어가는 과업이었지만 다른 한편으로 새로운 논지를 세워나갈 수 있었던 매우 뜻 깊은 과제 수행이기도 하였다. 눈에 넣어도 아프지 않을 것 같은 친근한 원고를 떼어내어 떠나보내지 않을 수 없다. 집필 도중의 원고가 아니라 완결되어 간행된 원고로 세상에 나올 때가 찾아온 것이다. 『농업기술과 한국문명』의 출판이 눈앞에 현실적으로 무게감 있게 다가온 지금 이 순간, 본서를 만들어나가는 과정에서 거쳤던 잊을 수 없는 몇 장면이 새삼 선명하게 뇌리에 떠오른다.

한국 농업기술의 역사적 전개 과정을 한국 문명과 교차시켜 정리하는 연구 과업에 대해서 본격적으로 살펴보기 시작한 것은 지금으로부터 거의 6년 전이맘때였다. 소순열 교수님과 함께 전북대학교 한국과학문명학연구소의 위촉을 받아 2015년 가을부터 『농업기술과 한국문명』의 집필 계획을 잡아나가기 시작하였다. 단행본에 해당하는 분량의 원고를 쓰는 작업이었지만 당시 필자는 금세 마무리할 수 있을 것으로 너무나 쉽게 생각하였던 것 같다. 지금 생각하면 애초의 이러한 자신감은 근거 없는 자존심에 불과한 것이었다. 실상 『농업기술과 한국문명』의 원고는 당시부터 지금까지 5년여의 시간이 소요되는 과정 속에서 조금씩 자기 모습을 찾아나갈 수 있었던 것이다.

『농업기술과 한국문명』의 원고를 작성하는 사이에 필자는 2016년 가을부터 2017년 여름까지 영국 케임브리지대학 도서관에서 영국 농업사를 비롯한 여러 방면의 연구를 살펴볼 기회를 얻었다. 특히 영국 농업혁명(Agricultural Revolution)에 대한 다양한 연구를 살펴보면서 농업사 연구의 여러 부문, 요소를 검토할 수 있었다. 이와 더불어 고려시대의 농업사를 살피는 데 디딤돌이 될 수 있는 전시과, 양전제 등도 검토할 시간을 가질 수 있었다. 또한 고려 말 농법(農法)의 전환, 즉 휴한법에서 연작법으로 전환이 갖고 있는 농업사적 의의를 보다 깊이 있게 정리하는 것이 필요하다는 깨달음을 얻을 수 있었다.

『농업기술과 한국문명』의 원고를 작성하면서 선학과 동료, 후배들의 한국 농업사 관련 연구들을 하나하나 살펴보고 정리하였다. 이러한 과정에서 본서의 원고를 구성하는 뼈와 살을 붙여나갈 수 있었다. 본서의 내용의 대부분은 바로 한국 농업사 연구자의 연구 성과를 정리한 것이라고 해도 과언이 아닐 것이다. 본서의 내용을 차곡차곡 채워나가면서 근원적인 문제에 부딪히지 않을 수 없었다. 바로 한국 농업기술의 변화, 발달과 한국 문명의 여러 부문을 연관시켜 설명하기 위해서 무엇보다도 가장 필요한 것이 한국 농업기술의 역사적 발전 과정을 종관(縱觀)하여 일이관지(一以貫之)하는 설명 틀, 이론, 입론을 만들어내는 것이라는 점이었다. 선학과 동료, 후배의 연구 성과를 섭렵하면서 이 문제에 대한 적절한 대안을 찾아내는 것은 너무나 어려운 일이었다. 본서는 이러한 대안을 모색하는 과정에서 일차적으로 정리한 잠정적인 결론에 해당하는 것이라고 자부하고자 한다.

본서의 원고를 작성하는 과정에서 전북대학교 한국과학문명학연구소에서 주관하여 수차례에 걸쳐 진행한 워크숍에서 과분한 도움을 받을 수 있었다. 워크숍에서 초고를 발표하고, 참석자들의 질의에 응답하면서 『농업기술과 한국문명』 원고를 가다듬고 덧붙여나갈 수 있었다. 때로는 다른 주제를 발표한 선생님의 원고 속에서 연구 방법과 연구 시각을 보충할 수 있는 기회를 얻기도 하였고, 다른 경우 반면교사로 받아들이는 경우도 만날 수 있었다. 수차례 이어진 한국과학문명학연구소의 단계별 워크숍의 손때가 본서의 구석구석에 단단히 배어 있음은 두말할 나위가 없을 것이다.

지난한 시간을 보내면서 본서를 이렇게라도 세상에 내보낼 수 있었던 것은 한국과학문명학연구소의 여러 선생님이 베풀어주신 후의(厚意)에 전적으로 힘입은 것이라고 고백하지 않을 수 없다. 신동원 소장님을 비롯하여, 전용훈 선생님, 전종욱 선생님, 신향숙 선생님, 신미영 선생님께서 원고 내용에 알찬 논평을 해주었다. 뿐만 아니라 원고작성을 미루고 게으름을 피우는 필자에게 주마가편(走馬加鞭)하는 쉽지 않은 역할을 맡아주기도 하였다. 한국과학문명학연구소의 여러 선생님이 보여준 노력과 격려에 대하여 여기에서 깊은 감사 인사를 드리고자 한다.

다른 한편으로 한림대 사학 전공에서 지난 몇 학기 동안 한국 사회경제사 수업을 수강한 학생들에게 감사를 표하고 싶다. 필자는 『농업기술과 한국문명』의 거친 초고를 강의 자료로 삼아 수업을 진행하였는데, 학생들은 초고를 읽고 필자의 서투른 강의를 힘겹게 듣지 않을 수 없었다. 쉽지 않은 강의 내용에도 불구하고 수강생들은 수업 시간마다 그때그때 날카로운 질문을 던져서 필자를 당황하게 만드는 일이 자주 벌어지곤 하였다. 이렇게 수업에서 학생들에게 육성으로 『농업기술과 한국문명』의 주요 내용을 설명하면서 원고를 작성하는 과정에서 제대로 고려하지 못했던 논리적인 약점과 내용 전개에서 부족한 부분이 어떤 것인지 찾아낼 수 있었다. 수업 시간에 애써 필자의 강의를 따라오느라 크게 곤욕을 치러야 했던 수강생들에게 심심한 고마움을 전하고자 한다.

　본서에 대해서 좀더 분명하고 객관적으로 평가한다면 『농업기술과 한국문명』의 전모를 밝혀낸 원고로 자부하는 것은 너무나 속이 들여다보이는 자평이라고 하지 않을 수 없다. 또한 『농업기술과 한국문명』의 전체를 완결적으로 서술한 원고라고 평가하기도 어려울 것이다. 다만 '한국 농업기술과 한국문명'의 전체적인 모습과 계기적 발전 과정을 밝혀내는 연구의 중간보고에 해당한다고 스스로 자리매김할 정도가 아닌가 잠정적으로 간주하고자 한다. 물론 본서의 내용에 담겨 있는 여러 연구자의 논지를 필자가 제대로 이해하지 못하고 인용하였거나 출처를 제대로 밝히지 못한 경우가 있다면 모두 전적으로 필자의 잘못임이 분명할 것이다. 본서의 출간 과정을 통해 필자는 '한국농업사' 연구의 한 획을 그으려는 애초의 목표를 크게 수정하였다. 앞으로 '한국농업사'의 전모를 완결적으로 제시하는 연구 목표를 달성하기 위하여 수많은 연구 과제가 남아 있다는 점을 잊지 않으면서 보다 연구에 매진할 것임을 다짐한다.


2021년 11월 한림대 연구실에서
염정섭

# 서론

# 1장 선사시대 농경의 시작과 확산

# 2장 고대 농경의 전개와 농업체제의 형성

# 5장 조선 후기 농법의 발달과 농업체제의 변동

# 6장 일제시기 농업생산과 농업기술의 변화

# 7장 현대 농업기술의 변화와 전망

서론

# 1. 연구 목적 및 필요성

본 연구는 '한국 농업기술의 변화·발달'을 중심으로 한국사의 총체적인 흐름을 살펴보는 연구의 성과물이다. 또한 '한국 농업기술의 역사적 변화·발달'을 정리하고 분석하여 이를 통해 '한국 농업문명'의 시대적 의미와 현재적 의의를 살핀 연구 작업의 결과물이기도 하다. 본 연구에 대해서 한반도와 주변 지역을 중심으로 신석기시대에 나타난 농경의 대두부터 현대 대한민국에서 벌어지고 있는 농업생명과학의 첨단기술 개발과 적용 단계까지 장기간에 걸친 한국 농업의 역사적 흐름을 '한국 농업문명'을 중심으로 전체적으로 체계화하는 연구를 일차적으로 마무리하는 보고라고 조심스럽게 의미를 부여할 수 있다.

한국사를 포함하여 세계사를 전체적으로 살펴볼 때, 농경의 시작은 사람들의 삶을 변화시키고 그리하여 사회의 이모저모를 크게 바꾸었다는 점에서 결국 인류 역사의 변화를 가져온 주요한 요인으로 평가되고 있다. 수렵과 채집을 통해 생존에 필요한 식생활 재료를 조달하고 이를 위해 사회 구성원이 협력과 경쟁을 병행하던 단계의 사회에서 점차적으로 농경에 기반을 두고 보다 복잡한 구조의 사회를 구성하여 문화와 문명을 구축하는 단계로 나아간 것은 사회적, 역사적 대변화에 해당하는 것이었다. 그렇기 때문에 농경의 시작부터 농업의 발달에 이르기까지 농업문명을 깊이 있게 천착하는 많은 연구들이 수행되었다. 그리하여 수천 년에 걸쳐서 나타난 한국 농업기술과 농업문명의 변화·발달의 전체적인 양상이 당연하게도 많은 연구자들의 연구에 의해 지금까지 상세하게 밝혀지고 있다. 한국 농업기술의 발달에 대한 역사적 고찰을 바탕으로 한국사, 한국 문명, 한국 문화 등에 걸쳐 아직도 불분명한 연결고리와 변화와 변동의 인과관계를 밝혀내기 위한 연구 작업이 진행되고 있다.[1]

인류 역사에서 처음 등장한 농경(農耕) 활동은 애초에 수렵과 채집 활동을 보조하는 생산 활동이었다. 한곳에 상당 기간 동안 머물러 생활하는 정착생활이 자리잡는 것과 더불어 먹을거리를 자연에서 수렵과 채집을 통해서 찾아내는 것이 아니라, 재배에 적합하게 장기간에 걸쳐 순화한 작물을 직접 재배하는 농경이 점차 식생활의 근간을 차지하게 되었다. 농경이 본래부터 높은 생산성을 갖고 있었을 뿐만 아니라, 농사를 짓는 데 필요한 생산조건이 점진적으로 개선되면서, 점차적으로 농경은 개인적인 차원의 생산에 국한되는 것이 아니라 사회적인 차원의 생산을 담당하는 농업(農業)으로 변화하였다. 이와 같이 농경에서 농업으로 변화·발달하는 역사적 전개 과정은 달리 표현하면 곧 인류 문명의 역사적 발달 과정과 궤를 같이하는 것이라고 할 수 있다. 굳이 단정적으로 말하자면 '농업이 문명을 변화시킨다.'고 할 수 있을 것이다. 이와 같이 인류의 역사에서 농업은 사람들이 살아나가는 데 필요한 양식을 공급하기 위한 생산 활동의 위치를 확고하게 차지하였다. 농경이 시작된 이래 지금까지 사람들의 주된 먹을거리는 바로 농업을 통해서 획득하였던 것이다.

역사의 전개 과정에서 농업이라는 생산과정은 점차 개인적, 사회적, 국가적 생산과정의 지배적인 부분으로 자리잡았다. 세계사를 살펴보면 농경에서 농업으로 변화·발달한 이후 세계 각 지역의 국가적 정치체는 거의 대부분 농업생산을 사회적 기본 생산으로 삼아 지배체제를 꾸려나갔다. 세계사와 한국사에서 농경의 시작은 오랜 세월을 거치면서 국가적 지배체제를 구축하고 유지하는 과정을 거치면서 농업생산으로 자리잡았다. 이들 국가적 정치체가 지배체제를 구축한 사회에서는 농업생산을 사회적 농업생산으로 유지, 관리, 그리고 개발, 확대하기 위한 각종 조직, 제도, 나아가 사회적 관행, 농업관련 사고체계, 이론, 인식 등 '농업문명'으로 모아서 정리할 수 있는 '역사'를 마련하여 발전시켰다. 그렇지만 농업문명을 구성하는 가장 기본적인 요소는 바로 '농업기술'이라고 할 수 있다. 농업기술이야말로 농업생산의 질과 양을 규정하고 나아가 사회적 생산력의 수준을 규정하는 요인이기 때문이다. 그렇기 때문에 농업기술의 변화, 발달을 중심으로 한국 농업문명의 역사를 살필 수 있는 것이다.

한국사를 포함한 세계사에서 농업기술은 근대 산업혁명 이전까지 사회적 생산의 지배적인 부문인 농업생산의 질과 양을 좌우하는 결정적 요소이자 지배적 요인이었다. 세계농업사에서 농업기술의 변화·발달은 세계 각 지역마다 나름의 독특한 성격을 띠고 전개되었다. 농업생산의 역사적 기원(起源)을 다원적으로 살펴볼 때, 뚜렷하게 구별되는 각각의 농업 지역마다 재배 작물이나 재배 기술의 측면에서 이른바 '농업기술의 지역성'이라는 특색을 보편적으로 갖고 있었다. 이와 더불어 농업기술의 발달·발전은 농기계와 화학비료가 등장하기 전에는 기본적으로 점진적인 변화·발달이라는 특색, 즉 '농업기술의 점진성'이라는 점을 일반적으로 띠고 있었다. 그렇기 때문에 한국 농업문명의 특색을 찾으려는 본 연구에서도

'한국 농업기술의 변화·발달'이 갖고 있는 '지역성과 점진성'에 주목하려고 한다.

'한국 농업기술문명'을 역사적으로 살피는 연구는 여러 가지 측면에서 매우 어려운 작업이다. 우선 문명이라는 용어 자체가 역사적인 과정을 거쳐 그 개념이 정리되고 또한 사용되어왔기 때문에 매우 다양하게 문명의 개념이 정의되고 있다는 점을 지적할 수 있다. 마찬가지로 문명이라는 개념을 구성하는 요소, 내용에 대한 함의조차 지난한 검토를 필요로 하는 것이라는 점도 난제이다. 그렇다고 문명의 주요한 개념 구성 요소와 내용의 함의를 도외시하는 것도 마땅한 일은 아니다. 적어도 '한국 농업문명'의 실체를 '한국 농업기술의 변화·발달'을 중심으로 살펴보고 정리하는 연구를 수행하기 위해서는 '한국 농업기술문명'에 대한 대략적인 개념 규정 또는 작업가설을 제시하는 것이 필요할 것이다. 이에 대해서는 후술하는 '연구 방법'에서 자세히 살피려고 한다.

이상에서 대략 본서의 성격, 특색에 대해서 설명한 것을 바탕으로 본 연구에서 연구 목적으로 설정한 것들을 설명하려고 한다. 본서에서 상정한 연구 목적의 첫 번째는 한국 농업기술의 역사적 변화·발달을 바탕으로 한국 농업문명의 구체적인 내용을 '전체사'의 차원에서 정리하는 것이다.[2] 여기에서 살펴보고 정리하려는 '전체사'는 역사의 전체상 모두를 의미하는 것이 아니라 전체적인 역사의 주요한 부분을 가리키는 것으로 사용하고자 한다. 역사의 전체적인 모습을 모두 다루는 것은 연구자의 능력과 의지의 측면에서도 과도한 문제 설정일 뿐만 아니라 현재의 연구 상황에서 상정할 수 있는 연구의 필요성이라는 측면에서 시급한 것으로 보기 어렵다. 역사의 전체 모습을 상세하고 구체적으로 다루는 연구는 각 시대, 각 분야의 연구들이 좀더 집적된 이후에 가능할 것으로 생각된다.

우리 역사에서 찾아볼 수 있는 농업기술의 역사적 흐름에 주목하여 한국 농업문명의 전체적인 주요한 부분을 정리하는 것은 현재 가능하기도 하고 필요하기도 한 연구 과제로 생각된다. 물론 한국 농업기술의 역사적 흐름을 현재 연구 상황 속에서 단계적으로 그리고 개괄적으로 정리하는 것 자체도 상당히 지난한 연구 과제이다. 한국 농업기술의 발달을 둘러싸고 여러 견해가 존재하고 있기 때문에 전체적인 측면에서 일이관지(一以貫之)하는 총괄적인 주장을 제시하는 것이 아직까지 부실한 연구 결과로 간주될 가능성도 충분하다. 여기에서는 지금까지 분석·정리한 연구 성과를 바탕으로 한국 농업의 과거, 현재, 미래를 엮어주는 역사 서술을 통해서 '한국 농업문명'의 역사를 총괄적으로 살펴보려고 한다.

두 번째 본서의 연구 목적으로 설정한 것은 한국 농업문명의 계기적 발전 과정을 원인과 결과의 상호작용으로 규명하는 것이다. 한국사 연구는 역사적 사건의 단순한 나열이라는 단계를 넘어서서 특정한 사건과 제도, 시대상의 흐름, 인물의 활동·사상 등에 대하여 배경을 분석하고, 전개 과정을 정리하며, 결과와 영향의 의미 등을 종합적으로 통찰하려는 것이다. 이러한 의미에서 한국 농업기술의 변화·발달을 살피는 과제 속에는 특정한 인과관계 속에서 해명이 필요한 많은 세부적이고 주요한 연구 주제들이 포함되어 있다는 것을 확인할 수 있다.

구체적인 실례를 들어보면, 먼저 한반도와 주변지역에서 농경의 시작, 그리고 벼농사의 전파 과정을 해명하기 위하여 동아시아 지역의 농경문화의 형성 과정에 대한 검토가 필요할 것으로 생각된다. 또한 본서에서 우리나라 중세 사회와 근세 사회를 구분하는 주요한 준거로 자리매김하고자 하는 농법(農法)[3]의 전환에 대한 명쾌한 설명이 요구된다. 즉, 중세 사회에서 근세 사회로 전환하는 계기적 사건들이 이어질 때 농법 측면에서 휴한농법에서 연작농법으로 전환하는 역사적 사건이 발생하였다는 논의를 다른 이론(異論)과 비교하여 체계적으로 논거를 제시하여 논증하는 것이 필요할 것이다.

계속해서 조선 후기 농업 발달에 대한 설명 가운데 이른바 자본주의 맹아론을 비판적으로 검토하는 것과 더불어 조선 후기 농업 발달의 실체를 보다 분명하게 부연하고 설명하는 것도 요구된다. 이 외에 개항기 서양 농업기술 도입의 의의, 일제 강점기 개량 농법 강요와 한국 농업 발달의 관계, 현대 녹색혁명의 역사적 의의 등에 대한 상세한 설명 역시 필요하다. 이와 같이 한국 농업기술의 변화·발달에 의거한 한국 농업문명의 변화에 대한 체계적 설명이 필요한 여러 주제에 대해서 상세히 살펴보고 정리하는 것이 본서의 연구 목적 가운데 하나이다.

본서의 세 번째 연구 목적은 시대 변화에 따라 나타나는 '농업기술문명'의 실제 모습에 대한 구조적 접근을 최초로 시도하여 그 성과를 정리하는 것이다. 다시 말해서 '농업기술문명'의 가시적 실체에 대한 개념적 정리를 바탕으로 '한국 농업기술문명'의 면면을 구체적으로 살펴보려고 한다. 문명이란 사전 정의로 따져볼 때 인류가 이룩한 물질적, 기술적, 사회 구조적인 발전으로 자연 그대로의 원시적 생활에 상대하여 발전되고 세련된 삶의 양태를 가리킨다. 여기에서는 문명의 기초 단위를 인간의 삶의 양식, 생활방식으로 파악하고, 그러한 문명의 기초적인 형태가 발전하면서 사람들의 특정한 의식주 생활의 구조적 양상이 자리를 잡게 되고, 나아가 사회 조직과 국가체제가 변화·발달하면서 제도, 관행, 법규로 전개되어 나가는 것으로 설명하고자 한다. 이렇게 볼 때 '농업기술문명'은 농업생산 과정에서 그리고 농민과 농촌의 역사적 변화·발달 양상에서 원초적인 특색이 나타날 뿐만 아니라 국가와 사회의 제도, 정책 등에서도 보다 진전된 특징을 표출하고 있다고 생각된다.

농업기술문명을 구성하는 각 요소들이 시대가 바뀌면서 그 모습을 한꺼번에 일률적으로 변화하는 것이 아니라 시기에 따라 주요하게 드러나는 것이 달라진다는 점에 주목한다. 즉, 농업기술문명을 구성하는 요소 가운데 사회조직과 국가체제가 변화·발달하면서 이에 따라 특정한 단계에 특별한 모습이 나타난다는 점과 그러한 변화·발달이 시기에 따라 점진적으로 나타나고 있다고 파악한다.

실례를 들어 살펴보면, 신석기 시대에 농경이 처음으로 시작되는 단계의 경우 농업기술문명의 구성요소 가운데 특히 생산도구, 그리고 생활 자료로서의 토기 제작, 움집의 축조 등의 부문에 주목하는 것이 마땅할 것이다. 그리고 청동기시대에 고대국가가 처음으로 등장하여 국가체제가 마련되는 단계에 도달하면, 농업기술문명의 진면목은 지배체제와 맺고 있는 관계 속에서 뚜렷하게 나타나게 된다. 국가 지배체제 속에서 농업생산에 대한 국가적 수취, 국가와 사회에서 이루어지는 농경의례, 농업 관습 등의 측면에서 농업기술문명의 변화·발달의 양상을 파악할 수 있을 것이다. 이와 같은 점을 고려할 때 고대, 중세, 근세, 근대, 현대로 사회 성격의 변화·발달, 즉 역사시대의 계기적 발전이 이루어지면서, 농업기술문명의 내용도 좀더 풍부하게 접근할 수 있는 상황에 이르게 된 것으로 볼 수 있다.

여기에서는 한국의 '농업기술문명'의 구성요소를 구조적으로 분석, 정리하기 위하여 한국사의 개괄적인 시대 구분에 의거하여 이에 따라 제시되는 각 시대의 특징적인 모습에 보다 초점을 맞출 것이다. 한국사의 시대구분론에 비추어 각 시대의 특징적인 모습을 '농업기술문명'의 구조적 요소에 연관시켜 검토하고 분석하여 정리하려고 한다. 이를 위해 한국 농업기술문명과 관련된 구조적인, 기능적인 요소와 구체적인 현상적인 요소로서 농업 관련 조정의 정책(농정책 등), 제도(양전제도, 토지분급제도 등) 등 구조적인 부분의 해명도 염두에 둘 것이다.[4]

본서의 연구 목적 가운데 네 번째로 제시할 것은 농업기술문명의 위기적 상황이 나타났을 때 이에 대한 극복과 관련된 한국사의 전개 양상을 구체적으로 정리하는 것이다. 농업기술의 변화·발달에 기반을 두고 전개되는 농업생산은 자연재해를 비롯한 외부적인 요인, 농업생산 활동의 원활한 수행을 방해하는 내부적인 요인 때문에 소기의 수확을 거두지 못하는 위기가 늘상 발생하였다. 특히 자연재해에 의한 농업생산의 파국, 위기 상황과 그에 대한 대응은 농민들 개인의 차원에서, 농촌이라는 지역사회의 측면에서, 그리고 국가의 지배체제라는 부문에서도 이루어질 수밖에 없었다. 조선 근세사회의 경우 구황(救荒), 또는 황정(荒政)이라 불렀던 움직임은[5] 기아에 직면한 농민들이 최소한의 재생산을 성취하도록 도와주기 위하여 개인, 사회와 국가 차원에서 여러 가지 움직임이 벌어졌던 것이다. 여기에서는 이러한 기근을 극복하기 위한 모색을 여러 측면에서 정리하는 것을 연구 목적으로 삼고 있다.

## 2. 연구 시각 및 연구 방법

'한국 농업기술의 변화·발달'을 중심으로 '한국 농업문명'의 역사적 흐름을 정리하는 연구 작업을 수행하기 위해서 본서는 연구 시각과 연구 방법의 측면에서 근원적이고 참신한 것을 찾기 위해 여러 가지로 모색하였다. 본서의 원고를 작성하면서 염두에 두고 작업하였던 구체적인 연구 시각, 문제의식, 연구 논점을 제시하고자 한다.

'한국 농업기술의 변화·발달'을 분석하고 정리하는 작업과 '한국 농업문명'을 전체적으로 살펴보는 연구는 기본적으로 다양한 분과 학문의 연구 시각에서 접근하는 것이 가능하다. 또한 농업기술과 한국 문명에 대한 기존의 연구 성과와 연구 동향을 살펴보면서 여러 측면에서 문제의식

을 제시하는 것이 필요할 것이다. 농업기술과 한국 문명의 전체적인 변화
·발달의 양상 가운데 어느 것에 초점을 맞춰서 분석할 것인가라는 연구
의지도 문제 의식의 방향과 내용을 전혀 다르게 만들 수 있을 것이다. 마
찬가지로 한국 농업기술의 변화와 발달, 한국 농업문명을 구성하는 제요
소의 형성과 변동에 대하여 그 전체적인 양상을 어떻게 형상화하고 그
세부적인 모습을 어떻게 구현시켜나갈 것인가의 문제도 연구 시각, 문제
의식의 측면에서 살펴보지 않을 수 없다. 이와 같이 연구 시각과 연구 방
법의 측면에서 따져보고 살펴보아야 할 많은 문제들이 산적해 있지만 본
연구에서는 다음과 같이 크게 두 가지 방향에서 연구 시각, 문제의식, 연
구 논점을 구체화시켜서 연구 내용에 접근하려고 한다.

　본 연구는 첫 번째 연구 시각으로 역사적 연구의 여러 분야에서 그동
안 축적된 한국 농업사, 한국 농업문명에 대한 연구들의 종합, 즉 '농업
사 연구의 종합'을 제시하고자 한다. 한국 농업사에 대한 다양한 측면의
연구가 심화되면서 단일하게 농업의 역사라는 명칭으로 아우를 수 없는
많은 관련 분야에서도 다수의 연구들이 발표되었다. 가장 쉽게 찾아볼
수 있는 한국 농업에 대한 연구는 물론 역사학과 농학에 바탕을 둔 연구
들이다. 한국 농업사에 대한 연구사 정리에서 늘상 지적되는 바와 같이
1960년대에 이루어진 김용섭의 한국 농업사 관련 연구는 이후 많은 관
련 연구에 명확하게 커다란 영향을 끼쳤다. 김용섭은 조선 후기 농업의
발달에 대한 광범위한 연구를 진행하면서, 농서 편찬, 농업 기술, 농업 경
영, 농업론 등에 대한 연구를 제출하였다.[6] 또한 이광린은 특히 조선 후기
를 중심으로 수리사(水利史)를 연구한 성과를 발표하였다.[7] 그리고 비슷한
시기에 농학자인 이춘녕은 우리나라 농업기술의 역사적 변화를 시기를
나누어 개관하고 특기사항을 정리한 저서를 출간하였다.[8] 이후 1980년대
에 경제학에 기반을 둔 경제사학 분야의 한국 농업사에 대한 연구, 민속

학에 바탕을 둔 조선 후기 농업사에 대한 연구[9] 등이 축적되었다. 나아가 고고학적 발굴조사에 근거한 연구, 문학적인, 인류학적인 또는 종교학적인 접근방식에 의거한 성과 등이 계속 등장하고 있다.

한국학의 다양한 분야에 바탕을 두고 한국 농업을 연구 대상으로 삼아 각기 나름대로 수행한 성과들은 한국 농업의 역사적 변화, 발전 과정을 해명하는 데에 크게 기여하고 있다고 분명히 평가할 수 있을 것이다. 각 분야 연구자가 각자 자신의 연구 시각에 맞춰 한국의 농업, 한국 농업기술, 한국 농업문명에 대하여 연구 작업을 수행하는 것은 불가피한 것일 뿐만 아니라 오히려 권장해야 할 불가결한 것이라고 생각된다. 최근에 한국사학 분야에서 한국 농업사에 대한 연구가 여러 가지 내적·외적인 이유로 말미암아 활발하게 전개되지 않고 있는 상황에서 한국학의 여러 연구 분야에서 한국 농업의 역사적 전개에 대하여 폭넓은 관심을 기울이고 있는 것은 매우 고무적인 것이라고 생각된다. 이러한 연구 상황을 고려하여 여기에서는 역사학, 고고학, 경제학, 과학사, 민속학, 인류학 등 각 학문 분야에서 축적된 한국 농업기술, 한국 농업문명과 관련된 연구를 종합하는 것을 기본적인 연구 시각으로 설정하여 연구 작업을 수행할 것이다.

이와 더불어 여기에서 조선 후기 농업의 변화를 바라보는 연구 시각의 문제, 이른바 내재적 발전론에 대해서 간략하게 검토하고 언급하지 않을 수 없다. 내재적 발전론이라는 이론에 대해서 나름의 정리를 통해 본서의 시각을 보다 분명하게 제시할 수 있기 때문이다. 조선 후기 사회의 변화, 발전을 설명하는 논리로서 내재적 발전론을 크게 두 가지로 나누어 볼 수 있다. 하나는 광의의 내재적 발전론으로 식민주의사학의 타율성론, 정체성론에 대한 반비판으로서, 타율이 아닌 내적 능력, 정체가 아닌 발전을 내용으로 한국 역사를 재구성하려는 논의이다. 1960~70년대의 민족주의사학으로 '한국사의 (과학적) 체계화'를 목표로 한 입장이라고 정리할 수 있다. 다른 하나의 내재적 발전론은 조선 후기 사회에서 나타난 사회·경제의 내적 변화에서 자생적 근대화의 가능성을 전망하는 경향으로 여기에서 이른바 '자본주의 맹아론'이 등장한다.[10]

내재적 발전론에 대한 본격적인 비판이 제시된 1980년대 이후 그에 대한 대안의 모색은 주로 '조선 후기 사회경제적 변화와 발달'을 어떠한 다른 논리로 재구성하여 설명할 수 있는가, 즉 중세 봉건제적인 사회에서 근대 자본주의 사회로 전환, 이행하는 과정, 변화에 어떠한 이론적, 논리적 설명을 붙일 수 있는지 검토하고 재구성하는 방향으로 추구한 것이었다. 다시 말해서 내재적 발전론에서 설정한 자본주의 맹아론이 아닌 다른 논리, 이론으로 조선 후기 농업과 상업에서의 변화·발달을 설명하려는 시도였던 것이다.

이러한 지금까지의 방식과 달리 여기 본서에서는 문제 제기와 문제 의식을 달리 설정하여 중세 봉건제적 사회에서 근대 자본주의사회로 이행하는 역사적 과정의 설명에 주목하는 것이 아니라 조선 사회를 중세 봉건제적 사회로 설정하는 사회발전 단계론 자체에 의문을 제기하려고 한다. 즉, 중세 봉건제적 사회로 조선 왕조 사회를 설명하는 것이 아니라 근세 사회의 형성과 변동 과정으로 규정하는 데에서 조선 후기 사회 성격에 대한 규명을 본격화하려고 한다. 결국 내재적 발전론의 이론적 토대였던 중세 봉건제사회에서 근대 자본주의사회로 이행이라는 사회구성체론, 시대구분론에 대한 비판적인 검토야말로 내재적 발전론을 재정립할 수 있는 대안이라는 입장을 제시할 것이다. 내재적 발전론을 재정립하고 대안을 찾는 이론적 모색을 조선 왕조 사회를 근세사회로 규정하는 '근세사회론'[11]과 그에 따라 나타난 조선 후기 근세 사회의 변동, 그리고 이후 내부적, 외부적 요인에 따라 현실화된 근대사회로의 전환이라는 점에 두고자 한다. 이러한 입장에서 조선 후기 농업체제 변동의 역사적 위치를 분석하고 정리하는 연구 시각을 활용할 것이다.

두 번째로 본 연구에서 채택하고 있는 연구 시각은 전체사와 부분사의 관계를 고려하여, 한국사 시대구분론을 바탕으로 삼아, 한국 농업기술의 변화·발달을 체계적으로 그리고 단계적으로 파악하고, 이에 의거하여 한국 농업문명의 전개 과정을 정리하는 것이다. 즉, 한국사 시대구분론에 의거하여 한국 농업사의 변화·발달을 시대적으로 구분하여 각 시대에 나타나는 특징, 성격, 그리고 시대의 전환과 이행 과정에서 나타나는 주요한 양상을 구체적으로 살펴보는 것이다. 이러한 연구 작업을 통해서 본서에서 정리한 한국 농업사에서의 시대 구분이 앞으로 일반사, 전체사의 시대 구분에서 준거로 활용하는 계기가 될 수 있을 것이다.

한국사의 전체적인 시대 구분과 관련하여 한국 농업의 역사적 변화와 발전을 살펴볼 때 주목해야 할 지점이 바로 고대와 중세의 전환점이라고 생각한다. 고대 사회에서 중세 사회로 변화, 발전하는 과도기, 전환기, 이행기에 대해서 통일신라 성립 시기를 주목하는 견해와 신라 말 고려 초의 후삼국시기를 주목하는 견해로 크게 나누어볼 수 있다.[12] 그동안 많은 연구자들이 고대사회에서 중세사회로 전환하는 주요한 계기와 관련하여 정치, 사회, 사상, 경제, 이데올로기의 측면에서 시대 구분의 전환점을 확인하고자 하였고, 이러한 연구 작업을 통해 사회의 구조와 성격을 시대 구분의 기준으로 삼아 한국사를 시대 구분하려는 노력이 다양한 관점으로 전개되었다.

여기에서는 앞선 연구의 여러 성과를 감안하여 한국 농업사에서 고대 사회와 중세사회를 구분하는 농업문명에서의 주요한 사건을 토지분급(土地分給) 제도의 변화로 설정하고자 한다. 고려 태조대의 역분전 시행 이후 10세기 후반 경종대 시정전시과의 실시는 국가권력이 농업기술의 변화·

발달에 의거하여 제정한 토지분급제의 전형적인 모습을 정립한 것으로 볼 수 있다.[13] 전시과보다 앞선 시기의 토지분급 방식인 식읍(食邑), 녹읍(祿邑)은 관료에게 국가가 수취하는 부세(賦稅)의 일부를 직접 수취할 수 있게 하는 것이었고, 특히 조역(調役)의 일부 또는 대부분을 식읍과 녹읍으로 하여 읍(邑)으로 표시되는 특정 지역을 수수한 관료, 귀족이 차지할 수 있게 하는 것이었다. 이에 반하여 고려 초기 역분전에서 시정전시과가 제정되는 과정에서 전시(田柴)를 분급 받은 관료, 귀족은 읍(邑)으로 표시할 수 있는 일정한 단위의 지역을 분급 받는 것이 아니라 결수(結數)로 표시되는 일정한 면적의 토지였고, 수수하는 것도 수조(收租) 정도에 그치는 것이었다.[14] 이러한 녹읍제와 전시과 사이에 보이는 토지 분급의 성격의 커다란 차이는 곧 이러한 토지분급제를 실행하는 지배체제의 상이함, 그리고 그러한 지배체제를 구성하고 유지하는 사회구조의 이질성으로 설명해야 한다고 생각된다. 그리고 중요한 점은 그러한 고대사회에서 중세사회로 전환, 이행을 해명하는 주요한 논거를 바로 농업기술의 변화와 발달에 따라 나타난 농업기술문명의 요소에서 찾을 수 있다는 점이라고 할 것이다.

다음으로 중세 사회에서 근세 사회로 전환되는 시점을 조선왕조의 지배체제가 법치(法治)와 예치(禮治)의 측면에서 정립되는 15세기 후반으로 설정하고자 한다. 이러한 시대 구분이 결정적으로 한국 농업기술의 변화와 발달, 농업기술문명의 변화에 의거한 것이라는 점에 더욱 중요성을 부여할 수 있다고 생각된다. 바로 고려 말 이후 농법의 측면에서 전개된 발달 양상, 즉 벼농사 재배법이 휴한법(休閑法)에서 연작법(連作法)으로의 전환이 14세기 후반에 완료되었다. 이에 따라 농업 생산에서의 변화, 발달은 곧이어 농촌 사회, 농업 경영에 커다란 변화를 촉발하였고, 이러한 농촌, 농업의 변동이 바로 농촌시장인 장시(場市)의 정기적 개설로 현실화되었다는 점을 주목하는 것이다.

근세 사회의 형성과 관련해서 당시 조선 사회에서 나타난 경제적인 측면에서의 가장 커다란 변화가 바로 장문(場門), 즉 정기시장으로서 장시(場市)의 등장이었다. 15세기 말엽 농업 발달의 선진 지역이던 남쪽 3개도에서 상업상의 주목할 만한 변화가 일어나기 시작하였다. 장시가 등장하여 농민들이 농업생산에서 획득한 잉여 생산물을 상품으로 파악하고, 정기 시장인 장시를 중심으로 상품(물품)을 사고파는 교역 활동이 나타난 것이었다. 장시의 개설 양상은 16세기 초반에 이르면 이미 거의 전국화되는 추세가 뚜렷했다.[15] 소농민들도 잉여생산물을 확보할 수 있게 됨으로써 상품화폐경제가 발전하였고, 그러한 상품화폐경제의 매개체로서 장시가 개설된 것이라고 볼 수 있다.[16] 이와 같이 근세 사회 성립의 가장 커다란 전환의 요소를 장시로 설정한다면, 앞선 시기에 나타난 농법의 전환, 농업경영과 농촌사회의 변화는 장시를 역사에 등장시킨 근인(根因)이라 할 수 있고, 중세 사회에서 근세 사회로 전환, 이행하는 데에 농업기술의 변화와 발달, 농업기술문명의 변동이 결정적인 요인, 추동력을 제공하였다고 설명할 수 있다.

그리고 근세 사회에서 근대 사회로 전환의 결정적인 시기로 조선왕조와 대한제국이 내부적, 외부적 요인에 의해 근대적 전환을 강요당하면서 자발적으로 실행한 19세기 후반, 이른바 개항기로 설정한다. 이러한 시대구분의 논의를 바탕으로 여기에서는 농업체제의 측면에서 근세 농업체제에서 근대 농업체제로의 전환이 같은 시기에 나타난 것으로 정리하고자 한다. 농업기술의 변화, 발달뿐만 아니라 사회적인 농업생산의 제 요소, 농업의 변화와 발달을 분석 정리하고 새로운 방향을 제시하는 농업론 등을 포함하고, 국가적인 농업에 대한 정책적인 모색을 포괄하여 '농업 체제'를 규정한다면, 그것은 근세 사회와 근대 사회 사이에서 현격한 차이

점을 드러낼 수밖에 없다고 생각된다. 이러한 관점에서 시간적 범위를 보다 넓게 파악하면 18세기 후반에서 20세기 초반까지의 시기에 걸쳐서 한국의 농업체제에서 나타난 변화와 변동은 근세사회의 농업체제에서 근대사회의 농업체제로 전환되어나가는 과정으로 정리할 수 있을 것이다. 19세기 후반 개항기에 조선왕조와 대한제국의 지배체제에서 구축한 근대적 농업정책, 농업 전담 기구의 설치, 서양 농업기술의 수용 추진 등은 바로 근세 농업체제를 변화시켜 근대 농업체제를 정립하기 위해 노력의 일환이었다. 그리고 이러한 농업체제의 변화에 하나의 획기적인 충격을 전해준 것이 바로 1876년 개항으로 볼 수 있을 것이다.[17] 이러한 연구 시각에 근거하여 본문의 논의를 전개할 것이다.

그리고 일제강점기 농업기술의 전개의 경우 재래 기술과 외래 기술과의 상호작용에 주목하여 그 내용을 정리할 것이다. 그동안 진행된 많은 연구가 '일본 농업기술의 이식론'을 전제로 하고 있다. 예를 들면 '일본 농업의 이식', '자국의 농업을 무조건적으로 수출'(이춘녕, 1998), '기성기술의 직수입'(嵐嘉一, 1976)과 같이 외래 신기술의 도입은 지주의 강제에 의하여 일본 농업기술의 직수입이라는 형태로 이루어져 그 대부분이 일본인적 사고영역에서 규제되는 형태로 시행, 보급되어왔다. 그리고 이를 가능케 한 힘은 외래적 자본과 식민지 권력이었다(久間健一, 1943). 이 시점은 농민층 분해론, 식민지지주제론에서 자주 원용되어온 것이지만(松本武祝, 1998; 우대형, 2001 등), 이들 연구는 '밖(外)에서', '위(上)에서'의 농업기술을 중시하고 있기 때문에 재래 전통기술의 변화에 대해서 매우 경시하고 있다. 외래 기술을 현실화시키는 동시에 이를 규정한 재래 기반을 시야에 넣지 않으면 안 된다. 이를 도외시하면 이른바 '외래결정론'으로 흐르기 쉽기 때문이다. 일제강점기 식민지 근대에 대한 서술의 출발점은 재래 기술과 외래 기술과의 관계를 충분히 고려하면서 발전 형태의 내적 전개를 서술

해갈 것이다.

본서의 세 번째 연구 시각은 '한국 농업문명'의 실체를 역사적으로 분석하면서 기술과 경제 교섭으로서 경영적인 관점을 도입하는 것과 더불어 기술의 사회성에 주목하는 것이다. 이러한 연구 시각은 특히 근대와 현대의 농업과 농업기술, 농업문명을 살필 때 보다 농도 짙게 반영될 것이다. 경영은 기술과 경제의 통합체이다. 경영이란 농업을 영위하기 위한 개별적인 단위조직이다. 농민이 주어진 자연 조건하에서 작물과 가축을 어떻게 재배하고 사양(飼養)할 것인가는 물적·기술적 생산과정의 문제이다. 다른 한편으로 시장의 수요와 농산물 가격 및 생산재 가격 등 사회경제적 조건을 고려해가면서 어떤 생산물을 어떻게 생산하고 판매하여 수지를 맞출 것인가는 경제적·가치적 생산과정에 속하는 문제이다.

기술과 경제는 차륜의 두 바퀴라고 할 수 있다. 기술과 경제의 양면은 분리되고 고립되어 두 개로 나란히 존재하는 것이 아니라 서로 밀접하게 관계하고 있다. 양자는 때로는 서로 의존하는 관계에 있기도 하고 서로 제약하는 관계에 서기도 한다. 기술의 발달이 경제적 유리성을 가져올 수도 있지만 아무리 우수한 기술이라 하더라도 경제적으로 불리하면 실천화되지 못하는 경우가 많이 있는 것이다. 기술은 경제를 떠나서는 무의미한 것이고, 또 기술은 경제를 떠나서는 실제 경영상 무의미한 것이며, 기술은 경제적 과정을 구체화하는 기초여서 기술의 발달 없이는 경제적 목표를 달성할 수 없는 것이다. 이중의 의미에서 기술은 경제에 의거하여 그 기초가 주어지며, 기술 구성에 대한 기준이 주어진다. 여기에서는 기술과 경제가 서로 관계하고, 서로 교섭하는 무대인 경영의 관점을 채용하려 한다. 기술의 최종 착지점으로서 농업경영 무대를 도입함으로써 농민들이 왜 생산성 향상과 소득 증가를 가져다주는 새로운 기술을 기피하는가, 아니면 어떻게 대응하고 수용해갔는가 하는 명확한 해답을 찾을 수 없었다. 경영이라는 생산의 '장(場)'에서 이루어진 기술 수용에 대해 검토하여 농업기술의 이해를 살피고자 한다.

　그리고 기술의 사회화라는 연구 시각의 경우 기술이 사회적 수준화·평준화의 끊임없는 움직임을 계속하여 보편화하고 사회화하는 특질을 가지고 있다는 점에 주목한 것이다. 현실적으로는 개별 경영이 채택하는 기술체계는 체계로서 개별성으로 나타나는 것이 일반적이다. 농업기술은 부분 기술로서 의미를 갖기보다도 체계적인 기술로서 중요하며 또 농업경영으로 보면 부문 간 결합의 통합적 기술이기도 하다. 단순한 한 가지 작업의 개선 기술의 일반화와 비교해서 더욱 복잡하고 개별적인 경영 사정도 반영하지 않을 수 없다. 따라서 기술 그 자체는 사회화, 일반화하는 특질을 갖고 있다고 하지만, 개별 경제로서 농업경영이 갖는 개별성이란 기본적으로 개별 경제의 단위로서 독립성에 지나지 않는다. 새로운 기술이 우수하더라도 그것이 일종의 보편성을 갖고 개별 경영에까지 파급되기에는 적지 않은 시간이 필요하다. 이러한 의미의 개별성은 그것이 기술적 개별성인 한 사회화의 가능성을 농업 전체의 발전 방향과 관련하여 검토해야 충분히 농업기술의 사회화를 이해할 수 있을 것이다.

　마지막으로 본 연구는 광범위한 시대를 다루고 '한국 농업기술문명'의 구조적인 측면을 집중적으로 살피기 위해, 문헌 조사 정리 작업과 더불어 고고학적 연구 성과를 반영하는 연구 방법에 의지할 것이다. 또한 각종 사료(史料)와 자료(資料)를 제시하는 것과 더불어 이미지로 제시할 수 있는 주요한 문서, 그림 등도 소개할 것이다. 그리고 본서에서 각 장절을 나누어 목차를 구성할 때 두 가지 요소를 감안하였다. 하나는 한국사의 통사(通史) 서술에서 일반적으로 활용하는 시대 구분 방식을 기반으로 장(章)을 나누고, 농업기술의 변화와 이와 관련된 변동, 특색 등을 중심으로 절(節)을 구분하였다.

이상에서 살핀 바와 같이 본서는 '농업기술'을 중심으로 한국 문명을 해명하는 연구 작업으로서 한편으로는 통사(通史)를 지향하여 '농업기술로 본 한국문명사'로 자리매김하고자 기획하면서, 또한 다른 한편으로 '한국 농업기술문명사'라는 분류사(分類史)로서 농업, 기술 등에 특화되는 지향점도 병행하여 추구하고 있다. 이러한 결을 달리하는 두 가지 방향의 역사 서술을 복합적으로 한 편의 책 속에 녹아내기 위하여 서술 내용의 측면에서 여러 가지 특기할 만한 고려사항을 따지지 않을 수 없을 것이다.

## 3. 연구 현황 및 연구 내용

### 1) 연구 현황

한국 농업기술의 변화·발달과 한국 문화, 한국 기술문명의 전개와 변동을 깊이 있게 다룬 연구 성과가 한국학의 각 분야에서 매우 풍부하게 축적되어 있다. 역사학뿐만 아니라 경제학, 민속학, 고고학, 인류학 등의 분과 학문에서 '농업기술의 역사적 변화·발달'에 주목한 연구를 발표한 상황도 손쉽게 찾아볼 수 있다. 여기에서는 앞서 서술한 연구 시각, 문제 의식에 의거하여 한국 농업기술의 변화와 발달을 검토하고 정리한 주요한 연구 성과를 비판적으로 검토하고, 이와 함께 본서의 연구 내용을 분명하게 제시하고자 한다.

선사시대 농경의 시작과 관련된 연구는 본래부터 발굴 조사 결과를 바탕으로 진행된 고고학적 연구로 출발하지 않을 수 없었다. 농경과 관련된 유적의 발굴 조사를 통해서 선사시대 한반도와 주변 지역 주민의 생활을 생산력의 측면에서 확인하고 유추하는 연구들이 등장하였다.[18] 애초에 농기구 등 생산도구에 대한 연구[19]가 주로 발표되었는데, 농기구의 변화·발달을 통해서 한국 농경문화의 특질을 살피는 연구가 진행되었다. 그리하여 철제농기구 중에서도 기경구(起耕具)의 발달과 소유의 문제를 중심으로 생산력의 발전을 단계별로 나누어 살펴보는 연구도 제출되었다.[20]

고고학적 발굴조사와 한국 농업기술의 변화·발달의 굵직한 연결고리는 1990년대 이후 다수 발굴되면서 새로운 연구 분석의 대상이 된 경작유구(耕作遺構)였다. 고고학적 발굴조사 과정에서 청동기시대, 철기시대 이후에 조성된 논밭 유적을 비롯한 다수의 경작유구가 조사되었다. 경작유구의 발굴이 계속 이루어지면서 우리나라 농경의 발달 과정에 대한 연구도 큰 전기를 마련하게 되었다. 상대적으로 논 유구의 조사사례가 월등히 많고 밭 유구와 관련된 연구도 진행되고 있는 상황으로 알려져 있다.[21]

경작유구의 발굴조사가 증가하면서 관련 연구 성과의 발표도 크게 늘어났다. 이에 따라 이전에 석제(石製), 목제(木製) 농기구의 발굴조사에 한정되어 있던 단계를 벗어나 실제 농업생산 활동이 이루어지던 논밭의 실제 모습과 경작 흔적 등을 비롯하여, 수로(水路)와 보(洑) 등 수리시설 관련 유구 등 여러 가지 경작유구의 발굴도 같이 이루어지고 있다. 이러한 발굴조사 과정을 거쳐 다수의 경작유구가 보고되었고, 발굴보고서를 통해 각 경작유구의 모습을 어림잡아 짐작할 수 있게 되었다.[22] 또한 경작유구의 발굴이 계속 이루어지면서 이에 관련된 실증적인 연구 성과들도 축적되고 있다.[23] 양산 하북정유적, 보령 관창리유적, 울산 옥현유적에서 청동기시대 수전, 하남 미사리유적에서 삼국시대 밭, 진주 남강유적에서 청동기시대의 대규모 밭이 조사된 이래 전국 각지에서 청동기시대부터 조선시대까지의 다양한 경작유구가 조사되었다.[24] 이와 같은 경작유구에 대한 발굴조사, 각종 농기구 등 출토 유물에 대한 연구를 통해서 한국

농업사에서 농경의 등장과 확산과 관련된 설명이 가능하게 되었다고 할 수 있다.

　초기 철기시대 이후 고대 국가의 성립과 발전을 거쳐 통일신라 말기에 이르기까지 농업기술의 변화·발달에 대한 연구는 주요하게 농기구의 제작, 철제농기구의 보급 그리고 그에 따라 나타난 사회 변동에 초점을 맞추어 진행되었다.[25] 4~5세기를 지나면서 나타난 철제농기구의 광범위한 보급이 삼국이 중앙집권적인 영역국가로 발전해나가게 된 동인으로 지목되었다.[26] 이와 더불어 개간용구, 기경구, 수확구 등으로 농기구의 기능과 역할이 분화되면서 농업생산성이 향상되었다는 점이 지목되었다. 특히 철제 보습의 사용은 우경(牛耕)과 심경(深耕)을 가능케 하였고,[27] 살포와 같은 논농사에서 수리와 제초에 필요한 농구도 사용되었음이 주목되었다.[28]

　철제 농기구의 보급으로 획득한 농업생산력의 증대는 영농 단위의 축소를 가능케 하였고, 가족 내지 가(家)의 사회적 역할을 증대시켰으며, 그간 민(民)의 생활과 재생산의 기반이었던 읍락 공동체의 기능 축소와 변동을 가져왔고, 그에 따라 민호(民戶)의 분화가 나타난 점 등이 지적되었다. 이러한 변화는 국가권력이 읍락 내에까지 침투하여, 호(戶)를 단위로 민을 파악하여 수취하는 제도의 시행을 가능하게 만들었다고 설명하였다.[29] 철제농기구와 보급과 확산 과정에 대한 설명, 국가적 통치체의 구성과 사회 변동에 대한 연구를 바탕으로 삼국 초기에 나타난 농업기술문명과 지배체제 사이의 여러 가지 제도, 법규, 관행 등에 대한 설명이 이루어질 수 있었다.

　삼국시대 농업기술에 관한 연구는 신라, 백제와 고구려의 농업 여건에 주목하여 전개되었다. 특히 그중에서도 신라의 농업기술에 초점이 맞추어졌다. 『삼국사기(三國史記)』와 금석문(金石文)에 수리관개 시설과 농업기술 관련 기록이 단편적으로 등장하고, 4~6세기 신라의 고분에서 철제농기구가 비교적 대량 발견되었기 때문이었다. 그런데 백제의 경우는 고구려와 신라의 상황과 크게 다른 사정에 처해 있었다.

1990년대 초반에 경기도 하남시 미사리에서 백제의 경작유구를 발견하면서 백제 농업기술에 관한 연구가 활기를 띠기 시작하였다. 미사리 경작유구는 5~6세기 백제의 작무법(作畝法), 기경법(起耕法), 파종법(播種法)을 엿볼 수 있는 중요한 고고학적 자료로서 연구자들의 관심을 집중시켰다.[30] 이후에 여러 곳에서 삼국시대와 그 이전 시기 수전(水田)과 밭 유구가 발견되었다. 이를 기초로 백제 농업기술을 비롯하여 삼국시대의 농업기술에 관한 종합적이고 체계적인 연구가 진행되었다. 이와 더불어 고대 수리시설물의 존재가 확인되면서 선사시대 수리시설물에 집중한 발굴조사 및 연구가 집중되었다.[31] 이상과 같은 연구를 토대로 삼국 농업기술의 변화·발달, 그리고 농업기술문명의 제도적, 역사적 요소에 대한 설명과 서술이 이루어질 수 있다고 볼 수 있다.

한편 통일신라의 경우 '한국 농업기술문명'의 제도적인 측면, 국가와 마을의 관계에 관련된 부분, 그리고 구체적인 토지와 호구 등이 농업기술과 어떠한 연관 관계를 맺고 있었는지 살펴보는 연구가 '신라촌락문서(新羅村落文書)'를 중심으로 전개되었다. 신라촌락문서에 대한 많은 연구가 제출되었는데 대체로 고대사회 후기에 해당하는 통일신라시기 농업의 현황을 보여주는 자료라는 점에 대해서는 일반적으로 공감하고 있는 것으로 보인다. 일본의 정창원(正倉院)에 소장된 신라촌락문서의 성격에 대하여 통일신라의 지방에 산재해 있던 일반적인 촌락에 대한 수취 문서로 파악하는 견해가 있고,[32] 신라왕실의 재정을 관장하는 내성(內省)의 녹읍대장(祿邑臺帳)일 가능성이 높다고 지적하면서 신라왕실의 재정과 관련된 문서로 파악하는 견해도 제기되어 있다.[33] 촌락문서에 기록된 각 촌의 전답

(田畓) 항목과 우마(牛馬) 항목을 통해, 이 문서의 촌락이 신라왕실의 지배를 받는 특수한 촌락일 가능성이 높다는 견해도 제시되었다.[34] 이러한 연구를 통해서 신라촌락문서가 작성될 당시 신라의 대민지배방식에 대한 설명이 어느 정도 이루어지고 있다.

신라촌락문서의 제작연대에 대하여 7세기 말, 8세기 중반, 9세기 초반 등 여러 가지 이론이 제기되고 있다. 신라촌락문서에 촌(村)별로 호구, 우마, 전답, 수목의 상황이 집계되어 있다는 점[35]에 주목하여 연구가 진행되었다. 한편으로는 촌별로 파악된 기재 양식으로 인해 일찍부터 신라의 녹읍제(祿邑制)와 관련을 가진 문서로 주목되었다.[36] 다른 한편으로는 신라왕실의 경제적 기반을 고찰할 수 있는 가장 기초적인 자료로 부각되고 있다.[37] 그런데 신라촌락문서에 기재된 내용이 전답(田畓)의 결부 면적, 공연(孔烟)과 계연(計烟) 등 호구(戶口) 관련 내용, 우마를 비롯하여 각종 수목의 현황에 대한 것 등 경제적인 성격을 지닌 정보라는 점을 감안한다면, 이 문서에서 가장 우선적으로 살펴야 할 문제는 당대의 농업 현실 등 신라 사회의 경제적인 측면일 것이다. 이러한 점에 주목하여 여기에서는 신라촌락문서에서 찾아볼 수 있는 당대 농업기술문명의 특징을 농업과 농촌을 중심으로 서술하려고 한다.

후삼국시기를 지나 고려가 삼한사회를 통합하면서 나타난 경제적인 변화, 농업에서의 변동 등에 주목한 많은 연구를 찾아볼 수 있다. 하지만 고려 중세사회의 경제적 기반이라 할 수 있는 농업생산의 구체적인 내용에 대해서는 아직 뚜렷한 연구를 찾기 어렵다. 고려 당시에 농민들이 적용한 농법에 대해서 사료적인 측면에서 분명하게 밝혀내기 어려운 상황이기 때문이다. 다만 고려의 지배층을 구성하는 관료, 향리, 군인 등에게 전시(田柴)를 분급하는 토지분급제도에 관련된 연구는 매우 많은 성과가 제출되어 있다.

고려왕조 토지분급제의 역사적 전개에 주목하여, 태조대의 역분전(役分田)에서 경종대 전시과(田柴科)가 처음 등장할 때까지, 그리고 이후 전시과 체제가 변동하는 모습 등을 다룬 많은 연구가 제출되었다. 그리하여 호족, 호족 출신 고려 직역자(職役者)들의 경제적 기반과 전시과 체제의 연관성에 대하여 주목하는 연구 등이 발표되었다.[38] 호족들의 경제적 기반과는 달리 중앙정부에서 관료들에게 토지를 분급한 것, 즉 전시과를 농민의 토지에 대한 수취권(收取權) 즉 수조권(收租權)의 분급(分給)으로 설명하는 것이 대체적인 연구자들의 입장이었다.[39] 이에 대해서 관료들에게 전시(田柴)를 분급하는 것은 먼저 자신의 소유토지를 토지 분급의 형식으로 인정해주는 것이었고(소유토지에 대한 免租의 혜택), 만약 소유토지가 전시과의 지급 기준액에 미치지 못할 경우 공전(公田)을 더 지급해주는 방식(수조권을 지급하는 방식 또는 국유지의 지급 방식)이라고 설명하는 입장도 제기되었다.[40] 앞서 설명한 바와 같이 고려왕조의 토지분급제는 고대사회에서 중세사회로 전환, 이행하는 시기, 계기에 대한 설명에서 매우 중요한 사건이라는 점에 주목해야 할 것으로 생각된다.

고려의 농업기술, 농업문명과 관련해서 특히 중앙정부의 농업 관련 여러 가지 모색에 대해서 많은 연구가 진행되었다. 고려의 개간 장려와 관련하여 진전(陳田)의 발생을 막고 이에 대한 경작을 장려하는 것에 주목하는 연구가 이루어졌다.[41] 그리고 이른바 권농정책에 주목하는 연구,[42] 중앙정부의 토지조사 방식 등에 대해 주목하는 연구[43]도 제시되었다. 그런데 고려의 농업 관련 정책을 권농정책으로 살펴보는 연구는 근원적인 문제점을 갖고 있다. 바로 고려의 권농정책과 조선의 권농정책의 차이점, 차별점에 대한 설명을 제시하지 못하고 있다는 점이 그것이다. 이러한 문제점은 사실 고려 왕조와 조선 왕조에서 각각 권농정책의 직접적인 실행과 책무를 맡은 직임자가 누구인지 이 문제에 대해서 제대로 설명하지 못하기 때문에 나타난 것으로 보인다. 즉, 고려의 권농이라는 정책의 가장 중요한 특징을 국왕, 수령의 농사를 권장하는 몇몇 언급과 실천에서 그 특징을 찾는 것이 아니라 고려 중세사회의 지배체제, 나아가 중세 농업체제의 특징 속에서 분명한 차별성을 드러내고 있다는 점, 그리고 이러한 중세 농업체제의 특색을 밝히는 것이 필요하다고 생각된다. 이러한 점을 주목하여 고려 중세사회와 조선 근세사회의 농업체제의 특색을 분석하여 정리할 것이다.[44]

고려 중세사회에서 농업의 전개 양상에 대한 연구는 주요하게 토지 이용방식에 대한 것이었다. 고려 말에 전품(田品)을 3등으로 나누었는데, 세역의 빈도를 기준으로 삼은 것이 아니라 농지의 비척(肥瘠)을 헤아리는 것이며, 이는 상경농법(연작농법)으로 전환되었음을 보여주는 근거라는 주장이 제시되었다.[45] 그리고 나말여초 상경화(연작화)가 진행되어 고려 전기에는 평지에서 수전과 한전 모두 상경화가 되었고, 산전에서만 휴한이 일부 남아 있었고, 고려 후기에 산전에서의 상경화도 달성하였다고 주장하였다.[46] 반면에 고려시기에 평전이 연작상경 단계였고 산전만이 세역(歲易), 즉 휴한하였다는 견해도 제시되었다.[47] 또한 고려 문종대의 전품 규정에 의거하여 휴한농법 단계가 고려 말까지 이어졌다는 견해도 발표되어 있다.[48]

고려 중세사회의 토지 이용방식에 대한 주장 가운데 우선 주목할 것은 고려의 농법 단계에 대하여 휴한법과 연작법에 관한 논의에서 상경화라는 개념어를 잘못 사용하고 있다는 점이다. 상경화에서의 기경이라는 작업은 휴한농법 단계에서도 휴한하는 전답에 대하여 휴한경(休閑耕)을 실행할 수 있다는 점과 실제 농사를 짓는 농민들의 입장에서는 기경이라는 농작업 또는 기경으로 대표되는 농경 자체를 늘상 매년 하지 않을 수 없는 것이라는 점에서 전답을 매년 경작한다는 뜻으로 활용하기에 어색한 점이 많다. 따라서 특정한 필지에서 매년 계속해서 농작을 수행한다는 의미의 용어인 연작(連作)이라는 말이 좀더 분명한 뜻을 담고 있다고 보인다.

고려 말 조선 초 왕조 교체와 지배세력의 변동을 비롯한 사회 변동의 근본적인 동인을 농업생산력의 변화·발달, 농법의 전환에서 찾아보는 연구 성과[49]가 제출된 이후, 고려 후기 농업기술의 발달 양상을 경지 이용 방식, 수리시설, 토지 개간, 시비기술, 농기구, 신종자의 도입 등의 측면에서 천착한 연구 성과가 축적되어 있다.[50] 그런데 경지 이용방식으로 파악되고 있는 휴한법과 연작법의 이행 시기, 전환 양상 등에 대해서는 분명한 실체 확인, 논점 정리 등을 통한 정설의 제시와 공감이 이루어지지 않고 있다.

지금까지 고려시대 당시의 농업생산력을 규명하기 위한 연구의 일환으로 전개된 고려 농법(農法)에 대한 연구는 대체로 경지 이용방식에 대한 분석과 설명을 중심으로 이루어졌다.[51] 이는 제한된 사료를 집중적으로 세밀하게 파헤치는 상황에서 불가피한 연구방향이었다고 보인다. 다만 경지 이용방식의 차이로만 휴한법과 연작법의 역사적 의의를 설명하는 것 자체는 문제의 소지를 다분히 내포하고 있다고 생각된다. 휴한법과 연작법은 단순히 경지 이용방식에 그치는 것이 아니라 농업기술의 변화, 변동으로 보는 것이 마땅할 것이다. 또한 휴한법에서 연작법으로 변화와 발달은 농법 자체의 커다란 혁신이자, 경제적 사회적 변동과 깊이 관련된 것으로 파악하는 것이 적당할 것이다. 그럼에도 불구하고 휴한법과 연작법 사이의 연결 관계에 대한 설명이 부족한 사정 때문에 두 농법 사이에 놓여 있는 중대한 농업사적 의의가 크게 부각되지 못하고 있다고 생각된다. 여기에서는 14세기 여말선초 농업기술의 발달을 수도(水稻) 경작법 즉 벼 농사법의 측면에서 살펴보려고 한다. 14세기를 전후한 시기에 수도 경작법이 휴한법에서 연작법으로 전환, 즉 농업기술의 발달이 이루어졌음을 제시할 것이다.

한편 농법의 변화를 전체적인 사회 변동의 맥락 속에서 파악하는 입장에서, 고려시대 휴한농법에서 14세기 연작농법으로 농법이 변화하는 과정을 새로운 사회세력으로 고려 말에 등장하였던 신흥사족과 결부시켜 설명하기도 하였다.[52] 이와 더불어 조선 초기 천방(川防)의 본격적인 도입과 해택(海澤)의 개발을 각각 사림세력과 척신세력과 연결시켜 설명하기도 하였고,[53] 수차(水車) 보급 시도의 농업사적인 의의를 살피기도 하였다.[54]

조선왕조가 개창된 이후 농업기술의 변화·발달, 농업기술문명의 구체적인 면모에 대한 연구가 다양한 방면에서 매우 폭넓게 수행되었다. 조선시대 농업생산력에 대한 연구 성과는 이미 여러 차례 연구사 정리에서 지적된 바와 같이 괄목할 만한 것이 축적되어 있다고 할 수 있다. 특히 조선 후기의 수전(水田), 한전(旱田)의 작물 재배 기술에 대한 연구가 집중적으로 전개되었다. 1960년대 후반 이후 이른바 내재적 발전론의 입장에서 논밭의 경종법을 살핀 획기적인 연구가 발표되었다.[55] 또한 양안(量案)을 세밀하게 분석하여 조선 후기 농업경영의 변동을 더불어 제시하여 이른바 자본주의 맹아론을 제창하기도 하였다.[56] 이후 조선 후기 농서 편찬의 흐름을 체계적으로 정리한 연구 성과가 나왔다.[57] 한전농법을 중심으로 보리 경작법, 시비기술 등을 살핀 연구도 발표되었다.[58]

여기에서는 조선 전기 15세기에 '한국 농업기술의 변화·발달'의 시금석, 토대라는 의미를 부여할 수 있는 『농사직설』의 편찬이 이루어졌다는 점, 그리고 『농사직설』에 수록되어 있는 한국 농업기술의 특징, 성격에 크게 주목하였다. 지금까지 이루어진 『농사직설』에 대한 연구가 세종대의 권농정책[59]의 일환이라는 시각에서 접근하면서, 『농사직설』이라는 농서를 선진 농법을 후진 지역에 보급하려는 농업기술 지침서라는 성격으로 파악하였다. 그런데 『농사직설』은 15세기까지 한국의 농업생산에서 활용되었던 농업기술의 정수(精髓)를 정리한 농서라는 의미를 갖고 있다는 점에서 당대 농법에 대한 기본 정보를 담은 책으로 보는 것이 마땅할 것이다.[60] 다시 말해서 이 시기 한국 농업문명의 일대 사건은 바로 농법(農法)의 정리였던 것으로 생각한다.

또한 『농사직설』의 주요한 반포 대상층이 관료 집단이었다는 점에서 조선 전기 농업과 관련된 조정의 정책을 살피는 데에 중요한 관점을 전해주고 있다. 이와 더불어 조선왕조 근세 농업체제의 근간을 떠받들고 있는 농업생산에 대한 조정의 여러 가지 정책을 권농(勸農)이라는 한정된 개념으로 포괄하기 어렵다고 생각된다. 조선왕조에서 농업(農業)이 갖고 있는 근원적인 의의는 조정에서 농업생산에 영향을 주는 제반의 요소를 파악하고 이를 토대로 농업생산을 안정적으로 확보하려는 여러 가지 정책(政策)을 종합적으로 추진하고 시행하였다는 점에 두어야 할 것이다. 이러한 조정의 움직임을 포괄하는 용어로 농정책(農政策)이라는 개념을 활용하고자 한다.[61] 농업생산에 영향을 끼치는 여러 요소를 파악하고, 그러한 요소들이 제자리에서 제대로 기능하도록 조정하며, 궁극적으로 농업생산의 안정성을 증대시키려고 노력하고, 만약의 경우 흉년(凶年)이 들게 되면 흉년을 극복할 수 있게 조력을 지원하는 등의 국가적 행위 일체를 농정책으로 파악하고 세종대를 중심으로 살펴볼 것이다.

조선왕조의 농업에 대하여 농학, 농업경제학을 기반으로 하는 연구 성과들도 찾아볼 수 있다. 1960년대에 나온 『이조농업기술사(李朝農業技術史)』와 후속 연구는 한국사에서 농업기술 연구의 중요한 계기를 마련해주었다.[62] 또한 조선시대의 농업기술을 체계적으로 정리한 논저,[63] 조선 전기의 농업기술, 농업경제사 전반에 대한 주목할 만한 연구 성과,[64] 그리고 17, 18세기 농법의 변화를 추적하는 연구[65] 등이 주목된다. 다만 농업 발달과 연관된 사회 변화에 크게 주목하지 않고 있다는 점을 지적할 수 있다.

조선 후기의 농업 변동에 대한 연구는 농업기술, 농서 편찬, 농업경영, 농업개혁론 뿐만 아니라 농업과 관련된 제도와 정책 등을 다루고 있다. 이러한 연구 주제들은 본서에서 '농업기술의 변화·발달'에 의거하여 '한국 농업기술문명'을 정리하는 연구 대상에 가장 잘 일치한다고 생각된다. 역사학 연구의 대상과 범위가 인간의 삶과 관련된 모든 것이라고 할 수 있지만, 실제로는 연구의 실현 가능성이라는 제약 요소를 고려하여 연구가 진행될 수밖에 없다. 이러한 점을 염두에 둔다면 조선 후기를 시간적 범위로 삼는 농업사 연구의 대부분을 본서의 내용 구성과 서술에 주요하게 참고하지 않을 수 없을 것이다.

근세 사회의 변동기에 해당하는 조선 후기 농업사에 관련된 연구는 먼저 농업기술의 변화를 살핀 성과를 찾아볼 수 있다. 이앙법(移秧法)의 보급 확산을 여러 가지 측면에서 설명하는 연구가 발표되었다.[66] 또한 보리 경종법의 변화를 설명하는 연구 성과도 발표되었다.[67] 농기구와 수리시설을 살핀 연구 또한 많은 성과를 거둔 것으로 평가되었다.[68] 이러한 연구 성과들이 근세사회의 변동이 농업 부문에서 발현되어 나타난 전개 양상을 분명하게 보여주고 있지만, 문제는 그러한 농업에서의 변화를 바라보는 시각에 관련된 것이라고 생각된다. 앞서 내재적 발전론을 검토하면서 제시한 바와 같이 여기에서는 근세사회의 변동, 근세 농업체제의 변동이라는 관점에서 조선 후기 농업기술의 변화, 농서 편찬의 변화 양상, 외래 작물과 상품 작물의 재배, 자연재해와 구제책 등을 검토한다.

일제강점기 농업기술에 대해서는 농학 분야는 물론 한국사학이나 경제사 분야에서 이미 많은 연구가 축적되어왔다. 대부분의 연구가 '일본 농업기술의 이식론'을 전제로 하여 지주의 강제에 의하여 일본 농업기술의 직수입이라는 형태로 이루어져왔다고 본다. 외래적 강제에 의해 품종이 바뀌고 근대적 수리시설도 바뀌는 다비다노(多肥多勞)의 기술체계로 변화했다는 것이다. 이들 연구들은 수도작에 대한 연구에 치중하여 개량농법은 재래농법에 비해 과학적이며 다수확을 가져오는 우수한 근대적 기술이라는 점을 강조하고 있다. 그러나 재래품종은 물이 부족하거나 추운 지역에서 일본의 우량품종에 비해 수확량이 많았다.[69] 이른바 전통적인 재래농법의 생태적인 합리성이 존재하고 있는 것이다. 특히 이들 연구는 수도작을 대상으로 하기 때문에 한전농업에 중심을 두고 있는 재래농법의 생태적 해석을 등한시하였다. 재래농법에 대한 농업기술의 환경 규정성에 대해서는 이미 기존 연구에서도 지적되었다.[70] 여기에서는 농업기술의 변화와 관련하여 농업정책과 기술 연구, 재래농법과 개량농법의 특징에 대해서 구체적으로 검토한다.

현대 농업기술의 변화와 전망에 대해서는 일반적으로 농림축산식품부, 농촌진흥청, 한국농촌경제연구원 등의 공식적인 자료를 활용하였다. 이러한 자료 이용은 본서 전체 내용의 핵심이 현대 이전의 농업기술과 문명이라는 점을 부각시키기 위한 것이다. 다만 농업기술에서 통일벼 개발로 획기적인 전기를 마련해준 녹색혁명에 대해서는 국가주도 하향식 기술개발이라는 관점에 대해서 유발적 기술개발이라는 사실을 동시에 지적하였다. 유발적 농업기술은 이후 농민의 벼 직파기술 개발, 초기의 환경농업기술 개발 및 보급으로 관통되어 나타났기 때문이다.

## 2) 연구 내용

본서에서 '한국 농업기술의 변화와 발달', 그리고 '한국 농업기술문명'을 분석하고 검토하는 연구 과정에서 정리하여 본문을 구성한 주요 연구 내용을 소개하면 다음과 같다. 이는 결국 한국 농업기술문명사의 주요 서술 범위와 서술 내용에 해당하는 것이라고 할 수 있을 것이다. 크게 본서의 연구 내용을 제시하자면, 농업, 농민, 농촌과 관련된 한국 역사상의 주요한 모습을 문화, 문명을 중심으로 다루는 것이라고 할 수 있다. 농업을 중심으로 역사 시대 구분 및 전체사 주요 흐름을 총괄 정리한 것이라고 할 수 있다. 이를 위해 농업기술의 변화, 농지 개발, 개간 및 간척, 농업·토지 등 관련 제도·정책, 농서 편찬, 수리시설, 농기구, 농업생산 등 농업의 실제적인 측면의 역사적 변화에 주목한다. 또한 농민, 농촌의 현황과 관련하여, 농촌 마을, 농업 풍속, 농민 조직, 농업 관련 문학 성과, 농민층 변화, 농민운동, 농민 저항 등에도 주목하지 않을 수 없다. 이와 더불어 농업, 농민, 농촌의 당대 현실에 근거하여 제기되는 농정 개선론, 농업 개혁론 등을 살펴본다. 이와 같이 한국 사회의 사회경제적 발전, 농민 생활의 변동, 제도적 변화, 사상 문화의 변화 등을 농업기술을 중심으로 다룬다.

본서의 연구 내용을 목차에 따라 간략하게 소개하면 다음과 같다. 한국 농업기술의 변화·발달과 농업문명의 역사적 사실, 면모, 특색을 모두 다루는 것은 매우 어려운 과제이다. 앞서 연구 목적과 필요성에서 언급한 바에 따라서 연구 내용을 선택적으로 제한할 수밖에 없었다. 그리고 본서의 연구 시각과 연구 방법에 의거하여 연구 내용에 일정한 부분을 중심으로 집중이 필요한 것으로 판단하였다. 이와 같은 여러 가지 고려할 점에 따라 본서 목차의 주요한 내용을 소개하면 다음과 같다.

먼저 '서론'에서는 본서의 연구 목적과 필요성, 그리고 연구 시각, 연구 방법, 연구 현황, 연구 내용을 정리할 것이다. 이 책이 가지고 있는 연구 의의를 보다 선명하게 제시하려는 부분이라고 할 수 있다. 본서를 집필하는 연구 작업이 다년간에 걸쳐 진행되었기 때문에 서론의 작성 과정에서 통일성을 유지하기 위해서 적지 않은 노력을 기울이지 않을 수 없었다.

또한 필자들의 연구 작업이 진행되어 나가는 과정에서도 연구 시각이나 연구 내용에서 크게 변화된 부분이 많을 수밖에 없었다. 그리고 여러 선학, 동료, 후배의 연구 성과를 살펴보면서 본서의 내용을 구상하고 정리하는 데에 커다란 도움을 얻을 수 있었다.

1장 '선사시대 농경의 시작과 확산'은 신석기시대와 청동기시대에 농경(農耕)이 처음으로 시작되고 점차 보급 확산되어나간 과정을 정리한 부분이다. 선사시대 농경을 살피는 데에 문헌 자료를 활용하는 연구 작업이 불가능한 상황이기 때문에 고고학적 발굴조사 결과에 의존하여 농경의 시작과 확산을 살펴볼 것이다. 특히 농업생산의 주요한 부문을 차지하는 생산도구 즉 농기구의 변화, 변동에 주목할 것이다. 석제, 목제 농기구를 활용하는 양상을 정리하고 이와 더불어 원시적인 농경방식으로 치부되고 있는 화경(火耕)의 역사적 의의도 살펴본다. 또한 한국 농업사에 많은 지분을 갖고 있는 벼농사의 도입 과정에 대해서도 살필 것이다.

2장 '고대 농경의 전개와 농업체제의 형성'에서는 농경에서 농업(農業)으로 사회적 위치가 바뀌면서 결국 사회적 생산의 지배적인 부분을 담당하게 되는 과정을 주요하게 살필 것이다. 그리고 고대 농업체제에서 우선 철제농기구의 사회적 보급 및 확산 과정에 주의를 기울였다. 철제농기구의 다양한 조합과 확산 과정을 고고학적 발굴 성과와 더불어 조망한다. 또한 문헌 자료에 등장하는 우경(牛耕)에 대한 해명을 수행하여 이를 통해 농업기술의 변화·발달과 경제적 사회적 지배체제의 실제 모습을 살펴볼 것이다.

그리고 삼국시대의 밭농사 기술과 벼농사 기술을 정리하고, 계속해서 통일신라의 농업과 수리시설의 이모저모를 살펴본다. 마지막으로 고대 농업체제의 실상을 담고 있는 유일무이한 고문서인 '신라촌락문서'를 집중적으로 살펴볼 것이다. 신라촌락문서는 통일신라의 지배체제, 사회구조,

수취제도 등을 검토하는 데 빼놓을 수 없는 자료이다. 또한 한국 농업사의 전개 과정을 살피는 데에도 반드시 살펴보아야 한다. 여기에서는 당시 농촌과 농업의 실상에 접근하는 단서를 신라촌락문서에서 찾아보려고 한다.

3장 '고려 농업체제의 전개와 농법의 전환'은 후삼국시기 이후 고대사회에서 중세사회로 전환하면서 새로운 왕조로 성립한 고려의 농업을 살펴본다. 고려 왕조의 개창은 농업체제의 측면에서 고대 농업체제에서 중세 농업체제로 전환, 이행과 연관된 것이었다. 중세 농업체제의 특징을 농업기술문명과 관련하여 토지분급제의 성격 변화에서 나타난 새로운 성격에서 찾을 수 있다는 점에 주목하였다. 그것은 바로 관료를 대상으로 토지를 나누어주고 그것에 대한 대가로 국왕에 대한 봉사를 요구하는 방식이었다. 이러한 군신관계를 이념적으로 강화시키는 계제로 작동한 것이 바로 유교정치이념이었고, 유교정치이념은 국가의 통치이념으로 내세워지고 백성들의 교화와 유교사회의 정립을 표방하였지만 그와 더불어 지배층 내부의 결속, 자체적인 행동양식의 정형화를 동반한 것이었다. 그것이 바로 이전의 왕실, 혈통에 근거한 골품제적인 고대 지배체제와 달라진 귀족, 관료 중심의 중세 지배체제라고 할 수 있다.

고려왕조의 농업사적인 접근은 먼저 중농정책과 농경의례의 측면에서 이루어질 것이다. 그리고 이어서 고려의 토지분급제의 전개 양상과 그 의의를 살펴보고, 또한 국가적인 토지 파악 제도인 양전제의 변천을 정리할 것이다. 전시과의 변동 양상과 양전제의 변모는 곧 고려의 중세 농업체제가 변화하는 방향을 함축한 것으로 볼 수 있다. 이러한 이유로 여기에서는 전시과의 양전제를 살펴보면서, 토지분급제의 의의, 토지조사 방식 변화의 의의 등 중세 농업체제의 변화와 변동이 갖고 있는 역사적 의의를 살피는 데 주목할 것이다.

이와 더불어 12세기 이후 고려 말에 이르기까지 여러 가지 세부적인 측면에서 찾아볼 수 있는 농법의 변동 과정을 정리하고, 그러한 변동 양상에 종합되어 나타난 농법(農法)의 전환을 정리할 것이다. 농법의 전환은 곧 사회의 지배적인 농업생산방식, 농업기술이 휴한법에서 연작법으로 변화하는 것을 가리킨다. 고려 말에 나타난 농법의 전환이 갖고 있는 역사적 의의를 종합 정리하고자 한다. 이와 더불어 수리시설의 전개 과정, 목면의 도입과 보급의 모습에 대해서도 정리할 것이다.

4장은 '조선 전기 농법의 정리와 농업·농촌의 변동'인데 조선 전기 연작법 체제와 논밭의 작물 재배법을 우선 정리하여 『농사직설』에 제시된 벼농사 짓는 법, 밭농사 짓는 법을 살필 것이다. 그리고 국가와 개인의 농서 편찬 과정을 살펴보고, 이때 고려왕조에서 농서가 편찬되었는지 여부에 대해서도 정리할 것이다. 그리고 국가적인 농업정책의 흐름을 농정책(農政策)의 시행으로 정리할 것이다. 이어서 농지 개간과 수리시설 축조, 농업경영과 농촌경제의 변화를 정리할 것이다.

5장 '조선 후기 농법의 발달과 농업체제의 변동'에서는 먼저 벼와 잡곡 재배기술의 발달, 외래 작물과 상품 작물의 재배를 정리할 것이다. 그리고 농기구의 개량과 수리시설의 발달도 정리한다. 계속해서 농서 편찬의 추이를 정리하면서 농서의 역사적 의미를 천착한다. 이어서 농업경영의 변동과 농촌경제, 자연재해와 구황(救荒)의 실시를 정리한다.

6장 '일제시기 농업생산과 농업기술'에서 농업생산구조의 변화를 통해 조선시대의 농업기술체계가 일제시기에 들어와 어떤 변화를 보였는가를 알아본다. 이러한 농업기술체계를 가져온 식민지 농정과 농업기술 연구와 관련하여 살펴보고 농업기술의 변화에 대해 생산과 경영 측면에서 검토한 뒤, 이를 구체적으로 전통적인 재래농법과 대비하면서 근대 농업기술의 특징과 성격을 검토할 것이다.

7장은 '현대 농업기술의 변화와 전망'이다. 해방 후 농업·농촌과 농업기술의 상황을 살펴보고 농업기술의 신기원을 이룬 녹색혁명과 식량자급에 대해 검토한다. 이어 농업생산과 농업기술의 발전에 대해 살펴본 뒤, 농업기술의 변화를 검토하고 앞으로의 농업기술을 전망할 것이다.

　이상과 같은 내용으로 본서를 정리하면서 한국 농업기술의 변화·발달에 따라 역사적으로 나타난 한국 농업문명의 면모를 선택과 집중을 통해 살펴볼 것이다. 본서의 많은 부분에서 미진한 부분은 추후의 연구에서 보완해야 할 것으로 다짐한다.

# 1장

# 선사시대 농경의 시작과 확산

# 신석기시대 농경의 시작과 석제 농기구

한국사에서 농경(農耕)의 시작은 한국인의 생활방식, 한국 사회의 구조에 나타난 역사적 전개 과정을 단계적으로 살펴볼 때 가장 획기적인 변화 원인, 발전 요인이었다고 단언하여도 별다른 반론이 제기되지 않을 것이다. 역사적으로 보았을 때 한국 사회의 경제적인 측면뿐만 아니라 사회, 문화, 정치 등 여러 분야의 변화, 변동을 이끌어낸 근인(根因)이 바로 농경의 시작이었다. 따라서 농경의 시작은 단지 한국 농업사의 획기적인 출발점일 뿐만 아니라 한국 농업문명, 나아가 한국 문명의 근본적인 전환을 가져온 혁명적인 사건이라고 할 수 있다.[1] 이러한 점이 한반도와 주변 지역에서 신석기 시대에 새롭게 등장한 농경에 대해서 꼼꼼하게 살피는 연구 작업이 필요한 이유이다.

고고학적으로 따져보았을 때 한반도와 주변 지역이라는 역사 공간 속에 인류의 생활 흔적이 나타나는 선사시대부터 우리 조상의 역사가 시작되었다. 구석기시대에 한반도와 주변 지역에 살았던 주민의 생활 모습에 대해서 고고학적 발굴조사를 통해 여러 가지 구체적인 것을 찾아볼 수 있다. 아직 농경이라는 인위적 농업생산을 실행하기 이전이라고 하더라도 개인적인 생활, 그리고 사회적인 관계 속에서 식물(食物)의 획득은 필수 불가결한 생존 조건이었다. 나아가 인류의 생활은 생존을 지속하고 재생산을 안정적으로 수행하기 위해서 생활 자료 특히 식물을 획득하는 활동 그 자체였다고 할 수 있다. '농경의 시작' 이전에 인류의 생활 자료 획득은 수렵, 어로, 채취 등 기초적인 생산 활동을 중심으로 이루어지고 있었다.

농경의 시작이라는 사건을 통해 인류는 먹을거리의 확보 문제를 농업생산을 통해서 해결할 수 있었다. 인류의 역사에서 농경의 시작은 단기간에 획득한 일시적 성과가 아니라 장기간에 걸쳐 점차적으로 벌어진 성취의 결과였다. 농경을 안정적으로 수행하기 위해 야생종 작물을 재배종으로 순화시키는 작업이 진행되었는데, 이때 각 지역의 생산조건, 특히 기후와 토질 등에 적응하는 과정이 절대적으로 필요하였다. 한국 농업기술과 한국 문명을 총체적으로 살피는 연구의 출발점은 당연히 농경의 시작이라고 할 수 있다.

구석기시대에 한반도와 주변 지역에서 거주하던 주민들은 채집, 어로, 사냥 등을 통해 생활 자료를 확보하고 개인적, 사회적 삶을 꾸려나갔다. 당시의 주민들은 채집이나 사냥에 함께 나서는 공동체를 조직하였고, 공동체를 이끌어나가는 지도자도 있었다. 하지만 당시 사람들은 고정된 거주공간인 집이라고 불릴 공간이 없었고, 따라서 가옥들이 모여 이루어진 마을도 형성되지 않았다. 구석기시대 사람들은 강이나 냇가에 있는 동굴이나 바위 그늘을 찾아 잠시 지내다가 먹을 것을 구하기 위해 계속 이동하는 생활을 했던 것으로 추정된다.

한국의 농경(農耕)은 신석기시대로부터 시작되는데,[2] 구체적으로 신석기 시대 중기로 추정되고 있다. 한국의 신석기시대는 서기전 5000년경부터 서기전 1000년경까지 약 4,000년간 존속한 것으로 알려져 있다. 신석기시대 중기 이후에 곡물을 재배하는 농경이 시작되었지만 당시 한반도와 주변 지역 거주민의 생계는 주로 채집과 수렵에 의존하였다. 후술하는 바와 같이 경제생활에서 농경을 통한 생산 활동이 커다란 비중을 차지하게 되는 것은 벼농사가 본격적으로 보급된 청동기 중후반 시기였다. 신석기시대 농경의 시작에서 청동기시대 농경의 보급, 확산에 이르는 시기까지 한국 농업기술문명의 전체적인 모습을 고고학적 연구 자료와 여러 연구자의 연구 업적을 통해서 살펴볼 수 있다.

농업생산과 직접적인 관계를 맺고 있는 자연 환경 조건이 바로 기후 상황, 즉 기후 여건이다. 지구상에 인류가 출현한 이래 빙하기가 주기적으로 찾아오면서 인류는 기후 변화와 환경 변화에 적응해야만 생존이 가능하였다. 빙하시대에 빙하가 확장과 후퇴를 반복하였다. 기후가 온난하여 빙하가 후퇴한 시기를 간빙기라고 하는데, 현재 지구는 최종 빙기 이후의 후빙기에 해당한다. 한반도와 주변 지역의 기후가 온난해지면서 오늘날과 비슷한 상황으로 안정화된 것은 지금으로부터 1만 년 전 후빙기가 시작된 때였다. 빙하기와 간빙기가 번갈아 찾아오는 빙하시대의 종말이었다.

후빙기가 시작된 1만 년 전부터 한반도 일대는 기온이 올라가면서 사계절이 뚜렷한 온대기후로 자리잡았고, 활엽수와 침엽수가 함께 어울리는 수목 환경이 갖추어졌다.[3] 이러한 온대기후로 변화하였음을 가장 잘 보여주는 수목 환경의 변화는 바로 침엽수인 소나무를 밀어내고 활엽수인 참나무가 퍼지기 시작하는 모습이라고 할 수 있다. 이러한 기후 조건의 변화와 더불어 한반도와 주변 지역에 농경이 등장할 수 있는 환경 조건이 갖추어지게 되었다. 이와 같이 후빙기에 들어서면서 한반도와 주변 지역은 온난한 기후 조건 아래에 주민들이 모여살 수 있는 환경을 갖추게 되었다.

신석기시대에 농경이 시작되면서 채집 중심의 생산 활동에서 재배 중심의 생산 활동으로 변화된 과정을 신석기혁명이라 부른다. 농경이 처음 등장하였을 때에 아직 수렵, 어로, 채집 등에 대한 의존도가 높아 농업이 생업 활동의 중심이 되지 못했다. 한반도에서 농경이 사람들의 생업 활동의 중심으로 자리매김한 것은 청동기문화 단계에 이르렀을 때다. 청동기시대에 이르러 한반도 전역에 밭농사가 실시되었고, 중남부지역의 경우 논농사도 크게 보급되었다.

농경이 시작된 이후 수많은 세월이 흐르면서 한반도의 농업기술의 변화·발달을 각 시대에서 찾아볼 수 있다. 농업기술의 변화는 삼국, 고려, 조선 등 각 시대의 형성, 역사의 전개, 문화 변동 등, 다양한 분야에 걸쳐 큰 영향력을 발휘했다. 더욱이 그 시대를 산 주민들의 정신생활과 물질생활을 지배하기도 했다.[4] 농업기술이 어떠한 역사적 발전 과정을 지나왔는지에 대한 이해는 한국 역사와 문화의 근본과 토대를 이해하는 지름길이다. 흔히들 알다시피, 농업은 한국의 주된 산업이었다. 바로 신석기의 농업혁명 이후로 농업이 우리 삶의 토대를 이루었던 것이다. 계속해서 신석기혁명의 구체적인 경위와 그 이후에 나타난 변화 내용을 상세하게 검토할 것이다.

신석기시대에 인류가 농경과 목축을 시작하여 식량을 생산하는 경제생활을 전개함으로써 인류의 생활양식이 크게 변하였다. 인류 역사 전개에서 혁명적인 전환을 가져왔기 때문에 이를 신석기혁명이라고 부른다는 점을 앞서 설명하였다. 인류가 농사를 짓기 시작하였다는 것은 사람들의 생활방식이 크게 변화하게 되었음을 가리킨다. 농사를 짓기 전에 사람들은 간단한 도구를 이용하여 풀, 나무 열매, 뿌리 따위를 채집하였다. 그리고 사냥, 고기잡이로 먹을 것을 마련하였다. 이것은 이 지역에 인류가 살기 시작하면서 오랫동안 이어져오던 채집, 고기잡이, 수렵 중심의 경제생활이었다. 그러나 신석기시대의 중기에 이르러 식물의 씨앗을 채집하여 바로 먹어버리지 않고 장래의 수확물을 바라고 땅에 심고 기르는 농경이 시작되었다. 수확이라는 특별한 목적을 갖고 식물의 낟알을 계획적으로 심어 키우는 농경이 시작되면서 사람들의 삶이 매우 크게 변하였다. 농경의 시작은 인류의 역사에서 아주 커다란 의의를 지닌 것이기 때문에 '신석기혁명'이라는 역사적 명칭이 붙은 것이었다.

'신석기혁명'이라는 이름에서 혁명적인 농경으로의 변화가 짧은 시간 사이에 이루어진 것이 아닌가 생각할 수 있지만, 농경이라는 생산 행위 자체가 단기간에 이루어질 수 없는 것이었고, 게다가 농경을 처음 시작하는 것은 매우 오랜 세월에 걸쳐 차츰차츰 달성하는 것이 가능한 일이었다. 야생의·식물종 가운데 사람들이 재배하기에 적절한 개체를 선별하여 이를 농경에 적당한 성질을 지닌 재배종으로 변모시키는 과정은 오랜 세월이 필요한 일이었다. 과학기술이 발달한 현대의 농학에서도 새로운 벼 품종을 개발하는 데 보통 10년 정도 필요하다고 한다. 야생종에서 재배종으로 변화시키는 과정을 순화(馴化)라고 부르는데, 식물의 경우 작물화 과정이라 부르고, 동물의 경우 가축화 과정이라고 지칭한다.[5] 식물의 작물화 과정은 수백 년에서 수천 년이 걸리는 일이었고, 물론 가축화 과정도 장기간에 걸쳐서 이루어지는 것이었다.

기원전 8000년경에 중동 지역에서 농경과 목축을 시작하고, 양쯔강 하류의 중국에서도 거의 같은 시기에 잡곡과 벼를 재배하고 목축을 시작한 것으로 추정되는데 이후 세계 여러 지역으로 전파되었다고 추측하고 있다. 인류 역사에서 농경이 시작된 중심 지역은 한 곳으로 한정되는 것이 아니라 여러 지역에서 시기를 조금씩 달리하면서 독립적으로 농경으로의 전환이 발생한 것으로 파악되고 있다.

〈그림 1-1〉에서 볼 수 있듯이, 발터(Balter)에 따르면, 북동아메리카(East-

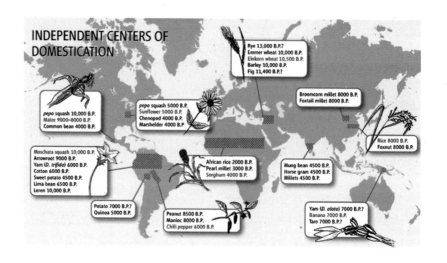

〈그림 1–1〉 "Multiple birth: Michael Balter", *Science* vol. 316 (2007)

ern North America), 메조아메리카(Mesoamerica), 안데스(Andes), 아마조니아(Amazonia), 뉴기니아(New Guinea), 근동(Near East, Fertile Crescent), 남인도(S. India), 중국(China), 사헬(Sahel), 서아프리카(West Africa), 이디오피아(Ethiopia) 등지가 농경의 주요 기원 지역으로 추정된다. 이들 지역에서 벼, 밀, 수수, 호박, 옥수수 등 여러 작물의 재배화가 진행되었다.

인류 역사에서 가장 먼저 식물의 작물화가 이루어진 밀의 예를 살펴보면 순화 과정이 어떠한 것이었는지 짐작할 수 있다. 서남아시아 산간지대의 야생종 밀을 채집하던 채집민들은 이삭이 크고, 줄기 윗부분에 이삭이 집중되어 있으며, 익었을 때 낟알이 쉽게 흩어지지 않는 개체들이 수확하는 데 유리하다는 점을 알게 되었다. 이들 채집민들은 낟알을 채집하는 과정에서 위의 성질을 갖고 있는 밀 줄기만 선별하는 과정을 오랜 세월 동안 반복하였다. 이와 같이 사람들이 야생밀의 성장에 개입하는 일이 되풀이되면서 결국 자연 상태의 야생 밀과 확연하게 구별되는 새로운 종류의 재배 밀이 등장하게 되었다. 이와 같이 야생 식물의 생장 과정에 인간이 개입하여 재배에 적합한 새로운 종(種)을 만들어내는 과정이 바로 작물화라고 할 수 있다.

가축은 동물성 먹거리를 제공해줄 뿐 아니라 가죽, 털, 우유(milk) 등 다양한 부분을 사람들에게 활용 가능하게 해주었다. 그리고 사람들은 가축의 힘을 빌려 물건을 먼 거리까지 쉽게 옮길 수 있었고 농사짓는 데에 가축을 동원할 수도 있었다. 야생동물을 가축으로 만드는 가축화 과정은 몇몇 종류의 동물에 한정될 뿐만 아니라 매우 오랜 기간에 걸친 동물과 인간 사이의 상호작용에 의해서 달성될 수 있었다. 상대적으로 온순한 성질을 지니고, 무리를 지어 생활하면서, 무리 내의 우두머리에게 쉽게 순응하는 동물들만 가축화 대상이 되었다. 대표적인 동물이 개, 고양이, 이 외에 소, 말, 돼지, 닭 등이 가축화에 성공한 동물들이었다.

한반도 주변에 거주하던 주민들의 경우 신석기시대에 개를 가축으로 사육하기 시작한 것으로 추정된다. 개는 새끼 늑대를 키우는 과정에서 가축화되었을 것으로 추정되고 있다. 예민한 시각, 청각, 후각 능력을 지닌 개는 인간을 위험으로부터 보호하는 대신 먹이를 얻어먹게 되면서 길들여진 것으로 보인다. 다른 가축은 식용이나 축력 이용을 위해 사육된 것에 비해 개는 사냥 보조, 인명 및 재산 보호, 애완용 등의 목적으로 가축화되었다.

우리나라 역사에서 언제부터 농사를 짓기 시작했는가를 알려주는 유물은 무엇보다도 고고학자들이 유적지를 발굴하면서 발견한 탄화곡물, 농기구, 토기 등에 남아 있는 낟알 자국, 논밭 흔적 등 농경 유적이다. 농경을 사람들의 생활 속에 포함시켰을 때 당연히 나타날 수밖에 없는 농업기술문명의 흔적이 농경 유적을 통해 오늘날까지 전해지고 있는 것이다. 작물을 생산하는 데 필요한 도구, 수확한 작물을 보관하거나 조리하

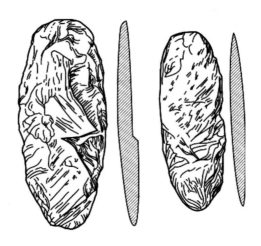

〈그림 1-2〉 지탑리유적 출토 돌보습 도면

기 위한 용기, 그리고 근원적으로 작물을 생산하는 경작지 등이 바로 농경 유적, 농경 유구라고 할 수 있을 것이다.

신석기시대 중기에 한반도에 살던 사람들이 농사를 지었다면 곡식의 낟알이 조금이라도 땅에 묻혔을 것이다. 그리고 농사지을 때 사용한 농기구도 같이 지금은 알 수 없는 어떤 이유로 거주지 땅 밑, 또는 무덤 등에 자리잡게 되었을 것이다. 곡물은 오랜 세월 동안 원래 모습대로 땅속에 묻혀 있을 수 없고, 땅속에 묻힌 곡물은 오랫동안 압력과 지열을 받으면서 흑연에 가깝게 변한다. 이를 '탄화(炭化)'라고 하는데, 고고학자들이 땅속에서 발견한 것은 이렇게 탄화된 낟알 알갱이들이었다. 농기구 가운데 목제 농기구는 부패되면서 그 원형의 모습이 자연으로 돌아가버리게 마련이지만, 니탄 층에 묻힌 농기구가 원래대로 발굴되기도 한다. 또한 석제 농기구나 뿔로 만든 농기구는 예전부터 출토 유물로 주목받았다. 이러한 농경의 흔적들을 통해 농경이 시작될 당시 모습 또는 농경 시작의 논거를 제시할 수 있다.

한반도와 주변 지역에서 농사가 처음 시작된 시기로 신석기시대 중기가 지목되고 있는데 바로 해당 시기로 비정되는 농경 유적의 발굴을 통해서 확인할 수 있다. 북한 지역에 소재한 황해도 봉산군 지탑리 2지구 2호 주거지에서 피 또는 조로 추정되는 탄화된 곡물과 아울러 돌낫, 돌보습, 갈돌 등이 발견되었는데, 지탑리유적지는 기원전 3000년대 또는 3500년대 정도로 편년되고 있는 유적이다.[6] 피 또는 조로 추정되는 탄화된 곡물과 더불어 돌괭이, 돌낫, 돌보습, 갈돌 등을 통해 이 지역 일대의 주민들이 농경을 수행하고 있다고 볼 수 있다. 이와 같이 한반도 농경 활동의 증거가 되는 가장 오래된 유적은 농경유구가 같이 출토된 황해도 봉산군 지탑리유적이다.

또한 지탑리 2지구 2호 주거지와 동시기로 편년되는 황해도 봉산군 마산리 7호 주거지, 신석기시대 후기로 편년되는 평양 남경 31호 주거지에서도 조가 출토되었다. 부산 동삼동 패총 1호 주거지에서 조와 기장, 진양댐 수몰지구 내의 상촌리 B지구 및 어은 1지구, 경남 창녕 비봉리유적에서도 조가 발견되었다.[7] 충북 옥천 대천리유적에서 쌀, 보리, 밀, 조가 출토되었다.[8] 이러한 농경 유적을 통해 한반도 농경의 시작 모습을 추정할 수 있다.

한반도와 주변 지역에서 농경이 시작되는 단계의 초기에는 전체 먹을거리를 구성하는 비중 속에 농경의 생산물이 차지하는 비중은 크지 않았다. 점차 재배 곡물의 종류가 증가하고 재배기술이 발전하면서 농경 중심으로 생계를 꾸려나가게 되었다.

농경이 시작되면서 농경기술이 개발되어 여러 지역으로 전파되고 정착하게 되었다고 하더라도, 특정 지역에서 농사짓는 사람들은 자신이 살고 있는 곳의 기후와 토질이라는 자연 조건에 치열하게 적응해야 했다. 사람들이 자연 조건을 극복하여 농경을 수행하는 모습을 가장 잘 보여주는 물질문화가 바로 농기구(農器具)이다. 농사를 지어 먹고사는 농민들에게 농기구는 가장 소중한 재산이자 생명과도 같은 것이었다. 농민들에게 농기구는 먹을 것을 생산하는 도구이지만 전쟁이 일어났을 때는 자신의 생명을 지키는 무기로도 이용되었다.

신석기시대에는 일상생활에 간석기를 이용하였는데, 농기구 역시 돌을 갈아서 만든 몸통에 나무 자루를 연결시켜 만든 농기구를 주로 이용하였다. 이 외에 짐승의 뼈나 뿔, 이빨 등으로 만든 농기구도 있었다. 처음에는 농기구 하나로 여러 가지 일을 다 수행하였다. 그러다가 점차 특정한 작업에 필요한 농기구를 따로 만들어 쓰기 시작하였다. 이러한 과정에서 농기구의 종류가 다양해지고 쓰임새도 더욱 세분화되었다.

신석기시대의 농기구는 주로 석제(石製)이고, 뼈나 뿔, 이빨 등으로 만든 것도 발견되었다. 당시의 농기구는 크게 갈이농기구(또는 굴지경작구[掘地耕作具]로 명명)와 수확농기구로 분류할 수 있고, 이 밖에 갈돌과 같은 도정구(搗精具)와 조리구도 농기구와 연결시켜 이해할 수 있다. 이와 같이 신석기시대에 사용한 농기구는 대표적으로 갈이농기구와 수확농기구가 있었다. 갈이농기구는 땅을 일구어 씨를 심을 수 있게 만드는 갈이작업에 쓰는 것이고, 수확농기구는 다 자란 농작물을 거두는 수확작업에 쓰는 농기구이다. 이러한 농기구의 종류를 보면 당시 농사에서 땅 갈기와 수확하기가 가장 크고 중요한 일이었음을 알 수 있다.

갈이농기구에는 보습과 삽, 괭이, 곰배괭이 등이 있다. 돌보습과 돌삽은 신발 바닥 모양이나 유엽형(柳葉形)으로 모양이 서로 비슷한데, 대체로 길이 30~40cm, 너비 15~20cm 정도의 소형은 돌삽으로, 길이 50~60cm인 대형의 것은 돌보습으로 분류한다.[9] 보습과 삽은 모두 나무자루를 일직선으로 연결하여 밭을 갈아 흙덩이를 일으키거나 흙을 파는 데에 사용되었고, 전자의 경우 신석기시대에 소나 말 등을 활용하여 밭갈이를 했다

〈그림 1-3〉 뼈낫(왼쪽, 대전 둔산)과 반달돌칼(청원 쌍청리)

고 이해하기 어려우므로 사람의 힘을 이용하는 인력경(人力耕)에 이용되었다고 볼 수 있다.

보습과 삽은 나무자루를 일직선으로 묶어 연결했는데, 경작지로 이용할 땅에 자라고 있는 풀과 나무를 베어내거나 뽑아내고 또한 땅을 갈아 씨앗을 심을 수 있을 정도로 부드럽게 만드는 농기구이다. 아직 소나 말을 이용하지는 않았기 때문에 사람이 직접 보습을 끌어서 땅을 갈았다. 이 밖에 괭이는 날과 나무자루가 'ㄱ'자 모양을 이루고 있으며 땅에 내리쳐 박은 뒤 몸 쪽으로 끌어당기는 방법으로 이용했다. 괭이는 땅을 일구거나 파종할 씨앗의 구멍을 만드는 데에 사용하였다. 씨앗을 심을 구멍을 만드는 데는 작은 나뭇가지 등을 활용하기도 했을 것이다. 야생식물의 뿌리를 캘 때에도 널리 사용되었음은 물론이다. 현재 발견된 괭이는 대부분 석제이고 서포항과 궁산패총유적에서 뿔괭이가 출토되었다. 곰배괭이는 돌괭이와 달리 어깨가 매우 뚜렷하며 날 폭이 넓은 것이 특징이다. 그 사용법은 돌괭이와는 달리 삽처럼 나무자루를 일직선상으로 연결했다고 보는 것이 일반적이며, 자루를 견고하게 묶을 수 있어 갈이작업에서 보다 강한 힘을 가할 수 있고, 날이 크고 무겁지 않아 기능면에서 더 효율적이라고 한다.[10] 곰배괭이는 신석기시대 후기에 처음으로 나타나는데, 당시에 경작기술이 발달하였음을 반영하는 농기구로 추정된다.

〈그림 1-4〉 갈돌과 갈판(강릉 지경동 출토)

　　신석기시대에 수확농기구로서 낫과 반달돌칼이 널리 사용되었다. 대
전 둔산과 궁산패총에서 멧돼지 어금니로 만든 뼈 낫이 발견되었고,[11] 지
탑리와 암사동 등지의 유적에서 돌낫이 여러 점 출토되었다.[12] 낫은 실생
활에 두루 사용되었기 때문에 단순하게 수확구로서 분류하긴 곤란하지
만, 그러나 곡물의 이삭을 줄기에서 분리하여 절단할 때에 낫이 사용되
었기 때문에 수확농기구로 간주해도 무방할 것이다. 낫과 더불어 청동기
시대까지 널리 수확구로 사용된 것이 바로 반달돌칼이다. 웅기 서포항 5
기층에서 출토된 조가비로 만든 반달돌칼 1점을 제외하고 현재까지 발견
된 것은 모두 석제이다. 신석기시대의 곡물인 조나 기장 등은 낟알이 잘
흩어지고 성숙하는 시기가 불규칙하여 이삭을 익는 순서대로 따는 것
이 유리하기 때문에 일반적으로 신석기나 청동기시대에 낫보다 반달돌칼
이 수확구로서 더 선호되었다고 이해되고 있다.[13] 반달돌칼은 보통 등 쪽
에 있는 구멍에 끈을 꿰어 손에 잡고 사용하며, 주형(舟形), 삼각형, 장방
형 등 다양한 유형의 것이 발견되었다.[14] 이 밖에 수확한 곡물이나 견과
류 등을 탈각하고 전분을 만들 때에 사용된 도정구로서 갈판이나 갈돌,
돌공이와 돌절구가 있으나 지금까지 신석기시대의 유적에서 주로 발견되
는 것은 갈판이나 갈돌뿐이다.

〈그림 1–5〉 각종 반달돌칼과 그 사용법

한편 한강 하류에 위치한 김포와 일산의 토탄층(土炭層)에서 볍씨들이 발견되었다.[15] 신석기시대 후기에 벼가 재배되었음을 시사해주는 자료들이지만, 볍씨가 출토된 층위를 신석기시대의 것으로 편년할 수 있는가를 둘러싸고 다양한 견해가 제기되고 있다.[16] 신석기시대 후기에 벼를 재배했을 가능성을 열어둘 수 있다.

이상에서 살핀 바와 같이 신석기시대 농경의 성격은 주로 잡곡농사를 중심으로 진행되었고, 밭에서 잡곡을 경작하는 중간의 휴경기간이 비교적 장기간이었으며, 토지의 생산성도 상당히 낮은 수준이었다고 정리할 수 있다. 따라서 생업 활동에서 농경보다 수렵과 채집, 어로 등의 비중이 여전히 높았을 것이다.

# 신석기시대의 화경과 농경생활

한반도 지역에서 신석기시대 후반에 이르러 농경을 시작하게 된 것은 여러 배경 속에서 설명할 수 있다. 먼저 앞서 설명한 후빙기 자연환경의 변화 속에서 식물자원이 한반도 주변 지역에 거주하는 사람들의 생활에서 끼치는 영향이 높아졌다는 점을 들 수 있다. 그리고 정착생활, 토기 사용 등과 함께 농경이 시작되면서 이러한 사회발전의 여러 요소들이 서로 커다란 영향을 주고받았을 것이라는 점도 주목된다. 마지막으로 한반도의 서해안 지역이 중국의 초기 농경문화와 접촉하기 쉬운 곳이었다는 점도 지적할 수 있다.

신석기시대의 농경은 크게 세 단계를 거쳐서 이루어진 것으로 정리해 볼 수 있다. 무엇보다도 농사지을 땅을 마련하는 일이 가장 먼저 해야 할 일이었다. 돌도끼로 숲이나 덤불의 나무와 관목 따위를 베어 잘 탈 수 있도록 말리고 그런 다음 불을 질러 태워버렸다. 나무를 태워서 생긴 재는 훌륭한 비료가 되었다. 아직 땅을 깊이 갈아주거나 따로 거름을 주는 방식이 개발되지 않았던 상황이었다. 그런 다음 불탄 나무 재가 사라지기

전에 돌보습 돌괭이로 땅을 갈고, 끝이 뾰족한 나무 막대기(굴봉)나 돌괭이(또는 뼈괭이)로 파종 구멍을 파서 씨를 뿌렸다. 파종한 곡물이 자라나서 익게 되면 마지막으로 돌낫이나 반달돌칼로 이삭을 따서 수확하였다. 이렇게 농경지를 마련하고, 땅을 갈아 씨 뿌리고, 마지막으로 수확하는 단계를 거쳐 곡물을 손에 쥘 수 있었다.

어떤 경작지에서 농사를 짓기 시작하여 1~2년 정도 지나면 다시 농사를 짓지 않는 상태로 여러 해 동안 내버려둘 수밖에 없었다. 왜냐하면 2년 이상 지나면 작물 수확량이 급격하게 떨어지기 때문이었다. 작물이 자랄 때 필요한 영양분으로 땅속에 있던 것을 뽑아 쓰고 나면 지력(地力)이 회복될 때까지 어느 정도 시간이 필요하였다. 나뭇가지를 태워 확보한 비료 성분으로 작물을 재배한 다음 일정한 기간 동안 땅을 놀려서 다시 지력을 회복하게 하는 것이었다. 이러한 방식을 화경(火耕)이라고 부른다.[17] 신석기시대에는 조와 기장 등 밭작물 중심으로 농사를 지었고, 화경을 하고 있어서 이곳저곳으로 경작지를 옮겨 다녀야 했다.

농경 시작 초기의 경작지를 활용하는 방식은 일정 기간을 농경지로 활용하고 이어서 상당 시간을 내버려두어 실질적으로 휴경 상태로 방치하는 방식이었을 것으로 추정된다. 이를 벌목화경(slash and burn)[18]이라 부르는데, 현대에 이르기까지 지구상의 여러 지역에서 지속적으로 실행되고 있는 방식이다. 벌목화경 방식의 농경에서 획득할 수 있는 수확량은 여러 가지 환경 요소나 자연적인 변수 때문에 지속적으로 안정적인 수준을 유지하기 어려웠다. 따라서 전체적으로 토지 생산력과 노동생산성이 낮았을 것으로 보지 않을 수 없다. 그렇기 때문에 생계를 꾸려나가기 위한 식량자원 확보에서 농업이 근간이 되기보다는 채집과 사냥을 병행해야만 했다. 한반도에서 농경이 시작된 기원전 3000년 무렵 이후의 주민들은 이와 같은 농경방식으로 조 또는 피 등의 잡곡을 재배하였던 것이다.

당시 덤불이나 수풀을 불로 태워서 경작지를 확보하는 화경(火耕) 방식이 주요한 농경방식이었다면 이와 관련된 목제농기구도 농경에 적극 활용되었을 것이다. 칼로 나무를 베고 불을 질러 수풀을 불태워 경작지를 확보한 다음, 끝이 뾰족한 대나무 즉 굴봉(掘棒)을 가지고 파종할 구멍을 만들고, 거기에 점묘식(點苗式)으로 보리나 피, 기장 등의 씨앗을 파종하여 흙을 다시 덮는 방식을 추정할 수 있다. 이러한 농경방식을 '도경화종(刀耕火種)'이라고 하는데, 『염철론(鹽鐵論)』과 『관자(管子)』 등에 석부(石斧)로 나무를 자르고 불을 질러 파종한다고 기록된 내용과 일치하는 방식이라고 할 수 있다.[19] 이것은 화경(火耕)을 기초로 경작한 정황을 반영하는 것이다. 대체로 한 해 또는 두 해 동안 잡곡을 재배하고, 8년 또는 10년을 경과하여 초목이 무성해져 지력이 회복된 다음에 다시 화경으로 경작하는 것이 일반적이었다고 한다.[20]

화경에 기초하여 경작할 때에 석부(石斧)로 나무를 베었고, 불을 지른 후 파종할 때에 끝이 뾰족한 나무막대기(굴봉)나 돌괭이(또는 뼈괭이)를 주로 이용하였다고 볼 수 있다. 비록 파종에 사용된 나무막대기가 발견되지 않지만, 신석기시대 초기 농경에서 가장 필수적인 농기구가 바로 그것이었을 것이다. 돌보습이나 돌삽은 비교적 단단한 토양을 경작지로 활용할 경우에 땅을 일구거나 흙덩이를 파내고 덮는 데에 적절하게 이용되었고, 곰배괭이는 신석기시대 후기에 그러한 작업의 효율을 배가시키는 농기구로서 개발되었을 것이다. 신석기시대 유적에서 출토된 곡물이 조와 기장 등에 국한되었으므로 당시에 주로 잡곡농사를 중심으로 농사를 지었다고 평가될 수 있다. 화경에 기초하여 잡곡을 경작한 시기에 휴경기간이 비교적 길었고, 토지의 생산성조차도 저열하였기 때문에 생업 활동에서 농경보다 수렵과 채집, 어로 등의 비중이 여전히 높을 수밖에 없었다.

〈그림 1-6〉 회령 출토 곰배괭이

　신석기시대 주민들은 농사를 지어 마련한 곡물을 식량으로 이용하면
서 먹고 남은 것을 저장할 수 있었다. 그리고 곡물을 조리하여 먹는 방법
도 개발하였다. 이렇게 곡물을 저장하고 요리하는 과정에서 꼭 필요한 도
구가 바로 토기이다. 구석기시대 주민들은 채집한 식물을 운반할 때 짐승
가죽 또는  나뭇잎으로 싸거나 풀 또는 나뭇가지로 엮은 바구니를 이용
하였다. 빙하기가 끝나고 기온이 따뜻해지면서 식물 채집이 증가하고, 사
냥과 어로 활동이 활발해지면서 식량이 크게 늘어나자, 사람들은 늘어난
식량을 효과적으로 운반하거나 저장하기 위해 토기를 발명하였다.

　처음 토기를 만들게 된 것은 불을 피웠던 자리에서 단단하게 구워진
흙을 발견하면서부터라고 짐작된다. 그리고 진흙과 모래 등을 적당하게
섞어 불에 구웠을 때 가장 단단한 그릇을 만들 수 있다는 사실을 오랜
시행착오 끝에 개발하였다. 그릇 겉면에 물고기 뼈 따위를 이용하여 무
늬를 그려넣으면 더 단단해진다는 것도 알게 되었다. 당시 주민들은 여러
가지 크기와 모양으로 토기를 구워냈다. 그중 대표적인 것이 빗살무늬토
기이다.

　농경의 시작은 신석기시대 주민의 삶 전체에 커다란 영향을 끼쳤다. 우
선 농사짓기는 농사를 짓는 동안 한곳에 머무르는 정착생활을 강요하였

다. 농사를 짓는 것은 작물이 자라는 동안 잘 지켜야 수확을 거둘 수 있는 생산활동이었다. 수렵채집 생활을 할 경우 계절에 따라 이용 가능한 자원에 따라 이동생활을 하기도 했다. 하지만 농사를 짓게 되면 작물이 경작지에서 자라는 동안 꼼짝 않고 제자리를 지켜야 했고 이는 곧 정착생활을 하지 않을 수 없게 만들었다. 그리고 정착생활을 하면서 인구가 증가하였고, 여러 사람들이 함께 농사를 짓게 되었다. 많은 사람들을 농사짓는 데 효과적으로 동원할 사회조직도 필요하였다. 여기에 이러한 정착생활과 사회조직을 꾸려나갈 지도자도 생겨났다. 정착생활로 인구가 늘어나자, 혈연을 바탕으로 한 씨족이나 이들이 모인 부족을 중심으로 마을이 형성되었고, 같은 씨족끼리 혼인하지 않았다. 수십 명씩 무리를 이루어 공동 작업으로 식물을 채집하거나 물고기를 잡고, 짐승을 사냥하였다. 농경도 여전히 농업기술이 낮아서 공동으로 작업할 필요가 있었다. 이 때문에 신석기시대 사람들은 씨족이나 부족 단위로 공동으로 생산하고 분배하는 공동체 생활을 하였고, 연장자나 경험이 풍부한 사람이 이끌었다.

# 청동기시대 밭농사와 농기구의 변화

청동기시대로 들어와 농경이 확산되면서 농업생산이 크게 증대하고 사회적 분화가 심화되었다. 청동기라는 금속 도구를 사용하게 되면서 전체 사회의 생산성이 향상되었다. 청동기는 돌이나 나무가 전혀 따라올 수 없는 강력한 강도를 갖고 있었고, 청동기를 무기로 사용하면서 집단 간의 갈등 때문에 전쟁이 일어났을 때 커다란 인명 피해가 발생하기도 하였다. 전쟁으로 패배한 집단의 사람들을 노예로 확보하였다. 한편으로 청동기 제작에는 석기나 목기에 비해 많은 사회적 비용이 들어가기 때문에 이미 사회의 지배층으로 성장한 주도 집단의 입장과 시각에서 청동기 제작이 한정되었다. 청동기 광물을 확보하는 데 많은 노력이 들어가야 하고, 금속을 녹여 원하는 청동기를 만들기 위해 전문기술 등도 요구되었다. 이러한 이유 때문에 청동기는 의기(儀器)와 무기(武器) 제작에 한정되었고, 농기구를 청동으로 제작하지는 않았다. 청동기의 제작 과정은 사회적 재원을 많이 투하하는 것이었기 때문에 농경을 통해 많은 잉여생산물을 축적해놓은 사회에서나 가능한 것이었다.

청동기시대에 들어선 이후 사회적 생산활동에서 농업생산의 비중이 크게 증대하였다. 작물의 종류가 급증하여 콩, 조, 팥, 수수, 기장, 벼 등 각종 곡물이 재배되었다. 청동기시대의 밭에서 재배된 대표적인 잡곡이 보리와 조, 수수, 기장, 콩. 피 등이다. 함북 무산 호곡동유적에서 조와 수수가 출토되었고, 평양 남경유적에서 쌀과 더불어 조, 콩, 수수, 기장이 출토되었다. 한편 한반도 중남부지역인 경기도 여주시 흔암리유적, 충남 부여군 송국리유적, 경남 진주시 대평리유적에서 쌀과 더불어 보리, 조, 수수, 밀 등이 출토되었고, 근래에 들어 청동기시대 유적에서 잡곡의 출토 사례뿐만 아니라 그 종류도 점차 증가하는 경향을 보이고 있다.[21]

이와 같이 밭농사에서 재배하는 작물의 종류가 크게 늘어나서 보리, 콩, 팥, 조, 수수, 기장 등 이른바 오곡(五穀)이 모두 재배되고 있었다. 청동기시대의 밭농사는 여러 가지 작물을 골고루 재배하는 혼합농경 방식이었다. 특히 콩은 만주 지역 일대가 자생지로 지목되고 있어서, 야생종에서 재배종으로 작물화 과정이 오래전에 한반도에 살던 주민의 손에 의해 이루어진 것으로 추정되고 있다. 이 외에 각종 복숭아, 살구, 매실 등의 과실류와 채소류 등을 재배하였다. 청동기시대에 다양한 잡곡을 재배하였음은 신석기시대 이래 밭농사 경작기술이 점진적으로 진전되고, 아울러 토지의 생산성이 꾸준하게 증대되었음을 반영하는 것이다.

경작방식의 측면에서 청동기시대의 농경은 한 번 경작한 땅을 장기간 버려두지 않고 5~10년의 기간을 두고 반복하여 이용하며 휴경기간을 크게 단축시킨 것이었다. 이처럼 땅을 사용하지 않고 묵히는 기간이 짧아지면 풀뿌리는 얕아지고 토양도 덜 단단해진다. 그렇기에 땅을 갈기 위해 돌 도구를 사용하기보다 나무 도구를 사용할 수 있었다. 나무 농기구는 돌 도구와 다르게 이용하고 손질하는 법이 간단하고 가볍기에 효율성이 증대되었다.[22]

〈그림 1-7〉 주의리 니탄층에서 발견된 나무 후치

청동기시대 밭농사에서 사용된 석제 농기구는 신석기시대와 크게 차이가 없었다. 여전히 돌보습이나 돌괭이, 곰배괭이 등이 청동기시대의 유적에서 출토되고 있기 때문이다. 그러나 전반적으로 신석기시대에 비하여 갈이작업에 활용된 석제농기구의 비율은 줄어드는 경향을 보인다고 한다.[23] 다만 수확도구인 반달돌칼은 크게 늘어나는 추세를 보이고 있다. 주지하듯이 반달돌칼은 동아시아에 널리 퍼진 수확구의 일종으로서 곡물의 이삭을 절단하는 데에 이용된 것이다. 현재까지 각 지역마다 형식상에 차이가 컸고, 시기에 따라 그 형식이 변화되었다고 알려졌다.[24]

청동기시대에 석제농기구 대신 갈이작업에 널리 활용된 것이 바로 목제 따비이다. 청동기시대의 유적에서 실물 목제 따비는 발견되지 않았다. 그러나 농경문청동기에 목제 따비로 밭을 가는 장면이 묘사되어 있고, 평북 염주군 주의리 니탄층에서 갈이작업에 활용되었다고 추정되는 목제 후치가 발견되어[25] 이러한 추정을 뒷받침해준다.

따비는 자루에 달린 발판을 눌러 땅에 날을 박아 흙을 뒤집는 농기구이다. '따비 한다'고 하면 산지를 새로 개간하는 것을 뜻하며, '따비 밭'하면 따비로 갈 만한 작은 밭을 말한다.[26] 결국 따비 밭이란 따비로 개간한 밭으로 경사가 많이 지고 면이 작아 따비로만 밭갈이를 할 수 있는 땅을 가리킨다. 중국의 따비는 뇌사(未耜) 혹은 답리(踏犁)라고 한다. 중국에서는 땅을 뒤집는 기경농구의 시초를 뇌사로 든다. 그런데 뇌와 사가 별개의 농기구인지 하나의 농기구인지의 의견 차이를 보인다. 이것은 선진시대(先秦時代)의 문헌에서 뇌사에 대한 기록이 제각각이어서 여러 가지 해석이 생기게 된 것이다. 뇌사를 하나의 농기구로 보는 이들은 뇌(未)는 따비의 자루를, 사(耜)는 따비의 날을 가리킨다고 보고, 이에 반해 뇌사를 별개의 농기구로 보는 이들은 뇌는 쌍날형 따비, 사는 말굽형 따비를 가리킨다고 파악한다.[27]

따비는 비탈이 심하거나 돌과 나무뿌리가 많아 쟁기를 쓸 수 없는 곳에서 땅을 일구는 데 쓰는 원시적인 형태와 구조를 갖고 있지만, 그렇기 때문에 기초적인 농작업을 수행하는 데 적합한 농기구였다. 따비는 농경 초기의 연장인 뒤지개(掘棒)에서 오늘날의 쟁기로 발달되는 중간 과정의 연장으로, 농경문청동기(農耕紋靑銅器)에 나타난 것과 같이 청동기 이전부터 사용되었으나, 20세기 이후 내륙지방에서는 거의 나타나지 않고 제주도를 비롯한 일부 도서지방과 해안지방에서만 근래까지 사용되었다.

청동기시대에 농사를 짓는 방식에 대해 농경문청동기라는 유물이 유익한 정보를 전해주고 있다. 대전 괴정동에서 출토되었다고 전해지는 농경문청동기는 청동기시대 농경 모습을 구체적으로 보여준다. 현재 국립중앙박물관에 소장되어 있는 농경문청동기는 폭이 약 13cm 정도의 작은 크기의 유물인데, 정확한 출토지는 전해지지 않고 있다. 전체적으로 방패 모양과 비슷한데 일부분이 떨어져 나가 없어진 상태이다. 뒷면에 농사짓는 모습이 새겨져 있어서 농경문청동기라는 이름이 붙어 있다.

농경문청동기에 새겨진 모습은 바로 따비와 괭이라는 대표적인 기경용 농기구를 사용되던 농작업의 실상을 보여주고 있다. 농경문청동기는 방패 모양을 하고 있는데 일부분이 떨어져 나가 있다. 농경문청동기라는 이

〈그림 1-8〉 농경문청동기(왼쪽)에서 따비로 밭을 가는 사람과 괭이를 치켜든 모습을 확대한 모습(오른쪽)

름은 농사짓는 모습이 문양으로 새겨진 데서 연유한다. 표면에는 좌우쪽에 대칭으로 각각 두 갈래로 벌어진 나뭇가지 끝에 매로 추정되는 새가 한 마리씩 앉아 있는 모습이 그려져 있다. 뒷면의 오른쪽에는 머리 위에 깃털 같은 것을 꽂은 한 남자가 따비로 밭을 경작하고 있는 장면과 그 아래로 괭이를 치켜든 남자의 모습이 묘사되어 있다. 왼쪽에는 항아리에 아마도 수확한 곡물을 담고 있는 여성의 모습이 그려져 있다. 앞의 사람이 밭을 갈아 파종할 곳을 만드는 갈이작업이라면 뒤의 사람은 갈이작업을 한 이후 흙을 부수어 고르게 만드는 삶기 작업이라는 사실을 알 수 있다. 이렇듯 자세한 농사짓는 모습을 표현하고 있는 이유는 농사의 풍년을 기원하는 주술적인 데 있을 것이다.

또한 농경문청동기에 보이는 따비는 중국의 뢰(耒)와 통하는 것이다. 중국에서 그것은 단치뢰(單齒耒)에서 쌍치뢰(雙齒耒)로 발전했다고 한다.[28] 한반도에서도 신석기시대나 청동기시대 초기에 하나의 날을 가진 것, 즉 굴봉(掘棒) 형태의 따비로 밭을 갈았음을 예상해볼 수 있다. 농경문청동기에 묘사된 따비는 두 개의 날을 가진 것이다. 따비는 땅을 일구어 고랑과 이랑을 만드는 농기구인데, 농경문청동기에서는 한 사람이 따비의 날과 자루가 만나는 부분에 연결된 횡목(橫木)을 밟으며 뒤로 가면서 땅을 일구는 작업 모습이 묘사되어 있다. 아래쪽에는 목제 괭이를 가지고 땅을 파거나 아니면 땅을 공그르는 작업 광경도 묘사되어 있다. 당시 갈이작업은 목제 따비를 중심으로 진행하고, 씨앗을 고랑 또는 이랑에 점묘식(點苗式)으로 파종하여 흙을 덮거나 공그르는 작업에 주로 목제 괭이가 활용되었음을 알려주는 것이다. 문양에 보이는 밭의 이랑과 고랑의 형태, 그리고 따비와 괭이의 모습에서 따비와 괭이 중심의 갈이농기구 결합 체계를 찾아볼 수 있다.

청동기시대에 잡곡을 재배한 구체적인 경작 모습은 농경문청동기와 근래에 발견된 여러 경작유구를 통하여 살필 수 있다. 먼저 농경문청동기에 가지런한 고랑과 이랑이 있는 장방형의 밭이 묘사되어 있다. 청동기시대에 고랑과 이랑을 조성하여 작물을 재배하였음을 알려준다. 실제로 당시 경작유구를 통하여 이러한 모습을 확인할 수 있다. 고고학의 발달은 예전에는 생각하지도 못했던 청동기시대에 농사를 지었던 논밭 자체를 찾아내는 성과를 거두고 있다.

진주 대평리유적에서는 4,000여 평에 달하는 청동기시대의 밭이 발굴되었고 삼국시대의 경작유구도 함께 발견되었다. 청동기시대의 경작유구와 고랑과 이랑의 방향이 서로 다른 것으로 밝혀지고 있다. 청동기시대에는 대체로 강의 흐름이나 등고선과 직교하는 방향으로 고랑과 이랑을 조성하였다.[29] 진안 여의곡 경작유구도 역시 마찬가지였다. 반면에 삼국시대의 경작유구는 강의 흐름이나 등고선과 동일한 방향으로 그것들을 조성하였다.[30] 양 시기 경작유구의 차이는 고랑의 기능과 밀접한 연관성을 지닌다.

진주 대평리유적의 삼국시대 경작유구 가운데 일부는 이랑과 고랑이 각이 없이 파상(波狀)으로 연결되고, 고랑의 폭이 규칙적이며, 그 깊이도 일정하였다. 축력을 이용한 쟁기로 갈이작업을 하였음을 반증해주는 증

〈그림 1–9〉 진주 대평리유적 옥방 6지구의 청동기시대 경작유구

거다.[31] 반면에 청동기시대의 경작지는 주로 석제와 목제 농기구로 이랑과 고랑을 조성하였다. 실제로 진주 대평리 옥방 2지구 경작유구에서 목제 농기구의 굴지흔(掘地痕)이 발견되었다.[32] 축력을 이용한 쟁기로 밭을 깊이 갈 수 있다. 이 때문에 고랑의 골을 깊게 조성하고 두둑을 높이 쌓는 것이 가능하다. 그러나 목제나 석제 농기구로 밭을 갈면, 깊이갈이가 그리 쉽지 않았다.[33] 이에 따라 고랑을 깊게 만들거나 두둑을 높이 쌓기도 어려웠을 것이다. 그리하여 여름철에 호우가 집중해서 내리면 두둑이 허물어지는 경우가 다반사로 발생하였을 것이다. 결국 고랑과 이랑의 방향을 강의 흐름이나 등고선과 직교하여 만든 사유는 바로 한꺼번에 비가 많이 내릴 경우 배수를 원활하게 하여 두둑이 허물어지는 것을 방지하려는 것에서 찾을 수 있다.[34] 삼국시대에 고랑의 골을 깊게 만들거나 두둑을 높이 쌓는 것이 가능하였다. 집중 호우 시 두둑의 훼손이 청동기시대처럼 그리 흔하지 않았을 것이다. 당시에 고랑과 이랑의 방향을 반드시 강의 흐름이나 등고선과 직교하여 만들지 않았던 배경도 이와 관련이 깊을 것이다.

이처럼 청동기시대에 고랑이 배수구로서 기능하였으므로 자연히 작물

〈그림 1-10〉 나무괭이를 이용한 경작 흔적(진주 대평리유적 경작유구)

의 파종처는 이랑이라고 생각해볼 수 있다. 진주 대평리 어은 1지구 경작
유구의 경우 고랑에서 반달돌칼, 돌도끼, 돌낫 등이 발견되었다.[35] 또 진
주 대평리 옥방 6지구에서 130cm의 간격으로 깊은 고랑을 파고, 그 사
이에는 다시 동일한 수법으로 골을 얕게 파 작은 고랑을 만들어서 이랑
을 전체적으로 2분할하였던 모습도 확인된다.[36] 특히 이랑의 남쪽 지점
두둑마다 발자국 흔적과 같은 타원형의 작은 수혈(竪穴)들이 규칙적으로
나타난 점이 주의를 끈다. 이랑의 작은 골에 파종하면서 남긴 흔적으로
추정되기 때문이다. 청동기시대에 넓은 이랑 위에 작은 골을 내고, 거기
에 작물을 조파(條播)한 흔적을 이에서 유추해볼 수 있다. 대체로 청동기
시대의 밭은 대부분 이랑의 폭이 넓고, 고랑의 폭이 좁은 특징을 지닌다.
고랑과 고랑 사이의 폭도 비교적 넓은 편이다. 이러한 특징은 당시에 매
년 이랑과 고랑을 교체하여 작물을 파종하지 않은 것과 관련이 있다. 이
랑과 고랑의 폭이 다르고, 또 석제나 목제농기구로 밭을 갈았으니, 매년
이랑과 고랑을 교체하여 작물을 파종하는 방식인 대전법(代田法)의 시행
을 상정하기 곤란하다. 당시 시비기술이 매우 저급하였다. 매번 동일한 이
랑상에 작물을 파종하였다면, 지력의 소모가 심할 수밖에 없다. 종래에

청동기시대에는 장기간 휴경(休耕)하고 다시 경작하는 관행이 보편적이었다고 추정하였다.[37]

대평리유적의 발굴 결과 이곳의 밭은 평탄한 표면을 그대로 이용하는 것이 아니라, 두둑과 고랑을 일정한 간격으로 만들어 작물을 재배하는 것이었다. 두둑과 고랑을 만드는 이유는 작물을 재배할 때 빗물이 잘 빠져나가게 하기 위한 것이었다. 또한 잡초를 제거하는 작업을 수행하기도 용이하였다. 신석기시대의 농경에서는 파종할 곳에 구멍을 내는 방식을 취하고 있었다. 이에 비해 고랑과 두둑을 만드는 방식은 훨씬 많은 수확을 올릴 수 있는 논밭 정리 방식이었다. 그리고 추위에 약하고 습기가 풍부한 것을 좋아하는 보리와 같은 작물은 고랑에 파종하여 경작하고, 습기를 싫어하는 조와 콩류 작물은 두둑에서 키웠다.

# 청동기시대 벼농사의 보급과 수리시설

청동기시대 농업 발달의 가장 커다란 부분을 벼농사의 보급에서 찾을 수 있다. 우리나라 농업생산에 커다란 변화를 가져온 작물인 벼가 재배되기 시작한 것이다. 그런데 벼농사의 시작을 청동기시대가 아니라 훨씬 이전 시기로 잡을 수 있다는 주장들이 계속 나오고 있다. 따라서 좀더 이른 시기부터 벼농사가 시작되었을 가능성이 충분히 있다. 그리고 벼농사는 벼 자체가 다른 작물에 비해서 훨씬 높은 생산성을 갖고 있었기 때문에 주민 생활과 사회조직에 커다란 변화를 불러일으켰다.

한반도에 자생하고 있는 야생벼가 없기 때문에 벼농사 재배 기술은 다른 지역으로부터 전래된 것으로 추정해야 마땅할 것이다. 야생벼가 자라나고 있던 지역에서 작물화 과정을 거쳐 재배벼로 만드는 순화가 이루어졌을 것이다. 그런 다음 재배벼의 기원지에서 다른 지역으로 벼농사의 전파가 성사되었고, 한반도와 주변지역도 전파 지역에 해당하는 것으로 볼 수 있을 것이다. 한반도에 벼농사가 전파된 경로에 대해서는 대체로 중국에서 건너온 것으로 보고 있지만, 일부에서는 야생벼의 자생지인 태국,

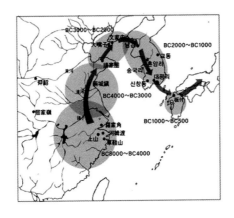

<그림 1-11> East Asia 稻作傳播經路 (趙現鐘, 2008)

베트남, 중국 남부지역에서 전래된 것으로 주장하기도 한다.

벼농사가 전래된 경로에 대해서 보다 구체적인 주장을 살펴보면 크게 북방설과 남방설로 나누어진다.[38] 요동반도를 거쳐 한반도 북쪽 지방으로 들어왔거나, 산동반도 또는 그 이남의 회하유역에서 우리나라 중서부 지방으로 들어왔다는 주장이 북방설에 해당된다. 장강(長江) 이남 지역이나 동남아에서 우리나라 남부로 전래되었다는 남방설도 제시되어 있다. 이 가운데 어떤 주장이 벼농사의 전래 경로를 확실하게 알려주고 있는지 보다 명확하게 확증하기는 어렵다. 하지만 최근의 연구에 따르면 장강 유역에서 산동반도, 요동반도를 거치는 벼농사 전파 경로가 유력하게 제시되고 있다.

벼농사의 전래 경로 문제뿐만 아니라 앞으로 밝혀야 할 과제 중의 하나는 벼농사 기술을 알고 있는 주민의 직접적인 이동에 의한 전래인가 아니면 벼농사 기술이라는 문화 요소만 교류에 의해서 전래된 것인가의 문제이다. 대체로 육로로 전해진 것이라면 주민의 직접 이동에 따른 것으로 짐작되고 있고, 해로에 의한 벼농사 전래라면 문화 요소의 교류로 추

〈그림 1-12〉 부여 송국리유적에서 출토된 탄화미　　〈그림 1-13〉 울산 무거동 옥현유적에서 발견된 청동기
시대 수전유구

정하고 있다.

벼농사의 직접적인 증거로 삼을 수 있는 것은 탄화미, 바닥이나 몸통에 볍씨 자국이 찍힌 무문토기 등의 발굴자료이다. 평양 부근의 남경유적, 강릉 교동, 여주 흔암리 등 유적에서 탄화미가 출토되었다. 청동기시대에 본격적으로 수전(水田)에다 벼를 널리 재배하였음은 탄화미, 볍씨가 박힌 토기 등이 발견되는 것을 통하여 살필 수 있다. 경기도 여주시 흔암리유적의 12호와 14호 주거지 노지(爐址) 부근과 토기 내부에서 탄화미가 출토되었고, 이 밖에 조, 수수, 보리 등의 곡물과 더불어 반달돌칼, 갈돌, 괭이, 보습 등의 농기구도 함께 발견되었다.[39] 평양 남경유적 청동기시대 주거지에서 탄화미와 더불어 조, 콩, 기장, 수수가 발견되었고, 부여 송국리유적의 주거지에서도 탄화미가 발견되었다. 이 밖에 진주 대평리유적과 부안 소산리유적, 경북 경산 성동유적, 경남 산청 강루리유적에서 볍씨 자국 토기가 출토되었다. 청동기시대에 수전에서 벼를 재배하였음을 알려주는 자료들이다.

그런데 가장 직접적인 벼농사 증거라고 할 수 있는 것은 논 자체가 발굴된 유적이다.[40] 1990년대 이후 발굴된 수전(水田) 유적을 토대로 농경의 양상을 살피는 연구가 진행되고 있다.[41] 대체로 청동기시대에는 소하천이나 계곡의 물을 막는 보와 같은 간단한 관개시설을 설치하여 물을 공급할 수 있는 곡지(谷地)에다 방형 또는 부정형의 소구획 수전을 조성하는 경향이었다.[42] 여러 유적 가운데 대규모 수전유구가 발견된 곳이 울산 무거동 옥현유적과 논산 마전리유적이다. 벼를 재배한 논의 흔적이 울산 무거동 옥현유적, 논산 마전리유적 등에서 발굴조사되었다.

먼저 울산시 무거동 옥현유적에서는 청동기와 삼국시대, 조선시대의 수전유구가 발견되었는데,[43] 이곳에 있는 논은 동서로 길게 연결된 해발 35m 내외의 평탄한 구릉과 구릉 사이의 좁은 골짜기에서 흘러내린 소하천에 설치한 보와 같은 시설에서 작은 수로를 통하여 관개하였다. 청동기시대부터 삼국 초기까지 사용된 수로는 골짜기의 경계부, 즉 논의 북단에 설치된 것으로서 길이 45m, 최대 폭 2.6m, 깊이 85cm 전후다. 이 수로는 수전을 개설한 청동기시대에 만들어졌고, 이후 일시적으로 방기되기도 하였으나 여러 차례 개수되어 삼국시대 일정한 시기까지 계속 사용된 것으로 판단하고 있다. 한편 현재 발견된 조선과 삼국시대의 논은 이 수로가 폐기된 이후에 새로운 수로를 통하여 관개하였는데, 삼국시대의 수로는 발견하지 못하였다.

조선과 삼국시대의 수전은 서북에서 동남 방향으로 낮아지는 골짜기 내의 미지형경사(微地形傾斜)를 따라 계단상으로 배치되었다. 삼국시대의 것은 조선시대 논에 비하여 논둑의 폭이 매우 조밀하며, 단위면적은 32~44평 정도의 규모이다. 반면에 청동기시대의 수전은 지형의 경사가 상대적으로 완만한 곡의 중심부 쪽에 조성되었고, 그 모양은 방형, 장방형, 부정형 등 다양하며, 논둑에 의하여 구획된 수전의 단위면적은 1평 미만 3평 전후 정도였다. 삼국시대의 논은 지형의 경사를 활용하여 수전을 계단상으로 구획하였다. 비교적 배수가 용이하였던 것으로 추정되나, 청동기시대의 경우는 배후습지 환경과 비교적 근접한 거리에 위치하였으

〈그림 1-11〉 논산 마전리유적에서 발견된 청동기시대 수전유구

므로 배수가 그리 원활하게 이루어졌다고 보기 어렵다. 발굴 과정에서 이곳이 매우 배수가 불량하였음이 확인되었다. 발굴보고자는 수전 아래층에서의 산화철, 망간 분리집적, 환원층까지의 깊이 등을 고려하여 반건·반습, 습답으로 추정하였다.

다음으로 논산 마전리유적은 좀 자세히 살펴볼 필요가 있다.[44] 청동기시대 논 유적을 제대로 볼 수 있기 때문이다. 여기에서 나온 논도 규모가 그리 크지 않은 것이었다. 완만한 언덕 위쪽에서는 계단식 논 형태를 취하고 있고, 언덕 아래쪽으로는 소규모로 구획된 논 형태를 띠고 있다. 대략 한 구획의 넓이가 12평 내외의 면적인데, 논바닥에서 길이 23.6cm, 폭 9.3cm 정도의 발자국도 확인되었다. 그리고 벼농사를 잘 짓기 위한 중요한 요소인 수리시설의 흔적을 찾을 수 있다. 구릉에서 자연적으로 흘러내리는 물을 인공적으로 막기 위한 보(洑)시설과 물웅덩이, 그리고 이 물을 다시 끌어들여 수전 농경을 영위하기 위해 인공적으로 만든 수로시설이 발굴되었다.

청동기시대에 널리 보급된 벼농사는 본래부터 수리(水利)의 도움이 필요하였다. 논에 물을 공급하여 벼의 생육이 제대로 이루어지도록 도모하려면 수리의 혜택이 갖추어질 필요가 있었다. 하천수와 빗물을 모아두기 위한 저수지와 제방 또는 보(洑), 그리고 모아놓은 저수(貯水)를 논으로 끌어들이기 위한 수로(水路) 등 여러 가지 수리시설의 축조와 관리가 이루어졌다.

2005년 안동 저전리유적에서는 청동기시대의 저수지가 조사되었다. 농경 시작 이후 만들어진 저수지의 시원적인 모습을 갖고 있다는 점에서 주목되는 유구이다. 청동기시대 벼농사에 수리시설의 축조를 결합시킨 것이 분명한 고고학적 유적을 경북 안동시 서후면 저전리에서 발굴하였다. 안동 저전리에서 기원전 10세기 무렵의 청동기시대 수리시설을 찾아낸 것이었다.[45]

안동 저전리유적은 야트막한 구릉 사이의 곡간지대(谷間地帶) 퇴적층을 파고 만들어졌는데 유구 바닥면에서 상당량의 지하수가 용출되는 지형 조건이다. 저수지 바닥에서는 많은 양의 무문토기 등이 출토되었다. 입수구(入水口)와 출수구(出水口)가 확인되었는데 특히 출수구 쪽에서는 보(洑) 시설의 잔재가 출토되었다. 직경 10~20cm 내외의 나무가 10여 점 이상 확인되었고, 그 가운데는 구멍을 뚫은 것과 말목처럼 끝을 뾰족하게 다듬은 것도 포함되어 있다. 목재를 수습하고 바닥면에 대한 조사를 진행하던 중 출수구 좌우에서 지름 1m, 잔존 깊이 70cm 크기의 주공(柱孔) 2개가 확인되었다.

저전리유적은 2008년에 추가 조사가 이루어졌다. 1차 조사에서 계곡 하류에 위치한 1차 저수지 흔적을 발굴하였고, 2차 조사 결과 1차 저수지의 상류 인접 지점에 또 다른 2차 저수지의 일부 흔적을 찾아냈다. 2호 (2차) 저수지는 1호 저수지가 폐기된 후 만들어졌다. 그런데 토층 양상으로 볼 때 이 두 저수지는 동시기에 존재한 것이 밝혀져 저수지를 '1호 저수지'와 '2호 저수지'로 부르게 되었다. 1호 저수지의 가장자리에 근접하여 수로를 팠으며 1호 저수지보다 20여m 상부에 저수 공간을 새로이 만

<그림 1-15> 안동 저전리유적에서 발견된 청동기시대 저수지

든 것이다. 저수지의 출수구 부근에서는 지름 30cm, 길이 2m 50cm에 가까운 가공된 목재가 다수 출토되었는데 그 가운데 참나무로 만든 절굿공이(豎杵) 1점이 포함되어 있었다. 2호 저수지는 1호 저수지 축조의 실패 경험을 딛고 축조된 것이기에 보다 오랜 기간 동안 유지된 것으로 추정된다. 그리고 수리시설의 안정적 유지를 기원하는 의례행위도 있었음이 상정된다.

1호 저수지의 경우 너비 15m 내외, 길이 60m 정도의 규모이며, 입수구(入水口)와 출수구(出水口)가 확인되었고 출수구 쪽에서는 보(洑)시설 흔적이 확인되었다. 2호 저수지는 1호 저수지로 물이 흘러드는 입수구의 위쪽에서 이어져 있으며 규모는 너비 12-13m, 길이 30m, 깊이 1.5m 안팎으로 공중에서 내려다보면 기어가는 뱀의 모양이고 단면은 V자 형이다.[46] 1차 조사에서 나무로 만든 절굿공이와 목제 따비가 출토되었다. 저수지 출수구 부근에 지름 2-3m 크기의 물웅덩이 내부에서는 도토리, 솔방울, 각종 야생 씨앗류와 함께 탄화미, 벼껍질(왕겨, 稻糠)이 다수 출토되었다. 이 가운데 벼는 200립(粒) 이상 출토되었는데 껍질만 남아 있는 것이 많으며 모두 단립형이다. 절구에 넣어 정미한 다음 저수지 주변에 버린 것으로 추정된다.

지금까지 청동기시대에 경작지로 이용된 논 유적의 발굴조사가 많이 이루어졌다. 그런데 발굴 조사로 모습이 드러난 청동기시대 수전은 거의 대부분 규모가 매우 작은 소구획 논이었다. 수전을 만들어 벼농사를 온전히 지으려면 논을 평탄하게 만들어 생육 중인 벼에게 물을 가지런히 넣어주는 것이 필요하였다. 즉 벼의 생육 조건을 같게 만들어주기 위해 논 표면에 물을 넣었을 때 수심을 고르게 하는 것이 요구되었다. 달리 표현하면 일정한 수온을 유지하기 위해 평탄한 표면을 유지하는 것이 필요하였던 것이다. 한편 청동기시대의 수전은 계곡이나 하천을 보와 같은 시설로 막고 관개하는 것이 일반적이었다.

청동기 시대 벼농사를 짓기 위해 필요한 여러 조건을 감안한다면 당시 논의 위치 조건을 다음과 같이 정리할 수 있다. 소하천이나 계곡의 물을 막는 보와 같은 간단한 관개시설을 설치할 수 있는 곳에 논을 만들었다. 물론 소하천 인근이나 계곡에 붙어 있는 평탄한 곳, 또는 평탄 작업이 가능한 곳이라는 조건도 충족해야 했다. 그리고 논의 모양은 직사각형이나 또는 모양을 제대로 이름 붙이기 어려운 형태였다. 뿐만 아니라 평탄 작업의 어려움, 물을 대기 위한 수리환경 조성의 곤란함 때문에 수전 자체의 크기가 매우 작은 편이었다. 이 때문에 경사지에 위치한 곡지(谷地)의 수전은 한 필지의 크기, 한 필지의 구획을 작게 만들 수밖에 없었던 것이다.

예를 들어 보령 관청리유적에서는 물길을 가로지르는 방향으로 말목을 박고 횡방향으로 나무를 덧대어 만든 보 시설과 함께 수로·논의 경계에서 물꼬가 확인되었다.[47] 더구나 안동 저전리에서 청동기시대의 저수지와 수로가 발견되어 주목을 끌었다. 유구는 야트막한 구릉 사이의 곡간지대 퇴적층을 파고 만들어졌는데, 유구 바닥 면에서 상당량의 지하수가 용출되는 지형 조건이다. 저수지는 두 차례에 걸쳐 조성되었다. 2차 저수지는 1차 저수지가 폐기된 이후에 그것의 가장자리에 근접하여 수로를 팠고, 그것보다 20여m 상부에 저수 공간을 새로 만든 것이다. 저수지의 출수구에서 수전에 이르는 수로에서 그것을 지속적으로 관리하였음을 입증해주는 흔적이 발견되었다.[48] 이러한 측면에서 안동 저전리 저수지는 청동기시대에 상당 기간 안정적으로 수전에다 물을 관개하여 벼를 재배했음을 알려주는 유적이라고 할 수 있다.

벼농사는 다른 작물에 비해 높은 생산성을 갖고 있었다. 따라서 수확한 벼 가운데 많은 부분을 소비에 충당하지 않고 남길 수 있었고, 이러한 잉여분을 저장할 수 있었다. 이러한 점 때문에 농사짓기에서 벼농사가 차지하는 비중이 점차 높아졌을 것으로 보인다. 하지만 구체적으로 밭작물 재배와 벼농사가 각각 어느 정도 비율을 차지하고 있었는지는 알기 어렵다. 다만 벼농사를 짓기에 유리한 지역, 예를 들어 산간지역의 골짜기에 자리한 평탄한 곳으로 물을 얻기 쉬운 곳에서는 벼농사를 많이 지었을 것이고, 주거 지역에 가까이 자리한 경사지이거나 물을 얻기 어려운 곳에서는 밭작물 재배에 치중하였을 것이다.

또한 벼농사는 보(洑)와 같은 관개시설을 만들 때에 대규모 인원이 동원되었고, 벼의 파종에서 수확까지 지속적인 노동력의 투입이 요구되었다. 따라서 벼농사를 본격적으로 짓기 시작하면서 정주성(定住性)뿐만 아니라 농경 활동에서 읍락 주민 상호간의 결속력이 한층 더 강화되었다고 볼 수 있다. 물론 생산성의 증대로 말미암아 부족 또는 읍락 사이에 약탈전쟁이 활발하게 전개되었다. 그 결과 청동기시대의 취락 주위에 목책이나 환호와 같은 방어시설을 함께 설치하는 것이 일반화되었다. 방어시설의 존재는 청동기시대에 사람들이 일정한 지역에 정주하여 농경 중심의 생활을 영위한 당시 사회상의 일면을 대변해주는 것이라고 할 수 있다.

# 2장

# 고대 농경의 전개와 농업체제의 형성

# 철제농기구의 확산과
# 우경의 보급

한국사에서 고대는 초기 국가의 형성 이후 후삼국시기까지로 설정할 수
있다. 이 시기 한국 사회의 발전 양상은 국가체제의 구조와 기능의 측면
에서, 그리고 사회구성원을 신분제 원리를 통해 구별하고 차별하는 신분
제도의 변화 속에서 찾을 수 있다. 당연하게도 이러한 사회 변화의 동인
(動因)은 경제적인 변화, 특히 농경 실행이 본격적으로 농업생산으로 변모
하면서 성취한 생산성의 증대에 놓여 있었다. 직접생산자인 피지배층 농
민들이 산출한 농업생산의 성과, 소출은 국가가 제도적으로 정립한 농업
수취체제, 지배층을 중심으로 마련한 농업경영방식 등에 의해 국가와 지
배층에게 옮겨졌다. 또한 직접 생산에 투입되는 농업기술의 여러 측면에
서도 변화·발달이 나타났다. 고대국가체제의 발전과 더불어 농업을 둘러
싼 지배체제의 여러 제도, 정책 등이 마련되어 시행되었다. 여기에서는 고
대 농경의 전개 양상과 고대사회의 농업체제 형성에 대하여 살펴본다.

　고대 농업체제의 형성, 그리고 변화·발달에 굳건한 기반을 제공한 것
이 바로 철제 농기구의 보급이었다.[1] 철제 농기구가 널리 보급되어 확산되

는 과정 속에서 사회 변동의 단서를 파악할 수 있다. 초기 철기시대에 들어선 이후 따비, 괭이, 칼, 낫 등을 철제로 만들어 활용하기 시작하였다. 앞선 청동기시대의 농사 도구는 목제 또는 석제로 제작되었다. 이후 시기에도 물론 농업생산 활동에 목제농기구와 석제농기구를 계속해서 사용하였다. 그런데 철제농기구의 사용과 보급이 커다란 의미를 갖게 되는 것은 우리나라 철기문화의 전개 과정이 고대국가의 성립과 발전으로 이어지는 것이라는 점에서 찾을 수 있다. 고대국가의 성립과 발전의 사회적 생산의 토대를 형성한 기술발달이 바로 철제농기구의 제작과 보급이었다.

고대국가의 성립과 발전 과정은 철기문화의 시작과 발전으로 설명할 수 있다. 철기문화는 중국 연나라, 한나라 철기문화의 영향을 받았지만, 곧이어 자체적인 제철기술의 발전에 따라 독특한 철기문화를 이룩하였다.[2] 경주 황성동 제철유적의 경우 1세기경에 소규모 제철이 이루어지다가 3세기경에 본격적으로 철광석을 제철하는 철 생산단지가 된 곳이다. 철기시대에 들어선 이후 철제농기구가 보급되어나가는 양상을 단계적으로 살펴볼 필요가 있다. 특히 농작업 가운데 논밭을 일구는 갈이농기구의 측면에서 철제농기구의 변화·발달, 보급 양상을 살펴볼 수 있다. 청동기 및 초기 철기시대까지 주로 목제와 석제농기구를 사용하였기에 농경기술의 발달은 획기적이지 못했다. 4~6세기의 철제농기구의 보급 이후 비로소 농경기술의 획기적인 발전이 이루어지는 과정을 집중적으로 살펴볼 수 있다.

철제농기구로 이른 시기에 사용된 것이 철제 날을 붙인 따비였다. 경상남도 창원시 다호리 1호분에서 두 종류의 따비가 출토되었다. 하나는 폭이 좁고 길며 단면이 삼각형을 이룬 것이고, 다른 하나는 폭이 좀더 넓고 짧은 것이다. 모두 목제 자루가 끼워져 있으며, 자루와 날은 140도 각도로 휘어진 형태로 결합되어 있다. 앞의 것은 두 갈래로 갈라진 부분만

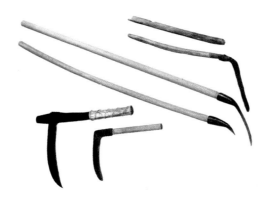

〈그림 2-1〉 다호리고분 출토 따비와 낫(복원)

을 제외하면, 농경문청동기에 보이는 따비와 유사하다. 비슷한 모습의 따비가 삼국 초기의 무덤인 경주 조양동고분이나 울산 하대고분군, 경남 진주 대평리유적 등에서도 출토되었다.[3] 한편 초기 철기시대의 유적인 다호리유적과 평북 위원군 숭정면 용연동유적에서 철제 낫과 괭이 등이 공통적으로 출토되었고, 후자에서는 이와 더불어 반달 모양의 철칼이 함께 조사되기도 하였다. 청동기시대의 석제 괭이나 낫, 반달돌칼을 초기 철기시대에 철제로 만들기 시작하였음을 알려주는 유적이다.

갈이농기구로 철제 날을 붙인 따비와 주조 쇠괭이를 주로 사용하던 단계를 기원전 2세기 무렵의 상황으로 정리할 수 있다. 철제농기구를 처음으로 활용하던 단계에서 읍락의 수장층은 따비와 괭이의 날 부분을 철제로 만들어 농사일에 활용하고 이 외에 반달 돌칼, 목제농기구 등을 사용하였다. 뒤이어 우리나라 거두기(수확) 농기구의 대표인 낫도 철제로 제작하여 사용하였다.

철제농기구의 사용이 증대되는 과정에서 목제농기구는 여전히 농기구의 기본적인 구성 부분이었다. 앞서 청동기시대, 석기시대의 농기구 역시

<그림 2-2> 신창동 출토 목제 괭이

석제와 더불어 목제농기구가 중심이었다. 기원전 1세기 유적으로 시기가
알려져 있는 광주(光州) 신창동유적을 중심으로 목제농기구의 양상을 살
펴볼 수 있다. 신창동유적은 무덤, 밭, 집자리 등 생활 유적과 분묘 등을
포괄하는 복합유적이다. 초기 철기시대의 대표적인 경작유구로 저구릉
과 영산강의 범람에 의해 형성된 충적지대에 위치하고 있다. 신창동유적
은 생활공간, 밭, 논 등 다양하고 다채로운 유적이 층위적으로 형성되어
있다. 신창동 밭 유구의 경우 모래 띠로 이루어진 다섯 줄의 골은 40~
70cm의 간격으로 일정하게 구획되어 있고 이곳에서 다양한 잡곡류를 재
배한 것이 확인되었다.

　광주 신창동유적에서는 목제농기구들이 대량 출토되었다. 그중 괭이는
흙덩이를 부수거나 땅을 고를 때 이용되었다. 다수의 목제농기구들이 출
토되었는데, 나무괭이, 괭이자루, 나무쇠스랑, 낫자루, 절구공이 등이 그
것이다. 나무괭이와 나무쇠스랑은 논에서 흙덩이를 부수거나 점성이 강
한 땅을 고르게 하는 용도로 사용되었다. 두 목제농기구는 주로 논에서
이용되던 것이라는 점에서 당시 자연저습지 상태의 논을 경작지로 활용

하고 있음을 보여준다. 물론 구릉이나 산간지역에서는 밭농사를 짓고 있었다. 이 밖에도 당시 주민들이 먹고 버린 벼 껍질과 현악기, 문짝, 베틀, 비단 조각 등이 출토되어 초기 철기시대의 생활상을 밝히는 데 큰 기여를 하고 있다.

한편 청동기시대에 이르러 전반적으로 신석기시대에 비해 석제농기구의 비율은 줄었으나 반달돌칼의 사용은 크게 증가되었다. 예외적으로 사용이 증가한 반달돌칼 이외에, 석제농기구를 대신해 갈이 작업에 쓰인 것은 목제 따비이다. 농경문청동기에도 목제 따비로 밭을 가는 장면이 묘사되어 있다.[4] 따비는 땅을 일구어 고랑과 이랑을 만드는 농기구로, 발의 힘을 이용하는 것이었다.[5]

철제농기구의 발전 양상에서 대체로 기원후 2세기 무렵까지 따비, 괭이, 낫의 구성을 보이고 있었다. 창원 다호리유적이 바로 이러한 철제농기구가 제대로 갖추어진 유적이다. 철제농기구로 논밭을 일구거나 새로 경작지를 개간하는 데 활용한 괭이, 파종구를 만들거나 논밭을 가는 데에 사용한 따비 등이 출토되었다. 또한 반달돌칼이 보이지 않고 철제 낫이 출토되었다. 이로 보아 당시에는 따비+괭이 농사가 경작의 주류를 형성하고 있었으며, 갈이(따비+괭이)→수확(낫)의 과정이 철제농기구로 수행되고 있었다.

그러나 삼국 초기에는 철제농기구의 보급이 제한적이었기 때문에 목제나 석제농기구의 사용 빈도가 높은 편이었다. 광주 신창동유적에서 목제 괭이가 다수 출토되었고, 4세기 무렵에 해당하는 무안 양장리유적에서도 돌도끼, 돌끌, 숫돌과 같은 석제공구와 아울러 목제 가래, 괭이, 절구공이 등이 발견되었다. 물론 이 무렵에 사용된 철제농기구라 하더라도 효율성이 낮아서 파종시기나 수확시기 등 농사철을 제때에 맞추기 위해서는 집중적이고 집단적인 노동력의 투입이 필요했다. 이에 따라 당시 사람

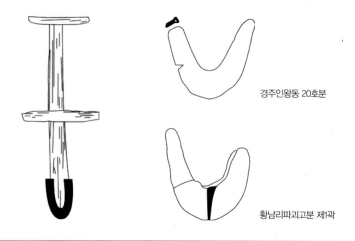

경주인왕동 20호분

황남리파고고분 제1곽

〈그림 2-3〉 U자형 따비와 따비날

들은 집단적이고 공동체적인 생활을 할 수밖에 없었다. 기원 2~3세기경까지 동예 지역에서는 산천을 경계로 하여 각기 구분이 있어 함부로 다른 집단의 사람들이 침입할 수 없었고, 만약 함부로 침입하면 그 벌로 소나 말, 생구(生口: 노비)를 부과한 책화제도가 남아 있었다. 동예 사회에서 공동체적인 관계가 중시되었음을 반영하는 자료이다. 다른 지역의 사정도 이와 비슷하였다. '그 나라 북방으로서 (중국의) 군(郡)에 가까운 제국(諸國)은 그런 대로 약간의 예속(禮俗)이 있지만, 멀리 떨어져 있는 지역은 흡사 죄수·노비와 같이 서로 모여 산다.'라는 『삼국지』 위서 동이전 한조의 기록을 통하여 삼한 사회에서 공동체적인 관계가 중시된 실정을 엿볼 수 있다.[6]

철제농기구는 기원 3~4세기를 거치면서 U자형 따비와 쇠스랑을 중심으로 갈이농기구가 구성되는 변화를 보였다. U자형 따비는 평면 형태가 U자인 쇠날을 가진 농기구로서 날과 자루가 평행하게 연결되어 삽날이나 가래와 유사한 기능과 형태를 가지고 있었다. 쇠스랑은 3개의 발이 하나의 연결부로 자루와 이어진 농기구인데, 다양한 용도로 사용되었으며 주로 논과 밭의 흙덩이를 정리하는 데 사용되었다. U자형 따비와 쇠스랑은 따비와 괭이에 비해 훨씬 논밭에서의 작업 효율성이 높았기 때문에 생산성이 크게 향상되었다.

4세기 후반 이후 철제농기구의 보급에서 특기할 만한 것은 따비의 쇠퇴와 살포의 등장이다. 따비는 3세기 이후에 기능상으로 U자형 따비로 대체되어가고 있었으나 이 시기에 이르러 거의 사라졌다. 살포는 이전에는 보이지 않던 독특한 한국 특유의 농기구로 김매기 농기구이다. 긴 자루 끝 부분에 삽의 날과 비슷한 철제 몸통을 붙여놓았다. 살포는 조선시대에 관직에서 은퇴하는 신하에게 내려주는 궤장 가운데 지팡이의 장식부분에 그 흔적을 남기고 있다. 당시 수장층의 농사일은 U자형 따비+쇠스랑(갈이)→살포(김매기)→낫(수확)이라는 농기구의 구성으로 이루어졌다. 이들은 철제농기구를 농업생산에 이용하여 경지의 확대를 도모하거나 개간을 통하여 토지를 확대하면서 호민층으로 성장하고 있었다.

4세기 후반이 새로운 변화의 시작이라면 5세기 중엽은 철제농기구의 보급에서 하나의 중요한 획기가 되었다. 5세기 중엽 이후 U자형 따비, 쇠스랑, 살포, 낫 중심으로 농기구가 크게 보급되었고, 또한 우경(牛耕)의 장려와 더불어 철제 보습이 널리 보급되었다. 그 결과 6세기 무렵 우리 농업 역사에서 기본적인 철제농기구의 구성체계가 마련되었다. 이후 철제농기구의 발달은 농업기술의 발달과 더불어 기능, 형태 등의 측면에서 다양화, 분화 등의 양상으로 진행되었다.

이와 같이 4세기 이후 철기 제작기술이 발달하면서 철제농기구의 보급과 확산도 크게 성취되었다.[7] 철제농기구의 개량 및 보급이 촉진되었다. 목사(木耜)는 목뢰(木耒)의 날 부분을 평평한 판상 날로 만든, 삽과 같은 모양으로 변형되었다. 그리고 이것과 철제의 따비 날을 결합하여 만든

〈그림 2-4〉 철제 낫　　　　　　　　　　　　　〈그림 2-5〉 보습 (소장: 국립중앙박물관)

농기구를 U자형 따비라고 할 수 있다. 주로 땅을 일구는 용도로 사용했으며 이것의 사용으로 날이 좁고 긴 따비 종류보다 흙을 더 많은 양으로 엎는 것이 가능해졌다. 더불어 작업의 효율성도 증대되었다.

낫의 보급으로 인해 수확 도구에도 변화가 나타났다.[8] 낫의 종류도 다양해지면서 곧게 뻗은 형태의 것과 약간 곡선을 이룬 것으로 나뉘어졌다. 전자는 날과 나무자루가 직각으로 연결되어 있기 때문에 곡식을 수확하는 용도로 주로 사용되었다. 후자는 날 부분 전체가 곡선을 이루거나 뾰족한 날 끝 부분이 안으로 약간 구부러졌기 때문에 수확뿐 아니라 초목을 벨 때에도 쓰였다.

보습은 쟁기의 술바닥에 맞추어 끼우는 농기구로 땅을 갈아서 흙덩이를 일으키는 용도로 사용된다. 삼국시대에는 우경으로 깊이갈이가 가능해졌기 때문에 수확량이 크게 늘고, 축력을 이용해 밭갈이에 드는 노동력을 절감하여 농업의 생산성을 높일 수 있었다. 특히 고구려 지역에서 보습이 많이 발견되었다. 지안 지역, 황해남도, 아차산 등에서 출토되었다. 그중 지안 유림향 지구촌 칠보구 남산에서 출토된 보습은 V자형 단면을 이루는 것으로 쟁기의 목제 날 가장자리를 철제로 보강하는 부속품으로 알려져 있다. 이러한 보습은 고구려에서도 이른 시기에 우경이 도입되었음을 입증한다.

지증왕 3년인 502년 신라에서 '처음으로 우경을 이용하였다.'[9]는 『삼국
사기』의 기사는 우경을 이용해 처음 밭을 갈았다는 의미이기보다는 국가
적인 차원에서 우경을 널리 장려했다는 조치로 해석된다. 6세기 이전 경
상도 지역에서의 고분 및 유적에서 보습이 출토되지 않은 상태이기에 당
시 우경이 도입되었다고 결론내릴 수는 없으나 4세기 후반 신라에 선진
문물을 전파한 고구려에서 이미 일찍부터 농사에 우경을 이용했다는 것
을 생각하면 5세기 신라에도 우경이 전해졌을 것으로 추정된다. 5세기에
신라에 우경이 보급되었다고 가정하면, 백제도 비슷한 시기나 혹은 앞선
시기에 우경을 농사에 활용했을 것으로 추정된다. 우경과 함께 사람이 쟁
기를 끄는 인력경도 널리 보급되었을 것인데, 일반 농민들은 소와 쇠보습
을 모두 갖추기 어려웠기 때문에 주로 인력경으로 밭을 갈았던 것으로
보인다.

4, 5세기부터 농민들은 경제적 부, 정치적 지위 등 다양한 요인을 고려
하여 U자형 따비, 우경, 인력경 중 선택하여 밭을 갈았는데, 전반적으로
는 우경과 인력경의 이용이 확대되었을 것이다. 우경을 이용하여 갈이 작
업을 하면서 노동생산성의 증대 및 토지 생산성의 증대를 획득하였다. 우
경의 도입으로 인해 농업생산에서 개별 가호 단위의 농업경영 방식이 지
배적인 위치를 차지하게 되었다. 그리고 이것은 결과적으로 집단적, 공동
체적인 농업생산에 기초해 있던 읍락사회가 해체되어가는 원인으로 작용
했다.

# 삼국시대의 밭농사와 벼농사

## 1. 삼국시대의 밭농사

삼국시대에 이르러 철제 낫, 철삽, 철괭이 등이 이미 일상적인 생산도구가 되어 농업생산력이 획기적으로 증대되었다. 더욱이 삼국은 각기의 자연환경적 특성에 따라 재배 작물의 유형이 상이했는데, 고구려는 기장, 조 등 밭작물을 주로 재배했으며 조를 세금으로 징수했다. 백제는 삼국 중 논농사의 비중이 상대적으로 높고, 신라는 귀족과 관리에게 녹봉과 군량미 등을 벼와 조로 지급해 이를 국가재정 운영의 기본 곡물로 삼기도 했다. 삼국시대에는 특히, 보리나 밀 등 맥류를 재배하는 면적이 크게 늘어 일반 주민들도 식량 해결에서 이전보다 나은 형편을 지녔다.

삼한과 삼국시대를 거치며 철제농기구가 보급되고 우경이 실시되며 밭의 절대면적이 꾸준히 증가했다. 더 나아가 농지의 활용 방식도 2~3년 간격의 규칙적인 휴경을 맞이하게 된다. 이러한 밭의 증가는 밭농사의 특징과도 관련이 있는데, 밭의 개간은 수전과는 달리 대규모 노동력이 집단적으로 동원되지 않아도 가능했고, 만약 잉여 노동력이 발생했다면 소규모의 산발적인 노동력만으로도 가능했기 때문에 지역이나 시기에 제한받지 않고 여러 지역에서 지속적으로 진행되었던 것으로 추정된다.[10]

4~6세기 삼국시대에 철제농기구와 우경이 보급되면서 농업생산력이 발달했고, 이것은 더 나아가 노동생산성의 증대와 단위면적당 수확량의 증대, 즉 토지생산성의 증대에까지 이르렀다.[11] 이로 인하여 읍락사회 역시 이전과 다른 변동이 생겼다. 읍락공동체의 해체가 그것이다. 삼국은 이러한 변동에 대해 부집단, 복속 소국과 읍락집단의 자치력을 부정하여 국가의 직접적인 통치영역으로 개편하는 작업, 즉 중앙집권적인 영역국가 체제를 구축하는 작업에 나섰다.

철제농기구와 우경의 보급 이전은 대규모 노동력이 필요한 공동체적 농업경영이 필수적이었다. 따라서 당시 사람들의 사회생활마저도 집단적, 공동체적 생활을 영위할 수밖에 없었다. 이 때문에 삼국 초기 읍락사회는 각 읍락들이 정치적, 경제적으로 자치력을 유지할 수 있었다. 그러나 철제농기구와 우경을 통한 농경에 필요한 조건을 갖출 수 있는 계층은 경제적으로 부유한 사람들이었다. 이들은 우경에 기초한 농업생산으로 더 많은 토지를 집적해나갔을 것으로 추정된다.

이와 관련하여 이전에 비해 많은 잉여생산물과 재산을 축적할 수 있게 된 계층의 수요의 증가에 따라 교역 활동 역시 활발해졌다. 4~6세기 삼국시대 농업생산력의 발달을 증거하는 지표로서의 시장 역시 개설되었다.[12] 시장의 발달은 도시의 발달과도 연관성을 지녀 시장의 개설과 비슷한 시기에 지방도시의 발달 면모를 확인할 수 있다.[13] 농업생산력의 발달은 결국 상업, 수공업, 교통·운수 등의 발달과도 맞물려 있으며, 읍락 내에서의 농민층 분해와 함께 계층 분화라는 결과로 이어지기도 했다. 농업생산에서 유리된 계층이 상업, 수공업 등의 방면으로 흡수되었던 것이다.

공동체적 농경의 모습이 와해되면서 소국의 거수와 읍락 지배자들의 통치 기반이 축소되었고, 이는 곧 삼국이 지방에 대한 통제를 더 강화할 수 있는 명분이 되었다. 중앙집권적 영역국가체제를 갖춰가며 삼국은 국가권력에 의해 직접적인 통제를 받는 공민들에게 부세를 부과하거나 군역의 의무를 부담하게 했고, 또 각 행정구역별로 일정한 공물을 부과하게 했다.

요약하자면, 4~6세기 농업생산력의 발달은 읍락사회의 변동과 더불어 삼국의 지방 복속 소국 및 읍락의 해체, 그곳들에 대한 국가의 직접적인 통치영역으로의 편제로 이어졌음을 확인할 수 있다. 이것은 지배체제상, 부체제에서 중앙집권적인 통치체제로의 전환이 이루어졌음을 의미하기도 한다. 삼국은 이것을 보증하는 형식과 제도로 지방통치조직을 갖추고, 이 체제를 유지하기 위해 율령을 마련했던 것이다.[14]

청동기시대의 밭 유구의 이랑과 고랑은 울퉁불퉁하고 굽었으며 정연하지 않은 모습이었고, 고랑의 깊이는 꽤 얕은 편이었다. 반면에 삼국시대 밭 유구의 이랑과 고랑은 비교적 직선으로 이뤄졌고, 평면 형태는 완만한 S자형의 모습이었다. 고랑은 깊고 일정한 편이었다. 이것은 삼국시대의 경지 정리 기술의 발달에 힘입은 결과라고 할 수 있다. 특별히 축력을 이용한 쟁기로 밭갈이를 하면서 나타난 현상과 관련이 있다. 진주 대평리와 평거동, 하남시 미사리유적에서 밭 유구가 나왔고, 나머지는 규모가 작거나 상태가 불량한 편이다. 진주 평거동유적의 밭 유구는 아직까지 제대로 된 발굴조사가 이뤄지지 않아서 파악하기 어렵고, 진주 대평리유적의 삼국시대 밭 유구는 시기에 따른 밭농사 체계를 살필 수 있을 만큼의 충분한 정보를 제공하지 못한다. 반면에, 하남시 미사리유적의 밭 유구는 규모도 큰 편이고 상태도 양호하고, 시기가 다른 밭이 같이 발견되어서 시차에 따른 작무법의 변화를 살피는 데에 도움을 준다.

삼한 및 삼국시대의 곡물들은 벼, 콩, 팥, 조와 같은 잡곡들이다. 특히 벼의 흔적이 확인되는 유적이 많은 편이고, 이런 것들이 두드러지게 증가했다. 벼가 많이 생산된 것은 삼국시대에 들어오면서 벼의 재배 범위와 재배면적이 늘어났기 때문이다. 그런데 벼가 증가하는 만큼 벼농사만 일방적으로 확대된 것은 아니다. 청동기, 철기시대의 쌀이나 볍씨는 거의 생활 유적에서 발견되었다. 무덤에 벼나 쌀을 넣고 묻는 것은 그 때의 장례의식과 관련된 것이다.[15]

1992년에 경기도 하남시 미사리유적을 발굴한 결과, 삼국시대의 2개의 경작유구층이 발견되었다.[16] 상층 경작유구는 축력을 이용하여 밭갈이를 한 것으로 보이고, 하층 유구는 짧은 방향으로 이랑과 고랑을 만들었는데, 현재 남아 있는 이랑의 폭은 비교적 일정한 편이다. 고대 중국에서 한 나라 대전법 실시 전에 고랑과 이랑을 만들었음을 고려하여 많은 연구자들이 미사리 유구에서 이루어진 경작방식을 대전법(代田法)과 연관시켜 설명하였다. 이에 대해서는 뒤에 자세히 살펴본다. 미사리 유구에서는 U자형 따비로 갈이 작업을 하였을 가능성이 높다. U자형 따비로 밭을 갈다가 우경으로 밭을 갈게 되면서 농법이 크게 발달하였을 것이다. U자형 도구로 밭을 갈다가 우경으로 밭을 가는 관행이 보편화되면서 농업생산 기술상 상당한 진전이 있었던 것으로 예상된다. 실제로 토지 이용의 효율성 면에서 하층보다 상층 경작유구가 더 높았다.

하층 유구[17]는 상층보다 약 2~30cm가량 아래층에서 발견되었는데, 이 경작유구의 고랑과 이랑은 섬 안쪽으로 계속되었고, 전체가 하나의 직선을 이루고 있는데, 고랑과 이랑은 각각 70~80cm이고 한 폭은 150cm 정도이다. 고랑[18]의 깊이가 조금 깎여 나간 것도 고려해보면, 당시의 상태는 현재의 것보다 깊었을 것으로 추정된다. 하층 유구에는 고랑 바닥 안쪽에 구멍이 지그재그로 나 있는데, 이것은 곡식을 심었던 자리일 것으로 추정된다. 상층의 밭 유구에서 조사된 이랑의 폭은 70~75cm, 고랑의 폭은 25cm 정도이고, 그 폭은 비교적 일정한 편이라고 한다. 고랑의 깊이는 25~30cm 정도로 조사되었다.[19] 이러한 이랑과 고랑의 크기는 대략 2~3척, 1척 내외 정도라는 점에서 세밀하게 정돈된 전무(田畝)제도로 평가된다.

축력(畜力)을 이용하여 고랑과 이랑을 조성하는 농법을 적용하였을 것으로 추정된다. 미사리 상층 경작유구가 너비 50cm 이상의 이랑을 만들고 거기에 작물을 파종했다고 추정된다는 점에서 조선시대의 작무법(作畝法)[20]과 유사하다고 볼 수 있다. 미사리 상층 경작유구는 한나라 대전법 단계의 작무법과 비교되는데, 씨를 뿌리는 곳이 이랑과 고랑이라는 차이가 있고, 또 이랑의 폭이 대전법 단계의 중국보다 더 넓다. 그런데 고랑 골의 깊이가 거의 비슷하다는 걸 보면, 미사리 상층 경작유구도 해마다 교대로 고랑과 이랑을 바꿔 파종하는 방식으로 경작했을 것으로 추정된다.[21]

진주 평거동 삼국시대 밭 유구에서 연작(連作)의 흔적이라고 추정하기도 하는 유구가 발견되었다. 이랑과 고랑의 폭은 50cm 내외로 서로 비슷하고, 또한 고랑의 깊이도 20cm 내외로 일정한 편이다. 또 단면 형태는 상면이 볼록하고 고랑은 평평한 편이다. 이런 것을 보면, 축력을 이용한 쟁기로 밭갈이를 하였음을 알 수 있다. 전사면의 상층 밭은 하층 밭의 두둑을 파서 원래 하층 밭의 고랑 자리에 퇴적된 모래와 함께 두둑을 만들었는데, 발굴조사자는 이것을 매년 고랑과 이랑을 교대로 바꾸어 조성하여 작물을 연작했음을 보여주는 증거로 이해했다. 화성 석우리유적에서 발견된 밭 유구도 이랑의 폭이 비교적 좁은 편이어서, 미사리유적 상층 밭 유구와 유사한 단계의 농법 수준일 것으로 보인다. 그런데 원래의 두둑을 파서 새로운 두둑을 만드는 시기가 언제인지 특정할 수 없고, 휴한

농법의 극복과 상경농법으로의 전환을 전답의 이랑과 두둑의 조성만으로 설명하기는 어렵다는 점에서 연작(連作)의 흔적으로 보는 견해에 찬성하기 어렵다.

미사리 상층 유구와 하층 경작유구는 넓은 이랑과 고랑을 조성하여 경작하는 단계의 경작지로 보아야 할 것이다. 기존의 청동기시대와 초기 철기시대에는 장기간 휴경하고 다시 경작하는 것이 일반적이었는데, 4세기 이후 신라와 백제에서 규칙적으로 휴경하는 휴한농법이 성립된 것으로 보는 견해가 있다. 산림을 불태워 밭을 개간하는 방식이 보편화된 단계인 청동기시대와 초기 철기시대에 장기간 밭을 휴경하다가 다시 경작하였다는 견해도 주목할 필요가 있다. 이에 따르면, 한두 해를 주기로 밭을 경작하는 농법은 초기 철기시대 이후에나 가서야 개발되었다고 추정된다.

미사리 하층 경작유구는 이랑에다 파종을 하지 않고 고랑에 파종했다. 그 이유는 먼저 청동기시대와 초기 철기시대보다 고랑의 골을 더 깊게 만들 수 있어서 더 효과적인 작물 재배를 기대할 수 있었기 때문인 것으로 보인다. 또 청동기시대와 초기 철기시대에는 목제 따비나 괭이로 밭을 갈아서 깊이갈이가 어려웠던 것에 비해, 4~5세기경에는 철제 U자형 따비, 삽, 괭이 따위로 갈이 작업을 수행했으므로 이전보다 밭을 더 깊이 가는 것이 가능했을 것이다. 미사리 하층 경작유구의 고랑 깊이가 15cm 이상인 점도 이와 관련이 있을 것이다. 골이 깊은 고랑에 파종할 때, 어린 묘가 건조한 바람을 직접 피할 수 있어 묘 잎의 수분 증발을 줄일 수 있고, 동시에 고랑 바닥에 바람이 미치지 못해 어린 묘가 충분한 수분을 흡수하여 튼튼히 발육할 수 있었다. 게다가 이랑의 흙을 고랑에서 자라는 묘의 뿌리 근처까지 두텁게 배토해줌으로써 보습 효과가 증대되고, 묘가 쓰러지는 것도 방지할 수 있는 장점도 있었다. 특별히 건조한

〈그림 2-6〉 하남 미사리유적 하층 경작유구(왼쪽)와 상층 경작유구(오른쪽)

지대에서는 옛날부터 고랑에 파종하는 것이 관례였다. 한강 유역이 건조한 지대라고 할 순 없지만, 봄 가뭄에 백제 사람들이 수분 증발을 막으려고 작물을 고랑에 파종한 것으로 볼 수 있다.[22]

그런데 이런 이유들만으로 백제 사람들이 고랑에 파종하였다고 보기는 힘들다. 왜냐하면 작물의 종류에 따라 파종법이 다양하기 때문이다. 예를 들면 조선 전기에 보리는 이랑에 파종한 잡곡류들과 다르게 일찍부터 고랑에 파종했다. 그러나 미사리 하층 경작유구에 심은 곡식을 보리로 보기엔 곤란하다. 왜냐하면 비교적 좁은 폭의 이랑과 고랑을 짓고, 고랑에 파종하였기 때문이다. 이 점과 관련해서 여러 밭작물의 습성을 충분히 숙지할 필요가 있다. 기장과 조는 가는 모래나 검은 흙이 반반인 토성이 건조한 데서 잘 자라고 습한 데는 부적합하다. 미사리 지역은 여름철에 집중호우가 내리는 곳이라서 물이 고랑에 자주 고였을 것으로 보인다. 따라서 건조한 곳에서 잘 자라는 기장, 조를 여기에 파종했을 가능성은 적다. 밭벼는 높은 지대나 수온이 낮은 곳이 적당하고, 너무 건조하면 좋은 수확을 하기 힘들다. 수수나 피는 낮고 습한 곳이 좋고 메마른 곳에서는 잘 자라지 않는다. 다른 콩이나 팥은 아무 토양이나 잘 자라는 속성을 지녔다. 여러 작물의 습성들을 고려해보면, 하층 경작유구의 고랑에는 밭벼, 수수, 피 가운데 어느 하나를 파종했을 것이다. 특히 이 가운데에서 여름철의 아주 습한 시기에도 많은 피해를 입지 않았다고 여겨지는 수수, 피를 심었을 가능성이 높다.

삼국시대에 피를 널리 재배했음을 함안 성산산성에서 근래에 발굴조사된 목간(木簡)을 통해서 알 수 있다. 함안 성산산성 목간은 561년 무렵에 제작된 것으로 대부분은 여러 행정촌에서 납부한 곡물을 표기한 목간이다. 목간에는 곡물을 바친 사람들의 주소, 이름, 납부한 곡물의 종류와 수량으로 이뤄져 있다. 지금까지 발견된 목간에 보이는 곡물 가운데 압도적으로 많은 것은 피이고, 그다음엔 보리, 쌀보리, 쌀 등이 있다. 목간의 내용은 대부분 상주의 여러 지역에 거주하는 사람들이 피 1석(石)을 납부했다는 것이다. 피를 납부한 사람의 주소지를 보면 거의 현재의 경상북도 북부지방 일원이다. 이처럼 피를 수취물의 일부로 징수한 사실을 통해서 신라의 다른 지역에서도 마찬가지로 피를 널리 재배한 것을 유추해볼 수 있다.

6세기 고대 일본에서 밭벼를 많이 재배한 점을 알 수 있고, 진주 대평리유적 삼국시대의 밭에서 벼가 발견되었다. 이와 같은 일본과 진주 대평리유적의 사례를 감안해보면, 미사리 상층 밭에서도 밭벼를 재배했을 가능성이 높다. 이 밖에 삼국시대에 보리나 콩, 밀, 조 등의 잡곡을 널리 재배하였음은 『삼국사기』 등의 문헌 기록과 여러 유적들에서 탄화된 잡곡이 조사된 사실을 통해 확인해볼 수 있다.

전덕재는 미사리 하층 유구는 1~2년 동안 밭 전체를 묵혔다가 경작하는 휴한농법 단계의 경작지일 것으로 추정하고 상층 경작유구는 축력을 이용해서 밭을 갈고 고랑과 이랑을 만들었을 것이며, 이렇게 볼 때 미사리 상층과 하층 경작유구는 휴한농법 단계에서 초보적인 수준의 상경농법 단계였던 것임을 알 수 있다고 보았다.[23] 휴한농법의 극복과 상경농법으로의 전환을 전답의 이랑과 두둑의 조성, 축력의 이용만으로 설명하기는 어렵다. 전답(田畓)을 상경(常耕)하여 경작해야 할 사회경제적 여건이 존재하는지 여부를 1차적으로 따져야 한다. 이러한 점에서 연작(連作), 상경(常耕) 등과 관련시켜 미사리 경작유구를 설명하는 것은 좀더 검토가 필요하다고 생각된다. 휴한농법과 연작농법에 대한 해명은 고려 말 농법 전환을 상세하게 다룬 부분에서 명쾌하게 설명하고자 한다.

## 2. 삼국시대의 벼농사

삼국시대의 수전(水田)의 형성과 발전 과정을 살펴본다. 청동기시대 이후 한반도 안에서도 각 지역별 자연환경에 따라 서로 다른 농경 유형이 확립되었을 것으로 보인다. 애초에 남쪽지역의 농업 환경 조건과 북쪽 지역의 그것은 상당한 정도의 차이를 보이고 있었고, 또한 평야지대와 산간지대의 농업 여건 역시 눈에 띨 정도로 다른 것이었다. 신석기 시대 농경이 시작된 이래 한반도 각지의 농민들은 자신들이 거주하는 지역의 농업 환경, 농업 여건에 걸맞는 농업기술을 마련하여 계승하고 있었다. 크게보면 서북지방과 동북지방은 밭농사 중심이고 중남부지역에서는 밭농사와 논농사가 함께 발달하였다.

고구려는 논농사보다는 주로 밭농사를 지었다. 산간지방이 많았던 만큼 밭농사가 더욱 활발하게 되었을 것은 당연한 이치이다. 따라서 밭농사의 산물인 조(粟)가 세금을 내는 주곡으로 자리하고 있었다. 논농사도 점차 확대되는 추세였다. 특히 4세기 초 낙랑군과 대방군이 차지하고 있던 평양 일대나 황해도 지역을 차지하게 되면서 논농사의 비중이 증대되었을 것이다. 아울러 백제의 수도였던 한강 유역을 장악하면서부터 논농사의 비중은 더욱 커졌을 것이다. 이리하여 벼가 점차 널리 재배되면서 귀족들은 물론 일반민들도 드물게 쌀을 먹을 수 있는 처지가 되었을 것이다.[24]

신라는 밭농사보다 늦게 시작되었으나 중요한 생산 분야로 발전하는 논(水田, 畓)농사는 수행하였다. 논은 크고 작은 구릉 사이에 발달한 골짜기와 중·소규모 하천의 범람원에 위치하고 있으며, 크게 두 가지 형태가 발견되었다. 하나는 청동기시대의 논으로, 주로 장방형(長方形)의 소구획된 논두렁 안에 경작면의 요철(凹凸)면이 매우 불규칙한 상태로 확인되었는데 이들은 1~3평 내외의 작은 규모이다. 소구획 논은 청동기시대에 출현하여 삼국시대에도 계속해서 조성되고 있었다. 다른 하나는 길게 단을 이룬 논인데 소구획 논에 비해 둑이 명확하지 않은 특색이 있다. 이와 같은 논의 두 가지 형태는 자연지형, 경작방식 등의 다양한 요인에 의해 설명할 수도 있으나 소구획 논에서 대규모 계단식 논으로 시기적으로 발전하였을 것이다.

신라시대 논의 구체적 증거는 창원 가음정동(加音丁洞)·반계동(盤溪洞), 울산 무거동(無去洞) 옥현(玉峴)·굴화리(屈火里)·서부리(西部里) 남천(南川)·대구 서변동(西邊洞) 등이 있으며 수전의 상황을 잘 보여주는 고고자료는 논의 형태와 논에 보이는 쟁기날의 흔적이다.

울산 옥현유적의 삼국시대에 해당하는 논은 중·대규모의 계단식 논으로 요즘의 논과 같이 기다란 모양을 하고 있다. 이와 비슷한 형태의 논으로는 삼국시대 후반에 해당하는 대구 서변동 논 유적과 창원 반계동의 논 유적이 있다. 이런 장방형 계단식 논은 철제농기구의 발전과 관련이 있을 것으로 보이며 특히 쟁기를 끄는 우경의 보급과 일정한 관련을 맺고 있다. 그것은 반계동 서변동의 논 유구에서 쟁기날의 흔적이 확인된 것으로 뒷받침되고 또 반계동에서는 주변에서 소 발자국까지 확인되었다.[25]

〈그림 2-7〉 울산 옥현 청동시기대의 논(왼쪽)과 신라 계단식 논의 모습

6세기경에 신라 국가는 새로운 수리시설의 축조와 관리를 통해 하천이나 계곡의 흐름을 조절할 수 있었고 이로써 새로운 토지를 개발할 수 있는 가능성을 열어가고 있었다. 저습지를 개발하여 새로이 이용할 수 있는 토지가 생기면서 주거 영역이 확대되었을 뿐만 아니라 농경지(農耕地)도 크게 확대되었다. 늘어난 농경지의 대부분이 하천 부근의 저습지인 것으로 보아 새로운 토지는 논일 가능성이 있다. 이러한 논을 확대하기 위해 가장 중요한 문제는 제방을 축조함으로써 하천의 흐름을 제어하는 일이었다. 이러한 제방의 축조 덕에 당시 신라에서는 논의 비율이 증가하였을 뿐만 아니라 기존의 수전지대도 한층 안정된 관개(灌漑)를 할 수 있게 되어 생산물의 수확이 늘어났을 것이다.

백제 지역은 기후나 자연환경이 논농사에 아주 유리하다. 백제 지역은 기후가 온난하고 지리적으로 한강(漢江)·금강(錦江)·영산강(榮山江)과 같은 큰 하천이 흐른다. 그래서 선사시대(先史時代)부터 논농사에 적합한 지역으로 알려져왔다. 논농사는 위도(緯度)나 기온·강수량 등의 자연 조건에 제약을 받기 때문에 청동기시대에는 한강·금강·영산강 유역에 위치한 낮은 구릉지(丘陵地)를 중심으로 사람들이 모여들었다.

백제 논농사의 전통은 적어도 청동기시대까지 올라간다. 청동기시대 탄화미(炭化米) 출토로 유명한 경기도 여주 흔암리(欣岩里)유적이나 부여 송국리(松菊里)유적 모두 백제 지역에 분포한다. 그리고 백제 지역 곳곳에서 벼 껍질이 확인되거나 볍씨 자국이 찍힌 토기가 출토된다. 한국에서 최초로 발굴된 청동기시대 논은 울산 무거동 옥현(無去洞 玉峴)유적이다. 바로 뒤를 이어 논산 마전리(麻田里)유적이 조사되었는데 부여 구봉리(九鳳里)·노화리(蘆花里)유적과 함께 백제 지역의 대표적인 청동기시대 논 유구로 꼽히고 있다.

청동기시대에 논 구획을 작게 만드는 것은 물 깊이 조절을 쉽게 하기 위한 것이다. 논은 바닥을 수평으로 만드는 것이 중요 요건이다. 논바닥이 비스듬히 기울게 되면 물의 깊이가 달라져 수온 차이가 나게 되고 벼가 고르게 생장하지 못하는 원인이 되기 때문이다. 이러한 소구획 논의 전통은 백제시대까지 이어졌다.

부여 구봉리유적을 보면 청동기시대 논 위층에서 3세기 후반~4세기 전반으로 비정되는 논이 확인되었는데 모양이 일정하지 않은 것은 청동기시대 논과 별반 다르지 않다. 다만 논 구획 면적이 2~3배가량 넓어지는 정도의 변화가 있을 뿐이었다. 또한 6~7세기에 해당하는 것으로 조사된 부여 궁남지(宮南池)의 논도 작은 것은 4~5평, 큰 것은 10평 정도로 소규모이고 모양도 부정형이었다.[26]

백제의 수전이 새로이 개발되고, 이에 따른 수리(水利)시설인 제방의 수리 사업이 이루어지기도 하였다. 다음 백제의 논과 관개수리시설에 관련한 기사에서 백제에서 수전농사가 진전되고 있음을 짐작할 수 있다.

봄 2월에 나라 남쪽(國南)의 주(州)·군(郡)에 영(令)을 내려 처음으로 도전(稻田)을 만들게 하였다.[27]

봄 2월에 나라 사람들(國人)에게 남택(南澤)에 논을 개간하라고 명하였

다.[28]

백제는 1세기 무렵부터 진벌인 택(澤)에 도전(稻田)을 개발한 것으로 나타난다. 국가적인 관심 속에서 논을 개간하고, 이를 뒷받침하기 위한 기반시설인 관개수리시설을 축조 정비한 것으로 되어 있다. 여기서 도전(稻田)이란 수전, 즉 논을 가리키는 것이다. 택(澤)은 자연적으로 물이 고인 소택지(沼澤地)로서 배수(排水)가 제대로 안 되어 지하수위가 높고 유기물의 분해가 좋지 않은 자연 저습지를 뜻한다. 물론 지역의 자연적인 조건에 따라 다르기는 하지만 백제 초기에는 자연 저습지가 논의 개간 대상으로 적합한 지역이었음을 보여주고 있다. 백제 초기 소택지 주변의 수전 경영은 주로 지류의 하천물이나 배후습지(背後濕地)의 지하수를 간단한 도수(導水)시설을 통해 급수(給水)하는 방법을 취했을 것이다. 그리고 제방축조는 산간계류(山間溪流)를 이용하여 간단한 물길을 파서 계곡 안에 형성된 소규모 경작지에 급수를 하거나, 또는 자연적으로 형성된 못(池), 소(沼), 저습지를 취수원(取水源)으로 하여 수로를 통해 급수하는 형태로 관개가 이루어졌을 것이다.[29]

소택지나 저습지 근처에 조성된 수전은 소택지 등에서 도수시설(導水施設)을 통하여 연중 물의 공급을 원활하게 받을 수 있어 안정적으로 벼농사를 지을 수 있다. 또한 세립토(細粒土)이기 때문에 간단한 목제농기구로 갈이 작업과 흙덩이를 부수는 작업을 쉽게 할 수 있다는 이점도 있다. 반면에 이러한 곳에 조성된 논은 지하수위가 높고, 배수가 불량한 담수전(湛水田)이기 때문에 생산성은 그리 높지 않았다. 배수가 불가능한 담수전에서는 미생물이 왕성하게 활동할 수 없기 때문에 벼의 생육에 필요한 영양분을 충분하게 공급하지 못해 다수확에 지장을 받았던 것이다. 또한 배수가 불량하였기 때문에 산소의 공급이 원활하게 이루어지지 않아 근

부현상(根腐現象)[30]의 피해를 입기가 쉬웠다.[31]

5~6세기 백제에서 수리관개기술의 발달에 따라 초기에 관개가 불가능한 반건전(半乾田)이나 건전(乾田) 지역에도 물을 공급하여 수전으로 조성하는 것이 가능했는데, 이러한 지역은 소택지나 저습지 근처의 수전과 달리 급수와 배수가 양호한 곳에 해당한다. 이러면 근부(根腐)의 피해를 줄일 수 있다.[32]

급수와 배수가 원활해지면 산소가 충분하게 공급되어 미생물에 의한 유기물질의 분해가 왕성해져 벼가 생육에 필요한 영양소를 충분하게 공급받게 되는 이점이 생긴다. 이러한 측면에서 대규모 저수지와 수리시설을 만들어 건전 지역에 물을 공급하여 수전을 조성하는 것은 토지생산성(土地生産性)의 증대(增大), 즉 단위면적당(單位面積當) 수확량(收穫量)의 증대와 직결되었다고 말할 수 있다.

철기 유입과 함께 초기 철기시대에는 철제 낫과 도자(刀子)와 같은 효율적인 도구가 나타나면서 종래 곡물 수확구로 사용되던 반달돌칼과 돌낫들이 점차 사라진다. 낫의 재료가 철로 전환되면서 철제 낫을 사용하기 시작한 것은 중국제 철낫의 유입이 직접적인 계기가 되고 있다. 그런데 처음에는 낫은 도끼나 도자와 달리 일정한 수준의 철기와 청동기 부장품을 갖춘 분묘(墳墓)에서 주로 출토된다. 분묘 이외에 패총(貝塚)과 같은 생활 유적에서 발견되는 경우가 있긴 하나 층위나 편년이 불확실하며 지금까지 알려진 대부분의 초기 철기시대 생활 유적에서는 낫이 발견되지 않는다. 다시 말하면 철제 낫이 사용되고 있기는 하였으나 생활 유적이나 일반인들의 무덤에 부장될 만큼 보편적인 수확구로 보급되고 있지는 못하였다.

이에 반해 철도자는 작은 손칼로 적은 양의 철 재료로 손쉽게 만들수 있는 도구이면서도 용도가 다양하기 때문에 분묘 생활 유적에서도 거

<그림 2-8> 철도자(왼쪽)와 철제 낫(오른쪽). (소장: 국립중앙박물관)

의 빠짐없이 발견될 정도로 일상생활에서 널리 사용되던 도구였다. 특히 중남부지역의 생활 유적들에서 곡물 수확구인 반월형 돌칼이 사라지고 이에 상응할 만큼 보편적으로 발견되는 것은 낫이 아니라 바로 철도자이다. 그러므로 철도자가 곡물 수확도구로 사용되었을 가능성이 아주 높다.[33]

철도자에 대해 철제 낫의 보급도가 상대적으로 낮다는 것은 당시의 곡물 수확 작업이 반월형 돌칼을 사용하던 이전 시기의 이삭따기식에서 크게 변하지 않았음을 의미한다. 예컨대 작물에 따라 수확방법이 달라 도자와 낫을 구분해서 사용했거나 또는 낫은 곡물 수확 이외에 풀을 베거나 나무껍질을 벗기는 공구로 사용되기도 하고, 경우에 따라서는 무기로 사용될 수도 있다. 철기가 사용되는 초기 단계에서는 아직도 이삭따기식 수확방법이 일반적으로 행해지고 있었던 것으로 생각되며 수확 과정에서 낫이 차지하는 비중은 그리 크지 않았다. 그러나 철기문화의 영향으로 수확이라는 일부의 농경 과정에서 작업 능률화가 이루어져 짧은 수확기 내에 작업을 마침으로써 수확상의 손실을 줄일 수 있었을 것이다.

살포는 날은 작으나 자루는 매우 길어서 논의 물고를 트거나 막을 때

<그림 2-9> 살포 (소장: 국립중앙박물관)

쓰며 노인이 논에 나갈 때 지팡이 대신 짚고 다니기도 한다. 날은 부삽형이나 말굽형이 주류를 이루며 날에 비해 매우 긴 굽통이 날 위에 달려 있고, 자루는 날에 평행으로 박는 것이 보통이나 장방형 가운데에는 굽통이 날에 대해 직각으로 꺾여 달려서 작은 괭이의 형태를 이루기도 한다. 날의 크기는 제일 작은 것이 4×5cm(창녕 계남), 가장 큰 것은 10.7×18.7cm(의성 탑리)로 차이가 많으나 대체로 너비 6~8cm, 길이 10~15cm 정도이다. 굽통은 가장 작은 것의 길이가 4cm(창녕 계남), 제일 긴 것은 14.85cm로서(경주 127호분)날에 비해서는 모두 엄청나게 길다. 그리고 굽통 지름도 3cm정도로 매우 너른 편이다. 이처럼 굽통의 지름이 너르고 긴 것으로 미루어 자루 길이도 매우 길었을 것으로 생각된다. 한편, 현재 농가의 살포도 날이 작은 반면 굽통은 길고 크며 자루도 2m가 넘는다. 따라서 예전이나 이제나 살포 자체에는 큰 변화가 나타나지 않았음을 알 수 있다.[34]

자연재해로 기근이 들었을 때 행한 기우제나 진휼 등의 대책들은 일시적인 것에 지나지 않았다. 근본적인 대책은 가뭄이 들어도 농사를 지을 수 있도록 하는 것이었는데 그 방법이 바로 치수(治水) 사업이었다. 치수 사업의 핵심은 수리시설의 설치, 보수, 확장 등이며 수리시설은 농경지로 물을 가두는 제(堤), 물을 끌어들이는 보(洑), 물을 막는 언(堰)의 세 가지가 대표적이다. 보는 청동기시대부터 나타나는 것으로 처음에는 작은 하천이나 계류를 막아 수위를 높여 물을 끌어들였으며 16세기 이후에는 큰 하천의 흐름을 막고 관개하는 보인 천방(川防)으로 발전하였다. 이러한 수리시설은 지형과 위치에 따라 구분되며 농경지의 이용도가 발전하면서 이용되었다.[35]

삼국시대에는 대규모의 저수지들이 축조되기 시작하는데 1~2세기에는 삼국이 아직 중앙집권적 국가체제를 갖추지 못하였기 때문에 대규모 수리시설은 만들 수 없었다. 따라서 규모가 큰 수리시설의 본격적인 설치는 4세기 이후로 보아야 한다. 4~5세기 '제'와 '언'으로 이루어진 제방은 6세기에 들어 백제를 비롯해 전국적으로 보급이 이루어졌다. 백제 무령왕은 510년에 제방을 튼실하게 하라고 명령을 내렸고 신라 법흥왕은 532년에 담당 관리에게 명하여 제방을 수리하게 하였다. 이와 같은 조치는 이전 시기부터 일부 지역에 한해 조성되어 사용해오던 제와 언을 국가 차원에서 전국적 범위로 확대해 만들라는 것으로 이해된다.

그러나 국가의 적극적인 정책에 의해 건설된 저수지는 상류에서 흘러들어오는 토사(土砂) 등으로 저수면적은 좁아지고 담수량은 줄어들었다. 또 세월이 흐르면서 제방이 손상되기도 하였는데 이 때문에 저수지를 수리하는 사업이 필요하였다. 대대적인 저수지 수리사업은 8~9세기에 집중적으로 이루어졌다.[36]

김제의 벽골제는 삼국시대 백제 비류왕 27년(330)에 세워졌다고 전해지고 있는데 벽골제의 주요 수원은 원평천(院坪川)과 두월천(斗月川)이고 이 두 하천이 합류되는 지점을 막아 물을 가두어 만든 것이다. 벽골제에는 수여거(水余渠), 중심거(中心渠), 경장거(經藏渠), 유통거(流通渠), 장생거(長生渠) 이렇게 5개의 수문이 있었는데 현재까지 남아 있는 수문으로는 장생거와 경장거가 있다.

　벽골제의 증축은 담수량 확보를 위해 제방의 높이를 높였다. 이는 제내가 많이 메워졌음을 의미한다. 때문에 제방을 증축하여 이 문제를 해결하였는데 신라 원성왕 6년(790)에 7주의 민(民)들이 동원되어 증축되었다. 『벽골제발굴보고서(碧骨堤發掘報告書)』에서는 이 제방 축조에 연인원 322,500명이 동원된 것으로 추정하였다. 7주에서 민을 동원하였다는 기사, 30만 명이 넘는 연인원의 동원은 벽골제의 규모가 매우 컸음을 보여준다. 원성왕대에 벽골제의 높이를 높이는 증축이 이루어지게 되었다.

　철제농기구의 보급, 벼농사와 밭농사의 발달, 그리고 벼농사에 커다란 영향을 끼치는 수리시설 등을 갖추어나가면서 한반도와 주변 지역에 흩어져 있던 초기 국가의 정치체들이 서로 간의 통합 과정을 거치면서 궁극적으로는 고구려·백제·신라의 3국으로 정립되어갔으며, 이는 자연스럽게 민의 존재 형태에도 영향을 주었다. 이러한 전개는 철기문화의 보급으로 생산력이 크게 발전해간 추세와 궤를 같이하여 이루어졌다.

# 통일신라의 농업과 수리시설

통일신라의 수전농업은 삼국시대에 수전을 이용하던 방식이나 수전에서 농사를 지을 때 사용했던 농기구 등의 측면에서 많은 변화가 일어난 것으로 보이지 않는다. 즉, 삼국시대보다 더 특출나게 효용가치가 높은 농기구의 개발 혹은 농업기술의 발달은 찾아볼 수 없었다. 또한 수전이 한전보다 더 유용가치가 높은 것은 이전과 마찬가지로 당연한 것이었고, 이에 통일신라는 수전이 더 확대시키려 하였고, 확보된 수전을 통해 더 많은 수확량을 획득하기 위해 노력하였다. 당시 주민들은 수전을 밭보다는 더 중요시하였고, 수전을 경작하기 위한 축력(畜力)을 확보하는 것을 우선시했다. 그리고 수전을 더 확보하기 위한 필요조건인 수리관개시설의 확충에 노력을 기울였다. 이전과 유사하게 통일신라에서 수전을 이용할 때 이용했던 농업기술은 삼국시대와 비교해볼 때 딱히 많은 차이를 보이지는 않는 것이었다.

한편 일부에서는 수리관개시설의 증축과 발달로 인해 주로 건경직파법(乾耕直播法)[37]을 사용했던 예전과 달리 수경직파법(水耕直播法)[38]에 의해 경작되는 수리안전답(水利安全畓)의 비중이 더 높아졌고, 더 나아가서 농업생산성의 증대로 이어졌다고 볼 수 있다는 주장을 펼치고 있다.[39] 하지만 아직 이러한 견해에 대해서는 논증에 참고가 될 만한 자료가 너무 부족하여 단언을 내리기 어렵다고 생각된다.

통일신라가 수리관개시설을 증축한 사실을 보여주는 대표적인 유적지는 영천(永川) 청제비(菁堤碑)이다. 영천 청제비는 신라 법흥왕(法興王) 23년(536)에 처음으로 세워졌다. 이 청제비는 두 가지로 나누어지는데, 먼저 앞면의 기록을 병진명(丙辰銘)이라 일컬으며 이는 병진년(丙辰年)에 작성되었기 때문이다. 그리고 뒷면은 정원(貞元) 14년에 작성되어서 정원십사년명(貞元十四年銘)이라고 부른다. 여기서 통일신라시대의 수리관개시설의 확충에 대해 알아보기 위해서는 청제비의 뒷면인 영천 청제비 정원십사년명의 비문 내용을 보아야한다.

정원(貞元) 14년 무인(戊寅)(789, 원성왕 14년) 4월 13일에 청제를 수리하고 그 내용을 기록한다. 보(洑)와 제(堤)가 상(傷)했다고 하므로 소내사(所內使)[40]에게 살펴보도록 하였다. 홍(弘)의 길이[弘長]는 35步, 안(岸)에 세운 홍(弘)의 가장 깊은 깊이[岸立弘至深]는 6보(步) 3척(尺), 상배굴리(上排堀里)는 12보였다. 이와 같이 하기를 2월 12일에 시작하여 4월 13일에 이르는 사이에 수치(修治)를 마치었다.[41]

위의 정원 14년은 중국의 연호를 사용한 것으로, 그 시기는 서기로 789년이고 신라에서는 원성왕 14년이므로 789년(원성왕 14) 4월에 건립된 것이고 따라서 이는 통일신라시대의 사료임을 알 수 있다.[42] 게다가 위에서 가장 눈여겨보아야 할 것은 "청제를 수리하고 그 내용을 기록한다. 보와 제가 상했다하므로"라는 부분인데, 이는 원래 영천 청제가 존재했으나 이게 파괴되어 통일신라시기에 다시 수리하고 증축한 것으로 볼 수 있다.

위에 나타난 제방에 길이가 12보(步)인 상배굴리(上排堀里)를 설치한 것에서 우리는 수리관개기술의 발달 양상을 파악할 수 있다. 이 상배굴리는 흔히 조선시대에서는 수통(水桶)이라 불렸으며 현재에는 수문(水門)이라고 칭하는 것이다. 현재의 영천 지역에서는 굴통을 빼구리라 부르는데, 이를 한문으로 표기한 것이 바로 배굴리이다. 여기서 굴통이란 청제의 수문(수통)을 의미하고 지금도 거기에 시멘트로 만든 굴통, 즉 수통이 설치되어 있다. 여기서 배(排)는 물을 배수한다는 의미로 해석되며, 굴(堀)은 물을 배수하는 굴을 가리키는 것으로 보인다. 이는 배굴리가 청제에 저장되어 있는 물을 배수하는 굴이라는 뜻으로 해석되며, 여기에 명사형 접미사인 리(里)를 덧붙인 것으로 보인다.[43] 이러한 수통은 서유구가 지은 『임원경제지(林園經濟志)』 본리지 권2 수리조에서 "소위 배수하는 것은 나무를 파내 통으로 만들고 방죽 안에 꼽아 둔다."라고 언급한 것을 보았을 때 나무가 주재료임을 알 수 있으며 정확한 직경이나 길이는 확실히 알 수는 없으나 고대 일본의 목통을 통해 유추해볼 수 있다. 일본의 오사카부 쓰루타이케히가시(鶴田池東)유적에서 발견되었는데 직경이 35cm, 현재 남아 있는 길이가 4.1m였고, 약 3도의 경사로 설치되어 있었다고 한다. 현재의 수문을 시멘트로 만들기 전 기사년(1929)에 수통을 개선하기 위하여 준비한 장통송목(長桶松木)의 두께가 1척5촌, 즉 45cm정도였다고 한다. 고대 일본의 사례와 최근의 수통의 직경을 비교해보면 이 때 설치한 배굴리의 직경이 약 40cm 내외였다고 유추할 수 있다.

또한 789년(정원 14)에 상배굴리를 설치하였다고 나타나 있는데, 이를 보았을 때 하배굴리는 이미 이전에 설치되었다는 것을 알 수 있다. 따라서 789년 이전부터 제방에 수통을 설치하여 관개하는 방식을 사용했다는 것을 유추할 수 있는데, 백제의 토목기술을 기반으로 축조한 일본 오

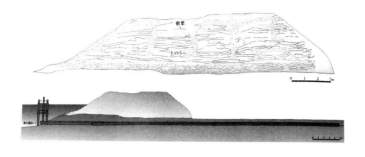

〈그림 2-10〉 수통(水桶) 오사카 사야마이케(狹山池) 7세기

사카부 사야마이케(狹山池)는 616년에 목통을 설치하여 관수와 배수를 했다고 한다. 이를 보았을 때 7세기 통일신라에서도 목통을 설치하여 이용했을 것으로 생각된다. 그런데 청제비 병진명(536년)에 배굴리란 표현은 보이지 않는다. 청제를 처음 쌓을 때에 배굴리를 설치하였다면 병진명에 기록이 남아 있을 것인데 그렇지 않은 것은 당시에 배굴리를 설치하지 않았을 것이라고 파악할 수 있다. 당시에 수통을 설치하지 않은 제언은 일반적으로 둑을 결궤(決潰)하여 관개를 하였는데, 조선시대뿐만 아니라 근대에 들어서까지도 수통을 설치하지 않았다면 이와 같은 방법을 사용하였다고 한다. 이러한 내용과 관련된 자료는 일제가 1913년에 조선의 수리에 관한 옛 관습을 정리하여 보고한 자료가 있는데, 이 가운데 저수지를 총괄하여 관리하는 제감고(堤監考)의 의무의 하나인 제(堤)에 관한 발의를 다음과 같이 보고하였다.

　　근래 제언이 황폐하고 퇴색된 결과, 옛날의 수문은 대부분 파괴되었기 때문에 그 흔적이 남아 있지 않다. 따라서 매년 가을철 7월에 제방(堤)을 수리해서 겨울철에 물을 저장하고 봄철에 물을 사용할 무렵 제방을 터놓는 번거로움이 있었다. 그런 까닭에 감고(監考)는 매년 봄 3

월 못자리를 준비하는 시기에 소결(小決, 조금 터 놓음), 이식을 하는 시기에 대결(大決, 크게 터놓음, 夏至 4, 5일 전에 몽리자(蒙利者)와 시기를 협의함)의 감독을 하였다. 따라서 이와 같은 제방의 결궤 대소는 자체 합의에 의하여 행해지고 있었는데, 이식 때의 대결은 5척 내지 1장에 이르렀다.[44]

위에 사료에서 보이듯이 제방을 결궤(決潰)하는 대소 크기가 제언과 연관된 이해관계자들 사이의 합의를 통해 이루어지고 있었다. 제방을 결궤하여 관개수를 이용하는 방식이 사용되고 있다는 점을 알 수 있다. 그리고 여기서 말하는 수문은 수통을 말하는 것으로 보인다. 게다가 서유구(徐有榘)는 『임원경제지』에서 수통이 막히기 쉽고 자주 썩어서 비용이 많이 든다고 언급하기도 하였다. 조선 세조대에 호조(戶曹)에서 대제(大堤)에는 수통 3개를, 중제(中堤)에는 2개를, 소제(小堤)에는 1개를 설치하게끔 지시하도록 요청했다는 기록이 전해지는데, 이는 조선 초기까지도 수통을 설치하여 관수(灌水)하는 것이 일반화되지 않았음을 알 수 있다. 그래서 대체적으로 수통을 설치하여 관수를 하는 것은 조선 중·후기에 들어서야 일반화되는 것으로 이해되고 있다. 이같은 점들을 고려해보았을 때, 통일신라시기에 비록 수통을 설치하여 관수하는 관개기술이 개발되었지만, 널리 활용되었다고 말할 수는 없을 것이다. 이를 통해 수통을 설치하는 관개기술보다는 방죽을 결궤하여 관수를 하는 방식이 더 보편적이었을 것이라고 생각되는데, 영천 청제 병진명에 배굴리에 관한 사실을 기술하지 않은 이유도 이 때문이 아닐까라고 이해된다. 당시에 어느 부분을 결궤하였는지에 대해서는 분명하지 않지만, 일단 조선시대 제언의 좌우에 배치한 수도(水道)로 불리는, 즉 '제방보다는 조금 낮게 쌓아 홍수에 물이 넘쳐흐르도록 만든 무넘이(餘水吐)를 일차적으로 결궤하지 않았을

까'라고 추론하고 있다.[45]

이와 같이 제방을 결궤하여 관수하는 기술은 수통을 설치하여 관수하는 기술보다는 보편화되어 있었지만 이 방식은 한계를 지니고 있었다. 제방을 결궤하여 관수하면 물의 낭비가 심하고, 필요할 때마다 수전에다가 관수하는 것에 어려움이 있었다. 더구나 결궤하는 과정에서 제방이 무너지는 사례도 꽤 발생했을 것이다. 반면에, 수통을 통하여 관개하면 수전에 물을 공급할 필요에 따라 적절히 물을 공급할 수 있었을 것이고, 영천 청제의 경우처럼 수통을 고저의 차이를 두고 두 개 이상을 설치한다면 담수량에 따라 적절하게 물을 관개하고 저장하는 것도 가능해진다. 게다가 수통을 통해 관개하기 때문에 물의 낭비도 심하지 않았을 것이다. 그리고 주수(注水)의 불편함을 해소할 수 있었을 뿐만 아니라 가을철마다 다시 제방을 쌓는 수고로움도 덜 수 있었을 것이다.

그런데 현재 아쉽게도 통일신라시대의 청제에 설치된 수통이 어떻게 운영이 되었는지를 알 수 있는 자료가 남아 있지 않다. 그래서 최근의 운영방식을 통해 그 당시의 운영방식을 유추해보아야 한다. 수통은 본래 배수시설이다. 그러나 벼농사를 짓는 시기가 아닐 때 물을 저장해야 할 필요가 있어 수통을 막아두어야 한다. 수통을 막는 통나무, 즉 물방망이를 일반적으로는 봉목(封木) 또는 봉굴목(封屈木)이라고 불렀다. 물을 저장해야 할 때는 봉목을 끼워 넣어서 수통을 막아두다가 관수가 필요할 때에 봉목을 뺐던 것이다. 통일신라대의 자료가 전해지지 않아 알 수 없지만, 최근의 이러한 청제 수통의 운영방식이 어느 정도의 참고가 될 것이다.[46]

이와 같이 통일신라 시기의 수리관개시설의 확충과 발달은 영천 청제비 정원십사년명을 통해서 살펴볼 수 있다. 청제에 본래 존재하였던 상배굴리로 불린 수통을 통해서 관수하는 방식이 통용되고 있었다. 앞선 시기에 상당히 활용하였던 방죽의 결궤를 통해 관수를 했던 방식을 벗어나고 있었다. 청제를 수리하고 증축하는 과정에서 이전 시기와 달리 수통, 수문을 설치하여 관수를 하는 방식으로 발전한 것이었다. 게다가 이는 물의 낭비나 필요할 때 관수를 하지 못하는 등의 한계가 존재했던 결궤를 통한 관수방식과는 달리 수통 혹은 수문을 이용한 관수방식을 사용했기 때문에 더 효과적으로 수전에 필요한 물을 댈 수 있었다. 따라서 이는 이전의 삼국시대의 수리관개시설과는 차이를 보여주며, 통일신라의 수리관개시설의 증축과 발달을 보여주고 있다.

# 신라촌락문서와 농촌, 농업

## 1. 신라촌락문서의 기재 내용과 특징

신라촌락문서(新羅村落文書)는 통일신라의 국가 지배체제 가운데 농업체제의 주요한 내용을 보여줄 뿐 아니라 문서 작성 당시 농촌과 농업의 실상을 담고 있는 문서라고 할 수 있다.[47] 이 문서에 수록되어 있는 전답(田畓), 호구(戶口), 수목(樹木) 등에 관한 정보는 문서 작성 연대로 비정되고 있는 7세기 말, 또는 8세기 중반, 또는 9세기 초반의 서원경(지금의 청주) 인근 4개 촌락의 농업, 농촌의 실상을 보여주는 것이라고 할 수 있다. 신라촌락문서에 위와 같은 의미를 부여할 수 있기 때문에 이 문서를 검토하는 것은 고대 농업체제, 고대 한국의 농업제도, 농업문명의 구체적인 모습에 접근하는 의미를 갖고 있다고 생각한다.

　신라촌락문서는 1933년 10월 일본 정창원(正倉院)의 중창(中倉)에 속해 있는 13매의 경질(經帙)[48] 중 『화엄경론질(華嚴經論帙)』의 파손 부분을 수리하던 중에 발견되었다. 이 문서를 발견한 일본인들은 원래대로 『화엄경

론질』의 내부로 원위치시키는 바람에 현재는 실물을 접할 수 없는 상황이다. 다만 이 문서를 촬영한 선명한 사진이 남아 있기 때문에 문서 내용을 자세하게 검토하는 것이 가능한 상황이다.

때때로 신라민정문서(新羅民政文書) 또는 신라촌락장적(新羅村落帳籍)이라 불리기도 하는 신라촌락문서는 통일신라시기에 시행되고 있던 조세부과 등 지방에 대한 중앙의 업무를 효율적으로 처리하는 과정을 위해서 각 지방관들이 일정한 체계를 거쳐 촌락별 특이사항을 행정적으로 상세하게 기록해 작성한 문서로 추정되고 있다. 신라촌락문서에는 총 4개의 촌에 대한 기록이 담겨 있다. 각 촌마다 촌의 이름과 함께 토지, 우마, 수목의 숫자뿐만 아니라 그 증감에 대한 세부사항도 기록되어 있다.

신라촌락문서는 각 지방관이 해당 촌의 담당자가 작성한 기초 문건을 토대로 호적대장(戶籍臺帳), 양전대장(量田臺帳) 등의 다른 자료를 활용하여 정리한 뒤 내성(內省)[49]에 보고한 문서로 간주되고 있다. 따라서 문서 작성 과정에서 관리들의 전문적 능력뿐만 아니라 여러 재원(財源)이 필요했다. 뿐만 아니라 문서 내용에 전답(田畓), 호구(戶口), 수목(樹木), 우마(牛馬) 등에 대한 정보를 수록하고 있기 때문에 통일신라의 대민지배체제를 이해하고 인민의 삶을 여러 가지로 살펴볼 수 있다.

신라촌락문서의 명칭 혹은 성격과 관련하여 우선 주목해야 할 사항은 이 문서가 현(縣)과 소경(小京)[50]의 지배하에 있는 촌(村)을 단위로 기재되었다는 사실이다.[51] 이 문서가 주사(州司)[52]에서 작성한 공문서라는 점에서 이들 촌은 군현제하의 일반 촌이며 그 주민도 일반 농민이었다고 할 수 있다.[53] 그리고 신라촌락문서에 기록되어있는 4개 촌(이하 각 A, B, C, D 촌으로 표기)의 문서는 모두 ① 촌명(村名), ② 촌역(村域), ③ 연(烟), ④ 구(口), ⑤ 우마(牛馬), ⑥ 토지, ⑦ 수목, ⑧ 호구의 감소, ⑨ 우마의 감소, ⑩ 수목의 감소 순으로 일정하고 자세하게 기재되어 있는데, 이처럼 국가가

촌을 대상으로 전체 세부사항을 행정적으로 파악했다는 것을 통해 문서에 나와 있는 각 촌이 '자연촌' 즉 '일반 촌'이 아닌 행정적으로 파악한 '행정촌'이었음을 추측해볼 수 있다.

신라촌락문서의 내용을 정리하기에 앞서서 먼저 아래 두 가지 판독문을 살펴본다.

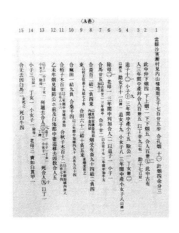

〈그림 2–11〉 신라촌락문서 중 A촌 판독 내용—이인철 선생 판독문[54]

신라촌락문서의 판독문으로 윤선태가 제시한 것을 소개하면 다음과 같다.[55]

[經帙의 表片]

(前缺)

(隔行)

1 當縣沙害漸村見內山榤地周五千七百卅五步 合孔烟十一 計烟四余分三

2　　此中仲下烟四 下上烟二 下〃[56]烟五 合人百卌七二 此中古有

3　　人三年間中産并合人百卌五 以丁卅九以奴一 助子七以奴一

4 　追子十㊁一　小子㊉九　三年間中産小子五　除公一　丁女卌㊁

5 　以婢五　助女子十一以婢一　追女子九　小女子八　三年間中産小女子八以婢一

6 　除母㊁一　老母一　三年間中列加合人二　以追子一　小子一

7 　合馬卄五以古有卄二　三年間中　加馬三　合牛卄二以古有十七　三年間中加牛五

8 　合畓百二結二負四束以其村官謨畓四結　內視令畓四結　烟受有畓九　| 十四 |　結二負四

9 　束以村主位畓十九結七十負　合田六十二結十負　| 五束 |　並烟受有之

10 　合麻田一結九負　合桑千四以三年間中加植內九十　古有九百十四

11 　合栢子木百卄以三年間中加植內卅四　古有八十六　合秋子木百十　| 二 |　以三年間中加植內卅八　古有七十四

12 　乙未年烟見賜節公木前及白他郡中妻追移去口口[57]合人五

13 　以丁一　小子一　丁女一　小女子一　除母一　列廻去合人㊂七　以丁二　小女子一　追子一　小子一　丁女一　丁婢一[58]　死合人㊈十　以丁一

14 　小子三以奴一　丁女一　小女子一　除母一　老母三　賣如白貫甲一

15 　合无去因白馬二並死之　死白牛四


　A촌의 문서에서 합상(合桑)의 '고유(古有)' 숫자를 기록한 부분이 떨어져 나갔지만, 문서의 첫 부분부터 끝부분까지의 기록이 거의 모두 전하고 있다. 그렇기 때문에 아래부터는 A촌에 표기된 기록에 따라 신라촌락문서에 담겨 있는 내용을 살펴볼 수 있다. A촌에 대한 촌락문서 판독 내용을 통해 각 격행(隔行)마다 다른 내용이 기록되어 있다는 사실을 알 수 있다. 또한 'O'로 표시되어 있는 부분은 수정사항으로서 수정된 사항이 바로 옆에 작은 글자로 표기되어 있다.

　우선 문서의 첫 행에는 당현사해점촌(當縣沙害漸村)이라는 촌명(村名)이 기재되어 있는데, 이는 A촌이 사해점촌(沙害漸村)이라는 이름을 가지고 있으며, 현(縣)에 직속되어 있다는 사실을 보여준다. 또한 현(縣)의 직속된 촌이라는 사실은 A촌이 군현제적(郡縣制的) 지배하(支配下)에 놓인 촌이었다는 사실을 나타낸다. 정확한 내용이 제대로 표기되어 있지 않은 C촌을 제외하고는 나머지 B, D 촌락문서도 동일하게 문서 첫 부분에 촌명이 동일하게 기재되어 있다.

같은 행에는 촌명(村名)에 이어서 가옥이나 경작지는 물론 주변의 산천까지 포함된 촌역(村域)이 기재되어 있으며, '見內', 즉 '보이다'라는 뜻의 어두가 먼저 쓰이고 뒤이어 해당 역(域)에 대한 내용이 기재되어 있다.

첫 행 끝부분부터 2행에는 촌의 호(戶)가 4개의 연(烟)으로 분류되어 기재되어 있는데, 각각 공연(孔烟)·계연(計烟)·등급연(等級烟)이 기재되어 있다.[59]

合孔烟十一 計烟四余分三 此中仲下烟四, 下上烟二, 下下烟五

'3년 사이에 거두어 앉힌 연'이라는 뜻의 기재내용(三年間中 收坐內烟)이 표기되어 있어야 하나, A촌에는 이것이 표기되어 있지 않다.

다음으로 계연(計烟)은 '계산한 연'이라는 뜻인데, 각 등급연에 1/6, 2/6, 3/6, 4/6, 5/6, 1 등의 기본수를 설정하여, 이를 등급연의 수와 곱하여 합계를 낸 뒤에, 이를 다시 분자를 분모로 나누어서 나온 몫과 나머지를 표기한 수치이다. 공연의 총합을 표기한 이후 계연의 수치가 표기되어 있으며, 차중(此中)이라는 표현 다음에 그 계연이 표기된 근거인 등급연이 차례로 표기되어 있다. 계연수(計烟數)는 중상연(仲上烟)을 기본수 1로 하여 호등이 하나씩 내려갈 때마다 기본수가 1/6씩 감소한다. 즉 중중연(仲仲烟)은 5/6, 중하연(仲下烟)은 4/6, 하상연(下上烟)은 3/6, 하중연(下仲烟)은 2/6, 하하연(下下烟)은 1/6이 기본수이다. 이 기본수를 촌의 9등호의 수와

곱하고 더하여, 그 전체 값의 정수와 분자를 '계연(計烟) 몇, 여분(余分) 몇'
으로 나타낸 것이 각 촌의 계연수이다. A촌에는 중하연 4호, 하상연 2호,
하하연 5호가 있으므로, (4/6×4)+(3/6×2)+(1/6×5)=27/6로 계산되며, 전체
값이 4와 3/6이므로 계연수는 '計烟四余分三'으로 기록된다. 다음은 신라
촌락문서에 나타나 있는 각 촌별 계연수치를 산정한 표이다.

〈표 2-1〉 각 촌별 계연수치 산정 내용[60]

|  | 전결수 | 기본수 | A촌 | B촌 | C촌 | D촌 |
|---|---|---|---|---|---|---|
| 중상연 | (24−6) 18 | 1 | − | − | − | − |
| 중중연 | (21−6) 15 | 5/6 | − | − | − | − |
| 중하연 | (18−6) 12 | 4/6 | ×4=16/6 | ×1=4/6 | − | − |
| 하상연 | (15−6) 9 | 3/6 | ×2=6/6 | ×2=6/6 | (×3=9/6) | − |
| 하중연 | (12−6) 6 | 2/6 | ×0=0 | ×5=10/6 | ×1=2/6 | ×1=2/6 |
| 하하연 | (9−6) 3 | 1/6 | ×5=5/6 | ×6=6/6 | ×6=6/6 | ×9=9/6 |
| 합계 |  |  | 27/6 | 26/6 | 17/6 | 11/6 |
| 몫…나머지 |  |  | 4…3 | 4…2 | 2…5 | 1…5 |
| 문서의 표기 |  |  | 四余分三 | 四余分二 | (二余分五) | 一余分五 |

A촌에는 중하연(仲下烟), 하상연(下上烟), 하하연(下下烟) 세 등급연만 표
기되어 있으므로, 세 등급에 포함된 등급연만 촌내(村內)에 있었다고 할
수 있다. 이러한 기재 방식으로 비추어 보았을 때, 문서에 표기되어 있지
않은 중중연(仲仲烟)·중상연(仲上烟)·상하연(上下烟)·상중연(上仲烟)·상상
연(上上烟) 등의 등급연도 있었을 것이다. 이러한 사실은 신라촌락문서가
작성될 당시에 9등호제(九等戶制)[61]가 실시되었음을 보여준다. 또한 문서에
기재된 4개 촌 모두 중하연 이하의 하등연이 대부분이었다는 점에서, 표
기된 각 촌은 신라 통일기의 전체 연호(烟戶)들 가운데서도 가난한 농민
이었다고 추측할 수 있다. 현재 호등(戶等)의 산정(算定) 기준을 어떻게 이
해하느냐에 따라 계연수를 수취에 활용하는 범위와 그 정도가 차이가

나지만, 계연수(計烟數)가 수취에 활용되었다는 점에는 모든 연구자들이 대체로 동의하고 있다

이어서 3행부터 6행에는 구(口), 즉 인구수가 양인과 노비, 남자와 여자로 나뉘어 기재되어 있다. 노비는 연령별 명칭을 기록하지는 않았지만, 양인의 연령층에 맞추어 기재하였다. 양인 남자는 정(丁)·조자(助子)·추자(追子)·소자(小子)·제공(除公)·노공(老公)으로 연령등급을 구분하여 기재하였고, 양인 여자는 정녀(丁女)·조녀자(助女子)·추녀자(追女子)·소녀자(小女子)·제모(除母)·노모(老母)로 나누어 그 숫자를 기록하였다. 다음은 신라촌락문서에 나타난 촌별 인구수를 정리한 표이다.

〈표 2–2〉 당식년의 촌별 인구[62]

| | A촌 | B촌 | C촌 | D촌 | 계 |
|---|---|---|---|---|---|
| 合孔烟 | 11 | 15 | ? | 10 | 47 |
| 合人 | 147(9) | 125(7) | 72(0) | 118(9) | 462(25) |
| 정(丁) | 29(1) | 32(4) | 19 | 19(2) | 99(7) |
| 조자(助子) | 7(1) | 6 | 2 | 9(2) | 24(3) |
| 추자(追子) | 13 | 2 | 8 | 8 | 31 |
| 소자(小子) | 16 | 5 | 11 | 13 | 45 |
| 제공(除公) | 1 | 0 | 0 | 0 | 1 |
| 노공(老公) | 0 | 2 | 0 | 2 | 4 |
| 정녀(丁女) | 42(5) | 47(3) | 16 | 38(4) | 143(12) |
| 조녀자(助女子) | 11(1) | 4 | 4 | 6 | 25(1) |
| 추녀자(追女子) | 9 | 14 | 4 | 12(1) | 39(1) |
| 소녀자(小女子) | 16(1) | 10 | 7 | 11 | 44(1) |
| 제모(除母) | 2 | 1 | 0 | 0 | 3 |
| 노모(老母) | 1 | 2 | 1 | 0 | 4 |

구분된 연령층 중 가장 중요한 역할을 하는 것은 국가 부역의 의무를 지고 있는 정(丁)이었다. 이는 한 촌락의 인구수에서 남녀 정의 숫자와 그 이외의 숫자의 비교를 통해 당시 해당 촌락에서 중앙으로 동원된 백성의 규모를 파악할 수 있다는 것을 의미하며, 부역이 면제된 연령층과 노비의

인구수를 통해 당시 촌락의 사회 모습을 살펴볼 수 있음을 의미한다. 〈표 2-2〉를 살펴보면, 여성의 인구가 남성의 인구보다 눈에 띄게 크다는 것을 알 수 있다. 높은 연령층인 제공과 노공의 숫자가 극히 소수이며, 앞에서 말한 국가 부역의 의무를 지고 있는 정(丁)의 수가 정녀(丁女)의 수보다 적다는 것은 당시 농민이 정의 연령층에서 사망하는 경우가 많았다는 것을 보여준다. 아울러 병역(兵役)에 징발되어 촌을 떠나 있는 정(丁)이 많거나 그것의 징발을 기피한 남자의 숫자가 많았던 것도 이들 촌에 여자가 많았던 사유가 될 것이다. 촌락문서에는 호구의 변화에 대해서도 표기가 되어 있는데, 재산과 계연수치를 상세하게 파악하여 각종 역을 부과하기 위함이라고 할 수 있다.

이어서 우마(牛馬)의 수가 표기되어 있는데, 앞에서처럼 성별에 따른 암수의 구별이나 연령에 따른 구분 없이 고유의 숫자와 3년간 증가된 숫자, 그리고 이를 합한 숫자가 기재되어 있다. 인구수뿐 아니라 우마를 통해서도 당시 사회 모습을 살펴볼 수 있는데, 신라촌락문서에는 해당 촌락의 농민들만이 소유했다고 보기엔 힘든 상당한 수의 우마의 개체 수와 매매 기록 또한 기록되어 있어 A촌이 군마(軍馬) 혹은 역마(驛馬) 등의 사육 의무를 부담하고 있었으며 농경생활을 위한 많은 소를 보유하고 있었음을 의미한다. 또한 개나 돼지·닭·염소 등의 가축은 기재되어 있지 않았는데 우마는 기재된 사실을 보면, 이 문서의 기록을 근거로 우마가 수취의 대상이 되었음을 알 수 있다.[63] 또한 우마의 증감이 상세하게 기록되어 있는 것에 비해 토지의 증감은 상세하게 기록되어 있지 않다는 것을 통해, 국가의 수취 대상인 우마 등의 수치 파악이 더 용이했으며 상대적으로 토지의 증감은 양전 사업의 어려움 등의 이유로 인해 그 파악이 비교적 용이하지 못했음을 알 수 있다.

이어서 토지(土地)에 관한 기록을 살펴볼 수 있다. 토지는 연수유답(烟

受有畓)·연수유전(烟受有田)·관모답(官謨畓)·관모전(官謨田)·내시령답(內視令畓)·촌주위답(村主位畓)·마전(麻田) 등으로 지목(地目)[64]을 나누어 그 전결수(田結數)가 기재되어 있다.

## 2. 신라촌락문서와 농촌·농업

신라촌락문서에 보이는 전답 관련 기재 내용 속에서 당시 농촌과 농업의 실제 모습을 추정할 수 있다. 이와 더불어 통일신라의 토지 관련 제도적인 면모도 짐작해볼 수 있다. 신라촌락문서에 토지면적이 기록되어 있었는데, 내시령답(內視令畓)과 관모전답(官謨田畓), 연수유전답(烟受有田畓)과 촌주위답(村主位畓) 등으로 구분되어 있다. 각 전·답의 특징 및 구분 방식과 전체 토지에서의 그 비율을 살펴봄으로써 지방 토지에 대한 통일신라시기 중앙의 관리 방식, 즉 양전제, 결부제 등에 대한 것을 찾아볼 수 있다.

다음은 촌락문서에서 살펴볼 수 있는 각 지목별 토지결수를 정리한 표이다.

〈표 2–3〉 지목별 토지결수[65]

| 지목(地目) | A촌 | B촌 | C촌 | D촌 |
|---|---|---|---|---|
| 연수유답(烟受有畓) | 94결 2부4속 | 59결 98부2속 | 68결 67부 | 25결 99부 |
| 연수유전(烟受有田) | 62결 10부5속 | 119결 5부8속 | 58결 7부1속 | 76결 19부 |
| 관모답(官謨畓) | 4결 | 3결 66부7속 | 3결 | 3결 20부 |
| 관모전(官謨田) | – | – | – | 1결 |
| 내시령답(內視令畓) | 4결 | – | – | – |
| 촌주위답(村主位畓) | 19결 70부 | – | – | – |
| 마전(麻田) | 1결 9부 | 1결 6부 | 1결 2부 | 1결 8부 |

토지의 표기는 인구나 우마와 다르게, 3년간의 증감에 대한 기록이 남아 있지 않다. 토지의 증감이 전혀 없기 때문에 표기가 되지 않았을 수도 있지만, 이에 대해 일본 역사학자 하타다 하카시(旗田巍)는 실제로 토지의 증감이 있었을 것으로 예상은 하되, 문서에 그러한 기록이 없는 것은 국가의 입장에서 토지의 증감을 알 필요가 없었기 때문이라고 하였다. 그러나 이보다는 양전(量田)에 대한 어려움으로 인해 토지의 증감을 측정하기가 어려웠던 것으로 생각된다. 개간에 의한 전답 면적의 증가나 홍수 혹은 산사태 등에 의한 토지의 유실은 늘 상정할 수 있는 현상이기 때문이다.[66] 신라촌락문서에서 볼 수 있는 결부제 시행 관련 내용은 앞의 〈표 2-3〉을 통해 살펴볼 수 있는데, 국가가 속(束)의 단위까지 측정했음을 살펴볼 수 있다.

촌락문서에 나타난 지목별 결수를 살펴보면, 다른 지목들에 비해 연수유전답(烟受有田畓)의 결수가 압도적으로 많음을 알 수 있다. 촌락문서에 표기된 총 토지면적의 약 97%를 차지하고 있는 연수유전답은 백성이 본래 소유해오던 토지에 대해 국가가 공연을 단위로 지급하는 절차를 거쳐 백성에게 토지에 대한 일부 소유권을 인정한 제도라고 할 수 있다. 공연을 단위로 설정한 배경은 백성들이 소유하고 있는 토지에 대해 공연을 근거로 9등호제를 실시한 뒤, 촌별로 계연수치를 산정하여 각종 역(役)을 부과하기 위함이라고 할 수 있다. 제한적인 토지소유권을 인정해줌으로써 좀더 넓은 면적의 토지를 기반으로 생산기반을 확충하려고 했던 것이다. 이렇듯 역을 부과하기 위한 토지가 토지면적의 대부분을 차지하고 있다는 점을 미루어보았을 때, 신라촌락문서에 나타난 촌에 상당한 역이 부과되었음을 알 수 있으며, 나아가 당대의 농민은 토지에 긴박되어 이동이 자유롭지 못한 채 국가로부터 각종 조세와 부역의 의무를 강요당하면서 생활하고 있었다는 것을 알 수 있다.[67]

신라 결부제 관련 기사를 분석한 이우태는 문무왕대에 전국적인 양전(量田) 사업이 있었으리라고는 생각되지 않는다고 파악한다. 그리고 신라의 결부제는 아마도 삼국시대 초기에 발생하여 관행적으로 사용되기 시작하였고, 대략 문무왕대를 전후한 시기에 법제화되어 신문왕대에는 관료전(官僚田)의 지급을 위한 양전 사업이 있었으며, 늦어도 정전(丁田)이 지급된 성덕왕대인 8세기 전반에는 전국적인 양전 사업이 일단 완료되었을 것이라고 정리하고 있다.[68]

그런데 아직까지 전국적인 양전(量田)에 대한 확증을 찾기 어려운 상황에서 국가적인 양전 사업에 과도한 의미를 부여해서는 안 될 것으로 생각된다. 왜냐하면 양전의 단계적 발전 과정을 설정해야 하기 때문이다. 즉, 국가적 양전 사업 이전 단계의 상황, 양상에 대한 추정이 필요하다. 이때 ① 마을, 지역, 소국(小國) 단위의 토지 파악, ② 국가적 권력체의 지역 단위 토지 파악 공인, 수용, ③ 국가의 직접적 통치체제 형성과 양전제도의 마련, 양전 사업 실시 등의 단계적 접근이 필요할 것이다.

신라 결부제의 특성 가운데 조선왕조의 결부제와 달리 전품(田品)에 따라 그 면적이 달라지는 것이 아니라 전품에 관계없이 동일한 단일 면적의 것이라는 점, 결부(結負)와 경묘(頃畝)가 내용이 같은 것으로 양자가 서로 혼용되었다는 점이 중요한 것이다.[69] 이 점과 관련해서 신라촌락문서, 개선사석등기 등 금석문에도 전품에 대한 언급이 없다. 그리고 결부(結負)가 단지 전지의 면적을 나타내는 데에만 쓰인 것이 아니라 일반적으로 모든 종류의 토지면적을 나타내는 데 두루 사용된 점이 주목된다.[70]

관료전이란 신라 중대(中代)에 중앙과 지방의 관리들에게 지급한 토지로서, 해당 관료전을 지급받은 관리들은 토지로부터 조세만 수취하고 사람들은 지배할 권한이 없었으며 관직에서 물러나면 해당 관료전을 반납해야 했다. 신라촌락문서에는 관모전답(官謨田畓), 내시령답(內視令畓) 등의 관료전이 기록되어 있는데, 관모전답은 '관의 몫으로 설치된 전답'이라는 뜻으로 수확물이 국가 기관이나 지방 행정 기관의 관비(官費)로 사용되었으며, 내시령답(內視令沓)은 하급 관리인 내시령(內視令)에게 주어진 문무관료전으로서 두 관료전 모두 연수유전답과 같은 사전(私田)이 아닌 공전(公田)에 속한다고 볼 수 있다.

내시령답·관모전답과 달리 촌주위답(村主位沓)은 연수유전답에 포함되었다.[71] 앞의 내용에서 살펴보았듯이 연수유전답은 제한적인 소유권을 인정해줌으로써 국가가 그 토지에 대한 조세 수취를 부과함이 목적이었으므로, 촌주위답도 이와 같은 성격을 가지고 있는 것이라고 예상할 수 있다. 그러나 촌주위답의 소유주인 촌주(村主)는 국가로부터 조세(租稅)를 면제받았던 것으로 보인다. 신라 통일기에 촌의 행정 실무를 책임진 존재였던 촌주(村主)는 비록 직역의 대가로 국가로부터 토지를 수여받는다는 공통점이 있지만, 문무관료전인 내시령답과 관모전답이 연수유전답에 포함되지 않고 촌주위답이 그것에 포함된 사실을 근거로 판단할 때, 촌주위답을 관료전의 하나로 볼 수 없을 것이다.[72] 신라촌락문서의 표기 내용을 정리한 〈표 2-3〉을 살펴보았을 때, A촌에 나타난 촌주위답은 19결 70부로 연수유전답 다음으로 큰 비중을 차지하고 있었다. 4개 촌락 중 사해점촌(沙害漸村)인 A촌에만 촌주위답이 있고 나머지 촌락에는 없는 것으로 보아, 당시 촌주들은 몇 개의 자연촌을 아울러 지배하고 있었던 것을 알 수 있다. 그리고 이러한 지배는 곧 국가행정의 일부이므로 그러한 임무 수행에 따라서 직전(職田)이 주어진 것이다. 실제로 촌주는 5두품과 4두품에 준하는 대우를 받았다는 기록이 있다.[73] 관료전이나 녹읍을 지급받지는 못했지만, 이에 준하는 대우를 받은 사실을 통해 해당 직임을 수행하는 대가, 즉 직역의 대가로 관리들에 준하는 경제적 기반을 국가로부터 제공받았다고 할 수 있다. A촌의 연수유답 중 약 21%에 해당하는 촌주위답은, 중앙정부에서 촌주가 원래 소유한 토지에 대해 면세 혜택을 준 것인지 아니면 일정한 토지를 더 지급한 것인지는 분명하지는 않지만 국가 행정업무의 일부를 담당한 것에 대한 혜택임은 분명하다.

이상에서 살펴본 바와 같이 신라촌락문서는 당시 신라왕실과 매우 밀접한 관계를 맺고 있던 서원경 인근의 4개 촌락의 경제적, 사회적 실상을 보여주는 문서이고, 여기에서 당시 농업, 농촌의 면모를 찾아볼 수 있었다.

三憂堂文先生實記

有士從斗南來抱其先祖江城君忠宣文公遺事謁
余爲弁首之文且曰吾先祖有忠有孝有惠而乃今
垂四百年曖昧不章者子孫之過也將以命之繡梓
以壽於後幸子惠我一言以重斯役余辭之不獲曰
則因是而詳其所錄之十二公麗臣也事恭愍不二
心抗命蒙古之庭謫于交趾歸而見國事曰非退隱
山中不復起革命之日我太祖屢徵不就以明其
義斯不亦忠矣乎持服守母墳賊來不去蠻酋爲之

# 3장

고려
농업체제의
전개와 농법의
전환

# 중농정책의 시행과 농경의례

## 1. 중농 이념의 정립

고려시대 농업기술의 변화는 농업생산뿐만 아니라 농업정책, 농경의례 등
에서의 변화를 가져왔다. 다만 농업기술 변화의 구체적인 양상을 직접적
으로 확인하기 어렵다는 점을 미리 언급하지 않을 수 없다. 그렇지만 농
업기술에 기반으로 두고 전개되는 농업경영, 토지 이용방식, 그리고 국가
적인 차원에서 이루어지는 농업정책, 토지분급제, 양전제(토지조사) 등의
변화에서 농업기술 변화의 내용을 가늠할 수 있다. 특히 고려 말 12세기
이후에 나타난 사회 변동, 농민·천민의 저항, 권문세족의 농장 운영, 사전
의 확대 등은 농업생산력의 변화에서 비롯한 것으로 간주되고 있다.

　고려 초기 고려 태조를 비롯한 중앙 지배세력들은 지방의 호족세력을
견제하면서 왕조 국가체제를 정비해나갔다. 그리고 고려의 국가체제 정
비 과정은 보다 본격적으로 유교 정치이념에 의거하여 이루어진 것이었
다. 유교 정치이념에 의거하여 국가체제를 정비하고 국가를 운영하면서

또한 전면에 내세운 것은 백성이 나라의 근간이라는 민본(民本) 이념이었다. 그리하여 민본(民本)이라는 이념의 국가적인 실천은 원활한 농업생산을 통한 농민의 생활을 안정시키는 중농(重農) 이념, 그리고 그에 따른 중농정책의 시행이었다. 중농정책이 실행에 옮겨지면서 여러 가지 농경의례도 뒤따랐다. 여기에서는 먼저 고려 초 이래 중농 이념의 정립 과정을 살펴본다.[1]

고려 태조는 "농사짓기와 누에치기는 의식의 근본이고 국왕이 먼저 해야 할 일이다."라고 강조하였다. 그리고 농사를 지을 때 제때 농사일을 할 수 있도록 제시하기 위해 달력 제작에 힘을 기울였다. 농사의 시작인 땅 갈고 씨 뿌리는 것을 제때 하려면 계절의 변화라는 보이지 않는 시간의 흐름을 정확히 파악하는 것이 필요하였다. 사람들이 시간의 흐름을 규칙적으로 파악하고 이를 정리한 것이 바로 달력이라고 할 수 있다. 또한 일년 중에 특정한 시기로 정해진 24절기마다 해야 할 일을 정리한 『예기(禮記)』의 월령(月令)편을 주목하였다. 하늘의 정해진 시일에 군주가 적당한 할 일을 하는 것으로 하늘과 인간의 적절한 교감을 이끌어낼 수 있다고 생각한 것이다.

고려 초기부터 유교 정치이념에 입각하여 농업생산 활동을 중요시하는 중농 이념을 강조하였고, 중농 이념에 입각하여 농업정책을 실시하였다. 고려의 중농 이념은 간략하게 정리하면, 통치의 근본은 백성이고, 백성들의 근본은 의식주(衣食住)를 갖추는 데에 있으며, 의식주를 생산하는 근본은 농상(農桑)이며, 농상(農桑)은 천시(天時)와 역전(力田)에 의해 좌우된다는 것이었다.[2] 천시(天時)는 곧 농사일의 적시, 적기를 잘 파악하고 그에 따르는 것이고, 역전(力田)은 농사의 각 작업에 힘을 기울이는 것을 가리킨다고 할 수 있다. 국가와 사회뿐만 아니라 개인의 차원에서 나름대로의 기준과 원칙에 따라 천시를 지키고 역전을 수행하는 것이 필요한 그러한 농업생산체제를 갖추어나갔다.

고려의 농업정책은 농민의 농업생산을 안정시키기 위해 농상(農桑)을 권장하고, 이를 통해 국가의 경제적 기초를 강화하고 또한 농민의 재생산 기반을 공고하게 하려는 것이었다. 또한 고려의 중앙과 지방의 지배층도 안정적인 농업생산에 의거하여 생활을 꾸려나갈 수 있었기 때문에 농업 생산에 대한 관심을 기울이지 않을 수 없었다. 따라서 고려의 국가 통치 체제가 점차 정비됨에 따라 중앙과 지방의 경제적인 통치 행위뿐만 아니라 행정, 통제, 사법 등의 측면에서도 농업과 관련된 것들이 더욱 공고하게 마련되었다.

고려의 농업체제와 이를 받쳐주고 있는 농업기술의 변화를 근원적으로 위협하는 요인은 바로 자연재해의 발생이었다. 각종 자연재해가 발생할 경우 고려의 지배층은 유교 정치이념에서 강조하는 천인합일(天人合一) 이념에 입각한 천인감응론(天人感應論), 천견론(天譴論) 등에 의거하여 대응하였다. 그리하여 국왕을 비롯한 지배층은 자연재해의 원인을 대체로 국왕 자신의 부덕(不德)에 기인한 것으로 여기고, 자성(自省)하는 방식으로 대응하였다.

중농 이념은 고려 건국 초기 태조 때부터 국정운영의 기본이 되는 이념 가운데 하나로 제시되고 있었다. 태조 원년 6월 기사에 따르면, 궁예가 왕으로 있을 적에 궁을 짓고자 백성들에게 노역을 시켰고, 백성들은 농사철을 빼앗겨 농사를 짓지 못하게 되었으며, 기근이 더해져서 굶어 죽는 백성들이 허다했다. 때문에 자신이나 처자를 팔아 노비 된 자가 많았고, 태조는 이에 대해 노비를 조사하여 국고로써 몸값을 지불해 집으로 보내주었다는 기사가 있다.[3] 이 기사에서 태조는 백성들이 노비가 된 것을 단순히 자연재해로 인한 농사 실패가 아닌 국가의 잘못으로 자인하면서 신료들과 그 책임을 함께하겠다고 한 것이었다.

고려 태조는 조서(詔書)를 반포하여 오랜 전란으로 인한 백성들의 동요와 국토의 황폐화를 막고자 했고, 요역·부세 등을 줄이고 백성을 농토에 매진시키려는 민심 안정책을 실시하였는데, 그 대민정책의 기초는 백성을 부리되 때에 맞춰서 할 것, 요역을 가볍게 하고 부세를 적게 할 것, 농사짓는 어려움을 몸소 알 것, 상벌을 공평하게 하여 음양의 조화를 이룰 것 등에 있었다. 또한 전제(田制)를 바르게 하여 가혹한 수탈을 막고 구휼제도로서 흑창(黑倉)과 같은 기관을 마련하고자 했다. 또한 관제 설정과 뛰어난 인재의 등용과 임명이라는 합리적 유교정치의 방향, 통일된 삼국의 풍속(風俗)을 바르게 바로잡고 백성을 안집(安集)시키기 위한 방향으로 이끌어가고자 했다.

또한 태조 왕건은 후대 왕에게 '훈요십조(訓要十條)'를 전수하는 가운데, 중농 이념을 국정운영의 주요 사안 가운데 하나로 준수할 것을 당부하고 있었다.[4] 성종대에 이르러서는 중농 이념에 대한 인식이 보다 구체적으로 전개되었다. 성종은 즉위 후 최승로가 올린 시무책을 받아들였다. 최승로가 성종 원년 6월 갑신에 올린 시무 28조[5] 가운데 월령을 강조하는 내용이 보인다.[6] 최승로의 시무책 건의를 기반으로 성종은 유교 정치사상의 토대 위에 문물 전장의 제도를 갖추기 시작한 것으로 평가되고 있다. 전장제도와 유교 경전에 대한 연구를 통해 중농정책을 실행하는 조처들이 시행되었다. 성종 2년 정월 이미 마련한 원구(圓丘)에서 기곡(祈穀)을 하고, 적전(藉田)을 친히 갈면서 신농(神農)에 제사하는데 후직(后稷)도 같이 제사하였다.[7] 더불어 성종은 민본과 중농이 연결되는 것이며 더욱이 농시(農時)를 잘 헤아려 다스려야 한다는 이해를 성종 자신은 물론 지방관을 통해 실현하고자 하였다. 다음 기사는 성종이 지방관을 통해 농정을 제대로 수행할 것을 강조하는 내용이다.

나라는 백성을 근본으로 삼고, 백성은 식(食)을 하늘로 여긴다. 만약 만백성의 마음을 헤아리고자 한다면, 오직 삼농(三農)의 힘씀을 빼앗지 않는 것에 있을 것이다. 아아, 너희들 십이목(十二牧) 제주진(諸州鎭)의 관리는 지금부터 가을에 이르기까지 모두 잡무를 마땅히 중지하고 오로지 농상을 권하는 데에 힘써야 할 것이다. 장차 사신들을 보내어 전야의 황폐함과 개간 여부, 목사나 수령들의 근면함과 태만함을 검험하여 포폄하도록 하겠다.[8]

결국 '나라는 백성을 근본으로 삼고, 백성은 식(食)을 하늘로 여긴다'는 논리를 바탕으로 농사철을 잘 헤아려 농사를 짓게끔 함으로써 기곡의 차원만이 아닌 실제 많은 수확을 거둘 수 있도록 하라는 지시였던 것이다. 성종은 왕조의 안정이 이루어짐에 따라 보다 항상적인 제도의 시행에 관심을 가졌다. 국가의례와 농업의 관련성에 주목하였다. 직접적 계기는 최승로의 상서문에 의해 이루어졌다. 『예기』의 내용 중 기본적 생산부문인 농업에 대한 이해와 치자의 입장에서 시령의 시행이라는 내용을 담고 있는 월령(月令)편은 그러한 의도에 맞는 것이었다. 성종 원년의 원구의례는 이러한 의례 이해의 상징이었다. 농경의례의 실행을 현실적으로 보여주는 대목이기도 하였다.

고려의 중농 이념은 무본역농이라는 현실적 측면을 강조하면서도 다른 한편으로는 국가적 차원에서 사전체계(祀典體系)를 정비 운영하는 과정에 반영되었다. 시후의 순조로움을 바라고 풍년을 기원하는 한편 수확에 대한 감사를 올리는 것이 국가의례 중 길례에 나타났던 것이다. 바로 국가적 농경의례의 중요한 측면으로서 기곡적 성격이 주목되었던 것인데 여기에는 천명을 대신하는 군주가 천시 즉 시후(時候)를 잘 살펴 이를 인사(人事)라 할 수 있는 농상에 반영하여 풍년을 기원할 수 있다는 관념이 반영된 것으로 보아야 할 것이다.


## 2. 권농정책의 시행

건국 초기 고려 태조는 중농 이념을 토대로 정책을 펼쳐 백성의 안정을 취하려고 노력하면서 또한 권농정책을 시행했다. 고려는 농민층을 안정시키고 농업을 권장하는 것과 동시에 태조는 점차 재정원인 농지를 체계적으로 정확히 파악하고 일률적인 기준을 가지고 수취를 실시하려는 노력을 했다. 즉, 고려는 국초부터 사자(使者)를 지방에 파견하여 조세 수취에 노력하고 있었다.[9] 뿐만 아니라 즉위 6년 양전(量田) 사업의 실시와 24년 진전(陳田) 개간 장려를 통해 재정 기반을 확보함과 동시에 토지와 호구에 대한 파악이 가능해졌다.

고려시대에 국가로부터 실시하는 권농정책이 실효를 거두게 되는 것은 지방행정제도가 정비되어 중앙정부의 집권통치력이 지방사회에 미칠 수 있는 여건이 조성된 다음에 가능한 일이었다. 고려 전기에 지방사회에서 권농의 업무를 담당한 지방관은 수령(守令)이었는데, 중앙정부의 권농정책이 잘 시행되기 위해선 이들의 임무가 매우 중요했다. 그렇기 때문에 성종이 취한 정책의 방향은 지방 통치의 강화로 나타나게 되었고, 권농정책 역시 이와 병행하여 이루어졌다.[10]

성종은 12목과 북계와 제주에 파견된 지방관으로 하여금 권농에 힘쓰도록 지시하는 것과 동시에, 이를 감찰하는 사신을 파견할 것임을 밝히고 있다. 이는 성종이 지방관에 대해 직접적인 권농 업무를 부여하기 시작했다는 점에서 주목할 만하다. 이를 통해 성종대에 이르러 지방관에 의한 권농 업무 시행의 기틀이 마련되었다고 볼 수 있으며, 이와 같이 중앙에서 지방관을 거쳐 권농 업무를 시행하는 것이 이후 고려의 권농정책을 시행하는 전형적인 방법이 되었다.

이 시기에는 지방관에 대한 권농정책이 본격화된 것과 동시에 국가체제의 수립이 큰 진전을 보인다. 우선 중서문하성(中書門下省)·상서성(尙書省)·중추원(中樞院)과 같은 중앙정치기구, 군주에 대한 간쟁(諫諍)과 관료에 대한 감찰을 담당하는 대간제도(臺諫制度), 관료의 질서 체계인 문산계(文散階) 등 고려의 집권체제를 운영하는 각종 기구와 제도가 성종대에 마련되었다.[11] 즉, 고려시대에 들어서 본격화된 성종대의 권농정책은 같은 시기에 정비된 국가체제를 운영할 수 있는 경제적 토대로서 시행된 농업 진흥정책이라고 볼 수 있다.

고려는 건국 초기부터 계속해서 한재나 수재 등의 자연재해가 빈번하게 발생했는데, 이는 농업생산을 중단하게 하는 주된 원인이 되기도 했다. 따라서 고려는 권농정책을 통해 이와 같은 피해를 복구하기 위한 노력을 하였다.

> 삼사(三司)에서 말하기를, "지난해에 밀성(密城) 관내의 뇌산부곡(牢山部曲) 등 세 곳에 홍수가 나서 곡식이 물에 떠내려가는 피해를 입었으니, 청컨대 1년의 조세를 면제해 주십시오."라고 하였으며, 이를 따랐다.[12]
> 유사(有司)가 아뢰기를, "금주(金州) 관내의 주현에 큰비가 갑자기 내려 제방이 무너지고 넘쳤으며, 집을 무너뜨리고 전답을 훼손시켰으니, 금년의 조세(租稅)는 모두 감면하시는 것이 합당합니다. 청컨대 사자를 보내어 위로해 주소서."라고 하였으며, 이를 따랐다.[13]

고려는 피해를 입은 농민들에 대한 조세 감면을 통해 그들을 구제해주고 있었다. 자연재해가 발생하면 농업생산력이 아직 취약한 단계에서는 커다란 영향을 받을 수밖에 없었다. 농업 재생산의 안정을 가져오기 위한 해결 방안 마련이 시급했는데, 한재 및 수재에 대비하고 안전하게 농사를 짓기 위한 적극적이 예방 대책이 강구되었다. 그 대표적인 것이 수리시설의 보수와 수축이었다.[14] 권농정책은 기본적으로 농업생산의 실상을 바탕으로 실시되었으므로, 농업기술의 발달은 권농정책의 추진 방향을 결정하는 중요한 지표가 되었다. 때문에 고려 중기의 권농정책은 당시 농업기술의 발달로 인한 수리시설과 크게 연관되어 있었다.

고려 전기 수리시설의 대부분은 기존 제언의 보수·유지에 그치는 경우가 많았는데, 이는 제언을 통한 농업용수 공급이 어려움과 제언 수축을 위한 국가 중앙 차원의 대규모 인력 동원의 어려움 때문이었다. 이와 달리 고려 중기에는 새로운 제언의 수축을 지시하는 사례가 나타나기 시작하였다.

> 제서(制書)를 내리기를, "때에 맞춰 권농(勸農)하고, 제언(堤堰)을 수축하는 데 힘쓰며, 저수한 물이 잘 흐르도록 하여 경지를 황폐해지지 않도록 할 것이며, 민(民)들의 양식을 넉넉하게 하도록 하라. 또한 뽕나무를 절기에 시기에 맞게 심고 옻나무·닥나무·밤나무·잣나무·배나무·대추나무 등 과일나무를 각각 때에 맞추어 심어 이익이 되게 하라."라고 하였다.[15]

위와 같이 지방관이 수행해야 할 권농 업무의 하나로 제언의 수축과 저수의 중요성을 시사하고 있다. 명종은 제언의 수축뿐만 아니라 당시 사회 변화에 대한 대책을 담은 여러 조치를 취하고 있었는데, 토지 겸병(兼倂)으로 인한 농민의 유망, 고리대에 의한 농지의 침탈, 지방관의 과다한 공부(貢賦) 징렴, 진휼 창곡(倉穀)의 관리 부실로 인한 실농(失農) 등 대체

로 농민층의 피해를 지적하면서 이에 대한 개선을 지시하는 조처들이 내려지고 있었다.[16]

고려 중기는 농업기술의 발달뿐 아니라 토지겸병 등으로 인한 지방사회의 동요를 살펴볼 수 있는 시기였다. 이러한 사회 변화에 조응하여 권농정책은 피폐한 농민과 농촌의 상황을 복구하여 농업을 진흥하는 방향으로 추진되고 있었는데, 이는 곧 관리제도, 군사제도, 지방제도의 정상적인 복귀 등과 더불어 국가운영을 원활히 해나가는 일이었기 때문이다.[17]

무신정권기 이후 고려의 권농정책은 몽고와의 전쟁으로 인한 농업의 피해를 복구하는 방향으로 진행되었다. 그 피해가 가장 심했던 때는 고종 41년이었는데, 『고려사』 기록에 따르면 한 해 동안 몽고에 잡혀간 남녀의 숫자가 무려 20만 6,800여 명이고 살육된 자를 헤아릴 수 없을 정도였다고 한다.[18] 이런 피해 상황은 농민의 감소와 농토의 황폐화를 가져오게 하였고, 이어서 왕실 재정 수입의 감소라는 결과를 가져오게 되었다. 따라서 대몽항쟁시기 중앙정부로서는 전쟁을 수행함과 동시에 전란으로 인한 농민의 피해를 복귀하기 위한 조처를 동시에 취해야 할 필요가 있었고, 이에 따라 중앙정부로부터 진휼과 권농 조처가 여러 차례 내려지고 있었다.[19]

이 시기에 이뤄진 주요 진휼 조처는 조세 감면으로서, 고려는 고종 42년 3월에 전란으로 피해를 입은 지방의 3세(조·포·역)를 덜어주는 조치를 취했으며[20] 곧바로 다음 달에 몽고군에 사로잡혔다 도망쳐 온 자에게 하루에 쌀 한 되를 지급하는 조치를 취하기도 하였다.[21] 또한 각 지역에는 지방관이 직접 파견되어 권농 임무를 수행하게 되어 있었는데, 이러한 권농사(勸農使)의 파견은 몽고와의 전쟁으로 인한 농업의 피해를 복귀하기 위한 목적도 있었겠지만, 실제로 이 시기에 파견된 권농사의 임무를 살펴보면 본래의 목적대로 권농을 수행하고 있었다고 보기 어려운 점들이 있었다.[22] 이미 권농을 위해 순문사(巡問使)가 파견되어 있었으므로 추가로 파견되어 온 지방관들과 그들의 업무는 상당히 중복되었으며, 권농이라는 업무보다는 방어 업무에 치중해 있었기 때문에 기존의 순문사들은 이러한 지방관의 파견을 달가워하지 않았다.[23]

권농별감이라는 지방관이 파견되어 순문사들과 마찰을 입은 사실을 알 수 있는데, 『고려사』에는 이러한 사실뿐 아니라 파견된 지방관의 나태한 업무 태도와 심지어는 담당하고 있는 관할의 백성들에게 피해를 입히는 모습까지 기록되어 있었다.[24] 이처럼 전쟁이라는 당시 상황 속에서, 중앙정부로부터 파견된 관리들이 업무 수행을 제대로 하기란 쉽지 않았음을 살펴볼 수 있다. 아울러 그로 인해 권농정책이 정상적으로 수행될 수 없었을 뿐만 아니라 전쟁으로 인한 피해의 복구 또한 적절하게 이뤄지는 것이 불가능했다는 것을 알 수 있다.


## 3. 농경의례의 설행

고려조정은 중농 이념을 백성들에게 깊이 보여주기 위해서 여러 가지 의례, 의식을 거행하였다. 국왕을 중심으로 풍년을 기원하는 행사를 펼쳤는데, 특히 일 년의 처음인 정월 무렵에 하늘에 풍년을 비는 제사를 올렸다. 또한 토지의 신과 곡식의 신을 모셔놓은 사직(社稷)에 대한 제사는 국가의 근간이 바로 농사짓기임을 보여주는 것이었다. 이와 더불어 국왕은 적전에 나아가 농업신에 대해서 제사를 올리고 밭을 가는 시범을 보이는 행사를 함으로써 백성들에게 농사를 권장하는 자신의 의지를 보여주기도 하였다. 또한 자연재해가 발생하였을 때 이를 사라지게 하기 위한 의

식도 거행하였다.

고려시대 농경의례는 기본적으로 정례적(定例的)인 성격을 띠었다. 예기치 않은 재이의 발생이 있을 경우에는 그때마다 이를 극복하기 위한 노력을 기울였으며, 때에 따라 비정례적인 의례 또한 행해지기도 했다.[25]

먼저 국왕은 원구(圓丘)에서 제천(祭天), 기곡(祈穀), 기우(祈雨) 의식을 행했는데, 이것은 군주의 신성함과 절대성이 시후(時候)를 조절하며 그에 따라 풍흉(豐凶)을 조정할 수 있다고 파악한 데에서 나온 것이었다. 고려시대에 원구는 983년(성종 2) 정월 상신에 처음으로 설치되고 제사가 시행되었다.[26] 또한 고려왕조는 매년 정월 상신이나 맹하(孟夏) 즉 음력 4월에 길한 날을 택하여 기곡의 성격을 갖는 제사를 올린 것으로 보인다.[27] 땅에 대한 제사인 방택(方澤)도 시행되었다. 방택은 북교(北郊)에 위치했는데, 땅에 대한 제사를 올리도록 하여 천지 음양의 기운을 순조롭게 한다는 의미를 가지고 있었다. 하지만 그 위치는 기록이 남아 있지 않아 정확히 알 수 없고, 개경의 북교에 있었다는 정도만 알 수 있다.[28]

농업 및 토지와 관련한 신을 모신 사직(社稷)은 토지의 신과 곡식의 신에 대한 제사를 올리는 곳으로서 군주의 통치 기반이 결국 토지와 농업에 있음을 상징적으로 보여 주었다. 991년(성종 10) 윤2월에 개경의 황성 안 서쪽에 사직단을 세웠는데, 여러 제사가 실행되었다. 그리고 선농(先農) 적전(藉田) 의례는 왕이 직접 토지 및 농업신에 대해 제의를 올리고 친히 쟁기를 잡고 밭을 가는 모범을 보이는 행사였다. 선농단[29]과 적전은 원구에서의 기곡과 연결하여 의례가 거행되었다.

기양과 기복을 위한 제의는 대체로 고려 사회에 발생한 큰 재앙을 불러온 재변을 없애고 복을 불러오려는 목적에서 이루어졌다. 예컨대 가뭄, 태풍, 홍수, 별자리 변화, 송충이의 발생, 지진, 바다 색깔의 변화, 외적의 침입 등 고려의 질서를 무너뜨릴 수 있는 모든 것이 포함되었다. 고려는 이를 하나에 국한된 것이 아닌, 다양한 분야에서 시도하였다. 유교의 길례, 불교의 각종 도장과 불경의 강경회, 도교의 초제(醮祭), 성황신사(城隍神祠)에 대한 제사, 산천신 등에 대해 위호(位號)를 더해주고 제사하는 것 등은 그러한 의도에서 나왔다.[30]

고려는 불교를 개인의 수양과 신앙으로서만이 아니라 호국을 위한 차원으로 받아들였다. 이에 고려에서는 가뭄 등의 재이 발생에 대해 불교를 통해 극복하고자 했다. 기우 및 기양을 위하여 관련 불경을 읽어 바라는 바를 이루고자 했던 것이다. 이러한 기우 관련 행사는 궁궐이나 주요 사찰 등에서 열기도 했다. 한편 도교의 초제 또한 기우와 기곡을 위해 각종 신격에 대한 제사를 올렸는데, 초제가 국가운영과 밀접한 관련이 있음을 보여준다.[31]

고려는 이러한 기곡, 기양, 기복을 통해 왕조의 가장 큰 기반인 백성들의 안정과 풍요를 빌었는데, 이에 추수감사제의 성격을 갖는 축제 또한 마련되었다. 팔관회(八關會)는 본래 추수감사제이자 제천 행사인 고구려의 시월 동맹(東盟)과 산천(山川) 용신제(龍神祭)의 성격을 가졌던 신라의 팔관회를 계승한 것이었다.[32] 팔관회와 함께 가장 중요한 국가 행사라 할 연등회(燃燈會)는 정월의 상원 혹은 2월 보름에 열렸으며 부처에게 연등을 켜복을 비는 것이었다. 고종대 이후에는 4월 8일에도 연등회가 열렸다. 신라의 경우에도 연등회는 정원 상원에서 보이듯 용신(龍神)에 대한 시농기원제(始農祈願祭)와 같은 성격이 있었고, 숙종 때에도 연등회 때 천지신명을 모시기도 하였다. 이처럼 고려 연등회 역시 풍년을 기원하여 국가의 복을 비는 성격이 있었던 것이다. 이와 같이 정월이나 2월의 경우 농상의 준비와 시작이 있는 때라 춘령(春令)이 집중적으로 반포되었던 것을 고려하면 연등회는 상서와 장수, 국가의 평안이 담긴 행사이자 기곡과도 연결될 수 있었다.[33]

이상의 내용을 본다면 고려의 농경의례에는 농경제의의 면이 있었으며, 그 가운데에서도 풍년을 기원하는 기곡의 성격이 강하였고, 더불어 풍년에 감사하는 추보(秋報)의 면도 있었다. 달리 말하면 국가적 차원에서 때에 맞춰 기곡과 추보를 행하고 기우 및 기청(祈晴)등 시후에 맞춰 농사가 이루어질 수 있길 도모하는 것이었음을 의미한다.

농경제의의 성격을 가진 행사들이 각 지방에서도 독자적으로 이루어졌다. 이와 관련하여 주목할 수 있는 행사가 연등회와 팔관회이다. 연등회와 팔관회는 지방 군현의 '향읍(鄕邑)'을 중심으로 고려 각지에서 농경제의적 성격의 형태로 개최되었다. 그런데 이는 개경에서 행해지는 국중대회의 형식을 정점으로 하는 일원적인 질서 속에서 이루어지고 있었다. 개경에서 이루어지는 연등회와 팔관회는 지방에서 거행된 제의를 총괄하고 종합하는 측면을 가지고 있었으며, 지방 향읍의 제의에 영향을 미쳤던 것이다. 따라서 지방에서 이루어지던 연등회와 팔관회는 개경에서 행해지던 모습과 굉장히 유사한 모습을 가졌을 것이다. 지방에서 이루어지던 이러한 연등회와 팔관회는 그 지역사회의 지배층인 향리층이 향도를 중심으로 운영되었다. 이들은 국가적 제의의 틀 안에서 각 지방 향읍을 단위로 독자적인 농경제의를 거행했던 것이다.[34]

기우(祈雨)에 대한 제사도 이루어졌는데, 용왕제(龍王祭), 성황제(城隍祭)가 기우와 관련해 거행되고 있었다. 『동국이상국집』에 보면 이규보는 전주에서 지방관으로 근무한 바 있는데 가뭄이 들자 용왕신에게 비를 빌고, 계양을 다스릴 때에는 성황신[35]에게 비를 빌었던 기록이 있었던 것으로 보아, 지방에서도 농사를 위한 기상의 변화를 다스리고자 제사를 지냈던 것을 알 수 있다.[36]

이와 같이 고려시대에 자리잡았던 중농 이념과 그것을 중심으로 하여 농경의례가 실행되었다. 고려시대의 중농 이념은 재이와 시후에 대한 이해가 담긴 천인감응론과 천명사상에 입각한 왕도정치가 중심이 되었다. 이것은 곧 정치운영의 원리가 되었고, 농상을 무엇보다 중요하다 여겨 각종 재이에 대한 농경제의적인 성격의 의례를 행하였고, 이것은 곧 농민의 안정과 더불어 국가의 안정까지도 도모하기 위함이었다. 고려는 의례에서 한 가지 사상에만 국한되게 하지 않고 유교, 불교, 도교 그리고 심지어는 무속신앙도 적극적으로 했다. 결과적으로 왕도정치사상에 입각하여 농업을 중시한 고려는 이로써 왕권을 강화하려는 노력을 끊임없이 시도했다.

향리들은 농경의례를 이끌면서 본인들의 지역에 풍년이 오기를 기원하였다. 대표적인 것이 연등회와 팔관회이다. 연등회나 팔관회 하면 중앙정부, 즉 개경에서 하는 것이 가장 중요하게 거행되었지만 두 의례 모두 지방에서도 행하고 있었다. 연등회나 팔관회 모두 불교 행사라고 생각할 수도 있다. 하지만 연등회의 경우 순수한 불교 행사라기보다는 농경제의적 성격이 강했다. 팔관회의 경우도 농경수확제로서의 성격이 강하였다.[37] 중앙에서는 지방 각지에서 행해진 이러한 연등회와 팔관회를 종합하는 성격이었던 것이다.

이러한 지방 의례들은 향리가 주관하는 경우가 많았다. 그리고 이러한 의례를 통해 지방민들의 결속력을 다지고 향리의 권위를 나타낼 수가 있었을 것이다. 연등회, 팔관회 말고도 의례는 또 지방마다 다르게 나타났다. 어떠한 경우에는 철제농기구를 땅 속에 묻어 의례를 치르기도 하였다. 신라시기에도 이렇게 농기구를 묻는 행위가 있었다는 것을 생각하면 그러한 의례를 고려가 수용했을 수도 있다고 생각할 수가 있다. 그리고 발굴되었을 때 호미가 사용되었던 흔적이 없는 것으로 봐서 의례로 사용할 가능성이 높다고 여겨지고 있다.[38] 이 외에도 고려 당시 기록은 잘 남아 있지는 않지만 조선시대 기록에서 일부 나타난다.

유희춘이 쓴 『입춘나경의(立春裸耕議)』에서 함경도 농경의례의 실제를 찾아볼 수 있다. 당시 이 지역에서는 16세기까지 입춘마다 관아 앞에서 나체로 소를 몰아 밭을 갈고 씨를 뿌려 그해의 작황을 점쳐 풍년을 기원하고 있었다고 한다. 이러한 의례를 주도한 인물은 향리일 가능성이 높다. 지방관의 경우에는 유교를 배운 입장이기 때문에 이러한 의례를 미신으로 여겼을 가능성이 높기 때문에 향리라고 볼 수밖에 없다고 추정된다. 또한 이러한 의례는 청동기시대 유물인 농경문청동기에 잘 나타나 있어 이러한 의례의 기원을 청동기시대로 봐도 될 것이다.[39]

이 기록을 통해 알 수 있듯이 지역마다 농경의례는 다양하게 실행되고 있었다. 그리고 농경의례 관련 출토품에서 호미나 시루, 쇠솥 등이 나타나는 것을 봐서 지방관이 아닌 지방의 토착적인 존재인 향리가 의례의 중심이 되었다는 것을 추론할 수 있다.[40] 그리고 한 가지 신에게만 기원하는 것이 아닌 지방에 있는 신이나 여러 신에게 제사를 지내 풍년을 기원했다는 점도 찾아볼 수 있다. 이러한 모습에서 고려 시대 사상의 다양성이라는 특색을 꼽아볼 수도 있을 것이다. 또 향리가 지역 내에서 의례를 주관할 만큼 권위가 있었고 지역민들을 의례 등 다양한 방식으로 통치하고 있었음을 알 수가 있다. 이러한 부분은 향리가 의례나 제사 등을 주관하면서 여러 가지 방식으로 지방을 운영하여 지방민들을 다스리고 있었다는 것을 나타내고 있다.

# 전시과체제와 양전제

## 1. 전시과 제도의 성립과 운영

고려는 통일 후 지배체제의 기반을 군건히 다지기 위하여 정치적인 여러 제도를 실행에 옮겼다. 이와 더불어 관료 등 지배층에게 내려주는 경제적 혜택과 관련해서 통일신라 녹읍제를 전면적으로 변화시켜 토지분급제로서 역분전 분급, 그리고 곧이어 전시과 분급이라는 제도를 실행하였다. 이러한 변화는 국가 지배체제의 변화이지만 다른 측면에서 당시 경제적인 농업 생산활동에 의거한 변동이었다고 보인다. 고려의 농업생산 방식의 세밀한 부분은 아직 불확실하지만, 국가가 지배층에게 치밀하게 마련된 토지분급제를 실행에 옮길 수 있었던 것은 농민의 농업생산에 대한 국가의 관리, 파악 등이 제대로 운영되었기 때문이라고 할 수 있다. 여기에서는 고려가 시행한 토지분급제인 토지분급제를 살피면서, 고려 농업체제의 특징을 검토할 것이다.

신라에서 실행한 녹읍의 기본적인 성격은 관리들에게 직무 수행의 대가로 지급한 급여의 일종이었다. 관리 등 지배층에게 지급한 대상은 토지의 일정한 면적이 아니라 녹읍(祿邑)이라는 단어의 어의(語義) 자체에서 볼 수 있듯이 읍(邑)을 녹(祿)으로 지급하는 것이었다.[41] 하지만 실제로 고을(군·현) 자체를 떼어내서 몽땅 내주는 것이 아니라, 고을에서 징수한 수취물을 관리들의 봉록으로 충당한다는 의미를 지닌 것이었다. 국가가 수취하는 부세 가운데 일부를 관리들에게 직접 수취하여 녹봉으로 충당하도록 하는 급여제도가 바로 녹읍제였던 것으로 볼 수 있다.

후삼국을 통일한 태조는 제일 먼저 토지제도의 정비에 착수하였다. 신라 말부터 문란하기 시작한 토지의 경계(經界)와 토지제도를 바로잡고 전국의 토지에 대한 지배력을 강화하기 위하여 토지 관련 제도를 제정하였고, 조세를 낮추고, 귀농시키는 등 회유 정책을 실시하였다. 그럼에도 불구하고 지방 호족세력에 대해서는 포섭 정책으로 녹읍(祿邑)과 식읍(食邑)을 나누어주었다. 이때 녹읍, 식읍을 분급한 것은 신라의 관료 녹봉 지급 방식을 일부 따른 것으로 볼 수 있다.

먼저 식읍의 경우 후백제의 견훤과 신라의 경순왕이 귀부하자 이들에게 각각 양주(楊州)와 경주(慶州)를 식읍(食邑)으로 삼게 하였다. 지방의 대호족으로 신왕조에 충성을 서약해 온 경우에도 식읍이 주어졌을 것으로 보는 견해가 있다.[42] 반면 이에 대해 식읍은 김부와 견훤 두 사람에게만 국한된 예외적인 대우 방식이었을 것이라고 보는 견해가 있다.[43] 그런데 녹읍은 귀순한 지방 호족뿐 아니라 이른바 '공경(公卿) 장상(將相)'이나 '권세지가(權勢之家)' 등 비교적 넓은 범위의 호족적 존재들에게 지급되었다. 호족연합정권적 형태를 띠고 있던 건국 초기에 호족들을 회유 무마하기 위하여 많은 녹읍이 사급(賜給)되었다.

식읍과 녹읍은 신라 이래로 일정한 지역에 대한 지배를 의미하였다. 녹읍이나 식읍을 지급받은 자들이 해당 지역에서 누리게 되는 경제적인 이득에 대해서 예전의 입장은 대다수 조세(租稅)뿐만 아니라 공부(貢賦)와 역역(力役)까지도 수취하는 경제적 혜택을 누리고 있었던 것으로 보았다.[44] 반면에 7세기 중·후반에 9등호제를 실시하면서 경제적 자산을 고려하여 산정한 호등(戶等)에 따라 조조(租調)를 부과하는 세제(稅制)로 개편하였는데, 이와 같은 세제 하에서도 녹읍주(祿邑主)는 역시 조(租)를 징수할 수 있는 권리를 녹읍으로 지급받았다고 파악하는 견해가 있다.[45] 후자의 견해는 녹읍주가 토지에 대한 세금뿐만 아니라 인신적인 지배력, 즉 인호에 대한 지배력을 장악하고 있었다는 점을 강조하는 것이다. 전자의 견해보다 녹읍주가 누리는 경제적 이득 부분을 조금 축소시켜서 파악하고 있는데 이 후자의 견해가 고려 초기 토지분급제로서 역분전제, 전시과 체제를 연속적으로 파악하는 데 적당하다고 생각된다.

통일신라 당시까지 지배구조가 당시 핵심 지배세력인 진골 귀족의 기득권 보호와 아울러 인호(人戶) 지배의 테두리에 머물고 있었던 것이고, 이러한 지배체제 아래의 사회를 고대사회라고 한다면, 후삼국을 거친 이후 고려왕조가 결부수(結負數)에 의거하여 전조(田租)를 거두는 조세제도를 안착시켜나간 것은 인신 지배에서 토지 지배로 한 단계 도약한 것으로 볼 수 있고, 결국 고대사회에서 중세사회로 전환된 것으로 파악할 수 있기 때문이다. 호등(戶等)을 근거로 조조(租調)를 징수하는 인호지배의 모순은 9세기 후반 농민들의 도망과 전국적인 항쟁으로 폭발하였고, 새로운 사회체제, 지배구조를 필연적으로 촉발한 것이었다.

태봉의 궁예가 결부수에 근거하여 전조를 거두는 조세제도를 처음 실시한 것으로 보인다. 궁예는 왕조의 기틀을 다지기 위해 조세 수입에 주목하였는데, 안정적인 조세 수취가 가능한 방식, 즉 이동이 가능한 인호(人戶)가 아니라 경작지에 과세하는 방식으로 세제를 개편한 것으로 추정되고 있다.

고려가 새 왕조로서 처음으로 시행한 토지분급제는 940년(태조 23)에 실시한 역분전(役分田)이다. 다음 기사에서 역분전 실시를 찾아볼 수 있다.

> 처음으로 역분전을 정하였다. 통합시의 조신(朝臣), 군사(軍士)들에게 관계(官階)는 논하지 아니하고 그들의 성행(性行)의 선악(善惡)과 공로(功勞)의 대소(大小)를 보아 지급하였는데 차등이 있었다.[46]

여기에서 역분전은 태조가 후삼국의 통일전쟁 때에 공로를 세운 조신 군사를 대상으로 한 토지분급제였다는 것을 알 수 있다. 그렇기 때문에 그 급전(給田)하는 토지면적에 대한 기준도 관계(官階)에 두지 아니하고 대신 '사람들의 성행의 선악', 즉 신왕조에 대한 충성도와 공로의 대소에 의거하였던 것이다. 따라서 이것은 토지제도 전반에 걸친 어떤 법제적 개편이었다기보다는 오히려 논공행상의 표창적인 의도에서 시행한 것으로 볼 수 있다. 하지만 중요한 것은 차등을 주어 나누어준 것이 녹읍이나 식읍에서와 달리 전(田) 즉 토지였다는 점이다. 고려왕조의 지배층에 대한 경제적인 대가의 일부를, 또한 호족에 대한 반대급부의 일부를 토지로 나누어준 것이고, 이는 뒤에 설명할 토지분급제인 전시과(田柴科)로 이어지게 되었다.

후삼국시대의 지방 호족의 경제적 기반은 근거 지역의 촌락과 인민에 대한 지배이며 여기서 거두어들인 수취의 성과가 정치적, 군사적 활동의 재원이 된 것으로 볼 수 있다. 앞서 소개한 식읍이나 녹읍에서의 지역 지배의 경제적 이익에 해당하는 부분을 지방 호족도 차지하고 있었다. 그리하여 호족 근거지 주변의 촌락에 사는 인민들은 본래 국가에 세금을 부담하는 공민(公民)이었지만, 호족들의 세력이 강화되면서 호족들의 사민

(私民)으로 변질된 것이었다.[47]

호족세력을 통합하여 새로운 왕조로 개창된 고려에서 위와 같은 호족의 지방지배체제를 그대로 온존시킨 상태에서 국가 지배구조를 구축하는 것은 어려운 일이었다. 호족들에게 정치적, 경제적 특혜를 베풀면서 포섭하는 한편, 호족의 경제적 기반, 정치적 능력을 축소시키는 작업도 병행하지 않을 수 없었다. 그러한 중앙집권적 국가 지배체제의 정점에 있는 것이 한편으로는 관료제이고 다른 한편으로는 전시과였던 것이다.

전시과가 처음으로 만들어진 것은 976년(경종 1) 11월의 일이었다. 전시과는 양반 관료에 대한 대우의 일환으로 토지를 나누어주는 토지분급제의 성격을 갖고 있었다. 전시과 제도는 이에 앞서 제정된 사색공복(四色公服) 제도와 더불어 지배층에 대한 경제적 특혜에 해당하는 것이었다. 전시과는 문무백관(文武百官)으로부터 부병(府兵), 한인(閑人)에 이르기까지 무릇 국가의 관직에 복무하거나 직역(職役)을 부담하는 자들에 대하여 그들의 지위에 따라서 소정의 전토(田土)와 시지(柴地)를 분급(分給)하는 것이다. 고려왕조의 관료수가 늘어나고, 신진 관료들이 성장함에 따라 관료통치기구가 정비되고, 성품이나 행실보다 더 정밀한 수조지분급제도의 필요에 따라 문무양반관료를 대상으로 한 전시과 제도가 성립한 것이었다.

고려의 공전 및 국유지의 기본은 전국의 산림과 소택지, 황무지, 둔전 등이었다. 대표적인 공전으로 공해전시는 중앙과 지방의 각 관청(공해)에 주어진 수조지였다. 국가 기관이 아닌 국가에서 전조를 국고에 넣는 국가수조지도 공전의 한 예이다. 국가수조지에서 얻어진 전조는 국용, 군수, 녹봉으로 돌려졌다. 그 외에도 농민들에게 권농을 하기 위해 왕이 직접 봄에 땅을 갈며 제사지내기 위한 적전과, 학교와 학원의 운영을 위한 학전과 군인들이 경작하는 둔전이 있었다. 일반적인 전시과 이외에 별도로 고급 관료에 대해서는 공음전시(功蔭田柴)를 나누어주었고, 이 외에 무산계(武散階), 지리업(地理業), 승인(僧人) 등을 위해서는 각기 특정의 전시과가 따로 설정되어 있었다.

전시과는 처음 제정된 이후 여러 차례 변화를 겪었다. 크게 보면 경종 원년에 시정(始定)되었다가 이후 성종대를 거쳐 목종 원년에 개정(改定)되었고, 또한 덕종 3년에 와서 개편된 뒤 문종 30년에 이르러 경정(更定)되었다. 경종 때 제정된 시정전시과는 998년(목종 원년)에 이르러 개정전시과(改定田柴科)로 크게 개편되었다. 개정전시과의 지급 대상은 문무양반관료와 군인이었다.[48] 시정전시과에서는 전지(田地)와 시지(柴地)가 함께 지급되었으나, 개정전시과에서는 16과 이하에게는 전지만을 지급하였다.

이후 전시과는 몇 차례의 개정을 거쳐 1076년(문종 30) 최종적으로 완성되어 경정전시과(更定田柴科)가 만들어졌다. 경정전시과는 개정전시과의 체제를 본받아 18과로 구분하였으나 전시 지급액은 개정전시과에 비해서 감소되었다. 경정전시과와 개정전시과의 차이점은 다음과 같다. 첫째, 전지와 시지의 지급이 일반적으로 감소했으나 시지의 감소폭이 전지에 비해 더욱 크다. 둘째, 무반에 대한 대우가 높아졌다.[49] 셋째, 산직(散職)이 지급 대상에서 제외되었다. 넷째, 개정전시과에서는 제외되었던 향직이 지급 대상으로 포함되었다. 다섯째, '한외과'가 없어지고 모두 18과 내로 편입되었다. 개정전시과에서는 없었던 잡류(雜類)와 한인(閑人)이 18과에 들어 있다. 경정전시과에는 양반영업전 외에 무산계전시과와 별사전시과가 있었다.

경정전시과는 양반전시과, 무산계전시과, 별사전시과 외에도 공음전시과, 공해전시과 등 여러 종류의 지급 규정이 있으며, 이들을 통해 국가는 토지에 대한 일정한 규제와 관료층·국가유공자에 대한 대우 체계를 마련하고 토지에 기초한 재정체계를 수립하였던 것이다. 문종 30년에 완성된 국가적 토지분급체계로서의 전시과는 이후 고려 사회의 기초적 토지제도로서 기능하였으나 사적 토지소유제가 기본인 토지분급제로서의 전시과는 점차 그 기능을 상실해갔다.

전시과의 변화 양상에 대해서는 위에서 간략하게 살핀 것에 그치고 여기에서 깊이 다루지 않는다. 대신 토지 분급제도로서 전시과가 갖고 있는 성격에 대해서 상세하게 살펴보려고 한다. 전시과(田柴科)는 고려 전기의 기본적인 토지제도로서 관료층에 대한 토지분급체계이자 국가적 직역체계와 밀접한 관련을 가지는 전정제(田丁制)에 의해 운영된 제도였다. 전시과의 기본적인 성격은 당시 정치사회의 역학구조와 토지소유구조와도 밀접한 관련을 맺고 있지만, 보다 근본적으로 당시의 토지 이용방식 아래에서 설정된 제도로 보아야 할 것으로 생각된다.

먼저 고려왕조에서 토지에 대한 전세 부과가 주요한 세원으로 부각되면서 지배층의 소유 토지도 국가의 과세 대상에 편입되었음이 분명하다. 또한 고려는 토지에 대한 전세 수취를 통해 국가를 운영하는 재원을 확보하였다. 이에 따라 지배층은 국가의 운영이나 개인적인 경제 활동과 관련해서 토지에 대한 전조(田租)의 수취 그리고 납부에 커다란 관심을 기울이게 되었다. 이와 같이 전세의 비중이 높아진 시점에서 국가는 수조권(收租權)의 분급(分給)을 전시과의 실시라는 방식으로 실행에 옮겼다. 태조대에 실시한 역분전도 수조권 분급의 성격을 지닌 것으로 볼 수 있다.[50]

전시과 제도에 의하여 토지를 분급받는 사람은 토지 자체가 아니라 거기서 나오는 조(租)의 수취권 즉 수조권(收租權)을 갖게 되었다. 이것은 본인이 죽고 나면 원칙적으로 국가에 반환하게 되어 있는 것이었다. 그런데 군인 서리 등은 자손이 직역(職役)을 세습하였고 그에 따라 전정(田丁)도 체립, 연립하였으므로 공음전과 더불어 영업전의 성격이 강한 것이었다. 즉, 전시과가 수조권분급이라는 방식으로 관료들에게 부여된 경제적 혜택이었는데, 그것이 관료의 자손이나 인척관계에 있는 사람에게 연립되었다는 점에서 획득적인 성격보다는 귀속적인 성격이 강했다는 점을 주목해야 한다. 이 점이 조선 초기에 자리잡은 과전법체제의 수조권분급제도와 다른 점이고 그러한 점에 귀족적 관료가 지배층을 형성하였던 고려 중세사회의 사회 성격과 맞아떨어지는 점이라고 생각된다.

고려의 토지 이용방식과 전시과의 관계를 살펴보자. 전시과와 문무관료전의 최하층은 전(田) 17결(結)을 기본 단위로 삼고 있었다. 고려의 토지 계량 단위에서 17결이 1족정(足丁)으로 파악되는 기본 단위라는 점은 조선의 양전제에서 5결(結)을 양전에서 하나의 기본 단위로 삼고, 부세 수취에서 1부(夫)를 8결로 설정한 것과 크게 차이나는 점이다. 이는 곧 국가의 토지 파악의 기본 단위가 사회의 변화에 따라 좀더 작아지는 것을 의미하는 것이며, 국가의 토지에 대한 파악 능력이 좀더 강화되어나가는 변화를 보여준다고 볼 수 있다.

고려시대의 경지 이용방식에 관한 대표적인 사료는 다음과 같은 전품(田品) 규정이다.[51]

> 무릇 전품(田品)은 휴한하지 않는 토지(不易之地, 연작하는 토지)를 상(上)으로 하고 한 해 휴한하는 토지(一易之地)를 중(中)으로 하며 두 해 휴한하는 토지(再易之地)를 하(下)로 한다. 휴한하지 않는 산전(不易山田) 1결(結)은 평전(平田) 1결에 준하고 한 해 휴한하는 토지(一易田) 2결은 평전 1결에 준하고 두 해 휴한하는 토지(再易田) 3결은 평전 1결에 준하게 한다.[52]

이 사료의 해석에 따라 고려의 토지 이용방식, 농법의 성격에 대한 설명이 달라진다. 고려시대의 농업이 연작(連作)농법인가 또는 휴한농법인가 검토할 필요가 있다. 연작 단계라고 주장하는 경우에 위의 사료는 산전(山田)의 전품을 정하기 위한 규정이라고 보고, 평전(平田)은 일반적으로 연작 단계라고 파악한다. 이들은 평전은 정전(正田)으로서 조선시대와 같이 매년 수세되는 토지로 보고 전품 역시 토지의 비척도에 따라 9등 전품제가 실시된 것으로 보는 것이다. 또한 산전에 대비되는 평전은 평전 중에서도 하등전으로서 상등전, 중등전에 비해 상대적으로 척박한 토지이지만 세역전(歲易田)은 아니며, 평전에서는 이미 오래전에 세역농법이 사라진 것으로 보고 있다. 이러한 견해는 고려의 농법에 대한 설명에만 그치는 것이 아니라 통일신라시대까지 소급하여 평전의 연작 단계를 주장하는 데로 나아가고 있다.

여기에서는 고려 말까지 휴한농법이 일반적으로 행해졌다고 보는 입장에 있는데, 이럴 경우 위의 전품 규정은 일반적 전품 규정에 입각하여 산전의 전품을 정한 것으로 해석한다. 즉, 전품은 경지의 이용 빈도에 따라 일반적으로 정해져 있는데, 그것이 바로 불역전, 일역전, 재역전의 3등급으로 나뉘어 있었다는 설명이다. 그 가운데 일역전(一易田)을 중등(中等)으로 파악하는 것은 일역전 즉 1년 휴한전이 당시의 일반적인 경지 이용방식임을 상징적으로 보여주는 것으로 파악한다.

고려의 경지 이용방식, 농법의 단계가 휴한농법이 지배적인 상황이었다고 하더라도 이것이 전시과라는 토지분급제의 운영 자체가 난관으로 자리하고 있는 것은 아니었다. 왜냐하면 휴한농법이라는 것이 전답을 규칙적으로 휴한하고 이어서 경작하는 체계적인 토지 이용이기 때문에 휴한법 단계에서도 토지를 분급해주는 것은 어려움이 없는 것으로 생각되기 때문이다. 그리고 토지의 비옥도라는 성격이 토지의 휴한 여부, 휴한 기간에 결과적으로 반영될 수밖에 없는 것이라는 점에서 토지 분급제와 휴한 농법은 연계 적용이 충분히 가능하였다. 또한 전시과의 성격을 면조

(免租)로 파악하는 경우 더욱 휴한농법 아래에서 전시과 운영에 어려움이 없었을 것이다. 무엇보다도 토지 이용빈도로 파악되는 전품이 대부분 중등, 하등으로 비정된다는 점에서 1년 휴한과 2년 휴한 사이의 격차만 어느 정도 고려한다면 전시과라는 토지 분급제의 운영은 그리 곤란한 것은 아니었을 것이다.

휴한법이 적용되는 상황에서 나타나는 농업기술의 변화·발달 그리고 작물 경작방식의 변화가 갖고 있는 농업사적 의미에 대하여 유럽, 특히 영국의 작물 경작방식에 대한 연구 성과를 참고로 살펴볼 필요가 있다. 영국의 경우 18, 19세기 작물 경작방식에 나타난 변화의 방향을 농업혁명에 대한 연구 성과에서 찾아볼 수 있다. 농업혁명에 대한 연구자 가운데 밍게이(G. E. Mingay)는 농업혁명의 기점으로 1750년대를 지목하는데, 그가 제시한 것은 사료작물의 재배, 윤작법의 도입, 가축품종의 개량, 각종 농기계의 도입, 의회 인클로저의 전개 등이었다. 그리고 케리지(E. Kerridge)는 곡물 경작지와 목초지의 경계를 무너뜨린 이른바 전환농법(convertible husbandry)의 도입, 수변목초지(water meadow)의 관개, 새 사료작물의 경작 등이 농업기술 진보의 핵심적 요소라고 파악하고, 이러한 진보가 1560년에서 1670년 사이에 이루어졌다고 보았다.[53] 여러 논자들이 농업혁명을 초래한 기술적인 진보로 지목하는 것 가운데 가축품종, 농기계, 의회 인클로저, 전환농법, 수변목초지 관개 등을 제외하고 작물 경작방식에 대한 것만 꼽아보면 결국 사료작물의 경작, 사포제 윤작체계의 보급으로 정리할 수 있다. 그런데 사포제 윤작체계에 포함되어 있는 클로버, 순무 등은 바로 가축 사육에 활용하는 사료작물이었다. 따라서 사포제로의 이행에 좀더 방점을 찍어도 무방할 것으로 생각된다.

삼포제에서 사포제로의 이행은 작물 경작방식의 전환에 그치는 것이 아니었다. 삼포제에서의 경작지 활용도가 사포제에서는 급격하게 증대되는 것이기 때문이다. 경작지에 작물을 재배하는 토지 이용도의 급격한 증가는 필연적으로 시비 재료의 확대, 거름의 다량 투입 등을 요구하는 것이었다. 이런 점에서 톰슨(F. M. L. Thompson)이 19세기 초중반 농민들이 각종 국내산 및 수입산 비료를 구입하여 농지에 대량으로 공급하는 활동이 특징적이라고 주장한 점을 충분히 납득할 수 있다. 사포제 하에서 점차 지력(地力) 회복을 위한 시비 활동의 중요성이 강조되고 국내뿐만 아니라 해외에서 비료를 구입하게 되었던 것으로 추정할 수 있다.[54]

사포제가 널리 보급되기 이전의 작물 경작방식은 삼포제였고, 그 이전은 이포제였다. 이포제는 유럽과 중동 지역의 기본적인 경작방식이었다. 경작지를 크게 2개의 그룹으로 나누고, 한 그룹은 밀, 보리, 귀리 등을 경작하고, 다른 그룹은 휴경지로 놀리는 방식이 이포제였다. 이포제에서 놀리는 휴경지는 다음 해 경작할 계절까지 그 토지의 비옥도를 회복할 수 있는 시간을 부여한 것이었다.

2개의 경작지 그룹은 한편으로는 필지를 기준으로 나뉘기도 하고 다른 한편으로 필지의 집합을 기준으로 나뉘기도 하였다. 필지를 기준으로 2개의 그룹으로 나눌 때에는 개인의 보유지를 대상으로 분리가 이루어질 수도 있지만, 필지의 집합을 기준으로 그룹을 나누게 되면 이는 개인의 보유지를 대상으로 삼지 못한다. 대신, 여러 개인들의 보유지의 집합을 그룹 구분의 대상으로 삼게 되고 이러한 필지 집합의 그룹 구분(분할)은 결국 개인들의 집합적인 협업에 의거한 농업노동을 전제하지 않을 수 없다고 할 수 있다. 대략 8세기 무렵부터 점차 삼포제 방식으로 전환되기 시작하였다.

삼포제는 두 가지 방식으로 나뉘는데, 하나는 이포제의 변형으로서의 삼포제이고, 다른 하나는 전형적인 삼포제이다. 반 바트(van Bath)에 따르면, "토지가 1년간 경작되고 그다음 2년간은 휴한되는, 이포제의 변형으로서의 삼포제 방식"[55]이 존재하였다고 한다. 그리고 삼포제의 기본적인 경작방식은 "첫해에 동곡(冬穀, 밀이나 호밀)이, 두 번째 해에는 하곡(夏穀, 보리나 귀리)이 파종되고, 세 번째 해에는 휴한(休閑)되는 것"이라고 소개한다.

삼포제에서 경작하는 작물은 밀, 호밀, 보리, 귀리 등인데 여기에 하곡(夏穀)으로 콩류가 추가될 수 있었다. 콩류는 이른바 질소 고정 능력을 지니고 있어 지력을 회복하고 강화시키는 데 커다란 도움을 줄 수 있었다.[56] 이러한 콩류가 갖고 있는 지력 회복 및 강화의 능력은 중국이나 조선의 농서에서도 분명하게 지적되고 있었다. 삼포제는 자연재해로 인하여 발생하는 흉작과 그에 따른 기근의 위험성도 감소시켜주었다.

영국에서 이포제에서 삼포제로의 변화는 12세기 전후 개간 활동이 활발하게 이루어지면서, 앞선 시기인 8세기 말 이미 나타나기 시작하였던 삼포제로 광범위하게 전환되었다.[57] 삼포제로 변화한 이유로 크게 경작지의 집약적 이용도 증가가 지목된다. 보리, 밀 등 추경(秋耕)하여 다음해 늦봄, 초여름에 수확하는 작물을 염두에 둔다면 1년에 경작지를 활용할 수 있는 기회는 최대 2회라고 할 수 있다. 3년을 기준 단위로 설정하여 이포제와 삼포제의 경작지 이용도를 따져보면, 삼포제는 3필지에서 3년간 총 18회의 경작 기회 가운데 6회 즉 3분의 1을 활용하는 것에 그치고 있다. 한편 위에서 상정한 것과 같은 크기의 경작지에서 이포제를 적용한다면 3년간 총 12회 중에 4회에 그치는데 이 또한 3분의 1에 달한다. 하지만 1년에 2회 경작지로 이용하는 것을 계산하지 않고 단순히 경작하는 해인지, 휴경하는 해인지만 따진다면, 삼포제는 전체 경작지의 3분의 1을 놀리는 것이고, 이포제는 2분의 1을 놀리는 것이라는 점에서 경작지 이용의 집약도 측면에서는 삼포제가 더 높다고 할 수 있다. 또한 경작 횟수의 절대적인 수치가 곧 전체 경작지에 대한 효율적인 이용도를 가리킨다고 할 수 있기 때문에 6회와 4회는 상당한 경작지 이용의 증대를 가리키고 또한 많은 곡물 수확을 기대할 수 있는 수치적인 차이를 보이고 있다고 볼 수 있다. 이렇게 볼 때 삼포제와 이포제 사이에는 농업 생산의 측면에서 곡물 생산량의 증가라는 커다란 변화로 정리된다.

삼포제가 특정 지역에서 정착하고 계속 유지되기 위한 관건은 바로 경작지와 목초지(방목지) 사이의 균형 조절 여부에 있었다. 영국 농업은 곡물 경작뿐만 아니라 가축 사육으로 구성되어 있었다. 그리고 가축의 배설물이 주요한 시비 재료였기 때문에 가축 방목지가 경작지로 바뀌어 방목지가 감축되면 가축 사육에 타격을 주게 되고 이는 다시 시비 재료가 줄어들면서 경작지의 생산력에도 나쁜 영향을 미친다는 점에 유의해야만 했다. 이러한 문제점을 점차 해결해나가면서 13세기에서 14세기로 넘어가는 시기에 삼포제 실시 지역이 점차 증가하였다.

삼포제에는 두 가지 형태가 있는데 자유형 삼포제와 규제형 삼포제이다. 규제형 삼포제는 개방 경지에서만 나타난다. 이때 경작자들은 삼포제 농업이 적용되는 경지를 자유롭게 이용하지 못하고 제약을 받는다. 경지의 일정 부분에는 그곳에서 토지를 이용하는 모든 사람들이 똑같은 작물을 재배해야 한다. 또한 농부들은 정해진 때에 수확물을 거두어들인 후에야 전체 농민공동체의 가축 떼가 그루터기 밭에 방목될 수 있었다. 또한 휴경되는 해에 휴경지에 가축 방목이 허용되었다.

삼포제에서 벗어나 사포제 윤작법체계로 전환되는 과정은 매우 점진적이고, 지역에 따라 시기를 달리하는 것이었음이 분명하다. 그런데 사포제 윤작법체계로의 전환이 갖고 있는 성격을 몇 가지로 나누어 살펴보면서 그 구체적인 변화의 내용을 정리할 수 있다. 첫 번째는 앞서 살핀 바와 같이 새로운 사료작물의 도입이라는 점이다. 17세기 이후 새롭게 경작체계에 도입된 작물은 클로버(clover), 샌포인(sainfoin), 트레포일(trefoil), 자

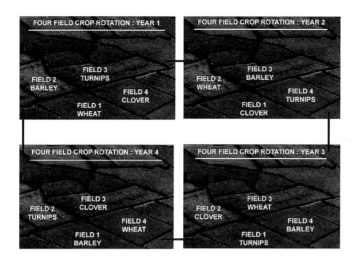

〈그림 3-1〉 사포제 윤작법체계: 작물의 윤작 순서

주개자리(lucerne) 등 콩과작물과 순무(turnip)와 같은 근채작물이었다. 이러한 작물들은 주로 가축의 사료로 널리 활용되었는데, 사료작물의 재배를 통해서 경작지와 목초지만으로 구성되었던 이전의 삼포제 경작방식에서 벗어날 수 있었다. 다시 말해서 삼포제에서는 작물을 재배하지 않고 놀리면서 가축들을 방목하는 휴경 목초지의 활용이 필수적인 것이었는데, 사료작물을 따로 경작하게 되면서 목초지를 경작지로 활용할 수 있었던 것이다. 또한 사포제 윤작법체계로의 전환은 휴경지의 소멸을 의미한다는 점에도 주의를 기울여야 한다. 곡물 중심의 경작지 운영과 목초지를 병행하여 이용하던 방식에서 콩류, 환금작물 등을 경작하면서 휴경지의 비율이 점차 줄어들고 있었다.[58]

영국에서 나타난 삼포제에서 사포제로의 경작방식의 전환은 한국 농업에서 고려 말기에 나타난 휴한농법에서 연작상경농법으로의 전환과 비슷한 역사적 의의를 갖고 있는 것으로 보인다. 고려 후기 수도(水稻) 경작법의 발달을 경지 이용방식과 연결시켜 설명하는 것이 지금까지 일반적으로 당시의 농업생산력 발달을 파악하는 방식이었다.[59] 휴한법에서 연작법으로의 변화·발전을 경지 이용방식의 변화로 단순화시키는 것은 여러 가지 문제를 내재하고 있어 좀더 검토가 필요하다. 이 문제는 후술하기로 하고, 일단 고려 후기 경지 이용방식에 대한 대표적인 설명을 보면 첫째, 대체로 고려 후기에는 평전(平田)은 물론 상경 단계이고 일부 휴한하던 산전(山田)이 상경화되어가기 시작한 것으로 파악하는 견해,[60] 고려 말에 이르러 비로소 평전(=水田)에서 상경화가 이뤄진 것으로 파악하는 견해[61]로 나눌 수 있다. 이러한 견해 가운데 고려 말 전체적인 수전과 한전에서의 연작법으로 전환이 나타나는데, 한전의 경우 좀더 이른 시기로 상정할 수 있고, 수전의 경우 14세기를 경과하는 시기로 설정할 수 있을 것이다.

다른 한편으로 고려의 토지 이용방식과 관련해서 해결해야 할 대목의 하나는 성종 11년에 제정된 조세 수취 규정이다. 문제는 성종 11년 조세 수취 규정에 나타나는 세주(細註)의 실체에 대하여 3등전품제설의 입장에 서 있는 논자들은 대체로 세주를 시안이나 상한으로 해석한다. 최근에는 12세기 생산력 발전과 관련시켜 세주는 생산력 발전을 반영하여 세액을 상향 조정한 것이지만 실제로 시행되지는 않았을 것으로 보기도 한다.[62] 또한 성종 11년의 조세 규정을 9등전품제의 시행과 관련시켜, 본문(本文)은 하등 전품의 조세 규정이고 세주는 중등 전품의 조세 규정으로 파악하기도 한다.[63] 이 견해는 단순히 토지의 비옥도에 따라 1등전에서 9등전까지 일정한 차이를 두고 배열한 9등전품제가 아니라 농지의 비옥도에 따라 세 지역으로 구분하며, 그 지역 안에서 다시 지품에 따라 상·중·하로 구분하는 9등전품제임을 주장한다.

그런데 고려의 토지 이용방식이 곧 휴한농법 단계의 것으로 파악할 경우 성종대 조세 수취 규정은 조선의 수취체제에서 활용되었던 수조안(收

租案)과 연관된 규정으로 설명하는 것이 온당할 것으로 생각된다. 즉, 조선의 경우 해마다 수조 대상이 되는 토지를 확정하고, 해당 토지에서 거둘 수조액을 산정하여 작성되는 장부가 수조안이었다. 마찬가지의 방식으로 휴한농법 아래에서 해마다 경작되는 토지에서 상중하의 세 등급의 토지에서 예상되는 소출량(수확량)에 따라 전세를 거두어 가는 것은 그다지 어려운 일은 아니었을 것이다. 그리고 휴한농법을 적용하는 토지라 하더라도 지역에 따라 토지의 비옥도는 차이가 날 수밖에 없고, 그러한 비옥도의 차이는 당연하게 소출량에 영향을 줄 것이고, 이러한 소출량에 의거하여 적절한 세액을 결정하는 것이 매우 합리적인 방식이다. 또한 자연재해가 심각하게 발생하여 결국 농업생산에 차질이 빚어질 때 피해를 입은 전답을 전세 부과에서 면제시켜주고 해당 농민을 구제하는 방식으로 구제책을 운영할 것과 충돌하는 지점이 없을 것으로 보인다.[64]

이와 같이 살펴본다면 전시과체제와 휴한농법이라는 농업 단계, 토지 이용방식은 서로 매우 적절한 관계를 맺을 수 있는 것이었고, 실제로 고려왕조에서 그러한 합리적이고 유기적인 관계를 맺고 있었다. 그리하여 토지 이용방식과 토지분급제, 조세 수취방식이 서로 유용한 상호 보완적인 상황에 있었다고 평가할 수 있다. 마지막으로 그러한 관계를 성립할 수 있는 기초, 기반은 바로 휴한농법이라는 농업기술의 발달 단계에 놓여 있었다는 점을 강조하고자 한다.


## 2. 양전제도의 변화

고려시대에 실시된 양전 제도는 농업생산 활동의 성과를 부세로 수취하기 위하여 직접적인 생산수단인 토지에 관련된 여러 가지 정보를 파악하는 제도, 즉 전체 경작지(耕作地)의 정보를 종합하여 정리하는 제도였다. 양전은 토지를 파악하는 방식이기 때문에 휴한농법이나 연작농법과 무관하게 경작지라는 조건만 충족하면 곧 양전의 대상이 되었다. 결국 고려시대의 양전의 대상은 연작농법 아래의 토지뿐만 아니라 휴한농법 단계의 토지를 망라하는 것이었다. 그렇기 때문에 진전(陳田)도 당연히 양전의 대상이었다. 재역전 이상 휴한하는 토지는 국가적 차원에서 진전으로 파악하였지만, 양전에서 제외시키는 것은 아니었다. 이는 고려에서 강조한 농지 개간에 대한 권장, 강제와 연관된 것이었다. 반면에 경작에 전혀 활용된 적이 없는 황무지, 황전(荒田)은 양전 조사의 대상이 아니었다.

고려는 양전(量田)을 대대적으로 실행하였고, 그 조사 결과를 토대로 양안(量案) 또는 전안(田案)이라고 불리는 장부를 작성하였다. 달리 설명하자면 전국적인 경작지 현황 조사에 해당하는 사업이 양전이고, 그 결과물이 바로 지금의 토지대장에 비견할 수 있는 양안이라고 할 것이다. 양전은 굉장한 물력(物力)과 인력(人力)이 투입되는 대규모의 사업이었다. 양전은 일단 기본적으로 국가재정의 기본을 이루는 전세(田稅)의 징수를 위해서 전국의 경작지를 측량하여 장광(長廣) 척수(尺數)를 파악하고, 이를 근거로 각 필지마다 매겨야 할 전세액을 파악할 수 있었다. 따라서 양전 제도에서 중요한 기준이 되는 것은 바로 양전에 활용하는 기준척의 문제라고 할 수 있다.

고려의 초기와 중기에는 3등급의 토지에 대하여 단일척이 사용되었다는 주장이 대체적으로 통용되고 있다. 그리고 토지면적 산출방식은 결부제(結負制)에 의해서 이루어졌다.[65] 고려 결부제의 특성은 수조(收租) 방식에 잘 나타나 있는데 1결의 수조량이 전품(田品)에 따라 차이가 나는데, 이는 고려의 양전법이 단일양전척에 의해 실시되었음을 보여준다.

고려의 양전제가 단일양전척에 의해 실시되었다는 것은 『고려사』 식화지 1 경리 문종 23년의 양전보수(量田步數)의 제정에 의해서 유추할 수 있다. 그에 의하면 "6촌(寸)은 1분(分)으로 하고 10분은 1척(尺)으로 하며 6척은 보(步)로 한다."고 하여 양전척(量田尺)과 보척(步尺)의 관계를 명시하였다. 문종 23년의 규정에 의하면 1결의 면적은 '방(方)33보(步)'로 '1,089보'가 된다.

고려의 전품제(田品制)는 양전제와 불가분의 관계를 가지고 있는 제도로서 토지에 대한 비옥도를 국가적 기준으로 정하여 조세 수취의 기준으로 삼고자 한 것이다. 지금까지 고려의 전품제는 3등전품제가 일반적인 것이라고 이해할 수 있다. 고려시대의 농업생산력 수준이 후술하는 바와 같이 일반적으로 휴한농법이라는 이해와 결부되어 있으며, 휴한농법 하에서의 전품은 앞서 살핀 문종 8년의 전품 규정에 의거하여 불역전(不易田)은 상(上), 일역전(一易田)은 중(中), 재역전(再易田)은 하(下)라고 규정되었다.

고려의 농법 발달과 관련해서 지역적인 생산력의 격차라는 점을 고려할 수 있는데 고려시기에 통용된 전품제의 원리 가운데 하나가 도(道)를 3등으로, 관(官)을 3등으로, 그리고 하나의 관 안에서 다시 전(田)을 3등으로 나누는 것이었다.[66] 이러한 전품 구별 방식은 곧 지역에 따라 생산력이 차이를 보이고 있음을 반영한 것이었다.

단일 양전척으로 측량된 토지는 토지대장에 등록하여 토지분급에 따르는 자료로 활용되고 있었다. 고려시대의 토지대장인 양안(量案) 또는 전안(田案)이 완전한 형태로 지금까지 남아 있는 것은 없으나 고려 초기 사원이 소유한 토지에 대한 토지대장의 형식과 기재 내용은 사원에 있는 석탑의 내용에 나타나 있다. 이를 보면 토지 소재지와 면적, 지목, 경작 유무, 사표(해당 필지의 동, 서, 남, 북 사방의 경계) 등 현대 토지대장의 내용과 상당히 유사한 점이 있다고 보인다.

고려 전기의 양전 사례는 통일신라기의 전통을 계승하는 면을 갖고 있었다. 고려의 양전 기록은 『고려사』 식화지 경리조에 몇 차례 보인다. 「약목군정도사석탑조성형지기(若木郡淨兜寺石塔造成形止記)」(이하 「형지기」라고 약칭함)에서도 부분적으로 양전대장의 내용을 살필 수 있다.[67] 이에 의하면 955년(광종 6) 양전사(量田使)가 하전(下典)·산사(算士) 등을 대동하고 현지에 가서 그 이전의 양전대장(導行)을 토대로 양전을 실시하고 있다. 『삼국유사』 가락국기도 991년(성종 10) 김해부 양전사가 수로왕릉 소속의 전결(田結)을 양전하고 있음을 보여준다. 「형지기」에 의하면 양전에서는 토지소유주, 전품, 토지의 형태, 양전의 방향, 토지의 위치(四標), 양전척의 단위, 넓이, 결수(結數) 등을 조사하여 양전대장에 기록했음을 알 수 있다.[68]

하지만 고려의 양전은 조선왕조의 양전제와 여러 가지 측면에서 차별점을 갖고 있었다. 먼저 전답이 속해 있는 자호(字號)와 자호 내의 지번(地番) 표시가 없다는 점이다. 따라서 고려 초에 천자정(天字丁), 지자정(地字丁) 등으로 표기되는 자호가 이미 사용되고 있었는지 불확실하고, 그러한 표기가 없는 이유를 추정해본다면, 자호(족정, 반정)는 17결이나 20결씩 되는 광대한 농지를 한 단위로 묶어서 맨 첫머리에 기록, 양안에서는 개개 필지에 이를 표기하지 않았을 것으로 추정할 수 있다.

고려시대 양전에서 주목해보아야 할 부분은 면적의 산출 문제이다. 고려의 토지면적 산출방식은 결부제(結負制)인데, 이는 중국의 경무제(頃畝制)와는 달리 토지생산성을 반영한 용어로서 소출량을 의미한다. 하지만 고려 1결(結)의 생산량은 토지의 비옥도에 따라 달라지고, 이에 반해 1결의 절대면적은 동일하였다. 중국의 경우 1경(頃)은 절대면적 단위이기 때문에 토지면적은 비옥도에 관계없이 동일하며, 1경 면적의 생산량은 비옥도에 따라 달랐다.

고려의 양전제가 단일양전척에 의해 실시되었다는 것은 『고려사』 식화지 1 경리 문종 23년의 양전보수(量田步數)의 제정에 의해서 유추할 수 있다.[69] 그에 의하면 "6촌(寸)은 1분(分)으로 하고 10분은 1척(尺)으로 하며 6척은 보(步)로 한다."고 하여 양전척(量田尺)과 보척(步尺)의 관계를 명시하였다. 이때 양전척은 대체로 기준척으로 주척(周尺)을 사용했는데, 양전척 1척은 주척으로 6척이며 보척은 양전척으로 6척이다.

대체로 고려시대의 1결은 중국의 1경과 그 면적이 같은 것으로 보는데, 그 논거로 『삼국유사』 권 2 가락국기의 양전 사례를 들고 있다. 그에 의하면 종래 30경의 토지를 왕위전(王位田)으로 했는데 그것이 많다 하여 15결은 그대로 두고 나머지 반은 민역호정(民役戶丁)에게 나누어준다고 했다. 이것을 볼 때에 경과 결은 같은 크기의 면적으로 쓰였음을 알 수가 있다. 이 견해에 의하면 1결의 면적은 17,000여 평이 된다.[70] 이에 대하여 고려 1결의 실제 면적이 1,500~1,600평 정도[71]라는 반론도 있다. 한편 「신라촌락문서」의 촌역(村域)과 결부수를 연관시켜 1결의 면적이 1만2천 평을 넘어서지 않을 것이라고 보고, 촌역에 경제적 이용이 가능한 초지와 산림이 포함된다면 1결의 면적은 2천 평을 넘어서지 않을 것이라고 파악하는 견해가 있다.[72] 이어서 신라에서 고려 전기에 이르기까지 양전에 쓰인 척도는 약 35~35.5cm 정도의 고구려척이었으며 1결의 면적은 1,450~1,500평이었다고 결론을 내리고 있다.[73]

고려 1결의 실제 면적에 대한 여러 주장이 제출된 것은 무엇보다도 사료의 불충분함, 그리고 해독의 불확실성에서 비롯된 것이다. 이러한 점과 더불어 1결의 실적에 대한 추정 면적이 거의 1:10 정도로 벌어진 것에 대하여 우선적으로 방향성에 대한 검토가 필요할 것으로 생각된다. 다름이 아니라 1결의 실적이 역사적 시간의 변천에 따라 어떠한 방향으로 변해나갈 것인가라는 점에 대해서 검토하고자 한다. 알기 쉽게 한정하자면 고려왕조에서 조선왕조로 사회구조가 바뀌었을 때 1결 실제 면적의 변화 방향이 확대되는 방향이었는가, 아니면 축소되는 방향이었는가 하는 문제이다.

여기에서는 1결의 실제 절대면적 변화의 배경을 검토하면 먼저 국가의 토지 파악 능력, 그리고 중앙정부의 지방사회 통제 권력의 소강, 유무, 변화에 따라 1결의 실제 면적이 변화할 것으로 추정한다. 왜냐하면 1결이라는 면적은 자연적인 것이 아니라 지배체제 하에서 토지분급, 전세 수취 등 뚜렷한 통치 목적 아래에서 인위적으로 설정된 것이기 때문이다. 고려왕조에서 조선왕조로 왕조 교체가 이루어지면서, 특히 고려 후기 사회변동을 거치면서 중앙집권적인 권력체제가 확고하게 자리잡게 되었고, 이에 따라 국가의 지방사회 통제와 토지 파악 능력이 강화되었을 것으로 추정한다. 그렇다면 1결로 파악할 수 있는 절대면적을 증가시키는 방향으로 변화해도 중앙정부의 토지 파악 능력 아래에서 잘 갈무리될 수 있었을 것이다.

그리고 농법의 발전, 즉 휴한법에서 연작법으로의 변화라는 점도 양전 방식의 변화를 가져왔을 것으로 생각된다. 연작법이 지배적인 농법으로 자리잡는 단계에 이르게 되면 토지의 비옥도를 전면에 내세워 전품으로 파악하고, 이를 감안하여 양전하는 것이 보다 현실적인 국가적 토지 파악 방식으로 설정될 수 있었다. 즉, 토지의 비옥도를 수취 단계가 아니라 양전 단계에서 감안하는 보다 세밀한 토지 파악이 가능하게 되었던 것이다. 현재까지 알려진 것은 고려 후기에 이르러 양전척의 변동이 나타나는데, 바로 단일양전척(單一量田尺)에서 수등이척(隨等異尺)으로 변화하는 것이라는 점이다. 그에 따라 전품을 3등으로 나누어 파악하게 되었고, 이는 조선 세종대 공법에서는 6등급으로 구분되었다. 고려 말 과전법이 제정되는 과정에서 남부 6도의 양전이 1388년 8월부터 시작되어 1389년에 일단락되었다(己巳量田). 당시의 양전은 수등이척(隨等異尺) 그리고 이적동세(異積同稅)라는 양전 수조법(收租法)을 정착시키는 대역사로 평가되고 있다.[74]

단일양전척에서 수등이척으로 변화하는 사정은 고려 중기 이후에 나타난 양전 방식의 변화와 맞물린 것이었다. 양전 방식의 변화를 정리하면 첫째 전품(田品)을 등제(等第)하는 기준이 전지의 휴한 빈도가 아닌 비척도로 바뀌었고, 둘째 이와 관련하여 상중하 각 등전이 각기 동일한 실적의 것이 아니라 각기의 비척도에 따라 실적을 차등 있게 달리하면서 수조를 동일하게 하는 방식으로 바뀌게 되었다는 점을 지목할 수 있다. 그리하여 상등전 1결에 비해서 하등전 1결의 절대면적이 훨씬 넓게 타량(打量)하면서 수조는 모두 동일하게 미(米) 30두(斗)를 걷는 방식이 채택되었다. 이때 상중하 각 등전에서 각각 상전척, 중전척, 하전척을 사용하여 타량하게 하였는데, 바로 농부(農夫)의 지척(指尺)의 길이를 활용하는 것이었다.[75] 하전척은 농부의 30지(指), 중전척은 25지, 상전척은 20지로 정해져 있었다. 수등이척법은 전지 비척도에 따라 전품을 상중하로 구분해야 하며 또한 전품에 따라 각기 양전척을 달리해야 하는 것이었다.[76]

고려 말에 이르러 단일양전척 대신에 3개의 양전척을 사용하고 그리하여 토지의 등급에 따라 양전척의 길이를 달리하는 수등이척법(隨等異尺法)으로 바뀌었다. 이에 따라 농부(農夫)의 손뼘을 표준으로 제정한 지척(指尺)을 사용하였다. 이 수등이척법은 등급이 내려감에 따라 척장(尺長)을 체가(遞加)함으로써 1결의 면적을 크게 하여 상전(上田)은 명나라의 25무(畝) 4분(分)으로 하였는데, 중전(中田)은 39무 9분, 하전(下田)은 57무 6분에 상당하도록 하였다. 이제 1결의 실제 면적인 전품에 따라 달라지게 되었다. 하지만 1결에서 거두어 가는 세액이 동일하게 조정되었다.

1391년(공양왕 3) 5월에 공양왕은 또한 고려의 문란한 토지제도를 바로 잡기 위해 사전 개혁을 단행하여 전국의 토지를 다시 답험 양전하였다. 이때 측량한 각 도의 토지의 면적은 〈표 4〉와 같다.

〈표 3–1〉 각 도의 토지면적 (단위: 결)

| 경기도 | 실전 | 131,755 |
|---|---|---|
|  | 황원전(荒遠田) | 8,387 |
| 6도 | 실전 | 491,342 |
|  | 황원전 | 166,643 |
| 전국 | 계 | 798,127 |

고려 말기, 1391년(공양왕 3)에 와서는 과전법이 실시되어 양안도 초기나 중기의 것과는 전혀 다른 과전법에 적합한 양식으로 고쳐지고 토지의 정확한 파악을 위하여 자호(字號), 지번(地番) 제도를 창설하게 되었다. 자호는 토지를 5결(結) 단위로 묶어 천자문(千字文)의 글자를 하나씩 배정하였고, 지번(地番)이라 함은 토지의 특정화를 위하여 순차적으로 부여하는 필지마다 하나씩 붙이는 번호를 말하며, 토지의 위치 고정성 및 개별성을 보장하는 기능을 하는 것을 말한다. 조선 초기의 양전척은 고려 말의 그것을 준용하고 있었다.[77] 나중에 조선의 양전척은 세종대에 공법(貢法)의 시행과 더불어 새로운 차원으로 정비되었다. 공법의 제정과 함께 주척(周尺)을 6등전의 전품에 따라 길이를 달리하는 방식이 채택되었다.

# 수전과 한전의 농법 전환

고려시대 농법에 대해서 살피기에 앞서 고려시대 철제 농기구에 대해서 대략 정리하고자 한다. 고고학적 발굴 조사의 범위가 점차 고대라는 시간 범위를 넘어서서, 중세, 근세, 근대로 이어지고 있다. 특히 경작유구의 경우 고려, 조선, 대한제국 등에 걸쳐 다수의 발굴 사례가 나올 것으로 기대하고 있다. 경작유구의 발굴 조사를 통해 구체적인 농업기술, 즉 밭농사 기술, 벼농사 기술을 살피는 것 이외에 논밭 조성 기술, 논밭 주변 정리 방법 등도 찾아볼 수 있을 것이다. 아마도 조선 후기 경작유구의 발굴조사가 계속 이어지면 수전의 배수로 확보를 위한 수전 고랑 개착과 관계된 흔적이나 이앙흔적 등도 발굴될 가능성이 있고, 파종법, 경작법 관련 새 기술의 발견도 가능할 것이라고 생각된다.

고려시대 철제 농기구의 경우 문헌 사료에 나오는 참고자료가 거의 보이지 않기 때문에 고고학 발굴조사에서 출토된 실물 자료를 근거로 분석이 이루어졌다.[78] 실물 자료에 대한 검토에 앞서 고려시대 쟁기의 볏에 관련된 검토를 정리하면 다음과 같다. 한국에서 우경(牛耕)의 보급에서 중요한 획기는 신라시기 6세기 초 지증왕(智證王) 때였다. 우경이 보급되어 나가면서 쟁기 구조의 일부인 볏이라는 부품과 관련된 여러 가지 견해가 나와 있다. 우경과 관련하여 중요하게 지적되어야 할 것이 볏의 존재 유무인데, 그 이유는 쟁기에서 볏이 전답의 전면반경(全面反耕)과 심경(深耕)의 효율을 강화시킴으로써 토양의 비배력(肥培力)을 높여주는 중요한 기능을 수행하는 부분이기 때문이다.

우경으로 기경(起耕)하는 작업을 수행하는 것이 단일한 형태와 일률적인 방식으로 이루어지는 것은 아니었다. 기경법에서 이미 춘경(春耕)과 추경(秋耕)이 나뉘어서 그 의미가 부여되고 있었다. 조선 초기에 편찬된 『농사직설』에서도 수전을 기경하는 작업으로 추경을 춘경과 구분하여 설명하고 있었다.[79] 춘경과 추경을 구분하는 것과 더불어 작물에 따라, 전답의 토질에 따라 기경법 자체가 변화하지 않을 수 없었다. 『농사직설』에 춘경과 추경으로 나누는 것은 오랜 농경의 경험이 농업기술 속에 침전된 부분으로 보아야 할 것이다. 춘경과 추경을 나누는 것이 『농사직설』에 수록되었다는 이유로 15세기 농법으로 간주하는 것은 많은 오해를 불러일으킬 우려가 있다.

여러 가지 기경 작업마다 구조와 형태가 다른 쟁기를 사용하였는지 아닌지의 여부는 현재 단정적으로 설명하기 어려운 부분이다. 볏의 유무에 관한 여러 견해는 조선 전기까지 무볏리(無錧犁)가 일반적이라는 견해[80]와 조선 전기에 유볏리(有錧犁)의 존재를 인정하면서 고려시대에도 유볏리가 존재했다는 견해[81]로 나눌 수 있다. 전자의 견해는 조선 전기의 『농사직설』 단계에는 중국과 달리 심경이 널리 보급되지 않았으며, 오히려 천경(淺耕)에 의한 평휴경(平畦耕)이 주류로서 무볏리가 주로 이용되었다고 본다. 그러다가 16세기 『농가월령』 단계에 유볏리가 나오면서 심경에 의한 고휴경(高畦耕)이 나타나는 것으로 파악한다.

『농사직설』단계에서 유볏리의 존재를 인정하는 입장에서는 수전농법에 추경(秋耕)이 습속화되었다고 보듯이 한전에서도 추경이 행해졌다고 본다. 『농사직설』의 경우 '기장(黍)', '조(粟)', '콩(大豆)' 등 한전 작물에서는 추경이 행해졌다는 사실에서 이 당시 좁은 범위에서나마 유볏리가 사용되었다고 파악한다. 이에 대해서 『농사직설』의 기술체계를 분석하면서, 황지(荒地)의 기경 작업, 엄경(掩耕)에서 풀을 땅속으로 파묻기 위해서는 반전경(反轉耕)으로 기경이 이루어져야 가능하다는 점을 제시하면서 15세기 조선의 주요한 기경농기구인 쟁기는 볏을 달고 있었다고 정리하기도 하였다.[82]

사실 고려의 농업체제에서 농기구의 발전 방향과 관련하여 쟁기에 볏이 장착되었는지 여부에 대한 설명 자체가 매우 중대한 의미를 갖고 있는 것은 아니다. 그런데 쟁기에서 볏을 떼어놓기도 하고, 장착하기도 하는 등 다양하게 구조를 바꾸어 실제 농작업에 사용할 수 있었다. 그리고 쟁기를 부리는 농부의 의도와 기술에 따라 깊이 갈 수도 있고 얕게 갈 수도 있는 유연성을 발휘할 여지가 있기 때문에 일률적으로 작업 내용에 따라 다른 형태와 구조를 지닌 쟁기를 사용하였다고 단정할 수는 없다. 하지만 쟁기가 갖고 있는 기경 효율성의 측면에서 볏은 매우 중요한 역할을 담당하였기 때문에 상대적인 생산성의 변화, 비교 검토를 위해서는 볏의 유무를 살펴볼 필요가 있다.

고고학적 발굴조사에서 고려시대의 쟁기와 관련된 철제 보습(犁)과 볏(鐴)이 출토되어 있다. 지역적으로 남한 전역에서 골고루 출토되며, 사원터, 무덤, 건물지 등 다양한 유적에서 나오고 있다.[83] 따라서 볏의 장착 유무에 대한 설명은 그 해답을 얻었다고 할 수 있다. 고려시대 농업에서 활용한 쟁기 자체의 구조가 어떠하였는가라는 점이 앞으로 연구를 통해 해명할 필요가 있다.

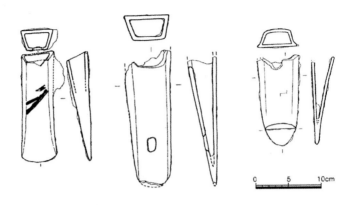

<그림 3-2> 주조괭이(삼국)→주조괭이(신라 통일기)→따비(고려)

그리고 다른 기경용 농기구로 주조괭이와 코끼리이빨 따비가 출토되고 있다. 주조괭이는 신라 통일기를 고비로 출토량이 급격하게 줄고 대신 코끼리이빨따비가 새로이 등장하는 것으로 파악되고 있다. 〈그림 3-2〉에 보이는 바와 같이 주조괭이는 횡단면(橫斷面)이 사다리꼴이며, 평면 형태가 직사각형이고 날과 투겁의 너비가 거의 비슷하다. 이에 비해 코끼리이빨 따비는 횡단면이 타원형이며, 평면 형태가 쐐기형이고 날의 너비가 투겁에 비해 뾰족하다.

또한 쇠스랑(鐵齒擺)은 3개의 발이 하나의 투겁에 연결되어 있는 형태로 현재 농가에서 거름을 칠 때 주로 사용하고 있으나 삼국시대 제주도에서는 땅을 일구는 도구로 사용하였다. 이로 보아 쇠스랑은 다양한 용도로 사용되었으며 논과 밭을 막론하고 주로 땅을 정지하는 작업구나 흙을 부수는 농구로 사용되었다.

제초용 농기구로 가장 많이 활용된 호미는 여름철에 왕성하게 자라는 잡초를 제거하는 데에 주로 이용되었다. 우리의 농업에서도 김매기로 잡초를 제거하지 않으면 좋은 수확을 기대하기 어려웠다. 삼국시대 말기인

7세기 이후에 현재의 호미와 유사한 형태인 날이 좁고 날카로운 호미(낫 모양 호미)가 나타나지만 고려시대의 것에 비해 자루의 길이가 짧고 날과 자루의 경계 부분이 꺾이지 않아 힘을 적게 받는 형태로서 차이를 보이고 있다. 고려시대에 이르게 되면 현재의 호미와 같은 형태를 갖추게 되고 전국적인 분포 양상을 보여주고 있다. 그리고 수확용 농기구로 낫이 활용되었음을 여러 출토 자료를 통해 확인할 수 있다.

고려왕조에서 고려의 독자적인 농법을 정리하여 농서로 편찬하는 작업이 실행되었는지 여부는 아직 불확실하다. 하지만 아직 고려시대에 편찬된 농서를 찾기 어려운 상황이다. 다만 중국에서 편찬된 농서를 수입하여 이용하는 모습은 사료에 보인다. 이런 상황에서 농업기술이나 농업생산력을 해명하기 위해 일부 제한된 사료를 다양한 방식으로 해석하는 연구들이 나오고 있다. 곡종(穀種), 시비(施肥), 벼 경작법의 발달, 지역적인 생산력 격차 등의 문제에 대해 여러 견해를 찾아볼 수 있다.[84]

곡종과 관련된 자료 가운데 9세기 말에 세워진 것으로 보이는 전남 담양의 개선사지(開仙寺趾) 석등(石燈)의 기문(記文)을 주목할 수 있다. 여기에는 업조(業租)와 경조(京租)라는 용어가 나오는데, 이를 공세(貢稅)로 바치는 상등의 쌀로 파악하기도 하지만, 벼의 품종을 가리키는 것으로 볼 여지도 있다. 그리고 이규보(李奎報)의 시문에 선명도(蟬鳴稻)라는 벼 품종 이름이 들어 있다.[85] 선명도는 매미가 울 무렵에 수확을 할 수 있다는 올벼로, 원산지는 중국의 강남지역으로 알려져 있다. 이규보가 소개한 선명도가 중국에서 수입된 것인지 여부는 정확히 알 수 없지만, 분명한 것은 매미가 울 때 수확할 수 있는 올벼가 고려에 존재하고 있었다는 점이다.

13세기 말에 중국에서 강남미가 고려에 수입되었다. 1291년(충렬왕 17)에 큰 기근이 돌자 원(元)에서 진휼미를 보냈는데, 이때 고려에 들어온 중국벼가 바로 강남미(江南米)로 불리는 것이었다.[86] 중국에서 들어온 강남

미가 구체적으로 어떠한 품종인지는 알 수 없다. 하지만 조선 전기 15세기 후반에 강희맹(姜希孟)이 지은 『금양잡록(衿陽雜錄)』에 이미 다수의 벼 품종, 그리고 다수의 밭작물 품종이 소개되고 있다는 점을 떠올릴 필요가 있다. 품종의 개발, 그리고 지역적인 품종의 순화 작업에 오랜 세월이 필요하다는 점에서 조선 전기의 품종 정리와 농서 기재는 곧 고려시대 또는 그 이전 시기부터 품종의 개발과 보급 등이 이루어졌음을 미루어 짐작할 수 있을 것이다.

다음으로 시비, 분전(糞田)이란 전토의 지력(地力)을 상승시키고 작물(作物)의 성장을 도와 충실히 자라나게 하기 위해 여러 가지 재료를 이용하여 축적한 분전 재료를 수전에 넣어주는 작업이다. 농지의 지력 회복과 지력 증강을 위해서는 시비가 필요했다.[87] 이때 중요한 것은 분전을 실시하는 데 사용하는 재료가 어떤 것인가 하는 점이고 다른 한 가지는 분전을 어느 시기에 하는가라는 점이다. 분전을 하는 데에 소가 여러 가지로 많이 이용되었다.[88] 분전을 실시하는 시기에 따라서 기비(基肥)와 추비(追肥)로 나누어볼 수 있다. 고려 말에 이미 특정한 상황에서 추비(追肥)가 행해지고 있었음을 알 수 있는 단편적인 기록이 남아 있다.[89]

고려 말에 이제현(李齊賢)의 언급을 살펴보면 연해지역의 비옥함이 다른 지역과 다르다는 점을 지적하였다. 연해지역의 토질이 다른 곳에 비해서 월등히 우수하다는 지역적 특성의 차이를 파악한 것이었다. 그는 전품의 지역적인 차이를 "압록 이남은 대개 모두 산(山)이고, 비옥하고 기름져서 불역(不易)하는 전(田)은 빈해에 있다."고 언급하였다.[90] 고려 말 이후 연해지역이 수전으로 개발되는 상황을 보여주는 위의 기사에서 지역적인 전품의 차이를 분명하게 인식한 발언임을 확인할 수 있다. 이와 같이 지역별 전품의 차이에 대한 지적이 고려시기에 본격적으로 등장하였다. 전품이 지역 사이에 격차가 벌어져 있고, 이를 국가에서 파악하는 것은 결국 농업생산의 지역적 특성을 감안하려는 것이었다고 할 수 있다.

　고려시대 경지 이용방식에 관하여 휴한법과 연작법 여부에 대해 살펴보려면,[91] 먼저 문종대인 11세기에 정리된 전품에 대한 규정[92]을 제대로 파악하는 데에서 시작되어야 한다. 고려의 전품 규정을 해석할 때 가장 주안점을 두어야 할 부분은 이 규정의 성격에 관한 것이다. 전품 규정이 들어 있는 『고려사』 「식화지」 전제(田制) 경리(經理)에 포함되어 있는 여러 기사들은 무엇보다 양전에 관한 것이었다. 뒤에 등장하는 양전보수(量田步數)[93]에 관한 규정을 비롯하여 전품을 설명하는 규정 전후좌우에 배치된 「식화지」의 기사는 모두 양전에 관련된 규정이다. 게다가 전품은 전토 면적과 더불어 양전 과정에서 가장 주의를 기울여야 할 조사 항목의 하나였다.

　따라서 전품 규정 "불역(不易)하는 땅을 상(上)으로 삼고, 일역(一易)하는 땅을 중(中)으로 삼으며, 재역(再易)하는 땅을 하(下)로 삼는다."[94]는 상중하 전품 규정은 평전(平田), 산전(山田), 수전(水田), 한전(旱田)을 막론하고 모든 경지에 적용되는 일반 원칙으로 보는 것이 타당하다. 즉, 연작지(連作地, 不易之地)는 상등전, 1년 휴한지(一易之地)는 중등전, 2년 휴한지(再易之地)는 하등전이라고 양전과 관련해서 규정한 것이었다. 이렇게 보아야 뒤에 나오는 "불역하는 산전 1결은 평전 1결에 준(準)하고, 일역하는 산전 2결은 평전 1결에 준하고, 재역하는 산전 3결은 평전 1결에 준한다."는 규정도 자연스럽게 해석된다. 평전과 산전의 생산력의 격차를 미리 상정할 필요 없이, 산전과 평전이 모두 불역전(不易田), 일역전(一易田), 재역전(再易田)으로 구성되어 있고, 따라서 산전을 타량(打量)할 때 평전과 다름없이 결부(結負)를 산정하라는 부가적인 주의사항을 표현한 것으로 보아야 할 것이다.[95]

　문종대의 전품 규정은 두 가지 내용이 결합된 것으로 보아야 할 것이다. 하나는 상중하 3등 전품제를 규정하는 것이었고, 다른 하나는 양전과 관련시켜서 토지를 분급할 때 또는 전세 수취와 관련해서 산전과 평전을 상대적으로 비교할 때 산전과 평전의 환산치를 규정하기 위한 것이었다. 첫 번째 부분에서 역전(易田)이란 곧 세역(歲易)을 의미하고, 세역이란 다름 아니라 휴한을 의미하는 것이었다. 그리고 두 번째 부분에서 기존 전품과 표준 전품에 대한 관습, 제도를 산전과 평전 사이의 환산 비율에 적용하고 있는 것이다.

역(易)의 의미는 농사에 연관될 경우 두 가지의 의미로 사용되었다. 하나는 "전토(田土)를 다스리다", 나아가 "전토를 경작하다"라는 의미로 사용되는 경우이다. 이때의 역자(易字)는 사실상 치자(治字)와 바꾸어 쓸 수 있는 경우에 해당된다. 역(易)의 의미가 치자(治字)와 동일하게 쓰이는 사례를 『맹자(孟子)』에서 찾아볼 수 있다.[96] 역(易)의 두 번째 의미는 "바꾸다"라는 의미에서 유래한 "거르다"라는 뜻이다. 잘 알려져 있는 바와 같이 이 의미의 역자(易字)는 불역, 일역, 재역의 숙어를 구성하여 사용된다. 『주례(周禮)』에 나오는 "불역지지(不易之地)는 가(家)에 100무(畝)로 하고, 일역지지(一易之地)는 가(家)에 200무(畝)로 하며, 재역지지(再易之地)는 가(家)에 300무(畝)로 한다."는 구절에서 역자(易字)는 "바꾸다", "거르다"의 뜻으로 통용되고 있다.[97] 결국 불역(不易)은 "거르지 않는다", 일역(一易)은 "한 번 거른다", 재역(再易)은 "두 번 거른다"라는 의미를 갖고 있다. 따라서 일역전(一易田)이라고 할 경우에는 "한 번 걸러서 경작하는 토지", 즉 1년 휴한으로 경작하는 전토라는 뜻으로 해석할 수 있다. 그리고 세역(歲易)이라는 용어는 당연하게 역자(易字) 앞에 1년을 의미하는 세(歲)라는 글자가 붙어 있기 때문에 "거르다"의 의미로 역(易)을 풀이해야 하는 단어이다. 즉, 세역(歲易)이란 "해를 거른다"는 뜻으로 1년을 휴한하거나 2년을 휴한하는 것을 의미하는데, 대체로 1년을 휴한하는 것을 표현하는 용어로 보는 것이 합당할 것이다.

이상의 검토를 통해 문종대 전품 규정이 평전이나 산전에만 한정되는 것이 아니라 수전, 한전을 막론하고 모든 전답에 매겨지는 상중하(上中下) 등급이라는 점을 분명히 할 수 있었다. 따라서 당시 상중하 등급이 휴한의 빈도, 경지 이용방식과 관련해서 매겨지고 있었다. 이는 곧 당대의 주요한 경작방식이 휴한법이었음을 알려준다.

여기에서는 휴한농법에서 연작농법으로 이행이 수전농법의 경우 고려 말을 전후한 시기에 이루어졌다고 파악하고 있다. 이러한 이행 과정에 대해서 자세히 살펴본다. 먼저 고려 말 이전 어느 시기에 연작농법으로 이행되었을 것이라는 가장 중요한 근거는 『농사직설(農事直說)』이다. 1429년 편찬된 『농사직설』에 연작법 단계의 수도(水稻)경작법을 담고 있다.[98] 수도경작법의 전환이 14세기 무렵 한국의 농업기술 발달에서 나타나고 있었는데, 그것은 바로 수도경작법이 휴한법에서 연작법으로, 그리고 직파법에서 이앙법으로 전환되는 것이었다. 이러한 농업기술의 변화·발달, 농법의 전환은 실제로 우리나라 농업기술의 역사적 전개 과정에서 가장 중요한 사건으로 지목해야 한다고 생각된다.

14세기를 전후하여 나타난 벼 경작법의 발전은 휴한법에서 연작법으로의 변화였다. 여러 연구자들이 자신의 견해를 제시하였지만,[99] 여기에서는 조선 초기 태종대에 만들어진 농서인 『농서집요(農書輯要)』의 수도경작법에 주목하려고 한다. 『농서집요』가 태종대에 편찬되었지만 그 내용은 사실상 고려 말의 농법을 반영한 것이라고 보이기 때문이다. 『농서집요』는 『농상집요(農桑輯要)』에 인용된 『제민요술(齊民要術)』의 수도경작법을 인용하고 조선의 실정을 감안하여 이두(吏讀)를 활용하여 번안하였다. 『농서집요』에 두 가지 수전농법이 등장하는데, 그 가운데 하나는 『제민요술』에 수록된 회하(淮河) 유역의 세역농법(歲易農法) 즉 휴한법(休閑法)을 번안한 것이었다.[100] 다른 하나는 마찬가지로 『제민요술』에 보이는 북토고원(北土高原)의 이식법(移植法)을 이앙법(移秧法)으로 번역한 것이었다.[101] 결국 『농서집요』의 벼 재배법은 휴한법과 이앙법을 같이 수록한 것으로 정리할 수 있다. 다시 말해서 14세기 중후반 고려 후기, 고려 말 당시의 벼 재배법은 휴한법 단계로 파악할 수 있고, 직파법과 더불어 이앙법이 활용되는 단계이기도 하였다고 볼 수 있다.

『농서집요』에서 수도작법(水稻作法)으로 서술한 '매년회환수도경작(每年回換水稻耕作)'이라는 구절에 대해서 수도와 한전 작물을 '혹전혹답(或田或畓)'하는 방식으로 파악하고 이를 '회환농법'이라 이름 붙이고 작물교대법으로 파악하기도 한다.[102] 그런데 『농서집요』의 수도작법 가운데 『제민요술』의 '도무소연(稻無所緣)'으로 시작되는 부분에 대한 번역문은 회환농법 즉 작물교대법으로 보는 것이 아니라, 휴한농법으로 보아야 할 것으로 생각된다. 적어도 신간지(新墾地)의 개간에서 숙전화 과정의 어느 기간에 적용되는 제한적인 농법으로서 휴한의 세역 즉 일역(一易)농법으로 보는 견해[103]도 일정 부분 고려할 수 있다. 하지만 『농서집요』의 수도작법 가운데 『제민요술』의 '도무소연(稻無所緣)'으로 시작되는 부분에 대한 번역문을 일정 기간에서만 적용되는 제한적인 농법으로 보는 것은 『농서집요』가 당시의 조선의 사정을 반영한 일반적인 농법을 수록하고 있는 것으로 보아야 한다는 점에서 수긍하기 어렵다.

『농서집요』의 수도작법에 대한 이두문은 두 부분으로 나누어지는데, 제방과 이어진 전지를 논이나 밭으로 경작하라는(色吐連處田地亦 或田或畓 互相耕作爲良) 지시 부분, 지품(地品)이 한결같은 곳을 매년 회환(回換)하여 수도를 경작하라고(量地品一樣田地乙良 每年回換水稻耕作爲乎矣) 지시하는 부분으로 나눌 수 있다. 두 부분은 각각 독립적인 의미를 갖고 있다. 앞부분은 제방과 이어진 곳이라는 조건이 갖추어진 곳은 논이나 밭으로 활용하라는 경작지 관리에 관련된 것이고, 뒷부분은 지품이 일정하다는 특정한 조건이 갖추어진 곳에서 매년 수도를 회환 경작하라는 경작법 제시에 관한 것이었다. 따라서 뒤에 나오는 '매년회환수도경작(每年回換水稻耕作)'이라는 설명을 앞에 나오는 '혹전혹답(或田或畓)'이라는 구절과 직접 연관시키기 어렵다고 생각된다.[104] 『농서집요』에 보이는 회환(回換)의 용례를 조사하면, 마(麻)의 경우 『제민요술』에 세역으로 서술한 것을 회환으로 바꾸어놓은 것이었다.

그리고 『농서집요』에 수록된 두 번째 수도작법의 설명은 『제민요술』의 북토고원 수도경작법인데, "논을 매년 회환 경작하지 않아 잡초가 무성하여 이재(移栽) 즉 이앙(移秧)해야 쉽게 제초할 수 있다(畓庫乙 每年回換 耕作不得爲在如中 雜草茂盛爲臥乎等用良 移栽爲良沙 易亦除草)."고 서술한 부분에 들어 있는 회환도 세역(歲易)을 가리키는 말이었다. 또한 『농서집요』의 '매년회환수도경작(每年回換水稻耕作)'이라는 구절에 수도만 서술하고 한전 작물에 대한 지적이 없다는 점에서도 회환을 작물 교대로 보는 것은 어색한 해석이라고 보인다. 이러한 점에서 『농서집요』의 수도작법 가운데 『제민요술』의 '도무소연(稻無所緣)'으로 시작되는 부분에 대한 번역문은 세역법(歲易法), 즉 휴한법으로 보아야 할 것이다.

15세기에 편찬된 『농사직설』에 정리된 벼 재배법이 수경직파법 중심의 연작법인 것을 감안하고, 위와 같이 『농서집요』의 수도작법 가운데 휴한법에 해당하는 것이 들어 있다고 파악할 수 있다면, 14세기 후반 무렵 수도경작법이 휴한법에서 연작법으로 변화·발달하는 흐름을 보이고 있다고 정리할 수 있다. 이 시기에 벌어진 휴한법에서 연작법으로의 전환은 농업기술의 측면에서뿐만 아니라 양전법의 전환도 불러일으킨 커다란 경제사적 의의를 지니고 있는 사건이었다.[105]

고려 후기 한전경작법이 휴한법과 연작법 가운데 어떠한 모습을 띠고 있었는지에 대해서 살펴볼 때 먼저 『농서집요』의 경지 항목의 서술 내용을 주목할 수 있다. 『농서집요』는 『농상집요』에서 춘추(春秋)의 기경법(起耕法)과 진전(陳田)이나 진황지(陳荒地)의 기경법을 인용하여 서술하고 있다.[106] 춘경(春耕)과 추경(秋耕)의 경우 작물의 재배방식, 특히 경지 이용방식과 밀접하게 관련된 작업이다. 『농서집요』에 따르면 춘경은 작은 고무래(推介)를 써서 흙덩이가 없게 평탄하게 만드는(摩平) 것이었고, 추경은 기경한 뒤에 흙 색깔이 하얗게 되도록 건조하게 둔 후에 춘경과 마찬가지로 작은 고무래로 마평하는 것이었다.[107] 그리고 추경은 깊게 하고 춘경은 깊지 않게 하는 것도 권장되었다.[108]

『농서집요』의 기경 관련 서술에서 『농상집요』에 보이는 기경법 내용과 고려 말 조선 초의 기경법이 같은 원리에서 이루어지고 있었고, 따라서 경작법도 같은 성격을 갖고 있었다는 점을 알 수 있다. 『농상집요』에 보이는 한전 관련 기경법은 다름 아니라 한전에 여러 작물을 1년1작의 방식으로 경작하는 것이었다.

『농서집요』이외의 문헌자료에서 고려 말 조선 초의 경작법 관련 내용을 찾아보면, 추경과 춘경은 곧 추파(秋播)와 춘파(春播)와 동일시되고 있음을 알 수 있다. 공양왕에게 비황(備荒)하는 방법을 올린 허응(許應)은 추경을 곧 농사 작업의 하나로 파악하고 있었다.[109] 그리고 1398년 청주목사 김자수(金自粹)가 올린 글을 보면 '추경지종(秋耕之種)'이라는 표현이 보인다. 김자수는 대소맥의 세금을 미리 내는 것(先納)이 전례이지만 금년의 경우 가뭄으로 거둔 것이 없으니 선납을 견면(蠲免)해달라고 하면서, 특히 굶주린 백성들이 추경하여 파종하는 것을 기대하지도 못하고 있는 상황이라고 지적하였다.[110] 위의 기록에서처럼 추경하고 파종하는 것이 연계되어 있는 경우라면, 추경하여 추파하는 작물인 대소맥(大小麥)의 경우 1년1작의 방식, 즉 휴한법이 아닌 연작법의 방식이 적용되고 있다고 보아야 할 것이다.

또한 『농서집요』에 녹비법(綠肥法)을 소개한 부분이 있는데 녹두(菉豆), 소두(小豆), 호마(胡麻) 등을 5, 6월에 산종(散種)하였다가 무성하게 되면 반경(反耕)하는 것이었다.[111] 반경은 녹두 등이 자라나 줄기와 잎이 무성하게 되었을 때 갈아엎어 전지 속에 묻어버리는 작업이다. 작물을 시비 재료로 이용하는 녹비(綠肥)를 실제 경지에서 수행하는 방식이 반경이었다. 계속해서 다음 해 봄이 되면 잡곡을 경종하는데, 이렇게 하면 소출이 무척 많아진다고 하였다. 『농서집요』의 녹비법은 원리적으로 보아 첫해는 녹비작물의 재배, 다음 해는 본래 경작하려고 했던 잡곡의 경종으로 이어지는 것이었다. 이 연관 관계에서 녹비작물을 반경하지 않고 그대로 수확한다면 1년1작이라고 할 수 있다. 또한 녹비가 불필요한 단계, 즉 여타의 시비 재료를 활용하는 시비가 이루어진 단계라면 한전에서 잡곡을 1년1작으로 재배하는 상황임을 보여준다고 할 것이다. 실제 『농서집요』는 다양한 시비 방식을 소개하면서,[112] 특히 대소맥의 경우 시비를 많이 해주어야 한다고 지적하고 있었다.[113] 이렇게 살펴볼 때 고려 말 한전 경작법은 1년1작의 방식으로 이루어지고 있다고 보아야 할 것이다. 물론 남아 있는 문제는 한전의 연작법이 언제부터 일반적인 것으로 수용되고 있었는지에 대한 것인데 아직 해답을 제시하지 못하고 있는 상황이다.

고려 후기 14세기 후반에 벼 경종법 가운데 이앙법이 이미 부분적으로 실행되고 있었다.[114] 공민왕대에 백문보(白文寶)는 백성들이 수차(水車)를 이용하면 가뭄에 대비하고 개간을 편하게 할 수 있다고 설명한 다음 더불어 삽앙(揷秧)하는 것에 힘써야 할 것이라고 주장하였다.[115] 그는 수차를 이용하는 것과 더불어 하종(下種), 삽앙(揷秧)을 하면 가뭄을 대비할 수 있을 뿐만 아니라 곡물의 종자도 허비하지 않을 것이라고 설명하였다. 그리고 고려 말의 인물인 원천석(元天錫)은 남쪽에 위치한 수전에 삽앙하는 작업을 아직 끝마치지 못했다는 시구를 남겨놓고 있었다.[116] 또한 이첨(李詹)은 희우(喜雨)를 맞이하면서 이앙이 비록 늦었지만 오히려 서성(西成)의 가망이 있다는 내용의 시를 지었다.[117] 이와 같이 고려 말 수전농법으로 이앙법이 시행되고 일부 유학자는 이를 널리 보급시키자는 주장을 펴고 있었지만 그것이 어느 정도 보급되어 실행하고 있었는지는 불확실하다.

14세기 수도경작법 발달의 방향과 전개 과정을 휴한법에서 연작법, 직파법에서 이앙법으로 정리하였다. 이러한 수도경작법의 발달이 과연 어떠한 역사적 배경 속에서 성취된 것인지 살펴볼 필요가 있다. 그동안 고려 후기, 고려 말 농업기술의 발달을 설명하는 많은 연구 성과들이 농업생산력 발달의 양상을 지적하고 제기하는 데 그치고 있었다. 따라서 농업기술의 발달 모습을 찾아내어 이를 소개하는 연구는 충실한 성과를 거두었다고 할 수 있다. 하지만 농업기술의 발달, 농업생산력의 발달은 자연적으로 성취될 수 있는 것인지 확인이 필요하고 논증이 요구된다. 휴한법에서 연작법으로의 전환은 농업기술의 측면에서뿐만 아니라 양전법의 전환도 불러일으킨 커다란 경제사적 의의를 지니고 있는 사건[118]이었다는 점에서 더욱 치밀한 연구가 필요하다.

농업기술 발달의 역사적 배경에 주목한 연구로 고려 말 조선 초 농업기술 발달의 동인(動因)으로 인구 증가를 지적한 연구를 찾아볼 수 있다.[119] 이 연구는 이후 고려 후기 인구 증가 요인 생성과 향약의술의 발달을 살펴보면서 앞서 농업기술 발달의 동인으로 인구 증가를 지적한 것을 보완한 연구 성과로 발전되어 제출되었다.[120] 농업기술 발달에 대한 사회사적인 원인 분석으로 볼 수 있는 이러한 연구 성과 외에 농업기술 발달의 동인에 주목한 다른 연구를 찾아보기 어렵다.

여기에서는 고려 말 조선 초 14세기 농업기술 발달의 배경으로 인구 증가의 요인 생성뿐만 아니라 고려 말 조선 초 농경지의 형편, 즉 농경지의 위치와 활용 양상의 변동에 주목한다. 특히 당시 도전(稻田)의 형편에 유의할 필요가 있을 것으로 생각된다. 고려 말 연해지역의 형편을 조준(趙浚)은 "압록 이남은 대부분 모두 산이고, 비옥한 전토는 빈해(瀕海)에 자리하고 있는데, 비옥한 들판에 있는 수천 리 도전(稻田)이 왜구들에게 점령되어 갈대가 하늘과 맞닿을 정도가 되었다. 나라가 이미 어염(魚鹽)과 축목(畜牧)의 이득을 잃었고, 또한 옥야(沃野)에서 들어오는 양전(良田)의 수입도 상실하였다."[121]고 통탄하였다. 조준의 지적에서 도전이 주로 빈해지역에 자리하고 있다는 점과 왜구의 침입으로 인하여 수천 리 도전을 제대로 활용하지 못하는 형편에 처해 있다는 점을 알 수 있다. 게다가 왜구의 침입과 분탕은 14세기 중엽부터 말기까지 계속되었기 때문에 조선 전기 정종 때에 "왜구가 우리나라의 근심이 된 것이 거의 50여 년이다."[122]라고 회고할 정도로 50년간에 걸친 커다란 시련이었다. 농업생산의 측면에서 50년 동안 수천 리 도전을 경작하지 못하는 지경에 처해 있었다면 당연히 이를 만회할 수 있는 방법의 농업기술이 요구되었고, 이러한 배경 속에서 휴한법에서 연작법으로의 농업기술 발달이 달성되었던 것으로 보인다.

　연해지역 개간을 비롯한 저지(低地), 저습지(低濕地) 개간[123]이 고려 말 조선 초에 이루어지는 상황은 당연히 왜구의 침입을 물리친 다음, 또는 왜구의 침입을 막아내는 것이 절박한 과제였던 사정과 관련된 것이었다. 또한 『농사직설』에 초목무밀처(草木茂密處)와 저담윤습황지(沮潭潤濕荒地)의 개간 방법에 대해 서술되어 있는데 산전 개간에 해당되는 전자보다는 저습지 개간에 해당되는 후자에 대해 훨씬 많은 비중을 두어 설명하고 있다는 점[124]도 평화로운 개간의 점진적 확대를 역사적 배경으로 삼기보다는 현실적인 생존의 필요성에 따른 개척의 역사적 환경을 감안하여 해석해야 할 것이다. 왜구로 인한 피해의 직접 대상자는 바로 농민과 향촌사회였다. 물론 연해 주군에서 부세 징수가 상당 기간 중단되면서 국가의 세입도 줄어들 수밖에 없었다.

왜구의 침입으로 농지(農地)를 제대로 활용하지 못하는 사정은 특히 경기와 하삼도지역에서 가장 극심하였다.[125] 경상도와 전라도 연해의 답(畓)은 벼 1, 2두를 파종하면 소출이 10여 석에 달하여 1결의 소출이 많으면 50~60석 적어도 20~30석을 내려가지 않았고 한전 역시 비옥하여 소득이 많은 곳이었다.[126] 이러한 곳이 왜구의 침략으로 도전 수천 리를 제대로 활용하지 못하는 지경에 이르렀으니 농민들은 이를 타파하기 위한 대책 마련이 절실했을 것으로 보인다. 이러한 절실함이 휴한법을 연작법으로 바꾸는 동인이 아니었을까 생각한다. 농업기술상의 전환, 발달은 당대의 농업 현실의 난점을 타파하려는 농민들의 노력에 의해서 이루어진 것으로 보는 것이 타당할 것이다. 고려시대에는 결국 휴한법의 제약 아래 농업 발전의 특별한 전망이 달리 없는 가운데, 농경에 관한 것이 일체 각 지방의 향리들에게 거의 맡겨지고, 중앙정부로서는 별다른 관심을 기울이지 않은 것이었다.[127] 이러한 상황에서 농민들의 분투에 의해 농법의 전환이 이루어진 것으로 보인다.

우리 역사에서 휴한법(休閑法), 연작법(連作法), 직파법(直播法), 이앙법(移秧法) 등의 농업기술은 기술적인 내용의 선진성(先進性) 여부에 의해서 실제 현실의 농사일에 활용되는 지위를 얻은 것은 아니었다. 농업기술이 갖고 있는 주요한 특색과 당대 현실의 농업 조건이 결합되었을 때 실제로 농사일에 활용되는 농업기술이 될 수 있었다. 이와 같이 농업기술의 변화는 당대 사회의 경제적, 사회적 여건 속에서 이루어지는 것이라고 할 수 있다.

# 목면의 도입과 보급[128]

목면은 의료작물로서 중국을 통해 도입되어 한국의 농업생산에 커다란 영향을 주었고, 백성들을 포함한 조선의 의생활, 일상생활에 엄청난 변화를 가져다주었다. 고려 말에서 조선 초에 이르는 농업기술의 변화·발달에 의거한 농업문명의 변동에 주요한 요인이었다고 할 수 있다. 면화 생산기술뿐만 아니라 면화(綿花)에서 면사(綿絲)를 뽑아내고, 다시 면포(綿布)를 직조하여 의류를 생산하는 과정 자체는 농업문명에 획기적인 변화를 추동하였다. 여기에서 고려 말 목면, 면화의 도입 과정과 조선 초기 목면의 재배, 면포의 제작과 관련된 보급 양상을 살펴볼 것이다.

한국의 문헌 자료에 보이는 목면 관련 기록으로 가장 빠른 것은 신라 869년(경문왕 9년)에 당나라에 대한 진헌품(進獻品)으로 보낸 백포(白布)가 나오는 기사이다. 그리고 고려시대로 들어오면 945년(혜종 2년)에 고려에서 후진(後晉)에 보낸 공물 가운데에도 보이는 백첩포[129]가 주목되고 있다. 그런데 두 기사에 보이는 백포, 백첩포가 각각 신라와 고려에서 생산된 면포인지 여부는 불확실하기 때문에 신라 경문왕대와 고려 혜종대에 면화를 재배하고 있었다고 간주하기는 어려운 상황이다.[130] 본래 목면은 두 종류인데 목면(木棉)은 나무에서 열리는 면화(綿花)를 의미하고, 초면(草綿)은 일년생 초목에서 열리는 면화를 의미한다고 한다.[131] 초면이 옷감이나 실의 원료가 될 수 있었기 때문에 고려 말 문익점이 들여온 것은 초면이었다.[132]

고려 말 공민왕 13년(1364)에 문익점(文益漸)이 원으로부터 목면 씨를 가지고 온 것을 최초의 목면 도입으로 파악하는 것이 통설로 받아들여지고 있다.[133] 문익점의 목면 씨 도입을 기술하고 있는 「목면화기(木綿花記)」의 내용에 그러한 사실(史實)이 수록되어 있다. 문익점은 목면 씨를 가지고 귀국한 공로를 인정받아 우왕 원년(1375)에 전객주부(典客主簿)에 임명되었다. 그리고 조선에 들어와서도 태종 원년(1401)에 목면 전래의 공으로 그의 아들에게 벼슬을 내리고 있다. 이러한 포상이 역사적으로 이루어진 것은 문익점이 목면 도입과 관련된 커다란 공훈을 세운 것으로 당대에 인식되었다는 것을 보여준다. 그리고 조선시대에 들어와 정책적인 목면 보급이 있었던 것이 아니라 이미 고려 말부터 국가는 정책적으로 목면 보급에 힘썼던 것으로 보아야 한다는 주장[134]도 설득력을 갖고 있다.

문익점의 목면 도입을 잘 정리해서 보여주는 자료가 바로 「목면화기」이다. 이 자료는 문익점(文益漸, 1329-1398)이 원(元)으로부터 목화를 가져와서 재배한 전말을 수록하고 그 공적을 칭송하는 내용의 글이다. 「목면화기」라는 이름이 붙은 글이 여러 자료에 들어 있는데, 경상대학교 문천각에 소장(청구기호, 古(단계) B15BB 이64ㄱ)되어 있는 『강성록(江城錄)』에 「목면화기」가 수록되어 있으며, 『강성록』은 20세기 말에 편찬된 것이다. 또한 19세기 중반에 편찬된 『삼우당실기(三憂堂實紀)』에도 「목면화기」가 실려 있다. 전자의 저자(著者)는 남명(南溟) 조식(曺植)으로 기록되어 있는데,

후자에는 추강(秋江) 남효온(南孝溫)이 저자로 비정되어 있다. 남효온(1454-1492)은 생육신의 한 명으로 벼슬에 나아가지 않았으며, 사육신의 행적을 정리한 「육신전(六臣傳)」을 지었고, 시화(詩話)와 일사(逸史)를 모아 엮은 『추강냉화(秋江冷話)』를 편찬하였다. 조식(1501-1572)은 경상도 지역의 유력한 유학자로 진주 일대에서 많은 제자를 길러냈고, 경(敬)과 의(義)를 강조하면서 현실과 실천에 중점을 두었다.

「목면화기」는 문익점이 원나라에서 목화를 도입하게 된 전후 사정과 문익점의 공로에 대하여 찬양하는 내용으로 채워져 있다. 그런데 남효온의 「목면화기」와 조식의 「목면화기」를 비교하면 목화 도입 과정과 문익점의 공로에 대한 서술에서 미묘한 차이가 나타나고 있다. 이는 역사적 사실(史實)과 역사에 근거한 사화(史話)가 세월이 지나가면서 강조점이나 주안점이 달라지는 것을 반영한 것으로 볼 수 있다. 그렇지만 공통적으로 조선 초기에 백성들의 의생활에 커다란 공로를 세운 인물로 문익점이 지목되면서 그에 대한 추앙이 국가적인 차원에서는 강성군(江城君)으로 봉군(封君)하는 데 이르렀고, 사회적인 차원에서 그를 제사 드리는 사당(祠堂)이 세워졌다. 이와 같이 문익점의 행적에 대한 추숭이 「목면화기」에 담겨 있는 것으로 볼 수 있다.

남효온의 「목면화기」에서 특기할 만한 부분은 두 가지인데, 하나는 문익점이 원나라에 들어간 뒤에 고려 국사(國事) 때문에 남쪽 지역으로 쫓겨났다고 설명한 것이고, 다른 하나는 문익점이 필관(筆管) 즉 붓관, 붓두껍에 목화 씨앗을 넣어서 가지고 왔다고 서술한 것이다. 문익점이 고려 말 조정에서 왕위 계승과 관련하여 곤란함을 겪은 부분을 짧게 쫓겨났다고 서술하였고, 목화 씨앗을 붓두껍에 담아 왔다고 구체적으로 소개하고 있다.

한편 조식의 「목면화기」에는 붓두껍 대신 주머니와 전대로 목화씨를 넣어 온 도구를 소개하고 있다. 그리고 남효온의 글에는 보이지 않는 호승(胡僧)의 공로에 대하여 자세히 서술하고 있는 것과 중국의 노파가 문익점이 목화씨를 가져가는 것을 막아서고 나라의 금령을 언급한 것에 대해서도 상세하게 소개하고 있다. 이러한 측면에서 조식은 문익점의 공로뿐만 아니라 목화에서 씨를 빼내는 도구, 실을 잣는 도구 등의 개발에 공로를 세운 호승의 존재도 유의미하게 주목한 것으로 볼 수 있다. 목화를 면포로 만들어 의복의 새로운 경지를 이끌어낸 공로에 대해서 좀더 구체화된 평가를 내리고 있는 것으로 보인다.

「목면화기」는 조선의 백성들이 의복을 만들어 입을 수 있게 만든 공로는 바로 문익점에게 있다고 설명한다. 그리고 문익점의 공로가 집집마다, 마을까지, 나아가 나라 전체에 미치고 태산(泰山)보다 높고 하해(河海)보다 깊다고 칭송하고 있다. 이렇게 볼 때 「목면화기」는 문익점이 원나라에서 우연히 목면화(木綿花)를 보고 그 씨를 얻은 전말과 그 씨를 향리(鄕里)에 재배한 사실을 소개하면서 그의 행적을 칭송하는 내용의 글이라고 할 수 있다.

고려 말에 면화 재배가 점차 보급되고 있었지만, 본격적으로 면화 재배가 크게 확대된 것은 조선 초기의 일이었다. 조선 전기 세종대에 면작(綿作)은 아직 제한적인 보급 상태에 있었다. 『세종실록지리지』에서 면작 지역으로 확인되는 지역은 전국 335개 군현 가운데 42개 군현에 불과하였다.[135] 그렇지만 15세기 후반 이후 기후 조건으로 재배가 불가능한 함경도를 제외한 전국적 범위로 확대되고 있었다. 면작 재배의 확대는 16세기 이후 군포(軍布)의 부과가 강제하는 측면을 가지고 있었지만, 일반 민인의 의료작물로서 정착되면서 수요가 확대됨에 따른 측면이 주된 것이었다. 즉, 가내 직포의 발전에 따라 농가의 주된 의료작물로 면화 재배가 확대된 것이었다.

조선 초기 면화 재배에 대한 강조는 국가적인 차원에서도 이루어지고 있었다. 세조 3년 제도(諸道) 관찰사(觀察使)에 대한 유시(諭示)에서 다음과 같은 사목(事目)이 언급되었다.

> 1. 목면(木棉)은 만약 거름만 주고 김매기만 한다면 땅을 가리지 않아도 무성하게 될 것이니, 모름지기 백성들로 하여금 많이 심도록 하고, 아울러 그들로 하여금 마(麻)도 심도록 해야 할 것이지만, 그러나 이를 강제로 하여 소란을 일으킬 필요는 없다.[136]

위 사목 내용 속에는 목면 재배에 대한 강조뿐만 아니라 파종의 시기, 이른 곡식과 늦은 곡식의 종자 배분 시기, 농우(農牛)의 사료 지급, 해빙기 제언(堤堰) 관리 등에 대한 내용도 포함되어 있었다. 당시 조선왕조에서 반포한 교서 및 권농절목의 내용을 볼 때, 농법으로는 다경다운(多耕多耘), 농작업에서는 조곡(早穀)과 만곡(晚穀)의 순차 재배와 그에 따른 경종(耕種)·운자(耘耔)·수확(收穫) 등 각 노동 과정의 적시 수행, 농업경영상으로는 의류작물 재배의 병행 등을 골격으로 하는 것이었다.

한전에서 재배하는 작물 가운데 15세기 후반 이후 본격적인 생산의 확대를 보이고 특히 16세기 무렵 농서에 그 경작법이 실린 작물이 바로 면화(綿花) 즉 목면(木綿)이었다. 면작(綿作)기술의 발달 내용이 16세기 후반부터 본격적으로 농서에 등재되고 있었다. 15세기 중후반에 편찬된 것으로 추정되는 『사시찬요초(四時纂要抄)』에 목화 재배에 관련된 기술이 기록되고, 중종대로 추정되는 창평현개간본(昌平縣開刊本) 『농사직설』에서 호남 지방의 목면경종법(木綿耕種法)으로 파악되는 '신증종면(新增種綿)' 조항의 증보,[137] 1590년 경상좌병영에서 개간(改刊)한 『사시찬요(四時纂要)』에 첨가된 영남 지방의 목면경종법을 정리한 '종목면법(種木綿法)'이 중국의 농법이 아닌 조선의 농법이라는 점, 그리고 이후 편찬되는 농서에 목면 경작에 관한 기술이 수록되고 있는 것은 면작기술의 일반화에 따른 기술적인 발전을 보여주는 것으로 평가되고 있다.[138] 면작의 분포를 보면 16세기 말경이면 삼남 지역의 경우는 이미 널리 보급된 상황이었고,[139] 북방지역은 국가의 이 지역에 대한 면작 확대 정책과 맞물려 평안도에서는 정착 단계에 들어가고 함경도 지역에서는 확대되는 단계에 접어들고 있었다.[140] 조선에서 개간한 『사시찬요』에서 4월 입하 전후를 면화 파종기로 삼는 파종시기의 지연이 나타나고 있는 것은 바로 북방지역에 대한 면작 보급과 관련된 것이었다.[141]

17세기 이후 면화 경작법의 중요한 정리는 신속(申洬)이 편찬한『농가집성(農家集成)』단계에서 이루어졌다. 신속은 『농가집성』을 편찬하면서 여기에 수록한 『농사직설』의 본문에 많은 증보를 추가하였는데, 여기에 종목화법(種木花法)이라는 항목으로 면화 경작법을 수록하였다.[142] 신속이 추가한 증보문이 어느 시기에 비정할 수 있는 면화 경작법인지에 대해서 따져보는 것이 필요하다. 신속의 『농사직설』 증보는 17세기 중반에 이루어진 것이지만, 여기에 증보된 농업기술은 조선 초기 이래 각종 작물을 재배하는 과정에서 정립된 것이었다.[143]

『농가집성』의 『농사직설』 종목화법(種木花法)을 보면 목화를 전업(專業)으로 수행하는 경우가 있다는 점을 짐작할 수 있는 다음과 같은 구절이 있다.

> 속인(俗人)에 진임(眞荏, 참깨)과 청태(靑太, 푸른콩)를 간종(間種, 사이짓기)하는 사람이 있는데 목화에 손해를 끼치는 것을 알지 못하는 것이다. 전업(專業)으로 목화를 수확하는 자는 절대로 간종하지 않는다.(옥천[沃川]과 양산[陽山]의 사람이 행한다)[144]

신속이 추가한 구절은 충청도 옥천과 경기도 양산(陽山, 陽智의 별칭)에서 수행되던 방식이다. 그런데 이러한 구절만 참고하게 되면 면화를 간종하는 것이 추천 대상이 되는 농업기술로 오해할 여지가 있었다. 그래서 신속은 면화를 전업으로 재배하는 곳에서는 절대로 간종하지 않고 있다는 단서를 추가하였다. 다만 옥천과 양지 지역에서의 농민들이 면화를 간종하고 있다는 점을 부차적으로 소개한 것이었다.

면화를 간종(間種)하는 기술에 대한 설명을 16세기 후반 전라도 옥과지역 농법을 정리한 유팽로(柳彭老)의 『농가설(農家說)』에서 찾아볼 수 있다. 임진왜란 당시 순절한 유팽로는 『농가설』에서 면화 재배에 대한 설명을 몇 곳에서 하고 있는데 그 가운데 다음과 같은 내용이 보인다.

> 목화(木花)는 (중략) 사이에 잡종(雜種)하지 않으면 그 꽃을 배수(倍收)할 수 있다.[145]

『농가설』의 구절은 위에서 살펴본 『농가집성』의 지시와 동일한 내용을 가리키고 있다. 바로 면화를 재배하는 데 다른 작물을 사이에 경작해서는 안 된다는 것이다. 면화 경작법에서 간종을 금기시하는 방식은 결국 유팽로가 『농가설』을 편찬하기에 앞서 이미 면화 생산 현장에 보급되기 시작한 것이라는 점을 알 수 있다. 이때 유팽로의 『농가설』과 신속의 『농가집성』이라는 두 책 사이의 연결 관계를 추론하는 것은 매우 어려운 일이다. 왜냐하면 신속이 유팽로의 『농가설』을 견문(見聞)하고 참고하였는가를 검증하는 것은 매우 중요한 문제이기는 하지만 실제로 확인할 수 있는 길이 현재로서는 희미한 상황이기 때문이다. 하지만 위의 검토를 통해 보다 중요하게 지목할 것은 두 책에서 동일하게 면화의 간종이 부적절하다는 평가를 내리고 있다는 점을 확인할 수 있다는 점이다. 여기에서 추가로 17세기 중반 이전부터 현실 농법으로 채택되어 실제 농업생산 활동에 적용되고 있던 농업기술을 신속(申洬)이 모아서 증보한 것이라는 설명을 강조할 수 있을 것이다.

고려 말 도입 이후 면화 재배를 통해 농민들이 목화를 수확한 다음 면사를 뽑아내고, 이를 면포로 직조하는 과정은 농가 여성들의 수많은 피와 땀을 요구하였다. 면포 이외에도 집안 내에서 의류를 제작하는 데에는 특히 여성들의 수고가 더해졌다. 면화를 재배하여 농가의 여성들은 초가집에서 김홍도의 풍속화 '길쌈'에 나오는 장면과 똑같은 모습으로 베를 짰다. 베틀에서 베를 짜기 위해서는 날실에 풀을 먹이는 베매기를 하는('길쌈'의 윗장면) 등 방적 과정을 거쳐야 했고, 최종적으로 베틀에 앉아서 바디를 잡고 북질을 하며 베를 짜내야('길쌈'의 아랫장면) 했다. 무명이나 명주 등을 옷감으로 쓰기 위해 직포하는 과정은 어느 농가에서나 늘상 해야 하는 일이었다. 집안의 식구들이 입을 옷을 만들 재료로 이용하는 것뿐만 아니라 나라에 바쳐야 할 세금을 내는 데에도 소용되었기 때문이다. 삼, 누에고치, 모시, 목화 등의 섬유 원료로 베, 명주, 모시, 무명 등의 피류으로 짜내는 과정은 주로 부녀자들의 가내수공업으로 이루어졌다.

의류작물의 재배와 이를 의료(의류)로 생산하는 직물업의 측면에서 목면의 생산, 그리고 면포의 직조는 의생활에 커다란 변화를 가져왔을 뿐만 아니라 농가 경제에도 변화를 가져왔다. 그리고 그러한 변화는 농민의 농업생산과 가계경영에 커다란 도움을 주는 것이었다. 실제로 목면 생산이 늘어나면서 면포는 15세기 후반기부터는 마포(麻布)로부터 정포(正布)의 자리를 넘겨받았다.[146] 그리고 군역(軍役)이나 요역·공부에 대한 면포로의 대납 현상이 광범위하게 나타나기 시작하였다. 요역과 군역·공부 등에 대한 면포를 납부하는 포납(布納)의 광범한 등장은 농가경영이 주곡작물인 쌀과 의료작물인 목면을 중심으로 재편된 것을 가리키는 것이었다.

면화는 면포로 제작되어 의료작물의 상품화의 차원으로 진전되었다. 특히 면포는 고려 말 전래된 이래 의생활의 중심적인 위치를 차지하고 있어서 상품화될 수 있는 가능성을 많이 지니고 있었고, 실제로 자가소비의 범위를 벗어나는 면포는 상품유통체계에 편입되어 상품화되었다. 또한 시장을 의식하는 상품화 작물로 재배되어 전업적인 면농(綿農)이 등장하고 있었다.[147] 일상생활에서의 주된 의류가 면포였다면, 견직물은 주로 부유층에서 소비하였고, 마포 저포는 여름철의 의류나 상복(喪服) 기호품으로 소비되고 있었다. 면포가 이러한 주된 의료품이 될 수 있었던 것은 면화가 가지고 있는 섬유로서의 우수성(내구성·변통성·보온성)에서 연유하는 것이었다.[148] 면포의 생산은 농가의 부업으로 왕성하게 나타나지는 않았고, 대신 전업적인 직물생산업자에 의해서 생산된 것이 다수를 차지했지만, 상품으로서 직물이 농촌시장에서 유통되고 있는 상황은 전반적인 유통구조의 발달과 더불어 농촌경제의 현황을 보여주는 것이었다.

조선 초기에 면화 재배는 자급적인 농촌수공업에 의한 자가생산에 의존하는 바가 컸고, 면작 지대의 분포가 뚜렷하게 나타나면서 면포의 유통망이 형성되기도 하였다. 면화 재배는 기후적, 토양적 조건에 민감하게 제약을 받는 것이어서 당연하게 지역 간의 유통이 전제되어야 했다. 즉, 면작의 발전은 당연히 지역 내(군현 내) 또는 지역 사이의 상품생산과 교환의 확대를 의미하는 것이었다.[149]

면화를 재배하여 의류로 만드는 데 필요한 거핵기술(去核技術)과 방적기술(紡績技術) 등의 측면에서는 북학파 계열의 학자들이 중국에서 새로운 기술을 도입하자는 주장을 전면에 내걸 때까지 별다른 변화가 나타나지 않았다. 특히 거핵기(去核機), 방차(紡車) 등의 기계장치는 조선 말기에 이르기까지 기능 구조 면에서 커다란 변화가 없었던 것으로 파악되고 있다.[150] 하지만 면화를 재배하기 위한 기술체계에서는 상당한 진전이 나타나고 있었고, 그러한 재배기술의 진전이 새로운 농서에 적극적으로 등재되고 있었다.

이상에서 살펴본 바와 같이 목면은 고려 말에 도입된 이래, 조선 초기에는 하삼도(下三道)지역을 중심으로 널리 보급되었으며, 세종대에는 북부지역에로의 보급이 정책적으로 추진되었다. 목면 재배의 성행은 농민들 의생활의 변화를 가져왔을 뿐 아니라, 면포가 민간 사이의 거래나 부세 납부에서 마포(麻布)를 밀어내고 정포(正布) 혹은 상포(常布)로서 교환의 기준으로 자리잡아감에 따라 농가 소득을 증대시켰다. 이러한 농업 발전에 따라 농민층은 어느 정도의 잉여생산물을 축적하여 재생산기반을 확대해나감으로써 시장을 위한 상품도 마련할 수 있었다. 그 결과 농촌에 뿌리를 두는 시장이 광범하게 형성되기 시작하였다.

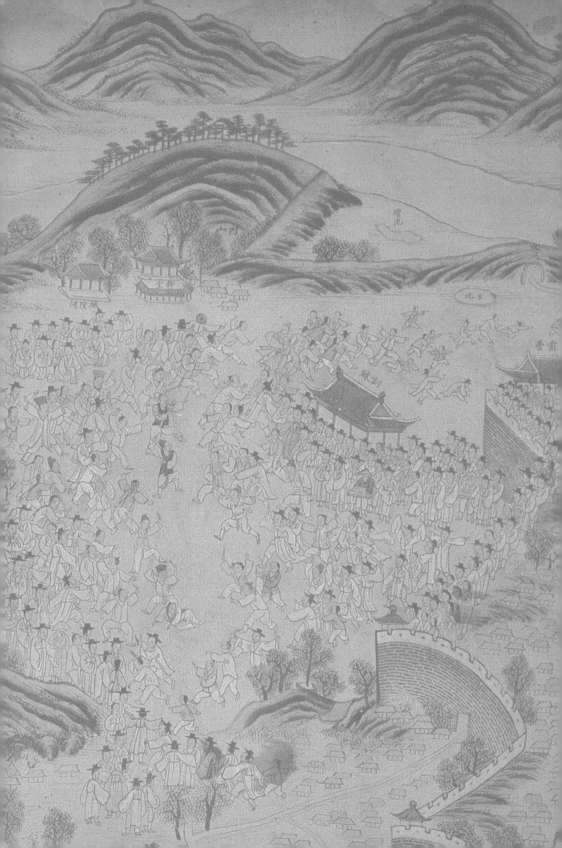

# 4장

# 조선 전기 농법의 정리와 농업·농촌의 변동

# 연작법체제와 논밭의 작물 재배법

농업생산에 활용되는 농업기술을 농업생산에 적용하는 방법, 기술이라는 의미로 달리 농법(農法)이라고 부른다. 조선 초기 15세기 초반에 한국의 농민들이 오랜 세월 동안 개발하여 실제 농업생산에 적용하고 후대에 전승한 바로 그 농법을 담고 있는 『농사직설(農事直說)』이라는 농서(農書)가 편찬되었다. 『농사직설』을 통해 수전(水田)과 한전(旱田)에서 벼와 잡곡을 재배하는 생산기술을 분석할 수 있는데, 이를 통해 한반도에서 농경이 시작된 이래 당시까지 축적되었던 농법의 수준과 성격을 규명할 수 있다.[1] 수전에서 벼를 경작하는 오랜 역사적 영농 경험이 종합되어 15세기 단계의 수전농법을 구성하였고, 마찬가지로 조선 전기 15세기 한전농법의 수준도 당시까지 이룩한 잡곡 경작기술의 성과를 바탕으로 성취한 것이었다. 조선시대의 농업생산에서 수전의 벼 재배 이외에 한전의 밭작물 경작이 적지 않은 비중을 차지하고 있었다.

고려 말 벼농사가 휴한법에서 연작법으로 변화 발전하고, 이전부터 이어지던 밭작물의 연작법과 결부되면서 14세기 말 한국의 논밭작물 재배법은 연작법 아래에서 실행되었다. 연작법체제에 진입하면서 이전의 휴한법은 특별한 경우에만 실시되었다. 이러한 농법의 전환을 구체적으로 논에서의 벼농사 재배법, 밭에서의 여러 작물 재배법을 통해 찾아볼 수 있다.

15세기 수전농법의 양상과 성격은 경종법(耕種法)을 중심으로 분석함으로써 밝혀낼 수 있다. 경종법이란 기경(起耕) 작업에서 파종(播種) 작업까지 이어지는 농사일을 종합적으로 파악하는 개념인데, 수전경종법이야말로 수전농법의 전반적인 양상과 성격을 드러내주는 것이기 때문이다. 그리고 한전농법에서는 한전에서 여러 가지 잡곡, 의료작물 등을 재배하는 과정에 적용하는 기경(起耕) 파종(播種) 등으로 구성된 기술적인 측면도 주요하게 살펴볼 부분이다.[2] 그리고 한전에서 여러 가지 다른 작물(作物)을 서로 결합하여 재배하는 경작방식도 한전농법을 살필 때 빼놓을 수 없다. 조선 초기 벼농사 재배법과 밭작물 경작은 1429년에 편찬된 농서(農書)인 『농사직설(農事直說)』을 중심으로 살펴볼 수 있다.

벼를 재배하는 경지인 논을 수전(水田)이라 부른다. 논에 대해서 답(畓)이라는 우리식 한자를 만들어 사용하기도 하였다. 답(畓)이라는 글자가 수(水)자와 전(田)자의 결합으로 이루어진 것에서도 알 수 있듯이 수전과 물은 불가분의 관계였다. 수전이라는 지목을 확정하기 위한 기본적인 조건은 역시 물의 확보였던 것이다. 즉, 토질이 수전에 적당한 것인가의 여부보다는 수전을 만들 수 있는 위치, 다름 아닌 물을 확보할 수 있는 위치라는 것이 수전이 되기 위한 더 중요한 조건이었다. 이렇게 확보한 수전에서 재배되는 작물은 예나 지금이나 마찬가지로 도(稻) 즉 벼였다.

# 1. 15세기 벼 재배법: 수경직파법(水耕直播法)과 이앙법, 건경직파법

조선 초기의 벼 재배법은 경종법(耕種法)을 중심으로 몇 가지 방법으로 나뉘어 있었다. 경종법이란 농사의 시작에서부터 파종과 파종 직후의 작업까지 포함하는 복합적인 작업을 가리키는데, 수전의 전토 상태에 따라서 기경하는 방식이 달라지고, 기경한 이후의 숙치(熟治), 마평(摩平)의 형태도 달라지게 된다. 또한 파종 직전의 상태로 정리된 전토의 특성에 따라서 파종법 또한 변한다. 따라서 수전의 경종법은 벼를 경작하는 여러 가지 경작방식이 지니고 있는 각각의 독자적인 특성을 가장 잘 드러내는 농업기술의 핵심적인 부분이기 때문에 『농사직설』에서도 세 가지로 경종법(耕種法)을 나누고 있었다.

『농사직설』은 다음과 같이 세 가지 경종법을 제시하고 있는데, 바로 조선 초기 벼 재배법의 대강을 표현하고 있다.

> 도종(稻種)에는 이른 것이 있고, 늦은 것이 있다. 경종법에는 수경(水耕)이 있고, 건경(乾耕)이 있으며, 또한 삽종(揷種, 苗種)이 있다. 제초하는 법은 대개 모두 같다.[3]

『농사직설』에 기록된 경종법은 수경과 건경, 그리고 삽종 즉 이앙(移秧)이었다. 수경과 건경은 곧 수경직파와 건경직파를 가리키고 있다. 세 가지 경종법 가운데 15세기 수전농법에서 일반적으로 채택하고 있던 경종법은 바로 수경직파법이었다. 『농사직설』에서 수전에서 벼를 재배하는 경종법 가운데 수경직파법을 첫머리에 올려 서술하고 있는 것은 당시 수경직파법이 가장 지배적인 경종법이라는 위치로 자리매김되고 있다는 것을 보여주는 것이라고 할 수 있다. 더욱이 수경직파법은 조도(早稻)와 만도(晚稻) 양자 모두에 적용될 수 있는 기술이었다. 수경직파법에서 수경(水耕)이란 물을 넣었다 뺐다 하면서 논을 기경한다는 뜻이고, 직파(直播)란 벼가 자라날 논에 종자를 뿌리면 그 자리에서 벼가 자라나도록 한다는 뜻이었다. 이러한 수경직파법이 15세기에 논에서 벼를 재배하는 가장 일반적인 재배법으로 자리잡고 있었다.

벼 경종법 가운데 오늘날 모내기법, 이앙법으로 알려져 있는 삽종법이 『농사직설』에 세 가지 경종법 중의 하나로 수록되어 있었다. 『농사직설』에 소개되어 있는 이앙법의 기술 내용을 살펴보면, 모판의 관리, 이앙의 구체적인 방식 등이 잘 정리되어 있어 그 기술 내용도 상당한 수준에 도달해 있었다고 할 수 있다. 게다가 고려 후기 14세기 후반에 이미 이앙법이 알려져 있었고, 일부 농민들이 이앙법을 활용하고 있었다. 고려 말에 활약한 인물들의 시문(詩文)에서 당대 이앙법의 존재를 알려주는 증거를 찾아볼 수 있다.

또한 15세기 초반 태종대에 편찬된 『농서집요(農書輯要)』도 이앙법 기술을 수록하고 있다. 『농서집요』는 중국 황토고원에서 수도(水稻)를 재배하는 방식을 옮겨놓으면서 문맥을 바꾸어 당시의 농업기술, 즉 이앙법으로 번안하였다.[4] 『농사직설』은 삽종(揷種) 즉 묘종(苗種)이라는 명칭으로 이앙법의 기술체계를 소개하였다. 이와 같이 고려 말에서 조선 초기에 이르는 시기에 이앙법의 존재는 충분히 확인할 수 있다. 따라서 조선 초기 벼 경종법에 관심을 기울일 때 중요한 점은 이앙법이 존재하였는가, 또는 이앙법이라는 기술을 당시 농민들이 적용하였는가 여부가 아니라 언제부터 이앙법이 점차 보급되고 확산되어나갔는가 그 시점이라고 할 수 있다.

이앙법은 모내기법으로 모판에서 모를 키우다가 본답에 옮겨 심는 방법이다. 그런데 근현대 벼 경종법에서 당연하게 여겨진 모내기 법에 대하여 『농사직설』의 편찬자는 이앙법을 설명하는 항목 맨 끝부분에 제초에 는 편하지만 큰 가뭄이 들면 실수하게 되어 농가의 위험한 일이라고 단서 를 붙여놓았다. 이러한 이앙법의 약점을 지적하는 것은 조선의 기후 조 건에 비추어볼 때 당연한 일이었다. 초여름 장마가 시작되기 전에 이앙을 한다는 것은 시기를 잘 맞추어야 가능한 일이었다. 태종대에는 이앙법에 대한 금령(禁令)까지 내려져 있었다. 이러한 사정 때문인지 15세기 무렵에 이앙법은 강원도와 경상도의 일부 지역에서 채택되는 정도에 불과하였다.

수경직파법과 이앙법 이외에 건경법(乾耕法), 즉 건경직파법이라는 방식 도 벼 재배 경종법으로 실행되고 있었다. 그런데 건경법은 만도(晩稻)에 대해서만 적용될 수 있었고, 한해로 말미암아 수경직파법이 불가능한 조 건에서 시행할 수 있는 기술이었다. 또한 건경직파법은 많은 노동력의 투 하가 요구되어 쉽게 행하기 어려운 방식이었다. 따라서 때이른 가뭄으로 말미암아 수경(水耕)이 불가능하고, 그렇다고 이앙(移秧)하기 위한 준비도 되어 있지 않을 때 보완적으로 실행할 수 있는 방식이었다.

15세기 『농사직설』에 그 기술체계가 잘 정리된 이앙법은 16세기를 거 치면서 경상도 전역과 전라도·충청도의 일부 선진 지역까지 보급되기 에 이르렀다. 16세기 초반 경상도의 상당 지역과 영동 지역을 비롯한 강 원도 지역에서는 이앙법을 채택하고 있었다.[5] 1512년(중종 7) 강원도관찰 사 고형산(高荊山)은 영동과 영서의 농사 형편을 설명하면서 영동 지역에 서는 오로지 묘종(苗種) 즉 이앙(移秧)에만 힘쓰고 있음을 지적하고 있었 다.[6] 영서 지방은 비록 홍수와 가뭄이 들더라도 수전과 한전이 반반씩 나 누어져 있기 때문에 전체 농사를 전부 망치는 데까지 이르지 않지만, 영 동 지방은 비록 수전이 많아도 수경직파에 힘쓰지 않고 묘종(苗種)만 일 삼기 때문에 가뭄이나 홍수, 바람의 재앙이 들게 되면 이앙하는 시기를 놓치게 되어 수확이 부실하게 된다는 것이었다. 또한 16세기 초에 이르면 이앙법이 경상도·강원도 지역으로 확산되어감에도 불구하고 중앙정부는 이를 적극적으로 제한하거나 금지하려고 하지 않았다.

16세기 중반 이후에 이르게 되면 이앙법은 경상도 지역 여러 곳으로 보급되어나갔다. 예천(醴泉), 대구(大邱)의 경우 16세기 후반에는 이미 이앙법을 채택하여 수전에서 벼를 재배하고 있었다. 예천은 낙동강 서쪽의 내륙지역으로 동쪽과 서쪽에는 높은 산이 많고, 남쪽으로 향하면서 높이가 점차 낮아져서 구릉지로 변하는 지형이었다. 2000년대의 농사 현황을 보면 예천군은 논농사 위주의 농업 지역으로 논이 총 경지 면적의 60%를 차지하고 있다. 그리고 대구 지역은 경상도 내륙 중심부에 자리를 잡고 있는 전형적인 대륙성 기후를 보이는 곳이다. 16세기 중반 예천과 대구 지역의 이앙법의 보급 상황을 예천을 세거지로 삼아 활약하였던 권문해(權文海)라는 인물이 남긴 『초간일기(草澗日記)』에서 확인할 수 있다.[7]

16세기 후반을 지나면서 수전경종법의 하나인 이앙법의 보급이 삼남으로 특히 전라도·충청도 지역으로 확산되어나갔다. 전라도 옥과현에 거주하다가 임진왜란이 일어난 1592년에 사망한 유팽로(柳彭老)라는 의병장이 있다. 유팽로는 자신이 지은 농서(農書)인 『농가설(農家說)』에서 5월 망종(芒種)을 이앙의 한계로 설정하고 있었다.[8] 전라도 옥과현에서 자라난 유팽로가 망종을 이앙의 한계 시기로 설정한 것은 망종 때까지 이앙해야 한다는 것을 당시 그곳에서 하나의 농사 관행으로 간주하였기 때문으로 볼 수 있다. 그리고 유팽로의 『농가설』에서 특히 수경직파에 대한 언급을 전혀 발견할 수 없다는 점에서도 16세기 후반부에 전라도 옥과 지역에 이미 이앙법이 보급된 상태였음을 확인할 수 있다.[9] 이와 같은 여러 사례를 통해서 16세기 후반에 이르게 되면 삼남(三南)의 여러 지역으로 이앙법이 보급되어 있었음을 알 수 있다.

한편 충청도 지역의 경우 1592년 임진왜란이 일어났을 때 충청도 임천

(林川)에서 피난 생활을 한 오희문(吳希文)의 일기인 『쇄미록(瑣尾錄)』을 참고자료로 활용할 수 있다. 『쇄미록』에서 이앙법의 원리가 수도(水稻) 재배에 동원되고 있으며, 나아가 이앙법에 의한 수도 재배를 하고 있음을 간접적으로 확인할 수 있다. 벼농사에 나선 오희문이 채택한 경종법은 직파법에 한정되어 있었다. 하지만 벼의 모(苗)가 성기게 자라는 곳에 보묘(補苗, 部分移植)를 하고 있었던 것을 찾아볼 수 있다. 부분 이식에 나서고 있다는 점 자체가 옮겨심기라는 이앙법의 원리를 파악하고 있었다는 설명이 가능하다. 그리고 그러한 보묘(補苗)를 하는 시기가 음력 5월로 설정되고 있다는 점에서 이앙을 하려고 다른 사람이 만들어놓은 앙기(秧基)에서 자라고 있던 화묘(禾苗)일 것으로 추정할 수 있다. 이러한 점에서 충청도 지역에서도 적어도 16세기 말경 이앙법의 원리를 활용한 벼 경작법의 흔적을 찾아볼 수 있다고 할 것이다.

16세기 중반 이후 이앙법이 지역적으로 시기적으로 편차를 보이며 전국적으로 보급된 사정은 농서에 기록된 경종법의 증보, 앙기(秧基) 작성의 변화, 건앙법(乾秧法)의 개발·보급 등으로 알 수 있다.[10] 이러한 이앙법의 보급 원인으로 소규모 보 시설의 증가와 같은 수리시설의 점진적인 호전, 농업에 관한 지식이 향상되면서 이앙법이 지닌 제초 노동력의 절감, 토지생산성의 향상이라는 이점을 농민들이 알게 되었다는 점에서 찾고 있다.[11] 직파에서 4~5차례의 제초 작업이 필요하던 것이 이앙을 할 경우에는 2~3차로 그칠 수 있었고 이렇게 절감된 노동력을 다른 방면으로 투여할 수 있다는 점과[12] 이앙법에서의 수확량이 직파에 비해서 높게 나타난다는 점, 이앙을 하면 모맥이모작(稻麥二毛作)을 수행할 수 있다는 점 등 이앙법의 이점을 곧바로 이앙법의 보급 원인으로 이해하였다.[13]

이앙법이 가지고 있는 경제적인 유용성뿐만 아니라 이앙법이 갖고 있는 해결해야 할 난점, 즉 이앙기의 물문제라는 어려움을 극복할 수 있는 기술적인 발달이 바로 이앙법 보급의 원인이라고 할 수 있다. 이앙법이라는 경종법의 기술적인 체계와 세부적인 기술 요소의 발달, 즉 이앙법의 안정성을 증대시키는 기술 발달이 성취되었기 때문에 전면적인 보급이 지역적으로 시기적으로 이루어질 수 있었다. 실로 이앙법의 보급은 이앙법의 기술 수준의 진전에 힘입은 바가 컸다. 그것은 이앙법을 구성하고 있는 세부적인 기술 요소로서 앙기 관리와 앙기 시비에서 나타난 발전, 그리고 이앙시기를 적절하게 맞추기 위한 파종시기의 선택이었다. 다른 한편으로 이앙법 실행의 안정성을 높일 수 있는 보조적인 기술개발이었다. 또한 이앙법의 채택으로 야기되는 노동력의 집중적인 투입, 즉 이앙기에 필요한 대규모 노동력의 동원을 가능하게 하는 공동노동조직으로서 두레의 형성이라는 농업 여건의 변화가 특히 삼남 지방 전역에 이앙법이 보급될 수 있는 배경이었다.[14]

## 2. 15세기 밭작물 재배법의 특성

15세기에 밭에서 잡곡을 재배하는 방법은 먼저 작물을 재배할 때 필요한 여러 가지 농작업의 측면에서 살펴볼 수 있다. 잡곡 재배방법은 기본적으로 기경(起耕), 숙치(熟治), 파종(播種), 복종(覆種), 제초(除草), 시비(施肥), 수확(收穫) 등의 농작업을 적절한 시기에 적당하게 수행하는 것이었다. 이 가운데 전토를 다스리는 작업과 파종 작업을 묶어서, 더 나아가 복종 작업까지를 한데 모아서 경종법(耕種法)이라고 이름 붙일 수 있다. 15세기 밭작물 경종법을 『농사직설』에서 찾아볼 수 있다. 이에 따르면 각 작물별 경종법은 아주 간략하게 서술된 대두(大豆), 소두(小豆) 등 두과(豆科)작물의 경종법의 경우까지도 기경부터 시작하여 복종에 이르는 작업이 일련의 연속 작업으로 수행되는 것이었다. 그리고 경종의 여러 단계를 재를 주로 이용하는 분전(糞田) 즉 거름주기와 결합시켜서 수행하고 있었다.

먼저 한전(旱田)을 기경(起耕)하는 원리에 대해서 살펴보자. 한전 기경의 기본적인 원칙으로『농사직설』은 "경지는 천천히 하는 것이 적당하다. 천천히 하면 흙이 연해지고, 소가 피곤하지 않게 된다. 춘하경(春夏耕)은 얕게 하는 것이 적당하고, 추경(秋耕)은 깊게 하는 것이 적당하다."[15]는 것을 제시하고 있었다. 봄여름갈이는 얕게 하고, 가을갈이는 깊게 하라는 것은 중국의『제민요술(齊民要術)』이라는 농서에 등장하는 기경(起耕)의 원칙이었다. 봄작물, 가을작물에 연결되는 기경 작업에 얕고 깊은 차별을 두어서 갈기의 깊이를 각각 규정한 것은 봄철과 가을철의 토양 조건이 각각 다르기 때문이었다.

다음으로 조선 전기 한전농법의 주요한 특색을 여러 가지 밭작물의 구체적인 경작방식의 측면에서 살필 수 있다. 조선 후기의 밭작물과 경작방식과 조선 전기의 그것 사이에 커다란 차이를 보이고 있었다. 한전의 밭작물 경작방식은 양맥(兩麥)을 중심에 놓고 검토할 수 있다. 보리와 밀인 양맥(兩麥)을 재배하는 방식은 파종시기에 따라 두 가지로 나뉘는데, 가을에 파종하는 방식과 봄에 파종하는 방식 두 가지가 있었다. 그런데 다른 한전 작물과 달리 가을에 파종하여 여름에 수확하는 방식이 일반적이었다. 따라서 봄에 파종하여 가을에 거두는 다른 밭작물과 양맥(兩麥)을 연결시켜 재배하는 경작방식이 실현가능한 것이었다.

조선 전기『농사직설』에 보이는 밭작물 사이의 연결 관계를 정리할 수 있다. 전작(前作)이란 앞서 재배하는 작물이고, 후작(後作)이란 뒤이어 재배하는 작물을 가리킨다. 그리고 맥근(麥根)은 단순히 '맥(麥)의 뿌리'를 뜻하는 말이 아니라, '맥을 경작한 전토'라는 의미를 지니고 있어 맥근전

(麥根田)과 서로 통하는 용어이다. 양맥의 후작으로 점물곡속(占勿谷粟), 강직(姜稷), 대두(大豆), 소두(小豆), 호마(胡麻) 등을 경작하는 관계가 설정되어 있음을 알 수 있다.

양맥의 후작으로 경작하는 작물을 하나하나 살펴보면, 먼저 점물곡속과 강직은 둘 다 만종(晩種)하여도 조숙(早熟)하는 품종이었다. 따라서 양맥근의 후작으로 일반적인 속성을 지닌 속(粟)과 직(稷)을 경작하는 방식이 채택된 상황이 아니었다. 다음으로 대두와 소두를 맥근전에 경작하는 경우를 보면 여기에는 하나의 조건이 붙어 있었다. 바로 대두와 소두의 만종(晩種)에 해당하는 품종을 재배하는 것만 가능하다는 조건이었다. 따라서 조종(早種)하는 대두와 소두는 도저히 맥근전에서 키울 수 없었던 것이다. 마지막으로 호마(胡麻)는 애초에 황지(荒地)에 재배하는 것이 적당한 작물이었다. 그런데 비옥한 밭일 경우라야만 4월에 맥근의 후작으로 호마를 경작할 수 있었다. 호마를 맥근전에 경작하는 것은 상당한 조건이 충족되어야 가능한 것이라고 할 수 있다. 이렇게 볼 때 『농사직설』에 보이는 양맥을 중심으로 설정된 작물 사이의 연계 관계를 1년2작이나 2년3작의 경작방식으로 파악하기 어렵다고 할 수 있다. 그렇다면 가장 일반적인 방식의 한전 작물 경작방식은 각 작물을 1년1작 식으로 경작하는 것이라고 보아야 할 것이다.

〈표 4-1〉 『농사직설』에 보이는 한전 작물의 전작(前作)과 후작(後作) 연결 관계

| 前作 | 後作 | 비 고 | 근거조목 |
|---|---|---|---|
| 麥根 | 占勿谷粟 | 晩種하여도 早熟한다. | 種黍粟 |
| 兩麥底 | 姜稷 | 晩種하여도 早熟한다. 六月 上旬에 파종할 수 있다. | 種稷 |
| 兩麥根 | 大豆小豆 | 晩種은 鄕名을 根耕이라고, 早種은 鄕名을 春耕이라 한다. | 種大豆小豆 |
| 黍豆粟木麥根 | 大小麥 | 풀을 펼치고 불로 태운다. | 種大小麥 |
| 麥根 | 大小麥 | (1年 1作이다) | 種大小麥 |
| 麥根 | 胡麻 | 기름진 땅이면 四月 上旬에 糞灰와 섞어서 드물게 파종한다. | 種胡麻 |

16세기를 거치면서 한전에서 작물을 경작하는 방식은 15세기의 1년 1작이 지배적이던 단계에서 1년 2작을 일반적으로 수행하는 단계로 발전하였다. 16세기 후반에 이르게 되면 근경법(根耕法)의 일반적인 채택, 간종법(間種法)의 확대 적용 등을 바탕으로 1년 2작 즉 한전(旱田) 이모작(二毛作)이 보편화되었다. 이러한 한전 이모작 경작방식의 발달은 양맥(兩麥)의 경종법을 중심으로 나타난 것이었다. 특히 16세기 중반 이후 양맥의 경종법과 연관된 한전농법의 변동을 고상안(高尙顏)이 지은 농서인『농가월령』을 중심으로 살펴볼 수 있다.

『농가월령』에 보이는 양맥 경작법은 상당히 복잡하게 구성되어 있었다. 봄보리 경작법, 가을보리 재배법, 그리고 얼보리(凍麰) 재배법을 바탕으로 삼고 있었고, 여기에 양맥의 후작(後作)으로 다른 작물을 경작하는 근경법(根耕法), 대두(大豆)를 간종(間種)하는 방법 등이 추가되어 있었다. 봄보리를 경작하는 밭에 얼마간의 시간이 지난 후 대두(大豆)를 간종(間種)하려는 계획을 세우고 있다면, 즉 춘맥전에 대두를 간종하기 위해서는 미리 대두(大豆)를 파종할 표면을 쇠스랑 등으로 갈아주는 작업을 해야 했다.[16] 봄보리나 가을보리는 봄철과 가을철에 보리를 파종하여 재배하는 방법을 가리키지만, 얼보리(凍麰) 재배법은 매우 특별한 보리 재배법이었다. 가을보리에 특수한 처리를 덧붙여 가을이 아니라 이른 봄에 파종하는 것이었다.[17] 보리 재배방식의 다양한 모습을『농가월령』에서 찾아볼 수 있다. 이러한 모습은 16세기 후반 무렵 대두(大豆) 등을 보리의 근경이나 간종으로 경작하는 등, 보리를 중심으로 여러 작물을 경작하는 다양한 경작법이 일상적으로 활용되고 있었다는 점을 알 수 있다.

『농가월령』에 보이는 근경법과 간종법 등은『농사직설』에 비해 훨씬 상세한 내용을 담고 있었다. 또한 양맥을 재배한 밭에 대두, 소두 등을 후작(後作)으로 경작하는 데에도 별다른 조건이 붙어 있지 않았다.[18] 그리고 근경과 간종에 붙어 있던 여러 가지 제약 요소가 사라져 있어서, 훨씬 더 자유롭게 근경·간종을 수행할 수 있는 경작법을 보여주고 있었다. 이러한 점에서 『농가월령』의 한전 경작방식은 1년 2작 방식의 체제를 갖추고 있다고 볼 수 있을 것이다.[19] 노농들의 오랜 경험의 축적으로 그 지역에 가장 적합한 합리적인 전지 이용체계가 형성되고 정착되었기 때문이었다.[20]

## 3. 수전과 한전의 시비법

조선 초기 농작물의 재배방식은 토지의 지력(地力)만 이용하는 단계가 아니었다. 조선 초기에 이미 상당한 수준에서 시비(施肥)를 수행하고 있었다. 조선시대 시비 작업을 전반적으로 가리킬 때 사용한 용어가 분전(糞田)이었다. 이 분전이라는 용어에서 분(糞)은 기름지게 한다는 의미로 사용된 것이고, 결국 분전은 시비와 동의어라고 할 수 있다. 조선 초기의 시비법은 크게 시비에 사용하는 재료에 따라 구별할 수 있다.

『농사직설』에 나오는 비료의 종류는 다종다양한 것이었다. 별다른 가공 과정 없이 자연에서 채취한 초목(草木) 등이나 사람의 배설물과 같은 시비 재료를 농작물 시비에 이용할 때, 이러한 비료를 자연비료(自然肥料) 또는 생분(生糞)이라고 할 수 있다. 이와 반대로 자연이나 인간에서 채취하였지만 농작물에 투하하기 전에 상당한 시간과 노동력을 투하해야 하는 비료를 인공비료(人工肥料) 또는 숙분(熟糞)이라고 칭할 수 있다. 자연비료와 인공비료는 각각 본래의 시비 재료에 따라 세분된다. 자연비료에는 초(草), 목(木), 토(土, 客土), 가공하지 않은 인분(人糞)과 우마분(牛馬糞)으로 나누어진다. 인공비료에는 초목을 태운 재, 오줌과 재를 섞은 뇨회

(尿灰), 인분뇨, 우마분뇨 등과 초목 태운 재, 초목 등을 섞어 잘 부숙시킨 숙분(熟糞), 숙분과 뇨회를 섞은 분회(糞灰), 우마(牛馬)의 우리에 초목을 넣어주고 우마가 잘 밟게 하는 동시에 우마의 분뇨(糞尿)와 섞이게 하여 만든 구분(廐糞), 작물 자체를 시비 재료로 활용하는 작물비(作物肥) 등이 포함되었다. 수전에서 경작하는 벼와 한전에서 재배하는 여러 가지 잡곡이 모두 시비 대상이었다. 그리고 시비시기는 종자에 시비 재료를 묻히는 방식을 채택한 만도(晚稻) 건경(乾耕)을 제외하고 다른 모든 작물의 경우 초경(初耕)한 후 파종하기 전으로 설정되어 있었다. 이는 또한 기경에서 파종으로 이어지는 전반적인 작업 과정의 한 부분으로 시비법이 포괄되어 있었음을 알려주는 것이다.

## 4. 농사일과 농기구(農器具)의 결합

조선 전기 15세기 농법의 양상을 살피는 작업에서 빼놓을 수 없는 부분이 바로 농기구 부분이다. 농기구는 농업생산 활동에 사용하는 직접적인 생산도구·생산수단을 가리킨다. 농민들은 구체적인 농사 현장에서 여러 가지 생산도구·생산수단을 축력(畜力)이나 인력(人力)을 주요 동력으로 이용하면서 사용하였다. 농기구의 구조와 구성체계 그리고 재질 등의 측면에서 나타나는 일정한 변화와 발전은 곧장 농업생산력 전반의 발달을 가져오는 요인이었다. 한국사에서 농업생산에 철제농기구를 활용하던 단계로 들어선 이래 오랜 세월 동안 농기구의 기본적인 재질은 철제(鐵製)의 틀을 벗어나지 않았다. 철제농기구의 기본적인 재질의 변화는 아주 최근인 현대 과학문명시대에 접어든 이후에 나타나게 되었고, 또한 농기구를 작동시키는 동력에서도 인력이나 축력 대신에 증기기관 등의 기계력을 활용하게 된 것도 서양에서 근대 산업혁명이 일어난 이후의 일이었다.

조선시대의 농민들도 철제농기구를 주요하게 사용하고 있었다. 철제농기구가 오랜 시간에 걸쳐 농업 생산수단의 대종으로 정착되어 내려오는 동안 농업생산 활동의 각 부분인 기경·파종·제초·수확 등에 사용되는 농기구도 오랜 기간 동안에 걸쳐 정착되어 사용되었다. 조선 전기 이전에 이미 기경(起耕), 숙치(熟治), 복종(覆種), 제초(除草) 등 각각의 개별적인 농작업마다 대응하는 농기구를 활용하고 있었다. 철제농기구가 농업생산의 주요한 노동도구로 정립된 이래 작물을 재배하는 각 작업에 필요한 농기구가 오랜 기간에 걸쳐 정착되었다. 『농사직설』을 중심으로 조선 전기의 농기구 구성체계를 농작업별로 검토할 수 있다.

15세기 조선의 농업생산에 기본적인 기경용(起耕用) 농기구로 사용된 것은 쟁기였다. 그런데도 『농사직설』의 본문 속에는 쟁기를 의미하는 '려(犁)'라는 글자가 하나도 보이지 않는다. 하지만 '우경(牛耕)', '엄경(掩耕)' 등 기경을 의미하는 단어 용례와 "두 이랑 사이를 천경(淺耕)하여 대두를 파종하고, 양맥을 수확한 다음 맥근(麥根)을 갈아서 두근(豆根)을 덮는다."라는 표현에서 쟁기를 기경 작업에 일반적으로 활용하고 있음을 짐작할 수 있다.

쟁기의 구조 가운데 볏이라는 부품이 있다. 볏의 기능은 쟁기날인 보습이 파 올린 흙덩이, 즉 쟁깃밥을 완전히 뒤집어 토양의 전면적인 기경을 가능하게 해주는 것이었다. 쟁기날이 들어가는 깊이에 자리하고 있는 하층의 토양을 상층으로 끌어올리는 데 절대적으로 필요한 부속품이 바로 볏이었다. 조선 초기에 활용한 쟁기에도 볏이 붙어 있었다. 『농사직설』에 무성하게 자라고 있는 녹두를 갈아엎어 땅속에 밀어 넣고 작물비(作物肥)로 활용하는 방안을 제시한 것이 있는데, 이러한 작업에 활용하는 쟁기에 볏이 달려 있지 않았다고 보기 어렵다.

논과 밭을 기경한 뒤에 수행하는 숙치(熟治), 마평(摩平) 작업에 활용된 대표적인 농기구는 써레(鄕名 所訖羅)와 쇠스랑(鐵齒擺, 鄕名 手愁音)이었다. 써레는 특히 논에 물을 채운 다음 평탄하고 고르게 만들 때 이용한 농기구이다. 그리고 쇠스랑은 전답을 정돈할 때 사용할 뿐만 아니라 농가에서 작업을 할 때 이용한 농기구였다. 농가에서는 삽(鍤, 㐌)이나, 가래도 활용하여 전답의 숙치 마평 작업을 진행하고 있었다. 특히 가래는 수전의 논 고르기 등 전토 정리 작업에 대략 3인이 1조가 되어 작업을 수행할 때 활용된 농기구이다.

제초는 작물의 생장을 저해하는 잡초를 제거하는 것이 주된 목적이다. 또한 잡초는 아니라고 하더라도 제대로 농업생산에 반영되지 않는 이른바 쭉정이를 없애는 것도 필요한 작업이다. 『농사직설』에서 잡초 제거와 쭉정이를 없애는 작업은 수운(手耘)이라고 하여 손으로 수행하는 경우도 있지만, 기본적으로 호미를 농기구로 이용하였다. 제초 작업은 가뭄이 들기 시작하는 시기라 하더라도 멈추어서는 안 되었다. 물을 채운 수전에서 제초 작업을 수행하다 보면 온몸이 진흙으로 더럽혀지기가 일쑤였다. 제초가 고된 농작업이기 때문에 호미를 활용하는 작업이 마무리된 다음 호미씻이라는 성대한 행사가 벌어졌던 것이다. 당시의 농민들은 기본적인 제초용 농기구인 호미를 손에 들고 앉는 자세로 제초 작업을 수행하였는데, 현재 통용되는 호미와 형태나 기능면에서 동일하였다.

『농사직설』의 수확용 농기구는 낫이었다. 미리 풀을 베어 시비 재료를 만들도록 권장할 때 등장하는 농기구도 자루가 긴 낫이었다. 낫을 수확 작업뿐 아니라 산야의 초목을 베어내는 작업에 이용하는 것은 아주 오래전부터 내려온 전통적인 관행이었다. 낫으로 작물을 수확한 다음 이렇게 획득한 작물을 사람이 식용(食用)으로 이용하려면 몇 단계 작업을 더 거쳐야만 했다. 농사일의 고단함은 이렇듯 땅을 기경하는 순간부터 수확한 이후까지 이어지는 것이었다. 농민의 수고로움이 곡식의 한 알 한 알에 배지 않을 수 없었다.

수확한 곡물은 일련의 도정 작업을 거쳐야 사람이 먹을 수 있는 형태를 띠게 되었다. 우선 곡물의 낟알을 떨어내는 작업을 수행하고, 그런 다음 낟알에서 겉껍질과 속껍질을 차례로 벗겨내는 작업이 필요하였다. 전자는 타작(打作)이라 부르고, 후자는 구체적으로 도정(搗精)이라 불렀다. 타작에 동원되는 농기구는 여러 가지가 있지만 도리깨를 많이 이용하였다. 그리고 도정 작업에 사용한 농기구는 맷돌과 절구 두 가지 계통으로 나누어진다. 먼저 맷돌은 곡식의 껍질을 벗겨낼 때 사용할 뿐 아니라 도정한 알곡을 빻을 때에도 사용하였다. 맷돌은 기본적으로 인력에 의존하는 농기구였지만, 축력으로 소의 힘을 이용하면서 연자매라는 농기구로 발전하기도 하였다. 다음으로 절구 계통에 속하는 돌절구와 나무절구도 맷돌과 마찬가지로 이용되었다. 절구 계통에는 지렛대의 원리를 이용하되 인력(人力)에 의지하는 디딜방아와 수력(水力)을 사용하는 물방아가 있었다. 물방아의 원리를 좀더 발전시켜 수력(水力)을 효과적으로 이용하는 물레방아도 도정에 채택되었을 것으로 생각된다.

# 국가와 개인의 농서 편찬

조선의 지배층은 농업생산력의 증진을 농업기술의 발달이라는 측면에서 추구하였다. 국가적인 입장에서 선진적인 농업기술의 발달을 보급하고, 기존의 농업기술을 개선·개량하는 방법을 동원하였다. 그런데 선진적인 농업기술을 정리하여 보급하는 작업은 궁극적으로 농서(農書)의 편찬이라는 방식으로 현실화되었다. 국가와 지배층은 농업기술의 발달을 추구하면서 농서 편찬을 실행하였다.[21]

농서는 광의로 정의를 내리면 농업생산에 관계되는 모든 요소를 서술 대상으로 삼고 있는 저술이라고 할 수 있다. 구체적으로 농업생산기술, 농업경영, 토지소유 등에 대한 저술을 농서라 부를 수 있다. 그리고 좀더 범위를 넓게 잡으면 농업과 불가분의 관계에 있는 역법(曆法)에 대한 설명, 기후적인 요인으로 인해 초래되는 재해(災害)에 대한 설명과 대책 등에 관한 저술도 농서의 범주에 포함시킬 수 있다. 하지만 일반적으로 조선시대에 편찬된 농서란 기본적인 식량작물에 대한 재배기술과 기타 부수적인 채소, 의료식물 재배의 기술적인 요소들을 담고 있는 저술을 가리키

는 것이었다.[22]

조선시대에 편찬된 농서는 개개의 농서마다 뚜렷한 나름대로의 특징과 특색을 가지고 있지만, 기본적으로 현실의 농업생산에 적용되고 있는 또는 적용시키려는 농업기술을 문자(文字)로 정리한 것이라는 공통점을 가지고 있다. 외국의 구체적인 농업기술을 견문(見聞)하여 소개하는 목적을 갖고 있는 농서도 존재하였다.[23] 이러한 경우를 제외하면 농서에 수록된 내용은 특정한 시기에 농서가 편찬된 지역의 농업기술로 파악하는 것이 온당할 것이다.

현실의 농업기술을 문자화시킨 것이 농서라고 보는 입장은 『농사직설(農事直說)』의 서문(序文)에서도 찾아볼 수 있다. 세종은 주현(州縣)에서 이미 시험한 경험을 모아서 『농사직설』을 만들게 하였고, 이렇게 하여 전야(田野)의 백성이 알기 쉽게 한 것이라고 설명하였다.[24] 이와 같이 세종은 『농사직설』의 내용을 실제 조선에서 관행으로 적용하고 있던 현실의 농법으로 평가하고 있었다.

조선시대의 농서는 일정 시기에 통용된 농업기술을 정리하여 수록한 것일 뿐만 아니라 또한 선진적인 농업기술을 널리 보급하기 위해서 만들어진 것이었다. 이러한 농서를 검토할 때 주의할 점은 첫째 농서에 수록된 농업기술을 어느 시기의 것으로 파악할 수 있을 것인가라는 연대 비정의 문제이다. 둘째로 농서에 수록된 농업기술이 특정한 지역에서 적용되는 농업생산기술의 특색을 반영한 것일 가능성을 염두에 두어야 한다.[25] 두 가지 점에 유의하면서 조선시대에 만들어진 농서를 검토하면 당대의 농업기술 실상에 접근할 수 있고, 농서를 만든 사람이 갖고 있던 생각도 찾아낼 수 있다. 또한 장기간에 걸쳐 농서가 편찬되는 흐름을 정리하면 이를 통해 전체 사회의 변화하는 모습도 정리할 수 있다.

# 1. 태종대 『농서집요(農書輯要)』의 편찬: 『농상집요(農桑輯要)』의 초록(抄錄)

조선 개창 이후 태종대까지 고려 말 이암이 도입하여 고려 말 복간된『원조정본농상집요(元朝正本農桑輯要)』를 활용하고 있었다. 이 책은 중국 원나라에서 편찬한『농상집요(農桑輯要)』를 경상도 합천에서 복간한 것이었다. 고려 말 이후 조선 개창 이후까지 복간한『농상집요』를 이용하다가, 태종대에 이르러『농상집요』에 수록된 농업기술을 조선의 농업 여건 속에서 활용하기 위하여『농상집요』의 주요 기사를 뽑아 이를 번안한 초록서(抄錄書)가 편찬되었다. 이 초록서가 바로 15세기 초반 태종대에 편찬된 농서인『농서집요(農書輯要)』이다.『농서집요』는 지금까지 전해지고 있는 우리 역사에서 가장 오래전에 만들어진 농서이다. 그런데 현재 전해지고 있는『농서집요』는 태종대에 편찬된 원본이 아니라 16세기 초반에 새롭게 신간(新刊)된 것을 다시 후대에 필사한 필사본이다. 따라서『농서집요』의 편찬 경위를 좀더 자세히 살펴볼 필요가 있다.

『농서집요』는『농상집요』의 일부분을 발췌하고 이를 이두로 번역하면서 대부분은『농상집요』의 내용을 그대로 번역하였지만 일부에서는 우리의 농법에 알맞게 번안한 농업기술을 서술하기도 하였다.[26] 1414년(태종 14)에 한상덕(韓尙德)이『농상집요』를 본국(本國) 이어(俚語, 속어)로 번역하여 향촌의 소민(小民)들이 제대로 내용을 알 수 있게 해야 한다고 주장하였다.[27] 한상덕의 제안을 태종이 수용하면서 전임 대제학 이행(李行)과 검상관(檢詳官) 곽존중(郭存中)에게『농상집요』를 발췌하고 본국 이어로 번역하여 책자를 만들어 간행하게 하였다. 현재 전해지고 있는『농서집요』가 바로 이때 만들어진『농상집요』초록서일 것으로 추정된다. 이때 편찬된『농서집요』가 그 이후에 필사본으로 유통되었고, 중종대에 이르러 김안국이 『농서집요』를 언문으로 번역하였는데, 이때 『농서집요』 자체도 신간(新刊)되었다. 현재 전해지고 있는 『농서집요』 필사본은 중종 때 신간된 『농서집요』의 필사본이다.[28]

이행과 곽존중은 중국 화북(華北) 지방의 특성에 맞추어 엮어진 농업기술서인 『농상집요』의 내용 가운데, 곡물 생산과 의류작물 생산기술에 초점을 맞추어 발췌하였다. 원래 『농서집요』는 『농상집요』를 초록(抄錄)한 부분과 이두(吏讀)를 붙여서 번역한 부분으로 구성되어 있는데, 현재까지 전해지고 있는 필사본에 등장하는 이두(吏讀) 자료를 중심으로 편찬 연대를 추정한 연구에 따르면 현재까지 전해지는 필사본의 원본의 편찬 연대가 15세기 초반 태종대로 비정할 수 있다.[29]

태종대에 만들어진 『농상집요』 초록서(抄錄書)인 『농서집요』는 이후에 '농서(農書)'라는 제목으로 자주 인용되었고, 다시 간행되기도 하였다. 1428년 윤4월에 세종은 『농사직설』을 간행하기 위해 경상감사에게 노농(老農)의 견문을 정리하여 책자(冊子)로 만들어 올리게 명령하면서 동시에 『농서(農書)』 1,000부를 인쇄하여 올리도록 명령하였는데, 이 『농서』가 바로 『농서집요』로 추정된다. 또한 세종은 『농서』 1,000부 간행을 명령하기에 앞서 평안도와 함길도 양도의 농사가 그다지 신통치 않은 것을 염려하여 승정원으로 하여금 양도인을 만나서 농작(農作) 상황을 묻게 하고 아울러 『농서(農書)』를 가르치도록 지시하기도 하였다.[30]

『농서집요』가 편찬된 이후 세종대에 이르기까지 국가적인 차원에서 지방에 반포되거나 지방민을 가르치는 데 이용되고 있었지만 『농서집요』는 근원적으로 결함이 있는 농서였다. 다시 말해서 『농서집요』가 『농상집요』를 초록하여 정리하면서 이두문(吏讀文)에 조선 고유의 농법을 고려한 것이었기 때문에, 조선의 농업 환경에 전적으로 바탕을 둔 농업기술을 충실하게 담고 있지 못하였다. 결국 『농서집요』 이외에 조선의 풍토(風

土)에서, 즉 조선의 토질이나 기후 조건에 근거하여 조선의 농업 현실에서 채택되고 있던 조선의 농법을 문자화하려는 노력이 필요하였다.

## 2. 세종대 『농사직설(農事直說)』의 편찬: 조선 고유의 농서 등장

세종은 풍토(風土)의 차이에 따라 농업생산의 기술적인 측면에서 차이가 난다는 점을 『농사직설』이 편찬되기 전부터 토로하고 있었다. 1424년에 는 변계량(卞季良)에게 매월(每月)마다 해야 할 농가(農家)의 일을 그림으로 그리고 글을 붙여서 자신에게 올리게 지시하기도 하였다. 세종 스스로 경 계를 삼으려는 의도에서 『시경(詩經)』의 빈풍(豳風)과 무일(無逸)의 뜻을 이 어받아 권농(勸農)을 잘 수행하려는 의도를 비친 것이었지만, 결국 풍토 (風土)의 차이에 따른 농업기술의 차이를 인식하고 있다는 점을 잘 보여 준 것이었다.

『농사직설』은 1429년(세종 11)에 편찬되었다. 세종은 1428년(세종 10) 윤 4월에 경상도관찰사에게 왕명을 내려 평안도와 함길도에 전습시킬 만한 농법을 노농(老農)을 탐방하여 그 내용을 추려서 올리게 하였다. 그리고 7월에는 충청도관찰사와 전라도관찰사에게도 동일한 내용을 명하였다. 하삼도(下三道) 관찰사가 농법(農法)을 종합하여 올린 보고서를 기반으로 정초(鄭招)와 변효문(卞孝文)이 이듬해 편찬한 결과물이 바로 『농사직설』 이었다.

세종의 명을 받아 『농사직설』 편찬 작업을 수행한 정초와 변효문은 소 극적인 편찬자의 역할을 담당하였다. 『농사직설』에 수록된 농업기술은 기본적으로 하삼도 관찰사가 만들어서 올린 보고서에 수록된 것이고 결 국 하삼도 지역의 노농의 지혜와 경험이었기 때문에 정초와 변효문이 한

일은 농업기술의 내용을 세목별로 분류하고 정서하는 작업이었다. 그러한 작업을 정초는 「농사직설서(農事直說序)」에서 다음과 같이 표현하였다.

또한 신(臣) 초(招, 鄭招)에게 제도(諸道) 감사(監司)의 보고를 검토하여 (적당한 것을) 선택하고 말의 차례를 다듬을 것(詮次)을 명하였다. 신(臣)은 종부소윤(宗簿小尹) 변효문(卞孝文)과 더불어 들추어보면서 참고(參考)하여, 중복(重複)을 제거하고, 절요(切要)한 것을 취하여 하나의 편목(編目)을 찬성(撰成)하였는데 이름하기를 농사직설(農事直說)이라고 하였다.[31]

정초와 변효문은 "중복(重複)을 제거하고, 절요(切要)한 것을 취하는" 편집자의 역할을 수행하였다. 따라서 『농사직설』의 편찬을 정초나 변효문의 개인적인 업적으로 파악하지 않는 것이 당연하다고 할 것이다.

『농사직설』의 내용은 삼남(三南) 지역 노농(老農)의 농업기술을 정리한 것이었다. 『농사직설』의 서문에 보이는 바와 같이 오방(五方)의 풍토(風土)의 차이는 농업기술을 따로 정리하지 않을 수 없게 하는 요인이었다. 세종은 『농사직설』을 편찬한 후 곧바로 다음 해인 1430년(世宗 12) 2월에 제도 감사, 주부군현, 경중(京中)의 전현직 2품 이상 관원에게 『농사직설』을 나누어주었다.[32] 세종은 『농사직설』의 보급 대상을 우선적으로 팔도 전체로 잡아놓고 있었다. 물론 세종은 『농사직설』을 함경도와 평안도 지역에 보급시키려는 의도를 잠재우고 있지 않았다. 1437년(세종 19) 2월에 양도 감사에게 왕명(王命)을 내려서 『농사직설』에 의거하여 경종(耕種)하도록 권장할 것을 지시하였다. 이때 세종은 가을에 수확한 정도를 따로 보고하도록 지시하면서 그 실제적인 확인 작업까지 염두에 두고 있었다.

『농사직설』에 수록된 내용은 주요 작물의 경작법이었다. 그리고 이와 더불어 곡물의 종자를 간수하는 법, 기경(起耕)하는 법, 황지(荒地)를 개간하는 방법 등도 담고 있었다. 『농사직설』에 담긴 주요 작물은 삼(麻), 벼(稻), 기장(黍), 조(粟), 콩(大豆), 팥(小豆), 녹두(綠豆), 보리(大麥), 밀(小麥), 참깨(胡麻), 메밀(蕎麥) 등이었다. 앞서 살펴본 조선 전기 벼 경작법이나 잡곡 경작법의 주요한 내용은 바로 『농사직설』에서 찾아볼 수 있다.

조선 사회의 농민이 농업생산의 실제 현장에서 적용하던 생산기술은 처음부터 문자(文字)로 정리되어 전승된 것이 아니었다. 농사일에 평생을 바친 노농(老農)의 손끝과 머릿속에 차곡차곡 축적되어 있다가 노농(老農)과 소농(少農)이 같이 농사일을 해나가면서 몸과 마음으로 자연스럽게 생산기술의 전승이 이루어졌던 것이다. 노농의 지혜와 경험의 결정체인 당대의 농법(農法)은 문자 향유층인 지배층 일부의 관심 속에 점차 문자화(文字化)되어 농서(農書)로 정리되었다.

조선 초기 1429년 세종의 왕명(王命)으로 편찬된 농서인 『농사직설』은 처음으로 조선의 특유한 농법을 정리한 관찬(官撰) 농서(農書)라는 점에서 커다란 역사적 의의를 가지고 있다. 『농사직설』은 한국 농학(農學)의 발달 과정에서 처음으로 등장한 농서(農書)이기 때문에 어쩔 수 없이 고대 '농경(農耕)의 시작(始作)'으로부터 조선 초기에 이르는 수세기에서 수십 세기에 달하는 시간적인 범위 속에서 어느 시점에 처음으로 만들어졌다가 그 이후에 통용되게 된 각기 층위가 다른 농법(農法)을 수록하지 않을 수 없었다. 시간적으로 각기 다른 시대에서 유래한 것이지만 15세기 초 당대의 농업생산 현장에 그대로 통용되던 농법이 『농사직설』에 아무런 시간적인 차이에 대한 설명 없이 수록된 것이다. 이러한 특색은 『농사직설』에만 고유한 것이 아니라 다른 조선시대에 편찬된 농서에서도 마찬가지로 나타나는 것이었다. 따라서 『농사직설』을 검토할 때 이 책 속에 여러 시대의 농업기술이 수록되어 있다는 점을 주의해서 살펴야 할 것이다.

『농사직설』은 여러 가지 중요한 의미를 부여할 수 있는 농서라는 점은 분명하지만 몇 가지 아쉬운 점을 가지고 있었다. 첫째로『농사직설』은 주곡작물(主穀作物)에 한정하여 경작법을 수록하고, 다른 작물의 경작법 특히 목면의 경작법을 누락시키고 있었다.[33] 둘째로『농사직설』은 선진적인 농법을 후진적인 농법을 갖고 있는 지역으로 보급하려는 의도에서 편찬된 것이었다. 그렇기 때문에 농업기술의 지역적인 성격을 담을 여력을 전혀 갖고 있지 않았다. 게다가 셋째로 여러 차례 간행된『농사직설』이 점차 인멸되어 17세기 초 시점에 이르면 세상에서 찾아보기 어렵다는 원망의 대상이 되고 있었다.『농사직설』이 점차 인멸되어 세상에 전하지 않게 되면서 그나마 광범위한 전파를 통한 적용의 한계에 부딪혀 있는 상태였다.

## 3. 강희맹의『금양잡록』편찬: 사찬(私撰) 농서의 효시

15세기 후반이 되면 새로운 농서 편찬 흐름이 나타나기 시작하였다. 15세기 중후반에 걸쳐 활동한 강희맹(姜希孟)이 편찬한『금양잡록(衿陽雜錄)』에서 새로운 농서 편찬 흐름을 찾아볼 수 있다.[34] 강희맹은 관직 생활 중에 보고 들은 것과 금양(衿陽)에 물러나 생활하면서 경험한 것을 모아『금양잡록』을 지었다.[35]『금양잡록』은 강희맹의 문집인『사숙재집(私淑齋集)』에 실려 있다.[36] 그리고 1581년에 선조가 신하들에게 내려준 내사본(內賜本)『농사직설』에 합철되어 있다. 그리고 인조대에 신속(申洬)이 편찬한『농가집성(農家集成)』에도『농사직설』등과 더불어 포함되었다. 또한『금양잡록』에 소개된 벼를 비롯한 여러 작물의 품종에 대한 정리 부분은 17세기 중반 이후에 등장하는 여러 농서(農書)에 많이 인용되었다. 이러한 점에서 볼 때 강희맹이 지은 이 농서가 조선시대에 걸쳐 주요한 농서로 활용되었다고 할 수 있다.

『금양잡록』의 주요 내용은 대부분 강희맹과 금양 지역의 노농(老農) 사이의 문답 형식으로 정리되어 있었다. 「농가(農家)」는 농사의 중요성을 강조하고, 금양 지역 부로들의 말을 인용하여 농사의 주요 사항을 정리한 부분이었다. 이어서 나오는 「곡품(穀品)」 부분은 벼와 다른 잡곡의 품종을 정리하여 소개한 것이다. 「농담(農談)」은 금양의 지역적 농업 현황을 설명하고 있는데, 깊게 갈기(深耕), 빨리 파종하기(早種), 씨앗 많이 뿌리기(密播), 자주 김매기(數耘) 등을 꼭 해야 할 일로 지목한 부분이다. 그리고 「농자대(農者對)」에서는 농부 중에 천시(天時)와 지리(地利)를 잘 알아 백배의 수확을 얻는 상농(上農)과 천시와 지리는 모르지만 뛰어난 기술이 있어 10배의 수확을 얻는 중농(中農), 별다른 능력이 없이 부지런히 노력하여 배의 이익에 그치는 하농(下農)의 존재를 나누어 설명하면서, 선비들도 발군의 노력을 기울여야 한다는 점을 강조하였다. 이 외에 바람의 성격에 대해서 설명한 「제풍변(諸風辨)」, 파종의 적당함을 지적한 「종곡의(種穀宜)」, 농가를 채록하여 수록한 「농구(農謳)」 등으로 구성되어 있다. 강희맹이 지은 『금양잡록』은 개인이 자신의 힘으로 편찬한 사찬(私撰) 농서라는 점에서 그리고 금양 지역의 농사기술 특색을 담고 있는 지역농서(地域農書)라는 점에서 중요한 역사적 의의가 있다.

## 4. 16세기 후반 지역농서(地域農書)의 대두

16세기 중반 이후 조선의 농서 편찬은 농업기술에 대한 관심을 가지고 있던 관료와 향촌의 재지(在地) 사족(士族)들이 맡아서 수행하였다. 그리고 이들이 편찬한 농서는 기본적으로 지역적인 특색이 담긴 농법을 정리한 것이었다. 농업기술에 관심을 갖고 있는 관료와 재지사족이 각 지역의 특색을 담고 있는 농법을 정리하여 만든 농서를 지역농서(地域農書)라고 부를 수 있다.

이 무렵 지역농서가 등장하게 된 배경으로 먼저 『농사직설』이 여러 가지 한계를 가지고 있다는 점을 지적할 수 있다. 『농사직설』은 주곡(主穀) 작물에 한정하여 경작법을 수록하였고, 따라서 목면(木綿)을 비롯한 다른 작물의 경작법을 빠뜨리고 있었다.[37] 본래 '간략한 설명(直說)'이라는 이름이 붙어 있다는 점이 바로 『농사직설』의 내용상 특징이기도 하였다. 그런데 이러한 간략한 설명이라는 특징 때문에 『농사직설』은 사실 본격적인 농작물의 경작기술을 수록한 농서로 미흡한 점이 있었다. 또한 『농사직설』이 위에서 살핀 바와 같이 몇 차례 간행되었음에도 불구하고 점차 간행본이 없어져버려 세상에 드물게 전해지고 있는 상황이었다.

다음으로 지역적인 농법의 차이를 정리하고 지역농서를 편찬할 필요성이 지역적인 차원에서 고조되었다는 점을 지역농서 등장 배경으로 지적할 수 있다. 그리고 지역적으로 지역농서의 편찬을 맡아 수행할 편찬자들이 등장하고 있었다. 지역적 농법에 관심을 갖는 수령이나 재지사족이 본격적으로 나타나고 있었다. 각 지역의 중소지주라는 경제적 기반을 갖고 있던 재지사족들 가운데 일부 인사들은 자신의 농사 경험과 견문을 농서를 편찬하면서 현실화시키고 있었다. 영남 지역과 호남 지역에 세거지를 확보하고 농업생산을 기반으로 생활을 영위하던 재지사족 가운데 몇몇 사람이 지역농서 편찬자로 대두하였던 것이다.[38]

16세기 후반 이래 편찬된 지역농서로 현재까지 살펴볼 수 있는 농서들을 차례로 검토한다. 16세기 중반 이후 지역 농법을 정리한 지역 농서로 현재까지 알려져 있는 것은 유팽로(柳彭老)의 『농가설(農家說)』,[39] 고상안

(高尚顔)의 『농가월령(農家月令)』[40] 등에 불과하다. 이 외에도 『농서집요(農書輯要)』에 『영남농서(嶺南農書)』라는 책 제목이 기록되어 있다. 『영남농서』라는 책명만 전해지고 있지만, 실제 당시 존재하던 농서라면 책 제목에서 쉽게 알 수 있듯이 지역농서의 하나로 볼 수 있다.[41]

# 조선왕조가 추진한 농정책(農政策)

## 1. 조선 국가의 농정책(農政策) 수행

조선왕조 국가의 기본적인 생산 활동은 농민이 수행한 농업생산이었다. 조선 사회에서 농업생산에 종사하고 있던 농민들은 대부분 피지배층 신분에 속해 있었다. 농민들은 자신과 가족의 기본적인 재생산을 이루어내고 또한 농업생산의 증대를 위하여 농사일에 매달리지 않을 수 없었다. 그들은 농업생산의 전 과정을 가장 잘 파악하고 있었고, 또한 새로운 농업기술의 발달을 주도하기도 하였다. 생산 활동에 오랫동안 종사하면서 농사에 노련하고 노숙한 농업기술자로서의 농민은 노농(老農)이라고 불렀다.[42] 농민들의 농업생산이 사라지는 순간 조선 사회도 존립할 수 없었다.

조선의 지배층들은 농민의 사회적 생산 활동인 농업(農業)에 대하여 "농(農)은 천하국가의 대본(大本)이다."라고 표현하였다.[43] 이러한 언급은 농사짓기가 천하(天下)의 근본이기도 하고, 국가(國家)의 근본이기도 하다는 점을 분명하게 밝힌 것이었다. 또한 세종은 권농교문(勸農敎文)을 통해

"나라는 백성을 근본으로 삼고, 백성은 먹는 것을 하늘로 삼는다. 농사짓는 일은 의식(衣食)의 근원이고, 왕정(王政)에서 앞서 해야 할 바이다."라고 규정하면서 나라와 백성과 농사짓는 일이 서로 긴밀하게 의존하는 관계를 맺고 있음을 분명하게 표명하였다.[44] 그리고 생산의 근원을 농업에서 찾아 이를 본업으로 간주하여 극력 장려하면서 재정 운용에서는 절용(節用)에 힘을 쏟았다. 『대학(大學)』에 나오는 생산하는 자가 많아야 하고 소비하는 자가 적어야 한다는 상투적이지만 근원적인 관념을 자주 강조하였다.[45]

조선의 지배층은 농업생산력의 발달을 농업기술의 측면에서 성취해야 한다는 점을 잘 알고 있었다. 왕조 개창 초기부터 부세 수취의 안정적인 기반을 갖추어 국가체제를 유지하기 위해서는 농업생산의 안정과 확대가 절실하게 요구되었기 때문이었다. 조선왕조도 고려와 마찬가지로 농업을 국가의 근간으로 삼는 중농(重農)정책을 펼쳤다. 조선을 개창한 태조로부터 태종을 거쳐 세종대에 이르게 되면, 조선왕조의 체제 유지의 기반인 농업생산을 잘 유지해나가기 위한 여러 정책을 세우고 시행하는 모습이 체계적으로 정리되었다. 조선왕조가 농업생산의 안정과 증대를 위하여 추진한 여러 가지 농업생산에 관련된 정책을 농정책(農政策)이라고 부를 수 있다.[46] 조선 초기, 특히 세종대를 중심으로 농정책의 이모저모를 살펴보게 되면 조선 초기 농업생산 활동과 농민의 동향을 파악하기 위한 바탕을 마련할 수 있을 것이다.

## 2. 권농(勸農)의 실무를 맡은 수령(守令)

조선왕조가 추진한 농정책의 첫 번째 부분은 권농(勸農)이었다. 권농이란 말 그대로 '농사의 권장'이고, 이를 좀더 풀이하면 '농사의 장려와 권장'이라고 할 수 있다. 조선왕조는 특별히 권농을 전담하는 관서(官署)를 설치하지 않았다. 사실 그러한 관서를 설치하는 것 자체가 불가능한 일이었다. 왜냐하면 호조, 의정부를 포함한 수많은 관청들이 농정에 관련된 정책을 입안하고 결정하는 과정에 관여하고 있었기 때문이다. 다만 권농의 특정한 측면을 전담하여 담당하는 아문이 있었는데,[47] 바로 전농시(典農寺)였다.[48] 전농시는 동서 적전(籍田)의 관리를 담당하였는데, 평상시 주변 농민을 동원하여 경작하게 하였다. 그런데 때에 따라서 여러 가지 곡물을 시험 재배하는 일을 담당하기도 하였다.[49]

중앙정치기구로 권농을 관장하는 관청이 없었지만, 사실 조선 초기 농정책 수행의 핵심적인 역할을 담당한 것은 바로 지방통치체제의 골간을 형성하고 있던 감사와 수령이었다. 조선왕조는 지방지배체제를 강력하게 구축하면서 농업 문제를 '농상(農桑)은 왕정의 근본이며, 학교는 풍화(風化)의 원천(源泉)이라'고 하듯이 통치의 근본으로 인식하였다. 특히 중앙집권체제를 강화시켜 농정책의 목표를 달성하고자 하였기 때문에 지방관이 해야 할 일로 '농상의 권장'이 크게 강조되었다.[50] 농상의 권장을 통해 농업생산을 증대시키고, 이를 통해 국가체제를 안정적으로 운영해나가려는 것이었다.

조선 초기 수령의 권농 활동은 실제로 국왕에게 하직 인사를 올리는 사조(辭朝)에서 시작된다고 할 수 있다. 세종을 비롯한 조선의 국왕은 사조하는 수령(守令)과 감사(監司)를 불러모은 자리에서 '농상에 힘쓰고, 환자(還上)를 제대로 하라'고 당부하는 일을 잊지 않고 실행에 옮겼다. 수령은 이 자리에서 '농상성(農桑盛)'이라는 과제를 가슴에 담지는 못할지언정 머릿속에서 떠나보내서는 안 된다는 각오를 다질 수밖에 없었다.

권농을 포함한 조선왕조의 농정책은 결국 수령을 중심으로 시행될 수밖에 없었다. 권농과 감농, 황정 등 실제적인 농정책의 직접 담당자는 수령이었다. 수령은 예전의 제후에 비견되는 자리이고, 백성의 일을 국왕이 모두 직접 처리할 수 없기 때문에 임명하여 보내는 것으로 간주되었다.[51] 경종과 제초 그리고 수확이라는 세 가지 중요한 농시(農時)를 맞이하게 될 때 농사 현장에 가까이 지내면서 이를 장려하거나 독려하고, 나아가 농민을 어루만질 위치에 있는 관리는 바로 수령이었다. 따라서 수령을 제수할 때에 총민함이나 재주가 아니라 효제(孝悌)와 자상함을 갖춘 인물을 우선해야 한다는 지적도 제기되었다.[52]

농정책의 최종적인 대안은 바로 수령을 적당한 인물로 채워야 하는 방안이었다. 당시에 이러한 적임자 선발을 득인(得人)이라고 하였다. 수령이 근실하고 태만하지 않으면 권농부터 황정에 이르는 농정책이 원만하게 잘 진행될 수 있었고, 그에 따라 백성이 혜택을 받아 충분히 살아나갈 수 있었다. 따라서 우선 적임자를 수령에 임명하는 것이 필요하고, 계속해서 수령의 근만(勤慢)을 파악하기 위해 조관(朝官)을 보내어 감독하는 것이 중요하였다. 국가에서 진휼하는 것은 두루 흡족하기 어려웠기 때문이다.[53]

외방의 수령은 권농책을 수행하면서 자신을 보좌하는 권농(勸農)·권농관(勸農官)[54]과 감고(監考) 등의 하급 관원을 임명하였다. 권농관으로 통칭되는 이들이야말로 현실적으로 가장 농민의 농사일에 밀착해서 농정을 수행하는 관리들이었다.[55] 본래 농무(農務)를 감독하는 것은 권농(관)에게 맡겨진 것이었지만,[56] 수령은 따로 감고를 차정하여 이들에게 여러 가지 일을 위임하기도 하였다. 사정이 이렇기 때문에 수령은 권농과 감고를 차정(差定)할 때 가능하면 성실하고 유식한 인물을 선택하도록 종용받았다.

농사철에 수령은 권농을 임시로 차정하여 파종과 제초를 독려하는 임무 즉 감농의 책무를 맡기기도 하였다. 이때 너무 각박하게 농민들을 몰

아세워서 폐해를 일으키는 경우도 있었다. 그리고 각관(各官)의 감고는 구황의 실행도 담당하였다. 그리하여 구황을 온전히 잘 수행하여 기민(飢民)이 죽는 지경에 이르지 않게 되면 시상을 받았다. 각 고을에 설치된 진제장(賑濟場)에서도 감고는 색리(色吏)와 더불어 기민 구휼을 맡아서 수행하였다.[57] 물론 일을 잘못 처리할 경우에는 처벌도 뒤따랐을 것이다.[58] 이와 같이 이들은 외부적으로는 권농의 직임을 띤 것으로 표현되었지만 감농, 황정 등을 겸하여 수행하였다.

## 3. 농사일 독려에 나선 수령

조선 초기 외방에 파견된 수령은 권농과 황정을 수행하는 주체로서 활약하였다. 그런데 수령을 포함한 지방의 목민관이 초미의 관심을 두어야 하는 과업은 바로 감농(監農), 즉 농사 감독이었다. 실제의 농사일이 시작되어 시시각각으로 변화하는 기후 조건 속에서 농작물이 어떻게 자라나고, 농민들이 어떠한 작업을 수행하고 있는지 파악하는 것이 감농이었다. 그리고 적시(適時)에 농작업을 수행하도록 독려하고, 그리하여 장차 수확이 어떻게 나타날지 그때그때 농사(農事) 형지(形止) 즉 농형(農形)을 파악하며, 우택(雨澤)을 조사하여 보고하는 책무를 다하는 것이 또한 감농이었다. 농형이란 농작물의 성장 상태를 가늠하는 것이고, 우택은 강우량을 분명하게 파악하는 것이었다. 두 가지 모두 실제 농사 현장에서 앞으로 농사 작황이 어떻게 나타날지 추정할 수 있게 해주는 중요한 근거 자료였다.

조선왕조의 농업 현실을 살펴보면 전토(田土)에서 풍흉이 나뉘는 가장 중요한 이유는 바로 지품(地品)이 아니라 재해(災害)의 유무 때문이었다.

결국 한 해의 농사를 좌지우지하는 것이 재해를 일으키는 자연의 힘이라면, 자연재해의 유무(有無)를 파악하고, 그때그때 적당한 대책을 마련하기 위해서 잘 보고(監) 또 잘 살피는(監) 과정이 농업생산을 제대로 이끌어나가기 위해 절대적으로 요구된다고 할 수 있다. 그러한 과정을 맡을 책무는 당연히 목민의 현장에 나가 있는 수령에게 부여되어 있었다.

감농의 구체적인 내용은 실제 농사가 진행될 때 농작(農作)의 수행을 독려하는 측면과 농작물의 성장 현황과 우택의 상황을 기록하고 보고하는 측면으로 나누어 볼 수 있다. 두 가지 측면 모두 수령과 감사 등이 일선에서 수행하고, 조정에 알려주는 과정을 거치는 것이었다.

수령 감농의 구체적인 모습은 '급시(及時)'로 표출되었다.[59] 『속호전(續戶典)』 권농조에 "각 고을 수령은 파종, 제초, 추수 등의 일을 제때에 살펴서 시기를 놓치지 말아 곡식에 해가 없도록 하고, 능히 살피지 못하는 자는 율(律)에 의하여 논죄(論罪)한다."고 규정되어 있었는데, 이 조목은 급시(及時) 즉 적시(適時) 파악의 중요성을 수령에게 엄중하게 당부하는 것이었다. 일 년 중에도 3월 1일부터 8월 말까지의 기간 동안 농사의 근본을 잃지 않기 위해서 수령이 맡은 역할은 매우 중요한 것이었다. 파종과 제초, 수확 등이 모두 곡물의 조만(早晚) 성질에 적당하게 진행될 수 있도록 돌보는 책무를 수령이 짊어지고 있었다.[60]

농사일이 시작되는 단계인 기경, 파종시기부터 감농이 실제 수행 과정에 들어서게 되었다. 농작업 가운데 특히 파종은 적시에 실행하도록 독려할 대상이었다. 파종에 들어가기 전에 종자를 나누어주면서 농사 시작을 독려하였다.[61] 그리고 파종에 뒤이어 수행하는 작업인 제초를 제때에 수행할 수 있도록 독려하는 것도 중요한 권농의 일환이었다. 밭곡식 가운데 식용으로 중요한 의미를 가지고 있던 양맥(兩麥)의 경작 과정에 대해서도 주의를 기울였다. 이와 같이 파종, 제초, 수확에 이르는 농작업의 전

과정에 대하여 수령이 일상적으로 농민을 독려하였다.


## 4. 수령의 농형(農形)·우택(雨澤) 보고


감농의 다른 측면인 농형과 우택 보고가 수행된 과정을 살펴보자. 한 해 농사가 시작될 무렵부터 조정의 농형의 파악은 시작되어, 이 작업은 추수 이후까지도 계속되었다. 팔도의 농사 형편은 언제나 확실하게 조정에 그 정확한 정보가 집결되어야 했지만, 특히 심하게 가물거나 큰 홍수가 났을 때는 더욱 그러하였다. 각지의 농형을 조정에 보고할 책무는 당연하게도 수령과 감사가 맡고 있었다. 각 도의 농사 형지 즉 농형(農形)은 조정에서 논의해야 할 주요한 문제였다.[62] 조정에서는 각지의 농형을 파악하고 적당한 대책을 마련하는 논의를 집중적으로 진행하였다.

먼저 관찰사가 올린 농형 보고 가운데 한 사례를 살펴보면 다음과 같다. 1445년 10월 경상도 도관찰사(都觀察使) 이계린(李季疄)의 상서(上書)에서 상세한 농형 보고의 양상을 살펴볼 수 있다. 이계린은 7월 이후 도내의 군현을 돌아보고, 33개 주현의 농작(農作)이 재해를 입었다고 보고하면서 조세의 감면을 요청하였다. 이때 이계린이 올린 보고는 수전(水田)의 경우 파종 상황, 입묘(立苗) 실상, 출수(出穗) 여부 등을 살펴본 바에 의거한 것이었고, 한전(旱田)의 경우도 포기의 조밀(稠密)함, 상재(霜災) 여부 등을 조사하여 재해 정도를 파악한 것이었다.[63] 이처럼 봄철의 기경, 파종에서부터 가을의 수확에 이르는 시기에 걸쳐 농형이 조사되었고, 특히 수확 무렵에는 확실한 사정을 알기 위해 감사가 군현을 순시하며 농작을 파악하고 있었다.

봄에 기경을 시작할 때에는 기경지(起耕地)와 진황지(陳荒地)의 크기가 얼마나 되는지 조사하는 과업이 수령에게 부여되었다. 그리고 흉년이 든 다음 해인 경우 농형과 우택 상황에 대한 파악은 더욱 면밀하게 이루어졌다. 우택과 농형은 언제나 긴밀한 연관 관계 속에서 파악되고 있었다. 우택 보고로 축적된 강우량 수치들과 우택의 정도에 대한 정보는 최종적으로 국왕에게 도달되었다.

각 도의 농형을 파악하기 위한 탐문은 조정에서 늘상 이루어지고 있었다.[64] 수령과 감사의 견문에 근거한 보고뿐만 아니라 다른 관리들을 활용하여 작황, 농사 형지에 대한 정보를 수합하였다. 특히 조관 가운데 하위직 관료들을 가뭄이 든 지역이나 큰물이 지나간 지역에 파견하여 농형을 파악해 보고하게 하였다. 추수 상황에 대해서 조관을 파견하여 숨김없이 조사하기도 하였다. 특히 앞서 가뭄이나 큰물 등 재상(災傷)을 입어 추수 사정이 좋지 못할 것으로 예견되는 지역에는 조관이 늘상 파견되었다. 경우에 따라 행대(行臺) 감찰(監察)을 파견하여 감사나 수령의 농정 수행이 적절하게 이루어지고 있는지 검토하고 살피는 일도 실행하고 있었다.

감농 즉 농작 독려와 농형·우택 파악이라는 과정은 농사 감독의 긴밀함과 농형 파악의 일상성이라는 특징을 지닌 것이었다. 그리하여 실제의 농사일이 제대로 잘 수행될 수 있도록 국가적인 차원에서 감독하고 있었다. 그리고 농형(農形)의 충실한 파악에 근거하여 균등한 전세(田稅)를 부과하려고 하였다.


## 5. 흉년(凶年) 대비와 흉황(凶荒) 파악

조선의 농업에서 가뭄, 큰물 등의 재해는 특별하게 특정한 해에만 나타나는 사건이 아니라 거의 매해에 걸쳐 반복적으로 발생하는 일상(日常)이었다. 세종이 즉위한 뒤에 상왕(上王)의 자리에 있던 태종은 자신이 재위하던 19년 동안 가뭄 아니면 홍수가 발생하였다고 지적하는 것이 이상한 일이 아니었다.[65] 자연재해의 일상적인 발생은 필연적으로 이에 대한 대비와 대응을 조선왕조 차원에서 마련하지 않을 수 없게 하였다. 재해와 흉년에 대한 대비와 대응을 당시 황정(荒政)이라고 불렀는데, 황정은 조선왕조가 수행한 농정책의 한 축을 구성하고 있었다. 황정은 크게 볼 때 흉년을 극복하기 위한 노력이기 때문에, 일차적으로 흉년을 막기 위한, 또한 흉년에 대비하는 행위라는 측면을 갖고 있다. 그리고 다른 한편으로 흉년이 실제로 닥쳤을 때 이를 이겨내는 방책의 측면을 더불어 갖고 있다.

먼저 흉년을 막기 위한 또한 흉년에 대비하는 측면을 살펴보자. 우선 가뭄 등의 자연재해에 대해서 천심(天心)이 경계를 내린 것으로 원인 분석을 하는 것이 일반적이었다.[66] 사람과 하늘 사이에는 감응(感應)되는 바가 있는데, 따라서 하늘이 재해를 내려 논밭의 곡식을 못 쓰게 만드는 것은 다름이 아니라 정치를 바르게 하라는 경계로 해석하는 것이었다. 가뭄의 원인을 천심(天心)과 천리(天理)에서 찾게 되면 이를 해결하는 방안도 하늘에 호소하는 방안이 가장 유력한 것이었다. 따라서 가물었을 때 기우(祈雨)의 최종 대상인 하늘에 기우하는 제사를 설행해야 한다는 논의가 세종 즉위 초부터 제기되었다. 조선은 제후의 나라이기 때문에 하늘에 직접 제사를 드릴 수 없다는 논리에 얽매이기도 하였지만,[67] 원단(圓壇)에서 제천(祭天) 기우가 실제로 거행되기도 하였다.[68]

기우제를 드리기 위해서 고려왕조에서 정리된 『상정고금례(詳定古今禮)』, 당대(唐代)의 『개원례(開元禮)』 등을 참고하여 제사 시기와 제사처 등에 대해 정리하였다.[69] 가뭄 대책의 일환으로 원통한 죄수의 억울함을 풀어주는 일이 중요하게 받아들여졌다. 그리하여 가뭄이 심해지면 이죄(二罪) 이하 죄인의 석방 등의 조처가 취해졌다. 이 밖에 축성(築城) 등 토목공사 중단, 공물(貢物) 부담의 경감, 잡다한 송사(訟事)의 정지 등 백성의 힘을 덜어주는 일을 여러 가지로 찾아서 실행하였다.

다음으로 가뭄이나 재해가 닥쳤을 때 벌어지는 조선왕조의 대응을 살펴본다. 먼저 조선의 국왕은 재해 발생의 원인을 밝히고 이에 대한 대응책 마련을 위하여 신하들의 의견을 구하였다. 이를 구언(求言)이라고 하였는데, 신하들의 밝은 말(言)을 구(求)한다는 뜻이다. 특히 세종은 재해가 닥쳤을 때 자주 구언(求言) 교지(敎旨)를 반포하여 잘못된 정사를 바로잡을 묘책을 신하로부터 얻고자 하였다. 국왕이 구언교지를 반포하는 것은 늘 일어나는 상당히 의례적인 것이기도 하였지만 상당수의 관료들이 이에 호응하여 상소하였다. 당시의 관료들은 구언교지에 호응하는 상소에서 재해 극복 대책뿐만 아니라, 인사(人事) 재정(財政) 문제 등에 대하여 언급하면서 조정의 문제점을 지적하기도 하였다.

본격적인 재해의 극복을 구체화시키기에 앞서 과연 그해 어느 지역에 어떠한 재해로 말미암아 흉년이 발생하였는지 여부에 대한 파악이 중요하였다. 앞서 한 해 농사의 실제 진행 과정에 대한 관리 감독을 수령과 조관을 중심으로 수행해나가면서 이미 어느 정도 흉년 발생에 대한 예견을 했을 터이지만 보다 확실하게 가을 수확할 무렵의 흉황에 대한 조사가 필요하였다.

각 지역의 흉황 여부를 분명하게 밝히는 과정인 답험(踏驗)을 조관을 파견하여 수행하였다. 이때 해당 지역에 파견된 조관은 첫째로 기민(飢民)의 상황을 살피고, 둘째로 민간에 준비된 구황 물품의 형편을 점검하고, 셋째로 도내 각 고을에 축적되어 있는 곡물의 크기를 점검하였다.[70] 아사(餓死) 지경에 이른 굶주린 백성들의 처지를 보다 일찌감치 정확하게 파악하는 것은 이후의 황정을 시급하게 수행하는 데 중요한 전제조건이었다.

흉년이 확실하거나 그 의심이 짙어지게 되었을 때 조정에서 시행하는 대책의 첫 자리는 물론 기민의 목숨을 구하는 것이 차지하겠지만, 기민의 부담을 덜어주는 여러 가지 방책이 병행되었는데, 그 가운데 하나가 부세의 감면이었다. 경우에 따라 부세를 경감해주거나 면제해주었다. 부세의 감면은 대개 수령과 관찰사가 요청하였지만 경차관이나 행대(行臺) 감찰(監察)이 파견되어 흉황을 파악하였을 때에는 이들이 장계를 올려 요청하기도 하였다.

## 6. 진제장(賑濟場) 운영과 환자(還上) 분급

조선 초기에 각 지역에서 수행된 황정(荒政)은 각 도의 관찰사와 수령 그리고 경우에 따라 중앙에서 파견된 경차관 등이 맡고 있었다. 특히 황정 가운데 가장 주요한 부분인 굶주린 백성 기민을 구제하기 위해 곡물을 나누어 주는 과정인 구황(救荒)을 이들이 맡아서 수행하였다. 기민을 구제하기 위해 이들에게 곡물을 나누어주는 방법은 크게 두 가지였는데, 진제장(賑濟場)을 설치하여 기민에게 먹을 것을 무상으로 지급하는 것과 의창곡을 활용하여 환자(還上)를 분급하는 두 개의 경로가 그것이었다.

먼저 굶주린 백성들에게 죽을 끓여 나누어주기 위해 진제장이 곳곳마다 설치되었다. 진제장은 대개 흉년이 든 해 다음 해 정월부터 설치되어 양맥(兩麥)이 성숙할 때까지 운영되었다. 경우에 따라서는 양맥의 수확 이후에도 진제장의 운영이 계속되기도 하였지만 이는 아주 특별한 경우였다. 한성부에도 진제장이 설치되었는데, 대개 보제원(普濟院), 홍제원(洪濟院), 이태원(梨太院) 등에 만들어지는 것이 상례였다.[71] 외방의 진제장은 흉년이 닥친 고을 단위로 설치되었지만, 흉년을 모면한 이웃 고을이 흉년에 빠진 다른 고을의 백성을 구제하기 위하여 고을과 고을의 경계선상에 진제장을 설치하기도 하였다.

구황의 일반적인 과정은 굶주린 백성들에게 나중에 갚을 것을 전제로 곡물을 나누어주는 환자(還上)였다. 환자(還上)는 글자는 환상(還上)이지만 읽기는 '환자'라 하는데, 봄철에 곡물을 나누어주었다가 가을철에 되돌려받는 것이었다. 이른바 진제장인 무상(無償) 구제라면, 환자는 유상(有償) 구제에 해당된다고 할 수 있다. 환자에 활용되는 곡물은 대부분 의창(義倉)에 축적해놓은 것이었다. 의창을 통한 환자의 분급으로 기민을 구제하는 것은 단순한 과정이 아니었고, 또한 대단히 중요한 일로 취급되었다.[72] 수령은 의창을 운영하는 데 사실상 독단적으로 처리할 수 있는 권한을 국왕으로부터 위임받았다. 수령이 지방 군현 통치에서 국왕의 대행자 노릇을 하고 있었기 때문이다.

의창곡 운영에서 가장 중요하게 여겨졌던 것은 빈부(貧富)를 분별하여 곡물을 나누어주고, 이때 적당하게 차등을 두는 것이었다. 또한 절용(節用)하는 법을 충실하게 수행하여 가능하면 많은 곡물을 소모하지 않고 구황을 마무리하면서도 굶어 죽는 백성들이 없게 하는 것이었다. 이런 점에서 의창곡을 백성들에게 나누어줄 때 가장 이상적인 방식은 다음과 같은 세 가지 측면을 자세히 조사한 장부에 의거하여 분급하는 것이었다. 각 고을의 수령에게 민호(民戶)의 빈부, 전지(田地)의 다소, 숙채(宿債)의 유무 등 흉년이 들었을 때 백성들이 버텨나갈 수 있는 경제력의 정도를 파악하여 장부에 기록해두고, 풍년과 중년(中年), 흉년을 나누어 의창곡 분급 대상을 미리 설정해두는 것이 가장 적절한 방법이라고 제시되었다.[73]

의창을 통한 환자 분급의 본질적 성격은 결국 종량(種糧) 즉 종자(種子)와 양식(糧食)의 분급이었다. 흉년이 닥쳤을 때 각 도에서 분급한 환자 즉 종량을 살필 때 우선 눈을 크게 뜨게 만드는 것은 분급량의 막대함이다. 한 사례를 살펴보면 1444년 4월 충청도관찰사 김조(金銚)가 조정에 요청한 구황곡은 곡종(穀種) 15만 석과 구량(口糧) 25만 석을 합쳐 총 40만 석이었다. 세종은 호조로 하여금 곡종 7만 석, 구량 20만 석을 내어주게 하였는데, 김조의 요청은 이미 도내에 모아두었던 의창곡을 모두 소모한 뒤에 나온 것이었다.[74] 이와 같은 환자의 분급으로 막대한 양의 곡물이 굶주린 백성들에게 나누어졌다. 종량의 분급 가운데 종자용 곡물은 벼를 비롯하여 콩, 보리, 밀 등 수전과 한전에서 경작하는 곡물뿐만 아니라 재해가 발생하였을 때 대파(代播)에 이용하는 메밀 등 각종 작물이 모두 해당되었다. 흉년이 들게 되면 백성들은 양식이 떨어져 나물, 풀을 먹으며 생존해나가고 있었다. 이러한 흉년이 들었을 때 외부의 도움이 절실히 필요한 상황이었다.

# 농지 개간과 수리시설 축조

## 1. 조선 국가의 농지 개간 장려

조선 초기에 국가적인 차원에서 추진된 농지(農地) 개간(開墾)은 새로운 왕조가 반드시 이룩해야 할 대과업이었다. 고려 말 이후 무너진 농업생산의 기반을 새로 확충하고 그리하여 농업생산력을 복구하기 위한 것이었다. 농지 개간을 통해 농경지를 확보하는 일은 국가뿐만 아니라 농민들에게도 필요한 사업이었다. 특히 농경지의 확보는 국가의 입장에서 수세지(收稅地)를 넓히는 일이기도 하였다. 또한 농업을 장려하기 위한 목표로 수행되는 여러 가지 시책들 가운데 농지의 절대면적을 확대하는 개간은 언제나 권장되고 장려되는 방법이었다.[75] 새로운 농경지를 개발하였을 때 조세 감면의 특혜가 주어졌다. 농민들 누구나 농지 개간의 주체가 될 수 있었다. 농지 개간은 연해지역의 개간, 저지(低地)와 저습지(低濕地) 개간, 그리고 양계지역 개발과 병행된 북방지역 개간 등 여러 방면으로 이루어졌다. 또한 신전(新田)과 진황지(陳荒地)의 개간을 장려하고, 수차(水車)와 같은 새로운 수리도구를 이용하기 위한 시도도 이루어졌다.[76] 진황지를 농경지로 개발될 수 있게 된 데에는 농업기술이 발달하고 그것이 농민들의 경험 속에 축적된 결과이기도 했다.[77]

조선왕조의 개간 장려는 수령에 대한 업적 평가 항목으로 개간 전답 면적의 다소를 포함시키는 데로 나아갔다. 간전(墾田) 즉 개간하여 경작지로 활용하는 전답의 면적 크기에 따라 수령에게 상벌을 내릴 것이라고 규정을 만들었다. 이러한 수령에 대한 개간지 확보 독려와 포상 등의 규정은 나아가 일반 민인들이 개간에 나서도록 장려하는 것으로 이어졌다. 개간자에 대한 소유권 내지 이용권에 대한 우선 승인, 그리고 면세 혜택의 부여 등을 통해 개간을 장려하고 독려하였다.[78]

15세기 후반에 편찬된 『경국대전』에 3년이 넘은 진전(陳田)은 다른 사람이 신고하여 경작하는 것을 허락한다는 규정이 들어 있었다.[79] 이 규정은 진전(陳田) 상태에 놓여 있는 이전에 경작지로 활용하던 농지를 다시 경작지로 만드는 것을 권장하는 규정이었다. 그런데 문제는 '사람들이 관(官)에 신고하고 경작하는 것을 허락한다(許人告耕)'는 규정 속의 한 구절이 진전(陳田)을 경작한 사람에게 그 땅의 주인 노릇까지 부여하는 것으로 비춰지고 있다는 점에 있었다. 사실 진전(陳田)을 경작한 사람 입장에서는 그 땅을 자기의 것으로 생각하기에 적당하였다. 하지만 『경국대전』의 이 규정은 주인이 있는 진전 즉 유주진전(有主陳田)도 기경(起耕)한 사람을 주인(主人)으로 삼는다는 것이 아니었다.

1556년(명종 11)에 명종이 내린 수교(受敎)에 이러한 상황을 확실하게 규정하였다. 3년이 지난 진전을 사람들이 관에 신고하고 경작(耕作)해 먹는 것을 허락해준 것은 영구히 전토(田土)를 지급해주는 것이 아니며, 만약 본주(本主)가 나타나서 돌려달라고 요구하면 이에 따라야 한다는 것이었다.[80] 하지만 16세기 이후에 주인이 없는 무주(無主) 한광처(閑曠處)일 경우 기경자(起耕者)를 주인(主人)으로 삼는다는 규정은 확고한 것이었다. 이러한 법 규정을 마련하여 시행하는 것은 농민들로 하여금 한광지를 개간하여 자기 소유 토지를 확보하도록 장려하는 것이었다.

## 2. 연해지역 농경지 확대

조선 초기 연해지역의 농지 개간은 한광지(閑曠地)의 개간이면서 동시에 진전(陳田)으로 버려졌던 예전 농지를 복구하는 것이기도 하였다. 연해지역은 고려 말 왜구의 침입에 따른 피해를 가장 많이 받은 지역이었다. 왜구의 침입을 피해 고려 말 주민들이 거의 살지 못하던 곳이기도 하였다. 그렇기 때문에 연해지역의 농지 개간은 농경지 확보이면서 또한 왜적을 막아내기 위한 경제 기반의 구축이었고 새로운 왕조 조선의 영역을 제대로 장악하는 의미를 가지고 있었다. 조선의 연해지역 즉 바다 인근지역에 비옥한 토지가 있다는 지적은 오래전부터 사람들 입에 오르내린 것이었다.[81] 비옥한 연해지역이 고려 말 오랜 세월 동안 버려져 있다가 조선 초기부터 본격적으로 농경지로 활용되게 되었다.

조선왕조의 연해지역 농지 개간은 둔전(屯田) 설치라는 방식을 취하기도 하였다. 둔전(屯田)은 중국과 조선에서 본래 주둔병(駐屯兵)의 군량을 자급하고, 각 관아의 경비에 충당하기 위하여 진황지를 개척하여 경작케 한 전답이었다. 따라서 애초에 진황지를 개간하여 설치되는 것이 둔전이었다. 지배층, 피지배층의 연해지역 개간과 별도로 중앙정부와 지방 군현 차원에서 진황지를 개척하여 둔전이 설치되었다. 둔전의 설치는 조선 중앙정부와 지방의 주부군현 및 포진(浦鎭) 등의 각급 행정·군사기구 즉 국가권력의 구현체인 통치기관의 토지소유와 그 확대를 가리키는데, 이는 지배체제의 강화와 직결되는 것이었다.[82] 바로 전국 각 지방의 한광지에 다 둔전을 설치할 때 중심대상이 연해 주군(州郡)의 진황지였다. 조선 초기에 각 지방에서 둔전이 설치되는 과정은 곧 연해지역의 개간과 직결되는 것이었다.

연해지역 개간은 나아가 섬 지역의 개간으로 이어졌다. 태종 17년 10월에 섬의 새 개간지를 조사하여 전적(田籍) 즉 양안(量案)에 올리는 작업이 수행되고 있었다. 그리고 세종대에는 남해안의 거제(巨濟)와 남해(南海) 두 섬의 경작할 만한 곳에 농사를 지을 수 있도록 개간하고, 계속 농사짓기를 이어나가기 위해 목책(木柵)을 설치하여 농민을 보호하는 방안이 제시되기도 하였다.[83] 거제와 남해 두 섬에다 창선(昌善)까지 포함한 3개 섬에서 개간한 토지가 1419년에 1,130여 결에 달하는 것으로 조사될 정도로 전지를 확보하는 데 해도(海島) 개간이 유용하였다. 그렇지만 여전히 왜변(倭變) 등 도적(盜賊)의 출몰을 조심하기 위해 목책, 토성(土城) 등을 축조하는 번거로움이 뒤따르고 있었다.[84]

내륙지역의 저지(低地)와 저습지(低濕地)도 연해지역과 더불어 개간의 주요한 대상으로 설정되어 있었다.[85] 내륙지역의 저지 개간의 주요한 사례로 경상도 밀양 수산제 인근에 설치된 국둔전을 찾아볼 수 있다. 저지 개간이면서 또한 동시에 둔전 설치의 사례인데, 또한 조선 초기 수리개발과 연결된 사례가 바로 경상도 밀양 수산제 인근의 국둔전 설치였다. 수산제 인근의 저지 저습지 개간은 배수(排水) 즉 물을 빼내는 것과 방수(防水) 즉 물을 막아내는 것을 군건하게 보장할 제방의 축조와 긴밀히 연결된 것이었다. 저지와 저습지는 지형적으로 주변에 비해 낮은 곳일 수밖에 없고, 특히 주변에 하천이 자리한 곳이 대부분이었다. 성종대 경상도 밀양군에 설치된 수산제 국둔전(國屯田)이 바로 강가의 저습지를 개간한 사례에 해당한다고 볼 수 있다. 강변 저습지 개간의 관건은 바로 방수(防水)

즉 강수(江水, 外水)의 범람을 막아내는 것이고 또 하나는 배수(排水) 즉 지대가 낮은 곳으로 모여드는 내수(內水)의 고임을 풀어내는 것이었는데, 수산제 국둔전은 바로 수산제(守山堤)라는 제방을 통해 이를 해결하였다. 밀양군 양동역 앞에 증축된 제방과 수문이 바로 이러한 용도에 걸맞은 시설이었다. 그리고 경작지 주변에 도랑 즉 거(渠)를 크고 깊게 파서 물이 잘 빠지도록 하는 것도 요구되었다.[86] 이와 같이 내륙 지역의 저지 개간은 수리시설과 긴밀하게 연결된 상태에서 이루어질 수 있는 것이었다.

한편 15세기말 16세기로 접어들면 해택(海澤) 개발이라고 불린 연해 간석지(干潟地)의 농지화가 이루어졌다. 해택 개발은 대규모 농지를 확보할 수 있는 방법이었기 때문에 권력에 가까운 권세가들이 주목하는 것이었다. 세종대에 의정부는 인구의 증가와 전토의 제한성을 논거로 삼아, 바다에 가까운 주군의 해변에 제방을 쌓아 수전(水田)을 만들도록 감사를 독려하자는 건의를 하기도 하였다.[87] 이렇게 하면 백성들이 경종할 만한 전답을 얻게 되어 농사를 지을 수 있을 것이라는 주장이었다. 국가권력이 나서서 인력과 물력을 투입하여 해택을 개발하고 이를 일반 민인에게 나누어줄 수 있을 것이라는 주장은 가장 이상적인 논리이기는 하지만 현실성을 갖지 못한 것이었다. 해택 개발의 성공 여부가 불확실한 것처럼 개간에 동원된 백성들에게 나누어줄 농지의 규모 등의 문제도 불확실한 것이었다. 조선 후기의 경우는 투입한 물력을 기준으로 개간하여 확보한 전토를 나누고, 개간에 들어간 노동력에게 노임을 주는 것으로 해결할 수 있었지만, 조선 전기의 경우는 그렇지 않았다. 따라서 해택의 조성은 많은 인력(人力)과 물력(物力)을 위험성을 무릅쓰면서도 투입할 수 있는 그리고 경우에 따라서는 일반 백성의 노동력을 강제로 동원할 수 있는 권력(權力)에 가까이 접근해 있는 권세가들이나 시도할 수 있었다.

16세기에는 왕실의 외척을 중심으로 한 권세가(權勢家)들이 둔전(屯田)

의 명목으로 해택(海澤) 즉 간석지를 적극적으로 개발하였다. 그런데 경지로 확보하는 과정에서 그것을 사유지(私有地)로 변화시키고, 주민을 병작자(並作者) 즉 소작인으로 흡수하여 농장(農場)을 만드는 것이 일반적이었다.[88] 이와 같이 연해지역의 개간은 내륙의 저지개간과 더불어 조선의 농경지 확대, 전답 확보의 측면에서 커다란 진전을 이루게 되었다.

## 3. 양계지역의 개척과 농지 개간

조선 초기 개간활동이 전국 규모에서 전개되는 가운데 함경도·평안도 양계(兩界)를 위시하여 북방개척과 농지 개간도 전개되었다. 양계를 포함한 북방지역은 중국 원명(元明) 왕조 교체의 와중에서 정치적으로 보아 거의 권력이 이르지 않는 상태에 있었고, 또한 경제적으로 보아도 활용되지 못하고 버려진 곳으로 남아 있었다. 따라서 조선왕조의 입장에서 북방지역이 조선의 영토임을 정치적 경제적으로 확보하기 위해서는 본격적인 북방지역 개척이 필요하였다.

북방 개척과 농지 개간은 조선국가가 수행한 대규모 농업개발사업이었다. 따라서 개간된 전토를 안정된 농경지로 확보하기 위하여 여러 가지 조처가 시행되었다. 특히 인구 이동을 통한 노동력 확보, 새로운 농경지에 적용할 농법 개발 등을 수행하였다. 또한 양계 지역의 한광지를 둔전(屯田)으로 개발하는 방안도 실시되었다.

북방 지역 개척은 필연적으로 사민(徙民) 즉 주민(인구) 이동이 동반된 것이었다. 개척된 지역을 계속 조선의 영역으로 차지하기 위해서는 거주하는 백성이 제자리를 잡아야 했기 때문이다. 세종대까지의 사민(徙民)은 주로 4군 6진의 개척에 수반된 것이었다. 따라서 주된 사민 대상자도 양계의 남쪽에 거주하는 백성들이었다. 물론 개간을 통한 농지확보도 부수적으로 전개되었다. 좀더 시간이 지나 세조대에 이르게 되면 북방으로 이전하는 사민(徙民)의 주된 대상은 하삼도(下三道)의 주민이었다. 그리고 사민의 주된 목표도 이 지방 한광지(閑曠地)의 개간이었다.[89]

북방 한광지의 개간을 장려하기 위하여 조정에서는 여러 가지 지원책을 마련하여 시행하였다. 사민(徙民) 1호(戶)에 대해 30결 정도의 토지를 분급하였고, 또한 농우(農牛)가 없는 경우 이를 마련하여 나누어주었다. 또한 10년에 달하는 기간 동안 면세(免稅)의 혜택도 내려주었다.

함길도, 평안도의 한광지(閑曠地)에는 둔전(屯田)을 설치하여 운영하는 방안이 모색되기도 하였다. 특히 둔전을 관리하는 사람을 감고(監考)라는 직명으로 차정하였다가, 나중에 성과를 많이 거두게 되면 경직(京職)이나 토관(土官)에 제수하자는 건의도 제출되었다.[90] 이러한 둔전 운영의 모색은 압록강 두만강 너머의 농지 경작을 때때로 허용하는 것과 마찬가지로 경작지의 확대와 적절한 운영을 꾀하는 것이었다. 북방 지역을 비롯한 변경 지역을 개척하여 농지로 개간하면서 둔전을 설치하는 것은 여러 가지 어려움을 극복하는 과정을 거쳐 성사되었다. 세종 때 함길도 경성(鏡城) 지역에 설치된 국둔전(國屯田)처럼 토지를 경작할 농군(農軍)을 제대로 확보할 수 없어 폐지되기도 하였다.[91]

## 4. 조선 초기 농지 개간 장려의 성과

조선 초기 농지 개간을 장려하는 정책을 추진하고 연해지역과 북방지역이 개간되면서 조선국가가 파악한 전체 농경지의 규모가 증가하였다. 고려 말 1389년(공양왕 3년)에 시행된 기사양전(己巳量田)에서 파악한 서북

양도를 제외한 6도의 전결(田結)은 62만여 결이었다. 그런데 10여 년이 지난 뒤인 1405년(태종 3년) 을유양전(乙酉量田) 때 96만여 결로 크게 증가하였다. 이러한 전결수 증가는 국가의 토지파악 능력, 토지장악력이 증대된 사정에서 연유하는 것이라고 할 수 있다. 또한 앞서 살펴본 연해지역 진전(陳田)의 개간, 복구에서도 연유하는 것이라고 할 수 있다.

1432(세종 14년) 양계를 제외한 6도의 전결수로 국가가 파악한 수치를 보면 1,186,070결이었다.[92] 태종대에 비해 22만여 결이나 증가한 것이었다. 국가적인 농지 개간 장려정책이 순식간에 성과를 보였다고 할 수는 없지만 조선 초기 이래의 개간 장려책은 이후 농경지의 계속 증대를 가져왔다고 할 수 있다. 세종 재위 말년의 상황을 보여주는 『세종실록』에 실린 『세종실록지리지』의 각도총론(各道總論)에 나타난 총 간전(墾田) 결수(結數)는 1,632,006결에 달하였다.[93] 『세종실록지리지』의 전결수 통계는 앞선 시기의 결부(結負) 파악 방식과 다른 공법(貢法) 단계의 결부법에 근거한 것이기 때문에 수치를 곧장 비교하기는 어렵다. 그렇지만 세종대에 달성한 전국 경지면적 규모는 연해지역과 북방 개척의 산물이었고, 계속해서 저지와 저습지 개간이 이어지고 있었다.

16세기 이후 개간의 진행에서 주요하게 파악할 수 있는 것은 전답의 비율에서 답(畓)의 비중이 증가하고 있다는 추세의 확인이다. 대략적인 추세를 파악하기 위해서 『세종실록지리지』에 조사된 1432년의 경우 전국의 결총에서 답(畓)이 차지하는 비율은 27.9%였다.[94] 이때 파악되는 각 도별 수전 비율을 임진왜란 직전의 상황으로 파악되는 『반계수록(磻溪隨錄)』의 수치와 비교해 보면 황해도의 경우 15.3%에서 26.3%로, 경기도의 경우 37.7%에서 46.7%로, 강원도의 경우 12.8%에서 18.1%로 증가하고 있었다. 17세기의 경우 수전비율 증가의 명확한 수치를 확보하기 힘들지만 19세기 초가 되면 전국적인 결총(結總)에서의 수전비율이 36.3%로 증가하고 각 도의 수전 비율도 일률적으로 증가한 모습을 보이고 있었다. 이와 같이 조선 전기 개간의 성과는 특히 수전의 확대라는 점에서도 찾아볼 수 있다.

## 5. 제언(堤堰)의 수축과 관리

조선 정부는 농업생산에 필요한 물을 공급할 수 있는 수리시설을 마련하고 이를 늘리기 위한 정책을 마련하여 시행하였다. 또한 향촌사회의 지배층과 농민들도 제언 등의 수리시설을 축조하는 데 관심을 기울였다. 조정에서는 제언의 수축과 관리에 대한 조치를 강구하고 이를 실행에 옮기기 위한 방안을 마련하고 있었다.

태조대인 1395년 도평의사사에서 전(前) 낭장(郎將) 정분(鄭芬)의 진언(陳言)에 근거하여 만든 제언 관련 규정을 만들고 있었다.[95] 이에 따르면 제언의 구성 요소에서 특히 수구(水口)를 강조하고 있었다. 돌로 만든 수로(石溝)를 설치하는데, 석구(石溝) 안쪽에는 나무로 만든 수통(水桶)을 설치하고, 바깥쪽에는 나무로 만든 목조(木槽)를 설치하는 것이었다. 이러한 제언 구조는 제언에 가두어둔 물을 잘 활용하는 데 적합한 것으로 고안된 것이었다. 팔도 군현의 면(面) 지역에 임명한 권농관은 권농 뿐만 아니라 수구(水口)와 같은 제언의 구조물 관리에 힘을 기울여야 했다.

제언 수축에서 수구(水口)와 같은 구조물과 더불어 중요한 요소는 오래도록 제언을 활용할 수 있게 만들어야 한다는 점과 제언으로 혜택을 볼 수 있는 몽리면적이 넓어야 한다는 점이었다. 이를 달리 말하면 제언의 충실한 견고함과 충분한 규모로 표현할 수 있는데, 태종대 제언 전문 관료로 활약한 이은(李殷)은 이를 견완고후(堅完高厚)로 나타냈다.[96]

제언을 수축하기에 적당한 곳을 찾아내는 일도 중요한 일이었다.[97] 각 도와 군현에 명령을 내려 제언을 만들어 활용하기에 적당한 곳을 찾아내어 보고하게 하였다. 그런데 제언을 수축하기에 적당한 곳을 찾는 일은 곧 경작지를 확보하는 일과 연관된 것이었다. 제언을 통해 가경지(可耕地)를 넓히려는 것이었다. 그리고 제언 수축이 경지 확보와 깊이 관련된 것이라는 점은 둔전 경영을 강조하면서 동시에 제언 수축을 지시하는 경우에서 찾아볼 수 있다. 1414년 태종은 강화(江華) 둔전(屯田) 경영을 지시하면서 한 해 전에 제언을 수축하여 가경지(可耕地)를 확보한 것을 배경으로 설명하고 있었다.[98]

팔도 군현에 산재해 있는 제언의 관리는 군현의 목민(牧民)을 맡아서 수행하고 있는 수령이 담당하였다. 수령은 농정책의 실무를 맡아 수행할 뿐만 아니라 제언의 관리와 보수, 수축, 신축 등의 책무를 짊어졌다. 태종 대에 만들어진 수령 포폄(褒貶) 규정을 보면 농상(農桑)을 권장하는 것과 더불어 제언 수축 여부도, 수령 군현 통치 성적을 매기는 주요한 기준으로 포함시키고 있었다.[99] 수령과 더불어 권농관(勸農官)이 바로 제언의 관리, 보수의 책무를 같이 짊어지고 있었다. 권농관은 제언 수축을 장려하는 임무 뿐만 아니라 가을과 겨울 사이에 제언에 설수(雪水)를 가두어두는 일도 맡고 있었다.[100]

## 6. 천방(川防)의 개발과 축조

천방(川防)은 하천에 흐르는 물을 이용하는 수리시설이었다.[101] 천방은 보(洑)라고도 불리는 수리시설로 소규모 공사로 축조할 수 있었다. 산골짜기를 흐르는 계곡의 하천물도 천방(川防)을 통해 관개수로 활용할 수 있었다.[102] 천방 축조에 대한 논의는 특히 문종대부터 활발하게 이루어졌다. 문종이 1450년에 경기·충청·강원·황해·경상·전라·함길도 관찰사에게 제언 수축에 대해서 내린 유시(諭示)를 보면, 문종은 제언 뿐만 아니라 천방에 대해서도 지적하면서 수리(水利)에 활용하지 못하고 버려지는 이득이 있어서는 안될 것이라고 지극히 강조하고 있었다.[103] 국왕의 관심 속에 활발하게 축조되기 시작한 천방은 세조대에 이르러서는 제언 축조와 더불어 수리사업의 양대 중추로 자리 잡았다. 이러한 양상은 성종대에 이르러 더욱더 가속화되었다.[104]

천방은 15세기 후반부터 영남지역을 중심으로 내륙의 소규모 수리시설로서 활발히 개발되고 있었다. 천방 개발은 14세기 후반부터 시도되기 시작하여 15세기 후반에 이르러 본격적 발전을 보게 되었다. 천방은 지형에 따라 하천을 막아 물을 끌어 올려서 하천보다 높은 지대에 물을 대거나 범람하기 쉬운 지역에 방축을 쌓고 구멍을 뚫어서 저습지를 농토로 이용하는 기술이었다. 이 방법으로 새 농토를 확보해 간 것은 대부분 노비노동력을 다소 보유하고 있던 유향품관(留鄉品官) 등 재지지배층이었다.[105]

## 7. 조선 초기 수리정책의 시행

조선 초기의 수리(水利) 정책은 제언(堤堰), 천방(川防) 등 수리시설의 축조와 관리를 중심으로 펼쳐졌다. 여러 가지 수리시설 가운데 특히 제언과 천방에 관심이 집중되고 있었다. 특히 태종대에 권농사업의 일환으로 수리정책이 활발하게 추진되었다.[106] 조정은 농업생산에서 수리(水利)가 가지고 있는 의의를 크게 강조하여, 제언과 천방이 농사의 근본(根本)이라고 강조하였다.[107] 태조대 이후 역대 국왕들이 임지로 떠나는 수령에게 당부하는 주된 지시사항이 바로 권농과 수리에 대한 것이었다.[108] 수령에게 수리시설의 관리 수보(修補)에 관하여 당부하는 것은 관례가 되었으며, 가을과 겨울 사이에 권농관(勸農官)으로 하여금 제언의 수축을 지시하였다.[109] 수령은 매년 춘추로 관찰사에게 이 문제를 보고하고, 이를 수축해야 한다는 것이 법으로 규정되었다.[110]

조선 초기 수리시설의 축조의 필요성에서 당시의 수리정책 시행의 배경을 찾아볼 수 있다. 수리시설은 수전에서 벼를 재배할 때 물을 대기 위한 것이었다. 수전(水田)이 크게 증대하면서 수리시설의 필요성이 커졌다. 특히 저지, 저습지와 해안의 진황전(陳荒田)이 개간되면서 앞서 산곡간에도 많이 존재하였던 수전의 위치는 평지에 주로 자리잡게 되었다.[111] 그리고 수전의 위치가 하천 주변까지 확대되어 나가고 있었다. 하천가에 자연적인 방죽을 허물고 거기에 자라고 있던 초목(草木)을 베어 내어 수전(水田)을 만들었던 것이다.

수리시설로 축조된 제언과 천방은 여러 가지 용도로 이용되었다. 주된 용도는 한해(旱害)와 수해(水害)를 대비하는 것이었다. 제언이야말로 한해와 수해를 모두 방비하기 위한 시설이었다. 대개의 경우 한해를 위한 목적만 강조되고 있지만 사실은 수해를 입지 않기 위해서도 제언과 같은 시설이 필요하였다. 큰물을 만나게 되면 농민은 작물을 재배하고 있는 경작지에서 물을 빼내는 배수가 중요하였다. 이 때 제언은 미리 갖추어 놓은 수구(守口)를 이용하여 큰물을 만나기 전에 가두어 놓았던 저수를 방류하여 새로 들어오는 물을 상당한 정도로 담아 둘 수 있었다. 그리하여 큰물이 아무런 제지 없이 경작지를 휩쓸고 지나가지 않도록 하였다. 그렇지만 실제로 일기예측이 불완전한 상황에서 제언이 허물어지는 것은 다반사였다. 그리고 제언은 이와같은 관개 목적 외에 물고기를 인공적으로

키우는 양어용으로 이용될 수도 있었다.[112]

만약 제언이 허물어지게 되면 제언 아래에 자리한 전지가 모두 함몰되어 큰 손해를 끼치기도 하였다. 전라도 고부에 위치한 눌제가 무너졌을 때 제언 아래에 있던 전지 육백여결이 침수된 사실은 그러한 한 예였다.[113] 제언이 허물어 지게 되면 보수를 통해 다시 수축하였다.[114] 제언을 다시 수축하는 작업은 농민의 입장에서도 중요한 일이었고, 지배층에게 있어서도 긴요한 일이었다. 그러나 농민의 역역(力役)을 동원하여 제언을 수축하는 작업은 농한기인 겨울철을 이용하여 이루어질 수밖에 없었다.

수리시설로 제언을 쌓는 것은 권농 차원일 뿐만 아니라 흉년을 대비하는 계책이기도 하였다. 세종이 함길도 관찰사 정갑손(鄭甲孫)에게 유시한 내용은 바로 흉년이 찾아드는 것을 방비하는 차원에서 제언을 축조하도록 독려하는 것이었는데, 이것이 바로 그 사례라고 할 수 있다.[115] 당시에도 제언(堤堰) 내의 경작가능지를 모경(冒耕)하기 위하여 제방을 헐어내어 저수(貯水)가 불가능하게 만드는 사례들이 발생하고 있었다. 이에 따라 수리(水利)의 효과를 상실시키는 이러한 모경(冒耕) 행위를 엄중히 처벌해야 한다는 주장이 제기되었다.[116] 또한 중국과 일본에서 이용되고 있던 수차(水車)라는 관개기구를 조선에서도 이용할 수 있는 방법을 찾기 위해 상당한 노력을 기울였다.[117]

수리시설 축조는 수전이 하천 주변에 밀접하게 다가서게 된 사정과 연관된 것이었다. 천변에서 물의 흐름이 넘치는 것을 막아주는 역할을 하는 완충지가 사라지게 되어 큰물을 만나게 되면 천변의 경지가 모래로 뒤덮이는 피해를 입었다.[118] 호조는 이러한 피해를 막기 위하여 제읍(諸邑)에 구폐가행조건(救弊可行條件)을 내리는 가운데 천변에 자라고 있는 초목을 베고 만든 수전에 대하여 경작자가 경작할 수 없도록 하는 규정을 포함 시키고 있었다. 『경국대전(經國大典)』 호전(戶典) 전택조(田宅條)에는 천변(川邊)을 직접적으로 지적하는 것은 아니지만 수풀과 나무가 자라는 곳을 벌목하여 경작할 경우 처벌을 내리고 있다.[119] 이와 같은 수리시설을 축조하고 개축하는 것은 저지대의 개간과 밀접한 관련이 있었다.

16세기 중종대에 이르게 되면 삼남 지방의 제언(堤堰) 숫자가 파악되고 있었다. 1523년(중종 18년)에 제언사(堤堰司) 낭관(郎官)을 하삼도의 제언수를 조사하기 위해 파견하려고 하였는데, 당시 경상도의 제언수가 800여 처, 전라도가 900여 처, 충청도가 500여 처로 한사람이 전부 맡아서 조사할 수 없다는 보고를 먼저 올렸다.[120] 중종대에 파악된 제언숫자가 결코 후대에 뒤지지 않는 상당한 정도의 것이었으며 15세기 이후의 수리시설 축조에 대한 관심과 열의에 따라 성취한 것이라고 할 수 있다.

# 농업경영과 농촌경제의 변화

## 1. 토지소유관계의 변화

조선 초기 토지의 사적 소유는 기본적인 측면에서 국가적인 법제에 의하여 보장되고 있었다. 토지의 취득(매매, 개간), 경영, 처분(贈與, 分與, 典當), 상속 등이 사적으로 자유롭게 이루어질 수 있었다.[121] 토지소유자가 토지를 다른 사람으로부터 매입하거나, 또는 개간이나 개척 등의 과정을 거쳐 취득할 수 있었다. 또한 전주(田主)라 불린 토지소유자는 자기 소유의 토지를 직접 경작하거나, 다른 사람에게 빌려주고 그에 대한 대가를 받거나, 노비에게 경작을 맡기는 등 다양한 방식으로 경영을 해나갈 수 있었다. 여기에다가 전주(田主)는 자손이나 친척에게 소유지를 떼어줄 수 있었고, 또한 죽은 뒤를 고려하여 미리 상속해줄 수도 있었다. 전주의 소유지를 조업전(祖業田)이라고 불렀는데, 이러한 사적 소유 토지는 국가의 의지와는 전혀 무관하게 소유자가 마음대로 처분할 수 있었던 것이다.[122]

조선이 개창된 직후에는 토지 매매가 금지되어 있었지만, 1424년(세종

6) 3월에 토지 매매를 허용하는 조처가 시행되었다. 이 조치에서 토지 매매의 허용이 비록 부득이한 경우로 한정되기는 하였지만, 법제적으로 금지되었던 토지 매매가 이미 사회적으로 관행처럼 이루어지고 있었다는 점을 조정에서 인정하게 되었음을 찾아볼 수 있다.[123] 그리고 15세기 말경부터는 절대적·배타적 지배가 허용되고 자유로운 처분이 가능했던 동산이나 노비(奴婢), 가옥(家屋) 등에 한정하여 사용하던 소유물 표시 개념인 '기물(己物)'이라는 용어가 토지에까지 확대되어 사용되고 있어 토지에 대한 소유 관념이 전 시기보다 훨씬 완숙한 지경에 이르고 있었다.[124]

조선 초기 토지에 대한 사적인 권리에 여러 가지 측면에서 법제적인 규정과는 다른 현실적인 제약이 뒤따르고 있었다. 이러한 점에서 완전히 전주(田主)가 토지에 대한 소유의 제반 권리를 장악하고 있었다고 보기 어려운 점이 있다. 그리고 이러한 점이 바로 근대의 토지소유권과 조선왕조의 토지소유권이 차이가 나는 부분이다.

우선 조선왕조의 사적 토지소유자인 전주(田主)는 토지에 대한 자신의 권리를 타인, 향촌사회, 국가에 대하여 관철시키기 위해서는 경작(耕作)과 이용이라는 전제조건을 충족시켜야 했다. 토지소유자가 자기 토지를 경작하지 않고 진전(陳田)으로 방치할 경우, 소유권 자체는 유지할 수 있었지만 타인이 경작하여 갈아먹는(耕食) 것을 막을 수는 없었다.[125] 진전(陳田)이란 묵힌 땅, 즉 전토(田土)에 대한 조사가 이루어지는 시점에 경작하지 않는 땅을 가리키고, 1년에서 수년 동안 묵힌 채 내버려지는 경우도 있었다. 조선 초기에 이미 진전(陳田)으로 내버려두었다고 해서 토지소유권을 박탈당하지는 않았지만, 자신이 경작하지 않는다고 다른 사람이 갈아먹는(耕食) 것을 금지할 수는 없었다. 따라서 실질적인 토지소유의 실익을 전주(田主)가 차지하기 위해서는 경작, 이용이 필수적인 것이었다.

한편 국가적인 차원에서 토지소유관계에 일정한 제약을 가하던 수조권적 토지 지배는 16세기를 경계로 직전법(職田法)의 소멸과 함께 그 현실적인 의미를 상실하였다. 이는 토지에 대한 사적 소유권이 현실적인 사회적 생산관계의 전면에 등장하는 변화와 맞물려 진행된 것이었다. 사적 토지소유권에 근거한 소농경영은 자신의 생산물을 스스로 처분할 수 있는 기반을 갖게 되었다.[126]

16세기 중반을 고비로 토지소유관계의 측면에서 변화가 발생하였다. 16세기 말 직전법이 폐기되면서 수조권이 소멸되고 소유권에 입각한 토지소유관계로 일원화되었다.[127] 앞서 과전법에서 관인이 보유하였던 수조권은 사적 소유권을 일정하게 제약하는 현실적인 권한이었다. 직전법마저 폐지되면서 토지소유관계는 사적 토지소유에 입각하여 전개되었다.

이제 사적 토지소유권을 제약하는 가장 현실적인 요인으로 신분관계가 남게 되었다.[128] 현실적인 신분관계 속에서 관료들이 직권을 남용하여 토지를 집적하였고, 신분적 차이에 따라 경영 규모의 격차와 농형(農形)의 차이를 노정하고 있었다. 양반층은 등급이 좋은 논밭을 우세하게 소유하고 있었고, 특히 논밭이 각각 희소한 지역에서 희소한 논밭을 소유하고 있는 비율이 높았다.[129] 한편 토지소유 면적의 측면에서도 양반층이 소유하고 있는 농지가 평민층이나 천민층이 소유하고 있는 농지보다 평균적으로 우세하게 나타났다.


## 2. 농업경영의 변동

조선 전기의 경우 대체적으로 농장제 농업경영이 우세한 상황에서도 자영농민의 농업경영이 활성화되어 있었다. 과전법이 존속하기 위한 바탕이 바로 자영농(自營農)이었다.[130] 당시 조선 정부는 자영농을 보편적인 국역 대상자로 확보하기 위하여 이미 전개되고 있던 병작제를 제한하고 있었다. 병작제는 토지가 없는 농민이 많은 토지를 갖고 있는 사람에게 토지를 빌려 경작하고 그에 대한 대가를 치르는 것을 말한다. 작은 규모의 토지를 소유하고 있던 소농민경영의 내부에서 토지를 상실하고 병작전호농으로 전락하거나 생산수단의 확보를 통한 중농·부농으로 상승하는 계층 분화가 진행되고 있었다.

농촌사회에서 이루어지고 있던 농업경영의 주된 담당자는 양인 농민과 노비 농민이었다. 양인이나 노비 농민 가운데 자신의 소유지를 갖고 자신의 노동력을 동원하여 농업경영을 수행하는 경우를 소농민경영이라고 부른다. 조선 전기의 소농민경영은 기본적으로 개별적 소유라는 토지소유관계의 전개 속에서 소규모 개별적 생산의 성격을 띠고 있었다.[131] 과전법의 초기에 자기 소유의 토지를 자기 경영하는 자영농의 존재는 대략 지주까지 포함된 수치로 10분의 7 정도로 나타나고 있다.[132]

자영농의 일반적인 토지소유 규모는 1·2결 정도에 불과하였다. 소농민의 농업경영은 이들이 대부분 척박한 토지를 소유하고 있었고, 시비(施肥)와 심경(深耕)이 곤란한 여건에 놓여 있었으며, 나아가 조선 정부 수취의 주된 대상자였기 때문에 확대재생산은 물론 단순재생산의 여건도 구비하지 못하고 있었다. 따라서 소농민경영의 내부에서 토지를 상실하고 병작전호농으로 전락하거나 생산수단의 확보를 통한 중농·부농으로 계층 분화하는 현상이 필연적인 추세로서 나타나고 있었다. 게다가 조선 전기의 토지 매매 금지 규정이 세종 6년(1424)에 폐기되면서 그러한 추세는 더욱 강화되었다.[133]

16세기 이후 토지소유관계가 사적 토지소유로서 정립되면서 농업경영의 형태도 변화하였다. 16세기 이후 소농민경영의 분화는 더욱 촉진되면서, 대토지 소유의 확대와 지주경영의 전개가 본격화하였다. 관인층을 전형으로 하는 권세가들이 점차 토지를 축적하게 되자 자영농은 그에 예속되는 소작인으로 전락하였고, 신분상으로도 노비로 떨어지는 것이 커다란 대세를 이루게 되었다.

조선 초기 대토지를 소유하고 있던 지주들의 농업경영은 16세기까지 노비노동을 이용하는 직영지 경영, 흔히 농장제라고 일컬어지는 방식을 취하고 있었다. 그러다가 16세기 후반 지주들은 대토지 농업경영을 농장적인 요소를 띤 노비제적인 경영에서 병작제로 전환하게 되었다.[134] 이때 양반지주는 자작지(自作地)에서는 노비의 사역을 통해 구현하는 자작제 경영 형태를 주로 채택하면서도, 일정한 토지를 '작개(作介)'라 하여 노비의 책임 경작지로 할당하고 노비의 생계를 위해 별도의 '사경(私耕)'을 지급하는 작개+사경 경영 형태를 채용하였다. 작개제(作介制)는 양반지주의 직영지 경영이 자작제에서 병작제로 이행하는 도중의 과도적인 성격의 것으로 파악되고 있다.[135] 한편 16세기 지주층의 토지 집중은 유통기구의 성장·발달과 밀접하게 관련된 것이었고, 방납 구조나 사행무역 등에 참여하고 국가의 조세 수취 과정에 편승하면서 토지를 집적하였다.

17세기로 들어서면 지주의 직영지 경작의 규모는 대폭 축소되고 병작제를 중심으로 지주제가 전개되었다. 병작제의 확대는 소농민의 토지 상실의 진전 속에서 진행된 것이었다. 더욱이 상품화폐경제 발달에 따라 사회적 재부의 재분배 과정에서 신분제의 변동과 함께 농업경영·토지소유 등의 측면에서 광범위한 농촌사회의 분화·분해가 나타났다. 농민층 분해의 진전으로 임노동적인 기반 아래 시장성을 고려한 상업적 농업을 영위하는 농민들이 등장하였고,[136] 신분제 변동의 영향으로 일반 양인, 노비층 가운데 부농, 지주가 성장하는 경우도 나타났다.

## 3. 농촌사회의 유통경제

농촌사회의 구성원인 농민·수공업자 등 직접생산자층에 의한 상품생산과 이들 서로 간의 직접 교역에 바탕을 둔 교환시장 곧 농촌시장이 바로 장시(場市)였다. 장시는 농민들 사이에 상품이 거래되는 유통 공간이자 다양한 상업 활동이 이루어지는 유통기구이기도 하였다. 이러한 장시는 15세기 후반에 전라도 남부에서 출현하였고, 이후 16세기에 전국 각지로 확산되면서 정기적으로 개설되는 정기시장으로 자리잡아갔다. 정치적 중심지인 행정도시와 같은 곳에서의 상거래는 고대부터 있어온 것이지만, 농촌사회에 근거를 가지는 시장은 15세기 후반에 출현한 장시로부터 본격적으로 발달하기 시작하였다. 장시의 등장과 정기적인 개설이라는 농촌 상업의 발달은 자연재해나 국가의 부세제도 운영이 계기가 되기도 하였으나, 고려시대 이래 농민들의 유통경제 참여를 제약해오던 여러 가지 요인이 극복됨으로써 가능할 수 있었다.[137]

15세기 후반에 등장한 장시는 당초 장문(場門)이라고 불렸다. 성종 초인 1470년대에 전라도 무안 등 여러 읍에서 이익을 꾀하는 무리들이 장문을 열어 민에게 해를 끼친다는 보고가 중앙정부에 올라오고 있었다.[138] 전라도 무안·나주 등 물산이 풍부한 여러 읍에서 대흉황을 맞게 되자 사람들이 서로 모여 장문을 열고, 여기에 의지하여 흉년을 넘길 수 있었다는 보고였다. 이러한 보고를 접한 조정은 흉년을 극복하기 위한 구황(救荒)의 차원에서라도 장문의 개설을 허락할 수밖에 없었다.

성종대 장문 개설에 관한 사료에서 볼 수 있듯이 조선 초기에 늘상 나타나고 있던 자연재해가 장시 내지 유통이 발달할 수 있는 하나의 계기가 되었다.[139] 수재나 한재 등으로 말미암아 수확이 저조하여 많은 농민들이 굶어 죽기에 이른 때에는, 형편이 보다 나은 지역으로부터 부족한 지역으로 미곡이 대량으로 유출되고, 때로는 이 과정에 투기가 유발되어 커다란 사회문제가 되기도 하였다. 자연재해로 인한 곡물 가격의 지역 차를 이용하여 상인들이 활발한 상업 활동을 벌이기도 하였다.[140] 마찬가지로 농민들은 장시를 이용하여 교역에 수반하여 얻어지는 이득을 차지하려고 하였다. 장시에서 벌어지는 교역의 이득은 이에 참여한 농민·수공업자에게 곧바로 귀속되었기 때문이었다. 장시는 농민의 새로운 교환시장으로서, 이전에는 없던 유통기구였다. 그리하여 전라도 장문은 서울의 시전(市廛)과 같은 것으로 인식되었다.[141]

장시가 처음 발생했을 때는 월 2차례씩 개설되었다. 그 이후 16세기를 거치면서 농민의 교역 활동이 더욱 활발해지자, 장시는 각 도·각 읍으로 확산되어갔고, 이 과정에서 장시에 대한 수요가 늘어감에 따라 장시가 열리는 횟수도 증가하였다. 그리하여 월 3차례씩 장시를 개설하는 10일장도 생겨나고 있었다. 16세기 말에 이르면 장시는 3, 40리 지점마다 설치되고 5일장으로 진전하고 있었다. 하지만 아직 여러 개의 장시가 상업유통에서 하나의 중심으로 모이는 하나의 장시권이 형성되는 단계에 이르지는 못하였다.[142]

16세기에 장시는 농촌시장으로 성립하는 단계에 있었으며, 이제 비로소 장시권 형성의 초기 단계에 들어섰다고 할 수 있다. 16세기 전 기간을 통하여 장시의 수는 증가하고 그 개시(開市) 횟수는 늘어갔다. 이는 그만큼 농민층의 교역이 성행하고 교역물자에 대한 수요가 증대하고 있었음을 뜻한다. 농민·수공업자의 소상품 생산과 유통은 활발해지고 있었으며, 이들의 물자 구득은 장시에 의존하고 있었다. 이처럼 장시는 농민경제의 유통기구로서 확고한 자리를 잡고 발달해갔다.

16세기 중반 무렵 농촌사회에서 장시를 통하여 활발한 교역이 이루어지면서 사상(私商) 계층들이 성장하였다.[143] 장시는 임진왜란을 경과하면서 시전(市廛)을 중심으로 상품 유통이 수행되었던 경성(京城) 인근의 경기 지방에서도 빈번히 개설되었고, 17세기 이후 읍치의 범위를 벗어나 산곡간까지 확대되었다. 장시의 확산은 기본적으로 상품화폐경제의 발달에 기인한 것이었지만, 농촌의 경제 활동이 활성화되면서 촉발된 것이었다. 한편 인접한 장시들은 상호간에 흡수·통합·이설 등의 변화를 겪으면서 장시의 연계망이 형성될 기반이 마련되었다.[144]

## 4. 미(米)와 면포(綿布) 중심의 화폐 유통

15세기 후반 이후 농민들은 장시와 연관하여 스스로 독자적인 화폐경제를 만들어 내고 있었다. 교역의 가치척도인 화폐가 농민 중심으로 성립해 갔다. 이른바 포화(布貨) 경제가 그것이다.[145] 포화 즉 면포를 주된 물품화폐로 활용하는 체제는 특히 장시와 연결되어 발전하였다. 동전제(銅錢制)는 15세기 초반 이미 포기되었으며 국가에서 정한 화폐로 포(布, 正布·苧布·細布)와 저화(楮貨)가 사용되고 있었다.[146] 그런데 저화는 당초부터 그 사용 범위가 제한되었을 뿐 아니라, 관에서 만들어내기 때문에 유한하고 실제로는 쓸모없는 명목화폐였으며 게다가 공신력도 약하였다. 이에 비하여 면포는 민간에서 직조되기 때문에 쉽게 활용할 수 있는 물품화폐였다. 그리하여 저화는 마침내 통행되지 못하고 오로지 면포만이 국폐로서 공식적으로 인정받아 유통되기에 이르렀다. 아울러 아직까지 법적 규정은 보이지 않고 그 규모도 제한적이었으나 미곡(米穀)도 교환수단으로 이용되고 있었다.[147]

면포가 일반적인 유통수단의 지위를 획득하게 되자 그 수요가 급증하였다. 그에 따라 정상적인 옷감으로 이용하는 것이 불가능한 추악한 면포가 나타나기도 하였다.[148] 추악한 면포를 추포(麤布)라고 불렀는데, 면포의 화폐기능의 다양한 속성을 보여주는 것이다. 15, 6세기에 물품화폐로 이용한 포화는 오승포(五升布)를 기준으로 삼았는데, 1승은 80올이므로 5승포란 곧 400올로 짠 면포를 가리킨다. 그런데 16세기에는 3승포·4승포 등이 상포(常布)란 이름으로 널리 통용되기도 하였다. 이것들은 5승포보다 훨씬 거칠게 짜여졌다. 추포(麤布) 이외에 악포(惡布)라고까지 불렸던 2승포는 너무 성글어 옷감으로 사용할 수 없을 정도였다. 올 수가 성글었을 뿐만 아니라 길이도 짧아서 1필당 30척 이하로 35척의 기준을 채우지 못하는 것이 많았다. 이렇게 기준에 미달하여 옷감이라는 실생활의 용도에 사용할 수 없는 면포가 만들어졌던 까닭은 바로 경제적인 목적 곧 화폐로서의 용도 때문이었다. 5승포보다 훨씬 적은 규모의 거래에 활용하기 위해 그러한 낮은 질의 포를 만들었다고 볼 수 있다.

농촌사회를 배경으로 하는 지방장시 발달을 비롯한 당시 사회의 여러 발전적인 변화들로 미루어볼 때 2승포·3승포 등은 농민들의 일상생활과 관련하여 성립한 소액 화폐라고 할 수 있다. 소액 화폐로서의 상포(常布), 고액 화폐로서의 정포(正布), 그 위에 은(銀)이 통용되는 것이 당시의 화폐체계였던 것이다. 당시의 경제는 이러한 체계를 갖춘 나름대로 발달한 화폐경제의 틀을 갖추고 있었다.[149]

한편 추악한 면포가 유행함에 따라 포가 지닌 본연의 물품 가치를 상실하는 경우가 많이 발생하게 되었다. 정부는 이에 대한 조치로 악포(惡布)의 사용을 금지하기 위한 여러 가지 대책을 강구하였다. 그 방편으로 직조자(織造者) 및 짧게 잘라 쓰는 자, 2승포·3승포를 조작하는 자는 초범에 장(杖) 100, 도(徒) 3년으로 처벌하고, 재범에 전가(全家)를 변방으로 강제 이주시키고 짧은 포(布)를 사용하는 자는 장(杖) 80 등에 처하는[150] 등 처벌 규정을 마련하여 악포의 통행을 금하고자 하였다. 이후 이 규정은 직조한 사람은 초범이라도 집안사람 전부를 변방(邊方)에 옮겨 살게 하는[151] 등으로 보다 강화되었다.

이처럼 악포의 사용 금지에 대한 논의가 집중되는 가운데도 여전히 면포가 가장 일상적인 교환수단이었다. 그리고 면포에 비해 상대적으로 문제가 적은 미곡(米穀)이 교환수단으로서 많이 활용되기 시작하였다. 이같은 미의 선호 경향과 함께 미곡의 생산 증대는 미가 교환수단으로 성장할 수 있는 배경이 되었다. 미곡이 교환수단으로 자리잡는 과정은 곡물이 상품화하는 과정과 궤를 같이하였다. 곡물의 상품화는 15세기에 이미 나타났으며 16세기 이래 상품경제의 발달에 부응하여 촉진되었다. 17세기 말에 이르러서는 곡물 가격이 지역적 차이를 극복하여 전국적으로 균등한 상태를 보일 정도였다.[152]

# 농촌사회와 농민 생활

## 1. 여말선초 자연촌의 성장

고려 말부터 조선 초기에 이르기까지 향촌사회 내부에서는 자연촌의 성장이라는 변화가 나타나고 있었다. 마을 또는 촌락으로 불리는 지역 단위 공간은 향촌(鄕村)에 거주하는 주민의 생활공간이었다. 마을은 역사적인 조건의 변화에 따라 생성, 소멸의 과정을 겪는 역사적인 존재이기도 하였다. 따라서 마을의 규모나 주민 구성 등의 성격은 당대 사회의 구조적인 성격과 깊은 관계가 있었다. 고려 말 조선 초 사이에 자연촌으로 크게 성장하면서 향촌사회 질서가 변모하게 되었다. 즉, 고려 말기로부터 향촌사회에 주민들이 거주하는 공간이 'ㅇㅇ리(里)'라는 단위 명칭이 붙여질 정도로 자립적인 지위를 획득한 것이다. 고려 말을 거쳐 조선 초에 이르게 되면 자연촌의 단위 명칭으로서 '리(里)'가 새로이 등장하고 있었다.

고려 초·중기에는 자연촌보다도 자연촌을 여러 개 묶은 지역촌이 지방사회의 구성에서 단위성을 더 강하게 지녔다.[153] 이 지역촌은 고유한 촌명(村名)을 가지고 있었다. 또한 고려시기의 군현제 운영에서 군현의 중심 기구인 군사(郡司), 현사(縣司)에 모여 집단적 지배체제를 형성하는 구성원인 향리(鄕吏)들은 대개 이 지역촌을 대표하는 자격을 갖추고 있었다. 즉, 고려 전기 향촌사회의 구조는 대체로 개별 자연촌이 각기의 독자성을 가질 수 있는 정도의 규모에 이르지 못하고 수개의 자연촌을 묶은 지역촌 중심이었으며, 그 지역촌 수개로서 하나의 군현(郡縣)이 이루어졌다. 이러한 군현은 각 지역촌을 대표하는 대소의 장리(長吏)들이 모여 최고위의 장리인 호장(戶長)을 중심으로 통치체제를 형성하고 있었다.

조선 초기 자연촌의 성장을 불교신앙 조직체인 향도(香徒)의 성격 변화에서도 찾아볼 수 있다. 고려 말에 이르러 불교의 사회적 역할이 감퇴하고 또 촌락 구조도 달라짐에 따라 촌락공동체로서의 향도(香徒)의 성격이 크게 변한 것이었다.[154] 신앙공동체로서의 향도(香徒)는 고려 초·중기에는 대단위 지역을 포괄하는 성격을 지니고 있었다. 여말선초에 이르러 향도(香徒)는 자연촌을 단위로 결성되고 있었다. 그리고 향도는 음사(淫祀)에서 사신(祀神)을 함께하는 무리를 일컫는 것으로 달리 지칭되고 있었다. 바로 음사(淫祀)의 신당(神堂)이 각 자연촌에서 마을 제사의 구심적인 역할을 하고 있었다.

조선 초기 향도의 인원은 규모가 작은 경우 7~9명, 큰 경우 100여 명이나 되었을 것으로 짐작되고 있다.[155] 향도 조직의 공동체적인 유대는 첫째 남녀노소가 차례로 앉아 같이 음식을 먹는다는 점, 둘째 같은 향도에 속한 사람 가운데 상장(喪葬)의 일이 생겼을 때 함께 참석하는 모습에서 분명하게 드러난다. 즉, 향도가 자연촌 단위의 향촌공동체 조직의 성격을 갖고 있음을 알 수 있다. 향도는 바로 같은 마을 주민을 그 구성원으로 하고 있었다.[156]

조선 전기에 중앙정부는 향촌사회의 자연촌(自然村)을 말단 지방행정 단위로 포괄하려는 정책을 추진하였다. 조정(朝廷)에서 군현(郡縣)을 거쳐 면(面)과 리(里)로 이어지는 행정체제를 편성하려는 것이었다. 그러한 중앙집권적인 지방행정 편성 추진의 결과가 바로 이정(里正)의 설치라고 할 수 있다. 이정(里正)의 설치는 자연촌이 그동안 꾸준히 성장하여 그 규모를 확대함에 따라 독자성을 발휘할 수 있게 되었음을 보여주는 것이었다. 사실 『경국대전(經國大典)』 호전(戶典)에는 "한성부와 외방(外方) 모두에 5호(戶)를 1통(統)으로 삼아 통주(統主)를 두고, 특히 외방(外方)에는 매 5통(統)마다 이정(里正)을 두며, 1면(面)마다 권농관(勸農官)을 둔다."고 규정하고 있었다.[157] 『경국대전』에는 면(面)과 리(里)의 상호 관계가 어떠한지에 대해서는 설명하지 않고 있지만, 적어도 호적 작성 과정과 호적 정리의 단계별 책임자로 이정(里正)을 두고 있다는 점은 분명한 것이었다.

## 2. 조선 초기 면리제(面里制)의 시행

15세기 초반 세종대 무렵에는 중앙정부의 지방사회 지배 장치로서 정비된 모습의 면리제가 실시되었다. 조선왕조가 개창되면서 군현제의 전면적인 개편이 이루어졌다. 이와 더불어 주부군현이 각기 읍치(邑治)를 중심으로 동서남북 면과 같이 몇 개의 방향으로 면(面)을 나누고 이러한 면 밑에 이동촌(里洞村)의 자연촌을 부속시킨 것이었다.[158]

면리제 실시와 함께 사족(士族) 또는 양인(良人) 출신의 권농관(勸農官) 내지 감고(監考), 이정(里正)이 면리 단위의 행정 업무를 담당하게 되었다. 권농관, 감고 이정 등 면리제 운영 담당층의 등장은 고려왕조 시기 실질적인 군현 통치자의 지위를 차지하고 있던 향리(鄕吏)의 할일을 대신하게 되었다. 이들은 자연촌 단위를 개별적으로 파악하여 국가 수취체제를 설정하는 데 실무를 담당하였다.

면(面)은 각 군현마다 읍치(邑治)를 중심으로 방위에 따라 동서남북 4개의 면으로 지역을 구분하는 이른바 방위면(方位面) 체제로 구성되어 있었다. 그리고 리(里)는 자연촌 단위를 기본으로 삼았지만, 그 내부에 다시 소규모 취락을 포함하기도 하였다. 리(里)에 포함된 가호(家戶)의 규모는 하삼도 지방의 경우 10호 미만에서부터 100여 호에 이르기까지 다양하게 나타나는데, 대개 20호에서 50호 정도였을 것으로 생각된다. 대략 세종대를 전후한 시기에 면리제 운영을 위한 인적 조직 및 직능체계의 정비가 완료되었다. 면의 권농관은 권농 사무 전반을 담당하였고, 면의 감고(監考)는 진제와 관련된 업무를 분장하다가 전세 수납, 군역·요역의 징발, 공물 수납 등 수취체제 운영과 관련된 임무를 수행하였다. 그리고 이정(里正)은 주로 호구 파악과 관련된 역할을 담당하였던 것으로 보인다.

감사나 수령들은 면리제 운영 담당층을 촌락 내부의 유력층, 특히 재지(在地) 품관층 가운데서 임명하려고 하였다. 한편 군현 단위의 지방 세력이 한편으로는 자신들의 자치 조직인 유향소를 설치하여 이를 중심으로 새롭게 향촌 지배질서를 구축해나가려고 하였다. 지방 군현의 수령들은 수취제와 관련하여 수령의 통제 아래에 포괄시킬 수 있는 면리제 운영 담당층으로 이들을 임명하려고 한 것이었다. 그런데 세종 10년 유향소가 복설되면서 재지 품관층이 유향소를 중심으로 자치 조직에 참여하여 나름대로의 지배질서를 구축해나가게 되자, 수령의 통제를 받고 때로는 수령·향리에 의해 수탈을 당하기도 하는 부담이 가중되어갔던 면리제 운영 담당층에 차정되기를 기피하게 되었다. 그 결과 면리제 운영 담당층에는 주로 촌락 내의 일반 농민들이 주로 참여하게 되었다.[159]

## 3. 마을의 농민 조직과 규약

조선 전기에 자연촌을 단위로 농민들의 자치적인 여러 조직이 결성되어 공동체적인 생활의 구심점 노릇을 하였다. 앞서 살핀 향도(香徒)와 계통을 같이하지만, 계(契)와 같은 조직 형태를 구성하고 있었다. 이러한 향촌사회의 계(契) 형태의 조직은 마을 제사나 관혼상제 등의 공동 부조 등도 수행하였다.[160] 이들 농민의 자치적인 조직체는 일반적으로 촌계(村契)라 불렸다. 기층민을 중심으로 운영된 마을 단위 조직체인 촌계(村契)는 특히 조직과 운영방법 등을 양반사대부 중심의 동계(洞契)를 본받아 구성된 것이었지만, 밑바탕에는 지역 공동체로서의 마을이 자리잡고 있었다.

한편 16·17세기에 확립된 재지사족의 향촌사회 지배질서는 그들이 향촌사회에서 신분적 지위를 유지하고 이민(吏民)을 장악할 수 있는 현실적인 토대로 동계(洞契)를 마련하고 있었다. 향촌사회에서 촌락민을 제어하기 위하여 동계를 조직하면서 기존의 촌락 조직을 흡수하는 경우도 있었고, 하층민의 조직을 파괴하여 편입시키는 형태를 취하고 있었다. 특히 임진왜란 직후에는 상하(上下) 합계(合契) 형태의 동계를 조직하여 촌락사회 내에서의 상하민 질서를 재확립하려고 하였다. 이러한 과정에서 일부 하민(下民)들의 반발이 나타나기도 하였다.[161] 사족을 중심으로 하는 동계는 대체로 몇 개의 자연촌락 또는 리(里)를 그 안에 포함하고 있었고, 그 범위는 면(面) 단위를 넘지 않았다.[162] 이러한 동계가 기능하고 있을 때 기층민들은 자신들의 생활문화적인 기반 위에서 자연마을 단위로 동제(洞祭), 당제(堂祭) 등을 수행하면서 마을 단위의 공동 노역이나 상호부조를 수행하였다.

사족 중심의 동계와 농민층이 조직한 촌계(村契)의 관계를 살펴보면, 형식적인 측면에서 사족 중심의 향촌 지배질서가 성립하여 유지될 때에 농민층의 촌계는 사족 중심의 동계의 하위 조직으로 포함되기도 하였다. 하지만 촌계는 생활공동체로서 촌락의 생업이나 일상의례, 공동행사, 작업 등과 관련된 구체적인 사안을 통해 결속된 조직이었다. 촌계(村契)는 촌락 구성원이면 누구나 의무적으로 참여할 것을 요구받았고, 성문화되지는 않았다고 하더라도 촌락 내에서 스스로 자신들이 정한 규율을 자율적으로 지켜나가면서 호혜적이고 균등한 관계를 유지하면서 운영되었다.

촌계의 계원은 곡식이나, 돈, 현물 등의 재물을 내어 공동 재원을 만들고, 촌계의 임원들이 이를 관리하였다. 두레 동원, 동제(洞祭) 등의 마을 공동 행사에 들어가는 경비를 조달하고, 계원이 경조사를 당하였을 때 부조하는 것도 공동 재원에서 충당하였다. 경우에 따라서는 다시 추렴하여 조달하기도 하였다.

촌계 조직을 대표하는 사람을 존위(尊位), 계장(契長) 등이라고 불렀고, 그 아래에 수좌(首座), 유사(有司), 소임(所任) 등의 임원진이 있었다. 이러한 촌계의 운영 규정과 촌계 조직원이 지켜야 할 규범을 정리한 것이 동약(洞約)에 비견되는 촌약(村約)이라고 할 수 있다. 촌약에는 계원의 자체적인 규율을 상세히 정해놓기도 하였다. 동약(洞約)에 향촌사회의 신분적 차별을 더욱 강화시키기 위한 처벌 조항이 대거 수록되어 있던 사정과는 달리 촌약(村約)에는 마을 단위의 자율적인 상호부조와 친목 도모, 경제적 이득 추구 등에 관한 내용이 담겨 있었다.


## 4. 농민의 민속놀이


민촌(民村)의 농민들이 기나긴 겨울철을 보내다가 이제 막 농사일을 시작할 즈음에 이르러 여러 가지 민속놀이를 수행하였다. 민속놀이는 특히 정월에 집중적으로 설행되었는데, 줄다리기와 횃불싸움, 석전(石戰) 등은 수 많은 마을 주민이 참여하는 가운데 진행되었다.

줄다리기는 미리 마을 주민을 양편으로 나누어 각각 암줄과 수줄을 짜놓는데, 한 마을을 동과 서로 편을 나누면서 전 과정이 시작되었다. 각 각의 집집마다 모은 짚으로 새끼를 꼬아 수십 가닥으로 합사(合絲)한 큰 줄을 한 가닥으로 만들고, 다시 이 가닥을 여러 개 모아 꼬아서 굵은 줄 을 만들고, 줄에는 손잡이 줄을 무수히 매다는 방식으로 암줄과 수줄을 만들었다. 암줄과 수줄의 앞머리에는 모두 도래라고 하는 고리를 만들어 두는데 나중에 줄다리기를 실제로 진행할 때 비녀라 불리는 통나무를 꽂아 연결하였다. 마을 사람들은 남녀노소를 막론하고 참가하여 줄을 당 기어 승패를 겨루었다. 줄다리기의 승부는 실상 짧은 시간에 마무리되지 만, 암줄과 수줄을 짜는 데 오랜 시간이 걸리고, 줄다리기를 실제로 하는 날에도 이런저런 사달이 벌어지면서, 승부를 결정하는 것보다는 그 과정 을 즐기는 놀이에 중점이 두어져 있었다. 줄다리기에 사용하는 줄에는 암수가 있어 동을 수줄, 서를 암줄이라 하며, 이긴 쪽은 그해 농사가 풍 작이 되고 악질(惡疾)에도 걸리지 않는다고 전한다. 어떤 지방에서는 암줄 이 이겨야만 풍작이 된다고 한다.

정월 대보름에 벌어지는 횃불싸움은 마을 사이의 전투로 벌어졌다. 언 덕에 진을 친 두 마을의 패거리들이 홰에 불을 붙여 휘두르면서 달려가 상대편을 공격하여 진지를 빼앗거나 포로를 많이 잡을 때까지 풍년의 기 대를 보상으로 간주하며 다치는 것에 굴하지 않고 싸움을 벌였다. 마지 막 홰가 꺼질 때까지 죽 싸움이 계속되었다. 횃불싸움에 동원하는 홰는 싸리나 갈대 따위를 묶어서 만들었다. 들일을 밤늦게까지 할 때 사용하 던 홰와는 달리 싸릿대 등을 잘 묶은 사이사이에 관솔을 넉넉하게 박고, 기름을 듬뿍 먹인 솜뭉치를 함께 잡아매어, 흔들려도 잘 꺼지지 않게 만들었다.

대개 읍내 또는 성내에서 벌어진 돌팔매싸움이라고 불린 석전(石戰)도 정월 대보름날 치열하게 벌어졌다. 고려에서는 돌팔매싸움에 능한 사람들을 모아 척석군(擲石軍)이라는 군대를 조직하기도 하였다. 석전(石戰)에 참여할 사람은 당대의 주먹패이자 싸워서 이겨야 하는 군인이었기 때문에 곁에서 구경하는 사람들에게 놓칠 수 없는 구경거리였다. 고려 말 대학자인 목은(牧隱) 이색(李穡)은 개성 시내에서 벌어지는 석전(石戰)을 구경하기 위해 염흥방(廉興邦)과 더불어 남산(南山)에 올라가 비가 내려 옷이 젖어드는 것도 무릅쓴 상황을 시문(詩文)으로 남겨놓기도 하였다.

## 5. 민간 신앙과 농가

민가(民家)에서는 집안에 존재하는 가택신(家宅神)을 모시며, 집안의 평안과 발복을 기원하였다. 가택신은 집안의 곳곳에 존재하므로 그 종류도 매우 많고, 또한 지역에 따라, 나아가서는 가정에 따라 가택신에 대한 믿음의 양상에 차이가 많았다. 주요한 가택신은 대체로 신을 상징하는 신체(神體)가 있었는데, 성주처럼 헝겊을 직사각형으로 접고 그 위에 띠풀이나 실타래를 매어놓은 것을 비롯하여 단지(항아리), 바가지, 주머니, 대나무고리, 짚가리 등 여러 가지 형태가 있었다. 경우에 따라서는 비록 신체(神體)가 없더라도 '건궁'(또는 허궁)으로 섬기는 경우도 흔하였다.

민가에서 모시는 가택신 가운데 성주(城主)는 가장 높은 신으로 대개 마루 위쪽의 대들보에 모시는데 성주독이라고 해서 안방 한구석이나 대청마루 한쪽 구석에 놓아두기도 하였다. 집안의 번영을 기원하는 대상으로 받들면서 때에 따라 시루떡, 삼색 과일, 메, 국 등으로 진설한 제사상을 올려 제의를 올렸다.

조왕(竈王)은 부엌을 관장하는 신(神)인데, 음력 12월 23일 승천해서 일 년 동안 있었던 일을 옥황상제에게 보고한 다음 설날 새벽에 다시 내려 온다고 믿어지기도 했다. 나아가 집안의 융성, 특히 자녀를 지켜주는 대 상으로 섬겨지기도 했다. 부엌 한가운데 토단을 만들고 거기에 중발을 올 려놓은 다음 밥을 짓기 전에 정한수를 떠 놓고 소원을 비는 것으로 조왕 신을 모시는 방식이 설행되기도 하였다.

변소에는 측신(厠神)이 있어 삼가 모셔야 할 대상이었다. 측신을 잘못 만나게 되면 시름시름 앓다가 죽는다고 믿어졌다. 측신은 성질이 고약한 여신(女神)인데, 매월 6일, 16일, 26일과 같이 6자가 들어가 있는 날에는 변소에 머물러 있고, 그 외의 다른 날엔 밖에 나다닌다고 하였다. 그래서 6자가 들어 있는 날에는 변소에 가지 않으려 무진 애를 썼다고 한다. 또 한 이 뒷간 귀신을 놀라게 해서 큰 화를 입지 않기 위해 측간 서너 걸음 앞에서 두서너 번 헛기침 소리를 내는 풍속이 있었다.

집안에서 모시는 가신(家神)은 이 외에도 집터를 지켜주고, 안정된 집터 가 되도록 다져주며, 집안의 액을 거두어가고, 재복을 주기도 하는 터주 또는 터줏대감, 가족의 무사함을 기원하는 대상이자 아이를 갖게 하고, 출산을 도와주며 아이가 건강하게 자랄 수 있도록 보살펴주는 삼신, 대 문 앞에 모시며 집안의 화평을 기원하는 문전신 등등이 있었다.

가신(家神) 가운데 색다른 부류가 업신이 있었다. 업신, 업위, 지키미, 집 지키미, 지킴 등으로 불리기도 하였는데, 구렁이, 족제비 또는 두꺼비가 업신으로 상정되었다. 이들 동물이 지니고 있는 신이성을 보다 과장하여 은밀하고 두려운 상징을 매겨놓았는데, 업신이 그 집을 나가면 패가망신 한다든가 또는 커다란 변화가 생긴다고 믿었다.

# 5장

# 조선 후기 농법의 발달과 농업체제의 변동

# 벼와 잡곡 재배기술의 발달

## 1. 벼농사 이앙법의 보급

조선 후기 근세 농업체제에서 농민들의 농업생산은 기본적으로 농업기술에 의존하는 것이었다. 농업기술의 발달에 따라 농민들의 농업생산의 크기, 안정성이 달라지는 것이었다. 따라서 농민들은 지역적인 농업 환경에 걸맞은 농업기술을 오랜 세월에 걸쳐 실행에 옮기고 있었다. 그러한 농민들의 농업기술이 농서(農書)에 정리되어 수록되면서 당대의 농업기술의 실상을 찾아볼 수 있다. 아래에서 조선 후기 농업기술의 변화 양상과 그 특징을 살펴볼 것이다.[1]

조선 후기 농업생산력의 발달은 먼저 농작물을 경작하는 구체적인 기술의 발달에서 찾아볼 수 있다. 벼농사 기술과 잡곡농사 기술이 점진적으로 변화 발전하고 있었다. 그러한 기술의 발달이 곧바로 생산성의 향상으로 나타나지는 않았지만 조선 전기에 비해서 조선 후기로 갈수록 농업기술이 발달하였다는 점은 여러 가지 측면에서 정리할 수 있다. 먼저 이앙법을 중심으로 조선 후기 벼농사 기술의 발달을 살펴본다.

우선 이앙법(移秧法)의 기술적인 특성은 간략히 정리하면 다음과 같다. 수전(水田) 이앙법이란 기경·파종·초기묘 관리에 이르는 전반적인 작업 과정을 포괄하는 경종법을 가리킨다. 수전경종법으로 이앙법을 채택하게 되면 직파법(直播法)에 비해서 본논(本畓, 本田)과 못자리(秧基, 秧坂)를 구분하여 관리하기 때문에 파종 시부터 이앙하기 전까지 앙기(秧基)에 더 집약적인 노동력을 투입하여 묘가 자라도록 세심한 주의를 기울일 수 있게 된다.

이앙법의 채택은 노동력을 더욱 집약적으로 이용할 수 있다는 측면에서 수전농법의 기술적인 발전을 의미하는 것이었다. 특히 물 관리 문제에서도 벼의 묘가 자라는 초기에 본전 전체에 물을 대는 어려움을 경감시켜주는 편리함도 가지고 있었다. 수전이앙법의 실시를 계기로 앙기(秧基)와 본전(本田) 두 종류의 지력을 이용할 수 있게 되어 수전에서의 생산성이 향상되었다. 나아가 도맥이모작도 가능하게 되었다.[2]

15세기에 편찬된 『농사직설(農事直說)』에 그 기술체계가 잘 정리되어 소개되어 있던 이앙법은 16세기를 거치면서 경상도 전역과 전라도·충청도의 일부 선진 지역까지 보급되기에 이르렀다. 우선 16세기 초반 경상도의 상당 지역과 영동 지역을 비롯한 강원도 지역에서는 이앙법을 채택하고 있었다.[3] 이앙법이 경상도·강원도 지역으로 확산되어감에도 불구하고 중앙정부는 이를 적극적으로 제한하거나 금지하려고 하지 않았다. 앞서 태종대와 세종대에 지적되었던 이앙법을 금지하는 『경제육전(經濟六典)』의 금지 조목을 언급하지 않고 이앙법이 실행되는 현실을 용인하는 쪽으로 바뀌어 있었다.[4]

16세기 중반 이후 이앙법은 경상도 지역에서 일반적인 경종법으로 자리매김하고 있었다. 그리고 16세기 후반을 지나면서 수전경종법의 하나인 이앙법의 보급이 삼남으로 특히 전라도·충청도 지역으로 확산되었다. 이 무렵이 되면 문집에 실려 있는 문인의 글 속에서도 이앙을 언급하는 경우를 다수 찾아볼 수 있다. 17세기 상황에서 전반적인 삼남 지역을 대상으로 이앙법 채택의 상황을 보여주는 자료들도 등장하고 있었다. 대동법(大同法) 시행에 중요한 역할을 담당하였던 김육(金堉, 1580-1658)이 "삼남(三南)의 민은 이앙(移秧)을 업(業)으로 삼는데, 묘(苗)가 이미 말랐다. 지금 비록 비가 내렸지만 충분히 미치지 못하였다."[5]고 언급하고 있는데 이는 17세기 중엽 이앙법이 하삼도 지역에 상당한 정도로 채용되었음을 잘 보여준다.

숙종 초반 17세기 후반에 이르게 되면 조선 농민은 수전경종법으로 이앙법을 전면적으로 채택하고 있었다. 당시 이미 이앙법이 풍속이 되어버렸기 때문에 갑자기 금지하기 어렵다는 조정의 평가가 내려지고 있었다. 17세기 후반 권농을 수행하기 위해 만든 권농절목(勸農節目)의 한 조목에 등장하는 평가가 바로 그것이었다.

1687년(숙종 13)에 숙종은 연이어 계속 기근이 들었으니 지금의 급무가 권농보다 큰 것이 없다면서 절목을 만들어 각 도의 도사(都事)로 하여금 주관·거행하고, 총괄해서 지휘하라는 뜻을 팔도와 양도(兩都)에 신칙하도록 하라는 명령을 내렸다. 이에 따라 권농절목을 만들었는데 『탁지지(度支志)』에 실려 있는 것이 이것이다.[6] 이 권농절목의 내용에서 이앙법에 관련된 조목이 실려 있는데 "이앙하는 법이 이미 풍속이 되어버렸다. 비록 졸지에 금지하기는 어렵다."는 내용이었다.[7] 즉, 1689년에 중앙정부가 이앙법이 거의 고착화된 풍속으로 성립되었음을 인정하고 있었던 것이다. 따라서 갑자기 중앙정부에서 금령을 내려도 실행에 옮기기 어렵다는 것을 토로하고 있었다. 벌써 이 시기, 즉 숙종 13년(1687)경이면 이앙법은 보편적인 수전경종법으로 채택되고 있었던 것이다.

조선 후기 이앙법 보급을 설명한 연구에서 이앙법이 하삼도 전역에 보급된 배경으로 여러 가지를 지적하였다.[8] 그리하여 천방(汏)과 같은 수리시설의 증가에 따른 수리 여건의 호전, 농업에 관한 지식이 향상되면서 이앙법이 지닌 제초 노동력의 절감, 토지생산성의 향상이라는 이점을 농민들이 알게 되었다는 점 등에서 이앙법 보급 요인을 찾았다.[9] 직파법(直播法)에서 4~5차례의 제초 작업이 필요하던 것이 이앙을 할 경우에는 2~3차례로 그칠 수 있었고, 이렇게 절감된 노동력을 다른 방면으로 투여할 수 있다는 점,[10] 이앙법에서의 수확량이 직파에 비해서 높게 나타난다는 점, 이앙을 하면 도맥이모작을 수행할 수 있다는 점 등 이앙법의 이점을 곧바로 이앙법의 보급 원인으로 이해하였던 것이다.[11]

이앙법을 수전경종법으로 채택하였을 때 농민이 거둘 수 있는 최대의 이점은 역시 제초 노동력의 절감이었다. 이앙법이 직파법에 비하여 제초 노동력을 절감시켜준다는 점은 여러 차례 지적되었다.[12] 이앙법이 지배적인 경종법으로 자리를 잡은 이후 이앙법이 부종법(付種法)에 비해서 경종과 제초 작업에 적은 노동력을 투하해도 경작이 가능하다는 점이 밝혀진 뒤로 이앙법을 금지시키는 것은 결국 인력의 부족을 초래하는 것을 감수해야 했다. 이앙법은 부종법에 비해서 경종과 제초에 10분의 1 정도의 노력만 기울여도 가능했기 때문이다.[13]

이앙법이 지닌 경종법상의 이점인 제초 노동력의 절감은 분명한 것이었다. 그런데 제초 노동력의 절감을 곧바로 이앙법의 보급을 가져온 요인으로 보기에는 커다란 의문점이 있다. 그것은 이앙법의 보급이 가능성에서 현실성으로 바뀌기 위해서는 이앙법이 여러 가지 이점이나 효과를 가지고 있어서 채택하면 경제적으로 유리하다는 것만으로는 부족하다. 이앙법을 영농 현실 속에서 어려움 없이 제대로 수행할 수 있는 기술체계와 농업 여건이 구비되었는가라는 문제가 우선 해결되어야 하기 때문이다.

달리 말해서 이앙법을 채택할 때 맞부딪히게 되는 기본적인 난점, 즉 이앙기의 물 문제의 해결이라는 어려움을 극복할 수 있는 기술적인 발달 이야말로 이앙법이 보급된 근본적인 요인이라고 할 수 있다. 따라서 이앙 법이라는 경종법의 기술적인 체계와 세부적인 기술 요소의 측면에서 나 타난 발달의 모습을 찾아볼 필요가 있다.[14]

실로 이앙법의 보급은 이앙법의 기술 수준의 진전에 힘입은 것이었다. 먼저 이앙법을 구성하고 있는 세부적인 기술 요소인 앙기 관리와 앙기 시비에서 나타난 발전과 이앙시기를 기후 조건에 더욱 적합하게 맞추기 위한 파종시기의 적절한 선택이라는 점이 바로 이앙법 기술의 발전이라 고 할 수 있다. 다른 한편으로 이앙법 실행의 안정성을 높일 수 있는 보 조적인 기술로서 건앙법(乾秧法)의 개발이 이루어지기도 하였다.[15]

또한 이앙법의 채택으로 일어나는 노동력의 집중적인 투입, 즉 이앙기 에 필요한 대규모 노동력의 동원을 가능하게 하는 공동노동조직으로서 두레의 형성이라는 농업 여건의 변화가 등장하였다. 이러한 여러 요인이 장기간에 걸쳐 등장하면서 삼남 지방 전역에 이앙법이 보급될 수 있었던 것이었다.[16]

17세기 중반에 『농사직설(農事直說)』, 『금양잡록(衿陽雜錄)』, 『사시찬요 초』, 세종의 권농교문, 주자(朱子)의 권농문(勸農文) 등을 묶어서 당시 공 주목사로 재직하던 신속(申洬)이 편찬한 『농가집성(農家集成)』을 우선 주 목할 필요가 있다. 『농가집성』에서는 특히 『농사직설』에 증보문을 붙여놓 았는데 이것은 주로 이앙법에 대한 것이었고, 이러한 증보가 17세기 중반 이후 이앙법의 광범위한 보급을 설명하는 데 중요한 논거가 되었다.[17] 하 지만 반대로 신속이 이앙법을 『농사직설』에 대대적으로 증보한 것은 이 앙법의 보급이 이미 상당 수준에 도달하였기 때문이라고 보아야 온당할 것으로 생각된다. 신속이 이앙법을 증보하여 적극적으로 보급시키는 책무를 스스로 감당하려고 했다고 보기는 어렵기 때문이다. 오히려 당시의 기술 수준에 입각하여 이앙법 등을 정리하려는 측면이 신속의 편찬 의도였을 것이다.

이앙법 기술체계 발달의 특이한 측면인 건앙법은 이앙법과 건경법(乾耕法)을 결합시킨 것이었다. 건앙법은 이앙법을 수행할 때 따르는 물 문제의 어려움을 극복할 수 있는 방안으로 개발된 것이었다. 건앙법의 기술적인 내용은 17세기 초반의 농서에 설명되어 있었다. 『농가월령』에서 건앙법을 소개하면서 건파법을 자세히 설명한 것은 바로 이앙법이 직면하게 되는 위험성을 줄이기 위한 것이었다.[18] 특히 시비(柴扉)라는 독특한 농기구를 이용하여 건조한 토양에서 수분의 유지와 제초 작업에 매우 효과를 거둘 수 있었다.[19] 이러한 건앙법의 발전은 이앙법의 안정에도 크게 기여하고 나아가 이앙법이 보급되는 데 중요한 배경 요인으로 평가되었다.[20]

이앙법이 보급되어나간 배경 가운데에는 수전의 위치, 토질 등 전토의 주변 조건이 이앙법을 채택하는 데 적절한 지역에서 수전이 증대하고 있었다는 점이 있었다. 16세기를 경과하면서 수전 결수가 증가한 것으로 나타나는데, 이는 수전이 많이 개발되었음을 보여주는 것이다.[21] 이러한 추세 속에서 수전이 자리한 위치 조건은 경종법에 영향을 적지 않게 미치는 요인이었다.

한전을 수전으로 바꾸는 번답(反畓) 또는 번전(反田)의 성행이 수전의 증대를 가져온 가장 커다란 요인이었다. 그리하여 논으로 적당하지 않은, 오히려 밭으로 삼는 것이 적당한 논이 많이 경작되고 있다는 점은 결국 번답이 성행된 상황에서 유래된 것이라고 보아야 할 것이다. 그리고 저지(低地) 개간과 언전(堰田) 개발 등에 힘입어 수전의 절대적인 결수 증대가 발생하였다.[22] 작답(作畓)이라고 칭할 수 있는 이러한 경로의 수전 증대는 사실 전반적인 개간의 증대뿐만 아니라 도작(稻作)의 성행이라는 사회적인 분위기에서 유래된 것이기도 하였다.

번답(反畓)의 확산은 결국 이전에 비해서 수리 조건이 열악한 수전이 대량으로 확대된다는 점을 의미하였고, 이러한 수전의 위치 조건은 위에서 설명한 토지의 위치 조건에 따른 이앙법의 확산이라는 경향과 그대로 이어지는 것이었다.[23] 번답의 열풍에 대하여 19세기 초반 서유구(徐有榘)는 당시의 전체 수전 가운데 10분의 3이 한전에서 수전으로 바뀐 번답의 경향에 따른 결과물이라고 지적할 정도였다.[24] 그런데 이러한 농업 환경의 변화는 그대로 이앙법의 보급과 긴밀히 연관된 것이었다.

16~18세기 이앙법의 확대 보급은 한전 2모작 경작방식의 고도화와 연결되어 도맥이모작이라는 경작방식을 산출하였다. 조선 후기 춘맥(春麥)보다는 추맥(秋麥)이 널리 관행으로 경작되었는데, 수전에서 도작을 수행한 다음 바로 뒤이어 종맥(種麥)하는 도맥이모작이 수행되었다.[25] 도맥이모작은 한전농법과 수전농법이 실질적으로 하나로 결합하는 양상을 현실화시킨 것으로, 윤작(輪作)이라고 할 수 있다. 신속하게 전답의 지목을 변화시켜 벼를 수확한 다음 종맥(種麥)하고, 다시 보리를 수확한 뒤에 벼를 재배하는 방식을 수립한 것이었다.

도맥이모작을 처음으로 수록한 농서(農書)는 18세기 초반에 편찬된 『산림경제(山林經濟)』였다.[26] 벼를 재배한 수전을 종맥할 수 있는 여건의 전토로 만드는 것은 이미 조선 전기부터 가능한 것이었다. 하지만 도맥이모작은 영농기술의 측면에서 이앙법을 수전농법으로 채택해야 한다는 전제조건이 깔려 있었다.[27] 이러한 전제조건이 거의 해결된 시기에 도맥이모작을 등재한 농서가 등장한 것은 전혀 이상할 것이 없는 일이었다. 『산림경제』 종대소맥(種大小麥) 항목에 나오는 답중종모법(畓中種牟法)이라고 소개되어 있다.[28]

16세기 중반 이후 이앙법의 전반적인 확산 보급이라는 농법의 발달은 벼 품종의 분화에도 반영되었다. 벼 품종의 분화라는 성과는 당대의 농업기술 수준에서 지속적인 우량종자의 선정과 관리 과정에서 획득할 수 있었다. 전체적으로 볼 때 벼 품종의 분화는 한편으로는 이앙용 품종의 개발이라는 방향으로 진행되었고, 다른 한편으로는 지역적인 선호 품종의 등장이라는 방향으로 나아갔다.

## 2. 한전 이모작 경작방식의 고도화

먼저 한전에서 작물을 경작하기 위하여 전지(田地)를 정리 정돈하는 전무(田畝) 제도에서 변화가 나타났다. 15세기에 편찬된 『농사직설』을 보면, 치전(治田) 과정에서 작무(作畝) 작업을 분명하게 수행하면서 견무(畎畝)를 구별하여 전지에 조성하였고, 무(畝)와 견(畎)을 가리켜 무(畝)와 무간(畝間) 또는 양무간(兩畝間)이라는 용어로 표현하였다. 그리고 파종한 지 일정 기간이 지난 이후에 작물이 한창 성장하고 있을 때가 되면 한전은 무와 견, 즉 무와 무간(양무간)이 본래 가지고 있던 전토의 고저(高低) 부분이라는 형태상의 차별이 거의 사라지면서 작물의 성장처인가 아닌가의 여부로 무와 무간을 나누어 설명하고 있다. 이러한 방식의 전무제도는 한전의 전토 표면을 정밀하게 다스리는 수준에 이미 도달한 상태를 보여주는 것이었다.

17세기 이후 조선 후기 작무방식의 변화는 작무를 이전에 비해 보다 심화된 방식으로 수행한 점에서 찾을 수 있다. 작무 작업이 더 정제되고 심화된 방식으로 수행되어나갔다는 것은 기경 작업의 세밀한 수행에서 찾아볼 수 있는데, 18세기 후반에 편찬된 우하영(禹夏永)의 『농가총람(農

家總覽)』에서 자세한 사정을 찾을 수 있다.

우하영은 작무 작업이 기본적으로 경종의 일환임을 분명히 하면서 우선 한전에서 작무의 융통성을 "한전에서 작무할 때 양전(良田)은 보(步)를 넓게 하여 드물게 하고, 박전(薄田)은 보(步)를 좁게 하여 조밀하게 한다."고 설명하였다.[29] 이때 우하영이 작무의 기준으로 설정한 보는 말 그대로 걸음을 의미하는 것이었다. 걸음을 좁게 내디뎌 작무를 조밀하게 하거나 걸음을 넓게 내디뎌 작무를 드물게 하는 방식을 취하고 있었다. 즉, 작물과 전토의 비옥도에 따라서 작무의 기준이 되는 걸음(步)의 폭을 조절하면서 관철시키고 있었다.

우하영은 한전 작무의 융통성을 논리적으로 설명해주는 논거를 제시하였다. 이앙의 조밀도가 토양의 비옥도에 따라서 크게 달라져야 마땅한 것이라고 설명한 것이 바로 그 논거였다. 우하영은 "수전에 이앙할 때 전토가 비옥하면 (稻秧을) 조금씩 쥐어 널찍하게 심고, 전토가 척박하면 (稻秧을) 많이 쥐고 조밀하게 심어야 한다."고 주장하였다.[30] 요지는 비옥한 전토일수록 드물게 앙묘(秧苗)를 심어야 하고, 척박한 전토라면 반대로 조밀하게 앙묘를 심어야 한다는 것이었다.

그렇다면 예를 들어 1두(斗)의 도종(稻種)을 주앙하여 키운 앙묘가 있는 상황에서 이것을 모두 소화하는 전토의 절대면적을 상정할 때, 척박한 수전에 비하여 비옥한 수전의 절대면적이 더 크리라는 점을 알 수 있다. 즉, 비옥한 수전에는 드물게 앙묘를 이앙하여도 성장하여 무성하게 되기 때문에 충분히 소기의 수확을 거둘 수 있지만, 반대로 척박한 수전에서는 앙묘를 이앙하는 단계에서 빽빽하게 해야만 소기의 수확을 거둘 수 있다는 것이다.

결국 한전에 작무를 만드는 경우에도 토지의 비옥도와 파종량의 관계는 위의 수전의 경우와 마찬가지로 나타날 것이다. 즉, 동일한 소출, 또는 기대하는 정도의 소출을 얻기 위해서는 비옥한 한전보다는 척박한 한전에서 더 많은 종자를 요구한다. 그렇기 때문에 척박한 한전에서는 작무(作畝)에서도 더 많은 종자를 파종하기 위해 빽빽하게 작무할 수밖에 없는 것이었다. 결국 우하영이 정리한 바와 같이 18세기 작무법은 토양의 비옥도에 따라서 견무(畎畝)의 크기와 깊이를 조절하는 단계에 도달한 것이었다. 이러한 심화된 수준의 작무법에 근거하여 한전의 다양한 작물을 재배하는 방식이 수립되어 있었다.

16세기를 거쳐 17·18세기를 경과하면 한전에서 작물을 경작하는 방식은 15세기 조선 전기에 1년1작이 지배적이던 단계에서 1년2작이 일반적으로 수행하는 단계로 발전하였다. 조선 전기에 1년1작이 주된 경작방식이면서 여기에 병행하여 만종(晩種)의 서속(黍粟)과 양맥을 이어짓는 2년3작 식이 약간 곁들여 있었다. 그러한 상황이 16세기 후반을 거쳐 17세기에 이르면 근경(根耕)의 일반적인 채택, 간종(間種)의 확대 적용, 맥전(麥田)에서의 조세법과 한전에 급재를 하지 않는 국가정책의 원칙 등을 배경으로 1년2작 식 즉 한전이모작이 보편화하였다.

16세기 후반 이후 한전이모작 경작방식의 세밀한 발달을 맥(麥)의 경종법을 중심으로 살펴볼 수 있다. 한전이모작이란 결국 근경법과 간종법의 발달을 의미하는데, 이러한 경종법의 관건이 되는 작물이 바로 양맥이기 때문이다. 양맥의 경종법으로 확인되는 부분이 과연 이모작체제를 수용할 수 있는 것이었는지 여부가 한전농법의 성격을 살펴보는 데 중요한 부분이라고 할 수 있다. 16세기 중반 이후 맥의 경종법과 이에 연관된 한전농법의 변동을 근경법·간종법의 측면에서 고상안(高尙顏)의 『농가월령(農家月令)』을 중심으로 살펴본다.

『농가월령』에 보이는 양맥 경작법은 춘모맥(春麰麥)과 동모(凍麰) 그리고 추모맥(秋麰麥)이라는 세 부류로 나뉘어졌다. 그리고 여기에 덧붙여 양맥의 후작(後作)으로 다른 작물을 경작하는 근경법이 설정되어 있었다. 『농가월령』 한전농법을 양맥(兩麥)을 중심으로 선후에 경작하는 작물을 정리하면 다음 〈표 5-1〉과 같다.

〈표 5-1〉 『農家月令』의 旱田 作物 前後作 관계

| 前作物 | 後作物 | 비고 | 근거 절기 |
|---|---|---|---|
| 春麰麥 | 大豆(水荏·糖·麻) | 間種, 以木犁淺耕兩間 | 驚蟄 |
| 凍麰 | 粟(赤小豆), 大豆 | 間種 : 播種處 兩間 落種(春分), 凍麰成熟旣收 則耘菽粟(夏至), 分耕凍麰落種 以覆菽粟根(小暑), 再耕凍麰根耕田菽粟(立秋) | 春分, 夏至<br>小暑, 立秋 |
| 木綿 | 胡麻 | 混種, 田宜燥 糞宜多 | 穀雨 |
| 木花 | 水荏 | 間種, 木花田骨巷中 秧令不密不疎 | 立夏 |
| 麰麥 | 水荏 | 間種, 麰麥田若遠 則其田餘畝 | 立夏 |
| 木花 | 粟 | 間種, 百穀皆防木花 惟粟無害 | 小滿 |
| 春麰麥 | 大小豆 黍粟 菉豆 | 根耕 (기재순서가 根耕우선 순위) | 夏至 |
| 春麰麥 | 水荏 | 根耕, 移水荏秧 於根耕田 | 夏至 |
| 早黍<br>早粟 | 木麥, 菉豆, 秋麥 | 根耕, 根耕當用木麥 田品漸薄 不若種菉豆 俟其茂盛 反耕埋菉豆 則播秋麥 則收麥倍 | 大暑 |
| 麻 | 蘿葍 | | 立秋 |
| (菽粟) | 秋麰麥 | 根耕, 如根耕穀 未及收取 則寒露節初 亦可 耕種如凍麰田 | 秋分 |
| 秋麰麥 | 菽粟 | 間種, 明春 | 秋分 |

위의 〈표 5-1〉에서 한전 작물의 전후작 관계를 모맥(麰麥)을 중심으로 정리해볼 수 있다. 모맥과 전후작 관계를 맺고 있는 경우, 즉 간종이나 근경의 관계를 살펴보면 모맥의 근경 후작 또는 간종 작물로 경작되는 작물로 숙속(菽粟) 즉 콩과 조가 대표적이라는 점이 쉽게 드러난다. 숙속은 〈표 5-1〉에서 모맥과 연결되어 여러 차례 등장할 뿐 아니라, 모맥의 근경 후작 또는 간종 작물이 숙속이라는 것은 통상적으로 지적되는 것이었다.[31]

먼저 모맥의 근경 경작의 경우를 살펴보면 춘모맥→대소두·서속·녹두, 춘모맥→수임(水荏) 등 두 가지 경우가 모맥을 경작한 이후 다른 작물을 근경하는 경우로 지적할 수 있다. 그리고 모맥을 후작 작물로 경작하는 경우는 조서(早黍)·조속(早粟)→추맥(秋麥), 숙속(菽粟)→추모맥 두 가지를 찾아볼 수 있다. 결국 『농가월령』에 보이는 근경법은 춘모맥을 경작하고 대소두 등 다른 한전 작물을 경작하는 경작방식과 조서·조속, 대두 등 숙속을 경작하고 추모맥을 근경으로 재배하는 경작방식으로 구성되어 있었다.

다음으로 간종법의 경우는 근경법에 비해서 훨씬 다양한 양상을 찾아낼 수 있다. 모맥을 중심으로 찾아보면 세 가지 방식의 모맥 모두를 간종 경작을 활용할 수 있었다. 춘모맥→대두(大豆)·당(糖)·마(麻)·수임(水荏), 동모(凍麰)→속(粟)·적소두(赤小豆)·대두, 추모맥→숙(菽)·속(粟) 등으로 이어지는 경작방식이 그것이었다. 여기에 모맥 이외의 다른 작물도 간종 방식의 경작방식을 활발하게 진행시키고 있었다. 목화→수임, 목화→속(粟) 등과 같이 목화전에 여러 가지 작물을 간종으로 경작하는 방식이 있었다. 목화전에는 간종 외에도 호마(胡麻)를 혼종(混種)으로 경작할 수도 있었다.

이상에서 살펴본 바와 같이 『농가월령』에 보이는 근경법, 간종법 등은 앞선 15세기에 편찬된 『농사직설』에 비해 훨씬 상세한 내용을 보여준다. 그리고 근경과 간종에 붙어 있던 여러 가지 제약 요소가 떨어져 나간 보다 자유롭게 수행할 수 있는 여지를 보여주고 있었다. 16세기 후반~17세기 초 『농가월령』에 보이는 한전 작물의 작부체계는 사실상 17세기 중반 이후 1년2작이라는 방식을 전형적으로 보여주는 것이었다. 17세기 이후 모맥을 비롯한 한전 작물의 경종법은 『농가월령』에 보이는 단계를 벗어나는 것이 아니었고, 그 세밀한 측면에서 발달을 보였다. 다만 잡종·간종 등 경작법의 측면, 그리고 분전(糞田)이라는 시비법의 측면에서 점진적인 발달의 모습을 나타내고 있었다.

조선 후기의 한전 경작방식에서 1년2작 형태가 일반적으로 수용되는 상황이었다는 것을 전토에 대한 조정의 급재 원칙에서도 확인할 수 있다. 정부는 국가적인 조세체계에서도 한전의 이모작 관행을 당연시하여 한전에 급재하지 않는 원칙을 세우고 강력하게 수행하고 있었다.[32] 숙종대의 한전 급재에 대한 논란을 예로 살펴보면 한전에 급재를 내리는 것은 수재가 아주 참혹하거나 재해가 아주 심각한 경우에 한정되어 있었다는 점을 알 수 있다.

정조 초반에 편찬된 『탁지전부고(度支田賦考)』에 실린 연분 조목에 "한전은 1년에 재경(再耕)하기 때문에 본래 급재 사목에 응하는 것이 없다. 그러나 면전(綿田)은 예로부터 급재한 예가 많이 있다."는 규정도 이러한 관행을 잘 보여준다.[33] 나아가 19세기 후반에 정리된 『육전조례(六典條例)』에서도 한전은 급재하지 않는 것을 수세 조항의 원칙으로 세워놓고 있었다.[34] 조선 후기에 정부는 한전에 수전과 달리 급재하지 않았고 나아가 한전에서는 기경 여부에 관계없이 전세를 징수하였다. 근거는 바로 한전 경작이 1년에 두 차례에 걸쳐 수행된다는 점에 있었다.


## 3. 수전과 한전의 시비법 발달

16세기 후반에 접어들면서 시비법(施肥法)에서 나타나는 획기적인 변화는 바로 인분(人糞)의 이용이 더욱 집약화된 점이었다. 이미 15세기 중반에 분전(糞田)을 실시하는데, 사람들이 조밀하게 거주하고 있는 읍내 지역이 사면에 비해서 유리하다고 파악되고 있었다.[35] 읍내 지역은 다른 곳에 비해 인구가 밀집되어 있기 때문에 분전에 사용할 수 있는 시비 재료를 충분히 확보할 수 있었다. 이때 가장 주요한 시비 재료는 인분을 가리키는 것이었다. 이러한 시비법이 등장하는 시기에 인분이 본격적으로 시비 재료로 사용되었지만, 그것이 명백하게 농업기술의 틀 속에서 정립되는 데에는 상당한 시간이 필요했다.

인분을 농경에 적극적으로 사용하는 시비법을 수록한 농서로 등장하는 것이 16세기 후반의 경상도 상주(尙州) 지역의 농법을 보여주는 『농가월령』이다.[36] 『농가월령』을 토대로 16세기 후반 상주 지역의 농법에서 시비법이 어떻게 구성되었는지 살펴보자. 특히 고상안은 비료(肥料)를 만들기 위한 조분(造糞)의 중요성을 특히 인분(대소변)과 관련해서 강조하고 있었다.[37]

수도(水稻)의 시비법에서 가장 주목되는 것은 앙기에 대한 시비가 제일 강조되고 있는 점이다.[38] 『농가월령』 시비법에서 수도 시비방식은 기본적으로 기비(基肥)에 그치는 것이었다. 전토에서 수도가 자라고 있을 때 시비하는 모습은 전혀 보이지 않는다. 이른바 추비(追肥)로 파악할 수 있는 방식 자체가 전혀 없다. 그리고 『농사직설』에서 강조된 만도(晚稻) 수경(水耕)에 대한 강화된 시비의 모습도 보이지 않는다. 이러한 서술 내용은 월령식 농서라는 특성에서 연유한 것이다. 월별 작업이 연속적으로 이루어진다는 것을 기본 전제로 삼고 있기 때문에 앞서 자세히 설명한 시비 작업의 내용을 다음 절기 등에서는 생략하고 있기 때문이었다.

절기별 한전 작물 시비 작업을 정리하면 우선 맥류의 시비 작업이 제일 중요하게 취급되고 있음을 알 수 있다. 그런데 8월 중 추분의 추모맥을 파종하는 기사와 직접 연관되는 시비 작업이 누락되어 있다. 수임앙을 이식하는 데에도 분회(糞灰)와 같은 구하기 어려운 시비 재료를 사용하는 마당에 농가의 접식 곡물로 유용성이 대단한 모맥을 경작하는 데시비가 수반되지 않았다고 보기 어렵다.

『농가월령』 내용을 기사 내용 그대로 살필 때 가장 중요한 작물로 평가되는 춘경 모맥의 경우를 보면 분회, 재(灰), 사토(沙土), 우마분 등을 기경 후 파종 전 또는 파종 시에 시비 재료로 넣어주고 있다. 춘경 위주의 맥 경작이 아니라면 당연히 추모맥의 경우도 춘경 모맥과 동등한 정도의 시비가 병행되었을 것이다. 또한 퇴비 만드는 작업이 거의 대부분의 농절 기간에 수행되고 있는데 이렇게 마련한 퇴비를 추모맥에 넣어주지 않았을 리도 없다. 따라서 추분에 추모맥을 파종하는 과정에 병행된 시비는 우수와 경칩에 소개된 시비 작업 내용을 참고하여 수행되었으며 거의 동일하게 진행되었다고 추정할 수 있다.

17세기에서 18세기에 걸쳐 나타난 시비법의 발달은 다음과 같이 몇 가지 측면에서 더욱 심화된 양상으로 진행되었다. 우선 시비 재료의 측면에서 인분 이용이 다양화되고 이것을 원료로 한 조비가 증가하고 있었다. 분회를 만들 때뿐만 아니라 야초(野草)나 호마각(胡麻殼) 등과 섞어서 비료를 만드는 방식에 인분을 이용하고 있었다. 또한 맥작의 성행을 반영하여 맥전에 시비하기 위한 조비 방법이 상당수 개발되고 있었다. 이 밖에도 여러 가지 시비 재료를 다양하게 이용하였다.

두 번째로 시비 대상의 측면에서 특기할 만한 것은 수전에서 나타난 이앙법의 확산과 보급에 결부시킬 수 있는 시비법의 발달이 이루어졌다는 점이었다. 즉, 이앙법의 기술체계의 발전에 발을 맞추어 앙기에 대한 시비방식이 크게 다양화되고 강조되면서 바로 수도작에서 앙기의 시비 재료로 분회가 사용되고 있었다.[39] 본래 『농사직설』에서는 한전용 비료였던 분회가 수전에서는 이앙법의 확산과 궤를 같이하면서 앙기의 시비원으로 진출하였던 것이다.[40]

세 번째로 시비시기의 측면에서 기경하고 파종하는 경종의 중간 단계로 자리잡혀 있던 분전이 점차 독립적인 농작업으로 자리를 차지하면서 변화와 발전이 나타나고 있었다. 즉, 작물이 경작지에서 자라고 있는 동안에도 시비 재료를 넣어주는 추비가 확산되고 있었다.

16세기 중후반 이후 시비법의 발전을 농서의 서술체계에 나타난 분전의 지위에서 확인할 수 있다. 앞서 『농가월령』 잡령(雜令) 항목에서 16세기 후반 이후 점차 시비법이 농서에서 독립적인 지위를 획득하는 추세를 살필 수 있다. 사실상 『농가월령』의 분전에 대한 강조는 뒷부분에 붙어 있는 「잡령」이라는 항목에 주로 들어가 있다고 할 수 있다. 월령식 서술에 포함시키기 어려운 조목을 종합한 것이 잡령 항목이라고 할 수 있는데, 여기에 많은 시비 관련 조목을 담고 있는 것이다.

조선 후기 시비기술의 발달은 농서의 서술 방식에 변화를 가져왔다. 18세기 초에 홍만선(洪萬選)이 편찬한 『산림경제』 치농(治農)은 이제까지의 곡물 위주의 농서 내용을 크게 혁신시켜 치포(治圃), 종수(種樹), 양화(養花), 양잠(養蠶), 목양(牧養), 구황(救荒) 등의 내용까지 담아내는 종합농서를 지향한 것이었다. 그런데 『산림경제』 치농조는 이제까지의 다른 농서와 달리 시비기술과 연관된 여러 조목을 하나로 묶어 독립시키고 '수분(收糞)'이라는 항목을 설정하였다.[41] 즉, 택종(擇種)과 경파(耕播) 중간에 수분이라는 시비기술에 관련된 항목을 새롭게 집어넣고 있다.[42] 홍만선의 『산림경제』 치농조는 실제의 시비기술 자체의 내용에서는 『농사직설』의 내용에 비해 크게 진전된 부분은 없었다.

『산림경제』가 세상에 나와서 인구에 회자된 이후, 이제 시비기술을 독자적인 항목으로 설정하여 농서에 편입시키는 것은 아주 당연하게 농서 편찬의 기본 태도가 되었다. 『산림경제』를 증보한 유중림의 『증보산림경제』도 마찬가지의 편찬 방침에 따라 치농조를 구성하였다. 그런데 유중림의 『증보산림경제』 치농조의 항목 순서는 『산림경제』의 그것과 약간 달랐다.

『증보산림경제』 치농은 『산림경제』의 작물 경작기술을 설명한 부분에 들어 있던 시비 관련 조목을 수분 항목으로 이동시켜놓았다. 예를 들어 "노초(蘆草)가 매우 좋지만 절기가 늦은 것이 흠으로, 날마다 부쩍 자라기 때문에 날짜를 계산하여 이앙할 수 있다."고 설명한 조목은 본래『산림경제』의 종도 삽앙법에 들어 있는 기사였다.[43] 그런데『증보산림경제』는 이 시비 관련 조목을 수분 항목으로 옮겨놓고 있다.[44]

『증보산림경제』는 치농조 전체의 항목 배열 순서를『산림경제』그대로 준용하지 않고 약간 변형시켜서 설정하고 있다.[45] 수분에 관련된 항목의 전후 배열 관계를 살펴보면 재미있는 차이점을 발견할 수 있다. 즉,『산림경제』가 택종→수분→경파의 순서로 항목을 배열하였다면,『증보산림경제』는 경파→택종→수분으로 나열하고 있어서 경파와 수분의 순서가 완전히 뒤바뀌어 있다. 유중림(柳重臨)은 원래의 7조목에 5조목이나 증보하여 총 12조목을 수분 항목에 포함시키고 있었지만, 이렇게 항목의 순서를 바꾼 이유에 대한 설명을 더하지 않았지만, 수분 즉 시비의 독자적인 기술적 성격을 더 강하게 인식한 데서 비롯되었다고 생각된다.

『산림경제』치농 이후 농서 편찬의 기본적인 원칙으로 설정된 시비기술의 독립 항목화는 서호수(徐浩修)가 편찬한『해동농서(海東農書)』에서도 관철되었다. 서호수는 농무(農務)를 정리하는 부분에서 개황(開荒)→경전(耕田)→분전(糞田)→장종(藏種)이라는 순서로 서술 항목을 하나하나 집어넣었다. 앞서『산림경제』나『증보산림경제』가 수분이라는 명칭을 사용하면서 시비 재료의 수집이라는 측면을 강조한 반면에 서호수는 분전이라는 명칭을 사용하여 본격적인 작물에 대한 시비, 전토에 대한 시비를 앞세운 것이다.

『해동농서』분전 항목의 서술 내용은『제민요술』의 답분법(踏糞法), 왕정(王禎)『농서(農書)』의 묘분법(苗糞法) 등 시비법,『농가집성』의 2조목,『증보산림경제』의 3조목 등 새로울 것이 없는 내용을 담고 있었지만, 서술의 초점이 시비 재료의 마련이라는 점보다는 작물과 전토에 대한 시비 자체에 맞춰져 있다는 점에서 의미를 부여할 수 있다.[46]

# 농기구의 개량과 수리시설의 발달

## 1. 농기구의 개량

16세기 후반 이후 농업생산 활동에 동원된 농기구(農器具)의 구성은 전체적인 측면에서 이전 시기의 그것을 그대로 유지하고 있었다. 그리고 17세기를 거쳐 18세기 후반이라는 시점에서 찾아볼 수 있는 농기구와 농작업의 결합체계는 이전 시기에 정립된 농기구 구성체계의 범위 내에서 존재하고 있었다. 그렇지만 17세기 이후 점차적으로 철제농기구와 농작업의 구성체계에서 농기구의 다양화와 발전이 나타났다. 실제의 농업생산 현장에서 농기구를 다루는 농민들은 다년간의 노동 경험을 통해 농기구의 구조와 형태 등에 개선을 더하고 있었다. 그 결과 농기구의 형태가 다양하게 나타나는 것과 동시에 농기구가 다양한 용도로 이용되었다. 이러한 다양화의 증대와 이에 따른 농기구의 기능 향상은 생산 활동의 측면에도 영향을 주었다.

각 지역의 지역적인 농법이 농서(農書)를 통해 본격적으로 정리되는 과정을 겪고 있었던 것과 마찬가지로 농기구의 지역적 특성도 본격적으로 당시에 만들어진 농서에 반영되기 시작하였다. 또한 실제의 농작업과 깊이 연관된 농기구가 특정 작물의 농작업와 결합하는 미묘한 변동도 나타나고 있었다. 17세기에 들어서면 두 차례에 걸친 전란의 후유증을 극복하고, 새롭게 증가하는 인구를 부양하기 위한 차원에서 농업생산력의 발달이 지상의 과제였고, 이러한 전체적인 농업생산력의 발전 과정은 농기구의 분화와 발전이라는 측면에서 추동된 것이었다.

17세기 이후 농기구의 분화 양상 그리고 지역적 특성의 현실화라는 점도 『농가월령』에 보이는 양상과 동일한 것이었다. 그러한 양상을 대표적인 농기구인 쟁기의 사례를 검토하면서 분명하게 찾아볼 수 있다. 쟁기의 구조 형태의 분화와 지역적 특화라는 두 가지 양상이 중첩되어 있었고, 그러한 양상을 농서에서 본격적으로 확인할 수 있게 되었던 것이다. 즉, 쟁기의 구조와 형태가 분화하는 과정은 보습과 볏 등 쟁기의 부속 부분이 점차 지역적으로 특화된 형태를 띠어나가는 과정과 병행하는 것이었음을 당대의 농서에서 찾아볼 수 있다.

쟁기가 사용 지역의 조건에 따라 특징적인 성격을 나타내고 또한 이러한 지역적 특화가 쟁기의 분화로 이어지고 있었다. 우선 경려(耕犁)가 산간지역용(峽犁)과 평야지역용(野犁)으로 구별되었고, 산간지역용과 평야지역용이 각각 다시 세분되는 사정도 전개되었다.[47] 경우(耕牛)의 숫자에 따라 양우(兩牛)를 사용하는 지역의 양우려(兩牛犁)와, 단우(單牛)를 사용하는 지역의 단우려(單牛犁)로 분화하면서 쟁기의 형태도 특색을 나타내고 있었다.[48] 양우려는 단우려에 비해서 성에가 길고 두 필의 소의 목에 걸어주는 장원(長轅)이 달려 있었다. 기경(起耕)할 때 쟁기를 견인하는 방법에서도 보습의 형태에 따라 지역적으로 차이를 나타내고 있었다. 산간에서 이용하는 약간 타원형의 둔탁한 협참(峽鑱)의 경우 두 필의 소를 옆으로 병렬시키는 것에 반하여 양호(兩湖) 지역에서 이용하는 좁고 길다란 호참(湖鑱)의 경우는 두 필의 소를 일렬종대로 세워 쟁기를 끌게 하고 있었다.[49] 이와 같은 쟁기의 형태 분화는 주로 한전에서 사용하는 한전려에서 나타난 것이었고 수전에서는 홀이(胡犁)라는 단우려(單牛犁)를 사용하고 있었다.[50] 쟁기의 지역적 분화가 정리되는 모습은 결국 농법의 '지역성'을 현실의 농서 편찬에 직접적으로 반영하는 추세를 명확하게 보여주는 것이었다.

조선 후기에 농서 편찬 과정에서 농기구의 지역적 성격을 밝혀냄과 동시에 당시에 실제로 사용되던 농기구를 정리하는 작업도 수행되었다. 1797년 무렵 유득공(柳得恭)은 『농정전서(農政全書)』를 참고로 하여 당시에 사용되던 농기구의 속명(俗名)을 한자어로 풀어서 설명하는 작업을 수행하였다.[51] 18세기 후반 응지농서를 올린 몇몇 응지인(應旨人)은 당시에 사용되고 있던 농기구의 현황에 근거하여 농기구 변통론을 제시하였다. 기본적인 생산수단인 농기구를 변통시켜 한 단계 진전시키고 이를 계기로 농업생산력의 발전을 도모하려는 주장이었다.


## 2. 수리시설의 발달

조선 후기에도 조선 전기와 마찬가지로 전답에 물을 공급하는 수리시설로 제언과 천방을 이용하였다. 수리시설은 농기구와 마찬가지로 농업생산의 구체적인 수준을 결정하는 요소라고 할 수 있다. 새로운 농기구의 도입이 현실의 농업생산력을 높이는 것과 마찬가지로 새로운 수리시설이나 수리도구의 채용은 그만큼 농업생산의 소출량을 증대시키는 것이었다. 그리고 농기구와 수리시설의 발달과 발전은 구체적인 농업기술의 변화를 동반하는 것이었다. 이러한 점에서 농기구와 수리시설은 어느 시기의 농법을 구성하는 부분으로 위치시킬 수 있고, 따라서 일정한 시기의 변동 모습을 세밀하게 살펴볼 필요성이 제기된다. 여기에서는 앞에서 농기구를 검토한 연구 시각과 마찬가지로 18세기 후반 농법의 지역적 성격을 확연하게 정리한 자료를 중심으로 수리시설의 전반적 특색, 지역적 분포의 특색 등을 검토한다.

17세기 이후 조선의 중앙정부는 수리 문제에 대한 기본자세, 즉 새로운 제언과 천방의 축조, 그리고 이미 축조된 수리시설의 관리라는 정책 방향을 그대로 유지하고 있었다. 이와 마찬가지로 18세기 후반이라는 시점에 도달해서도 전반적인 수리시설의 구성과 특색을 그대로 유지하면서 보다 충실한 수리시설의 관리라는 방향을 나타내고 있었다.

조선의 중앙정부가 세운 제언을 포함한 수리시설 전반에 대한 정책 수립의 방향을 현종대, 영조대, 정조대에 각각 만들어진 사목(事目), 절목(節目)을 통해서 살필 수 있다. 제언사(堤堰司)를 새로 설치하면서 1662년(현종 3)에 마련한 「진휼청제언사목(賑恤廳堤堰事目)」은 제언과 천방(洑)의 축조에 주안점을 둔 것이었다.[52] 제언사를 다시 설치하면서 제언 등의 관리 책무를 분명하게 규정하였다. 사목의 내용은 주로 제언과 천방의 축조를 독려하는 내용으로 구성되어 있었다. 특히 제언을 축조하는 과정에서 인력을 동원하는 문제에 대해서 여러 가지 차원에서 자세한 안내를 덧붙이고 있었다. 용수로(用水路)의 확보도 중요한 요소로 간주하면서 결국 감사와 수령에게 제언 축조와 관리의 책임을 지우고 있었다. 현종대의 제언사목은 제언의 축조에 보다 중점을 둔 방책이었다고 볼 수 있다. 이러한 입장은 영조대의 제언 별단에서도 그대로 유지되고 있었다.[53] 그런데 정조대에 이르게 되면 제언의 신축이라는 과제보다는 기존의 제언 등 수리시설을 철저하게 관리하는 측면에 보다 주의를 기울이고 있었다.

수령은 관찰사에게 제언을 보수하거나 수축하여 보고할 의무가 있었고, 신축(新築)인 경우에는 국왕에게도 보고해야 했다. 조선의 중앙정부는 수리시설의 축조와 관리의 책무를 감사와 수령에게 직접적으로 부여하였다. 수령은 봄과 가을에 각 고을 제언의 안팎 양면에 잡목(雜木)을 많이 심어서 무너지지 않게 하는 책무를 수행하였다. 그리고 제언과 비보소(裨補所)[54]의 나무가 우거진 곳을 벌목(伐木)하여 전지로 경작한 자에게는 장 80으로 처벌하고 거기서 얻은 수익은 관에서 몰수하게 하였다.[55] 그리고 제언의 축조는 수령의 근무 성적을 평가하는 데에 주요한 참고사항이었다.[56] 결국 제언의 신축 등 축조와 관리의 일차적인 책무는 수령에게 부여되어 있었다.

중앙정부는 제언의 관리를 각 군현의 수령에게 일임하는 체제만 구성했던 것이 아니었다. 중앙의 제언을 관장하는 아문으로 제언사를 설치하여 전반적인 제언에 관련된 일을 꾸려나가게 하였다. 제언사는 제언의 크기를 조사하고, 각 지역의 제언의 관리 상황을 적간(摘奸)하는 등의 일을 관장하였다.[57] 제언사는 1662년(현종 3)에 다시 설치되었다.[58] 『속대전(續大典)』에 규정된 제언사의 관장 업무를 보면 각도의 제언 수칙을 구관(句管)하는 것으로 되어 있었다. 그러니까 직접적으로 제언을 수축하는 일을 담당하는 것이 아니라 수축과 신축을 감독하는 역할을 담당하는 것이었다. 제언사에 도제조(都提調)는 삼공(三公)이 겸하게 하여 3원을 두었고, 제조(提調)는 비변사 당상 가운데 겸하게 하였다. 실무를 담당하는 낭청도 비변사 낭청이 겸하게 하였다.[59] 비변사 당상이 제언사 제조를 겸하게 되면서 제언당상이라고 불렸다. 1731년에 제언당상 2원을 따로 차출하여 제언의 사무를 전관(專管)하게 하고 비변사의 무낭청(武郞廳) 1인이 제언낭청을 겸하게 하였다. 이들 제언당상과 낭청이 제언에 관련된 중앙의 지시사항 등을 외방에 보내고, 간혹 몇 군데를 집중적으로 적간하는 등

의 일을 맡아 수행하게 되었다.[60]

수령은 관할 지역 내에 자리한 제언 등을 관리할 책무를 지고 있었다. 제언이 제 기능을 다하지 못할 경우 감관(監官) 색리(色吏)와 더불어 처벌을 받았다.[61] 결국 군현에 위치한 제언은 감관→색리→수령으로 이어지는 선에서 관리가 이루어지고 있었다. 수령은 제언을 순심(巡審)하고 면(面)에서 근간(根幹)한 사람을 선정하여 유사(有司)로 즉 제언유사로 선정하기도 하였다. 그리고 축보(築洑)한 것도 보주(洑主)를 정하여 관리하게 하였다.[62] 그리고 제언을 수축할 때 관가는 양곡을 지급하여 완공시키는 데 도움을 주는 것이 일반적이었다. 제언의 축조는 상당한 인력과 재력이 투여되어야 가능한 것이었기 때문에 지역민의 힘만으로 완공하기는 어려웠다. 그리고 관가 즉 수령이 제언의 축조를 파악하고 조력을 기울여야 하는 배경은 농시(農時)를 맞이하기 이전에 축조 공정을 끝마쳐야 하기 때문이었다. 시간을 넘기기(過時) 전에 즉 농시가 시작되기 이전에 제언과 보(川防)의 정비와 보수를 끝마쳐야만 농사일을 진행하는 데 어려움이 없기 때문이었다.

18세기 후반을 대상으로 살펴보면 우선 당시 이용하고 있던 수리시설의 종류는 조선 전기와 마찬가지로 제보언(堤洑堰)이라는 세 가지 부류로 구성되어 있었다. 제보언(堤洑堰)이라는 당시 통용되고 있었던 세 가지 수리시설은 산(山)에 자리한 저수(貯水) 용도의 제(堤), 야(野)에 위치한 인수(引水) 용도의 보(洑), 해(海)에 축조된 방수(防水) 용도의 언(堰)이라는 특징을 가지고 있었다. 응지농서를 올린 신재형(申在亨)은 제보언(堤洑堰) 세 가지가 모두 흥수공(興水功)하여 비한재(備旱災)하는 수리시설로 이용되고 있다고 설명하였다.[63]

1780년대 삼남 지역의 군현별 평균 제언 수 현황에서 각 도별 군현당 평균 제언 수를 보면 충청도가 10.7곳, 전라도 18.3곳, 경상도 23.1곳의 순서를 보이고 있었다. 특히 경상도 지역의 평균 제언 수가 다른 지역에 비해서 월등히 많다는 점을 알 수 있다. 경상도 지역에 많은 제언이 분포하고 있다는 점은 여러 가지 자료에서도 동일하게 나오는 부분이다. 조선 전 시기에 등장하는 몇몇 제언 숫자를 정리한 다음 〈표 5-2〉를 보더라도 전라도와 충청도 지역의 제언 수는 16세기 이래 20세기 초까지 이르도록 별다른 변화가 없다는 점을 알 수 있다.[64]

〈표 5-2〉 조선시대 下三道 지역 堤堰數의 변천 내역

|  | 15세기후반(1) | 1518년(2) | 1782년(3) | 19세기초(4) | 1908년(5) | 1910년경(6) |
|---|---|---|---|---|---|---|
| 경상도 | 721 | 800 | 1,522 | 1,666(99) | 1,317 | 1,752 |
| 전라도 | – | 900여 | 913 | 912(24) | 745 | 800 |
| 충청도 | – | 500여 | 503 | 518(17) | 248 | 318 |

(1) 『慶尙道續撰地理誌』(1470년경)

(2) 『中宗實錄』 권46, 중종 18년 정월 庚戌

(3) 『增補文獻備考』 권146, 田賦考 6; 『度支志』 外篇 권3, 版籍司 田制部一 堤堰 各道堤堰總數

(4) 『萬機要覽』 財用篇 5, 堤堰: ( )는 廢堤堰

(5) 『堤堰調査書』(1909년 간행)

(6) 朝鮮農務彙報 (1912년 간행)

18세기 후반에 조사된 제언의 각 도별 숫자에서 충청도와 전라도의 제언의 숫자가 조선 전기의 제언 숫자와 거의 차이가 없는 수준에 머물러 있었던 것은 조심스러운 해석이 필요한 부분이다. 먼저 생각할 수 있는 것은 충청도와 전라도 지역에서 많이 이용하던 수리시설이 제언이 아니라 다른 것이었을 가능성이다. 아마도 이러했을 가능성이 제일 높을 것

으로 생각된다. 전라도나 충청도는 18세기 후반 당시에 수전농법에서 이앙법을 지배적인 경종법으로 채택하고 있던 곳이었다. 따라서 이 지역의 수전도 어떠한 방식으로든 수리시설의 혜택을 받고 있어야 하는데 그때 혜택을 주던 수리시설은 제언이 아닌 천방(泑)이었던 것이다.

한편 정조대를 비롯하여 여러 차례 대천수(大川水)를 관개에 활용하는 수리도구인 수차(水車)의 제조 보급이 여러 차례 시도되었다. 1795년(정조 19) 2월과 9월에 전 좌랑 이우형(李宇炯)이 수차의 제조 보급을 건의하였으나 오랜 논의 끝에 시행되지 않았다.[65] 이때 호조(戶曹)는 수차를 제작하는 데 비용이 너무 많이 든다는 이유로 반대하였고, 결국 정조는 이우형의 출신지인 호남에서 도신이 시험해본 후에 결과를 보고하라고 지시를 내렸을 뿐이었다. 1796년(정조 20) 4월에 화성 유학 우하영(禹夏永)이 시무 13조를 올리면서 수차의 제작 보급을 건의하였다.[66] 하지만 비변사를 중심으로 비용이 너무 많이 든다는 반대의견이 개진되었고, 정조는 그러한 비변사의 주장을 수용하였다. 수차를 도입하려는 조선 초기 이래의 시도는 별다른 구체적인 진전을 보지 못하고 말았다.

이상에서 살펴본 바와 같이 조선 후기의 근세 농업체제에서 농업기술은 농민들의 자체적인 기술개발과 보급을 중심으로 전개되었다. 그리고 국가적인 차원에서 수리시설의 관리, 축조, 수차의 보급 노력 등이 덧붙여지고 있었다. 근세 농업체제 아래에서 전개된 조선 후기 농업기술의 특색을 정리하자면 우선 벼농사를 중시하여 쌀을 주식으로 삼았다는 점을 지적할 수 있다. 그리고 밭농사를 병행하여 보리, 밀, 콩, 조, 기장 등을 수확하는 데 특히 1년에 2차례에 걸쳐 농사짓는 2모작을 실시하였다. 또한 한국의 자연환경, 농업 환경에서 구할 수 있는 다양한 시비 재료를 이용하여 논밭에 거름을 넣어주는 시비법을 개발하여 사용하였다.

# 농서 편찬의 추이

## 1. 『산림경제』의 편찬과 증보

15세기로부터 19세기에 이르기까지 꾸준히 이루어진 조선시대의 농서 편찬의 흐름을 살펴보면,[67] 17세기를 전후한 시기에 후술하는 바와 같은 주목할 만한 변화가 나타나고 있음을 찾아볼 수 있다. 17세기 이후 농서 편찬은 세 가지 양상으로 전개되었다. 첫 번째 농서 편찬의 특색은 노농(老農)의 농업기술, 즉 노농의 경험, 지혜를 본격적으로 정리하여, 문자로 정리된 농서의 내용이 실제의 농사를 보다 충실하게 반영하게 되었다는 점이다. 두 번째로 국지적인 기후와 토양 조건, 그리고 지역적인 농사경험에 근거한 이른바 지역농법(地域農法)이 보다 적극적으로 농서 편찬에 반영되게 되었다. 농법의 지역성이 비로소 문자화된 농서에 수록되기 시작한 것이었다. 세 번째로 곡물 중심의 경작법 서술에서 벗어나, 채소와 과수 등 농업생산, 특히 농민의 자급자족을 달성하기 위해 절대적으로 필요한 여러 생산물에 대한 기술적인 측면을 포괄한 종합농서 편찬이 이루어졌다는 점이다.

18세기 초 홍만선(洪萬選, 1642-1715)이 편찬한 『산림경제(山林經濟)』는 단순한 농서가 아니라 산림에 거처하는 처사(處士)가 익숙하게 알아야 할 여러 가지 내용을 담고 있는 서책이었다.[68] 『산림경제』의 한 항목인 「치농(治農)」은 작물 재배기술을 수록하고 있어 농서에 해당되는 부분이었다.[69] 또한 『산림경제』는 치포(治圃), 종수(種樹), 양화(養花), 양잠(養蠶), 목양(牧養), 구황(救荒) 등의 항목도 포함하고 있는데, 이들 항목은 넓은 의미의 농서에 포괄할 수 있는 성격의 내용이었다. 이러한 점에서 『산림경제』를 곡물과 채소, 수목 등의 경작법을 종합적으로 수록하고 있는 종합농서로 파악할 수 있다. 다만 농서에 포함시키기 어려운 복거(卜居), 섭생(攝生) 등의 항목과 의약(醫藥)에 관련된 조목들도 『산림경제』에 실려 있었다. 따라서 『산림경제』의 전체적인 성격은 산림처사를 자처하는 사족(士族)들이 익히 알아두어야 할 사항을 정리한 생활지침서라는 데 두어야 할 것이다.

홍만선의 개인적인 약력이나 생애에 관련된 자료는 『산림경제』에 붙어 있는 「산림경제서(山林經濟序)」와 홍만선의 갈명(碣銘)인 「장악정홍공갈명(掌樂正洪公碣銘)」 정도에 불과하다.[70] 「산림경제서」는 홍만선의 종형인 홍만종(洪萬宗)이 지은 것인데 『산림경제』의 앞머리에 실려 있다.[71] 그리고 「장악정홍공갈명」은 조현명(趙顯命)이 지은 것으로 『귀록집(歸鹿集)』에 들어 있다.[72]

홍만선은 관직 생활의 상당 부분을 외방에서 목민관(牧民官)으로 지냈다. 조현명의 묘갈명에 따르면 연원찰방(連源察訪), 함흥판관(咸興判官), 합천군수(陜川郡守), 고양군수(高陽郡守), 단양군수(丹陽郡守), 인천도호부사(仁川都護府使), 대흥군수(大興郡守), 부평부사(富平府使), 상주목수(尙州牧使) 등을 역임하였다. 그는 30년의 관직 생활을 거치면서 산림에 나아가기 위한 준비의 하나로 『산림경제』를 편찬하였다. 주군(州郡)의 수령직을 거치면서 익힌 견문과 방대한 독서의 결과로 『산림경제』를 편찬하였다.[73]

『산림경제』 구성체제의 특징을 먼저 살펴본다.[74] 『산림경제』의 전체적인 체제를 보면 총 4권으로 구성되어 있고, 그 항목은 복거, 섭생, 치농, 치포, 종수, 양화, 양잠, 목양, 치선(治膳, 朝鮮), 구급, 치약(治藥, 理藥), 구황, 벽온(辟瘟), 벽충(辟虫), 선택(選擇, 涓吉), 잡방(雜方) 등 총 16조이다.[75] 이 가운데 「치농」이 본격적인 작물 경작법을 정리한 부분이고, 치포, 종수, 양화, 양잠, 목양, 구황 등의 항목은 종합적인 농서로 편입시킬 수 있는 부분이다. 채소류의 재배, 나무와 꽃 재배, 나머지 음식 만들기(治膳) 항목, 의약에 포함되는 구급, 벽온, 벽충, 이약 등의 항목, 택일의 기준을 설명한 연길, 잡방 등으로 구성되어 있다.

『산림경제』 권1, 「치농」이 식량작물의 생산기술을 담고 있는 구체적인 농서에 해당하는 부분이다. 「치농」의 체제는 『농사직설』, 『농가집성』으로 이어지는 조선 농서의 특징적인 양상과 그대로 연결된다. 주곡(主穀)작물 위주로 서술되었다는 점과 각 작물별 재배법을 하나의 조목으로 정리하였다는 점, 그리고 『산림경제』의 내용 자체가 『농사직설』 등에서 인용하면서 구성되어 있다는 점에서 그러하다고 할 수 있다.

『산림경제』 「치농」의 내용은 두 가지 서로 성격이 다른 계통에서 인용한 부분으로 구분할 수 있다. 하나는 『산림경제』 이전에 편찬된 여러 농서로부터 인용한 부분이고, 다른 하나는 농서가 아닌 견문(見聞)이나 전문(傳聞)에 의거하여 수합한 속방(俗方)을 기록한 부분이다. 농서에서 인용한 부분은 다시 두 가지로 구분할 수 있다. 하나는 조선에서 편찬된 농서로부터 인용한 것이고, 다른 하나는 중국 농서로부터 인용한 것이다.

『산림경제』 「치농」에 인용된 많은 농서 가운데 『농사직설』 즉 신속(申洬)의 『농가집성』에서 증보된 『농사직설』이 제일 많은 인용 건수를 나타내고 있다는 점을 두드러지게 찾아볼 수 있다. 전체 조목의 인용처로 기록된 것 가운데 37.9%를 차지하고 있다. 게다가 종홍화(種紅花), 종람(種藍), 종전(種菔), 종인초(種茵草) 등 치포에 수록되어야 마땅할 작물 재배법을 담고 있는 조목 13건을 제외하면 나머지 219건 가운데 차지하는 비중이 40.2%로 증가한다. 이와 같이 수량적인 비중의 측면에서 『산림경제』의 내용 구성에 『농사직설』이 차지하는 지배적인 위치를 살필 수 있다.

『농사직설』에서 인용한 부분이 『산림경제』의 내용 가운데 가장 커다란 비중을 차지하고 있다는 점은 다음과 같은 설명을 가능하게 해준다. 『산림경제』 「치농」이 17세기 후반 18세기 전반 이후에 수행되는 농서 편찬 작업에 하나의 정형을 제공하는 역사적 역할을 담당하는 중요한 농서이지만, 그 체제와 구성은 이미 조선 전기에 『농사직설』에서 마련된 것을 벗어나지 못하고 있다는 점이다. 이러한 설명은 달리 말해서 『산림경제』에 이용된 『농사직설』, 즉 『농가집성』에서 증보된 그 『농사직설』이 조선 농학에서 차지하는 비중이 하나의 전범(典範), 조종성헌에 해당하는 것이라고 할 수도 있을 것이다.

18세기 중반 이후 『산림경제(山林經濟)』를 증보한 농서, 이른바 '산림경제증보서'가 연이어 편찬되었다.[76] '산림경제증보서'가 잇달아 편찬되는 상황은 농서 편찬의 커다란 두 가지 흐름이 하나로 모아지는 의미를 지니고 있었다. 즉, 16세기 중반 이후 농서 편찬에서 주요한 비중을 차지하면서 진행된 지역농서의 편찬이라는 흐름과 17세기 중반 『농가집성』이라는 종합농서를 지향하는 농서가 편찬되면서 여러 지역농서를 한데 아우르는 종합적인 농서를 편찬하려는 흐름이 점차 하나로 모아지고 있었다.

『산림경제』 자체가 수많은 필사본으로 각처에 유행하는 상황에서 『산림경제』의 본문을 증보하여 새로운 내용을 추가한 '증보서(增補書)'가 편찬되는 것은 피할 수 없는 것이었다. 그러한 '산림경제증보서(山林經濟增補

書' 가운데 가장 대표적인 것이라 할 수 있는 유중림(柳重臨)의 『증보산림경제(增補山林經濟)』를 면밀히 검토한다. 그리하여 『증보산림경제』를 중심으로 18세기 중반 이후 농서 편찬의 흐름을 정리하고 나아가 '산림경제증보서'의 역사적 의의를 살펴볼 것이다.

먼저 편찬자인 유중림의 생애를 살펴보자. 유중림의 생몰년을 비롯하여 그의 생애에 대해서는 이제까지 거의 알려진 바가 없는 형편이다. 의관(醫官)으로 영조 때에 태의원 의약을 지냈고, 『증보산림경제』를 편찬하였다는 정도만 알려져 있다. 또한 의관으로서의 개인적인 행적 또한 거의 알려진 바가 없다. 유중림의 생애에 대한 정보는 『증보산림경제』에 붙어 있는 임희성(任希聖)의 「증보산림경제서(增補山林經濟序)」에서 겨우 얻을 수 있다.[77]

「증보산림경제서」에 따르면 유중림의 본관은 문화(文化)이고, 자는 대이(大而)이며, 호는 미상이다.[78] 그는 숙종대 두의(痘醫)로 이름을 떨쳤던 유상(柳瑺)의 후손이라고 전해진다.[79] 유상은 1683년(숙종 9) 왕의 두환(痘患)을 시진(侍診)하였으며, 그 공으로 동지중추부사(同知中樞府事)가 되었다.[80]

유중림은 어렸을 적에 청금(靑衿)에 이름을 올린 초시(初試) 합격생의 자격으로 성균관에서 수학한 적이 있고, 경군문(京軍門)에서 일을 본 적도 있었다.[81] 그러다가 중세(中歲)에 태의내원(太醫內院) 즉 전의감(典醫監)에 들어가 의약의 일을 맡아보았다.[82] 의원으로 생활하면서 서반록(西班祿)을 받고 밖으로 나가 민사(民社) 즉 민간의 백성이 거주하는 곳에서 의법(醫法)을 시험하기도 하였다.[83] 유중림이 상사생(上舍生)이었다가 군문(軍門)에 종사하기도 하고 결국 의원(醫員)이 되는 상황은 조선 후기 양반 가문의 자제가 경험할 만한 자취라고 보기는 어려운 모습이다. 앞서 살핀 대로 의원직을 세습적으로 점유하던 의관 가문의 일원임을 보여준다고 할 것이다.

의관 유중림은 1761년 내의(內醫)로서 조선왕조의 명운(命運)을 바꾸는 일에 깊이 관여한 적이 있었다. 이 일은 이제까지 알려진 바가 없는데, 의관으로서 행적의 일단을 살필 수 있다는 점과 당대 의관에 대한 처우의 상황을 전해주고 있다. 바로 유중림이 세손(世孫) 시절의 정조의 두창(痘瘡)을 치료한 일이었다.[84]

유중림이 보기에 『산림경제』는 은거(隱居)하는 선비가 안빈(安貧)하면서 직접 힘으로 먹고살 수 있는 요결임에 틀림없지만 권질이 작아서 강령이나 조목에 소략한 점이 문제였다.[85] 그는 따라서 『산림경제』의 내용을 풍부하게 하여 산가의 청취에 관계되는 것을 모두 항목별로 나누어 수합하고자 하였다. 그 결과물이 바로 『증보산림경제』이다.

『증보산림경제』는 『산림경제』를 대대적으로 증보한 것이어서 전체적으로 새로운 구성 내용을 가진 책이었다.[86] 즉, 기본적으로 『산림경제』를 증보한 형태를 취하고 있지만, 서술 내용의 측면에서 보면 거의 2배 가까운 내용을 포괄하고 있고, 『산림경제』에서 다루지 않은 부분을 담고 있기 때문에 독자적인 성격을 부여할 수 있는 책이었다. 이때 유중림의 직접적인 경험이라고 보기 어려운 시기의 구전법(區田法) 사례를 인용하고 있다는 점은 『증보산림경제』의 『산림경제』 증보가 장기간에 걸쳐, 여러 가지 자료를 이용하여 수행된 것으로 볼 근거가 된다.[87]

『증보산림경제』는 총 16권으로 구성되어 있는데 복거, 「치농」에서부터 잡방, 동국산수록(東國山水錄)에 이르기까지 산림처사가 생활하는 데 필요한 요긴한 정보를 수록하고 있었다. 『증보산림경제』는 『산림경제』의 내용을 단순히 양만 증가시킨 것이 아니었다. 여기에서 『증보산림경제』의 전체적인 내용을 모두 『산림경제』와 비교할 수 없지만, 「치농」을 중심으로 두 책의 조목수를 비교할 수 있다. 이러한 비교 작업을 통해 『증보산림경제』 「치농」이 어떠한 방향으로 『산림경제』 치농조를 증보하였는가 밝힐 수 있다.

『증보산림경제』가 『산림경제』를 증보한 부분을 우선 양적인 측면에서 살펴보자. 『산림경제』의 「치농(治農)」은 전체 조목의 숫자가 191개(『증보산림경제』에서 홍화(紅花) 등 치포로 이동한 11개 제외)로 구성되었다. 그런데 이 가운데 37개의 조목에서 『증보산림경제』가 보완하는 구절을 첨부하였고, 새롭게 순수하게 증대시킨 조목의 숫자도 58개나 되었다. 『산림경제』 치농의 조목 수(191개)를 기준으로 살펴보면 『증보산림경제』 치농조는 58개의 조목을 증가시켰으니 비율로 따져서 30.3%가 증가한 것이고, 19.4%인 37개를 보완한 것이었다.

다음으로 질적인 측면에서 『증보산림경제』가 『산림경제』를 증보한 부분을 몇 가지 살펴보자. 질적인 측면에서 뚜렷한 증보의 사례로 감저(甘藷) 경작법을 수록한 부분을 주목할 수 있다. 유중림은 『증보산림경제』에 조선의 감저 경작법 정리의 밑거름이 되는 강필리(姜必履)의 『감저보(甘藷譜)』를 수록하면서 구황작물의 경작에도 관심을 기울여 실질적인 『산림경제』 증보를 달성하고자 하였다. 두 번째로 『증보산림경제』는 『산림경제』를 보다 발전적으로 계승하여 시비에 대한 중요성을 더욱 강조하였다. 『증보산림경제』는 이 시비 관련 조목을 수분 항목으로 옮겨놓고 있다.[88]

이상에서 살펴본 바와 같이 『증보산림경제』는 『산림경제』를 양적인 측면에서뿐만 아니라 질적인 측면으로 증보하였고, 그러한 증보는 결국 당대의 농업기술 발달의 흐름을 보여주는 것이라고 할 수 있다. 특히 시비에 대한 강조가 보다 뚜렷하게 진전되는 농업기술 발달의 흐름을 『증보산림경제』에서 분명히 찾아볼 수 있다. 한편 『증보산림경제』 이외에 『산림경제』를 기반으로 새로운 농서를 편찬하는 흐름은 18세기 후반 이후에도 계속 이어졌다.

## 2. 정조의 농서대전 편찬 추진

정조는 1798년 11월 「권농정구농서윤음(勸農政求農書綸音)」(이하 「구농서윤음」으로 씀)을 내리고, 조선의 농정을 혁신하고 국가적인 차원에서 새로운 농서를 편찬하는 사업을 추진하였다.[89] 특히 정조는 '농가지대전(農家之大全)' 즉 '농서대전'에 해당하는 농서를 편찬하려는 목표를 세워놓고 있었다.[90] 이를 위해 당대의 현실 농법을 정리하는 데 필요한 자료를 획득하기 위하여 「구농서윤음」을 반포한 것이었다.

응지농서 중에는 『일성록』이나 『승정원일기』에 보이지 않지만 응지인 자신의 문집 등에 수록된 경우도 찾아볼 수 있다. 개인 문집에만 보이는 응지농서는 정조에게 진정(進呈)하여 조정의 검토 작업을 거치지 않은 것으로 추정된다. 아마도 응지하기 위하여 작성하기는 하였지만 실제로 정조에게 진정(進呈)하지 않은 것일 것으로 보인다. 문집에서 산견되는 응지농서는 원문 그 자체를 검토할 수 있고, 게다가 문집을 통하여 개별 인물의 사상적인 배경을 같이 찾아볼 수 있기 때문에 중요한 의의를 지닌 것이라고 할 수 있다.

각 개별 인물의 문집에 실려 있는 응지농서가 한차례 정리되어 자료집이 만들어졌다. 하지만 양익제의 농서 등 아직 검토의 대상이 되지 못한 응지농서를 문집 등에서 찾아볼 수 있다.[91] 다음의 〈표 5-3〉은 한차례 정리된 것을 포함하여 현재까지 찾을 수 있었던 문집 등에 보이는 응지농서의 목록이다.

| 應旨人 姓名 | 應旨農書名 | 출전 소장처(청구기호) |
|---|---|---|
| 康洵 | # 進御農書 | 『慵睡齋遺稿』(성대 D3B-761 : 『農書』1) |
| 權中執 | 農務書 | 『農務書』(奎章閣 古630.951 G995n) |
| 金相休 | 農書-代 伯氏 | 『華南漫錄』三(국립중앙도서관 ) |
| 金相休 | 農書-代 仲氏作 | 『華南漫錄』三(국립중앙도서관 ) |
| 南極曄 | 農書簿冊 | 『愛景堂遺稿』권5 (鄕土文化硏究資料22輯 全羅南道) |
| 朴齊家 | 北學議 | (奎章閣 : 규1401) (『農書』6) |
| 朴趾源 | 課農小抄 | 『燕巖集』권16,17 (『農書』6) |
| 朴馨德 | 農疏, 農說或問 | 『玩易堂遺稿』卷2 (鄕土文化硏究資料 27輯 全羅南道) |
| 徐有榘 | 淳昌郡守應旨疏 | 『楓石全集』3冊 金華知非集 권1 (『農書』7) |
| 徐浩修 | 海東農書 | 『海東農書』(草本)(성대 稀C6A-9) (『農書』9) |
| 徐浩修 | 海東農書 | 『海東農書』(正本) (日本大阪府立圖書館 44506) (『農書』10) |
| 申綽 | 新溪縣農書條對 | 『石泉遺集』後集 1,2 (『農書』7) |
| 梁翊濟 | 梁翊濟農書 | 金榮鎭 논문에서 확인 |
| 梁周翊 | 求農書應旨疏 | 『无極集』권4 (奎章閣 : 규15720) |
| 禹載岳 | 大邱農書-代主倅洪景斗作 | 『仁村先生集』권4 雜著 (奎章閣 古3428-675) |
| 魏伯純 | 農疏 | 『書溪先生文集』권2 (한국역대문집총서 권477) |
| 柳尋春 | 上農書 | 『江臯先生文集』권2 (奎章閣 : 고3428-520) (『農書』7) |
| 李大圭 | # 農圃問答 | (국립중앙도서관 : 朝80-7) (『農書』7) |
| 李鳳興 | 己未農書對策 | 『武山齋遺稿』권3 |
| 李鎭宅 | 應旨進農務冊子五條 | 『德峯集』권 2 (奎章閣 : 규1428) (『農書』7) |
| 李采 | 農書 | 『華泉集』권 10 (奎章閣 : 규4655) (『農書』7) |
| 李羲發 | 農政議 | 『雲谷遺事』(奎章閣 : 규12075 ) |
| 鄭文升 | 農書 | 『蕉泉遺稿』권 6 (奎章閣 : 고3428-79) (『農書』7) |
| 趙有善 | 擬應旨農政策 | 『蘿山集』(奎章閣 : 규1751) |
| 丁若鏞 | 應旨農政疏附田論 | 『與猶堂集』9책, 28책 (奎章閣 : 규11894) (『農書』7) |
| 趙英國 | 農書總論 | (국립중앙도서관 13) (『農書』7) |
| 洪某-宜寧 | 農書對-代家大人 | 『觀海齋零稿』(국립중앙도서관 韓 44-가142) |

〈표 5-3〉을 보면 25명이 올린 총 26건의 응지농서를 현재 찾아볼 수 있다는 것을 알 수 있다. 문집 등에 보이는 응지농서 가운데 강순(康洵)과 이대규(李大圭)의 것은 『일성록』에 검토되어 초록(抄錄)이 실려 있다. 따

라서 총 23명이 올린 24건을 검토 대상으로 삼을 수 있다. 이 숫자와 조정의 검토를 거쳐 『일성록』과 『승정원일기』에 실린 응지농서 78건을 합쳐 총 102건을 응지농서의 잠정적인 전체 규모로 추정할 수 있다. 그런데 『승정원일기』에 실린 응지농서 가운데 1건은 응지(應旨) 사실만 확인되고 실제의 응지농서 내용을 전혀 알 수 없기 때문에 결국 총 101건의 응지농서 내용을 확인할 수 있다. 물론 현재까지 확인되지 않은 응지농서가 아직도 많이 남아 있을 것으로 보이기 때문에 일단 100여 건의 응지농서로 표현할 수 있을 것이다. 100여 건에 달하는 응지농서에서 응지인들은 각각 자신의 견문을 근거로 농업기술과 농정에 대한 주장을 펼쳐 보였다.[92]

응지농서를 올린 응지인의 구성은 우선 당시 신분구조의 측면에서 각 신분층에 속하는 사람들이었다.[93] 그중에는 정조와 지근거리에서 세자의 사부 자리를 맡고 있던 고관이 있었고, 반면에 서울에 살고 있던 서민도 있었다. 가장 많은 비중을 차지하던 사람들은 중앙 관리와 지방 수령 그리고 지방 유생이었다.[94]

정조는 1798년 11월에 내린 「권농정구농서윤음」의 말미 부분에서 전국 각지의 농업 실상과 농업기술의 양책(良策)을 올리도록 명령을 내린 이유가 새로운 농서를 편찬하려는 것이라는 점을 분명히 명시하였다. 여기에서 정조가 편찬하려고 한 농서의 명칭이 무엇이었는지 추정하려고 한다. 농서의 제목에서 정조가 추진한 새로운 농서 편찬의 의의를 찾을 수 있기 때문이다. 정조는 「권농정구농서윤음」에서 '농가지대전(農家之大全)'을 편찬할 것이라고 언급하였다. 그리고 박지원의 아들인 박종채(朴宗采, 1780-1835)는 정조가 박지원에게 맡겨서 추진하려던 새로운 농서를 '농서일부대전(農書一部大全)'이라고 부르고 있었다.[95] 따라서 이러한 상황을 종합하면 정조가 편찬 추진한 새로운 농서의 가제를 '농가대전(農家大

全)' 또는 '농서대전(農書大全)'이라고 부를 수 있을 것이다. 그런데 '농가대전'이란 새로운 농서의 성격을 지목하는 것으로 볼 수 있기 때문에 여기에서는 '농서대전'이라고 부르기로 한다.

'농서대전' 편찬 추진 작업은 정조를 중심으로 이루어졌다. 응지인이 올린 '응지농서'에 대한 새로운 방향을 제시하는 조처를 취하고 '농서대전'의 편찬을 단계적으로 추진하게 되는 것은 1799년 4월 20일 이후의 일이었다. 정조가 '농서대전'의 구체적인 편찬을 4월 말에 지시한 점은 다량의 응지농서가 검토되는 5월 22일의 『일성록(日省錄)』 기록에서 낱낱이 확인된다.[96] 1799년 5월 하순 신편(新編) 농서 즉 '농서대전(農書大全)' 편찬 추진이 이후에도 이어지고 있었다.[97] 정조는 그때까지, 특히 이틀 전에 대대적으로 실행한 응지농서에 대한 검토 작업의 결과를 무엇인가의 대상에 편입시키는 것이 민의 믿음을 잃지 않고, 이미 농서를 구한 본뜻에도 걸맞다고 설명하고 있었다. 이때 정조의 언급에서 나오는 '편입'이라는 말은 당시 편찬 작업이 진행되고 있음을 의미하고 그것은 바로 '농서대전'의 편찬을 가리키는 것이었다고 볼 수 있다. 분명하게 이서구에게 지시하는 구절은 없지만 이러한 왕명을 내리기 직전에 이서구와 문답을 나누고 있었기 때문에 이서구가 정조 왕명을 수취한 사람으로 평가하는 것이 가장 온당할 것으로 생각된다.

'농서대전'의 편찬 추진은 규장각을 중심으로 수행되었지만, 그 과정에서 주도적인 조력을 기울인 인물이 이서구(李書九)였다. 이서구는 '농서대전'을 편찬하기 위한 기초 작업으로 응지농서를 검토하는 임무를 맡아서 수행하였다.[98] 이서구는 계속해서 구농서윤음을 내린 목표, 즉 정조가 최종적으로 성취하려는 목적이 새로운 농서를 편성(編成)하는 것이라는 점을 명백하게 지적하였다. 그 자신이 응지농서를 검토하여 정조에게 보고하는 직무를 수행하기도 했기 때문에 정조의 의도가 무엇인지 분명하게 알고 있었다. 따라서 위의 인용문에 보이는 바와 같이 "장차 하나의 농서를 편성하려고 하였다."고 정조의 구체적인 의도를 명백하게 표명할 수 있었다.

정조가 추진한 '농서대전' 편찬이 실제로 어느 정도까지 이루어졌는지는 불확실하다. 응지농서를 검토하여 '농서대전' 편찬을 위한 기초적인 자료 정리는 많이 진척되었을 것으로 보인다. 다만 자료를 정리한 이후 초초(初草)를 만드는 작업에 제대로 진입하지 못한 것으로 생각된다. 먼저 '농서대전' 편찬 작업을 실질적으로 맡아서 수행할 편찬 담당자를 차정(差定)하지 않았다. 이른바 찬집(纂輯) 당상(堂上)에 해당하는 사람이 보이지 않는다. 위에서 살핀 이서구는 실제의 찬집을 담당하는 당상의 역할을 수행한 것이 아니라 기초자료의 정리 작업으로 응지농서를 검토한 것에 불과하였다. 또한 1799년 5월 이후 어디에서도 '농서대전'에 대한 언급이 보이지 않는다. 만약 비공식적으로 찬집을 맡아 수행할 사람이 지정되어 찬집 과정이 진행되었다면 필수적으로 필요한 작업 과정인 교정(校正)에 이르지 못한 채 중단되었던 것으로 보인다.

'농서대전' 편찬 추진의 의의는 농서의 체제라는 측면보다는 지역적인 농법의 종합이라는 점에서 찾을 수 있다. 사실 정조에게 올려진 응지농서는 그 자체가 각 지역의 지역농서들이라고 성격을 규정할 수 있는 것이었다. 또한 조선 후기 농업기술의 발달을 총괄하여 집대성하려는 것이었다는 의의를 부여할 수 있다.

## 3. 서유구의 『임원경제지』 편찬

19세기 중반에 이르러 새로운 종합농서의 편찬이 이루어졌다. 정조가

1800년에 사망한 뒤에 '농서대전' 편찬 추진이 무위(無爲)로 돌아가버리고 말았다. 하지만 정조의 농서 편찬 의지를 계승하는 차원에서 종합농서 편찬이 성취된 것이었다. 당시 조선 전역에서 실행되고 있던 농법을 종합하여 수록하는 작업뿐만 아니라 중국과 조선의 여러 농서의 내용을 체계적으로 정리하는 것은 매우 중요한 과제였다.[99] 이러한 종합적인 농서 편찬을 완수하여 『임원경제지(林園經濟志)』라는 방대한 종합농서를 편찬한 인물이 바로 서유구(徐有榘, 1764-1845)이다.

서유구는 전라도 순창군의 군수로 있던 시절 정조의 「권농정구농서윤음(勸農政求農書綸音)」에 호응하여 응지농서를 올리기도 하였다. 그는 이때 「순창군수응지소(淳昌郡守應旨疏)」를 올려 농서 편찬에 대한 구체적인 방안을 제시하여, 도 단위로 문식이 뛰어난 선비로 하여금 그 지역의 농법을 정리하는 책임을 맡게 할 것을 제안하기도 하였다.[100]

서유구는 본관이 달성(達城)이고, 자는 준평(準平)이며, 호를 풍석(楓石)이라고 하였다. 1790년(정조 14) 증광문과에 병과(丙科)로 급제한 이후 내외의 여러 관직을 역임하였다. 특히 1834년(순조 34) 호남순찰사로 노령 남북을 돌아보면서 감저(甘藷) 즉 고구마 재배를 통한 구황의 달성을 목표로 그때까지 알려진 감저 재배법을 종합 정리하여 『종저보(種藷譜)』를 저술하기도 하였다. 서유구가 속한 달성 서씨 집안은 아버지인 서호수(徐浩修)가 『해동농서(海東農書)』를 편찬한 것을 비롯하여 할아버지인 서명응(徐命膺)이 『본사(本史)』라는 농서를 편찬한 것에 이르기까지 3대가 모두 농서를 편찬하여 농학(農學)을 가학(家學)으로 삼고 있던 집안으로 불린다. 서유구는 『임원경제지』를 편찬하기에 앞서 지방관으로서 경험한 농정의 실제 모습과 농법의 현실에 근거하여 『행포지(杏蒲志)』를 비롯한 많은 농법 관련 서책을 편찬하였다.

19세기 전반기에 서유구가 여러 가지 농서를 집대성하고 종합적인 영농의 이모저모를 끌어모아 만들어낸 것이 바로 『임원경제지』이다. 물론 『임원경제지』에는 농사에 대한 것뿐만 아니라 요리(料理), 건축(建築), 의약(醫藥), 주거(住居) 등에 관한 항목도 모두 포함되어 있다. 『임원경제지』는 모두 16개의 지(志)로 나뉘어 있어 『임원십육지(林園十六志)』, 또는 『임원경제십육지(林園經濟十六志)』라 불리기도 한다. 현재 규장각에 소장되어 있는 『임원십육지』(규6565)는 16지, 113권, 52책에 달하는 방대한 필사본이지만 영본(零本)인 상태이다. 이 책의 유일한 완본(完本)은 전사한 필사본으로 고려대학교 중앙도서관에 소장되어 있다. 서씨 집안의 가장(家藏) 원본인 자연당경실(自然堂經室)의 괘지(罫紙)에 쓴 것 31책이 일본 오사카(大阪) 시립박물관에 소장되어 있는 것으로 전해지고 있다.[101]

『임원경제지』 16지에 수록되어 있는 내용의 주요한 것을 뽑아서 정리하면 다음 〈표 5-4〉와 같다.

〈표 5-4〉 徐有榘의 『林園經濟志』 16志의 주요 수록 내용

| 志名 | 주요 項目 | 卷數 | 주요 수록 내용 |
|---|---|---|---|
| 本利志 | 田制 水利 辨壤 審時 營治 種藝 收藏 穀名攷 五害攷 田家曆表 農器圖譜 灌漑圖譜 | 13 | 개론 田制 水利 土壤 비료 작물학 자연재해 農器具 |
| 灌畦志 | 總叙 蔬類 蓏類 藥草類 | 4 | 채소 과채류 약초류 재배법 품종 |
| 藝畹志 | 總叙 花類 卉類 花名攷 | 5 | 화훼류 재배법 품종 |
| 晩學志 | 總叙 菓類 蓏類 木類 雜類 | 5 | 과일 채소 나무 재배법 |
| 展功志 | 蠶績 麻績 綿績 諸般器具圖譜 | 5 | 養蠶 마포 면포 器具圖譜 |
| 魏鮮志 | 候歲 候風雨 | 4 | 天文기상 관측 忌日 |
| 佃漁志 | 牧養 弋獵 漁釣 魚名攷 | 4 | 牧畜 수렵 養魚 漁撈 |
| 鼎俎志 | 食瑠撮要 炊餾之類 飮淸之類 菓釘之類 咬茹之類 割烹之類 味料之類 醞醢之類 節食之類 | 8 | 음식물 종류 요리법 |
| 贍用志 | 營造之制 營造之具 服飾之具 火燭之具 | 4 | 일상용품 가옥 복식 |
| 葆養志 | 養生 節食 服食 壽親養老 求嗣育嬰 養生月令表 | 8 | 養老 育兒 養生法 攝生法 |
| 仁濟志 | 內因 外因 內外兼因 婦科 幼科 外科 備急 救荒 | 28 | 漢方醫藥 救荒 |
| 鄕禮志 | 鄕飮酒禮 鄕射禮 鄕約 冠婚 農祭禮 | 5 | 향촌 연례행사 儀式 |
| 遊藝志 | 六藝 算法 書筏 房中樂譜 | 6 | 선비의 기예 독서법 |
| 怡雲志 | 衡泌舖置 怡養器具 山濟淸供한 藝翫鑑賞 圖書藏訪 | 8 | 선비들의 취미생활 |

| 相宅志 | 占基 營治 八域名基 | 2 | 山勢 水利 거주지 선택법 |
|---|---|---|---|
| 倪圭志 | 制用 貨殖 附入域程里表 | 5 | 농업경제 상품유통 場市 물산 |

서유구는 『임원경제지』를 편찬하면서 여러 중국과 조선의 서책을 참고하였다. 총 821종의 서적을 참고 인용하였다고 한다. 그러한 인용서 목록 중에는 농서에 해당하는 다수의 서책을 찾아볼 수 있다. 중국 원대의 『농상집요(農桑輯要)』로부터 명대 서광계(徐光啓)의 『농정전서(農政全書)』에 이르는 중국 농서뿐만 아니라 조선의 농서로도 『농사직설(農事直說)』, 강희안(姜希顔)의 『양화소록(養花小錄)』, 강희맹(姜希孟)의 『금양잡록(衿陽雜錄)』, 신속(申洬)의 『농가집성(農家集成)』, 서호수(徐浩修)의 『해동농서(海東農書)』 등을 인용서 목록에서 찾아볼 수 있다.[102]

서유구가 농업기술 가운데 역점을 두고 제언한 것은 바로 농법 개량에 관한 것이었다. 농지의 지력을 잘 이용할 수 있도록 경종법과 전무(田畝) 제도를 개선해야 한다는 견해였다.[103] 그리고 그는 수전농법 가운데 이앙법을 일반적으로 수행하는 경종법으로 설정하고 다음과 같이 이앙을 하는 세 가지 이유를 설명하였다. 첫 번째가 제초(除草)하는 데 들어가는 노동력을 절감시켜주는 것이고, 두 번째가 두 곳의 지력을 이용하여 모를 기르는 것이 가져오는 효과이며, 세 번째는 좋지 않은 모를 일찌감치 제거하고 튼튼한 모를 기를 수 있다는 것이라고 하였다. 게다가 서유구는 세상의 어떤 사람이 큰 가뭄을 만나게 되면 이앙하려는 것이 헛수고가 될 것이라고 우려하는 것에 대하여, 어차피 커다란 가뭄이 닥치면 이를 모면하는 것은 불가능한 것이고 이앙하지 않고 직파하더라도 마찬가지로 실패하게 될 것이라고 설명하였다.[104]

서유구는 18세기에는 한전을 다시 손질하여 수전으로 만드는 번답 (反畓)이라는 지목의 변경이 급속하게 확대되던 사정을 지적하기도 하였다.[105] 그런데 이러한 번답의 확산은 결국 이전에 비해서 수리 조건이 열악한 수전이 대량으로 확대된다는 점을 의미하였고, 이러한 수전의 위치 조건은 위에서 설명한 토지의 위치 조건에 따른 이앙법의 확산이라는 경향과 그대로 이어지는 것이었다. 번답의 열풍에 대하여 서유구는 당시의 전체 수전 가운데 10분의 3이 한전에서 수전으로 바뀐 번답의 경향에 따른 결과물이라고 지적할 정도였다.[106] 번답의 성행은 수전의 급속한 확대 양상을 보여주는 것이었다.

서유구의 농업기술에 대한 관심의 정도와 방향을 『행포지(杏蒲志)』에 수록된 도종(稻種)의 정리에서 찾아볼 수 있다. 물론 이 기록에서 18세기 이후 진행된 도종 분화의 대략적인 추세를 검토할 수 있다. 서유구는 당대까지 이어진 농서 편찬의 흐름을 종합적으로 정리하는 작업을 수행하면서 『행포지』에서 당시까지 농업생산에 채택하고 있던 도종을 정리하였다.[107] 서유구가 『행포지』에서 정리한 도종은 총 69(70)종에 달하여 양적으로 방대한 것이었다.[108] 그런데 서유구가 수합하여 정리한 도종들의 성격을 명확하게 규정할 필요가 있다. 19세기에 들어서서 갑자기 벼 품종의 분화가 진행된 것으로 볼 수 없다는 점을 주목해야 한다. 서유구가 수합하여 정리한 도종은 이미 16세기~18세기를 거치면서 또는 그 이전부터 진행되었던 품종의 분화, 지역적인 품종의 특화의 결과로 보아야 할 것이다.

『행포지』에 나타난 조선 후기 벼 품종 분화 발전의 양상을 다음과 같이 지적할 수 있다. 첫 번째로 양적인 측면에서 많은 품종의 분화 개발이 확인된다는 점이다. 본래 『금양잡록』에는 조도(早稻) 3종, 차조도(次早稻) 4종, 만도(晩稻) 14종, 산도(山稻) 3종, 찰벼 3종이 수록되어 총 27종을 소개하고 있었다. 『행포지』는 27종 가운데 19종만 수록하고 있을 뿐이었다. 『산림경제』가 앞서 살핀 바대로 『금양잡록』에서 2종을 누락하고 새로 10

개 품종을 증보한 정도였다. 『증보산림경제』는 『산림경제』에 소개한 품종을 그대로 수록하고, 『금양잡록』에 들어 있는데 『산림경제』에서 누락시켰던 2종을 추가하였을 뿐이다. 이에 비하여 『행포지』는 새로 추가한 것이 34종이나 된다는 점에서 비록 시기적인 차이는 있지만 양적으로 많은 품종을 추가 수록하였다고 설명할 수 있다. 이런 점에서 『행포지』에 조선시대 품종 정리의 기본적인 전제라는 지위를 그동안 온전하게 유지하였던 『금양잡록』을 밀어내고 새로운 품종 정리의 기반을 제시하였다는 의의를 부여할 수 있다. 또한 19세기 이전 멀리 16세기부터 진행된 벼 품종의 분화 발전의 성과를 제대로 수용한 것이라는 의미도 찾을 수 있다.

두 번째로 지역적인 벼 품종의 정착이 확연하게 반영되어 있다는 점을 지적할 수 있다. 조도와 만도의 품종으로 서유구가 신증(新增)한 다음과 같은 품종들이 지역적인 벼 품종의 특화 현상을 두드러지게 드러내고 있다.

玉糟稻(옥자강벼): 漢北 州郡 多種之

禿稻(몽골벼): 今湖南 早稻 皆此也

天上稻(텬샹벼): 湖南 多種之 (이상 早稻 新增)

海南稻(히남벼): (전라도 海南 지역)

精根稻(정근벼): 今 畿甸 農家 寂尙精根棗稻兩種(精根稻 棗稻)

泉橋稻(시암다리벼): (경기) 抱川人 喜種之 呼爲紅稻

茜紅稻(분홍벼): 又稱 慶尙稻): (경상도 지역)

裵脫稻(빗탈벼): 湖南 州郡 所種晚稻 皆此 (이상 晚稻 新增)[109]

한북(漢北) 주군에서 많이 선호하는 조도인 옥조도(玉糟稻, 옥자강벼)부터 호남 주군에서 많이 심는 만도인 배탈도(裵脫稻, 빗탈벼)에 이르기까지 총 8품종을 설명하는 부분에 지역적인 선호도를 주요하게 기록하고 있다. 이들 품종은 모두 서유구가 신증(新增)한 것이라는 특징을 가지고 있다. 서유구가 신증한 품종이 총 34종인데 대부분 품종의 특성에 대한 설명이 『금양잡록』이나 『증보산림경제』에서 옮겨놓은 것보다 간략한 편이다. 간략한 설명문에 품종을 선호하는 지역을 명기하고 있다는 점은 실제의 농업생산에서 지역적인 품종의 선호도가 확실하게 자리잡고 있음을 반영하는 것이라고 할 수 있다.

서유구가 『행포지』를 정리할 당시 호남 지역에서 조도로 독도(禿稻, 몽골벼), 만도로 배탈도(裏脫稻, 빗탈벼)가 확실한 선호 품종으로 자리를 잡고 있었다. 그리고 한강 이북 지역의 주군에서 많이 심는 조도로 옥조도(玉糟稻, 옥자강벼)가 우월한 선호도를 점유하고 있었다. 그리고 만도인 정근도(精根稻, 정근벼)와 조도(棗稻, 딕추벼)가 선호도가 높은 품종이었다. 경기 포천(抱川) 지역의 농민은 천교도(泉橋稻, 싀암다리벼)를 특히 많이 심었는데 홍도(紅稻)라는 별칭을 따로 부르고 있을 정도였다.

만도 품종에 소개된 해남도(海南稻, 히남도)와 천홍도(茜紅稻, 분홍벼:又稱 慶尙稻)는 명칭 자체에 지역적인 특색이 반영된 품종이었다. 전라도 해남 지역과 경상도 지역이 이 품종을 많이 경작하는 특정 지역이라는 점을 확연하게 보여주고 있다. 또한 『행포지』는 이러한 특정한 지역과 연관된 것은 아니지만 특정한 지형적 조건, 기후적 조건에 맞는 품종의 특성을 주목하고 있다. 만도로 서유구가 신증한 절배도(折背稻, 등터지기)는 산곡(山谷) 즉 산골짜기의 바람을 많이 맞는 곳에서 심고 있는 품종이었다.

세 번째로 이앙용 품종이 다수 개발되는 벼 품종의 분화 경향을 잘 보여주고 있다는 점이다. 이러한 경향은 이미 『산림경제』 단계에서도 등장한 것이었지만, 『행포지』에 수록된 벼 품종의 특성에서 확실한 경향성을 다시 확인할 수 있다.

벼 품종의 개량에 대한 주장은 나아가 우량 벼 품종을 수입해야 한다는 주장으로 이어지기도 하였다. 서유구는 1838년(헌종 4)에 구황책을 상소하면서 내한(耐旱) 내수(耐水) 내염(耐鹽)의 특성을 지닌 품종을 중국으로부터 수입하자고 제안하였다. 서유구는 50일 내지 60일 정도의 짧은 성장 기간을 갖고 있는 품종(六十日稻-通州, 深水紅稻-上海·靑蒲, 香秈晚稻-德安府)을 수입하여 메밀이나 녹두 등을 대파하는 것과 같이 활용하면 좋을 것이라고 주장하였다.[110] 서유구는 송나라 진종(眞宗)이 점성도(占城稻)를 도입한 고사를 인용하면서 이를 본받아 중국의 종자를 수입하여 파종하게 하고 성과를 올리는 것이 중요하다고 강조하였다.

서유구의 『임원경제지』는 사실 가장 조선적인 입장에서 농업기술의 종합을 완수하려는 것이었다. 서유구는 『행포지』를 비롯한 다수의 농법 관련 저술을 통해서, 그리고 화성유수와 전라도관찰사의 관직 일상을 기록한 『화영일록(華營日錄)』, 『완영일록(完營日錄)』 등의 사환일기(仕宦日記)를 서술하면서 지역적인 특색을 지닌 지역농법의 실체에 대해서 충분한 견식을 쌓은 인물이었다. 게다가 아버지와 할아버지로부터 이어받은 농법에 대한 관심이 당연하게 조선적 농법의 집대성이라는 『임원경제지』 편찬으로 귀결되었다고 생각된다.

# 농촌사회와 농민 생활의 변화

## 1. 농민층의 분화

조선 후기의 농업생산력 발전은 사회적 분업을 촉진시키는 작용을 하였고, 이에 소토지를 보유한 소농민은 자급자족의 상태에서 벗어나 단순상품생산자로 시장에 등장하기 시작하였다. 또한 농업생산력의 발달에 따른 수확량의 증가는 그것의 유통을 원활히 하는 상품화폐경제의 발전을 유발하였다. 농촌사회는 점차 상품화폐경제의 영향하에 들어가기 시작하였으며, 상품화폐경제의 전개에 능동적으로 대응하지 못하는 농민은 몰락해갔다. 또한 두 차례의 전쟁을 치른 17세기에는 지주층이나 부농층의 신전 개발과 토지 집적이 진전되고, 인구 팽창에 따르는 경지의 부족과 편중 등의 요인에 의해서 농민층이 분화되어가는 현상이 나타났다. 즉, 조선 전기에 소토지를 경작했던 자작농과 소작농 가운데 당시의 상품화폐경제에 능동적으로 참여하거나 토지 개간에 적극적으로 참여한 자는 부농으로 성장해갔고, 그렇지 못한 자는 빈농으로 전락해가는 농민층 분화 현상이 나타나게 되었다.

농민층 분화 현상은 직접적으로 농촌사회에서 토지소유의 집중화 현상과 토지경영의 집중화 현상이 일어남으로써 촉발되었다. 먼저 농촌사회에서 토지소유의 집중화 현상이 일어났다. 16세기 중엽 이후 직전제가 해체되자 양반관료들은 그들의 경제적 기반을 토지소유에서 구하게 되었다. 그리하여 양반관료들은 토지 집적을 통한 토지소유에 노력을 기울였다. 그들은 고리대를 매개로 한 토지 매입과 신전 개발을 통하여 토지를 집적해갔고, 또한 유통경제를 적극적으로 활용하여 방납(防納)과 무역 및 장시 등을 이용하면서 부를 집적하여 지주로서의 경제적 기반을 다져갔다.[111]

특히 17세기 이후 두 차례의 전쟁을 치른 후 진전(陳田)과 해택지(海澤地)를 개간하는 과정 속에서 궁방(宮房)과 관아(官衙) 및 양반관료층은 토지를 집적해갔다. 궁방과 관아는 진전의 개간과 함께 절수(折受)와 매입을 통하여 토지를 확대해갔고, 양반관료층은 관청에 입안(立案)을 신청하여 진전과 해택지를 개간함으로써 토지소유를 확대해갔다. 농민층도 자력(自力)이 허용하는 한 개간을 하였지만, 개간을 주도해간 계층은 궁방과 관아 및 양반층 등이 중심이었다.[112]

이러한 토지소유의 집적 현상은 조선 후기에 상품화폐경제가 발달하면서 더욱 가속화되었다. 농업생산력이 발달하면서 사회적 분업이 진전되어 소토지 보유 농민은 단순상품생산자로 성장해갔고, 아울러 그들은 장시의 발달, 상인층의 등장을 기반으로 상품화폐경제의 범주에 휩쓸리게 되었다. 이에 농업생산력의 발달과 상품화폐경제의 진전을 잘 이용한 농민은 성장했지만, 그렇지 못한 농민은 몰락했다. 그리하여 농민 중에는 부농으로 성장하고, 더 나아가 축적한 부로써 토지를 매입하여 지주로 변신하는 자도 있었다. 상인 중에서도 축적한 부로 토지를 매입하여 지주로 변신하거나 겸영(兼營)하는 자도 생겨났다. 또한 당시에 전세(田稅)·대동(大同)·신역(身役) 등의 부세 부담, 고리채의 대여, 관혼상제의 비용, 농사의 흉작 등에 얽혀들었던 농민의 경우는 헐값에 자신의 토지를 내놓았고, 반면에 지주층이나 상인층 및 부농층은 이 기회를 놓치지 않고 토지를 매입하여 축적해갔다. 특히 18세기 이후 상품화폐경제가 발전함에 따라 상품생산이 활발해졌고, 이에 토지의 상품화 현상도 진전되면서 토지 매매도 자유로워져 화폐재산을 소유한 지주 및 부농과 상인들은 토지를 축적해갔다.[113]

이와 같이 궁방이나 양반관료층 및 부농층은 토지소유를 확대하여 경제적 기반을 축적했지만, 반면에 다수의 농민층은 토지소유로부터 배제되어 점차 토지로부터 유리되어갔다. 즉, 토지소유의 분화 현상이 이루어졌던 것이다. 소수의 상층이 많은 토지를 소유하게 되었고, 다수의 하층 농민이 전호로 전락하거나 토지소유로부터 배제되었다.

17세기로 들어서면 지주의 직영지 경작의 규모는 대폭 축소되고 병작제를 중심으로 지주제가 전개되었다. 병작제의 확대는 소농민의 토지 상실의 진전 속에서 진행된 것이었다. 더욱이 상품화폐경제 발달에 따라 사회적 재부의 재분배 과정에서 신분제의 변동과 함께 농업경영·토지소유 등의 측면에서 광범위한 농촌사회의 분화·분해가 나타났다. 농민층 분해의 진전으로 임노동적인 기반 아래 시장성을 고려한 상업적 농업을 영위하는 농민들이 등장하였고,[114] 신분제 변동의 영향으로 일반 양인, 노비층 가운데 부농, 지주가 성장하는 경우도 나타났다.

전반적으로 토호층의 토지 집적과 그에 따르는 무세(無勢) 농민의 영세화, 부세의 가중으로 인한 소농층의 궁핍화, 농민층의 분호(分戶) 별산(別産)의 전개 등에서 기인한 농지소유의 영세화 추세가 뚜렷하게 나타나고 있었다. 광범위하게 존재하는 영세농민은 전호로서 병작하거나, 고공(雇

工) 등 임노동을 통해 생계를 유지하거나, 상업이나 수공업에 종사하였고 조선시기 말기에 이를수록 더욱 증가하였다.

토지소유의 집중화 현상과 토지경영의 집중화 현상을 계기로 하여 농촌사회에서 농민층 분화 현상이 일어났다. 게다가 상품화폐경제의 발전 및 수공업과 광업의 발달 등도 농민층 분화 현상을 촉진시켰다. 그 결과 조선 후기의 농민층 분화 현상은 소농층을 중심으로 한 농촌사회의 계급 구성을 바꾸어버렸다. 자영농을 중심으로 한 평균적 소농이 부농·중농·소농·빈농의 형태로 분화되면서 토지소유와 경영에 따른 부의 편재가 두드러졌다. 즉, 농민층의 일부분은 부농층으로 성장해갔으나, 다수의 농민은 빈농층이나 무전농민층으로 몰락해갔던 것이다.

농촌사회에서의 경제적 분화 현상은 양반층에서도 일어났다. 양반층도 권력에 참여하거나 토지를 집적하여 부를 축적한 계층이 있는가 하면, 일부는 관직에 올라가지 못하거나 부를 모으지 못하여 몰락양반으로 전락해간 층이 생기게 되었다. 즉, 양반층도 대지주·중소지주·자작농·소작농 등의 다양한 계층으로 분화되었다. 이러한 현상에 의하여 신분과 토지소유의 정합 관계가 무너지기 시작하였다.

주목할 점은 지주의 다수는 여전히 양반·토호들이었으나, 평민과 천민들 중에도 양반을 능가하는 부농이나 지주가 존재하였으며 양반층 중에도 몰락하여 소작인으로 전락한 층이 존재하게 되었다는 사실이다. 그 현상은 조선 후기에 들어와 신분제를 근간으로 한 중세사회가 동요한다는 사실을 나타내는 것이다.

당시 농촌사회의 계급구조는 19세기에 이르러 대지주층(大地主層), 중소지주층(中小地主層), 부농층(富農層), 중농층(中農層), 빈농층(貧農層), 임노동자층(賃勞動者層) 등으로 확연히 분화되었다.[115] 대지주층은 주로 궁방과 양반관료 등으로 대토지를 소유하고 있었으며, 중소지주층은 재지양반지주와 서민지주를 들 수 있다. 서민지주는 농민으로 부를 축적하여 성장하면서 지주로 변신해간 자들과 상인으로서 부를 축적하여 토지를 매입함으로써 지주로 변신해간 자들로 이루어졌다. 부농층에는 자작상농·자소작상농·소작상농들로서 경영형 부농·광작농·광농경영주들이 있었다. 그들은 직접 경영에 참여하면서 토지를 확대해갔고, 토지의 확대에 따른 부족한 노동력은 임노동자를 고용하여 충당하였다. 또한 시장 판매를 염두에 두면서 작물을 재배하는 상업적 농업을 행하는 경우가 많았다. 이러한 중소지주층과 부농층의 성장은 다수의 소경영농민으로 하여금 그들의 차경지를 축소시키거나 상실하게 함으로써 빈농층으로 전락하거나 나아가 농촌사회를 떠나게 하기도 하였다.

빈농층은 그들이 소유하고 있는 소토지를 경영해서는 생계를 유지하기 힘들었으며, 따라서 농촌사회에서 자신의 노동력을 판매하여 생계를 유지해가기도 하였다. 농민층 중에는 그들의 소유지를 상실한 무전농(無田農), 차경(借耕) 전토조차 상실한 무전농(無佃農)들이 존재하게 되었고, 그들은 생계를 유지하기 위해 자신의 노동력을 판매해야 했다. 이들 몰락한 무전농민층은 다수가 농촌에 머물러 임노동으로 생계를 유지해갔지만, 일부는 도시·포구로 나가 잡역노동자가 되거나 혹은 수공업·광업촌락에 가서 품팔이꾼이 되었다. 그들은 점차 자유로운 임노동자가 되어갔다. 이같은 빈농층과 임노동자층은 중농층의 양극 분해 속에서 끊임없이 재생산되고 있었다. 따라서 당시 중농은 일정한 규모의 토지를 자작 혹은 소작하면서 소농민경영의 재생산을 유지해나갔지만, 점차 부농과 빈농의 양극으로 분해되어갔다.[116]

당시의 사회정세 속에서 부농이 순조롭게 농업경영을 통하여 성장하기는 쉽지 않았다. 삼정(三政)을 매개로 한 수령의 조세 수탈과 지주에 대한 소작료 부담 등이 가볍지 않았기 때문에, 농사를 행하기보다는 지주로 변신하여 소작료를 받는다든가 고리대 활동을 통하여 부를 축적하는 것이 수월하였다. 그리하여 부농은 당시 전환기의 사회정세 속에서 동요할 수밖에 없었고, 직접 생산을 담당하면서 성장하기보다는 소작료나 고리대에 의존하여 부를 축적하는 서민지주로 변신해가는 형태를 취하기도 하였다.

당시 유학자들은 토지소유의 집중과 토지경영의 집중화로 인한 농민층 분화 현상이 농촌사회를 붕괴시키는 것이라고 인식하면서 그것을 해결하는 방안을 모색, 제시하였다. 유학자들의 개혁론은 크게 두 종류가 있었는데, 하나는 지주전호제를 부정하면서 그것을 개혁하려는 입장으로 정전론(井田論)·균전론(均田論)·한전론(限田論) 등이었고, 다른 하나는 지주전호제의 부정은 현실적으로 어려우므로 그것을 인정한 상태에서 토지경영의 균등을 주장하는 균경균작론(均耕均作論)이었다. 전자는 토지소유 집중화 현상의 폐단을 지적하면서 직접생산자에게 토지소유의 재분배를 주장하는 것이었고, 후자는 기존의 토지소유권은 인정하면서 경작지라도 균등하게 분배하자는 것, 즉 광작의 성행으로 인한 토지경영의 집중화 현상을 개선하자는 것이었다.[117] 이러한 개혁론의 제기는 조선 후기에 토지소유의 집중화와 경영의 집중화가 심각하였다는 사실을 바탕으로 그 모순을 극복하고자 나온 것이다.

이와 같이 조선 후기에는 농업생산력의 발달에 따른 사회적 분업의 진전으로 농민층이 단순상품생산자로 등장하면서 당시의 상품화폐경제의 전개에 능동적으로 대처한 농민은 성장해갔고, 그렇지 못한 농민은 몰락해갔다. 또한 당시의 토지소유의 집중화 현상과 토지경영의 집중화 현상에 잘 대처한 농민은 부농으로 성장해갔지만, 그렇지 못한 농민은 빈농으로 전락해갔다. 즉, 농민층 분화 현상이 진전되어 소수의 지주 및 부농이 많은 토지를 소유하게 되었고, 다수의 빈농은 몰락하게 되었다.

조선 후기 농촌사회의 분해 과정에서 광범위한 농업 임노동층이 형성되었다. 무전(無田) 무전(無佃)의 농민층은 임노동으로 생계를 의존할 수밖에 없었고, 반면에 경영 확대를 이룩한 광농층(廣農層)은 부족한 노동력을 임노동층에서 충당하게 되었다.[118] 17세기 중반 충청도 공주(公州)의 이유태(李惟泰) 가문은 노비노동에 기본적으로 의존하면서도 '품앗이', 고용노동에 대한 의존도가 높게 나타나고 있었다.[119]

양반층의 농업생산은 18세기 이후 본격적으로 단기 고공 등을 고용하여 농업경영을 수행하는 단계로 나아가고 있었다. 특히 미리 일정한 작업량(대개의 경우 이앙과 제초)을 예약하는 방식으로 노동력의 구매와 판매가 이루어지는 고지노동(雇只勞動)이 등장하였다. 이러한 여러 가지 형태의 고용노동력 동원은 지주층이나 부농층의 농업경영에서 이앙·제초·수확 등에 집중적인 노동력 투하가 요청되었기 때문이었다.

이와 같은 노동력 이용방식의 변화가 나타나게 된 분수령이 된 것은 17세기 말의 고공법(雇工法)의 변동이었다. 물론 이러한 변화의 진전은 앞 시기부터 계속적으로 누적되어 나타난 것이었다. 농업경영에 투하하는 농업자본에서 노동자와 농우 등의 문제는 수입의 다과를 규정하는 관건이었기 때문에 핵심적인 문제였다. 노동력을 덜 들이고 소출(所出)을 많이 올린다는 소위 '생력(省力)'의 문제였다. 그런 차원에서 고용노동적인 성격의 임노동(賃勞動), 고지노동(雇只勞動), 고공노동(雇工勞動)이 등장한 것이었다. 즉, 농업생산에 적용되는 노동력이 노비노동 중심에서 고공노동, 고지노동, 임노동 등이 중심이 되는 변화가 진행되고 있었다.[120] 국가적인 차원에서 요역(徭役)의 고립화(雇立化)가 진행되면서 농촌 노동력의 동원도 마찬가지로 임금노동의 형식을 띠게 된 것이다. 18세기에는 노동 작업을 세분화하여 각각의 노동 과정에 대한 임금이 결정되어 일급(日給)이나 월급(月給)의 형태로 지급되기도 하였다.[121]

농법의 변화도 임노동의 등장과 정착에 하나의 배후 요인으로 작용하였다. 특히 이앙법의 보급은 이앙기(移秧期)라는 단시일 내에 집중적인 노동력 투하가 요청되었다. 이를 해결하기 위한 방법으로 일반 소농민이 공동노동조직의 결성으로 대응하였지만, 많은 전토를 경영했던 지주층이나 부농층의 농업경영에서는 임노동의 일시적인 이용에 의해서 해결할 수밖에 없었다. 또한 그 밖에 제초(除草)나 수확, 타작(打作) 등 단기간에 많은 노동력이 필요한 경우에도 임노동을 이용하였다.

부농층은 먼저 이앙법의 실시 등 농법의 전환을 통해 농업생산력을 발전시켜갔고, 그것을 바탕으로 노동력을 절감함으로써 광작 경영을 행하였다. 그들은 자작지의 경영은 물론이고 소작지를 차경하면서 경작지를 확대하기도 하였고, 진전이나 해택지의 개간을 통해 토지를 집적하여 경영을 확대하기도 하였다. 그들은 부를 축적하여 토지를 매입함으로써 경영을 확대하기도 하였다. 그들은 자소작 상농층이 대부분이었으며, 토지 소유 규모는 1결(結) 이상을 소유하여 경작함으로써 생계를 유지하는 층이라고 할 수 있다. 소작농인 경우에는 2결 이상을 경작하는 자들이라고 할 수 있다.[122]

부농층은 자기 가족의 노동력만으로는 이러한 넓은 토지를 경작할 수 없었다. 그들은 농업자본을 들여 종자, 비료, 농구 등을 조달했지만, 특히 노동자와 농우 등의 노동력 문제가 큰 문제였다. 농업경영이란 전 과정이 노동 과정의 연속이고 그러한 것을 노동력을 고용하여 충당해야 했다. 부농층은 임노동자층에게 고가(雇價)를 지급하고 그들을 고용하여 농업을 경영하였다. 국가의 공공적인 사업에서 동원한 고공에게 대가를 지급하는 것이 전반적인 추세로 전면에 등장하면서 농업경영에 임노동을 고용하는 것이 당연하게 수행되었다.[123]

이러한 노동력 동원 구조의 정착은 결국 농촌사회에 임노동층, 농업임금노동자층의 형성을 촉발하였고, 농촌경제의 한 축으로 노동력의 판매와 구매를 둘러싼 경제적인 제 관계를 자리잡게 하였다. 이렇게 나타난 농촌의 임노동층은 도시 지역으로 진출하여 상업에 종사하거나 일용노동자가 되었고, 광산으로 진출하여 광군(광산노동자)이 되기도 하였다. 농촌경제의 여러 가지 측면이 결국 전 사회적인 경제체제의 순환고리에 편입되고 상호 영향을 주고받는 상황이 전개되는 것이었다.

당시의 고용노동은 여러 가지 형태를 띠고 있었다. 구체적으로 앞에서도 나왔지만 임노동(賃勞動), 고지노동(雇只勞動), 고공노동(雇工勞動) 등이 존재하였다. 고지노동이라는 것은 농사 작업 과정의 일부분을 청부 맡아 수행하는 고용 관계를 의미하였다. 대략적으로 17세기 이후 등장한 고지노동은 이앙법의 보급, 노동력이 적은 광작(廣作) 농가의 등장, 농업경영의 수익 확대 추구 등의 여건 속에서, 노동력의 판매를 통해 생계를 유지해 나가는 농민 계층이 농촌에서 형성되면서 등장하였다. 임노동과 다른 점은 미리 일정한 작업량(대개의 경우 移秧과 除草)을 예약하는 방식으로 노동력의 구매 판매가 이루어진다는 점이었다.

고공(雇工)의 성격도 조선 전기에 비해 크게 변화하였다. 조선 전기의 전형적인 고공인 장기고공(長期雇工)은 고주(雇主)에 대한 인신적인 예속성이 강한 존재였다. 주로 비부(婢夫)나 흉년에 수양(收養)된 자들로 구성되어 있었다. 조선 후기에 접어들면서 농번기(農繁期)에 일시적으로 고용되어 임노동과 같은 성격으로 규정할 수 있는 단기고공(短期雇工)이 전형적인 고공으로 나타났다. 양난 이후 주로 서북지방과 관북지방에서 주민의 이동이 심각하게 표출되면서 단기고공이 일찍 발달하였고, 17세기 후반부터 중부 이남의 남부지방에서도 단기고공이 크게 발달하였다. 조선 국가에서도 고공의 지위를 명확히 파악하기 위하여 고공사목(雇工事目)을 제정하고 있었다.[124] 숙종 6년에 이르러 고공입안제가 성립되었다. 당시까지 고공은 '민가의 일시적인 고용자'로서 고주에 의식을 의존하는 무임의 노동자였다. 그러다가 고공입안제가 성립되면서 고공은 장기간 고주에게 복역되는 무임의 사역인이 되었다.[125]

농촌사회에서 임노동자가 등장하는 방식의 농민층 분화는 신분제의 해체를 수반한 것이었다. 그러므로 임노동에 신분적 예속 관계가 있을 수 없었으며, 따라서 임노동 계층은 인격적으로 자유롭고 고용주와는 신분상 대등하였다. 그러한 현상은 당시 국가사업에서도 노동에 대한 대가를 지불하는 추세로 나타나게 되었다. 즉, 토목공사(수리시설의 축조나 도로의 보수 등) 같은 법제 규정 외의 부역노동에 농민들을 동원하면 정당한 임금을 지불하는 것이 상례였으며,[126] 광산이나 수공업 촌락에서도 임노동자를 모집하여 대가를 지불하고 그 산업을 경영하는 것이 일반적이었다.

이러한 사회적 관행으로 농업노동에서도 임금노동의 형태가 자연스럽게 전개될 수밖에 없었다. 그리하여 이 시기의 농촌사회에서는 임노동 계층이 성립되고 임금노동제가 일반적으로 행해지는 가운데, 농업경영에서도 임노동으로서의 노동력을 이용하는 것이 일반화되기에 이르렀다. 부농층은 토지를 집적하든가 또는 소작지를 많이 얻든가 하여 경영 확대를 하였으며, 그것을 경영하는 데서 부족한 노동력은 임노동으로 보충하면서 상업적 농업을 행하였다.


## 2. 농촌조직의 양상

조선 후기 농촌사회의 변동에서 주요하게 찾아볼 수 있는 것이 농촌사회의 여러 가지 조직체의 변모이다. 농업노동을 협동으로 수행하는 공동노동조직의 결성을 찾아볼 수 있고, 또한 농촌사회 내부 구성원이 모두 참여하는 촌락 단위의 조직체의 결성도 볼 수 있다. 그리고 특정한 목적을 위해 결성된 조직도 찾아볼 수 있다.

촌락민 조직들은 고려 말 이래의 자연촌적인 향도와 계통을 같이하는 것들이었다. 대체로 조선 전기의 향도 조직들은 그 조직의 범위를 이(里), 향리(鄕里), 인리(隣里), 이중(里中), 촌(村) 등의 말단 자연촌락을 단위로 하고 있고, 구성원도 7~9인에서 100인 혹은 40~50호 정도의 상민(常民), 천민(賤民)을 대상으로 하였다. 또한 이들이 주체가 되어 행하는 행사들도 공동노역이나 마을의 잡역, 그리고 무속적인 전통이 가미된 마을제사(淫祀: 당제·동제), 관혼상장의 공유와 그 부조가 주된 것이었다. 그리고 몇몇의 사례에서 보이는 것처럼 정례화, 혹은 정기적인 행사의 모습도 지닌 것이었다. 향도 조직은 농촌사회의 여러 가지 조직체의 모태 구실을 하는 것으로 마을을 단위로 구성된 공동체 조직이었다.

조선 중기 이래 성리학적인 사회질서가 구축되어가는 과정에서 향도 조직과 그 밖에 여러 가지 계 조직의 성격도 변화하였다. 향도(香徒), 동계(洞契) 등 기층 촌락민 조직들은 성리학적 사족 지배질서가 구축되어가는 과정에서 사족계나 향약 조직의 하부구조로 대부분 편입되어 지배이념과 근본적으로 상충되지 않는 선에서 부분적인 기능만을 담당하거나, 아예 지배층의 하민(下民) 지배틀 속에 귀속되어갔던 것이다.

조선 후기 농촌조직의 변화는 조직의 규모, 활동 방향, 구성원 등의 측면에서 찾아볼 수 있다. 그런데 농민조직, 농촌조직의 변화는 우선 조선 후기 이후 촌락의 규모와 중심지가 차츰 분화하는 변화를 기본적인 전제로 삼고 있었다. 예를 들어 이전에 하나의 동계(洞契)나 동약(洞約)으로 묶였던 지역이 분화되어 독립화되는 양상이 바로 촌락 규모의 변화에 대응하는 것으로 볼 수 있다. 촌락의 분화와 발전은 인구의 자연증가나 생산기술의 발전에 따르는 농지의 확대나 분포상의 변화에 기인하는 자연지리적 배경에서 나온 것이기도 하였다. 또한 촌락의 운영 문제나 부세 문제와 관련된 주도세력 간의 불화에서 유래한 것도 있었을 것으로 추정된다.[127]

임란기를 전후한 시기의 촌락 구성은 일정한 자연적 공동체로서 수개 또는 10여 개 자연촌락들이 하나의 동계(동약)체계 속에 묶여 있었으며 그중 대표되는 '동(洞)', '본동(本洞)'과 '리(里)', '본리(本里)'가 이들 전체 명칭으로 사용되고 있었다.[128] '리'와 '동'에는 사족이 집거하면서 사회경제적으로 이들 수개 또는 10여 개의 마을을 지배(통제)하고 그 지배의 틀로서 상위 촌락 조직인 사족들의 동계·동약이 마련되었다.

분동(分洞)·분촌(分村)은 기존 마을의 구체적 운영이나 주도권 문제와 관련되어 나타났을 가능성이 많다. 더욱이 17세기 후반 이후 조정 차원에서 수령권을 중심으로 집요하게 추진되는 이정법이나 면리제, 공동납 실시가 맞물리면서 촌락사회 내부구조상에서 자연촌락 간, 계층 간 갈등을 확대, 표출시키게 되었을 것이다. 촌락의 분화 과정에서 사족들의 동계, 동약 조직은 관념적인 형태로 남거나 형해화되었고, 그 영향력의 범위는 소위 본동(本洞), 본리(本里)에 한정되었을 가능성이 크며 나머지의 경우는 오히려 촌계류 조직들이 보다 실제적인 모습으로 자연촌 단위의 운영을 주도해갔다. 그리고 이 과정에서 동제(洞祭), 당제(堂祭)도 큰 당이나 작은 당으로 분화, 혹은 아예 다른 당산을 새로 마련하여 독립하고,[129] 노동조직으로서의 두레도 마찬가지로 자연촌의 구조에 맞게 재편[130]되어갔다. 상장(喪葬) 부조(扶助)의 기능면에서도 이러한 촌락 분화와 관련된 사실은 추적이 가능한데 예컨대 상여나 혼례도구와 같은 동물(洞物)이나 동답(洞畓)의 분리 운영 같은 것은 그같은 변화의 모습을 반영하는 것들이었다.

조선 후기 촌락의 분화 과정을 겪으면서 마을의 운영과 조직체계도 변화되어 전일의 동계-촌계 간의 연결구조보다 이 시기에는 촌계와 동회, 동제 조직, 두레, 기타 상장부조류의 조직들 간의 연결과 상대적인 역할 분담이 오히려 더 중요한 문제가 되었을 것이다. 촌락 전체적인 구성원을 가졌던 촌계류 조직의 영향력이 감소되는 반면, 계층적 이해를 같이하는 각 마을의 두레들이 마을 외적으로 연대성을 가지는 단계가 되었다. 두레 조직은 비로소 사회 변혁의 동원 세력으로 그 기능과 역할을 담당할 수도 있었다.

두레는 조선 후기 농촌에서 발달한 공동노동조직의 대표적인 존재였다. 특히 17세기 이앙법의 보급과 결부되면서 두레가 결성되었다.[131] 조선 후기 농촌에서 두레가 활성화된 것은 수도작에서 이앙법이 일반화된 것과 깊은 관련이 있었다.[132] 상민(常民)을 중심으로 결성된 두레 조직은 농법의 변화에 따른 농업생산의 노동력 투하방식이 변화한 데 적응하는 성격을 가진 것이었다. 즉, 이앙법이라는 수전농업에서의 경종법의 확산은 이전 시기의 황두군과 같은 직파법(直播法) 아래에서의 공동노동조직도 변화시켜 두레 노동조직을 결성할 배경이 되었다. 이앙법에서 두레 공동노동이 요구된 것은 모내기와 곧장 이어지는(10여 일 후) 김매기에 집중적인 노동력 투입이 필요했기 때문이었다.[133] 두레 노동조직에는 농악과 농기가 확충되었는데 이것은 공동노동의 성격상 노동의 능률을 올리기 위한 장치로서 마련된 것이었다.[134]

두레 공동노동 관행을 구체적으로 검토하면 먼저 두레는 논농사 지대인 중남부지역을 중심으로 발전하여, 도작(稻作)문화의 북방한계선이 바로 두레 문화의 경계선으로 설정되었다. 두레는 수행할 노동의 성격에 따라 구분되고, 또한 조직방식에 따라서도 여러 가지로 구분되었다.[135] 게다가 두레는 단순히 공동노동만이 아니라 일과 놀이가 병행하는 문화로서 기능하고 있었다. 그러나 조선 후기 농촌 분해가 진전되어 보다 개별적인 성격을 지닌 품앗이노동, 고지노동 등이 발생함에 따라 두레는 더욱 분해되는 모습을 보이게 되었다. 두레는 조직 면에서 지주층의 참여를 배제하고 동질적인 경제적, 신분적 구성이라는 성격을 띠고 있었다. 이는 두레 조직원 사이에 자율성을 높이는 역할을 하였고, 또한 이전의 황두군에 비해 더 공고한 결속력을 지니게 하였다.[136]

한편 두레의 확산과 더불어 노동력의 집중적인 투하가 문제였던 수도(水稻) 건파(乾播) 재배에 대응하는 노동조직인 황두군이 강화되었다. 특히 서북(西北)지역 즉 평안도 일대의 독특한 농사 관행인 황두 조직은 두레의 형성보다 앞선 시기에 향도(香徒)에서 분화 발전한 것이었지만 풍물 등을 갖추고 강력한 조직체로 성장한 것은 조선 후기의 산물이었고 두레의 확산에 영향을 받은 것이었다. 황두에서의 공동노동은 주로 김매기에 집중되었고, 대개 1개 마을에 1~2개 정도가 구성되어 있었다.[137]

또한 두레 조직은 마을 단위로 결성되고 하층민만을 구성원으로 하는 것이었기 때문에 향촌사회에서 지주층의 참여와 간섭을 배제하는 여건, 즉 자연촌의 성장과 촌계(村契)의 분리 독립이라는 사회적 여건의 조성이 필요하였다. 두레의 구성원이 주로 자작농민, 소작농민으로 설정되었기 때문에 일면에서 당시의 신분제적 사회질서의 강제를 벗어나는 모습을 나타내기도 하였다. 두레의 우두머리는 유향소나 동계의 직임(職任)의 직명(職名)과 같거나 유사하게 좌수(座首) 등으로 불렸다. 민중들은 향촌 지배세력의 직임 직명을 그대로 가져다 씀으로써 두레 내부에서 좌상의 권위를 높이고 외부에도 시사하려고 의도했다.

두레 조직의 자율성 신장은 17세기에 이어 18세기에 수취체제가 전반적으로 동리(洞里) 단위의 공동납제(共同納制)로 일대 전환하는 과정에서도 반영되었다고 할 수 있다. 두레가 이러한 노동조직으로서의 역할을 수행함에 따라 향도는 상장(喪葬)의 기능만이 남아 공동체적 질서의 대표성을 상실하게끔 되었다.[138] 아울러 호남 지역에서 마을 공동집회소로 기능하였던 모정(茅亭)은 두레의 조직 및 운영과 밀접한 관련을 맺고 있었다. 즉, 모정은 두레의 공동 재산인 농기, 풍물 및 두레 성원의 의복을 보관하는 장소인 동시에 노동회의를 열고, 하루의 피로를 푸는 장소였다.[139]

두레는 기본적으로 지주층의 참여와 간섭을 배제하여 자작·소작농민을 성원으로 했던 까닭에 신분제적 강제를 벗어나려는 움직임을 보였을 것은 자명하다. 여기에 생산력과 연관된 경제 기반이 확보되었을 때 그 기능은 더욱 강화되었을 것이고 이들이 명실상부하게 기층 촌락민의 입장을 대표하는 조직으로 기능하였을 것임은 쉽게 추측이 된다.[140] 18세기 중엽 이후 상하(上下) 합계(合契) 형태의 동계 조직에서 하계(下契)가 없어지는 현상은 두레 조직의 강화와도 연관시켜 이해할 필요가 있다. 촌락 단위의 공동노동조직, 자율적인 공동체 조직의 존재에 대해서 시사점을 던져주는 것은 통리 단위의 자율성을 강조하는 국가의 입장이었다. 조선왕조에서 추진한 이정법(里定法)은 국가의 양역(良役) 부과체제의 일부 기능을 촌락에 부여한 것이었다.[141] 그리고 오가작통법(五家作統法)도 이정제의 정착과 관련되어 있었다.

촌락 조직의 형성에 두레의 형성과 강화는 커다란 영향을 끼쳤다. 그리고 동계 조직에서 하계(下契)가 분리되는 현상, 즉 촌계의 형성과 맞물려서 나타나는 것이었다. 이는 중앙정부에서 수령권으로 대표되는 국가권력을 통해 향촌사회를 보다 철저히 지배하기 위한 촌락 지배의 구체적 방안의 강구와 관련된 것이었다. 촌계의 양대 기능이 마을굿의 설행과 두레였다는 점에서 촌계의 실질적인 형성은 두레의 형성과 밀접한 관계를 갖는 것이었다.[142]

농촌에서의 노동력 조직화의 징표를 두레의 결성에서 찾을 수 있다. 공동노동조직으로서 두레가 이앙법의 보급과 맞물려 모내기, 김매기, 수확 작업을 공동으로 수행하면서 여러 가지 의례를 곁들이는 조직으로서 마을 단위로 결성되었다.[143] 특히 두레의 등장은 노동력의 상품화라는 현상과 병행해서 나타난 것이었다.

이와 같이 조선 후기 사족들이 중심이 된 동계는 자연촌락 몇 개를 묶어서 조직되었으나, 민중들이 중심이 된 촌계는 원칙적으로 자연촌락 단위로 결성되었다.[144] 다시 말해서 촌계는 사족의 지배로부터 서서히 분리되어 나온 자연촌락의 자주성이 확대됨에 따라서 성장한 것이었다. 그것은 17세기 후반부터 양반 사족층의 전답 소유 규모가 영세해지는 반면, 일반 평민들의 경제력이 신장되는 것과 궤를 같이하고 있다.[145]


## 3. 세시풍속과 농사의례

조선 후기 농촌사회에서 살고 있던 농민들이 해마다 때마다 의례적으로 하던 일이 바로 세시풍속과 농사의례이다. 조선시기 농민의 한해살이는 시시때때로 세시풍속(歲時風俗)을 수행하면서 지나갔다. 그런데 세시풍속은 그냥 때가 되었기 때문에 치르고 지나가는 성격의 것이 아니었다. 농민이 수행하는 세시풍속에는 단적으로 말해서 농민의 농사에 대한 노련미와 풍년을 기원하는 주술성이 함께 담겨 있었다. 농민의 농사에 대한 노련미는 농업생산 활동 전반에서 찾아볼 수 있다.[146] 그리고 언제쯤 비가 오고, 가뭄이 들며, 큰바람이 부는지와 같은 기후 변화에 대한 경험적인 지식에서도 얻어볼 수 있다.[147] 산야(山野)의 전토에 따른 토질의 파악과 그에 따라서 적합한 곡물(穀物)과 그 품종(品種)을 선택하는 장면에서도 찾아볼 수 있다. 노련하게 농사일에 익숙한 농민 즉 노농(老農)은 복잡다단한 자연환경 변화에 대하여 풍성한 수확에 도달하기 위해 그간의 전문적인 경험과 풍부한 견식을 앞세워 맞서나갔다.[148] 그러나 노련한 농민도 사람의 힘으로는 어찌할 수 없는 자연의 거대한 위력 앞에서 풍년을 기원하는 여러 가지 행사를 치르지 않을 수 없었다. 자연의 엄청난 힘이 농사에 순방향으로 부가되기를 소원하면서 주술적인 힘에 의지하여 대처하는 것은 필연적인 선택이었다.

농민은 자연현상의 불가측성에 별수없이 의지하고 또한 도움을 바라는 욕구의 발산으로 여러 가지 주술적인 행동양식을 만들어냈던 것이다.[149] 한 해 농사의 풍흉(豊凶)을 미리 알고자 하는 욕구는 농경의례의 하나로 농점(農占)을 만들어냈다. 농점은 설날부터 시작하여 절기에 따라 수많은 방법이 이어지면서 행해졌다. 특히 정초에 한 해 농사의 풍흉을 미리 점치는 방법은 자연현상이나 동식물과 농사를 관련시켜 풀이하는 것이었다. 그리고 줄다리기와 같은 민속놀이에서 인위적으로 승부를 조작하여 풍년을 기원하기도 하였다.

또한 그해의 간지(干支)와 그 간지에 적합한 곡물을 관련시켜 이에 따라 곡종별로 풍흉을 점치는 방법, 1월에서 12월까지 매월의 특정일과 12간지를 연결하여 그해의 풍흉을 점치는 방법 등이 있었다. 입춘일에 보리 뿌리를 캐어보아 그해의 풍년을 점치기도 하였다. 보리 뿌리가 세 가닥 이상이면 풍년이 들고 두 가닥이면 평년작이며, 한 가닥으로 가지가 없으면 흉년이 든다고 풀이하였다. 이러한 방법은 보리 뿌리의 성숙도를 통해 기후의 국지적인 변동, 단기간의 변화를 파악하는 하나의 수단 노릇을 하기도 하였다. 또한 각 곡식 종자에 맞는 파종 날짜, 제초 날짜 등을 정해 보려는 간지에 대한 음양오행적인 풀이·해석 등이 이러저러한 모양으로 폭넓게 나타나고 있었다. 이러한 행동 양태를 미신적인 요소라고 무시할 수 없는 것은 당시 자연환경을 이겨낼 적합한 수준의 과학적인 방법이 갖추어지지 않은 상황이었기 때문에 현실적으로 의지할 수 있는 유일한

방법이었다.[150]

농민의 한해살이는 여러 가지 농경의례와 제의(祭儀)가 결합되어 있었다. 농경의례를 통해 농민의 하루하루의 일상적인 활동이 상호 연결되어 있었다. 한 번의 의례와 제의가 끝나면 다음의 의례가 이어지는 식이었다. 농경사회에서 농작물의 풍요한 수확을 초자연적인 존재에게 기원하는 행위는 워낙 오래전부터 유래하는 것이었다. 이러한 기원 의식은 점차 의례로 정착되면서 농민사회 내부에서 전래되었고, 조선시기의 농경의례는 각 계절별·절기별로 다양한 형태와 기원 내용을 가진 모습으로 정제된 형태를 띠고 있었다. 그리하여 국가적인 의례로서 국왕이 직접 행하는 적전(籍田) 친경(親耕), 선농단(先農檀)에 대한 제사 등이 행해졌지만 그 양이나 질적인 측면에서 농민들이 실행하는 의례에는 미치지 못하였다.

농경사회에서 농작물의 풍요한 수확을 위하여 초자연적 존재에게 기원하는 행위, 인간의 원초적 관심은 식물의 획득과 생식이라고 할 수 있다. 이 두 가지를 얻으려는 욕구의 반영이 바로 농경의례였다. 대부분의 농경사회에서는 농경생산의 풍요를 결정 짓는다고 믿는 초자연적인 존재, 즉 농신(農神)을 신앙하고 있으며, 농경의례의 과정과 내용에는 이와 같은 신앙체계와 관념이 일정한 행위 양식으로 표출되고 있다. 농경이 해마다 주기적으로 이루어짐에 따라 의례도 해마다 반복되는 주기성을 띠며, 생산 과정에 따라서 의례의 속성을 달리하기도 하였다.

이러한 농경의례의 기원은 멀리 신화적인 세계에까지 올라가고, 우리 역사에서도 『삼국유사』 등에서 찾아볼 수 있다. 농경의례는 다가올 1년 간의 수확의 풍요를 미리 축원하고 그 성과를 예측하려는 축원의례가 대표적이다. 이 축원의례에서는 생산의 풍요로움을 상징적으로 축원하는 모의 농작 과정을 펼치면서 1년의 풍년을 기약하는 의식이 베풀어졌다. 농경을 위한 파종 작업에도 이러저러한 의례 행위가 곁들여졌다.[151]

전국에 흩어져 있는 농촌 마을에는 마을을 대표하고 상징하는 깃발로 농기(農旗)가 보관되어 있었다. 두레를 실행하거나, 마을제사를 지내거나, 이웃마을과 비전투적인 싸움을 벌일 때, 농기를 앞세웠다. 농기는 흰색의 천에다 먹 글씨로 "신농유업(神農遺業)", 또는 "황제신농씨유업(黃帝神農氏遺業)", "농자천하지대본(農者天下之大本)" 등의 문구를 적거나 단순히 용의 모습만 깃발에 가득하게 그리기도 하였다.[152]

일터에 도착해서는 논둑에 농기를 내리꽂고, 한바탕 가락을 잡아 신명을 돋우었다. 두레패가 많은 경우에는 쇠·장고·징·북 등을 잡은 사람들이 일꾼들 앞에 서서 가락을 하루 종일 쳐서 신명을 높였다. 숫자가 적은 경우에는 논북이라고 해서 북을 잡은 사람이 소리를 잡았다.[153]

농경의례 가운데 '호미씻이'라는 것이 있었다. 이는 농업노동조직으로서 두레와 깊은 연관이 있는 농사의례라고 할 수 있다. 호미씻이는 간단히 말해서 농부들이 농작물의 핵심적인 재배 활동을 모두 마치고, 음력 7월 중순경에 마을 단위로 택일하여 먹고 노는 잔치이자 의례를 말한다. 호미씻이는 조선시대 실학자들이 세서연(洗鋤宴), 세서회(洗鋤會) 등으로 표현하였다. 호남 지방에서는 '두레먹기'로 알려져 있다.[154] 호남 지방에는 두레가 성했고, 두레꾼의 공동작업인 제초 작업이 완료된 후에 모여서 놀고 먹는다는 의미로 "두레 먹는다."라고 불렀다.[155]

# 자연재해와 구황(救荒)의 실시

조선시대뿐만 아니라 전근대사회에서 발생한 재해 가운데 백성들에게 직접적이고 광범위한 피해를 준 것은 수재(水災)와 한재(旱災)였다. 다른 자연재해도 부분적으로 치명적인 피해를 가져다주곤 하였다.[156] 특히 수재와 한재는 당시 농업생산에 직접적인 피해를 주었기 때문에 정부에서도 그 대책에 많은 관심과 주의를 기울였다.[157]

자연재해는 예고 없이 찾아오는 것이었지만, 대개의 경우 봄철에서 여름으로 이어지는 가뭄, 장마 기간 전후로 빈번하게 발생하는 여름과 가을의 홍수, 철 없이 찾아오는 우박, 그리고 서늘함을 더해주는 서리 등이 계절마다 불청객처럼 등장하였다. 게다가 시도 때도 없이 폭풍이 불어 곡물을 날려 보내기도 하였다.[158] 극심한 자연재해로 전답(田畓)이 쑥대밭으로 변해버리면 봄철부터 땀 흘린 농부의 가을은 잿빛 하늘 그것일 따름이었다.[159]

조정은 자연재해가 발생하게 되면 또는 자연재해가 발생할 조짐이 있으면 여러 가지 의식을 거행하여 이를 막아보려고 하였다. 가뭄이 들었을 때 기우제(祈雨祭)를 드리고, 비가 계속 내릴 때 기청제(祈請祭)를 설행하거나, 벌레 피해를 이겨내기 위한 포제(酺祭)를 드리기도 하였다.[160] 이러한 구재(救災) 의식의 설행은 점차 정형성을 띠어가고 있었다. 기우제의 경우 비가 내린 지 한 달여가 지나도록 다시 내리지 않는 가뭄이 들거나 하지가 지났을 때에도 적당한 우량(雨量)을 확보하지 못했을 때 실행을 시작하였다. 숙종대에 이르면 총 12차례의 기우제를 드리는 정식이 마련되었다.[161]

조정에서 주관하는 기우제는 한성부(漢城府) 주변의 산천을 중심으로 차례마다 설행하는 곳이 정해져 있었다. 1777년에 찾아온 가뭄에 호응하여 올린 기우제를 살펴볼 수 있는데, 1차로 삼각산(三角山), 목멱산(木覓山), 한강(漢江)에 기우제를 지냈고, 6월 7일(辛丑) 밤에 비가 3촌 7푼가량 내리면서 기우제를 드디어 정지할 때까지 적어도 7차례 이상 설행되었다.[162]

농민의 희망을 완전히 꺾어버리는 자연재해는 바로 가뭄보다는 수재 즉 홍수였다. 정조 1년에 발생한 수재만 보더라도 관동,[163] 경상도 진주 등 수십 고을,[164] 관북 안변 등 여러 고을[165] 등 일상적으로 발생하고 있었다. 홍수가 나서 전토에서 자라고 있는 곡식이 완전히 물에 쓸려 내려가거나, 아니면 물가의 농토가 곡식과 함께 떠내려가는 포락(浦落), 전토의 곡식을 물이 담고 내려온 토사로 뒤덮어버리는 복사(覆沙), 아예 전토 자체가 물길로 변해버리는 성천(成川) 등은 남은 곡식을 전혀 기대할 수 없는 커다란 재해였다. 국가에서 공식적인 재해의 명목을 지정하였을 때 성천, 포락 등이 주된 것으로 지목된 것도 이러한 때문이었다.

당시 사람들은 홍수로 발생하는 포락(浦落)과 니생(泥生)을 어쩔 수 없는 자연적인 현상으로 받아들이고 있었다. 1798년 12월 임천군수 윤지범(尹持範)은 포락과 니생을 천지 강하가 자연적으로 성취한 것으로 받아들이면서 두 가지를 연관시켜 파악하고 있었다. 당시의 사람들은 포락과 니생을 상호 보완적인 자연현상으로 간주하고 있었다. 따라서 니생으로 인하여 새롭게 생긴 경작지를 지역민이 공동으로 이용해야 마땅한 것이었고, 한 사람이 사사롭게 이러한 니생처를 독차지해서는 안 되는 것이었다.[166]

자연재해로 농사를 망치게 되었을 때 메밀과 같은 작물을 대신 파종하는 대파(代播)라는 방식의 대응이 장려되었다. 메밀은 다른 밭작물보다 성장 기간이 월등히 짧아서 7월 중순에 파종하더라도 수확을 거둘 수 있었다.[167] 메밀과 같이 흉년이 눈앞에 닥쳤을 때 이를 구하기 위해 파종하는 작물을 구황작물이라고 하였다.[168] 18세기 후반이 되면 구황작물의 하나로 감저(甘藷) 즉 고구마를 파종하여 경작하기도 하였다.[169]

농업생산이 재해로 말미암아 부실하게 되어 흉년이 들게 되었을 때 조선의 중앙정부는 황정(荒政)이라는 정사를 실행하였다. 황정이란 어느 한 해의 농업생산이 가뭄과 홍수 등의 재해로 말미암아 소기의 성과를 거두지 못하게 되었을 때, 재해를 최소화하려는 노력을 기울이고, 재해를 입은 농지를 파악하여 농간이 없게 하며, 회생할 수 있는 대책을 수립하여 추진하는 정책적인 과정을 가리키는 것이었다.

황정에 대해 중국의 경전 『주례(周禮)』에 12가지로 시행해야 할 조목이 설정되어 있었다. 그런데 『반계수록(磻溪隧錄)』을 지은 유형원(柳馨遠)에 따르면 12가지의 대강에 해당하는 것은 산리(散利)와 박정(薄征) 두 가지였다. 즉, 유형원은 이미 창고에 보관되어 있는 공재(公財)를 푸는 것(散利)과 백성이 내야 하지만 아직 거두지 않은 세금을 덜어주는 것(薄征)이 황정의 요체라고 파악하였던 것이다.[170] 다시 말해서 공곡(公穀)을 민간에 나누어주어 먹을 것을 보태주고, 부세를 견감(蠲減)하여 민의 부담을 덜어주는 것이 황정의 요체였다. 박정은 정조도 황정의 중요한 방책으로 강조

하던 바였다. 1782년 경기 백성들에게 내린 왕명에 그러한 내용이 보인다.[171]

조선시대에 흉년이 닥쳤을 때 부세를 견감하고, 진휼을 수행하는 것은 바로 이러한 황정의 요체를 실행하는 것이었다.[172] 이리하여 민을 구해내는 것이 최종적인 목표였다. 흉년이 들면 조정에서는 황정으로 시행해야 할 대책들이 대략 마련되어 있었다. 그리하여 정조는 선대에 황정을 수행할 때 어떠한 대책들을 마련하여 시행하였는지 등록을 고찰하여 조사하게 하였다. 구체적으로 영조 50년의 등록을 고출하고, 또한 숙종대와 열조(列朝)의 등록을 고출하며, 여기에 자신의 재위시기를 포함시켜 이른바 『십이년황정년표(十二荒政年表)』라는 책을 편찬하게 하였다.[173]

황정 가운데 먼저 여러 가지 부세 등을 분수(分數)로 견감하는 것이[174] 시행되었다. 이때 세금의 감면뿐만 아니라 환곡으로 분급했던 것에 대해서도 탕감이나 정봉(停捧)이 시행되었다.[175] 물론 황정의 주요 시책의 하나는 창고를 열어 진대(賑貸)하는[176] 것이었다. 조정에서 황정을 시행하는 목표는 바로 민의 재생이었고, 또한 기민(饑民)을 회복시키는 것이었다.[177] 따라서 왕실은 황정의 일환으로 절용에 힘써 모범을 보일 필요가 있었다. 앞서 가뭄 등의 재해가 발생하였을 때 감선(減膳) 등으로 공구 수성의 자세를 보인 것의 연장선상에 있는 조처였다. 신하들도 이러한 입장을 내비치곤 하였다.[178]

급재(給災)를 포함한 부세 견감은 재실(災實) 분등(分等)에 따라 실제 실행하는 분량이 조절되었다.[179] 농사를 마친 다음 한 해의 농사 작황을 전반적으로 평가하여 등급을 매기는 재실 분등은 3등으로 나누어 우심(尤甚), 지차(之次), 초실(稍實)이라는 세 가지로 산정하는 것이 일반적이었다. 각 도의 재실 분등은 각 도의 관찰사가 올린 재결(災結)과 실결(實結)에 대한 분등장계(分等狀啓)를 토대로 산정되었다.[180] 이를 토대로 급재, 구황 등의 황정의 제반 조목을 차질 없이 진행할 수 있었던 것이다. 1777년 8월에 집의 임관주(任觀周)는 황정의 가장 중요한 일이 분등 즉 재실 분등이라고 지적하였다.[181] 각 읍의 재실 분등이 실상과 어긋나면 연쇄적으로 부세 견감 등이 잘못 처리될 수밖에 없었던 것이다.

급재를 위해 호조는 그해의 풍흉을 감안하여 각 도에 연분사목(年分事目)을 내려보냈다.[182] 이때 정조는 도신들에게 분표(分俵)를 정확히 하고 백성이 실혜를 받을 수 있게 하도록 지시하였다. 농사의 풍흉에 따라서 재결을 허락해야 한다고 강조하였다.[183] 호조는 농절의 전 기간에 걸친 농형 파악에 의거하여 각 지역의 농사 형편을 비총(比總)해서 사목재(事目災)를 반포하였다. 이때 각 지역의 급재 결수와 급재의 대상이 되는 재명(災名)이라는 것을 덧붙여 내려보냈다.[184]

대개의 경우 호조가 내려준 재결 액수는 실제의 피해 정도에 비해서 극히 미약한 수준의 것이었다. 따라서 감사와 수령은 호조에서 내려준 급재 결수에 반발하여 결수의 추가를 요청하였고, 또한 호조는 이러한 감사와 수령의 추가 요청을 미리 감안하여 급재 결수를 야박하게 내려보내는 경향이 있었다. 감사와 수령이 급재 결수의 추가 요청, 가청(加請)을 하게 되면 여러 가지 사정을 감안하여 호조에서는 일정한 급재 결수를 더해주기 마련이었다.

황정의 또 다른 중요한 조처로서 흉년이 발생하였을 때 국가는 농민들이 생활 기반을 잃지 않도록 보조하는 각종 진휼책을 마련하여 시행하였다.[185] 조선왕조에서 설행한 진휼의 본질적인 성격은 민의 재생산을 일정한 한도 내에서 보장하는 것이었다. 민의 대다수인 농민이 농업의 재생산을 가능하게 하는 과업이 바로 진휼이었던 것이다. 1777년 1월 정조가 당시 전년의 흉년으로 진휼에 박차를 가하고 있던 함경도와 강원도의 도신 그리고 북도(北道)의 감진어사에게 하유한 내용에 이러한 진휼의 본질적인 성격을 보여주는 언급이 들어 있다. 바로 "종자(種子)와 양식(糧食)이 떨어진 자와 농우(農牛)를 갖추지 못한 자를 구획하여 권분(勸分)하게 해서 농사의 시기를 놓쳐 다음 해에 걱정을 끼치게 하는 일이 없게 하라."[186]는 정조의 지시에 보이는 종량(種糧) 분급, 농우 구획 등의 강조는 진휼책이 농사의 연속성, 농민의 재생산을 가능하게 하려는 것이었음을 잘 보여주고 있다.

조정에서 실행한 진휼책 가운데 가장 대표적인 것이 환곡제도였다.[187] 환곡은 바로 봄철의 기근을 해소시키기 위한 것이었다. 따라서 정월부터 시행하는 것이 원칙이었다. 하지만 극심한 흉년이 들었을 때에는 12월, 나아가 11월부터 시행하기도 하였다. 또한 국가는 지방 수령을 통하여 부유한 농민, 지주(地主) 즉 전주(田主)로 하여금 곡식을 염출하게 하고, 이렇게 모은 곡식을 먹을 것이 없는 농민에게 나누어주는 방편을 마련하여 시행하였는데 이를 권분이라고 불렀다.[188] 본래 수령이 진자곡(賑資穀) 마련을 칭탁하여 민간에 권분하는 것이 엄하게 금지되어 있었다.[189] 다만 수령이 공곡이 아닌 사곡(私穀)을 염출하여 진자에 보탤 경우 그 액수에 따라 논상이 뒤따랐다.[190] 그렇지만 외형상 원납(願納)의 형태를 띤 권분(勸分)은 늘상 일어났고, 이에 따라 부민들은 강제적인 요청을 수용하면서도 자발적으로 곡물을 내는 형편이었다.[191]

환곡은 영조대 후반 이후에 부세의 성격을 강하게 띠게 되면서 빈농 소농의 재생산을 조력해주는 의미가 점차 희석화되어가고 있었다.[192] 환곡의 성격이 점차 부세적인 것으로 변화해가고 있었지만, 농민에게 종자를 제공하고 나아가 농량까지 마련해주는 환곡의 기능 자체가 붕괴된 것은 아니었다. 다만 18세기 후반으로 진전되면서 환곡의 폐단이 환곡의 부세화 경향과 중첩되면서 보다 강도 높게 농민을 압박하였던 것이다.

환곡의 운영 과정에 나타나는 여러 가지 문란상은 환곡의 부세화 진전과 맞물리면서 환곡이 가지고 있던 황정의 의의를 많이 저해하였지만, 그럼에도 불구하고 국가적인 차원에서 농정책의 일환으로 수행했던 황정책 자체를 무의미한 것으로 만든 것은 아니었다.[193] 국왕과 조선 정부는 환곡의 문란상과는 별개로 수령과 감사를 독려하면서 농형을 구체적으로 파악하고, 급재를 제대로 추진하기 위해 노력을 기울이면서 황정의 수행을 밀고 나갔다. 정조도 환곡으로 내어준 것을 제대로 받아서 원래의 액수를 채워야만 다음 해 농량을 공급할 수 있다는 점에서 환곡의 완비를 강조하였다.[194]

조선의 중앙정부는 재해가 발생하여 황정의 시행이 필요한 지역에 조관(朝官)을 파견하여 구체적인 구휼을 맡아서 수행하게 하는 체제를 갖추고 있었다. 이미 17세기 중반에 흉년이 들었을 때 구황어사를 파견하기도 하였는데, 감진(監賑)어사와 같은 일을 맡아서 수행한 것으로 볼 수 있다. 1638년(인조 16) 8월 29일 주강(晝講)에서 승지가 인조에게 삼남에 흉년이 들었음을 지적하고 구황어사를 파견하여 구급(救急)해야 한다는 의견을 피력하였다. 그는 삼남의 실농(失農)이 우심(尤甚)한데 특히 영남 우도보다는 좌도의 하양(河陽), 경주(慶州), 비안(庇安), 예천(醴泉) 등지가 완전히 실농되었다고 지적하고 있었다.[195] 영조 말년에 제주에 감진어사를 파견하여 진제를 감독하게 하고 있었다.[196]

西湖の瀧と沈賓島

勸業摸範場

# 6장

# 일제시기 농업생산과 농업기술의 변화

# 농업생산구조의 변화

이 장에서는 일제강점기를 검토 대상 시기로 삼아 농업기술과 농업생산의 변화에 대해서 살핀다. 이러한 검토 작업은 오늘날 대한민국에서 실행되고 있는 수도작 기술체계의 '원형(原型)'을 찾는 작업의 일환이다. 일제하 수도 품종, 재배방법, 토지 개량 등의 변혁적 성격에 대해서는 이미 많은 연구가 이루어졌다. 가장 적극적으로 평가한 연구자는 이누마 지로(飯沼二郎)이다. 그는 식민지 조선에서의 농업기술이 "① 일본의 산업혁명에 따른 농림수산물 수요의 급증에 대응하기 위해서, ② 당시 일본에서 행해지고 있던 신농법(후쿠오카 농법)이 ③ 산미증식계획에 의하여 창출된 논으로 보급되어갔다는 점에서 이 과정을 조선에서의 농업혁명이라고 불러도 역시 조금도 문제는 없을 것이다."라고 하고 있다.[1] 여기에서의 과제는 조선시대에 형성되어온 농업기술체계가 일제시기에 들어와 과연 어떠한 변화를 보였는가, 그리고 이러한 변화가 우리나라 농업기술체계에 어떠한 역사적 의의를 가지고 있는가를 살펴본다.

먼저 한말(韓末) 당시 한국 농법은 어떤 것이었을까. 먼저 이에 대한 한 일본인의 견문기를 살펴보면 다음과 같다.

> "한국 현시(現時)의 농법은 극히 유치소방(幼稚疎放)하여 자본, 노력(勞力), 지식에서 보아도 집약적인 자는 없고 농업상의 노력(勞力)은 아주 낮아 이를 충분히 이용하지 않고 있다. 전지(田地)의 대부분은 일모작으로서 벼를 벤 뒤 다음해 봄까지 이를 방치해 두어 이모작을 하지 않는 것처럼 토지를 이용하는 것이 극히 적다. 겨울기간 특히 다른 것에 노력이 이용되지 않고 토지의 경서(耕鋤)도 극히 불완전하여 흙덩어리를 부수는 일에 노력하지 않는다. 제초, 중경(中耕)은 정농(精農)이 2, 3회 정도 하는 것에 불과하고 심한 것은 파종 후 이를 하지 않는 경우도 있다. 아방(我邦, 일본)의 도작에서는 4, 5회 이상 제초를 하고 기타 중경에 해충구제 예방에 노력을 집약하는 것에 비해 아주 차이가 있으며…"[2]

이 모습이 한일합방 전 일본인의 눈에 비친 한국 농업의 모습이었다. 천만 원 이상 비료를 외국에서 수입하는 일본인들에게는 인분뇨(人糞尿), 구비(廐肥) 같은 자급 비료만을 쓰는 한국 농업을 후진적이고 유치한 것으로밖에 보이지 않았을 것이다. 일본인들이 지적한 한국 농업의 문제는 경운·품종·파종량·제초·비료 등 경작방법의 취약, 병충해 구제 방제의 경시, 관개시설의 부족, 농구의 취약성 등을 들고 있다. 따라서 이에 대한 개량만 한다면 수량이 증가하고 품질을 향상시킬 여지가 있기 때문에 "한국 재래의 벼논(稻田)에서 아방인(我邦人, 일본인)의 경영은 개인영업으로서 이익을 크게 하는 것은 의심할 바 없고, 아주 용이하고 안전한 사업"[3]이라고 인식하고 있었다. 과연 이렇게 조선의 재래농법이 구태의연하고 전근대적이고 잠재적인 발전 가능성이 없는 농업기술로만 인식할 수 있을까.

일반적으로 기술체계의 변혁은 기술 발전을 유발시키는 사회경제적 변화가 일어나며 이를 구체화하기 위한 새로운 자본이 부가되어 기술의 발전과 성격이 부여된다. 이 경우 기술체계는 전면적으로 변혁되는 것이 아니고 부분 기술의 진화가 단서형태(端緖形態)가 되어 기술의 체계적 변화로 파급된다. 국부적인 부분 기술의 진보는 결국 최종소비자인 농민의 농업경영으로 자리잡아간다. 따라서 어떠한 농업기술로 어떻게 농업생산구조의 변화를 초래하고, 농가의 입장에서 농업경영상 어떠한 변화를 가져왔는가는 매우 중요한 문제이다. 특히 일제강점기 농가들에게 보급되었던 개량농법이 전통적인 재래농법에 대해 영향을 어떻게 미쳤는가 하는 점에 주목한다. 이러한 상황 인식을 바탕으로 이 절은 먼저 농업생산구조의 변화에 대해 알아보고 식민지 조선에서 전개되었던 농업기술의 변화 양상에 대해 살펴본다. 그리고 이에 관련하여 재래농법의 단절과 개량농법의 확산에 대해 검토한다.

〈표 6-1〉은 1910년대 지역별 농업생산구조를 생산액 구성, 생산력 지수, 상품화율이라는 세 지표에서 본 것이다. 이에 의해 먼저 농림수산물 생산액 구성을 보면 남부 7도는 미작, 북부에서는 잡곡이 주로 생산되고 있었다. 특히 경기·충남·전북에서 쌀 생산액은 전체 농림수산물의 80% 이상을 차지하여 쌀 단작지대를 형성하고 있다. 보리 생산은 충북·전남·경남북에서 큰 비중을 차지하고 있어 쌀과 함께 이모작이 널리 이루어지고 있었다. 콩은 경북과 경기가 중심적으로 재배되고 있으며 특용작물 재배는 강원도가 가장 많이 재배되고 있지만 함북, 평북, 전남에서도 비중이 크게 재배되고 있었다.

〈표 6-1〉 지역별 농업생산구조

| 도별 | 1)농림수산물생산액구성 | | | | | 2)농업생산력지수 | | | | | | 3)상품화율 | |
|---|---|---|---|---|---|---|---|---|---|---|---|---|---|
| | 쌀 | 보리류 | 콩류 | 잡곡 | 특용작물 | 토지생산성 | 노동생산성 | 1인당경지면적 | 농가호수/농우수 | 저수지수 | 2모작논의비율 | 쌀의상품화지수 | 콩의상품화지수 |
| | (%) | (%) | (%) | (%) | (%) | (원) | (원) | (단보) | (호) | (개소) | (%) | (%) | (%) |
| 경기도 | 80.4 | 6.6 | 8.7 | 3.2 | 1.0 | 5.35 | 13.77 | 2.57 | 3.28 | 149 | 불명 | 21.5 | 47.0 |
| 충청북도 | 67.5 | 14.2 | 9.3 | 3.7 | 5.3 | 4.68 | 8.13 | 1.74 | 4.10 | 54 | 〃 | -20.4 | 37.2 |
| 충청남도 | 82.2 | 9.0 | 6.1 | 0.6 | 2.1 | 5.56 | 12.86 | 2.31 | 5.34 | 193 | 〃 | 33.8 | 38.9 |
| 전라북도 | 85.1 | 7.0 | 4.4 | 0.3 | 3.3 | 7.58 | 13.00 | 1.71 | 6.25 | 434 | 5.0 | 36.9 | 11.0 |
| 전라남도 | 66.8 | 19.5 | 3.5 | 3.0 | 7.2 | 6.71 | 11.97 | 1.78 | 3.95 | 311 | 11.2 | 13.6 | -16.3 |
| 경상북도 | 71.0 | 15.8 | 7.1 | 3.0 | 3.1 | 9.67 | 14.30 | 1.48 | 2.23 | 1,118 | 26.0 | 30.5 | 57.2 |
| 경상남도 | 73.5 | 16.0 | 5.6 | 0.4 | 4.4 | 9.36 | 11.31 | 1.21 | 2.22 | 205 | 21.5 | 11.4 | 27.4 |
| 황해도 | 43.8 | 8.2 | 17.0 | 27.9 | 3.1 | 4.57 | 18.31 | 4.01 | 3.36 | 157 | 불명 | - | - |
| 강원도 | 40.2 | 11.8 | 16.1 | 19.8 | 12.2 | 3.37 | 8.15 | 2.42 | 1.85 | 68 | 〃 | - | - |
| 평안남도 | 32.6 | 6.9 | 19.5 | 37.2 | 3.9 | 3.06 | 12.03 | 3.93 | 3.32 | 21 | 〃 | - | - |
| 평안북도 | 36.2 | 1.1 | 15.2 | 39.7 | 7.8 | 2.28 | 10.40 | 4.56 | 1.81 | 16 | 〃 | - | - |
| 함경남도 | 25.8 | 10.0 | 13.5 | 44.7 | 6.0 | 2.94 | 9.61 | 3.27 | 1.37 | 45 | 〃 | - | - |
| 함경북도 | 8.2 | 11.6 | 25.3 | 46.4 | 8.5 | 2.07 | 8.53 | 4.11 | 1.18 | 9 | 〃 | - | - |

자료: 宮島博史, "土地調査事業の歷史的前提條件の形成", 『朝鮮史硏究會論文集』 第12輯 (1975. 3), 64쪽에서 재인용.

농업생산력 면에서 보면 농업생산의 방향은 토지생산성의 증대에 의한 집약화의 방향이라고 할 수 있다. 노동생산성은 남부와 북부가 그다지 큰 차이는 보이지 않지만 토지생산성은 남부가 북부에 비해 훨씬 높다. 가장 높은 경북은 가장 낮은 함북에 비해 약 5배 정도의 차를 나타내고 있다. 1인당 경지면적은 가장 높은 평북이 가장 낮은 경남에 비해 4배 정도의 차를 보이고 있다. 이를 보면 일제 초기 농업생산력의 방향은 조방적인 것이 아닌 집약화이며 특히 남부가 전체 조선을 선도해갔다.

이렇게 보면 일제 초기 농업생산구조는 첫째, 쌀과 콩의 상품화를 중

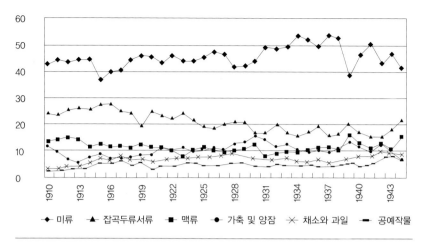

<그림 6-1> 농림수산물 생산액 구성비의 변화
자료: 박섭, "식민지기 한국농업의 신추계 및 기존추계와의 재검토 1910~1944", 경제사학』 제39호 (2005. 12.), 111쪽.

심으로 농촌에 어느 정도 상품경제가 진전되고 있었고 둘째, 면화나 담배 등의 상업적 농업은 갑오개혁(1894년) 이후 수입면제품의 증대에 의해 이전보다 쇠퇴해갔으며 셋째, 지역마다 생산력 수준과 관련하여 상품경제의 발전도가 달랐다.[4]

〈그림 6-1〉를 통해 농업생산액의 구성 변화를 보면 몇 가지 양상을 띠고 있다. 미곡은 1939년 54%를 피크로 하여 이후 낮아져 1944년에는 41%를 차지하고 있으며 보리는 약간의 변화는 있으나 전체적으로는 정체되어 있으며 잡곡·두류·서류의 생산 비중은 낮아졌다. 이에 비해 가축, 양잠, 양봉, 채소, 과일, 특용작물의 생산 비중은 꾸준히 증가하고 있다. 특히 1910~14년 양잠의 생산 비중은 0.2%였던 것이 1940~44년에는 1.4%, 면화는 같은 기간 전체 농업생산액에서 차지하는 비중이 0.8%에서 2.9%로 증가하였다. 이의 연평균 성장률을 〈표 6-2〉에서 보면 과일과 벼 등은 증가한 반면 두류·잡곡 등은 감소하고 있다. 이에 따라 작물 작부 면적 비율은 미곡과 면화의 증가가 두드러졌으며 채소와 옥수수는 정체,

<표 6-2> 농업생산액의 연평균 성장률 (단위: %)

두류·조·수수·잡곡류 등 중요한 전작물의 작부면적은 점차 감소되었다.

| 기간 | 벼 | 보리 | 두류 | 잡곡 | 특작 | 채소 | 서류 | 과일 |
|------|------|------|------|------|------|------|------|------|
| 1920~30 | −0.40 | 1.27 | −1.66 | 2.80 | 2.54 | 2.74 | 1.81 | 4.62 |
| 1930~39 | 3.72 | 4.46 | −2.05 | −0.09 | 1.87 | −1.24 | 1.20 | 3.30 |
| 1920~39 | 1.53 | 2.77 | −1.85 | 1.42 | 2.22 | 0.84 | 1.52 | 3.99 |

자료: 이호철, 『농업경제사연구』 (경북대 출판부, 1992), 274쪽.

주요 작물별 토지생산력의 추이는 〈표 6-3〉과 같다. 일제식민지시대 전반에 걸쳐 가장 현저한 토지생산력 증대를 보여준 작물은 면화였고, 그다음이 수도·나맥·소맥이었다. 그러나 토지생산력이 변화하지 않은 대맥과 고구마를 제외한 조 등의 나머지 밭작물은 모두 오히려 토지생산력이 감소하였다. 결국 식민지시대 전반을 통하여 농업생산구조는 쌀, 면화, 담배, 인삼 등 중요한 상품작물의 생산 유통과정이 1905년 이후 일련의 정책에 의해 커다란 변화를 겪었다. 재래면화·담배·인삼 등 상업농이 강압적으로 해체·재편되는 과정 속에서 일본의 요청에 대응하는 농업생산구조로 재편되어갔다.[5] 이러한 재편은 농업기술 면에서 식민지 개량농법의 보급과 전통적인 한전농법(旱田農法)의 쇠퇴로 나타났다.

〈표 6-3〉 주요 작물의 토지생산력 추이(1910~1941년)

| 증감의 유형 | 작물명 |
|------|------|
| 1. 현저한 증가 | 면화 |
| 2. 약간의 증가 | 수도, 육도, 과맥(논, 밭), 소맥(논, 밭) |
| 3. 거의 변화 없음 | 대맥(논, 밭), 고구마 |
| 4. 1910년대에 증가하다가감소 | 조, 수수, 옥수수, 귀리, 감자, 참깨 |
| 5. 감소한 경우 | 수수, 피, 메밀, 녹두, 들깨 |

자료: 農林省熱帶農業センター, 『舊朝鮮における日本の農業試驗研究の成果』 (農林統計協會, 1976), 68쪽.

# 식민지 농정과 농업기술 연구

## 1. 농업정책과 농업기술 연구

농업시험연구 활동이 농업 성장의 주요한 원천이다. 농업 시험연구 활동은 현실의 사회 동향과 관련되어 있는 이상 이른바 관학적(官學的)[6] 색채가 강하다. 더욱이 식민지 농업은 제국주의적 탄압에 기초하기 때문에 국책(일본의_인용자)상 위로부터의 힘이 작용하여 한층 관학적 색채가 더욱 강하다.[7]

초대 총감(총독) 이토 히로부미(伊藤博文) 이래 농사시험장의 정비와 존중은 시정방침[8]이었다. 이러한 방침은 이토가 권업모범장 개장식에서 입에 풀칠하기도 바쁜 조선 농업을 이미 봉건시대에서부터 한국을 크게 앞지른 일본의 농업기술로 개량하자는 훈시에서도 잘 나타난다. 권업모범장의 초대 장장(場長)이었던 혼다(本田幸介)는 적소적작의 배치, 농산물 종류와 품질 개량, 외래 신작물 도입, 비료 결핍의 해소, 수리시설의 확보, 유휴지 이용 등을 강조하였다. 총독이나 장장의 '훈시'와 '지침', 기술관회의 협의사항 등의 형태[9]가 농업기술 연구 과제로 선정이 되었다. 이러한 농업 시험연구에 대한 직접적인 관여는 다음과 같은 식민지 농업시험연구의 특징으로 나타났다.[10]

첫째, 시험연구가 식민지의 사회적 요구보다 식민모국의 사회적 요구에 크게 부합하고 있다는 점이다. 산미증식계획(1920~34년)은 조선 내 수요 증가에 대비하고 농가경제의 향상보다는 일본의 미소동(1918년)을 계기로 하여 그들의 식량문제를 해결하고자 하는 데 있었다.[11] 농업시험연구도 일본 품종 개량의 최고 권위자인 가토 무호(加藤茂苞)의 권업모범장 취임과 더불어 도군면(道郡面) 채종답 설치에 의한 육종 조직의 확립과 비료 3요소에 대한 적량 실험 등의 시험연구체제가 강화되었다.

1930년을 전후로 한 공황기 이후 조선 농촌경제의 악화에 따른 '농촌진흥운동(1932~40년)'과 수반하여 농사시험연구로서 전작의 조직적인 연구가 이루어졌다. 즉, 소맥의 생산력 검정시험과 지방의 우량품종 선출시험 등 주로 맥류의 생리학적 연구가 이 시기에 행해졌다. 이와 같이 시험연구의 동기나 방향이 주로 조선 자체의 내부적 자주적 요구보다는 식민모국의 사회적 요구와 제국주의체제의 유지에 의하여 결정되었다.

둘째, 식민지 시험연구는 식민모국의 연구 축적에 의해 규정된다는 점이다. 미곡의 경우 식민지 초기에는 생산량이 1천만 석, 그리고 단보당 생산량이 0.7석에 불과했던 것이 후기에는 각각 2천5백만 석, 1.5석 정도로 증가를 보였다. 그 반면에 전작은 단보당 생산량 면에서 증가한 품목은 과맥, 옥수수, 감자, 고구마, 배추 등에 불과하고 대부분 다른 전작물은 생산량의 감소 내지 현상 유지 수준이었다. 이러한 전작의 정체 내지 쇠퇴는 습윤농업의 경험밖에 갖지 못한 한지농업(旱地農業)에 대한 기술 연구의 축적이 없었던 일본 기술자의 일본인적 사고방식[12]에 기인한 것이다.

셋째, 시험연구가 전통적인 관행기술을 경시하고 일본 기술을 수입하는 형태로 이루어졌다는 점이다. 당시 권업모범장장(勸業模範場長)이었던 가토 무호(加藤茂苞)가 강연에서 말한 것처럼 실험연구는 일본류(日本流)의 농업기술을 먼저 권업모범장에서 실행하여 그 시작(試作) 결과를 조선 농가에 이입하는 형태로 진행되었다.[13] 식민지 농업기술의 생태학적 합리성과 일본의 시험연구 방법을 하나로 융합시켜 조선에 맞는 농업기술을 개발하는 연구보다는 일본 농업기술과 맞는 공통부분만을 대상으로 발전시켰던 것이다. 두 번째에서 지적한 미작의 발전과 전작물의 쇠퇴 내지 정체가 그 좋은 예이다.

넷째, 농업기술 연구의 시험과 연구 또한 벼농사를 중심으로 이루어졌다는 점이다. 이 점은 앞에서 지적한 세 가지와 연관된다. 각 도 농사시험장의 시험조사에서 시험조사 건수 1,178건 가운데 벼 품종에 관한 시험조사가 331건으로 전체의 28%를 차지하여 농업기술 시험연구는 벼에 편중되어 실시되었다.[14] 벼 다음으로 대맥이 174%건으로 14.7%, 소맥이 93건으로 7.8%, 대두가 79건으로 6.7%였다. 이러한 일본의 식민지 조선의 벼 작물 시험연구의 편중과 전작물의 경시는 결과적으로 식민지 조선의 밭작물의 기술 발전을 부진하게 만든 요인이 되었다.

따라서 일제하 농업기술 시험연구는 어떤 의미에서 연구로서 토대를 세우고 학문적 연구를 자극시켰지만 연구 목적과 방법, 연구 성과는 본질적으로 식민지 조선의 농업에 파행적 발전을 가져오게 되었던 것이다.

## 2. 농사시험연구 기관의 설립과 변천

최초로 우리나라에서 설립된 근대 농업시험기관은 농무목축시험장(農務牧畜試驗場)이다. 농무목축시험장은 1884년 고종으로부터 운영비와 농장을 받아 서울 용산구 청파동에서 작물원예 연구, 현 성동구 자양동 일대에서 축산에 관한 연구를 하였다.[15] 이후 1901년 서울 남서필동에 잠업과시험장(蠶業課試驗場)을 개설하고 잠상(蠶桑)에 관한 시험연구를 하면서 매년 50명을 훈련생으로 모집하여 교육도 실시하였다. 1904년 잠상시험장(蠶桑試驗場)으로 개칭하여 이듬해 1905년 마포구 서강으로 옮겼다가 1907년 조폐기관 용산 자리로 옮겨 권업모범장의 잠사부(蠶絲部)가 되었다. 이후 이 시험장은 1909년 수원으로 이전하여 권업모범장 잠업시험소가 되었다.

1905년 대한제국은 서울에 농상공학교를 설치하면서, 학생 실습과 농사시험을 위하여 뚝섬 지역에 부속 농사시험장을 개설하였다. 그러나 일제의 권고로 시험장관제가 폐지됨에 따라 농사시험장은 5개월밖에 운영하지 못해 시험연구는 제대로 이루어지지 못했다. 이 용산 자리에 1906년 농공상부는 원예모범장(園藝模範場)을 개설하였다. 시험농장은 모범지와 시험지로 나누어 시험연구와 종묘 분양을 하기도 하고 1908년 보고서 1호를 발행하기도 하였다. 1910년 5월 보고서 3호에는 과수 혼식 재배에 의한 생육 상태나 병충해 피해 시험, 토마토의 내상과 온상육묘 우열 비교, 파 재식 거리 시험, 양배추의 움저장 시험 등이 보고되고 있다. 이 원예모범장은 1910년 한일합방 후 권업모범장에 흡수 통합되면서 독도(纛島) 원예지장이 되었고 1924년 연구기관의 정비로 지장마저 폐장되었다.[16]

권업모범장은 일본통감부가 1906년 4월 일제시기 농사시험연구를 본격적으로 추진하기 위하여 설립한 것이다. 권업모범장이라는 이름에서 보듯이 권업모범장은 일본 농업기술을 모범장에서 시험해보고 이를 한국인에게 보여서 농사를 개량케 해야 한다는 통감 이토 히로부미(伊藤博文), 초대장장 혼다 고스케(本田幸介)의 한국 농업관(農業觀)을 반영한 것이다.[17]

〈그림 6-2〉 1906년 6월에 설립된 수원 권업모범장

같은 해 4월 목포에 출장소를 설치하고 5개월 뒤 10월 형식상 권업모범장은 한국 정부에 인계되었다. 한국 정부는 군산(1907년 4월), 평양(1908년 1월), 대구(1908년 4월)에 출장소를 설치하였다.

1910년 한일합방에 따라 권업모범장은 조선총독부에 이관되었다. 부속기관으로 수원농림학교(水原農林學校)를 두어 권업모범장장은 농림학교장까지 겸하게 되어 권업모범장은 연구와 지도에 이어 교육 기능을 통합한 기구로 발전하였다. 우량 신품종의 보급을 보다 원활히 할 목적으로 통감부 당시(1908년)에 신설된 종묘장을 더욱 확대하여 1910년에는 공주, 춘천, 청주에 설치함으로써 전체적으로 10개소가 설치되었다. 이미 설치된 목포 목화재배소, 군산 출장소는 폐지되었다. 군까지 종묘장을 두어 일반농민에 대한 지도를 위해 전시포 및 채종포 구실을 맡게 하였다.[18] 이어서 같은 해 8월 대구, 평양, 목포에 지장(支場)을 설치하고 1918년 수원농림학교를 농림전문학교로 재편하였다. 1920년에 가서는 권업모범장에서 분리하고, 서북지방의 밭농사와 재래면의 개량을 위해서 황해도 사리

〈그림 6-3〉 수원 농사시험장(1929년경)

원에 서선(西鮮)지장을 설치하였다.

1929년 권업모범장은 농사시험장으로 개편되었다. 설립 당시 장장과 그 밑에 서무계, 종예계, 토지개량계, 분석계, 병리곤충계, 축산계로 조직된 것이 농사시험장 개편 때는 본장에 서무과와 종예부, 화학부, 병리곤충부, 축산부, 잠사부, 여자 잠업강습소를 두었을 정도로 기구가 확대되었다. 설립 초기인 1907년 권업모범장은 기감(技監)장장과 기사(技師) 7인, 기수(技手) 12인, 서기(書記) 4인 등 24인으로 구성되었으나 1910년에는 46인, 1929년에는 48인, 1931년에는 51인으로 점차 증원되었다.[19] 이 시기 권업모범장의 시험연구는 오로지 일본 벼 품종의 한국 도입을 위한 현지 적응시험과 일제가 필요로 하였던 양잠업과 면화 재배의 확산에 중점을 두고 있었다. 이런 점에서 권업모범장은 일본의 농업기술을 조선의 전역에다 이식하는 이른바 농업기술의 측면에서 일제 침략에 앞장서는 역할을 수행하고 있었다.[20]

1930년에 들어와 남부지역의 벼 품종 보급을 위해 전북 이리에 남선(南鮮)지장을 설치하고, 전북 김제에는 간척지 출장소를 설치하여 간척지에 필요한 내염성 수도 품종을 육성하였다. 그리고 다음 해인 1931년에는 조선 북부고원지대의 농업을 장려하기 위해 함남 갑산에 북선(北鮮)지장을 만들었다. 1932년에는 각 도의 종묘장을 농사시험장으로 개편하고, 일제 말기인 1944년에는 농업시험장으로 이름을 바꾸었다. 일제 당국은 종묘장 개편 이후 1934년부터 전국의 농업지대를 남선, 중선, 서선, 북선 4구역으로 나누어 각기 구역별로 관련된 도(道)와 도 간에 밀접하게 연계하여 각종 사업을 수행하도록 하였다. 당면 문제에 대한 협의를 위하여 중앙농사시험장에서 매년 정기적으로 각 도 농사시험장장 회의가 개최되어 지역 간 연계를 도모하였다.[21] 일제는 1930년대 전반을 계기로 중앙 본장과 각 도의 농사시험장을 밀접하게 연계하는 체계적인 조직을 구축하고 이를 통하여 식민지 농업에 대한 농업기술 연구를 전개해나가게 되었던 것이다.

## 3. 수도작 시험연구

식민지기 농업기술 중 수도작 시험연구는 권업모범장과 도 농사시험장, 그리고 동양척식회사와 개별 지주가 나름대로 수행해왔다. 일제 초기 수도작 시험연구에 가장 관심을 가진 것은 일본인 농장·회사였다.

부산진농진사(釜山鎭農進社)에서는 원종전(原種田)을 두고 일본에서 우량종자를 가져다가 농장에서 개량하여 시험재배하기도 하였으며, 도미타 농장(富田農場)에서는 종예계(種藝係), 원예계(園藝係), 잠업계(蠶業係), 축산계(畜産係) 등을 두고 작물 시험과 연구를 하였다. 후지(不二) 전북농장은

1906년에 시작부(試作部)를 설치하여 지방의 기후·풍토에 적합한 벼 품종을 선택하고, 개량 비료의 적부(適否), 수도 품종 비교, 기타 농사 개량에 필요한 시험을 행하였다. 이를 통해 불이흥업에서는 이른바 우량품종으로 벼 품종을 통일하기 위해 원원종(原原種) 및 원종답(原種畓)을 만들었으며 생산을 증대하고 척박한 지력을 증진하고자 자운영의 재배법에 대해서도 조사·연구하였다. 1906년에 창설한 이마무라농장(今村農場)은 종자, 묘대, 심경, 관개 등에 걸쳐 다양한 시험과 연구를 통해 소작인에게 일본식 농업기술체계를 보급하였다.[22] 이들 일본인 농장은 일차적으로 품종을 수집하여 농장 내 시험을 거쳐 개량품종을 도입하고자 하였다.

전북 3천 정보 거대지주인 구마모토농장(熊本農場) 지배인은 농장에 맞는 벼 품종을 구하기 위해 1개월간 북해도, 대만을 제외한 일본 각처를 돌아다녀 품종을 수집하였다. 이를 비교 시험과 아울러 시비 배양시험과 토양 조사 등을 하여 후쿠이현(福井縣) 다마금(多摩錦)을 농장의 품종으로 채용하기도 하였다. 카와사키농장(川崎農場) 같은 곳은 1905~07년 동안 80여 종의 품질과 수량 시험을 행하였다.[23] 일제 40년간 일본에서 도입한 품종 39품종 가운데 권업모범장은 11개 품종으로 전체의 28%에 불과하고, 재배한 곳은 개인 이민자나 일본인 대농장, 농업단체였다. 도입 연원이 오래된 품종은 대부분 대농장으로부터 도입되었다.[24] 일제 초기에 이루어졌던 일본인 농장 및 농업회사의 농업시험연구는 품종과 시비기술만을 중심으로 이를 한국의 농업에 이식시키는 수준이었다.[25] 1930년 권업모범장의 설립을 계기로 수도작 시험연구는 본격적인 발전을 하게 되었다.

남선지장은 남부지역에 적합한 수도 품종의 육성을 목적으로 인공교배에 의해 다수의 신품종을 육성한다는 목적으로 설립되었다. 설립 이후 남선지장은 남선 지방에 적합한 내비성(耐肥性), 내한성(耐寒性) 우량품종

〈그림 6-4〉 벼 재배 과정 시험 (1940년경, 농촌진흥청 자료)

의 육성, 비료 시험, 풍흉고조시험(豐凶考照試驗), 재래수도(在來水稻)의 특성 조사를 하였다. 1934년에는 남선지장에 기사(技師) 2명, 기수(技手) 등 총 16명이 근무하였다.[26]

남선지장의 사업은 크게 벼 품종 육성사업과 경종방법 개량사업으로 나눌 수 있다. 벼 품종 육성은 보다 선진적이고 규모가 큰 인공교배 육종을 행하여 이의 성과는 권업모범장 본장이나 서선지장의 시험연구와 비교할 수 없는 것이었다.

1931-1943년 동안 남선지장에서 인공교잡한 신육성품종은 175종(남선1호-남선175호)이었다. 이 가운데 신품종명을 붙인 7개 품종이 있는데. 이 신품종을 '반도미작상 일대혁명(半島米作上 一大革命)'이라고 할 정도로 획기적인 연구 성과였다. 남선지장이 육성한 신품종을 입지 조건에 따라 조선 전체를 5개 지방으로 구분하여 대표적인 지구에 위탁시험지를 설치하여 지방위탁 적부시험을 하였다.

남선지장의 벼 육종에는 관취(關取), 다마금(多摩錦), 단후중도(丹後中

稲), 구대욱(九大旭), 웅정(雄町)이 비교적 많은 교배에 이용되었지만, 이 중 84%(147종)가 은방주(銀坊主) 계통을 편친으로 하고 있다. 육종모체(母體)의 선정에서도 알 수 있듯이 남선지장의 인공교배는 양질다수(良質多收), 내비양질다수(耐肥良質多收), 내한양질다수(耐寒良質多收) 등이 육종 목표에 응하여 양친이 선택되었다. 내비·다수성에 주안을 두고 보다 과학적인 육종방법에 의해 그 육종 목표는 내병성, 내한성, 만기적응성의 강화라는 보다 넓은 범위에 두었다.[27]

이와 달리 도 단위 농사시험장은 내비 다수성에 주안을 두고 이에 파생되는 내병성 품종에 그 육종 목표를 두었다. 전라북도 농업시험장의 경우, 많은 수도 관계 시험을 하였다. 특히 수도 육종에서는 1920년대부터 순계분리(純系分離)를 이용한 품종 시험을 하여 1935년 은방주(銀坊主) 순계분리 전북3, 조도은방주(早稻銀坊主) 전북1을 직접 원원종답에서 채종하여 종자 배부를 하기도 하였다.[28] 전라북도 농사시험장의 시험연구는 품종 개량, 경종법의 개선 등 소재적 연구에 치우친 개별적, 소재적 연구가 대부분이었으며, 조선 재래품종에 대한 시험연구는 후기로 갈수록 경시되었다. 30년대부터는 아예 품종 비교 대상에서 제외되는 경우도 있었다. 뿐만 아니라 주로 수도에 대한 시험연구에 중점을 둔 결과 맥류, 대두, 감자, 마령서, 면, 녹비작물 분야의 연구는 적고(맥류, 녹비작물은 품종 예비시험 수준 정도), 그 외 작물에 대한 연구는 시험 대상에서조차 제외되었다.[29]

# 농업기술의 변화

## 1. 품종의 변화

〈표 6-4〉는 수도 품종 보급의 추이를 나타낸 것이다. 이것에 의하면 1912년 일본 우량품종 재배율이 2.2%에 불과하던 것이 4년 뒤인 1916년은 30% 그리고 1920년에는 50%를 상회할 정도로 급속하게 보급되었다. 뒤인 1937년에는 88.6%, 1940년에는 무려 96.9%를 차지하고 있음을 알 수있다. 이를 품종별로 보면 소수의 품종으로 통일되어갔다. 처음에는 조신력(早神力)이 수위 자리를 차지하다가 1921년에는 곡량도(穀良都)가 가장 많은 면적에 재배되었고, 이후 14년 동안 이러한 현상은 계속되었다. 1936년에는 혜성과 같이 나타난 은방주(銀坊主)가 가장 많이 재배되는 품종이 되었다. 또한 이 과정에서 대체적으로 상위 5개의 품종에 대한 우량품종이 수도 재배면적의 70% 이상을 차지하여 소수 품종 재배가 급속히 집중적으로 확산되었음을 보여준다. 이른바 수도 품종의 변천 과정에서 일본 품종의 급속한 보급, 교체, 통일과 이에 따른 조선 재래품종

의 구축은 뚜렷이 나타났다. 품종의 전파력이 강하고 단기간에 보급되었다는 점이다. 우량품종의 재배율이 약 50% 수준에까지 이르는 데 소요기간은 10년이 채 안 걸릴 정도로 소수의 품종으로 통일화되고 교체되었다.

〈표 6-4〉 우량 수도 품종의 재배면적의 변화(1912~40) (단위: 천 정보, %)

| 연도 | 우량품종 재배 순위 | | | | | 면적 계 | 상위품종 비율 | |
|------|-----|-----|-----|-----|-----|---------|--------------|----|
|      | 1위 | 2 | 3 | 4 | 5 | | 개량종 대비 | 수도 전체 |
| 1912 | 조신력 (23.2) | 도(3.0) | 곡량도( 2.8) | 일출 (1.4) | 다마금(0.2) | 30.6 | 100.0 | 2.1 |
| 1913 | (73.8) | (7.9) | 도 (4.3) | 일출 (3.1) | (1.6) | 90.7 | 99.2 | 6.3 |
| 1914 | (107.3) | (20.3) | 일출 (6.9) | 도 (6.3) | (4.9) | 145.7 | 98.0 | 9.9 |
| 1915 | (176.5) | (51.8) | 일출(15.9) | 다마금 (15.9) | 도 (15.0) | 275.1 | 97.9 | 18.6 |
| 1916 | (23.8) | (110.5) | 다마금(48.4) | 일출(25.3) | (23.6) | 438.6 | 96.5 | 29.2 |
| 1918 | (253.2) | (201.2) | (111.9) | (37.1) | (35.2) | 638.6 | 95.3 | 41.7 |
| 19 | (249.0) | (217.1) | (131.5) | (41.5) | (37.2) | 676.3 | 95.0 | 44.5 |
| 1920 | (250.9) | (241.9) | (156.1) | (44.9) | (43.8) | 737.5 | 93.9 | 48.0 |
| 21 | 곡량도(267.9) | 조신력 (234.7) | (165.5) | (49.5) | (48.6) | 766.2 | 93.8 | 50.6 |
| 22 | (287.1) | (241.6) | (162.3) | 일출(52.4) | 도(52.3) | 795.7 | 87.2 | 51.7 |
| 23 | (300.5) | (234.8) | (161.8) | 도(57.9) | 일출(57.0) | 812.0 | 83.8 | 53.0 |
| 24 | (319.6) | (220.7) | (161.5) | 일출(60.7) | 도(58.9) | 821.4 | 84.8 | 53.1 |
| 25 | (331.8) | (207.3) | (171.1) | 도(59.5) | 일출 (56.8) | 826.5 | 77.8 | 53.1 |
| 26 | (341.8) | (191.7) | (167.6) | (61.3) | 웅정(61.3) | 823.7 | 76.2 | 52.8 |
| 27 | (367.5) | (170.9) | (166.8) | 구미(61.6) | 도(59.7) | 826.5 | 74.7 | 52.6 |
| 28 | (361.6) | 다마금 (157.0) | 조신력(130.6) | (70.1) | (59.7) | 779.0 | 74.0 | 52.6 |
| 29 | (433.5) | (166.6) | (103.6) | (77.3) | 금(61.6) | 842.6 | 76.6 | 52.9 |
| 1930 | (463.4) | (168.3) | 구미 (90.3) | 조신력(74.1) | (68.2) | 864.3 | 75.9 | 53.2 |
| 31 | (459.0) | (166.8) | (96.5) | 은방주(82.5) | (71.4) | 876.2 | 72.1 | 53.6 |
| 32 | (428.6) | (170.0) | (110.3) | (99.2) | (74.7) | 882.8 | 71.6 | 55.0 |
| 33 | (432.8) | (163.6) | 은방주 (132.4) | 구의미 (102.5) | (76.7) | 908.0 | 70.1 | 54.7 |
| 34 | (410.0) | 은방주 (223.4) | 다마금 (159.0) | 육우132 (84.7) | 구미(77.8) | 954.9 | 70.2 | 57.0 |

| | | | | | | | | |
|---|---|---|---|---|---|---|---|---|
| 35 | (382.6) | (319.9) | 육우132 (134.9) | 다마금 (128.6) | 금(74.5) | 911.9 | 65.7 | 55.1 |
| 36 | 은방주(420.0) | 곡량도 (332.9) | (160.1) | (96.6) | (65.2) | 1,074.8 | 80.4 | 68.5 |
| 37 | (500.4) | (308.0) | (194.0) | (77.2) | 적신력(62.9) | 1,142.5 | 80.1 | 71.1 |
| 38 | (522.2) | (279.7) | (207.2) | 금 (61.4) | 다마금(59.7) | 1,130.2 | 77.8 | 69.6 |
| 39 | (302.3) | 육우1 32(213.8) | 곡량도(130.3) | 중생은방주 (90.2) | 적신력(58.0) | 794.6 | 73.5 | 66.1 |
| 1940 | (478.2) | (219.2) | (17.8) | (101.9) | 풍옥(91.3) | 1,068.4 | 72.1 | 65.7 |

資料: 朝鮮總督府, 『昭和15年 農業統計表』에서 작성.

우량품종의 급속한 보급에 따라 전통적인 재래품종은 급격히 쇠퇴되었다. 재래품종은 ① 까락이 많다(有芒種) ② 대체로 조숙(早熟)이다 ③ 포기(分蘗) 수가 적고 줄기가 길어(長稈) 쓰러지기(倒伏)가 쉽다 ④ 도열병에 약하다 ⑤ 낟알이 굵은 품종(大粒種)이 적다 ⑥ 이삭당 낟알(一穗粒數)이 많다는 등의 특성 때문에 다비·다수 재배에는 부적당하다. 그러나 ① 내한력이 강하고 ② 이삭이 피어(出穗) 여무(成熟)는 때까지 이르는 일수가 짧으며[30] ③ 수분이 부족한 토양에서도 발아력이 강한 장점도 있다. 이러한 장점 때문에 관개수나 비료가 부족한 곳에서는 일본의 우량품종보다 오히려 좋은 수확량을 거두는 일도 적지 않았다.[31] 이러한 장점을 가진 재래품종은 우량품종의 급속한 보급에 따라 사라지게 되었다.

우량품종의 교체를 수위 품종의 특성을 통하여 살펴보면 수도작 기술 변화의 성격과 방향성을 대체적으로 파악할 수 있다. 식민지 초기에 전북의 수위 품종은 재래품종에 비해 다수확 품종인 조신력(早神力)이다. 조신력은 비료의 증투에 따른 다비화로 도열병에 약한 결점 때문에 서서히 자취를 감추어갔다. 대신에 내비성이 강한 곡량도(穀良都)가 1920년대 말까지 전성기를 맞았다. 곡량도(穀良都)는 조신력(早神力)에 비해 내비성이 더 강하다는 것 이외에도 불량한 환경에서도 재배하기가 쉽고 품질이 우수한 이점도 갖고 있기 때문에 광범위하게 보급되었다.

그러나 이 품종 역시 비료 사용의 증대에 따른 내병성의 약점과 도복하기 쉬운 결점으로 인하여 혜성과 같이 출현한 은방주(銀坊主)에게 수위의 자리를 내놓게 되었다. 은방주(銀坊主)는 다소 품질과 밥맛에서 곡량도(穀良都)에 비해 떨어지는데도 불구하고 내병성이 강하고 다비 재배에 적응하는 다수 품종이라는 장점 때문에 크게 인기를 누려 일본 미곡시장에서도 호평[32]을 받으면서 이후 오랫동안 각광을 받았다.

이와 같이 수위 품종의 교체에서 보면 품종의 교체 방향은 ① 내병(耐病), 내비성(耐肥性)의 강화 ② 대립종(大粒種)→소립종(小粒種) ③ 미질 위주→수량 위주 ④ 만생종(晩生種) 위주→조중생(早中生)으로의 숙기(熟期) 확대[33]로 나타난다. 그리고 그것은 재배의 기술적 조건과 일본 미곡시장에서의 적응 조건에 의해 다수성이 끊임없이 추구되는 가운데 양질성, 안정성의 범위 내에 있었다.

그러나 이 품종의 교체 방향 가운데서도 품종 보급의 지역성은 거의 고려되지 않았다. 시정 초기에 보급되었던 우량품종은 당시의 일본 쌀 시장에 적합한 양질 품종으로서 일본 품종 기준으로서는 소비(小肥) 품종이었으나 재래종에 비해서는 다비증수 품종이었다. 그러나 초기 보급 과정에서 농민들이 우량품종을 기피하는 현상이 일어났다. 이러한 기피는 첫째, 품종 자체 특성의 문제였다. 새로운 품종은 수리시설이 불충분한 답에서 한해, 냉해를 입거나 풍토에 순응되지 않아 피해가 격심하였다.[34] 따라서 보수적인 농가에서는 성적을 의심하고 재배를 기피했다. 또한 농민이 친숙한 유망 재래벼에 비해 무망종(無芒種)은 포장 상태에서 증수를 인지하기가 어려웠기 때문이었다.

둘째, 사회제도상의 문제였다. 당시 미곡은 벼로서 거래되었으며 단위는 중량이 아닌 용량이었다. 따라서 무망(無芒) 개량종은 같은 쌀을 생산하여도 용량이 적기 때문에 기피의 원인이 되었다. 특히 당시의 소작제하에서 인의 용량이 많은 재래종이 소작농의 선호도가 높을 수밖에 없었다. 셋째, 새로운 품종의 도입으로 인한 농가경제상의 문제였다. 우량품종은 개량농법을 수반하였으며 농법의 개량 방향이 비록 다수 지향이기는 하였으나 현금 지출 부분이 크게 증가된 것이어서 농가경제에 부담이 되었기 때문이었다.

그런데도 불구하고 급속한 일본 품종의 보급, 교체, 통일과 이에 따른 조선 재래품종의 구축의 결과 식민지기 이전에 행해왔던 민간에 의한 품종 선발이 단절되었다. 식민지 이전 농민은 생존을 위해 우량품종을 선발하여 장려하였고 타 지역과 종자 교환을 통해 생산 증가와 품질 개량을 행하였다. 예를 들어 조동지(趙同知)라는 품종은 독농가 조중직(趙重稙)이 돌연변이에 의해 우수한 품종이 출현된 것을 발견하여 선발 재배한 것이었다.[35] 이러한 민간 육종은 일본 야마가타현(山形縣)의 쇼나이(庄內)지방에서 농사시험장 및 농회기술원의 지도하에 인공교잡에 의한 육종에까지 착수한 것에 비해 대조적으로 다른 모습이었다.[36]


## 2. 못자리 및 이앙

조선의 관행 못자리는 묘판과 구별하지 않고, 논을 정지 작업하면서 종자를 평당 7~8홉으로 파종하여 물속에서 발아하도록 하는 물못자리였다. 관행 물못자리는 모가 쓰러지기 때문에 활착이 불량하고, 관리도 불편하였다. 관행 물못자리의 개량을 위해 단책(短柵, 짧은 골) 못자리가 장려되었지만 못자리 면적이 관행 방법보다 넓어 농민의 관심은 낮았다. 개량 못자리를 보급하기 위해 강습회를 개최하고, 다른 수단을 통해 강제

〈그림 6-5〉 정조식 이앙 (농촌진흥청)

적인 보급에 의해 1920년 이후에는 개량 못자리의 면적은 증가하고, 1930 년대 이후에는 전국적으로 보급(보급율은 98%)되었다.

못자리 개량과 더불어 이앙방법의 개량도 추진되었다. 당시 관행 이앙 방법은 정조식이 아닌 난식법(亂植法)이었기 때문에 이앙 후 제초 및 병충해의 방제가 불편했다. 정조식은 1918년부터 남부지방에 보급하고, 간단한 단조식에서 점차 정조식으로 전환시켰다. 정조식 보급은 특히 목적에 따라 길가, 산미 개량 실행부락, 수리조합의 관내에서 우선적으로 시행하였다. 정조식을 보급하기 위해 강습회를 개최하고 실행 규약의 협정을 위반한 사람에게는 수정된 규약 이행을 강요하는 등 철저한 보급이 진행되었다. 이러한 철저한 보급의 결과, 1930년에는 충청도에서 21.6%, 황해도에서 65.2%까지 확대하였다. 1933년에는 전국적으로 정조식이 90% 수준까지 보급되었다.[37]

개량 못자리와 정조식 이앙법은 건강한 모를 육성하고, 다비·밀식 재배를 함으로써 다수확을 도모하는 경종법이었지만, 이러한 경종법은 재래농법에 비해 노동집약도를 요구하는 기술체계였다.


## 3. 심경

개량농법의 기본인 후쿠오카 농법의 기술적인 중점은 심경이었다. 후쿠오카에서 발전한 무상리(無床犁)는 종래 장상리(長床犁)에 비해 심경을 가능하게 했으며, 다비에 의한 후쿠오카 농법의 높은 생산력을 달성케 했다.[38] 조선의 논갈이 기원은 재래쟁기(在來犁)를 사용하고, 심경이 2~3촌에 불과했다. 이러한 얕은 논갈이를 개량하기 위해 일본의 심경쟁기(深耕犁)가 보급되었다. 비료 사용량의 증가에 대해 얕은 논갈이를 했던 논에는 도열병의 발생이 더 심각했기 때문에 심경의 필요성이 강조되었다. 그러나 저토(底土)의 성질이 표토(表土)에 비해 뒤떨어지는 경우에는 심경의 효과가 낮았다. 심경은 전라북도 등의 수도작 지대에서 대농장을 중심으로 보급되었다. 심경의 보급률이 어느 정도인가에 대한 발표된 자료는 없다. 다만 쟁기(犁)의 보급 상태에 따라 심경의 보급 정도를 추측할 수 있다.

〈표 6-6〉은 1935년경 지역별 쟁기(犁) 보급 상태를 나타내고 있다. 일본 쟁기(犁) 및 개량쟁기(犁)[39]의 전국 보급률은 17%에 이르고 있으며, 재래쟁기(犁)가 압도적으로 많았다. 개량쟁기(犁)의 보급률이 높은 지역은 경기도와 전라북도, 충청남도 등 평야부의 수도작 지대이다. 1935년을 살펴보면 개량농법의 보급이 진행하고 있는 시기임에도 불구하고 심경의 보급률은 낮은 수준이었던 것으로 추측된다. 이는 비료 사용량이 일본에 비해 낮아 심경 효과가 적었다는 것과 조선의 토양 조건에서 심경의 효과가 적었던 것에 원인이 있었다고 추측된다.

<표 6-6> 지역별 쟁기(犁)의 보급 상태(1935년) (단위: %)

| 도별 | 일본쟁기(犁) | 개량쟁기(犁) | 재래쟁기(犁) | 계 |
|---|---|---|---|---|
| 경기도 | 58 | 12 | 30 | 100(13,127) |
| 충청북도 | 9 | – | 91 | 100(16,441) |
| 충청남도 | 34 | 32 | 34 | 100(15,776) |
| 전라북도 | 44 | 6 | 50 | 100( 6,347) |
| 전라남도 | 24 | 28 | 48 | 100(50,844) |
| 경상북도 | 2 | – | 98 | 100(56,059) |
| 경상남도 | 7 | 5 | 88 | 100(69,541) |
| 황해도 | 22 | – | 78 | 100(26,067) |
| 평안남도 | 9 | 1 | 90 | 100(36,200) |
| 평안북도 | 6 | – | 94 | 100(45,022) |
| 강원도 | 20 | 11 | 69 | 100(24,645) |
| 함경남도 | 2 | 2 | 96 | 100(77,530) |
| 함경북도 | 3 | – | 97 | 100(36,962) |
| 계 | 11 | 6 | 83 | 100(475,559) |

주: ( )은 지역별 쟁기(犁)의 수
자료 : 熱農硏, 앞의 책, 102쪽.

## 4. 비료

1910년경 조선의 비료는 분뇨, 퇴비, 깔짚 등 자급 비료가 중심이었다. 비료의 사용량은 수도 및 맥류에 편중되어 있었고, 밭작물의 시비량은 보다 낮았다. 자급 비료 중심의 적은 비료를 사용한 것은 당시 재래품종의 재배에는 매우 합리적이었다. 재래품종에 비료를 많이 준 경우, 도열병 발생이 많았고, 도복으로 오히려 감수를 수반하기 때문이다. 그러나 식민지기에 보급된 우량 수도 품종은 내비력(耐肥力)이 재래품종에 비해 큰 품종이었기 때문에 다량의 비료를 사용할 필요가 있었다.

　비료 사용의 증가 필요성에 따라 식민지기에 등장한 것이 자급 비료의 증산정책이었다. 자급 비료의 증산은 일본에서 도입된 녹비 재배와 퇴비제조 장려를 통해 이루어졌다. 특히 산미증식사업 시기에는 자급비료 개량증식 10개년계획(1926~1935년)이 수립되어 강행되었다.[40] 식민지기의 연간 비료 소비량의 추이는 <표 6-6>에 나타나 있다.

| 연도 | 자급 비료 (백만 관) | 구입 비료 (백만 관) | 계 (백만 관) | 단보당 시비량(관) | | |
|---|---|---|---|---|---|---|
| | | | | 자급비 | 구입비 | 계 |
| 1916 | 715.8 | 3.4 | 719.2 | 19.9 | 0.1 | 20.0 |
| 1920 | 1,410.0 | 15.2 | 1,425.2 | 31.4 | 0.3 | 31.7 |
| 1925 | 3,543.5 | 33.3 | 3,576.8 | 74.5 | 0.7 | 75.2 |
| 1930 | 5,443.3 | 86.3 | 5,529.6 | 117.4 | 1.9 | 119.3 |
| 1935 | 7,857.9 | 187.3 | 8,045.2 | 154.3 | 3.8 | 158.1 |
| 1940 | 8,924.4 | 215.9 | 9,140.3 | 181.9 | 4.4 | 186.3 |

주: 1) 자급 비료는 녹비, 추비를 포함하고 있음
2) 구입 비료에는 골분, 어비 등 동물질 비료와 대두박 등 식물질 비료, 황산암모니아, 유산가리, 칠레초석 등 현 물질 비료의 합계임.
자료: 조선총독부, 『1940년 농업통계표』(1942)

초기에는 자급 비료를 중심으로 소비했지만 1920년대 중반 이후에는 구입 비료의 사용량이 증가하였다. 1916~1940년 사이에 비료 사용량은 총 사용량이 약 13배 정도 증가하였다. 비료의 유효성분이 높은 구입 비료는 물론 성분시비량도 더욱 증가했다.

식민지기의 비료 정책은 제1기(1910~1918년)는 자급 비료의 증산장려시대, 제2기(1919~1926년)는 금비의 소극적인 장려시대, 제3기(1927년 이후)는 금비의 적극적인 장려시대로 구분할 수 있다.[41] 식민지기 초기 농가는 높은 가격의 금비를 구입할 수 없었기 때문에 자급 비료 증산이 우선적이었다.[42] 그러나 총독부는 이러한 상황을 해결할 제도 설치보다는 자급 비료의 증산을 독려하고 농민의 노동력을 동원하였다. 그 후 구입 비료의 사용량이 증가하고 산미증식계획이 본격화함에 따라 조선총독부는 저리 비료 자금을 제공하여 비료의 공동 구입을 장려했지만 그 대상은 대농과 지주였다. 소농과 소작인은 자금의 차용 자격이 없었기 때문에 지주가 구입한 비료를 고가로 지불하고 사용하였다.

## 5. 농기구의 보급과 수확 후 기술

발전된 농기구의 보급은 생산력 발전에서 중요한 지표가 된다. 식민지기 개량농기구의 보급 상황이 〈표 6-7〉에 나타나 있다. 개량농기구 가운데 발동기, 양수기, 개량쟁기, 탈곡기를 제외한 대부분의 개량농기구가 곡물 제조 및 가공에 사용되고 있었다. 또한 관개용 농기구와 대두박 분쇄기와 현미기, 정미기는 대농장 및 지주 등 대 경영에 필요한 것이고, 소농에 적합한 농기구는 많지 않았다. 즉, 대부분의 개량농기구는 미곡의 제조 및 가공이라는 쌀의 상품화를 위한 것이었다. 따라서 실제 수도 재배과정에서는 재래농기구가 사용되었다.

〈표 6-8〉 식민지기 개량농기구의 보급 상황(1929~38년) (단위: 대)

| 농기구명 | 1929 | 1930 | 1935 | 1938 |
|---|---|---|---|---|
| 석유 발동기 | 3,771 | 5,531 | 7,567 | 18,662 |
| 양수기(동력) | 772 | 1,198 | 1,341 | 3,549 |
| (인력) | 20,004 | 21,164 | 26,666 | 30,639 |
| 개량쟁기 | 41,240 | 56,994 | 180,194 | 288,538 |
| 대두박 분쇄기 | 5,073 | 6,476 | 6,396 | – |
| 탈곡기(千齒.) | 357,299 | 419,751 | 464,383 | – |
| (회전식) | 80,162 | 93,479 | 164,023 | 238,657 |
| 현미기(동력) | 2,830 | 3,448 | 1,673 | 3,365 |
| (인력) | 75,392 | 78,512 | 59,497 | – |
| 정미기 | 3,442 | 5,560 | 5,517 | 14,132 |
| 기(唐箕) | 59,192 | 73,954 | 93,001 | 93,809 |
| 만석 · | 25,432 | 38,960 | 17,152 | 13,608 |
| 제초기 | – | – | – | 332,335 |
| 분무기 | – | – | – | 12,473 |
| 선풍기 | – | – | – | 61,307 |

주: 1) 조사 시점은 각 년도의 1월 말 현재임
　　2) 1938년은 대두박 분쇄기, 천치, 인력탈곡기의 조사를 폐지하고 새로이 제초기, 분무기, 선풍기를 추가함
　　3) 1936년, 1937년의 자료는 발표하지 않았음
자료: 朝鮮總督府,「朝鮮の農業」(1937), 101쪽; 日本商業通信社,「1939年朝鮮經濟統計大鑑」(1938).

이와 같이 재배관리기술 이외에 조선총독부가 역점을 둔 것은 수확 후 기술(Post-harvest)인 벼의 건조, 조제기술이었다. 즉, 양적 증산뿐만 아니

라 미의 질적 개량에도 역점을 두었다.

1910년대 일본의 쌀 시장에서 조선미는 일단 쌀 자체의 식미는 양호하였음에도 불구하고 저가미로 판정되었다.[43] 조선미의 질이 저가미로 판정된 것은 미곡에 토사가 혼합되어 있고, 건조가 불량했으며, 적미의 혼입이 많고 짚 등 기타 혼효물이 많았기 때문이었다.[44]

이러한 미질의 열악성의 원인은 첫째, 경종적인 원인으로서는 조방적인 관리로 인하여 포장에 피나 적미가 혼식되는 점과 둘째, 수확 후 탈곡, 조제, 작석하는 재래의 관습에서 기인되었다. 협잡물의 혼입은 미곡의 상품으로서 균질성을 낮추어 정미 시 쌀의 수율이 저하된다. 총독부는 미질 개량 대책으로 경종 면에서는 피사리, 적미 제거의 실시에 총력을 기울이는 한편, 종자 갱신을 실시하여 순도 높은 종자를 보급하였다. 또한 미질 개선 대책으로 건조가(乾燥架)를 보급하고, 적기 수확을 장려하고 맨땅(裸地)에서의 탈곡, 조제를 방지하기 위해 멍석(筵)을 공급하였다.

또한 포장의 효율화를 위해 가마니(叭)를 장려하였다. 이러한 제반 기술의 보급에 따라 조선미의 질은 향상되었으며 미가도 상승하였다.[45] 또한 미질 개량을 위한 제도적 장치로서 미곡 검사제도를 강화하여 조선미의 이출에 주력했다. 총독부에서는 1913년부터 미 수출업자에게 검사를 장려하였으며 1915년 2월 총독부령으로 미곡 검사규칙을 정하여 도장관이 수이출미의 검사를 관장하였고 1932년에는 국가기관이 직접 검사하는 국영조사를 실시하였다.[46] 국영검사는 도에서 실시하고 미곡 검사 외에 수출항에서 다시 수출 검사를 하는 이중 검사제도로서 조선미의 상품 가치를 높이기 위한 철저한 상품 관리제도였다.

| 월별 | 재래농법 | | 개량농법 | |
|---|---|---|---|---|
| | 인력 | 축력 | 인력 | 축력 |
| 4월 | 4.87 | 0.65 | 12.77 | 3.3 |
| 5 | 1.33 | – | 6.82 | – |
| 6 | 31.10 | – | 49.93 | 3.3 |
| 7 | 32.58 | – | 46.45 | – |
| 8 | 13.77 | – | 14.25 | – |
| 9 | – | – | – | – |
| 10 | 7.90 | – | 18.92 | 3.62 |
| 11 | 13.15 | – | 21.33 | – |
| 계 | 104.70 | 0.65 | 170.47 | 10.25 |

자료: 久間健一, 「朝鮮農業の近代的樣相」(目黑書店, 1936), 354~355쪽.

우량품종의 보급과 함께 보급된 개량농법은 재래농법에 비해 투입요소의 증투를 전제로 한 다수확 목적의 증산기술인 동시에 미곡의 상품화를 전제로 한 것이었다. 조선 농민은 개량농법의 일방적 수용을 강요당하였을 뿐 아니라 쌀의 상품화를 위한 노력 제공까지 해야 했다. 수출을 위한 엄격한 검사제도의 시행은 미곡의 조제를 개선하였지만 건조, 조제를 위한 노력은 농민에게 전가되었다.[47] 개량 수도작의 노동력 수요는 〈표 6-8〉에서 보는 바와 같이 단보당 170시간으로 재래 수도작의 163%에 이르고 있다. 일부 수리시설의 설치, 경지 정리에 의해 수리의 생산기반이 정비되었지만 농민의 노동수단이 개선되지 않았기 때문에 다비노작적 수도작 기술체계는 필연적으로 노동 강화를 수반하였다.

이상에서 살펴본 바와 같이 식민지기 수도작 기술체계는 재래농법에 비해 다비노작적(多肥勞作的) 기술이었다. 우량품종의 도입, 자급 비료 외 구입 비료 증투, 밀식 재배, 수확 조제의 철저화 등 일련의 작업체계는 노동 투입을 크게 증가시켰다.

# 재래농법과 개량농법

## 1. 수도작 재래농법과 개량농법

식민지기의 수도작 개량은 일본의 수도작 기술의 철저한 이식이었다. 일본의 도작은 메이지시대 이후 급속하게 발전하였지만 그 기술적인 내용은 메이지시대 초기에 후쿠오카(福岡)에서 행해진 도작기술을 서구 실험농학에 따라 정비했던 것이다. 후쿠오카 농법은 면밀한 품종 선택과 종자 선종으로 시작하여 심경(深耕), 다비(多肥), 쟁기에 의한 주도면밀한 중경제초(中耕除草), 수막이 설치(架干)로 끝나는 일련의 벼 경작 기술체계이다.[48]

〈표 6-9〉는 식민지기에 보급했던 수도작에서의 재래농법과 개량농법의 기술적인 차이를 정리한 것이다. 개량농법의 기본은 후쿠오카 농법에서 우량품종의 우량종자를 채택하여 집약적인 육묘 관리를 하고, 적기에 이앙하여 밀식 재배를 통해 생산력의 극대화를 기하고 있다. 또한 이앙 후에도 재래농업에 비해 시비, 방제, 제초 등 철저한 비배 관리와 심경을 통해 비료 효과를 높이고 있다. 이는 당시 나름의 다수확 지향을 위한 생물·

화학적 기술의 적용이었다. 이러한 농법은 조방적인 재래농법에 비해 상대적으로 노동집약적인 기술이며, 투입요소의 증가로 단위면적당 수량을 극대화시키는 소농기술의 적용이었다.

개량농법은 재래농법에 비해 과학적이고, 다수확을 가능하게 하는 기술이었다. 개량농법은 내병성, 내비성이 강한 품종을 도입하기 때문에 비료의 증투를 통해 품종의 수량 능력을 발휘할 수 있다. 또한 다비 조건하에서는 잡초, 병충해의 발생이 증가하는데, 다비(多肥) 하에서는 시비량을 유효화하기 위해 얕은 물로 관개해야 하기 때문에 관개수의 사용량이 증가한다.

이와 같이 개량농법은 우량품종, 비료, 관개가 중요하기 때문에 주도면밀한 재배 관리가 필요하다. 그러나 개량농법이 조선에 도입될 당시에 이러한 기술체계의 보급은 뒤따르지 않았다. 1910년대에는 우량품종과 품종에 대한 경종기술이 보급되었다. 1920년대에는 대두박을 중심으로 금비, 화학비료가 보급되고, 1930년대에 이르러 산미증식사업을 통해 수리(水利)가 어느 정도 진전되었다. 그러나 현장에서 개량농법에 의한 생산력 증가 효과는 농민소득 그대로 이루어지지 않았다. 수리가 안정적인 지역 이외에서는 개량농법에 따른 효과는 여전히 미지수였다.[49]

〈표 6-9〉 일제하 수도작 재래농법과 개량농법과의 비교(1920년대 중반)

| 구분 | | 재래농법 | 개량농법 | 특기사항 |
|---|---|---|---|---|
| 단보당<br>수량(稻) | | 1.940석 | 3.215석 | 수량증대 |
| 품종 | 생태<br>대표품종 | 장간소비(長稈小肥)적응<br>품종,<br>대구조, 미조, 모조, 노인조 | 단간내비(短稈耐肥)품종,<br>조신력, 다마금, 은방주, 육<br>우 132호 | 미질우선에서 내비성의 강<br>화방향으로 발전 |
| 종자 | 사용방법<br>처리 | 연속사용<br>무처리 | 종자갱신<br>수선(水選)→염수선(塩水<br>選) | 3년 1회 갱신→2년 1회 |

| 묘대 | 설치방법 파종 | 묘상 없이 파종 후파(厚播) 단보당 7~8승 | 단책(短柵),양상묘대(揚床苗代), 박파(薄播) 단보당 6승~4승 | 종자량의 감소 |
|---|---|---|---|---|
| 이앙 | 시기 방법 재식 밀도 본수 | 6월하순~7월상순 막모(亂植) 평당 40주 태주소식(太株疎植) 9~12본 | 6월중순~6월하순 편정조식(片正條植)→정조식 평당 49~64주 소주밀식(小株密植) 7~8본 → 3~5본 | 북부지방의 경우 건답직파가 많았음→관개(灌漑) 개선필요 |
| 경운 | 방법 심도 | 인력, 축력 천경(淺耕) | 축력 심경(深耕) | 50% 보조로 심경서(深耕鋤)보급 |
| 시비 | 종류 방법 | 무비(無肥,) 유기물 추비(追肥)중심 | 추비, 녹비→금비→화학비료 기비(基肥)중심 | 퇴비제조의 강제시행 1914년 과석(過石)보급 1919년 판매비료(대두박)장려 |
| 제초 | 방법 회수 | 방임, 손제초(手除草) 3회 이내 | 손제초→제초기 3~5회 | 피사리 철저한 독려, 강제시행 |
| 방제 | 방향 | 소비(小肥)로 발생억제 | 인력방제→유아등(誘蛾燈)→약제 | 후기에 보르도액 보급 |
| 수확 | 방법 건조 | 인력 대속(大束) | 인력 소속가건(小束架乾) | 도가(稻架) 보급 적기 예취(刈取) 독려 |
| 탈곡 | 방법 판매 | 인력 탈곡 조곡 | 천치(훑치기)→회전탈곡기 조곡, 현미 | 1914년 회전탈곡기 보급 1925년 이후 보편화, 협잡물(挾雜物)의 혼입방지로 미질개선 |

자료: 1) 朝鮮總督府殖産局農務課, 『水稻在來耕作法ト改良耕作法トノ經濟比較』(1928)
　　　2) 熱農研, 앞의 책, 98~111쪽, 146~149쪽, 235~290쪽.

## 2. 개량농법의 근대적 수익성

〈표 6-10〉은 재래의 경작법과 개량경작법과의 경제성 비교를 위한 것이다. 이 표는 1924, 1925년의 권업모범장이 조사한 수도 단보당 수익성을 나타내고 있다. 개량농법은 재래농법에 비하여 증수로 인해 조수입 면에서 72%의 증가를 보이고 있다. 생산비의 투입은 종자대가 종래의 후파(厚播)에서 박파(薄播)로 감소하였을 뿐, 여타 요소의 투입은 증가하고 있다. 노력비는 64%가 증가되었고 비료비는 230%의 증가를 보이고 있다. 생산비는 약 52% 증가하였으나 현금 지출적인 경영비용에서는 재래농법

에 비해 개량농법은 93%의 증가를 보이고 있다. 그러나 수익성 면에서 보면 조수입의 증가로 총수익은 당시 금액으로 10a당 6.8엔의 증가를 보이고 있다.

〈표 6-10〉 수도 개량재배법의 경제성(1924, 1925년 평균) (단위: 단보당 시간, 엔)

| 구분 | | 재래농법(A) | 개량농법(B) | B/A |
|---|---|---|---|---|
| 노력시간(시간) | | 100.8 | 145.0 | 1.43 |
| 생산비 | 종자대 | 1.44 | 1.12 | 0.77 |
| | 노력비 | 10.94 | 17.92 | 1.64 |
| | 비료비 | 2.60 | 8.59 | 3.30 |
| | 기타비용 | 1.57 | 4.27 | 2.72 |
| | 소계 | 16.55 | 31.9 | 1.93 |
| | 유동자본이자 | 0.52 | 0.52 | 1.00 |
| | 토지자본이자 | 10.40 | 10.40 | 1.00 |
| | 공과금 | 1.95 | 1.95 | 1.00 |
| | 생산비 계 | 29.41 | 44.77 | 1.52 |
| 조수입 | | 30.81 | 52.97 | 1.72 |
| 수입 | 1차생산비기준 | 14.26 | 21.07 | 1.48 |
| | 2차생산비기준 | 1.40 | 8.20 | 5.86 |

주: 1) 기타 비용에는 방제비, 농구비, 포장비용이 있음.
  2) 재래법은 방제비가 없음.
자료: 〈표 6-9〉와 같음.

〈표 6-11〉 소작농에서 수도 재래농법과 개량농법의 수익성 (단위: 단보당 엔)

| 구분 | | 재래농법 | 개량농법 |
|---|---|---|---|
| 생산비 | 종자대 | 1.44 | 1.12 |
| | 비료비 | 2.60 | 8.59 |
| | 기타 비용 | 1.57 | 4.27 |
| | 소계(경영비) | 5.61 | 13.98 |
| | 노력비 | 10.94 | 17.92 |
| | 계 | 16.55 | 31.90 |
| 조수입 | | 15.42 | 26.49 |
| 순수익 | | △1.13 | △5.41 |
| 소득 | | 9.89 | 12.51 |

주: 1) 소작농의 조수입은 생산액에서 50%를 공제한 것임.
  2) 경영비는 노력비가 100% 자가노력만을 가정한 것임.
자료: 〈표 6-9〉와 같음.

새로운 개량농법의 성격은 생산 투입요소의 전반적인 증가를 보여 재래농법에 비해 노동집약적, 자본집약적인 면이 강화되고 있음을 나타내고 있다. 이러한 생산방식은 투입요소의 증대에 의하여 생산의 극대화를 추구하는 방향이다. 〈표 6-11〉의 분석은 재래와 개량경종의 투입, 산출을 숫자화, 금액화한 일종의 소득표준표이다.

식민지하 지주제하 영세 규모에서 자가노력 위주의 영농방식을 취하고 있던 농민 입장에서는 재래품종을 사용한 재래농법은 현금 지출 비목이 거의 없었으나 개량농법은 수량이 증가하였다 해도 구입 비료, 새로운 농기구를 필요로 하며 노동력의 증투를 요구하고 있었다. 따라서 농민 입장에서 종자대, 비료대 등 새로운 현금 수요는 부담이 될 수밖에 없었다. 개량농법의 수입이 증가하였더라도 10a당 수익 증가는 6.81엔으로 노력비의 증투와 거의 동일한 수준에 불과하였다. 개량농법은 수량 증가를 위해 생산비의 50%를 수취한 지주에게는 유리한 농법이었지만 소작인의 입장에서 생산비 증가는 크게 문제가 되었다.

〈표 6-11〉은 수익성을 소작농의 입장에서 계산한 것이다. 소작료는 조수입의 50%라 가정하고 그 대신에 토지자본이자 및 조세공과의 부담은 없다. 소작농의 재래경작법의 순수입이 1.13엔의 적자인 것과 관계없이 개량 경작법의 순수입은 마이너스 5.41엔이다. 이러한 차이는 개량경작법의 생산비용이 높기 때문이다. 노력비를 100% 자가노력으로 충당한 경우는 개량경작의 소득이 12.51엔으로 재래경작법에 비해 높다. 그러나 고용노력을 15% 이상 사용할 경우는 개량경작법의 소득이 재래경작에 비해 낮다. 이러한 점에서 개량경작법은 노력의 집약적인 투입에 따라 수입이 증가하지만 노동생산성은 떨어진다는 것을 알 수 있다. 개량농법의 노동 강화적인 성격은 소작농이 우량품종, 개량농법을 기피하는 원인이 되고, 소작농은 1호당 경작면적을 축소하여 노동을 더욱 강화해가거나,[50]

지주에 대하여 소작쟁의로 나설 수밖에 없었다.

1937년 12월 구마모토(熊本)농장 쟁의 당시 소작인들이 김제군수와 김제경찰서장에 보낸 다음의 진정서 내용을 보면 이러한 사실은 잘 보여주고 있다.[51]

"소작인 등이 동(同) 농장의 소작을 경작하면서 다대한 비용과 계다(計多)한 비료 및 수수(手數)를 들여 1년간 간로(干勞)하였던 것은 진실로 가족의 생활을 유지하는 방책 때문이었다. 그런데 전(全) 수확의 17분에서 13/4분을 소작료로서 동(同) 농장에 납부한다면 그 나머지 3분 혹은 4분으로써 비료대금을 변제하는데 충당할지 혹은 부족할지 이를 추측으로서 판단할 수 있다. 또 1일간의 전구(全口)의 식량도 얻을 수 없을 뿐만 아니라 농촌의 폐망은 이에 비추어 명료한 것이다."

## 3. 재래농법의 생태적 합리성

우리나라 재래농법은 전통적으로 미맥의 혼작에 의해 벼농사보다 한전농업에 더 큰 비중을 두고 있다. 일제는 식민지 조선의 전통적인 재래농법을 낮은 수준으로 보았으며 일본과 입지 조건이 현저히 다른 기술, 특히 밭농사에 대한 생태적 해석을 등한시하였다.[52] 일본 습윤지 농업에 기반을 둔 개량농법의 보급으로 전통적인 재래농법은 급격하게 퇴조하게 되었다. 개량농법은 비료를 충분히 주면 높은 수확을 올릴 수 있다. 그러나 비료가 부족하면 재래농법만큼의 수량도 올리기 힘들다. 대부분 비료를 주지 않고서도 어느 정도의 수확을 가져올 수 있는 재래농법은 조선의 입지 조건에 맞는 한지농업(旱地農業)이었다. 일본의 습윤지 농업은 지력의 유지 또는 증진이 중요한 문제인 데에 대해 한지농업은 토양 중 수분의 유지 또는 보급이 가장 큰 문제였다.[53]

재래농법에서 가장 우수한 농법은 '윤답농법(輪畓農法)'이었다. 윤답농법은 논밭을 윤환하는 우리나라 특유의 작부체계였다. 일정한 영역을 전부 논으로 사용하는데 용수량이 없을 때는 일부를 논으로 나머지 일부를 밭으로 해마다 전환하는 작부방식이었다. 주로 강우량이 적은 서선 지방과 북선 지방에서 많이 행해졌다.[54] 이 농법은 수리 문제에 제약된 소극적인 유형의 논과 밭의 윤환이며, 항상 가뭄과 싸워왔던 조선 농업의 특징을 가장 잘 보여주는 농업이었다.[55]

'윤답농법'과 함께 우리나라 우수한 관행적 농업기술은 '건답직파(乾畓直播)'였다.[56] 건답직파는 건조한 천수답에서 특별한 품종을 사용하여 풍토에 알맞은 내한(耐旱) 도작법이었다. 벼 파종은 밭과 같은 상태에서 논에서 이루어졌지만 장마철이 되어 물이 충분하면 담수(湛水) 상태로 벼를 재배하는 독특한 재래농법이었다. 건답재배는 평남북, 황해도 일부 지역 등 주로 서부지방 건조지대에서 발달하였다. 권업모범장에 의하면 평안남도의 대동, 순천, 중화, 용강, 강서 등지에서 전체 논 면적의 49.3%를 점하였으며 조선 전체에서 약 5만ha가 이루어지고 있다고 한다.[57] 예로부터 전해 내려온 건답직파농법은 천수답을 활용한 내한 도작기술(稻作技術)로서 생태학적으로 매우 합리적인 농업기술이었다.

재래농법에서는 간작(間作)과 혼작(混作)을 널리 행하였다. 밭에 하계작물 대두(大豆)를 재배하는 동안 고랑에 가을보리를 동시에 재배하는 간작이 성행하였다. 간작보다 혼작이 더 많이 활용되었다. 혼작은 생육기간이 같은 조(粟)와 피(稗)를 혼합하여 파종한 뒤, 한발이 심한 해에는 한발에 강한 조를 남기고 피를 뽑아내었다. 만일 우량이 많은 해에는 반대로 피를 남기고 조를 뽑아내어 농가의 기근(飢饉)에 적극적으로 대응하는 훌륭한 작부방식이었다. 또한 화본과작물과 두과작물을 교대로 작부하였다. 육도와 조, 보리나 밀을 재배한 다음 소두, 녹두 등을 재배하였다. 두과작물은 땅속에 질소를 고정하여 지력을 유지할 수 있었기 때문에 합리적인 작부방식이었다. 전 서선지장장(西鮮支場長) 다카하시 노보루(高橋昇)는 209정보의 밭을 조사하여 그 가운데 43%가 벼와 두과를 조합하여 재배한다는 사실을 실증적으로 밝혔다. 이 재배방식은 1429년 세종 때 공표된 '농사직설'에 재배법이 쓰여 있으므로 600년 전부터 조선 농민들은 이런 농법을 해온 것이다.[58]

한전 윤작방식 가운데 가장 주목할 만한 윤작법은 '2년3작'이라는 우수한 작부체계였다. '2년3작 식' 윤작방법은 소맥을 중심으로 조, 두류 세 작물의 특성을 최대한 이용하였다. 시비 효과가 큰 소맥을 중요시하여 조는 주로 소맥 비료의 잔여 효과에 의존하였다. 두류는 전혀 시비하지 않고 열매를 수확하고 난 잎과 줄기를 사료로 이용함으로써 세 작물의 성질을 충분히 이용한 우수한 작부체계였다. 이 윤작방식은 이미 19세기 초 서유구(徐有榘)에 의해 권장된 기술이었다. 높고 넓은 이랑을 만들어 소맥을 견종함으로써 동계 휴한을 극복하였으며, 간종·잡종법을 이용하여 두류를 재배했다는 점에서 이 농법은 중요한 의의가 있다.[59]

초대 서선지장장 다케다 소시치로(武田總七郎)는 그의 저서 『實驗麥作新說』(1929년 초판)에서 일본 농업의 세계에 대한 다섯 가지 자랑거리에 대해 다음과 같이 평가하였다. 그리고 '2년3작' 식 작부체계를 일본 농업이 세계에 자랑할 수 있는 농업기술의 하나로 소개하였다. 세계에 대한 다섯 가지 자랑거리 가운데 조선 재래농법의 세 가지 기술에 포함되었다는 사실은 매우 특별한 가치를 가진 것이었다. 그는 세계에 대한 일본 농업의 다섯 가지 자랑거리를 다음과 같이 소개하였다.

〈그림 6-6〉 세계 자랑거리라고 하였던 조선의 밭작물기술 (武田總七郎, 『實驗麥作新說』, 明文堂, 1943)

"농사 개량이 되는 것은 더 이상 갈 수 없는 방향으로 진전되는 것을 상례로 한다. 예를 들면 서양 농구의 진보가 현저하고 일본에서는 토지 이용의 방향으로 진보하여 조선 특히 북부지방의 농사가 학리적 방면으로 발전되는 것과 같은 것이다. 때문에 농학으로 되지 않았던 옛날부터 일본에서 금일 학술이 가장 진보한 서양보다도 오히려 진보한 방법이 실행되는 것에는 하등 불가사이한 일이 아니다. 저자가 아는 바로는 다음 다섯 가지 사항은 세계에 대한 자랑거리로 충분할 것이라고 생각한다.

① 비젠쿠니 구미노군(備前国舊御野郡)의 농업수리 ② 평안남북도의 건도재배법(乾稻栽培法) ③ 조선 백채채종법(白菜採種法) ④ 서선 지방의 2년3작법 ⑤ 이모작법"[60]

## 4. 개량농법의 확산과 재래농법의 단절

당시 조선총독부는 농민의 우량품종 및 개량농법에 대한 기피를 "농민이 기술 개량에 대한 의욕이 없는" 것으로 판단하고 강력한 농촌 지도가 필요함을 역설하였다. 총독부에서는 행정 및 지도기관을 동원하여 품종과 개량농법의 보급에 주력했을 뿐 아니라 지주를 기술 보급의 매개로 삼았다. 조선총독부는 토지조사사업을 통하여 육성한 지주계급을 식민지 지배를 위한 사회적 지주로 삼았다. 개량농법(못자리, 시비, 관개, 방제)이나 우량 벼 품종(일본의 우량품종)을 재배하여 수확량이 증대한 경우에도 재래농법, 재래품종 지역과 비슷하게 평가하여 지세를 낮게 해서 우대조치를 함으로써 권농의 첨병으로 삼았다.[61]

조선 후기의 상품경제 발전에 따라 새롭게 등장한 지주층도 증산으로 인한 지세 수입의 증대와 미곡 수출로 인한 이익 때문에 총독부의 증산정책에 호응하고 소위 개량농법, 우량품종의 도입에 앞장서게 되었다. 지주들은 일본의 증산정책에 보조를 맞추어 우량종의 보급과 개량농법의 보급을 소작인에게 강요하였다. 대지주는 소작인에게 우량품종의 종자를 대부하여 품종을 보급하고 집합 못자리를 설치하여 품종 및 재래방법을 통일하고자 하였다.[62] 지주가 소작인에게 특정 소작 조건을 만들어 새로운 농업기술과 품종을 강요한 것이었다. 소작 관련 조사에서 나타난 품종 및 경작방법, 수확 제조 등은 다음과 같다.

① 소작인은 종자 및 경작방법, 수확 제조 등 일반 개량방법을 실행하고, 지주의 명령에 복종하여 농림수산물의 품질 개량, 수확량 증가를 도모한다.

② 소작료는 토지생산을 높이는 데에 좋은 우량종을 정선하고 건조,

조제에 노력하는 것은 물론 제초, 토사, 잡수(雜穗) 기타 협잡물이 없는 것을 석당 중량 180근 이상을 5두 가마(叺)로 하고……, 납부 시 협잡물 혹은 재래종으로 납입하는 경우 1할 이상을 가산한다.[63]

특히 기술 보급에 적극적인 지주는 일본인 대농장이었다. 대농장에서는 종자를 대부하거나 비료대를 대부하여 개량농법의 보급에 힘썼는데 이는 소작지대의 증가뿐 아니라 일본인 농장이 시장 지향 생산을 통한 미곡 수출 이익과 소작인에 대한 영농자금 알선을 통하여 상업자본과 비료대적 금융자본의 역할까지 겸하였음을 알 수 있다.

우량품종인 개량농법의 보급과 보급과정에서 총독부는 행정력을 동원하여 모범전(模範田) 품평회, 정조식 품평회, 각종 강습회, 전시회를 통하여 기술 보급을 추진하였고, 각종 전습소를 운영하였다. 이러한 과정은 기술 보급이라는 지도 차원이 아니라 강제적 개량농법 시행 행정의 차원이었다.

일단 총독부에서 방침이 정해진 것은 행정조직을 통하여 감독반이 조직되어 시행을 독려하였다. 특히 3·1운동 이전의 수도 품종 보급 초기의 농촌 지도는 시행 과정이 극히 강권적이어서 군대식이었다고까지 평가되고 있다.[64] 한 품종이 장려품종으로 지정되면 곧 연차적 보급 계획이 수립되고 일선 면에 전달되어 철저히 수행되었고, 정해진 품종 이외의 것은 재배가 금지되었다. "관의 지도"로 표현한 것과 같이 그 과정에서 지도원은 총을 휴대하고 지도사업에 임하였으며 "지도에 따르지 않은 품종의 못자리는 파괴되었고 정조식이 아닌 묘는 뽑아버릴" 정도였다.[65]

3·1운동 이후 문화정치가 등장하면서 군대식 지도는 약간 완화되었으나 행정기관의 영농 독려 방향이 근본적으로 전환된 것은 아니었다. 행정 성과 위주의 행정 지도로서 말단 행정에서의 강권 지도는 계속되었으

며 "감시와 명령"에 의한 외래적이고 타율적인 지도 방향은 일관되었다. 예로서 충남 서천에서의 피사리의 장려는 논둑에 소유자의 이름이 기입된 표찰을 세우고 논에서 피가 20본 이상 발견되면 1두락당 20전의 벌금을 징수하였다. 농민은 과징금을 면하기 위해서 노력하였으며 지방의 조사원은 상호 타면의 성적을 적발함으로써 지역 간 경쟁을 유발하여 성적을 올리는 방법이 채택되었다. 지도 과정에서 농민의 경제성이나 창의성은 무시되었으며 타율적 강제에 의한 지도에 의해 일본이 의도하는 외재적이고 타율적인 경제 활동의 궤도에 이입되었다. 이상의 결과 외견상 품종 보급과 기술 보급은 급속한 진전을 나타내게 되었다.

식민지 조선에서 수도작을 중심으로 한 농업은 "일본 농업의 이식에 의해 발휘되었다는 의미는 조선적인 것은 아니고, 일본적으로 개발된 것"이었다. 조선 농업은 "일본인이 의도하는 방향으로 재편되고 전체 일본의 방식을 기초로 한 개량을 계획한 것"[66]이었다.

이상에서 살펴본 바와 같이 수도작체계는 비료와 개량품종으로 이루어지는 기술체계로 급속하게 변화하였다. 우량품종 보급에 수반한 개량농법은 재래농법에 비해 노동집약적이고 관행보다 투입요소의 증투를 초래하였다. 개량농법은 당시까지 조선에 존재하지 않았던 새로운 농업기술 체계였다. 특히 비료의 증투라는 기술체계는 조선 농민의 노동 강화와 농업생산비를 증대시켰다. 이에 대응하여 조선 농민의 기술개발 의욕은 소멸되어갔고, 그로 인해 기술 발전의 주체성은 상실되어갔다. 품종은 식민지기 이전에는 농민에 의해 품종 개량이 주류였다. 대부분의 농민들은 기후, 토양의 변화, 노동력의 배분에 맞추어 품종을 선택하고 직접 증수 효과가 나타난 품종은 촌락 혹은 개인 간에 선출, 교환, 도입을 행해왔다. 조선 후기 농민이 직접 선출한 조동지(趙同知),[67] 차차벼[68] 등에서와 같이 농민 육종은 급속한 일본 농업기술의 이식으로 인하여 소멸되었다.

일본 메이지(明治) 전기 일본에서도 재래농법 또한 천경(淺耕), 배수가 불량하고 비료가 아주 적은 것이 특징이었다. 그러나 근대 실험농학이 후쿠오카(福岡) 지역의 재래농법에서 발굴하여 메이지(明治) 농법을 개발하였다. 이의 변화는 재래농법=경험농법과 개량농법=실험농법의 각축·대립[69]의 형태로 발전된 것이다. "민간 육종의 공헌"[70]에서 보이는 바와 같이 재래농법은 개량농법의 병존 내지 보조의 역할을 하였다. 이에 대하여 식민지 조선은 전통적인 재래농법은 새로운 개량농법에 의해 압도되고, 대체되었다. 지역의 관행기술에서 후쿠오카 농법이라는 근대적 실험농학으로 발전시킨 것이 아니고, 외래의 개량농법이 지역의 재래농법을 압도적으로 제압시키는 방법으로 추진되었다. 그 결과 식민지 조선에서 농민의 생산 및 품종 개발 기반은 소멸하고 기술개발에 대한 주체성은 크게 상실되었다. 대부분의 조선 농민은 새로운 기술개발의 노력은 없고 단지 총독부 시책에 순응적이고 수동적인 노력을 보일 뿐이었다. 개량농법의 확산은 근대 농업기술체계를 가져오게 되었지만 동시에 그것은 재래농법의 단절과 농민의 기술개발 정신의 파괴를 가져오게 한 것이기도 하였다.

7장

# 현대
# 농업기술의
# 변화와 전망

# 해방 후 농업·농촌과 농업기술

## 1. 농업·농촌 상황

1945~60년 동안 우리나라 농업·농촌은 큰 변화를 겪었다. 첫 번째는 해방 이후 만성적으로 일어난 식량문제이다. 1944년 5월 1,657만 명이었던 당시 남한 인구는 1946년 8월 1,937만 명으로 280만 명 증가하였다.[1] 해방과 더불어 해외동포의 귀국, 북한으로부터 월남민 증가 등으로 식량소비 인구는 증가하였으나 비료 생산의 부진 등으로 식량생산 사정이 악화되어 식량부족 문제는 심각한 상황이었다. 이에 미군정은 식량 통제기구를 복구해서 식량 수급에 대해 철저한 통제, 수입 비료의 투입에 의해 식량을 확보하고자 하였으나 별다른 효과를 거두지 못하였다.[2] 이어 이승만 정권은 만성적인 식량난을 탈피하기 위해 미국 잉여농산물을 도입하였다. 잉여농산물은 저렴한 식량을 제공받아 도시 소비자에게는 많은 도움이 되었지만, 농업·농촌에는 부정적인 영향을 주었다. 잉여농산물 가운데 특히 밀과 원면의 도입은 가격이 매우 낮아 밀농업과 면화농업에 커

다란 영향을 미쳤다. 결국 잉여농산물 도입은 곡가 하락으로 농산물시장을 잠식시켜 농가경제를 피폐화시켰다.[3] 오늘날 이 시기는 낮은 식량자급률, 농가경제 악화의 출발선이었다.

둘째의 변화는 1950년에 실시된 농지개혁이다. 1946년 3월 북한에서 농지개혁이 실시됨에 따라 농민들의 토지개혁이 격화되는 가운데 미군정에 의한 부분적인 농지개혁이 우선 실시되었다.[4] 본격적인 농지개혁은 한국 정부가 실시한 농지개혁이다. 한국 정부는 지주로부터 약 33만ha의 농지를 매수하여 소작농민들에게 분배하였다. 그리고 소작을 금지하고, 소유 상한은 3정보로 정하였다. 이는 근본적으로 자작농제도로 농업구조를 바꾸도록 한 것이었다. 농지개혁에 의해 지주계급은 해체되었고, 대부분의 농민들은 자작농으로 바뀜에 따라 지주소작관계의 반봉건적 토지소유가 해체되었다. 농민들은 자작지에서 농사를 질 수 있게 되어 영농의욕은 높아지고 농업생산과 기술에 관심을 가지게 되었다. 그러나 농업기술의 발전 가능성을 열리게 한 농지개혁은 1950년대 미국의 과다한 잉여농산물 도입, 토지수득세 징수 및 잡부금 납부, 고리대자본의 횡행 등으로 현실화되지 못하고 1960년대에 가서야 어느 정도 성과가 나타나기 시작하였다.[5]

세 번째의 상황 변화는 한국전쟁의 영향이다. 한국전쟁이 농업에 준 직접적인 인적 물적 피해는 엄청났다. 수리시설 등 농업생산기반을 파괴시켜 전쟁으로 인한 농업은 피폐화되었다. 전쟁 중에 농민들은 전쟁경비 조달을 위해 임시 토지수득세를 냈을 뿐만 아니라 인플레이션을 막기 위한 식량의 공출로 농가경제는 매우 어려운 상황에 놓여 있었다. 더욱이 전시 인플레를 억제하기 위하여 도입해온 미 잉여농산물 역시 낮은 농산물 가격으로 농가경제는 더욱 악화되었다.

해방 후 농업기술 연구는 연구 및 보급체제의 명맥만 유지하여 농업기술 향상에 별다른 기여를 하지 못하였다. 미군정은 당시 전 수원고등농림학교(서울대학교 농과대학으로 편입)를 농림부 산하로 이관하여 농사개량원을 아래에 두고 각 도·군에는 농사교도소를 두었다. 그러나 미국식 체제의 운영은 지지부진하였다. 이후 1949년 농사기술의 개편, 1953년 농림부의 농사교도체제, 1957년 농사원이 발족되어 운영되었으나 시험연구는 명맥만 유지하였다. 당시 시험연구는 주요 작물 신품종 육성, 경종법 개선, 채소 종자 생산체계의 정비, 새로운 잡종 육성, 종축 및 사양 관리방법의 개선 등 기초적인 것이었다.[6]

## 2. 농업기술의 취약과 낮은 생산성

대부분의 농민들은 농업기술 가운데 종자 기술을 가장 선호한다. 벼 품종은 1930년대 후반부터 육성된 품종을 보급하기 시작하여 도입 품종과 함께 재배되기 시작하였으나 전쟁으로 중단되었다. 이어 1950년대 말부터 팔굉, 팔달 등 다수확 계통의 신품종을 육성하고 보급하기 시작하였으나 그 성과는 그다지 크지 못하였다. 축산의 경우도 한국전쟁 이후 가축보호법이 제정되고 신품종 닭과 돼지가 수입되었다. 가축 개량과 사양 기술, 배합사료 산업은 아직 태동 단계에 불과하였다. 이와는 달리 채소 종자의 자급과 재배기술은 상당히 발전하였다. 해방과 더불어 채소 종자 기근으로 파동을 겪으면서 세계적 채소 육종학자인 우장춘 박사가 귀국하면서 채소 종자의 육종체계를 확립하게 되었다. 양적으로 부족한 채소 종자의 자급을 위하여 일본으로부터 무와 배추 원종을 수입하여 보급 종자를 생산하게 되었다.

1946년 6월 미 육군참모총장인 아이젠하워는 "한국의 식량 사정은 비

료와 종자만 공급하면 해소될 것이다."고 할 정도로 해방 후 남한의 비료
사정은 나빴다.[7] 비료 총생산의 90% 이상을 생산하는 비료공장이 흥남
비료공장 등 주로 북한에 있었기 때문이다. 남한에는 조선화학비료, 왕자
제지, 삼척석탄질소공장 등 몇 개의 공장이 있었으나 생산시설이 낙후된
데다가 원료난, 전력난으로 비료 생산이 여의치 못하였다. 이후 우리나라
는 비료의 대부분을 미국의 화학비료에 의존하였다. 비료는 1950년까지
원조자금에 의한 비료 전량을 정부가 인수하여 대한농회 등을 통해 배
급해왔으나 1951년부터는 민간 도입이 허용되었다. 1952년에는 전체 도입
량의 1/4에 해당하는 물량을 민수(民需)에서 담당하였으며 점차 민수의
비료 도입량이 늘어 1960년에는 50%가 넘게 되었다. 그러나 민수 비료는
자유판매가 허용됨에 따라 일부 상인들이 매점매석을 하고 비료가 필요
한 수요기에 비료 가격을 올림으로써 농민들은 많은 피해를 보았다. 1957
~1961년 유안 45kg 1포대에 118원이었을 때 민수 비료는 무려 376~388
원에 달하였다.[8] 이리하여 1962년부터 관민수(官民需) 이원화 제도는 폐지
되고 관수 일원화로 되어 모든 비료의 관리는 농협에서 공급하도록 하게
되었다.

농민들은 비료에 대한 지식도 매우 낮았다. 유안을 암모니아로 통칭하
고 암모니아만을 비료로 알고 인산비료나 칼리비료는 잡비(雜肥)라고 여
겨 비료 주기를 꺼렸다. 이 때문에 질소질비료의 편중 시비로 증산의 기
본인 3요소의 균형 시비가 이루어지지 못하고 생화학적 기술은 매우 낮
아 식량생산은 크게 증가하지 못하였다. 비료와 더불어 대표적인 화학농
업기술의 하나는 농약이다. 농약 또한 비료와 마찬가지로 1950년대 말까
지 우리나라에서 생산할 수 없어 수입에 의존하였다. 1950년대부터 맹독
성 살충제 농약인 DDT와 BHC, 유기수온계의 파라치온제는 1950년대
중반부터 수입되어 우리나라에 공급되었다. DDT분제는 사람의 속옷이

나 머리털 속에 살포하여 이를 잡는 등 위생해충 구제용으로도 사용되었다. 농기구의 사용도 주로 전통적인 농기구가 압도적이었다. 경운(耕耘) 등에 낫, 쇠스랑, 괭이, 써레 등이 이용될 정도로 동력을 이용한 농기계화는 별다른 진전을 보지 못하였다.

이런 상황에서 농번기에는 생산 효율을 올리기 위한 교환노동형태로서 품앗이가 광범위하게 이루어져 1960년대에 경운기, 회전동력 탈곡기 등 일부 동력을 사용하는 농기계 정도만 보급되기 시작하였다. 수리시설도 부족한 상황에서 토지생산성은 그다지 증가하지 못하였다. 화학비료나 농약 등과 관련된 화학적 기술 또한 토지생산성이나 노동생산성을 높이지 못하였다.

따라서 1940~1960년의 성장률 추이를 보면, 노동생산성의 성장률은 0.58%, 토지생산성의 성장률은 1.79% 수준이었다. 이전 1920~40년대에 비해 토지생산성은 높았으나 노동생산성은 낮아졌고 토지-노동 비율도 부(負)의 성장률을 보이고 있다.[9] 이 시기의 농업은 비료, 농약 등 요소투입이 전반적으로 감소되었고, 농업생산은 크게 위축되었다.


## 3. 농업생산과 농가경제의 악화

1946~60년간 농업생산은 〈표 7-1〉에서와 같이 전체적으로 해방 후부터 위축되다가 1950년대 후반에 이전의 30년대 후반 수준으로 회복하는 추이를 보인다. 이의 대표적인 것은 미곡, 맥류 그리고 축우이나. 전체 농산물의 반 이상을 차지하는 미곡 생산량은 1930년대 후반 1,527만6천 석이었던 것이 계속 감소하다가 1950년대 후반부터 1,555만3천 석으로 회복한 뒤 1960년대 전반에 1,858만5천 석으로 증가하였다. 맥류 생산 또

한 미곡 생산 추이와 같이 감소하다가 회복, 증가하는 추세이나 1960년
대 전반에 가서야 회복된다. 축우는 해방 후 20만 두나 감소하다가 서서
히 증가하여 1960년대에 가서는 1930년대 후반의 사육 두수를 넘는 수
치를 보인다. 그러나 두류 생산은 해방 후 약간 증가하는 추세를 보이다
가 1930년대 후반의 생산 수준에도 미치지 못하고 있다.

〈표 7–1〉 농업생산의 추이

|  | 1936~40 | 1946~50 | 1951~55 | 1956~60 | 1961~64 |
|---|---|---|---|---|---|
| 미곡 (천 석) | 15,276 | 14,145 | 13,057 | 15,553 | 18,585 |
| 맥류 (천 석) | 7,347 | 4,407 | 4,910 | 6,339 | 7,795 |
| 두류 (천 석) | 1,940 | 1,140 | 1,143 | 1,215 | 1,362 |
| 과일 (천 톤) | 46.9 | 70.1 | 118.2 | 145.8 | 188.1 |
| 채소 (천 톤) | 819.4 | 884.5 | 1,053.0 | 1,079.8 | 1,280.2 |
| 면화 (천 톤) | 95.6 | 57.7 | 55.4 | 28.2 | 17.4 |
| 양잠 (천 톤) | 16,081 | 6,237 | 5,716 | 5,487 | 5,603 |
| 축우 (천 두) | 1,019 | 606 | 706 | 983 | 1,269 |

자료: 장시원, "지주제 해체와 자작농체제 성립의 역사적 의의", 『광복 50주년 기념논문집』 (1995), 304쪽에서 재인용.

이에 비해서 과일, 채소 생산은 지속적인 증가를 보인다. 과일 생산은
1930년대 후반 4만7천 톤에서 1950년대 전반 11만8천 톤, 1950년대 후반
14만6천 톤으로 약간씩 증가하고 있다. 채소 또한 같은 시기 88만5천 톤
에서 105만3천 톤, 108만 톤으로 약간씩 증가하였다. 도입에 의존하는 종
자를 자급함에 따라 채소 생산은 증가하기 시작하였다.

이와는 달리 면화, 양잠 생산은 지속적으로 감소하여 쇠퇴하였다. 1930
년대 후반 9만7천 톤이었던 면화 생산은 1940년대 후반 5만8천 톤, 1950
년대 후반에는 2만8천 톤으로 급격히 감소하였다. 미군정기 이후 면사,
면포 등의 원조와 원면 도입이 면화 생산 감소에 큰 영향을 미쳤다. 양잠
생산은 1930년대 후반 무려 1,608만1천 톤이었던 것이 1940년대 후반에

는 623만7천 톤, 1950년대 후반에는 548만7천 톤으로 1930년대 생산량의 1/3 정도로 감소하였다.

해방과 더불어 해외동포의 귀환 등으로 식량 수요는 증가한 반면 비료 등은 투입이 낮아짐에 따라 식량 공급 사정이 악화되어 식량부족 문제는 더욱 심각해졌다. 한국전쟁 후에도 생산기반의 파괴, 식량 소비인구의 급증으로 식량 사정은 좋지 못하였다. 이에 정부는 해외로부터 구호 또는 원조로 부족한 식량을 보충하였다. 1953년 체결을 통해 본격적으로 도입한 미국의 잉여농산물은 1956~60년간에 연평균 60만 톤을 넘어섰고 이는 국내 생산량에 대해 평균 15%를 차지하는 양이었다. 미 잉여농산물 도입의 곡물 구성으로는 밀이 가장 많았고 원면, 보리의 순이었다. 미곡은 10% 정도로 비교적 소량이었다.[10] 이러한 잉여농산물의 도입은 우리나라 식량부족을 완화하였으며 도시 소비자들의 생계비 부담을 더는 데 많은 도움이 되었다. 그러나 농산물 가격을 하락시킴으로써 농가경제를 악화하게 만들었다.

해방 이후 1948년에 조사한 금융조합연합회의 자료에 의하면, 농가의 총수입은 총지출보다 7,715원이 적어 적자를 면치 못하고 있다. 농업수입은 농가 총수입의 90%정도를 차지하고 있고 그 가운데 미맥류가 70% 정도를 점하고 있다. 농업지출은 농가 총지출의 20% 미만으로 아주 낮았으며 구성비는 비료비 38%, 노력비 32% 등의 순이었다.[11] 농지개혁의 결과, 농가는 농지를 분배받아 자작농으로 되었으나 이후에도 농가경제는 더 나아지지 않았다. 1955~58년간 평균적인 농가수지의 지출은 초과되었고 실질적인 적자폭은 점점 확대되었다.[12] 한국전쟁이 끝난 복구기에도 농가경제가 악화된 것은 높은 인플레이션, 잉여농산물의 도입 등으로 농산물 가격이 떨어져 농가경제는 수입과 지출 양면에서 압박을 받아 적자를 면치 못하였다.

뿐만 아니라 많은 농가들은 빚을 내어 생활을 유지해나갈 수밖에 없었다. 당시 농업은행 조사에 따르면, 1956년 호당 농가부채는 부채의 절반 이상이 가계소비나 부채상환을 위해 차입한 것으로 나타났다.[13] 식량이 떨어진 절량농가도 적지 않았다. 1957년 2월 조사한 바에 의하면 절량농가는 34만 호로 전체 농가의 13.4%, 그 가운데 혼자 힘으로 식량을 구할 수 없는 농가가 19.3만 호로 전체 농가의 8.7%였다.[14] 이러한 농가경제의 형편은 1960년대에 들어서도 크게 나아지지 않았지만 공업화의 추진에 따라 절대적 빈곤은 서서히 사라지게 되었다.

# 녹색혁명과 식량자급

## 1. 식량 수급과 벼 품종

1960년에 들어와 경제개발 과정에서 식량 확보가 절실하였다. 당시 정부로서는 공업화 초기 국민경제의 안정을 위해서 식량 확보와 이에 따른 미가 안정은 절대적인 과제였고 국가안보에서도 중요한 문제였다. 1960년대 초 대흉작으로 쌀값파동을 겪은 해를 제외하고 대략 식량자급률은 90% 수준을 넘었다. 그러나 1962년부터 제1, 2차 5개년 경제개발계획에 따라 수출주도 공업화전략이 추진됨에 따라 소득이 증가하면서 식량 공급은 수요에 미치지 못하였다. 쌀 생산은 1961년 10a당 308kg로 300kg의 벽을 넘고 1964년에는 쌀 395만 톤을 생산하여 역사상 최대의 쌀 생산량을 기록하였다. 보리 생산은 1961년 처음으로 1천 섬 생산을 넘은 뒤 1969년 당시 최대 기록인 1,380만 섬을 생산하였으나 쌀 소비의 증가로 점차 감소하기 시작하였다.[15] 이에 대해 양곡 소비량을 보면 1960년 1인 1년간 167.2kg에서 지속적으로 상승하여 1967년 204.4kg을 넘었고 1972

년에는 가장 높은 225.9kg까지 올라갔다. 양곡 소비 가운데 60% 이상을 차지하는 쌀의 1인당 1년 소비량은 1967년 124.5kg이었으며 1970년 136kg으로 가장 높았다가 이후 점차 줄어들기 시작하였다. 쌀 다음으로 큰 비중을 차지한 보리쌀 소비량은 1960년 1인 1년간 30.8kg에서 1967년 45.3kg까지 증가하였다가 내려가기 시작하였으며 밀 소비는 계속해서 확대되는 추세를 보였다. 서류(薯類)는 1970년대까지 증가하였으나 이후에는 감소하였다.

당시 양곡 수급은 정부가 주도한 강력한 생산과 소비 통제에 의해서 주곡 자급과 불안정한 곡가 파동은 어느 정도 극복되었다. 그러나 수출 주도형 공업화정책에 따라 양곡 수급의 불균형 문제는 해소되지 못하였다.[16] 따라서 정부의 지상과제는 공업화 초기 수급 확보와 쌀 가격 안정이었다. 이를 위한 수도작기술은 품종 개발과 재배 관리기술의 개선, 생산기반 정비 등이 중요한 과제였으며 이 가운데 획기적인 다수성 품종 개발은 연구개발기관이 해결해야 할 긴급한 과제였다.

1945년 해방 후 수도 품종의 육성사업은 일시에 중단되었다. 이후 1949년 농사원, 1962년 농촌진흥청이 발족되면서 품종 육성은 활발하게 이루어지게 되었다. 이 시기에 육성된 품종은 해방 이전 교배되었던 계통 중에서 조광(朝光), 팔달(八達), 진흥(振興) 등 다수확 계통의 품종을 육성하여 보급하기 시작하였다. 육성 품종은 해방 전 13개 품종, 1971년까지 21개 품종이 되었다. 이 품종들은 주로 일본 품종을 모본(母本)으로 하여 육성된 것이었다.[17]

일본형 육성 품종은 미곡 증산을 위해 많은 화학비료의 투하가 불가피하였다. 다비 재배로 내비성이 약한 일본형 품종은 병충해의 피해가 심해 다수확을 하는 데 큰 장애가 되었다. 따라서 당시 정부는 경제개발 과정에서 주곡인 쌀 증산을 위해 내병·내도복성이면서 다수성 벼 품종 개발에 많은 노력을 기울였다. 1964년 중앙정보부는 이집트에서 "나다(Nahda)"라는 열대성 자포니카 품종을 도입하여 그다음 해 단기간 적응 시험을 거쳐 대통령의 이름을 따 '희농(熙農)1호'라고 이름 짓고 1967년 일반 농가에 보급하였다. 그러나 희농은 우리나라 환경에 적응치 못하고 흉작에 그쳐 실패로 돌아갔다. 이 '희농1호' 사건[18]은 내병·다수 품종의 특성을 기존의 자포니카형 근연교배(近緣交配)에서 찾기보다 원연교배(遠緣交配) 품종에서 찾아야 한다는 교훈을 주었다.

한국이나 일본에서는 자포니카 품종만을 재배해왔다. 자포니카 품종은 대가 가늘어 벼가 쓰러지기가 쉽고, 비료 반응도 예민하였다. 벼가 자라는 초기에 비료를 많이 흡수하면 도열병에 걸리기 쉽고, 후기에 비료 부족 현상을 초래하여 깨씨무늬병이 심하게 나타났다. 이 때문에 한국과 일본에서는 도열병 저항성을 보이는 인디카를 모본으로 많은 교잡 계통 육성이 시도되었다. 이들 계통들은 잡종 후대에도 계속 불임성으로 나타나서 성공적이지 못하였지만, 우리 자포니카 품종을 개량하려는 노력은 계속 진행되었다. 이에 따라 인디카와 자포니카의 원연교잡 육종기술이 진전되고 자포니카 근연교잡육종은 크게 약화되었다.


## 2. 통일벼 개발과 식량자급

1960년 설립된 필리핀 국제미작연구소(International Rice Research Institute, IRRI)는 동남아 녹색혁명에 기여하기 위해 다양한 내병성 인자를 이용하는 육종이 시도되었다. 1965년 국제미작연구소에서 객원연구원이던 서울대학교 허문회 교수는 일본 품종 '유카라'와 대만 품종 '대중재래1호(臺中在來1号)'를 인공교배하여 얻은 1대 잡종에 국제미작연구소가 육성한

기적의 쌀 'IR8'을 3원교배하였다. 이것이 육성한 IRRI의 교배번호 667 번째인 IR667이다. IR조합의 6계통(수원 213호, 수원 214호, 수원 215호, 수원 216호, 수원 218호 등) 중 3개의 우수계통을 선발하였다. 이 가운데 수원 213-1호(IR667-98-1-2)가 1971년에 '통일벼'로 명명되었다. 통일품종은 1966~69년 여름 경작기에는 우리나라 생태 조건인 3개 작물시험장 포장에서 선발하고 겨울에는 필리핀 미작연구소 포장에서 세대 진전을 하는 왕복선발(shuttle breeding)을 통하여 생산력 검정시험, 지방적응연락시험 등 각종 특성검정을 거쳐 우량계통을 선발하였다.[19]

통일품종의 개발은 종래 일본형 품종에 비해 다수 품종으로 온대지방에서 인디카형과 자포니카형 교잡품종을 육성하여 재배할 수 있다는 육종기술의 성과였다. 1970년 통일품종 이후 육종기술의 성과로 통일벼는 수확량이 현저히 증가하게 되었다. 〈표 7-2〉와 같이 1970년대 전반 주요 통일벼 수량은 10a당 491kg이었던 것이 70년대 후반 510kg, 1980년대 전반에는 562kg으로 크게 증가하였다. 개발 품종 또한 1970년대 전반에는 1971년부터 재배하기 시작한 통일벼를 비롯하여 유신, 밀양22호 등. 1970년대 후반에는 밀양21호 및 23호, 노풍 등이 육성되었다. 이어 1980년대에 들어와서는 풍산벼, 백양벼, 수정벼 등 주요 통일형 품종이 육성되었다.

〈표 7-2〉 통일형 주요 품종 개발 현황 및 쌀 수량성

| 연대 | 주요 육성 통일형 품종 | 쌀 수량 (kg/10a) | 범위 (kg/10a) |
|---|---|---|---|
| 1972~75 | 통일, 조생통일, 영남조생, 유신, 밀양22호, 통입찰 | 491 | 449~554 |
| 1976~80 | 밀양21호, 밀양23호, 황금벼, 금강벼, 만석벼, 노풍, 샛별벼, 내경, 밀양30호, 호남조생, 삼성벼, 팔광벼, 밀양42호, 청청벼, 태백벼, 추풍벼, 한강찰벼, 서광벼, 백운찰벼 | 510 | 439~581 |
| 1981~86 | 풍산벼, 백양벼, 수정벼, 남풍벼, 신광벼, 가야벼, 삼강벼, 영품벼, 원풍벼, 칠성벼, 용문벼, 장성벼, 용주벼, 남영벼 | 562 | 496~605 |

자료: 농촌진흥청, 『농촌진흥청 개청 50주년기념 우리농업의 역사를 새로 쓴 50대 농업기술&사업』 (농촌진흥청, 2012), 9쪽.

통일벼 품종의 개발·육성뿐만 아니라 새로운 농업기술도 또한 개발되었다. 통일품종은 기존 품종과 달리 육묘에서 본포 관리까지 보다 집약적이고 정밀한 관리, 특히 육모방법의 개선이 필요하였다. 못자리에서 성숙기까지 냉해를 잘 입어 추위나 저온에 약하였다. 이를 극복하기 위해 조기파종 보온육묘법이 개발되어 보급이 되었으나 그다지 성과를 보이지 않았다. 그러나 비닐 피복 보온못자리 기술이 개발되어 농가에 광범위하게 보급되었다. 관행적으로 이루어져왔던 물못자리를 없애고 보온 절충 못자리를 설치하기에 이르렀다. 통일품종이 냉해 대책을 위한 재배기술과 함께 숙기가 길고 만식 저항성이 낮았기 때문에 품종의 특성에 적합하게 점점 이앙시기를 앞당기는 조기파종, 소주밀식 등의 재배법이 널리 보급되게 되었다.

통일벼 재배는 이러한 통일품종 개발과 재배기술의 보급으로 급속하게 확대되었다. 〈표 7-3〉에서 보는 바와 같이 1971년 2,700ha에 불과했던 통일벼 재배면적은 1974년에는 18만9백ha, 1978년에는 92만9천ha로 급격히 증가하게 되었다. 1978년에 무려 전체 벼 재배면적의 77%까지 차지할 정도로 놀랄 만한 속도로 통일벼 재배면적이 확대되었다. 수확량도 현저하게 증가하였다. 1971년 통일벼 10a당 수확량은 510kg이었으나 다음 해인 1972년 통일벼는 10a당 386kg으로 낮아지고, 이후 다시 약간의 증감 추세를 보이다가 1977년에는 통일벼 10a당 수확량은 553kg으로 최고의 수량을 기록하였다.

<표 7-3> 쌀 품종별 재배면적과 증수 효과

| 구분 | 총생산량<br>(100M/T) | 통일품종<br>쌀생산량<br>(100M/T) | 면적(천ha) | | 비율(%) | 10a당 수량 | | | |
|---|---|---|---|---|---|---|---|---|---|
| | | | 일반벼 | 통일벼 | | 통일벼<br>(kg) | 일반벼<br>(kg) | 증수량<br>(kg) | 증수율<br>(%) |
| 1971 | 3,997.6 | − | 1,190.4 | 2.7 | − | 501 | 337 | 164 | 149 |
| 1972 | 3,957.2 | − | 1,191.1 | 187.5 | 16 | 386 | 321 | 65 | 120 |
| 1973 | 4,211.6 | − | 1,181.7 | 121.2 | 10 | 481 | 350 | 131 | 137 |
| 1974 | 4,444.9 | 855.8 | 1,204.4 | 180.9 | 15 | 473 | 353 | 120 | 134 |
| 1975 | 4,669.1 | 1,379.7 | 1,218.0 | 274.1 | 23 | 503 | 351 | 152 | 143 |
| 1976 | 5,215.0 | 2,553.4 | 1,214.9 | 533.2 | 45 | 479 | 396 | 83 | 121 |
| 1977 | 6,005.6 | 3,648.1 | 1,230.0 | 660.1 | 55 | 553 | 423 | 130 | 131 |
| 1978 | 5,797.1 | 4,516.3 | 1,229.8 | 929.0 | 76 | 486 | 435 | 51 | 112 |
| 1979 | 5,564.8 | 3,448.6 | 1,233.2 | 744.1 | 61 | 463 | 437 | 26 | 106 |
| 1980 | 3,550.3 | 1,732.9 | 1,223.0 | 604.2 | 50 | 287 | 292 | △5 | 98 |

자료: 한국농촌경제연구원, 『한국농정40년사』 (1989), 431쪽.

통일벼의 보급에 따라 통일벼에 사용되던 조기파종, 심경다비, 보온묘대 등의 재배기술이 일반 벼에도 그대로 사용되어 일반 벼의 수량도 증가하였다. 1971년 일반 벼 10a당 수확량이 337kg에 불과하던 것이 1977년에는 423kg으로 증가하여 통일벼와의 수량 격차도 축소되었다. 통일벼의 다비, 집약적 재배기술이 일반 벼로 확산된 결과였던 것이다. 이를 총생산량으로 보면, 1971년 399만7,600톤에서 1974년 444만4,900톤으로 늘어나고, 1977년에는 600만5,600톤으로 증가하여 사상 최고의 쌀 수확량을 기록하였다. 이해 우리나라는 농정의 최대 목표였던 식량자급을 달성하게 되었다. 당시 박정희 대통령은 '녹색혁명 성취'로 선언하고, 관련자들에게 훈장과 포상금을 수여하였다. 정부 관련 부처에서도 앞을 다투어 각종 기념행사를 열었다. 통일벼의 품종 및 재배기술의 개발과 보급이 일반품종 재배에 확대됨으로써 우리나라의 녹색혁명을 주도하게 되었던 것이다.

〈그림 7-1〉녹색혁명 성취 기념비. 1977년 박정희 대통령이 농촌진흥청에 써준 '녹색혁명성취' 휘호를 새긴 기념비다.

## 3. 녹색혁명의 특성과 평가

우리나라 녹색혁명은 식량문제를 해결하기 위해 통일벼 품종의 개발을 도화선으로 시발되었다. 미국 록펠러재단의 원조에 의해 1943년에 멕시코에 세워진 국제 옥수수 밀 개량 센터(International Center for the Improvement of Maize and Wheat, CIMMYT)에서 멕시코 난쟁이 밀을 개발함으로써 식량생산이 급속하게 증대되는 것과 같이 녹색혁명이 이루어진 것이다.

통일품종 개발 및 보급은 당시 정부의 식량자급정책에서 비롯된 것이었다. 당시 농림부는 주곡의 자급과 식량증산을 위해 쌀 3,000만 석 돌파를 위한 벼농사 150일 작전, 시한영농 등을 실천할 식량증산상황실을 농림부 본부와 각 시도, 시군, 읍면에 그리고 농촌진흥청과 농협에 각각 설치 운영하였다. 정부는 전국 각 지역의 현장에서 일어나는 문제점을 신속히 파악해서 이를 적기 내에 해결해주는 일에 모든 정력을 쏟았다.[20] 1974년부터는 '청와대 식량증산기획실'이 만들어져 부처 간의 의견을 조정하여 강력한 증산을 추진하였다. 매월 대통령 주재의 경제동향 보고회의 시에 업무 추진 현황을 보고하였다.[21] 농작업별 이행시한 지정, 농촌 일손돕기 운동, 모내기·벼베기 행사, 신품종의 보급 책임면적 지정 등 시한영농시책을 강력히 추진하여 통일품종 보급을 보다 조직적으로 독려하였다. 이러한 성격을 잘 나타낸 것은 모든 영농일정에 수립된 작전명이다. 예를 들어 모내기 작전, 풀베기 작전, 물대기 작전, 1973년의 벼농사 150일 작전, 1974년의 쌀 3,000만석 돌파작전 등이다.

또한 정부는 식량증산시책 각 부문별로 책임량과 시한을 지정하고 달성하게 하는 책임생산제를 실시하였다. 식량증산시책 각 부문별로 책임량과 시한을 정하여 시도별, 시군별 또는 공무원별, 농가별 책임생산 목표량을 지정하고 통일벼 재배면적을 할당하여 이에 대한 책임을 지게 함으로써 목표량을 달성하지 못한 경우나 진도가 부진할 경우 엄중한 문책을 받았다. 1975년에 아직 종자 증시 중이었음에도 일부 지방 농촌지도관서에서는 "통일벼로 '통일', 유신벼로 '유신'"이라는 구호까지 내걸어가면서 통일품종을 더 많이 심기 위한 충성 경쟁에 나서기까지 하였다.[22]

정부는 농민들에게 증산 의욕을 올리기 위해 다수확 시상제를 도입하였다. 다수확 농가에게 증산왕 및 증산단지 시상과 더불어 공무원, 유관단체의 임직원 등 증산유공자 시상도 하였다. 범국민운동으로 농촌에 모자라는 일손을 돕기 위한 농촌 일손돕기 운동을 전개하였다. 주로 공무원과 공공기관 직원, 군인, 학생과 각종 사회단체 등이 참여하여 약 200만 명 규모의 인력이 전국에서 모내기에 참여하는 등 범국민적 운동으로 발전하였다. 통일벼가 본격적으로 보급된 1973년부터 모자라는 일손을 돕기 위해 정부가 주관하여 전국 규모의 농촌 일손돕기, 모내기 2주일 앞

당기기가 시행되기도 하였다.[23]

　우리나라 녹색혁명은 통일벼라는 다수확 품종에 의한 주곡 자급으로 경제발전을 이루기 위한 국가주도적 기술개발이었다. 정부가 저임금에 의하여 지속적인 경제성장으로 유신체제를 유지하기 위한 하향식 기술개발이었다. 그러나 통일벼 개발은 국가주도의 하향식 기술개발만이 아니라 시장가격에 의하여 유발된 기술개발이 동시에 일어났다. 보온못자리에 의한 일조시간의 연장, 비료의 증투 등 통일벼의 새로운 기술이 일반벼로 이전하여 전체 미곡 총생산량이 증가하였다. 1980년 냉해 피해 이후 급격히 줄어든 통일계 품종의 재배면적에도 불구하고 역시 총생산량은 지속적으로 증가한 것은 시장에 의하여 유발된 기술이 작동하였기 때문이다. 우리나라 녹색혁명은 분명히 국가주도의 기술개발에서 하향식으로 이루어졌지만, 시장기구하에 유발적 기술개발이 같이 작동하면서 나타났다.[24]

　통일벼 개발은 우리나라 벼 생산 기술 발전에 하나의 획기적인 전기를 마련해주었다. 기존의 자포니카 계통의 벼 품종에 인디카 계통의 벼 품종 교배에 성공하면서 벼 육종기술은 큰 발전을 이루었다. 1970년 이전까지 육성된 품종은 거의 일본 품종을 모본으로 하고 있었으나 통일품종이 육성되면서 우리 자체 육종기술은 일제 기술의 그림자에서 벗어나 주체성을 확립하게 되었다.[25] 육종기간 또한 기존의 15년을 반이나 줄인 6~7년으로 세대 단축을 시켰다. 이와 더불어 벼 재배기술 또한 크게 발전하였다. 그러나 통일품종은 다비 다수확 품종으로서 도열병, 호엽고병 등에 강한 내병성(耐病性)은 가지고 있었으나 온도가 낮은 상태에서 견디는 내냉성(耐冷性)이 약하고 만식저항성(晩植抵抗性)이 낮은 품종이었다.[26] 통일계 품종이 보급됨에 따라 냉해 현상을 극복하기 위해 조기파종 보온육묘법이 개발되고, 연이어 피복 보온못자리 기술로 발전하였다. 관행의 물못자리가 아닌 보온묘대의 보급과 함께 이앙시기도 앞당기게 되어 못자리 저온 장애와 수확기의 감수 피해 위험을 피할 수 있었다. 뿐만 아니라 시비, 병충해 방제 등 영농기술이 보급되어 쌀 생산이 크게 증가하였다.

녹색혁명은 단순히 재래품종이 통일품종으로 바뀐 것이 아니고 기술적, 경제적으로 많은 변화를 가져왔다. 통일품종이 개발·보급된 후, 쌀 증산으로 주곡 자급이 가능하여 쌀 가격이 안정되고 1970년대 고도 경제성장에 크게 기여하였다.[27] 그러나 고미가 수매정책으로 농가소득도 증가하였으나 1970년대 중반을 기점으로 경제성장 과정에서 공업우선정책으로 농업생산 비중은 광공업 부문보다 상대적으로 작아지게 되었다.

# 농업생산과 농업기술의 발전

## 1. 농업생산의 변화

1970년대 중반 이후 농업생산은 큰 변화를 겪었다. 일반적으로 소득이 증가하면 소비가 느는 농산물도 있고 반대로 소비가 주는 농산물도 있다. 당연히 증가하는 농산물은 가격이 높아지고 소비가 감소하는 농산물은 가격이 낮아진다. 이 시기부터 소득의 증가에 따른 농산물 소비의 변화는 농산물 수요와 공급의 변화와 직결되어 시장가격 메커니즘이 제대로 작동하면서 농업생산의 변화는 새로운 국면을 맞았다. 1970년대 중반까지 증가해왔던 곡류 및 두류 등 식량작물의 생산은 정체 또는 감소로 전환되고, 1980년대 이후 과일·채소와 축산의 생산이 증가하여 농업 내부에서 생산물 구성 변화가 현저하게 진행되었다. 이어서 1990년대 농업생산의 증가는 정체되고 전반적인 농업생산물의 구성 변화가 진전되었다.

경종과 축산의 생산 비중을 보면 1950년대 초 90%를 차지하였던 경종

작물의 생산은 2000년 74%로 축소되고 그 대신 축산 비중이 확대되었다. 1960년대 중반까지 전체 농업생산에서 50%대의 높은 비중을 차지하였던 미곡 생산은 1972~1977년 연평균 7%의 높은 성장률을 보였다. 그러나 1980년 대흉작 이후 성장이 정체된 결과 2000년 이후 미곡 생산 비중은 30%로 감소하였다. 미곡 이외의 곡류는 1950년 11%에서 2000년 1%로 급격히 감소되었는데 이 중 두류는 1970년대 후반 이후 감소되고, 서류는 1960년대 후반부터 감소하다가 2000년 이후 약간 증가하는 추이를 보이고 있다.[28]

이들 식량생산의 추이와 달리 과일 및 채소, 축산은 높은 성장을 보였다. 50년 동안 과일류는 연간 평균 6.4%, 채소류는 연간 평균 4.1%의 생산량 성장을 가져왔다. 이들 작물의 생산 비중은 과일류가 2003년 13%, 채소류는 26%까지 증가하여 1950년대 16%였던 것이 38%까지 확대되었다.[29] 이는 경제성장에 따른 소득 상승과 소비 형태의 변화에 기인한 것이다. 곡류 중심의 농산물 소비가 과일, 채소로 소비가 전환하는 농업생산의 변화 모습이다. 농업생산의 증가는 축산 부문에서도 뚜렷하게 나타난다. 축산 부문의 생산은 지난 50년 연평균 5%의 높은 성장을 실현하였고, 1970년 초부터 1990년 초반까지 가장 빠른 성장을 기록하였다. 이 가운데에서 우유를 포함한 축산물의 생산 증가가 현저하여 지난 50년 동안 연평균 11%의 높은 생산 증가를 이루어냈다. 그 결과 1951년 10%에도 못 미치던 축산 부문의 생산 비중은 2000년 25%까지 확대되었다.[30] 이와 같이 농업생산은 식량작물 중심에서 채소, 과일, 축산물 중심으로 전환되었다(《그림 7-2》). 이러한 농업생산의 전환은 농업기술의 발전과 괘를 같이하는 것이었다.

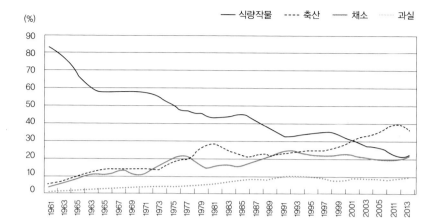

〈그림 7-1〉 녹색혁명 성취 기념비. 1977년 박정희 대통령이 농촌진흥청에 써준 '녹색혁명성취' 휘호를 새긴 기념비다.

## 2. 원예기술의 발전

해방 이후 채소 생산은 매우 열악한 수준이었으나 우장춘 박사를 초빙하여 채소 육종연구가 활발하게 이루어지게 되고 채종체계도 확립하였다. 1950년대 말부터 원예연구소에서 시작되어 1960년대에는 F1 품종인 원예 1호 및 원예2호를 육성하여 자가불화합성을 이용하여 채종하기에 이르렀다. 이를 민간 종묘회사에 분양하여 우리나라 배추의 일대잡종시대를 열게 된 계기가 되었다. 다른 종에 존재하는 유용 형질을 이전하기 위해서 종간육종방법이 시도되어 1967년 무르병에 강한 배추가 육성되었다. 1970년대에 들어와 경제성장에 따른 소득 증가로 상업적 원예작물 재배가 시작된 뒤, 1974년에는 반추 대상인 무 원교101호, 다수성이며 조생종인 배추 원교201호, 적색물고추 및 건과 겸용인 조생진흥고추가 육성되었다.[31]

1980년대부터 국민들의 식생활 고급화로 과일과 채소, 축산물 수요가 급증하는 가운데 과일, 채소의 연중생산연구와 농가의 기술 보급이 요구되었다. 이러한 기술 환경적 변화에 따라 신선 채소를 연중 공급할 수 있는 멀칭, 터널 재배, 하우스 재배가 급격히 증가하였다. 시설재배면적이 증가하고 전국 곳곳이 비닐하우스로 겨울 땅을 희게 덮었다고 해서 이를 백색혁명이라고 부르고 있다. 1990년대 전반부터 UR협상 이후 농산물 개방화에 대응이라는 점에서 유리온실을 비롯한 현대화된 시설의 지원이 이루어졌다. 이에 따라 유리온실과 연동형 자동화 비닐하우스가 집중적으로 설치되어 현대적인 자동화 시설이 도입되었다. 2000년대 이후 시설은 점차 장치화, 대형화, 고급화로 발전하였다. 시설재배면적은 주로 과채류가 중심이 되었다. 90% 이상 시설재배 비율을 나타내는 작물은 토마토, 딸기, 참외 등이며 수박과 오이도 80%를 넘고 있다.[32]

과수 기술개발은 1950년대 후반부터 농사원 원예시험장에서 과수 품종 육종사업이 착수되었다. 1960년대에는 육종기술로 자생 과수 및 가공용 품종을 선발하는 데 중점을 두었다. 1968년에 우리나라 최초로 과수 교배육성종인 '단배'를 개발 보급하였고, 감귤 내한성 품종인 홍진조생, 청도온주가 선발되었다. 재배기술 부문에서는 농산물 증산시책과 더불어 시비기술 개발이 활발하게 이루어져 사과, 배, 복숭아, 감귤의 영양진단 기술과 시비기술의 개발, 경사지 또는 개간지에 대한 생리장해 방지 기술, 사과에서는 일반 대목을 이용한 계획간벌 밀식재배기술이 개발 보급되어 농업증산시책에 크게 이바지하였다. 1970년대는 산지 이용률 제고를 위한 연구와 양조용 및 통조림용 적합 품종 개발, 복숭아 유명 품종 육성, 유지작물 개암 개발이 이루어졌다. 왜성사과 휘문이 번식 연구, 호도, 개암 등 각과류 품종 개발이 활발하게 진행되었으나 과수기술의 보급과 활용에는 별다른 성과를 보이지 못했다.[33]

1980년대에 와서 정부는 독자적으로 외국 품종에만 의존했던 과수 품종 개발을 국산화하기 위한 육종을 적극적으로 추진하였다. 우리나라 최초로 교배육성종으로 사과 '홍로'를 비롯하여 '황금배', '추황배', '영산배', '수황배', 복숭아는 '백미조생', '월봉조생', '월미' 등이 선발되었다. 포도에서는 '새라단' 등 도입종이 선발되었으며 대추는 '무등', '금성', '월출' 품종이 선발되었다. 이 시기에서는 과실의 수출 확대와 더불어 품질 향상에 관한 연구가 활발히 이루어져 착색 증진을 위한 사과봉지 개발, 반사필름 이용 기술이 개발되었고, 여름철 가지치기에 관한 연구가 이루어져 농가에 보급되었다. 과수 재해, 노동력 절감을 위한 연구도 사과 농가에서 실용화되었으며 참다래 재배 시험, 거봉 포도의 무핵화 기술도 개발 보급되었다. 그러나 대목, 수형 등 장기간 소요되는 재식양식시험 등에 관한 지속적인 연구가 이루어지지 못해 1990년대 초밀식 재배시스템 도입이 요구되었을 때, 이를 뒷받침할 수 있는 기술이 축적되지 못했다.[34]

1990년대에 들어서서도 수많은 과수 품종이 도입, 선발되어 많은 과수 농가들은 이들 품종을 재배하게 되었다. 그 결과 과수 품종은 당연히 일본이나 미국에서 도입하여 보급하는 것으로 알던 재배 농민이나 종묘업체에 연구기관의 역할 및 존재 의의를 인식하게 만들었다.[35] 이 시기 재배기술에서 배 덕시설, 점적관수시설, 포도 비가림 재배기술 등이 개발 보급되었고, '후지' 품종의 정형과 생산기술과 배 '신고' 품종의 과피흡변 및 파피오염 방지 기술, '황금벼' 품종 동녹 및 과육 붕괴증상 방지 기술이 개발 보급되어 상품성 증대에 크게 기여하였다. 과수 재배 규모별 기계화 모델, 자동 약제살포장치, 봉지 자동화기술 육성 등의 연구가 이루어졌으나 현장에 실용화되지 못하였다.[36] 그러나 이 시기에 신품종의 육성이 많아져 품종의 특성 및 재배방법 연구가 원활하게 수행되어 새로운 품종의 확대 보급에 큰 기여를 하였다.

화훼 분야 기술개발에서 1950년대는 외국 품종 도입 선발, 유전자원 수집 및 보존, 초화류 육종을 하는 정도였다. 그러나 1960년대부터 주요 화훼작물 재배 및 번식, 병해충 방제에 중점을 두고 연구를 시작하였다. 튤립의 국내 구근 생산 가능성 제시, 자생잔디 종자의 발아력 증대 및 선별법 구명, 자생철쭉 등의 분화용 배양토 연구, 카네이션 등의 번식법 개선, 재배법 및 개화 조절 시험, 카네이션 등의 조직 배양 등 다양한 화종에 대한 기술개발과 축적이 이루어지기 시작하였다. 1970년대에 들어와서 국내외 카네이션, 장미, 국화, 자생식물 등에 대한 수집, 특성검정 및 선발은 계속되었고, 화훼가 취미원예에서 농업의 범주에 들어가면서 무궁화 품종 개량, 자생철쭉 품종 육성사업이 착수되어 무궁화 '향단', '임진홍' 등 8품종, 철쭉 '소월', '노을' 등 8품종이 우리나라 최초로 국내 연구진에 의해 육성되었다. 이들 품종은 농가에 보급되기 시작하였으나 보급체계 및 홍보 부족으로 널리 확대되지 못하였다.

1980년대 들어서 1986년 아시안 게임, 1988년 서울 올림픽 등 각종 국내외 행사로 화훼는 비로소 산업으로서 지위를 확보하게 되었다. 정부는 화훼가 농가의 소득작물과 수출 유망 작목으로서 각광을 받게 됨에 따라 화훼 육성지원사업을 크게 강화하였다. 정부 지원사업으로서 화훼 생산기반 조성사업, 시설 현대화사업이 추진되었다. 국화, 장생화, 무궁화 등에 대한 육종 연구도 더욱 확대되었으며 화훼 재배 연구로 상업농으로서의 고품질 주년 안정생산, 우량종묘 생산, 신소득 작목 개발에 중점을 두었다. 1990년에도 화훼 분야의 지원이 강화되면서 화훼 재배 연구는 산업화가 가능한 절화, 분화, 종묘, 구근 등에 중점을 두고 수출 유망 작목을 선정하여 난지 및 고랭지를 연계한 고품질 주년 생산, 생산성 향상, 우량종묘 대량생산 등에 연구를 집중하였다.[37]

# 3. 가축 개량과 사양기술

축산 부문은 경종농업에 종속적인 영세소규모 경영 형태가 주종을 이루었다. 1960년대 전반에 정부는 한우 증식보다 개량에 역점을 두기 시작하였다. 한우의 등록사업과 종축·후보축 검사 기준 및 역용우에서 육용우로 품종 개량 방향을 설정하고, 1970년대 후반에 한우 개량이 순종 개량과 교잡에 의한 신품종 개량을 추진하였다. 1980년대 들어와서 한우 후대 검정사업을 실시하여 1987년 우리나라 최초로 검정을 통한 농가 암소의 인공수정용 한우 품종 모우가 탄생되었다.

이후 인공수정에 의한 교배가 일반화되면서 한우의 유전능력 개량에 큰 역할을 담당하였다. 1993년에는 한우검정체계를 변경하여 축협 한우 개량부가 국가총괄기관 축산기술연구소와 함께 당대 검정에 의한 선발을 수행하게 되었다. 우량 종축 선발은 수정란 이식과 같은 기술과 접목하고 있으며, 쇠고기 수입개방에 대응하여 고급육으로 개량을 추진하여[38] 한우는 역우에서 고급육 생산 육우로 완전히 바뀌게 되었다. 2000년대에 들어 개량 기관에서 전담해왔던 보증 씨수소의 선발을 농가가 직접 참여하여 운영하고 있으며 암소 검정사업이 시범으로 실시되었다. 2012년 한우 개량 농가 육성사업이 중지되고 한우 암소 검정 사업이 본격적으로 실시되었다.[39]

1960년대에 들어와서 정부는 경종농업의 부산물과 볏짚, 산야초 등 자급 사료를 이용하여 한우를 사육하는 재래방식에서 사료의 안정적 공급을 위해 초지 조성의 확대에 노력하였다. 그러나 조성 기술의 미흡과 관리 부실로 부실초지를 양산하는 결과를 초래하게 되었다. 1970년대 이후 부업 축산에서 전업화 단계로 전환함에 따라 배합사료의 이용이 증가되고, 야초지 개발과 초지 조성 이용이 크게 증가되었다. 1980년대에 들어와서도 가축 사양기술의 고도화와 생산의 집중이 일어나는 상황에서 배합사료는 더욱 증가하고 초지 이용과 답리작을 이용한 사료작물 재배도 크게 늘어났다.[40] 1990년대 이후 한우의 사육기술은 자급 사료와 초지가 아닌 배합사료와 볏짚을 주요 사료로 하여 전개되어갔다. 배합사료의 원료를 수입해서 가공하여 소비하는 형태로 사육기술이 변화되어갔던 것이다.

돼지는 한우와 달리 품종 등록이나 검정사업이 민간 위주로 이루어져, 가축 개량이 협회에서 진행되었다. 옛날 우리나라 돼지는 순종이나 잡종 형태로 사육되어왔다. 1961년 정부는 유축농가 조성 5개년 계획을 수립하고, 1962년 농촌진흥청을 발족시켜 축산시험장에서 종돈을 수입하고 능력 검정과 종돈 생산보급에 주력하였다. 우수한 자돈을 각 도 종축장에 우선 배분하여 각 도에서 생산된 자돈을 일반 농가에 분양하는 형태로 돼지 개량이 진행되었다. 1963년에는 축산시험장에서 버크셔, 랜드레이스 및 햄프셔를 도입하여 시험한 결과, 우수하게 증명된 랜드레이스종이 농가에 널리 보급되기 시작하였다. 민간에서는 경기도 파주 광성기업 양돈장이 랜드레이스종을 일본에서 수입하고 보급하여 전국에서 일천여 두의 랜드레이스 순종이 사육되기 시작하였다. 1970년대에 들어와 종돈의 중요성이 대두되고 민간 업체보다 국립종축장에서 미국산 종돈을 도입하여 우수종돈으로 양돈농가에 보급하였다. 1970년대 중반에 와서는 민간이 미국, 일본, 캐나다 및 대만으로부터 종돈 수입을 주도하고 개량 보급 형태는 관 주도에서 민간 주도형으로 변화하기 시작하였다. 1976년에는 우리나라 최초로 제일제당(주) 양돈사업부에서 자가 농장 검정이 실시되었고, 1979년에는 최초로 종돈업체인 선진원종농장이 설립되어 축산업은 전업화 시대를 맞게 되었다.[41]

현재는 민간 양돈장이 개량의 주축을 담당하고 정부는 개량에 필요한 제반 정책을 지원하는 것으로 역할 분담을 하고 있다. 한국종축개량협회에서 수행하는 농장 검정과 대한한돈협회에서 수행하는 검정소 검정이라는 능력 검정에 의한 두 가지 선발방법이 병행되고 있다. 그러나 검정소 검정방법은 전염성 질병의 교차오염으로 점차 줄어들고 있다.[42]

적어도 1980년대 초까지 돼지 사육은 농가 주부들에 의해 부업 규모의 영세한 규모 농가에서 농업생산 부산물이나 남은 음식물, 풀 등을 이용하여 사양해왔다. 이후 돼지 사양 관리방법은 잉여농산물 도입, 값싼 사료용 옥수수 도입, 쌀겨나 보릿겨 등 국내 부존 농가부산물 등을 적절히 혼합하여 배합사료를 급여할 수 있게 됨에 따라 배합사료를 이용하는 방법으로 점차 변화하였다. 1970년대 이후부터 대단위 사료공장에서 생산한 배합사료로 사육하여 출하하는 돼지 사양관리가 도입되기 시작하였다. 이후 돼지 사육시설이 자동화되면서 사양기술도 되도록 빨리 길러 출하하는 사양방식으로 발전하게 되고, 비육기에도 육성기 사료로 사육하여 출하하는 속성 비육 사양관리가 양돈농가에 널리 보급되었다.

1960년대 말 양계산업은 부업 규모에서 점차 산란계와 육계로 분리되었다. 한국가금연구소, 신촌부화장 등 민간 기업과 민관 협력으로 육종사업이 활발히 진행되었다. 1970년대에 닭의 사육 규모가 확대됨에 따라 대량 사육할 수 있는 케이지가 도입되었고, 산란계는 물론 종계용 암탉들도 케이지에 수용되어 종란을 얻기 위해서 인공수정을 실시하게 되었다. 외국으로부터 더 많은 우수한 개량종이 도입되면서 사육 규모는 크게 증가하였고, 이에 따라 사료공장도 널리 설치되었다. 채란과 육계가 분리되고 종계 사육과 부화 부문이 전문화되었고, 산란계의 케이지 사육이 정착되었다. 1980년대 국산계와 외국계와의 경쟁에서 생산성이 약한 국내 사육 품종의 육종 기반은 약화되었다. 이에 재래닭 고품질 육용화 사업을 실시하였다. 1980년 중반부터 정부는 양계산업의 안정적 발전을 위해서 육계 계열화사업을 추진하여 1990년에 들어와서 본격화되고 지금까지 육계의 대부분은 이 양계시스템에 의해 공급을 받고 있다. 종계, 부화, 사육, 도계 가공 및 유통의 전문화가 이루어졌다.

이러한 축산기술의 발전은 축산의 성장을 가져왔지만, 가축분뇨의 발생량을 크게 증가시켰다. 환경문제에 대한 국민들의 관심 증대에 따라 가축분뇨 처리 과정에서 수질, 대기 및 토양 오염원으로 작용하는 사례가 빈번하게 발생하여 축산 환경문제가 대두되었다. 뿐만 아니라 축산업은 분뇨 처리 강화를 위한 생산비의 상승으로 경쟁력이 저하되고 수입개방에 따른 불안심리가 겹쳐 새로운 문제에 직면하고 있다.

# 농업기술의 변화와 전망

## 1. 농업기술의 변화와 농업 성장

우리나라 농업 성장은 농업기술에 의하여 주도되었다. 우리나라 농업의 기술 변화 추이를 보면 1960년대 이전까지는 농업 성장이 주로 토지, 노동 등 전통적인 투입물에 의하여 이루어지는 자원 위주의 농업이었다. 1960년대 이후 비로소 농업 성장이 투입물보다 기술 변화에 따른 생산력 증가에 의해 이루어진 기술 위주의 농업이라 할 수 있다.[43]

농업기술은 일반적으로 기술적 특성에 따라 생물적 기술(biological technology), 기계적 기술(mechanical technogoly), 화학적 기술(chemical technology) 그리고 상품 및 유통기술(product & marketing technology)로 구분한다.[44] 생물적인 기술은 품종 개량과 재배에 따라 수량 증대로 토지생산성을 높이는 기술이며 기계적 기술은 농작업에 사용되는 경운기, 이앙기, 콤바인 등 노동력 절감 기술과 가공기계설비로 노동생산성을 높이는 기술이다. 화학적 기술은 화학비료나 농약, 생장 호르몬제 등 화학적 투입에 의

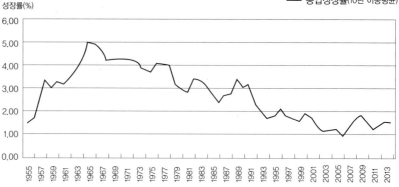

〈그림 7-3〉 농업 성장률 추이
자료: 농림축산식품부, 『농업·농촌 70년』 (한국농촌경제연구원, 2015), 42쪽.

해 토지생산성을 높이는 기술이다. 유통기술은 생산의 효율성이나 판매 활동과 관련된 기술로 경영비를 절감하고 마케팅 효율을 향상시키는 기술이다. 과학적인 농업회계, 마케팅 믹스, 경영전략, 전자상거래 등의 경영 및 마케팅 기술이 여기에 해당된다.

〈그림 7-3〉에서 농업의 장기적 성장을 나타내는 농업 성장률의 추이를 볼 수 있다. 그림에서 1950년대 중반부터 2010년 전반에 이르기까지 농업 성장률은 연 평균 2%대 정도의 성장률을 보였다. 이는 선진국가인 미국과 일본이 과거 40년간(1962~2002) 각각 연평균 약 1.6%의 성장률을 보인 것과 비교할 때 우리나라 농업의 성장률은 다소 높은 수준이다.[45] 그러나 우리나라 농업 성장률은 1960년대 중반을 피크로 하락하는 추세를 보이고 있으며 2000년대에 들어와 둔화되고 있다. 비농업 부문의 성장률이 1960년대 중반부터 10% 수준으로 급등하면서 농업 부문과의 성장률 격차가 2%에서 6~8%로 확대되고, 이러한 성장률 격차는 1990년대 초까지 30여 년간 유지되었다.[46] 이에 따라 농업이 전체 산업에서 차지하는 비중은 급격히 감소했으며 농지와 농촌노동력은 비농업 부문으로 빠르게

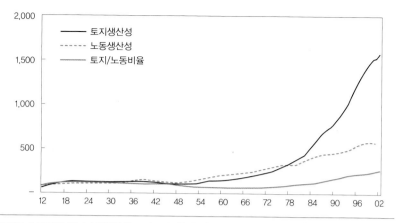

〈그림 7-4〉 토지생산성, 노동생산성 및 토지-노동비율 추이(1910/14=100)
자료: 박정근, "농업의 생산 및 구조 변화", 『한국농업근현대사』 제4권 (농촌진흥청, 2008), 37쪽.

이동하였다.

농업생산성은 기계적 기술에 의한 노동생산성과 생화학적 기술에 의한 토지생산성으로 나누어볼 수 있다. 농업생산은 종자가 발아해서 성장하고 결실을 맺는 생물학적 과정이지만 이 과정에서 비료나 농약 등이 중요한 역할을 하기 때문에 생화학적 과정으로 생각하는 것이 보편적이다.

우리나라 농업 성장의 생산성 추이를 〈그림 7-4〉에서 보면, 1950년대 중반까지 토지생산성과 노동생산성은 비슷한 추이 양상을 보인다. 1950년대 중반 이후에는 식량부족 상황에서 단위당 생산량을 높일 수 있는 토지생산성을 올려 토지생산성은 노동생산성보다 높았다. 이후 토지생산성과 노동생산성의 증가 속도는 비교적 빠르게 나타났다. 1970년대 후반에는 노동생산성의 증가 속도가 빨라져 토지생산성을 앞지르기 시작하여 1980년대 후반 이후 토지생산성과의 격차 폭은 더욱 커가는 추이를 보이고 있다.

1960년대에 이르기까지 우리나라 농업은 과잉인구로 인하여 당연히 노동생산성보다 토지생산성을 높일 수 있는 기술 진보가 이루어졌다. 토지와 노동 비율도 낮아 인구 증가에 따른 토지 부족의 상황을 보여준다. 1970년대 생화학적 기술인 통일벼 신품종의 개발과 보급으로 토지생산성이 지속적으로 높아졌다. 1980년대 이후 수출주도형 공업화 추진으로 도시로의 이농이 가속화되면서 농촌은 경운기, 이앙기 등 농기계가 급속도로 보급되었다. 그 결과 노동력을 절약하는 노동생산성이 크게 향상되어 1990년대 이후 빠른 속도로 확산된 것이다.

## 2. 친환경농업의 등장과 전개

일제강점기 때 화학비료가 보급되면서 농업의 화학화가 이루어져 단위면적당 생산력은 크게 증가하였다. 비료 소비의 증가는 1916~1940년 사이 총사용량이 약 13배 정도 증가를 보였다는 사실에서 잘 나타난다.[47] 화학비료의 사용은 1970년대 식량증산정책이 화학농업 위주로 진행하면서 급증하였다. 1970년대 국제미작연구소에서 개발한 통일계 신품종은 식량생산을 증가시켜 우리나라의 만성적인 식량부족을 해결하고 주곡 자급을 달성할 수 있었다. 이러한 수확량 증대는 막대한 양의 화학비료와 농약의 투여로 이루어진 것이었다. 이후 본격적인 공업화 우선의 고도성장이 이루어지면서 화학비료와 농약의 남용이 일반화되었다. 환경오염에 따른 각종 병의 발생이 빈번해지자 식품의 안전성에 대한 국민의 관심이 높아지게 되어 친환경농업이 등장하게 되었다.

본래 농업은 이산화탄소를 고정하며 유기물을 생산하고 소비하면 분뇨와 무기물로 다시 토양으로 돌아가는 물질순환체계가 그 기초였다. 이러한 농업 형태는 화학비료나 농약의 사용은 거의 없으며 대부분 자급할 수 있는 농업 자재로 영위하는 것이었다. 이러한 관행적인 농업 형태는, 다수성 품종을 도입하고 단위당 수량을 높이기 위해 화학비료를 많이 투하하는 농업으로 바뀌었다. 이는 생리적으로 병충해의 침해를 받기 쉬었기 때문에 농약 살포량을 늘려야만 했다.

이러한 다비, 다농약 농업체계는 많은 환경문제를 낳았다. 우리나라 비료 사용량은 세계 수준에 달했다. 1980년 ha당 비료 투입량은 285kg이었으나 1990년에는 458kg으로 급증하였고, 이후부터 약간 감소하여 2000년에는 ha당 382kg 수준이었다. 3요소의 시비 비율을 볼 때 질소가 약 50%, 그리고 인산과 칼리가 나머지를 차지하고 있어 특히 질소비료가 남용되고 있는 실정이다. 이러한 비료의 과다한 사용과 장기간에 걸친 사용으로 토양은 산성화가 가속화되고, 합성비료는 토양에서 가용성 물질을 쉽게 용해하였다. 이러한 성분들은 결국 시냇물, 호수 그리고 강으로 유입되어 부영양화의 원인 물질이 되고 있다. 지속적인 산성화로 병균이나 해충이 많이 발생하여 병충해 방제를 위한 농약 살포가 급증하게 되었던 것이다.

1970년 ha당 농약 사용량은 1.6kg에 불과하였으나 통일벼 보급에 따라 1975년에는 ha당 3.8kg으로 급증하였다. 농약은 일시적으로 병충해를 감소하게 되나 자연생태계를 파괴할 뿐 아니라 토양을 오염시키고 있다. 농약이 농작물에 살포되면 빗물에 씻겨 하천과 바닷물을 오염시키며 독성으로 식품도 오염시키고 있다.

1970년대 이후 국민소득의 증가로 육계, 계란 및 유제품 등 축산물 소비가 증가하면서 우리나라 축산업은 빠른 속도로 전업화, 규모화되었다. 이러한 축산업의 규모 변화에 따라 가축분뇨 발생량은 크게 증가하였다. 가축분뇨의 처리 과정에서 수질, 대기 및 토양의 오염원으로 작용하는 사례가 빈번히 발생하였다. 2013년 가축분뇨 발생량은 총 4,724만 톤, 이 중 돼지 분뇨가 38.9%로 가장 높았고 다음으로 한육우가 31.7%를 차지

하였다.[48]

우리나라 유기농업은 1976년 기독교단체인 정농회가 발족하면서 시작되었다.[49] 정농회는 종교적 신념으로 경천애인(敬天愛人)의 진리를 농업으로 구현하여 자연환경 및 생태계의 질서를 보전하는 생명농업으로 전환하는 것을 목표로 유기농업을 솔선 실천하였다. 정농회의 첫 유기농업은 농약 오염의 폐해에 대한 인식이 주요 동기가 되어 경기도 양주군에 있는 풀무원에서부터 시작하였다. 풀무원 출신의 농민들은 여러 지역에서 생산 및 유통단체를 만들어 유기농업의 기술을 전파하였다.[50] 그 후 유기농업에 대한 관심이 높아지자 1978년 한국유기농업환경연구회가 만들어지고 1980년대에 들어와서는 친환경농업 생산자소비자단체연합회(1980)을 비롯한 전국 규모의 한살림(1986), 광주의 광록회(1987) 등이 설립되었다. 그 밖에 생활협동조합, 한국가톨릭농민회, 여성민우회 등 기존의 다양한 단체가 유기농업 관련 활동을 벌였다. 시장의 확대와 정부의 지원에 따라 현재 전국에 유기농업 생산자들과 다양한 유통단체들이 생겨났으며 사회단체들뿐만 아니라 전문유통업체 등이 다양한 형태의 친환경농산물 생산 및 유통을 담당하고 있다.

이러한 민간운동에 대해 정부는 1995년 농림부에 환경농업과를 신설하고 '환경보전형 농업'의 범주에 유기농업을 포함하면서 정책적인 지원을 시작하였다. 1997년 12월에 '환경농업육성법'을 공포하여 친환경농업을 위한 제도적 장치가 마련되고 본격적으로 환경농업을 추진하기에 이르렀다. 이어 정부는 1998년 11월 11일에 친환경농업 원년을 선포하였다. 2001년 '환경농업육성법'을 '친환경농업육성법'으로 개칭하고 친환경농업 육성 5개년 계획을 수립하였다. 당시 시행하고 있었던 친환경농업정책 가운데 농가를 대상으로 한 중요한 사업은 친환경직불제, 환경농업직불제, 환경농업지구 조성사업 등이었다.[51] 정부가 농업 성장 과정에서 중요시해

왔던 성장 위주의 농업에서 환경 보전을 위한 지속적 발전 위주의 농업
에 대해 고려하고 있는 것이다.

이러한 변화는 농업기술이 과거 토지생산성과 노동생산성을 높이는
성장 위주의 기술개발에서 환경 친화적인 기술개발로 변화하려는 모습으
로 보인다. 이제 농업기술은 생명과학이나 정보기술 등의 발전으로 융합
기술 형태로 변모하고 있다. 농산물 마케팅이나 정보기술의 중요성이 커
지면서 과거와는 달리 농업기술은 농업생산에서 소비, 농산물 공급보다
수요에 따른 변화의 특성을 보이고 있는 것이다. 오늘날 과학기술은 정보
통신, 생명공학, 신소재 등이 주도하고 있다. 농업에서는 이같은 과학기술
을 어떻게 융합할 수 있는가가 앞으로 지속적 성장에 중요한 과제가 될
것이다.


## 3. 농업기술의 발전 전망

앞으로 농업·농촌은 어떻게 변할 것인가. 메가트랜드, 경제, 사회, 국토,
기후변화, 환경, 과학기술, 농업기술, 신가치 등 9개 분야의 전문가들이
2030년과 2050년의 변화 전망을 내놓았다.[52] 이에 의하면 농업·농촌의
미래는 매우 긍정적이다. 미래 사회의 최대 도전 과제인 기후변화 문제를
해결할 수 있는 것은 농업이며, 농업은 첨단과학기술의 접점인 바이오산
업이 새로운 산업으로 성장하며 등장한다(미래학자). 미래 한국 농업은 고
품질 농식품 생산체계, 바이오·나노 소재혁명 등 신기술 발전 산업인 농
업바이오 산업의 신성장 동력으로 부상할 가능성이 높다(경제전문가). 미
래 농업·농촌은 생명융합산업으로 발전할 것이며, 첨단기술을 접목한 효
율적인 농업시스템 모델이 개발되어 새로운 형태의 농업생산체계가 구축

될 것이다(농학자).

우리나라 농업기술은 꾸준히 발전해왔다. 생화학적 기술은 세계적으로 높은 수준에 자리잡고 있으나 기계적 기술은 선진국에 비하면 낮은 수준이며 작목으로는 쌀을 제외하고 대부분의 농작물이 선진국 수준에 미치지 못하고 있다.

한국농촌경제연구원에서 실시한, 농업 분야의 기술개발에 종사하는 대학 및 전문연구기관의 농업연구자(총 591인)들이 평가한 1990년대 중반 우리의 종자(품종), 비료, 농약 등 생화학적 기술은 세계 평균을 넘어 선진국에 가까운 수준이었다. 그러나 기계화 기술이나 선별, 포장, 가공 등 수확후 상품화 개발 기술은 세계의 평균 수준 이하에 머물고 있다. 유전공학 등 첨단 농업과학기술 분야도 비슷하여 세계 평균 내지는 그 이하의 수준이었다. 수도작의 경우 연구·개발 수준은 선진국과 비슷한 수준이었지만, 일반 전작물이나 채소, 과실, 축산 기술은 선진국에 비해 약간 낮은 수준으로 평가하였다. 또한 화훼류나 기계화, 가공 및 유전공학의 기술개발은 기초이론이나 응용화 및 실용화 연구 단계가 선진국에 비하면 아주 미흡한 수준이었다. 한국과학기술평가원이 2005년 실시한 각계 전문가들의 평가도 비슷하다. 우리나라 농업기술은 세계 최고 수준을 100으로 했을 때 약 69% 수준으로 선진국과 개발도상국의 중간 정도에 위치하는 것으로 나타났다. [53]

2010년을 기준으로 한 우리나라와 선진국과의 기술 수준의 시차를 〈표 7-4〉에서 보면, 모든 기술 분야에서 중국을 제외하고 미국, EU, 일본에 비해 1~9년 뒤떨어져 있다. 특히 농업생물자원 다양성 확보 및 이용 기술은 5년 이상이었다. 이 분야들에 대한 기술개발이 시급하게 요청되고 있다.

〈표 7-4〉 농업기술의 격차 국제 비교(2010) (단위: 년)

| 분야 | 미국 | EU | 일본 | 중국 |
|---|---|---|---|---|
| 농업생명공학기술 | 3.8 | 2.4 | 2.5 | 0.4 |
| 국민 식량의 안정생산기술 | 2.4 | -2.1 | 2.2 | -1.0 |
| 친환경 농업 및 안전 농축산물 생산기술 | 3.0 | 2.4 | 2.1 | -3.6 |
| 농축산물 고품질 안정생산기술 | 1.5 | 0.4 | 1.2 | -4.4 |
| 농업기계화 자동화 기술 | 3.8 | 1.9 | 3.0 | -2.6 |
| 농업생물자원 다양성 확보 및 이용 기술 | 8.5 | 6.2 | 4.8 | -0.2 |

자료: 서종혁 『한국농업기술 이노베이션: 성과와 전략』 연구총서 25 (한국농촌경제연구원, 2007), 174쪽(원 자료는 농촌진흥청, 『농업과학기술 및 농산업의 국가기술수준에 평가에 관한 연구』 (2007)

미래 농업·농촌의 트랜드 및 이슈는 크게 기후변화, 식량문제, 물·사막화, 식물공장, 바이오 에너지 등을 들 수 있다. 2050년까지의 미래 농업 기술은 크게 신작물 개발 및 생산, 농업 생산시스템, 첨단 융복합기술, 그린 비즈니스 등 총 네 분야로 전망되고 있다.

〈표 7-5〉 농업기술의 발전 전망(2030~2050)

| 구분 | 농업기술 | |
|---|---|---|
| | 2030 | 2050 |
| 신작물 개발 및 생산기술 | – 종속간 교잡 품종 개발<br>– 산업소재 생산 전용품종 개발<br>– 의료단백질, 생산단백질<br>– 생육제어 작물 품종 개발<br>– 푸드 백신<br>– 맞춤형 농산물 생산 | – 우주품종 육성<br>– 기내전용 품종 육성<br>– 위해성 표시 작물 개발<br>– 우주 육성 특수 형질 품종 보급<br>– GMO 완전 제어 기술 |
| 농업 생산시스템 기술 | – 자율주행 지능형로봇<br>– 원격제어 농기계<br>– 뇌파제어 로봇<br>– 이상기상 재해예측<br>– 600MW BIGCC 시범 플랜트<br>– 인공강우<br>– 세계 작황정보 시스템<br>– 수평형 식물공장 | – 가상 아바타 농업생산<br>– 스마트 더스트<br>– 무선센서 네트워크<br>– 65GW BIGCC 상용화<br>– 온실가스 위성모니터링<br>– 해수농업<br>– 우주농업<br>– 수직형 식물공장 |

| | | |
|---|---|---|
| 첨단 융복합 분야 기술 | – Omics 활용 맞춤형 기능성식품<br>– Metabolomics 활용 디톡스식품<br>– 천연·기능성 식품소재<br>– 천연기능성 나노신소재<br>– 바이오장기동물 산업화<br>– 질환별 맞춤형 의약소재<br>– 미생물활용 바이오리액터<br>– 의료용 신소재 개발<br>– 신약생산용 형질전환동물 확립 | – 생리활성물질 구조변형 기술<br>– 식품성분의 나노바이오 입자화<br>– 개인별 맞춤형 바이오장기 생산<br>– 바이오장기 대량 생산<br>– 개인 맞춤형 바이오의약 생산<br>– 개인별 맞춤형 바이오신약<br>– 난치병질환해결 모델동물 확립<br>– 생리활성 유도체 및 대사체<br>– 맞춤형 생물신소재기술<br>– 생물자원 유래 신약생산 확대<br>– 특정질병저항성 동물생산 |
| 그린 비즈니스 분야 기술 | – 초창기 식품보전기술<br>– 유전자수준 품질감정<br>– 전자태그(탄소발자국)<br>– 이력추적관리(RFID)<br>– 도시푸드 비즈니스<br>– GMO 식품안전기술<br>– 맞춤형 소비체계 | – 우주푸드 비즈니스<br>– 사이버 품질측정기술 |
| 농촌 환경보전 및<br>자원관리 분야 기술 | – 토양오염제거 식물, 미생물 개발<br>– 유비쿼터스 지능공간 구현<br>– 폐기물 절감 재활용<br>– 에너지제로하우스 보급<br>– 에너지 저감형 녹색마을 조성<br>– 가정용폐기물 제로기술 실용화 | – 인간/기계 인지경계가 사라짐<br>– 지구환경변동 예측<br>– 일상생활 및 가사 도우미 로봇<br>– 그린빌딩<br>– 우주, 해저빌딩 |

자료: 김정호 편, 『전문가들이 보는 2050 농업·농촌의 미래』 D286 (한국농촌경제연구원, 2010), 310–336쪽에서 작성함.

결론

본서는 한국사에서 찾아볼 수 있는 농업기술의 변화를 중심으로 한국
문명의 흐름을 파악하고 정리한 연구의 결과물이다. 농업기술을 구성하
는 주요 요소인 토지 이용방식, 작물 재배법, 농기구, 수리시설 등을 체계
적으로 통사적으로 정리하는 과정에서 문화, 문명의 변화, 발전과 관련된
역사적 사실 등을 정리하였다. 그리하여 농업기술의 구체적인 변화·발달
등을 파악하고 이를 기반으로 농업생산, 농업제도, 농업정책 등을 살펴보
았다. 서론을 제외하고 본론에 해당하는 내용을 요약하면 다음과 같다.

　1장은 농경의 시작과 확산을 다루었는데 이는 신석기시대와 청동기시
대의 농경의 면모를 정리한 것이다. 신석기 중기 무렵부터 한반도와 주변
지역에서 농경이 시작되었고, 이로써 경제생활에 커다란 변화가 나타났
다. 한반도와 주변 지역에서 농사가 처음 시작된 시기로 신석기시대 중기
가 지목되고 있다. 북한 지역에 소재한 황해도 봉산군 지탑리 2지구 2호
주거지에서 피 또는 조로 추정되는 탄화된 곡물과 아울러 돌낫, 돌보습,
갈돌 등이 발견되었는데, 지탑리유적지는 기원전 3000년대 또는 3500년

대 정도로 편년되고 있는 유적이다.

신석기시대에는 일상생활에 간석기를 이용하였다. 농기구 역시 돌을 갈아서 만든 몸통에 나무자루를 연결시켜 만든 농기구를 주로 이용하였다. 이 외에 짐승의 뼈나 뿔, 이빨 등으로 만든 농기구도 있었다. 신석시기대에는 조와 기장 등 밭작물 중심으로 농사를 지었고, 화경을 하고 있어서 이곳저곳으로 경작지를 옮겨 다녀야 했다.

신석기시대 주민들은 농사를 지어 마련한 곡물을 식량으로 이용하면서 먹고 남은 것을 저장할 수 있었다. 그리고 곡물을 조리하여 먹는 방법도 개발하였다. 이렇게 곡물을 저장하고 요리하는 과정에서 꼭 필요한 도구가 바로 토기이다.

청동기시대로 들어와 농경이 확산되면서 농업생산이 크게 증대하고 사회적 분화가 심화되었다. 청동기시대에 들어선 이후 농업생산의 비중이 크게 증대하였다. 작물의 종류가 급증하여 콩, 조, 팥, 수수, 기장, 벼 등 각종 곡물이 재배되었다. 청동기시대 밭농사에서 사용된 석제농기구는 신석기시대와 크게 차이가 없었다. 여전히 돌보습이나 돌괭이, 곰배괭이 등이 사용되었고, 특히 수확도구인 반달돌칼은 크게 늘어나는 추세를 보이고 있었다.

청동기시대에 잡곡을 재배한 구체적인 경작 모습은 농경문청동기와 근래에 발견된 여러 경작유구를 통하여 살필 수 있다. 먼저 농경문청동기에 가지런한 고랑과 이랑이 있는 장방형의 밭이 묘사되어 있다. 청동기시대에 고랑과 이랑을 조성하여 작물을 재배하였음을 알려준다. 진주 대평리유적에서는 4,000여 평에 달하는 청동기시대의 밭이 발굴되었고 삼국시대의 경작유구도 함께 발견되었다. 청동기시대의 경작유구와 고랑과 이랑의 방향이 서로 다른 것으로 밝혀지고 있다. 청동기시대에는 대체로 강의 흐름이나 등고선과 직교하는 방향으로 고랑과 이랑을 조성하였다.

2장은 고대 농경의 흐름과 농업체제의 정립 과정을 정리한 부분이다. 초기 철기시대에 들어선 이후 따비, 괭이, 칼, 낫 등을 철제로 만들어 활용하기 시작한 것은 커다란 농업사적 의의를 갖는 사건이었다. 철제농기구의 사용 등에 의한 우리나라 철기문화의 전개 과정은 고대국가의 성립과 발전으로 이어지는 것이었다. 하지만 철제농기구의 사용이 증대되는 과정에서 목제농기구는 여전히 농기구의 기본적인 구성 부분이었다.

철제농기구는 기원 3~4세기를 거치면서 U자형 따비와 쇠스랑을 중심으로 갈이농기구가 구성되는 변화를 보였다. 4세기 후반 이후 철제농기구의 보급에서 특기할 만한 것은 따비의 쇠퇴와 살포의 등장이다. 5세기 중엽 이후 U자형 따비, 쇠스랑, 살포, 낫 중심으로 농기구가 크게 보급되었고, 또한 우경(牛耕)의 장려와 더불어 철제 보습이 널리 보급되었다. 그 결과 6세기 무렵 우리 농업 역사에서 기본적인 철제농기구의 구성체계가 마련되었다. 이후 철제농기구의 발달은 농업기술의 발달과 더불어 기능, 형태 등의 측면에서 다양화, 분화 등의 양상으로 진행되었다.

4~6세기의 농업생산력의 발달은 읍락사회의 변동과 더불어 삼국의 지방 복속 소국 및 읍락의 해체, 그곳들에 대한 국가의 직접적인 통치영역으로의 편제로 이어졌음을 확인할 수 있다. 이것은 지배체제상, 부체제에서 중앙집권적인 통치체제로의 전환이 이루어졌음을 의미하기도 한다. 삼국은 이것을 보증하는 형식과 제도로 지방통치조직을 갖추고, 이 체제를 유지하기 위해 율령을 마련했던 것이다.

청동기시대의 밭 유구의 이랑과 고랑은 울퉁불퉁하고 굽었으며 정연하지 않은 모습이었고, 고랑의 깊이는 꽤 얕은 편이었다. 반면에 삼국시대 밭 유구의 이랑과 고랑은 비교적 직선으로 이뤄졌고, 평면 형태는 완만한 S자형의 모습이었다. 대개 논은 크고 작은 구릉 사이에 발달한 골짜기와 중·소규모 하천의 범람원에 위치하고 있으며, 크게 두 가지 형태가 발견되었다. 하나는 청동기시대의 논은 주로 장방형(長方形)의 소구획된 논의 둑 안에 경작면의 요철(凹凸)면이 매우 불규칙한 상태로 확인되었는데 이들은 1~3평 내외의 작은 규모이다. 다른 하나는 길게 단을 이룬 논인데 소구획 논에 비해 둑이 명확하지 않은 특색이 있었다.

3장은 고려 농업체제를 살펴보고 특히 고려 말 농법의 전환을 다루었다. 고려 초기부터 유교 정치이념에 입각하여 농업생산 활동을 중요시하는 중농(重農) 이념을 강조하였고, 중농 이념에 입각하여 농업정책을 실시하였다. 고려의 중농 이념은 무본역농이라는 현실적 측면을 강조하면서도 다른 한편으로는 국가적 차원에서 사전체계(祀典體系)를 정비 운영하는 과정에 반영되었다. 고려는 농업재생산의 안정을 가져오기 위한 해결 방안 마련이 시급했는데, 한재 및 수재에 대비하고 안전하게 농사를 짓기 위한 적극적이 예방 대책이 강구되었다. 그 대표적인 것이 수리시설의 보수와 수축이었다. 권농정책은 기본적으로 농업생산의 실상을 바탕으로 실시되었으므로, 농업기술의 발달은 권농정책의 추진 방향을 결정하는 중요한 지표가 되었다.

고려 조정은 중농 이념을 백성들에게 깊이 보여주기 위해서 여러 가지 의례, 의식을 거행하였다. 국왕을 중심으로 풍년을 기원하는 행사를 펼쳤는데, 특히 일 년의 처음인 정월 무렵에 하늘에 풍년을 비는 제사를 올렸다. 또한 토지의 신과 곡식의 신을 모셔놓은 사직(社稷)에 대한 제사는 국가의 근간이 바로 농사짓기임을 보여주는 것이었다. 이와 더불어 국왕은 적전에 나아가 농업신에 대해 제사를 올리고 밭을 가는 시범을 보이는 행사를 함으로써 백성들에게 농사를 권장하는 자신의 의지를 보여주기도 하였다. 또한 자연재해가 발생하였을 때 이를 사라지게 하기 위한 의식도 거행하였다.

고려는 통일한 후 전국의 기반을 굳건히 다지기 위하여 제일 먼저 토지제도의 정비에 착수하였다. 신라 말부터 문란하기 시작한 토지의 경계(經界)와 토지제도를 바로잡고 전국의 토지에 대한 지배력을 강화하기 위하여 토지제도를 제정하였다. 태조 23년에는 역분전(役分田)을 정하고 관료에게 녹전을 지급했다. 고려왕조의 관료 수가 늘어나고, 신진 관료들이 성장함에 따라 관료통치기구가 정비되고, 성품이나 행실보다 더 정밀한 수조지분급제도의 필요에 따라 976년(경종 1)의 문무양반관료를 대상으로 한 전시과 제도가 성립하였다. 전시과(田柴科)는 고려 전기의 기본적인 토지제도로서 관료층에 대한 토지분급체계이자 국가적 직역체계와 밀접한 관련을 가지는 전정제(田丁制)에 의해 운영된 제도이다.

한편 고려시대에 실시된 양전제도는 농업생산 활동의 성과를 부세로 수취하기 위하여 직접적인 생산수단인 토지의 파악 즉 전체 경작지(耕作地)의 정보를 종합하는 제도였다. 양전(量田)을 대대적으로 실행하였고, 그 조사결과를 토대로 양안(量案), 또는 전안(田案)이라고 불리는 장부를 작성하였다. 양전은 굉장한 물력(物力)과 인력(人力)이 투입되는 대규모의 사업이었다. 양전은 일단 기본적으로 국가재정의 기본을 이루는 전세(田稅)의 징수를 위해서, 전국의 경작지를 측량하여 장광(長廣)척수(尺數)를 파악하고, 이를 근거로 각 필지마다 매겨야 할 전세액을 파악하였다. 그리고 고려의 초기와 중기에는 3등급의 토지에 대하여 단일척이 사용되었고, 토지면적 산출방식은 결부제(結負制)에 의해서 이루어졌다.

고려시기의 경우 농업기술을 정리한 농서(農書)가 편찬되었는지 여부를 분명하게 알 수 없는 상황이다. 중국 농서의 도입 가능성을 지적하면서, 중국에서 편찬된 농서들이 고려에 들어와 활용되었을 것으로 파악하고 있다.

고려 말 농법 전환에 대하여 수도(水稻)경작법 발달의 방향과 전개 과정은 휴한법(休閑法)에서 연작법(連作法), 직파법(直播法)에서 이앙법(移秧法)으로 점진적으로 변화하였다. 휴한법에서 연작법으로의 전환은 농업기술의 측면에서뿐만 아니라 양전법(量田法)의 전환도 불러일으킨 커다란 경제사적 의의를 지니고 있는 사건이었다.

목면은 고려 말에 도입된 이래, 조선 초기에는 하삼도(下三道) 지역을 중심으로 널리 보급되었으며, 세종대에는 북부지역에로의 보급이 정책적으로 추진되었다. 목면 재배의 성행은 농민들 의생활의 변화를 가져왔을 뿐 아니라, 면포가 민간 사이의 거래나 부세 납부에서 마포(麻布)를 밀어내고 정포(正布) 혹은 상포(常布)로서 교환의 기준으로 자리잡아감에 따라 농가소득을 증대시켰다.

4장은 조선 전기 농법의 정리와 더불어 농업체제의 정립에 대해서 살핀 부분이다. 1429년에 편찬된 『농사직설』에서 우리 역사에서 최초로 우리 농법의 정리 작업이 이루어졌다. 『농사직설』에서 조선 초기의 벼 재배법은 경종법(耕種法)을 중심으로 세 가지 방법으로 나뉘어 있었다. 『농사직설』에 기록된 경종법은 수경과 건경, 그리고 삽종 즉 이앙(移秧)이었다. 15세기 『농사직설』에 그 기술체계가 잘 정리된 이앙법은 16세기를 거치면서 경상도 전역과 전라도·충청도의 일부 선진 지역까지 보급되기에 이르렀다. 그리고 『농사직설』에 보이는 양맥을 중심으로 설정된 작물 사이의 연계 관계를 1년2작이나 2년3작의 경작방식으로 파악하기 어렵다고 할 수 있다. 그렇다면 가장 일반적인 방식의 한전 작물 경작방식은 각 작물을 1년1작 식으로 경작하는 것이라고 보아야 할 것이다.

조선 초기 농작물의 재배방식은 토지의 지력(地力)만 이용하는 단계가 아니었다. 조선 초기에 이미 상당한 수준에서 시비(施肥)를 수행하고 있었다. 『농사직설』에 나오는 비료의 종류는 다종다양한 것이었다. 별다른 가공 과정 없이 자연에서 채취한 초목(草木) 등이나 사람의 배설물과 같은 자연비료, 자연이나 인간에서 채취하였지만 농작물에 투하하기 전에 상당한 시간과 노동력을 투하해야 하는 인공비료(人工肥料) 등을 활용하였다.

그리고 조선 전기 이전에 이미 기경(起耕), 숙치(熟治), 복종(覆種), 제초(除草) 등 각각의 개별적인 농작업마다 대응하는 농기구를 활용하고 있었다. 철제농기구가 농업생산의 주요한 노동도구로 정립된 이래 작물을 재배하는 각 작업에 필요한 농기구가 오랜 기간에 걸쳐 정착되었다.『농사직설』을 중심으로 조선 전기의 농기구 구성체계를 농작업별로 검토할 수 있다.

조선시대 농서 편찬의 전반적인 흐름을 간략하게 살펴보면, 15세기 초반 태종대에『농서집요(農書輯要)』라는 농서가 편찬되었는데 이 농서는 중국의『농상집요(農桑輯要)』를 초록하여 본국(本國) 이어(俚語)로 번안한 것이었다. 그리고 세종대에 이르러 조선의 풍토에서 유래한 농업기술을 수록한 농서로『농사직설(農事直說)』(1429년)이 편찬되었다. 그리고 15세기 후반에 이르러 중앙의 고위 관직을 역임하였던 강희맹(姜希孟)이 경기 금양(衿陽)에서『금양잡록(衿陽雜錄)』을 편찬하였다.

조선왕조도 고려와 마찬가지로 농업을 국가의 근간으로 삼는 중농(重農)정책을 펼쳤다. 조선을 개창한 태조로부터 태종을 거쳐 세종대에 이르게 되면, 조선왕조의 체제 유지의 기반인 농업생산을 잘 유지해나가기 위한 여러 정책을 세우고 시행하는 모습이 체계적으로 정리되었다. 조선왕조가 농업생산의 안정과 증대를 위하여 추진한 여러 가지 농업생산에 관련된 정책이 바로 농정책(農政策)이었다. 조선왕조가 추진한 농정책의 첫 번째 부분은 권농(勸農)이었다. 권농이란 말 그대로 '농사의 권장'이고, 이를 좀더 풀이하면 '농사의 장려와 권장'이라고 할 수 있다. 지방 수령은 적시(適時)에 농작업을 수행하도록 독려하고, 그리하여 장차 수확이 어떻게 나타날지 그때그때 농사(農事) 형지(形止) 즉 농형(農形)을 파악하며, 우택(雨澤)을 조사하여 보고하는 책무를 다하는 감농(監農)을 실행하였다.

재해와 흉년에 대한 대비와 대응을 당시 황정(荒政)이라고 불렀는데, 황정은 조선왕조가 수행한 농정책의 한 축을 구성하고 있었다. 황정은 크게 볼 때 흉년을 극복하기 위한 노력이기 때문에, 일차적으로 흉년을 막기 위한, 또한 흉년에 대비하는 행위라는 측면을 갖고 있다. 그리고 다른 한편으로 흉년이 실제로 닥쳤을 때 이를 이겨내는 방책의 측면을 더불어 갖고 있었다.

농업을 장려하기 위한 목표로 수행되는 여러 가지 시책들 가운데 농지의 절대면적을 확대하는 개간은 언제나 권장되고 장려되는 방법이었다. 새로운 농경지를 개발하였을 때 조세 감면의 특혜가 주어졌다. 농민들 누구나 농지 개간의 주체가 될 수 있었다. 농지 개간은 연해지역의 개간, 저지(低地)와 저습지(低濕地) 개간, 그리고 양계지역 개발과 병행된 북방지역 개간 등 여러 방면으로 이루어졌다.

조선 정부는 농업생산에 필요한 물을 공급할 수 있는 수리시설을 마련하고 이를 늘리기 위한 정책을 마련하여 시행하였다. 또한 향촌사회의 지배층과 농민들도 제언 등의 수리시설을 축조하는 데 관심을 기울였다. 조정에서는 제언의 수축과 관리에 대한 조치를 강구하고 이를 실행에 옮기기 위한 방안을 마련하고 있었다.

조선 초기 토지의 사적 소유는 기본적인 측면에서 국가적인 법제에 의하여 보장되고 있었다. 토지의 취득(매매, 개간), 경영, 처분(贈與, 分與, 典當), 상속 등이 사적으로 자유롭게 이루어질 수 있었다. 국가적인 차원에서 토지소유관계에 일정한 제약을 가하던 수조권적 토지 지배는 16세기를 경계로 직전법(職田法)의 소멸과 함께 그 현실적인 의미를 상실하였다. 이는 토지에 대한 사적 소유권이 현실적인 사회적 생산관계의 전면에 등장하는 변화와 맞물려 진행된 것이었다. 16세기 중반을 고비로 토지소유관계의 측면에서 변화가 발생하였다. 16세기 말 직전법이 폐기되면서 수조권이 소멸되고 소유권에 입각한 토지소유관계로 일원화되었다. 이제 사적 토지소유권을 제약하는 가장 현실적인 요인으로 신분관계가 남게 되었다.

조선 전기의 경우 대체적으로 농장제 농업경영이 우세한 상황에서도 자영농민의 농업경영이 활성화되어 있었다. 과전법이 존속하기 위한 바탕이 바로 자영농(自營農)이었다. 당시 조선 정부는 자영농을 보편적인 국역 대상자로 확보하기 위하여 이미 전개되고 있던 병작제를 제한하고 있었다. 병작제는 토지가 없는 농민이 많은 토지를 갖고 있는 사람에게 토지를 빌려 경작하고 그에 대한 대가를 치르는 것을 말한다. 작은 규모의 토지를 소유하고 있던 소농민경영의 내부에서 토지를 상실하고 병작전호농으로 전락하거나 생산수단의 확보를 통한 중농·부농으로 상승하는 계층 분화가 진행되고 있었다.

농촌사회의 구성원인 농민·수공업자 등 직접생산자층에 의한 상품생산과 이들 서로 간의 직접 교역에 바탕을 둔 교환시장 곧 농촌시장이 바로 장시(場市)였다. 포화 즉 면포를 주된 물품화폐로 활용하는 체제는 특히 장시와 연결되어 발전하였다. 고려 말부터 조선 초기에 이르기까지 향촌사회 내부에서는 자연촌의 성장이라는 변화가 나타나고 있었다. 면리제 실시와 함께 사족(士族) 또는 양인(良人) 출신의 권농관(勸農官) 내지 감고(監考), 이정(里正)이 면리 단위의 행정 업무를 담당하게 되었다.

5장은 조선 후기 농법의 발달과 농업체제의 변화를 정리한 장이다. 16세기 후반을 지나면서 수전경종법의 하나인 이앙법의 보급이 삼남으로 특히 전라도·충청도 지역으로 확산되었다. 이앙법을 수전경종법으로 채택하였을 때 농민이 거둘 수 있는 최대의 이점은 역시 제초 노동력의 절감이었다. 또한 이앙법의 채택으로 일어나는 노동력의 집중적인 투입, 즉 이앙기에 필요한 대규모 노동력의 동원을 가능하게 하는 공동노동조직으로서 두레의 형성이라는 농업 여건의 변화가 등장하였다.

16세기를 거쳐 17·18세기를 경과하면 한전에서 작물을 경작하는 방식은 15세기 조선 전기에 1년1작이 지배적이던 단계에서 1년2작이 일반적으로 수행되는 단계로 발전하였다. 조선 전기에 1년1작이 주된 경작방식이면서 여기에 병행하여 만종(晩種)의 서속(黍粟)과 양맥을 이어짓는 2년3작 식이 약간 곁들여 있었다. 그러한 상황이 16세기 후반을 거쳐 17세기에 이르면 근경(根耕)의 일반적인 채택, 간종(間種)의 확대 적용, 맥전(麥田)에서의 조세법과 한전에 급재를 하지 않는 국가정책의 원칙 등을 배경으로 1년2작 식 즉 한전이모작이 보편화하였다.

17세기에서 18세기에 걸쳐 나타난 시비법의 발달은 우선 시비 재료의 측면에서 인분 이용이 다양화되고 이것을 원료로 한 조비가 증가하고 있었다. 수전에서 나타난 이앙법의 확산과 보급에 결부시킬 수 있는 시비법의 발달이 이루어졌다. 시비시기의 측면에서 기경하고 파종하는 경종의 중간 단계로 자리잡혀 있던 분전이 점차 독립적인 농작업으로 자리를 차지하면서 변화와 발전이 나타나고 있었다. 즉, 작물이 경작지에서 자라고 있는 동안에도 시비 재료를 넣어주는 추비가 확산되고 있었다.

17세기 이후 점차적으로 철제농기구와 농작업의 구성체계에서 농기구의 다양화와 발전이 나타났다. 실제의 농업생산 현장에서 농기구를 다루는 농민들은 다년간의 노동 경험을 통해 농기구의 구조와 형태 등에 개선을 더하고 있었다.

조선 후기 조선의 중앙정부는 수리 문제에 대한 기본자세, 즉 새로운 제언과 천방의 축조, 그리고 이미 축조된 수리시설의 관리라는 정책 방향을 그대로 유지하고 있었다. 이와 마찬가지로 18세기 후반이라는 시점에 도달해서도 전반적인 수리시설의 구성과 특색을 그대로 유지하면서 보다 충실한 수리시설의 관리라는 방향을 나타내고 있었다.

조선 후기 농서 편찬의 흐름에서 17세기를 전후한 시기에 후술하는 바와 같은 주목할 만한 변화가 나타나고 있음을 찾아볼 수 있다. 17세기 이후 농서 편찬은 세 가지 양상으로 전개되었다. 첫 번째 농서 편찬의 특색은 노농(老農)의 농업기술, 즉 노농의 경험, 지혜를 본격적으로 정리하여 문자로 정리된 농서의 내용이 실제의 농사를 보다 충실하게 반영하게 되었다는 점이다. 두 번째로 국지적인 기후와 토양 조건, 그리고 지역적인 농사 경험에 근거한 이른바 지역농법(地域農法)이 보다 적극적으로 농서 편찬에 반영되게 되었다. 농법의 지역성이 비로소 문자화된 농서에 수록되기 시작한 것이었다. 세 번째로 곡물 중심의 경작법 서술에서 벗어나 채소와 과수 등 농업생산, 특히 농민의 자급자족을 달성하기 위해 절대적으로 필요한 여러 생산물에 대한 기술적인 측면을 포괄한 종합농서 편찬이 이루어졌다는 점이다.

홍만선이 편찬한 『산림경제』「치농」은 『농가집성』에서 증보된 『농사직설』을 바탕으로 삼고 있는데, 견문(見聞)이나 전문(傳聞)에 의거하여 수합한 속방(俗方)을 찾아서 수록하고, 조선의 농서와 중국의 농서에서 필요한 부분을 인용하였다. 그리고 유중림의 『증보산림경제』는 『산림경제』를 양적, 질적인 측면으로 증보하면서 당대의 농업기술 발달의 흐름을 제시하였다.

18세기 말 정조를 중심으로 새로운 국가적인 농서 편찬 작업이 전개되었다. 응지인이 올린 응지농서를 토대로 규장각에서 추진된 '농서대전' 편찬은 조선의 지역 농법을 종합 정리하려는 것이었지만 결국 교정(校正) 단계에 이르지 못한 채 중단되고 말았다.

19세기 중반 서유구(徐有榘)는 『임원경제지(林園經濟志)』라는 방대한 종합농서를 편찬하였다. 그는 농법 개량을 강조하였는데, 농지의 지력을 잘 이용할 수 있도록 경종법과 전무(田畝) 제도를 개선해야 한다고 주장하였다. 그는 18세기 이후 진행된 도종 분화의 대략적인 추세를 보여주는 자료를 제공하고 있다.

조선 후기의 농업생산력 발전은 사회적 분업을 촉진시키는 작용을 하였고, 이에 소토지를 보유한 소농민은 자급자족의 상태에서 벗어나 단순

상품생산자로 시장에 등장하기 시작하였다. 또한 농업생산력의 발달에 따른 수확량의 증가는 그것의 유통을 원활히 하는 상품화폐경제의 발전을 유발하였다. 농촌사회는 점차 상품화폐경제의 영향하에 들어가기 시작하였으며, 상품화폐경제의 전개에 능동적으로 대응하지 못하는 농민은 몰락해갔다. 또한 두 차례의 전쟁을 치른 17세기에는 지주층이나 부농층의 신전개발과 토지 집적이 진전되고, 인구 팽창에 따르는 경지의 부족과 편중 등의 요인에 의해서 농민층이 분화되어가는 현상이 나타났다. 즉, 조선 전기에 소토지를 경작하였던 자작농과 소작농 가운데 당시의 상품화폐경제에 능동적으로 참여하거나 토지 개간에 적극적으로 참여한 자는 부농으로 성장해갔고, 그렇지 못한 자는 빈농으로 전락해가는 농민층 분화 현상이 나타나게 되었다.

조선 후기 농촌사회의 변동에서 주요하게 찾아볼 수 있는 것이 농촌사회의 여러 가지 조직체의 변모이다. 농업노동을 협동으로 수행하는 공동노동조직의 결성을 찾아볼 수 있고, 또한 농촌사회 내부 구성원이 모두 참여하는 촌락 단위의 조직체의 결성도 볼 수 있다. 그리고 특정한 목적을 위해 결성된 조직도 찾아볼 수 있다. 두레는 조선 후기 농촌에서 발달한 공동노동조직의 대표적인 존재였다. 특히 17세기 이앙법의 보급과 결부되면서 두레가 결성되었다. 조선 후기 농촌에서 두레가 활성화된 것은 수도작에서 이앙법이 일반화된 것과 깊은 관련이 있었다.

농민은 자연현상의 불가측성에 별수 없이 의지하고 도움을 바라는 욕구의 발산으로 여러 가지 주술적인 행동양식을 만들어냈다. 한 해 농사의 풍흉(豊凶)을 미리 알고자 하는 욕구는 농경의례의 하나로 농점(農占)을 만들어냈다. 농점은 설날부터 시작하여 절기에 따라 수많은 방법이 이어지면서 행해졌다. 특히 정초에 한 해 농사의 풍흉을 미리 점치는 방법은 자연현상이나 동식물과 농사를 관련시켜 풀이하는 것이었다. 그리고 줄다리기와 같은 민속놀이에서 인위적으로 승부를 조작하여 풍년을 기원하기도 하였다.

조선 후기에도 농민들에게 직접적이고 광범위한 피해를 준 것은 수재(水災)와 한재(旱災)였다. 다른 자연재해도 부분적으로 치명적인 피해를 가져다주곤 하였다. 특히 수재와 한재는 당시 농업생산에 직접적인 피해를 주었기 때문에 정부에서도 그 대책에 많은 관심과 주의를 기울였다. 흉년이 실제로 닥쳤을 때 부세를 견감하고, 진휼을 수행하는 것은 바로 이러한 황정의 요체를 실행하는 것이었다. 이리하여 민을 구해내는 것이 최종적인 목표였다. 흉년이 들면 조정에서는 황정으로 시행해야 할 대책들이 대략 마련되어 있었다. 환곡의 운영 과정에 나타나는 여러 가지 문란상은 환곡의 부세화 진전과 맞물리면서 환곡이 가지고 있던 황정의 의의를 많이 저해하였지만, 그럼에도 불구하고 국가적인 차원에서 농정책의 일환으로 수행하였던 황정책 자체를 무의미한 것으로 만든 것은 아니었다.

6장은 조선시대에 형성되어온 농업기술체계가 일제시기에 어떠한 변화를 보이는가, 그리고 이러한 변화가 어떠한 역사적 의의를 가지는가를 살펴본 것이다. 이를 위해 농업생산구조의 변화와 농업기술의 양상 그리고 이에 기초한 농업기술을 재래농법의 단절과 개량농법의 확산이라는 관점에서 검토하였다.

일제강점기의 농업생산은 토지생산성의 증대에 의한 집약화의 방향이었다. 가장 현저한 토지생산력 증대를 보여준 작물은 면화였고, 그다음은 쌀, 나맥, 소맥이었다. 그러나 토지생산력이 변화하지 않은 대맥과 고구마를 제외한 거의 모든 밭작물의 생산력은 감소하였다. 이러한 변화는 일본의 요청에 대응하는 일본의 개량농법의 보급과 전통적인 한전농업의 쇠퇴라는, 농업생산구조의 재편으로 나타났다.

식민지 농업시험연구는 일본의 사회적 요구, 연구 축적에 의해 규정되어 전통적인 관행기술을 경시하고 벼농사 중심의 일본 농업기술을 이식하는 형태로 이루어졌다. 농사시험연구 기관은 이러한 농업기술 연구를 적극적으로 수행하였다. 수도 품종은 일본 품종의 급속한 보급, 교체, 통일에 따라 전통적인 재래품종은 급격히 쇠퇴되었다. 조선의 관행 못자리는 묘판과 구별하지 않고 논을 정지 작업하면서 종자를 파종하여 물속에서 발아하도록 하는 물못자리였다. 개량 못자리와 더불어 이앙방법의 개량도 보급되어 당시 관행이앙방법은 간단한 단조식에서 점차 정조식으로 전환되었다.

일본 개량농법의 기본인 후쿠오카 농법의 기술적인 중점은 심경이었다. 후쿠오카에서 발전한 무상리(無床犁)는 종래 장상리(長床犁)에 비해 심경을 가능하게 했으며, 다비에 의한 후쿠오카 농법의 높은 생산력을 달성케 했다. 개량농법의 핵심인 비료 또한 분뇨, 퇴비, 깔짚 등 자급 비료에서 다량의 비료가 사용되었다. 재배 관리기술 이외에 조선총독부가 역점을 둔 것은 수확후기술(Post-harvest)인 벼의 건조, 조제기술이 발달되었고, 포장의 효율화를 위해 가마니(叺)를 사용하게 되었다.

이러한 개량농업의 보급은 수확량을 증대시켜 수익의 증가를 가져왔다. 그러나 생산요소의 전반적인 증가를 보여 재래농법에 비해 노동집약, 자본집약적인 면이 강화되었다. 개량농법은 수량 증가를 위해 소작료를 수취한 지주에게는 유리한 농법이었지만 소작인의 입장에서 생산비 증가는 크게 문제가 되었다. 더욱이 개량농법의 강제적 보급과 함께 재래농법은 급격하게 퇴조하게 되었다. 재래농법은 전통적으로 미맥 혼작에 의해 벼농사보다 한전농업에 큰 비중을 두고 있었다. 재래농법은 건조 혹은 반건조 지역이라는 농업 입지적 조건에 맞는 생태적 합리적인 농업기술 체계였다. 『농사직설』에서 계승한 '윤답농법', '건답직파', 서유구가 권장한 '2년3작'이라는 작부체계는 우리나라 독특의 우수한 작부체계였다. 당시 일본인 연구자가 세계에 대해 자랑할 만한 밭작물 농업기술이었다. 그러나 개량농법의 강제적 보급은 근대 농업기술체계의 문을 연 것은 분명하지만 그것은 동시에 전통적인 재래의 단절과 농민의 기술개발 정신의 파괴를 가져오게 한 것이기도 하였다.

7장은 해방 후 농업·농촌과 농업기술의 상황을 알아보고 1970년대 녹색혁명과 식량자급에 대해 검토하고 이의 특성과 평가를 밝힌다. 이어 농업생산의 변화를 살펴보고 농업기술의 변화와 친환경농업의 등장을 설명한 뒤, 앞으로의 농업기술의 전망을 살펴보았다.

해방 후 적어도 1960년대까지 우리나라 농업·농촌은 큰 변화를 겪었다. 만성적으로 일어난 식량문제에 직면하여 당시 정부는 미국 잉여농산물을 도입하였다. 잉여농산물 가운데 특히 밀과 원면의 도입은 가격이 매우 낮아 밀과 면화 농업에 커다란 영향을 미쳤다. 결국 잉여농산물 도입은 곡가 하락으로 농산물시장을 잠식시켜 농가경제를 피폐화시켰다. 1950년 농지개혁은 농촌 농민에 커다란 영향을 끼쳤다. 농지개혁에 의해 지주계급은 해체되었고, 대부분의 농민들은 자작농으로 바뀜에 따라 지주소작관계의 반봉건적 토지소유가 해체되었다. 이에 따라 농민들은 영농 의욕이 높아져 농업기술의 발전 가능성은 열렸으나 과다한 잉여농산물, 토지수득세 등 세금 징수, 고리대자본의 횡행으로 현실화되지 못하였다. 한국전쟁 발발로 인한 인적 물적 피해는 엄청났다. 수리시설 등 농업생산기반을 파괴시켜 농업은 피폐화되었다. 이러한 상황 속에서 비료, 농약 등 요소투입이 전반적으로 감소되어 농업기술이 매우 취약해졌다. 그 결과 농업생산은 크게 위축되었고 농가경제는 악화되었다.

한국전쟁 중에 농민들은 전쟁경비 조달을 위해 임시 토지수득세를 냈을 뿐만 아니라 인플레이션을 막기 위한 식량의 공출로 농가경제는 매우 어려운 상황에 놓여 있었다. 더욱이 전시인플레를 억제하기 위하여 도입해 온 미 잉여농산물로 인한 낮은 농산물 가격으로 농가경제는 더욱 악화되었다.

1960년에 들어와 경제개발 과정에서 식량 확보가 절실하였다. 당시 정부로서는 공업화 초기 국민경제의 안정을 위해서 식량 확보와 이에 따른 미가 안정은 절대적인 과제였고 국가안보에서도 중요한 문제였다. 1965년 국제미작연구소에서 객원연구원이던 서울대학교 허문회 교수는 다수확 품종인 IR667을 개발하였다. 신품종의 보급을 위해 생산력이 높은 6계통 중 3개의 우수계통을 선발하여 이 가운데 수원213-1호(IR667-98-1-2)가 1971년에 '통일벼'로 명명되었다. 통일품종의 개발은 종래 일본형 품종에 비해 다수 품종으로 온대지방에서 인디카형과 자포니카형 교잡품종을 육성하여 재배할 수 있다는 육종기술의 성과였다. 통일벼 품종의 개발·육성뿐만 아니라 새로운 농업기술도 또한 개발되었다. 통일품종이 냉해 대책을 위한 재배기술과 함께 숙기가 길고, 만식 저항성이 낮았기 때문에 품종의 특성에 적합하게 점점 이앙시기를 앞당기는 조기파종, 소주밀식 등의 재배법이 널리 보급되게 되었다. 통일벼의 다비, 집약적 재배기술이 일반 벼로 확산된 결과였던 것이다. 이를 총생산량으로 보면, 1971년 399만7,600톤에서 1974년 444만4,900톤으로 늘어나고, 1977년에는 600만5,600톤으로 증가하여 사상 최고의 쌀 수확량을 기록하였다. 이해 우리나라는 농정의 최대 목표였던 식량자급을 달성하게 되었다. 당시 박정희 대통령은 '녹색혁명 성취'로 선언하고, 관련자들에게 훈장과 포상금을 수여하였다.

우리나라 녹색혁명은 분명히 국가주도의 기술개발에서 하향식으로 이루어졌지만, 시장기구하에 유발적 기술개발이 같이 작동하면서 나타났다. 녹색혁명은 단순히 재래품종이 통일품종으로 바뀐 것이 아니고 기술적, 경제적으로 많은 변화를 가져왔다. 통일품종이 개발·보급된 후, 쌀 증산으로 주곡 자급이 가능하여 쌀 가격이 안정되고 1970년대 고도 경제 성장에 크게 기여하였다. 그러나 고미가 수매정책으로 농가소득도 증가 하였으나 1970년대 중반을 기점으로 경제성장 과정에서 공업우선정책으로 농업생산 비중은 광공업 부문보다 상대적으로 작아지게 되었다.

1970년대 중반 이후 농업생산은 큰 변화를 겪었다. 일반적으로 소득이 증가하면 소비가 느는 농산물도 있고 반대로 소비가 감소하는 농산물도 있다. 당연히 증가하는 농산물은 가격이 높아지고 소비가 감소하는 농산물은 가격이 낮아진다. 이 시기부터 소득의 증가에 따른 농산물 소비의 변화는 농산물 수요와 공급의 변화와 직결되어 시장가격 메커니즘이 작동하면서 농업생산은 새로운 변화 국면을 맞았다. 1970년대 중반까지 증가해왔던 곡류 및 두류 등 식량작물의 생산은 정체 또는 감소로 전환되고, 1980년대 이후 과일·채소와 축산의 생산이 증가하여 농업 내부에서의 생산물 구성 변화가 현저하게 진행되었다. 이어 1990년대 농업생산의 증가는 정체되고 이러한 전반적인 농업생산물의 구성 변화가 더욱 전형적으로 나타났다.

우리나라 농업 성장은 농업기술에 의하여 주도되어 전개되어왔다. 우리나라 농업의 기술 변화 추이를 보면 1960년대 이전까지는 농업 성장이 주로 토지, 노동 등 전통적인 투입물에 의하여 이루어지는 자원 위주의 농업이었다. 1960년대 이후 비로소 농업 성장이 투입물보다 기술 변화에 따라 생산력 증가에 의하여 이루어진 기술 위주의 농업이라 할 수 있다. 미래 농업·농촌의 트랜드 및 이슈는 크게 기후변화, 식량문제, 물·사막화, 식물공장, 바이오 에너지 등이다. 2050년까지의 미래 농업기술은 크게 신작물 개발 및 생산, 농업 생산시스템, 첨단 융복합기술, 그린 비즈니스농촌 그리고 환경 보전 및 자원 관리기술 등 총 다섯 분야로 나타날 것으로 전망되고 있다.

## 서론

1. 최근에는 농업이라는 틀로 고조선부터 현대까지 한국 역사를 압축적으로 서술한 연구 성과도 발표되었다. 김용섭, 『농업으로 보는 한국 통사』(지식산업사, 2017). 김용섭은 앞서 『東아시아 역사 속의 한국문명의 전환: 충격, 대응, 통합의 문명으로』(지식산업사, 2008)라는 책에서 한국의 문명, 문명전환, 세계화를 화두로 민족의 활로를 역사적으로 모색하기도 하였다.

2. 전체사라는 개념은 각 시대, 각 분야, 각 지역을 포괄하여 역사 변화·발전의 주요한 흐름 속에서 구체적인 세부 내용을 포함한 역사 서술을 가리키는 것으로 정리할 수 있을 것이다. 또는 어떤 시기의 정치·경제·사회·문화 따위의 발전을 동시에 파악하여 다방면으로 묘사하는 역사 서술이 전체라고 할 수 있다. 전체사를 포함하여 역사의 개념에 대해서는 다음 책을 참고할 수 있다. 박근갑, 『역사』 한국개념사총서 12, (소화, 2016).

3. 한국 농업사에서 農法의 변화·발달을 살펴보는 것은 곧 농업 생산력의 전개 양상을 따지는 것과 마찬가지 의미를 갖고 있다. 그동안 한국 농업사에서 農法의 변화에 대한 연구에서 주요한 논쟁거리로 제기된 것은 휴한농법에서 연작농법으로의 변화·발달의 시기 문제, 그리고 조선 후기 농업 생산력 발달의 역사적 의의를 찾기 위한 기초 작업으로 水田과 旱田에서 나타난 농법의 발달의 성격을 따지는 문제였다. 이에 대해서는 다음 연구사 정리를 참고할 수 있다. 李景植, "朝鮮後期 農業·地主制 研究의 動向과 '국사' 敎科書의 敍述", 『歷史敎育』 39 (1986); 李永鶴, "朝鮮時期 農業生産力 研究現況", 『韓國中世社會解體期의 諸問題』 下 (1987); 宋讚燮, "朝鮮前期 農業史硏究의 動向과 '국사' 敎科書의 檢討", 『歷史敎育』 42 (1987); 이세영, "조선시기 농업사 연구방향: 최근의 조선시기 사회경제사 연구에 대한 논쟁을 중심으로", 『역사와현실』 창간호 (1989): 金盛祐, "朝鮮 '前期'의 사회경제사 연구현황과 과제",

『韓國史論』 24, 國史編纂委員會 (1994); 廉定燮, "농업생산력의 발달",『한국역사입문』 ②, 한국역사연구회 엮음 (풀빛, 1995).

4. 본서에서 검토하는 내용으로 목차에 제시된 내용은 한국 농업기술문명의 전체적인 모습을 해명하는 과제 가운데 극히 일부분에 불과하다는 점을 적시하고자 한다. 앞으로 본서에서 다루지 못한 한국 농업기술문명의 전체 모습을 정리하는 연구를 계속 진행할 필요가 있다.

5. 최근 한성부라는 역사 공간을 중심으로 재해 발생과 재해 극복의 역사적 전개 과정을 정리한 다음의 연구에서도 救荒, 또는 荒政이 조선 근세사회에만 실행되었던 것이 아니라 앞선 시대, 왕조에서도 이루어졌던 것임을 짐작할 수 있다. 서울특별시 시사편찬위원회,『서울災害史』 서울역사총서9 (서울특별시 시사편찬위원회, 2013).

6. 김용섭의 1960년대 연구는 하나로 묶여서 다음 저서에 수록되었다. 金容燮,『朝鮮後期 農學의 發達』 韓國文化研究叢書 2 (서울대 한국문화연구소, 1970); 金容燮,『朝鮮後期農業史研究』 Ⅰ (一潮閣, 1970); 金容燮,『朝鮮後期農業史研究』 Ⅱ (一潮閣, 1971).

7. 李光麟,『李朝水利史研究』 韓國文化叢書 8 (韓國研究院, 1961).

8. 李春寧,『李朝農業技術史』 (韓國研究院, 1965).

9. 李鎬澈,『朝鮮前期農業經濟史』 (한길사, 1986); 李鎬澈, "朝鮮時代의 農業史",『한국의 사회경제사』 (한길사, 1987); 李榮薰,『朝鮮後期社會經濟史』 (한길사, 1988); 주강현,『한국의 두레』 (집문당, 1997).

10. 이영호, "'내재적 발전론' 역사인식의 궤적과 전망",『한국사연구』 152 (한국사연구회, 2011), 240쪽.

11. 염정섭, "1960~70년대 조선시대 농업사 연구와 내재적 발전론, 근세사회론",『한국사연구』 184 (한국사연구회, 2019), 1-42쪽.

12. 1993년 한국고대사연구회는 "고대와 중세 한국사의 시대구분"이라는 주제로 학술대회를 개최하였고, 이후 한국고대사연구회 편,『한국사의 시대구분』 (신서원, 1997) 으로 간행되었다.

13. 고려 전시과에 대한 연구 성과는 매우 많은 것을 찾아볼 수 있지만 다음 논저를 주요하게 참고할 수 있다. 한국경제사학회 편,『한국사시대구분론』 (을유문화사, 1970); 강진철,『고려토지제도사연구』 (고려대 출판부, 1980); 김용섭, "전근대의 토지제도",『한국학입문』 (학술원, 1983); 이경식,『고려전기의 전시과』 (서울대학교 출판부, 2007).

14. 한국 고대사, 중세사 연구자들이 일반적으로 제시하는 견해에서는 祿邑이 신라시대에 핵심 지배세력인 진골 귀족에게 집중적으로 지급된 급여였고, 祿邑支配를 매개로 진골 귀족들은 사적인 지배 기반을 확대하는 것이 가능하였다는 점을 주목하고 있지만, 토지분급제의 전개 양상을 살펴볼 경우 수수된 경제적 이득 관계뿐만 아니라 邑과 結이라는 분급 대상의 차이를 보다 주목해야 할 것으로 생각된다.

15. 李泰鎭, "15·6세기 한국사회경제의 새로운 동향: 저지개간과 인구증가", 『동방학지』 64 (1989), 12쪽.

16. 李泰鎭, "16세기 東아시아의 歷史的 狀況과 文化", 『韓國社會史研究』(知識産業社, 1986), 305–311쪽.

17. 넓게 보면 18세기 중반에서 20세기 초반에 이르는 시기를 '근대전환기'로 명명하는 것이 일차적으로 가능할 것이다. 이영호는 1894년 갑오개혁 이후 1910년 토지조사사업에 이르기까지 한국 정부와 일제 당국의 토지정책에 대해 검토한 논문을 재구성하여 펴낸 책에서 이 시기를 '근대전환기'로 표현하고 있다. 이영호, "책머리에", 『근대전환기 토지정책과 토지조사』(서울대 출판부, 2018), v쪽.

18. 곽종철, "한국과 일본의 고대농업기술", 『한국고대사논총』 4 (1991); 이현혜, "삼국시대의 농업기술과 사회발전", 『한국상고사학보』 8 (1991); 천말선, "鐵製農具에 대한 고찰", 『영남고고학』 15 (1994); 김재홍, "살포와 鐵鋤를 통해서 본 4-6세기 농업기술의 변화", 『科技考古研究』 2 (1997).

19. 李春寧, 『한국農學史』(민음사, 1989); 朴虎錫·宋鉉甲, "東·西洋 쟁기의 發達過程研究", 『農事試驗研究論文集』 별책 (1988-90); 김광언, 『韓國農器具考』(1986).

20. 이현혜, "삼국시대의 농업기술과 사회발전", 『한국상고사학보』 8 (1991); 千末仙, "鐵製農具에 대한 고찰", 『영남고고학』 15 (1994); 김재홍, "철제농기구와 우경", 『한국역사입문』 ①(원시·고대편) (1994); 김재홍, "살포와 鐵鋤를 통해서 본 4-6세기 농업기술의 변화", 『科技考古研究』 2 (1997).

21. 김병섭, "韓國의 古代 밭遺構에 대한 검토", 『古文化』 62 (한국대학박물관협회, 2003), 4쪽.

22. 곽종철, "우리나라의 선사~고대 논밭 유구", 韓國考古學會 編, 『韓國 農耕文化의 形成』(학연문화사, 2002).

23. 김병섭, "韓國의 古代 밭遺構에 대한 검토", 『古文化』 62 (한국대학박물관협회, 2003).

24. 곽종철·이진주, "우리나라의 논유구 집성", 『韓國의 農耕文化』 6 (경기대학교박물

관, 2003); 金炳燮, "韓國의 古代 밭遺構에 대한 검토", 『古文化』 62 (한국대학박물관
협회, 2003).

25. 전덕재, "4-6세기 농업생산력의 발달과 사회변동", 『역사와현실』 4 (한국역사연구회,
1990).

26. 李賢惠, "三國時代의 農業技術과 社會發展", 『韓國上古史學報』 8 (한국상고사학회,
1991).

27. 이현혜, "한국 고대의 犁耕에 대하여", 『국사관논총』 37 (국사편찬위원회, 1998).

28. 金在弘, "살포와 鐵鋤를 통하여 본 4~6세기 농업기술의 변화", 『科技考古研究』 2
(아주대박물관, 1997).

29. 안병우, "신라 통일기의 경제제도", 『역사와 현실』 14 (한국역사연구회, 1994).

30. 金基興, "미사리 삼국시기 밭 유구의 농업", 『歷史學報』 146 (역사학회, 1995); 양기
석, "경제구조", 『백제의 정치·경제와 사회』 한국사 6 (국사편찬위원회, 1995); 이현
혜, "한국 古代의 밭농사", 『震檀學報』 84 (진단학회, 1997); 이현혜, 『韓國 古代의 생
산과 교역』 (一潮閣, 1998).

31. 곽종철, "청동기시대~초기철기시대의 수리시설", 『한국 고대의 수전농업과 수리시
설』 (서경문화사, 2010).

32. 李仁哲, 『新羅村落社會史研究』 (一志社, 1996); 李喜寬, 『統一新羅土地制度研究』
(一潮閣, 1999).

33. 武田幸男, "新羅の村落支配__正倉院所藏文書の追記をめぐって__", 『朝鮮學報』 81
(조선학회, 1977).

34. 李泰鎭, "新羅 村落文書의 牛馬", 『民族史의 展開와 그 文化(上)』 (碧史李佑成敎授
停年退職紀念論叢, 1990).

35. 윤선태, "新羅 統一期 王室의 村落支配__新羅 古文書와 木簡의 分析을 中心으
로__" (서울대학교 박사학위논문, 2000).

36. 旗田巍, "新羅の村落__正倉院にある村落文書の研究__", 『歷史學研究』 226·227
(1958·1959); 『朝鮮中世社會史の研究』 (法政大學出版局, 1972), 459-460쪽.

37. 李泰鎭, "新羅 村落文書의 牛馬", 『民族史의 展開와 그 文化(上)』 (碧史李佑成敎授停
年退職紀念論叢, 1990); 윤선태, "新羅 統一期 王室의 村落支配__新羅 古文書와 木
簡의 分析을 中心으로__" (서울대학교 박사학위논문, 2000).

38. 노명호, "羅末麗初 豪族勢力의 경제적 기반과 田柴科體制의 성립", 『진단학보』 74호
(진단학회, 1992).

39. 전시과 수조권설에 관련된 논저로 다음 연구 성과를 찾아볼 수 있다. 강진철, 『韓國中世土地所有研究』(一潮閣, 1989); 朴京安, "13~14세기 收租權 分給制의 運營", 『동방학지』77·78·79합집 (연세대 국학연구원, 1993); 李仁在, "高麗 中·後期 收租地奪占의 類型과 性格", 『東方學志』93 (延世大學校 國學研究院, 1996).

40. 전시과 면조권설의 대표적인 연구 성과로 다음 논문을 참고할 수 있다. 김기섭, "高麗前期 農民의 土地所有와 田柴科의 性格", 『韓國史論』17 (서울대학교 인문대학 국사학과, 1987).

41. 李平來, "高麗前期의 耕地利用에 관한 재검토", 『史學志』22 (檀國大學校史學會, 1989); 魏恩淑, "12세기 농업기술의 발전", 『釜大史學』12 (부산대 사학과, 1988); 李平來, "고려 후기 수리시설의 확충과 수전(水田) 개발", 『역사와 현실』5 (한국역사연구회, 1991); 李宗峯, "高麗後期 勸農政策과 土地開墾", 『釜大史學』15·16합집 (부산대 사학과, 1992).

42. 李正浩, "高麗時代 勸農政策 研究" (고려대학교 박사학위논문, 2002); 한정수, 『한국중세 유교정치사상과 농업』(혜안, 2007).

43. 고려의 양전제에 대해서는 다음 논문을 참고할 수 있다. 金容燮, "高麗時期의 量田制", 『東方學志』16 (연세대 국학연구원, 1975); 이우태, "新羅의 量田制─結負制의 成立과 變遷過程을 중심으로", 『국사관논총』37집 (국사편찬위원회, 1992); 김용섭, 『韓國中世農業史研究』(지식산업사, 2000).

44. 염정섭, "세종대 권농 실시와 농법 정리의 의의", 『규장각』58 (서울대 규장각한국학연구원, 2021).

45. 金容燮, "高麗前期의 田品制", 『韓㳓劤博士停年紀念 史學論叢』(知識産業社, 1981); 앞의 책, 111쪽.

46. 金容燮, "高麗時期 量田制", 『東方學志』16 (연세대 국학연구원, 1975); 김용섭, 『韓國中世農業史研究─土地制度와 農業開發政策─』(知識産業社, 2000).

47. 魏恩淑, "나말여초의 농업생산력 발전과 그 주도세력", 『釜大史學』9 (부대사학회, 1985).

48. 姜晋哲, "田柴科體制에 관련된 諸問題", 『高麗土地制度史研究』(高大出版部, 1980); 宮嶋博史, "朝鮮農業史上における15世紀", 『朝鮮史叢』3 (神戸:, 朝鮮史叢編輯委員會, 1980); 姜晋哲, "高麗時代의 地代에 대하여─특히 農莊과 地代問題를 중심으로─", 『震檀學報』53·54합 (진단학회, 1982); 『韓國中世土地所有研究』(一潮閣, 1989).

49. 여말선초 사회 변동의 動因을 농업생산력의 변화에서 찾는 연구 시각은 다음 논문

에 잘 제시되어 있다. 李泰鎭, "高麗末·朝鮮初의 사회변화", 『震檀學報』 55 (1983) (『韓國社會史硏究』 [지식산업사, 1986] 재수록).

50. 12세기 이후 고려 후기의 농법을 살펴본 주요한 연구 성과를 보면 다음과 같다. 李泰鎭, "14·15세기 農業技術의 발달과 新興士族", 『東洋學』 9 (단국대 동양학연구소, 1979) (『韓國社會史硏究』 [지식산업사, 1986] 재수록); 宮嶋博史, "朝鮮農業史上における十五世紀", 『朝鮮史叢』 3 (1980); 魏恩淑, "12세기 농업기술의 발전", 『釜大史學』 12 (부산대 사학과, 1988); 李平來, "고려후기 수리시설의 확충과 수전 개발", 『역사와 현실』 5 (1991); 李宗峯, "고려시기 수전농업의 발달과 이앙법", 『韓國文化硏究』 6 (부산대 한국문화연구소, 1993).

51. 고려시대 農法을 비롯한 農業生産力에 대한 연구사 정리는 다음 논문을 참고할 수 있다. 안병우, "농업생산력 발달과 상공업", 『한국역사입문』 ② (풀빛, 1995); 권영국, "고려시대 農業生産力 연구사 검토", 『史學硏究』 58·59 (1999).

52. 李泰鎭, "畦田考—統一新羅 高麗時代 水稻作法의 類推—", 『韓國學報』 10 (일지사, 1978); 이태진, "14·5세기 農業技術의 발달과 新興士族", 『東洋學』 9 (단국대 동양학연구소, 1979).

53. 李泰鎭, "16세기의 川防(洑)灌漑의 발달—士林勢力 대두의 經濟的 背景 一端—", 『韓沾劢博士停年紀念史學論叢』 (1981); 이태진, "16세기 沿海地域의 堰田 개발—戚臣政治의 經濟的 背景 一端—", 『金哲埈博士華甲紀念史學論叢』 (1983).

54. 李泰鎭, "乾耕直播 稻作과 稻畦·畎種水田", 『史學硏究』 36 (1983); 이태진, "世宗代의 農業技術政策", 『世宗朝文化硏究』 2 (1984); 이태진, "朝鮮時代 水牛 水車 보급 시도의 農業史的 의의", 『千寬宇先生還曆紀念韓國史學論叢』 (1986).

55. 金容燮의 연구에서 직접적으로 農法과 연관된 연구 성과는 水稻作과 田作을 중심으로 이루어졌다. 다음의 연구 논문이 그것이다. "朝鮮後期의 水稻作技術—移秧法의 普及에 대하여", 『亞細亞硏究』 13 (1964); "朝鮮後期의 水稻作技術—稻·麥二毛作의 普及에 대하여", 『亞細亞硏究』 16 (1964): "朝鮮後期의 水稻作技術—移秧과 水利問題", 『亞細亞硏究』 18 (1965); "朝鮮後期의 田作技術—畎種法의 普及에 대하여", 『歷史學報』 43 (1969); 『朝鮮後期農業史硏究』 Ⅱ—農業變動·農學思潮 (一潮閣, 1971).

56. 金容燮, "量案의 硏究—朝鮮後期의 農家經濟", 『사학연구』 7·8 (1960); "晉州奈洞里大帳의 分析—1846년 晉州民의 農地所有", 『亞細亞硏究』 8 (고려대 아시아문화연구소, 1961); 김용섭, "續 量案의 硏究—民田地主地의 佃戶의 經濟狀態", 『사학연구』 16

·17 (고려대학교 사학회, 1963·1964).

57. 金容燮, 『朝鮮 後期 農學의 發達』 韓國文化研究叢書 2 (서울대 韓國文化研究所, 1970).

58. 閔成基, "동아시아의 古農法上의 耤犁攷—中國과 朝鮮의 耕種法 比較—", 『省谷論叢』 10 (성곡문화재단, 1979); 민성기, "朝鮮前期 麥作技術考—『農事直說』의 種麥法 分析", 『釜大史學』 4 (1980); "朝鮮後期 旱田輪作農法의 展開", 『釜大史學』 6 (부산대학교 사학회, 1982); 민성기, "朝鮮時代의 施肥技術 研究", 『釜山大學校 人文論叢』 24 (부산대학교, 1983); 민성기, "『農家月令』과 16世紀의 農法", 『釜大史學』 9 (부산대학교 사학회, 1985); 민성기, "『四時纂要』의 種木綿法에 대하여" 上·下, 『釜山大學校 人文論叢』 29·34 (부산대학교 1986·1988). (이상 『朝鮮農業史研究』 [一潮閣, 1990]에 재수록).

59. 金容燮, "조선초기의 勸農政策", 『동방학지』 42 (연세대 국학연구원, 1984).

60. 염정섭, "조선시대 農書 편찬과 農法의 발달" (서울대학교 박사학위논문, 2000).

61. 염정섭, "세종대(世宗代) 농정책(農政策)의 전개와 의의", 『애산학보』 29 (애산학회, 2003).

62. 李春寧, 『李朝農業技術史』 (韓國研究院, 1965); 李春寧, 『한국농학사』 (民音社, 1989); 李春寧·蔡永岩, 『韓國의 물레방아』 (서울대학교 출판부, 1986).

63. 金榮鎭, 『農林水産 古文獻備要』 (韓國農村經濟研究院, 1983); 金榮鎭, 『朝鮮時代前期農書』 (韓國農村經濟研究院, 1984); "朝鮮朝 初期 韓國農學의 成立科程", 『農村經濟』 6-3 (1983); "『四時撰要抄』와 『四時撰要』의 肥料研究", 『農村經濟』 8-1 (1985); "農書를 통하여 본 朝鮮時代 主要作物의 作付體系", 『農村經濟』 8-2 (1985); "應旨農書로 엮은 梁翊濟 農書의 연구—18세기말 전남 보성지방의 농촌문제—", 『農村經濟』 13-2 (한국농촌경제연구원, 1990); 金榮鎭·李殷雄, 『조선시대 농업과학기술사』 (서울대학교 출판부, 2000).

64. 李鎬澈, 『朝鮮前期農業經濟史』 (한길사, 1986); "조선시대 도작농업의 발전과 인구증가", 『論文集』 48 (경북대학교, 1989); "『農書輯要』의 농법과 그 역사적 성격", 『경제사학』 14 (1990); "朝鮮前期의 農業環境과 農業技術", 『수촌박영석교수화갑기념 한국사학논총』 (1992); "조선후기 水稻品種의 분화", 『경제사학』 19 (경제사학회, 1995).

65. 石泰文, "17, 8세기 施肥法의 구조와 그 전환" (경북대학교 농업경제학과 석사학위논문, 1986); 黃潤棋, "17, 8세기 犂耕과 鋤地法" (경북대학교 농업경제학과 석사학위논

문, 1986).

66. 金容燮, 『增補版朝鮮後期農業史研究』 Ⅱ (一潮閣, 1990); 宮嶋博史, "李朝後期におけ
    ける朝鮮農法の發展", 『朝鮮史研究會論文集』 18 (조선사연구회, 1981); 廉定燮, "15
    ~16세기 水田農法의 전개", 『韓國史論』 31 (서울대 국사학과, 1994).

67. 金容燮, "朝鮮後期의 田作技術__畎種法의 普及에 대하여", 『歷史學報』 43 (1969);
    "朝鮮後期의 麥作技術", 『東方學志』 60 (1988) (『增補版朝鮮後期農業史研究』 Ⅱ
    [一潮閣, 1990] 수록); 閔成基, "朝鮮前期 麥作技術考__『農事直說』의 種麥法 分析",
    『釜大史學』 4 (1980) (『朝鮮農業史研究』 [一潮閣, 1988] 수록).

68. 閔成基, "동아시아의 古農法上의 耕犁攷__中國과 朝鮮의 耕種法 比較__", 『성곡
    논총』 10 (1979); 宮嶋博史, "朝鮮半島의 稻作展開とアジアの稻作", 『稻のアジア史』 3
    (小学館, 1997); 李光麟, 『李朝水利史研究』 韓國文化叢書 8 (韓國研究院, 1961); 李
    泰鎭, "16세기의 川防(狀) 灌漑의 발달", 『韓㳓劤博士停年紀念史學論叢』 (1981); 宮
    嶋博史, "李朝後期의 農業水利__堤堰(溜池)灌漑を中心に__", 『東洋史研究』 41-4
    (1983); 管野修一, "李朝初期農業水利의 發展", 『朝鮮學報』 119·120合 (1986); 崔元
    奎, "조선 후기 수리기구와 경영문제", 『국사관논총』 39 (국사편찬위원회, 1992); 李
    泰鎭, "조선 초기의 水利정책과 水利시설", 『李基白古稀紀念 韓國史學論叢(下)』 (一
    潮閣, 1994); 문중양, "朝鮮後期의 水車", 『韓國文化』 15 (서울대 한국문화연구소,
    1995); 문중양, "조선후기의 수리학" (서울대 대학원 과학사과학철학 협동과정 박사
    학위논문, 1995); 廉定燮, "正祖 後半 水利施設의 築造와 屯田經營", 『韓國學報』 82
    집 (一志社, 1996).

69. 飯沼二郎, "日帝下朝鮮における農業革命", 『朝鮮史叢』 第5·6合倂號 (1982).

70. 農林省熱帶農業センタ__, 『舊朝鮮における日本の農業試驗硏究の成果』 (農林統計協
    會, 1976); 주봉규·소순열, 『근대 지역농업사 연구』 (서울대학교 출판부, 1996); 이호
    철, "식민지기 농업기술의 연구와 그 보급", 『한국농업·농촌 100년사 논문집』 제1집
    (2003); 안승택, 『식민지 조선의 근대농업과 재래농법__환경과 기술의 역사인류학』
    (신구문화사, 2009) 등.


## 1장 선사시대 농경의 시작과 확산

1. 김용섭은 농경이 식량생산의 우수성으로 말미암아 인류의 중심 산업으로 성장하였

다고 언급하였다. 김용섭, 『韓國古代農業史研究__古朝鮮의 농업환경과 국가건설, 국가재건』 (지식산업사, 2019), 14쪽.

2. 안승모, 『동아시아 선사시대의 농경과 생업』 (학연문화사, 1998), 13쪽.

3. 한국 농업의 자연환경에 대해 간략하게 설명한 다음 글을 참고할 수 있다. 이춘녕, 『한국農學史』 (민음사, 1989), 13-15쪽.

4. 이현혜, 『韓國 古代의 생산과 교역』 (일조각, 1998), 320쪽.

5. 작물화와 가축화에 관련된 서술은 아래 논저에 실린 김장석, 안승모, 이준정, 김범철 등의 연구를 참고하였다. 안승모·이준정 편, 『선사농경 연구의 새로운 동향』 (사회평론, 2009).

6. 이현혜, 『韓國 古代의 생산과 교역』 (일조각, 1998), 217쪽; 전덕재 외, 『농업과 농민, 천하대본의 길』 (국사편찬위원회 편, 두산 동아, 2009).

7. 안승모, 『동아시아 선사시대의 농경과 생업』 (학연문화사, 1998), 14쪽.

8. 한창균 등, "옥천 대천리유적 신석기시대 집자리 발굴 성과", 『한국신석기연구』 3 (한국신석기학회, 2002).

9. 안승모·지건길, "한반도 선사시대 출토 곡류와 농구", 『한국의 농경문화』 1 (경기대학교 박물관, 1983); 안승모, 『동아시아 선사시대의 농경과 생업』 (학연문화사, 1998), 67쪽.

10. 이현혜, "한국 고대의 밭농사", 『진단학보』 84 (진단학회, 1997); 이현혜, 『한국 고대의 생산과 교역』 (일조각, 1998), 223쪽.

11. 국립중앙박물관, 『겨레와 함께 한 쌀』, 새천년특별전 도작문화 3000년 (국립중앙박물관, 2000), 16쪽.

12. 안승모·지건길, 앞의 논문 (1983); 안승모, 앞의 책 (1998), 71-72쪽.

13. 국립중앙박물관, 앞의 책 (2000), 16쪽.

14. 안승모, "한국반월형석도의 연구__발생과 변천을 중심으로__" (서울대학교 석사학위논문, 1995); 안승모, 『동아시아 선사시대의 농경과 생업』 (학연문화사, 1998).

15. 이융조 등, "한국선사시대 벼농사에 관한 연구__고양가와지 2지구를 중심으로__", 『성곡논총』 25 (성곡문화재단, 1994).

16. 신석기시대 후기의 벼농사에 대해서는 다음 논문을 참고할 수 있다. 안승모, "한국 선사농업연구의 성과와 과제", 『선사와 고대』 7 (1996); 안승모, 『동아시아 선사시대의 농경과 생업』 (학연문화사, 1998), 17-18쪽.

17. 화경을 산간지대와 고원지역에서 주기적으로 수행하는 경작법을 화전농업이라고 한

다. 화전농업은 세계 각지의 열대림에서 근채류 재배를 위해 사용하거나 동남아시아
의 산림 구릉지대에서 밭 경작에 사용하고 있다. 산간지대나 고원에서 초지(草地)를
태우고 난 뒤 그 땅에 밭곡식을 심어 거의 비료를 주지 않고 경작하는 방식이다. 이
농업은 극히 원시적인 약탈경제의 한 형태로, 동양에서 가장 오래된 농경방식이다.
중국의 화경(火耕)이나 일본의 야키바타(燒畑)도 이에 속한다.

18. 숲을 태우고 나면 재가 두껍게 쌓이므로 땅을 깊이 갈거나 별도의 거름을 주지 않
아도 무방하다. 이런 식으로 한 번 개간한 땅은 3년 정도의 경작 기간 후 다시 척박
해지므로 다시 새로운 숲을 개간하곤 했다. 이현혜, 1998 앞의 책, 321쪽.

19. 『鹽鐵論』通有 第3, 文學曰 荊揚南有桂林之饒 內有江湖之利 左陵陽之金 右蜀漢之
材 伐木而樹穀 燔萊而播粟 火耕而水耨 地廣而饒財; 『管子』揆度 第17, 至於黃帝之
王 謹逃其爪牙 不利其器 燒山林 破增藪 焚沛澤 逐禽獸 實以益人 然後天下可得而
牧也.

20. 이현혜, 1995 「한국 농업기술 발전의 제시기」 『한국사시대구분론』, 한림과학원; 이현
혜, 1998 『한국 고대의 생산과 교역』, 일조각, 10~14쪽. 이현혜는 신석기시대의 농경
을 단계적으로 파악하였는데, 15~25년 휴경 후 1~2회 경작하는 단계와 5~10년 정
도 휴한한 후 2회 이상 수확하는 단계로 구분하였다. 일반적으로 삼림을 개간하여
농경지로 이용하였기 때문에 나무를 채벌하고 불에 태우는 伐木, 火耕이 기본적인
방식이었다고 주장하여 주목된다.

21. 청동기시대 유적에서 출토된 잡곡의 종류에 대해서는 다음 논문을 참고할 수 있다.
안승모·지건길, "한반도 선사시대 출토 곡류와 농구", 『한국의 농경문화』 1 (경기대
학교 박물관, 1983); 안승모, 『동아시아 선사시대의 농경과 생업』 (학연문화사, 1998),
61-62쪽; 이현혜, "한국 청동기문화의 경제적 기반", 『한국사연구』 56 (한국사연구회,
1988); 이현혜, 앞의 책 (1998), 77쪽; 後藤直, "무문토기시대의 농경과 취락", 『한국
농경문화의 형성』 (학연문화사, 2002), 178쪽.

22. 이현혜, 앞의 책 (1998), 322쪽.

23. 이현혜, 앞의 논문 (1995); 이현혜, 앞의 책 (1998), 14쪽.

24. 안승모, 앞의 논문 (1995); 안승모, 앞의 책 (1998).

25. 사회과학원 력사연구소, 『조선전사』 2 (과학백과사전출판사, 1979), 30쪽.

26. 김광언, 『한국의 농기구』 (문화재관리국, 1969), 34쪽.

27. 정연학, 『한중 따비 비교 연구』 (국립민속박물관, 2002), 2쪽.

28. 陳文華, 앞의 책 (1991), 13쪽.

29. 강의 흐름이나 등고선과 직교하여 이랑과 고랑을 조성한 경작지는 경상남도 진주 대평리 옥방 2지구, 4지구, 6지구에서 발견되었다.

30. 진주 대평리 어은 2지구, 옥방 6지구, 옥방 4지구, 옥방 9지구 2층에서 강의 흐름이나 등고선과 일치하는 방향으로 고랑과 이랑을 조성한 경작지가 발견되었다. 한편 어은 2지구와 옥방 4지구에서는 강의 흐름과 직교하여 고랑과 이랑을 조성한 경우도 발견된다.

31. 동의대학교 박물관, "진주 대평리 옥방 4지구 유적 발굴조사(3차)__지도위원회 및 현장설명회 자료__" (동의대학교 박물관, 1999).

32. 孔智賢, "진주 대평리 옥방 2, 3지구 선사유적", 『남강선사문화세미나요지』 (동의대학교 박물관, 1999), 50쪽.

33. 진주 대평리 청동기시대 경작지에 보이는 고랑의 깊이는 대략 10cm 내외였다.

34. 경상대학교 박물관, 앞의 보고서 (1999), 232쪽.

35. 경상남도 남강유적발굴조사단, 앞의 책 (1998), 32쪽.

36. 동아대학교 박물관, "南江댐 水沒地區內 晉州玉房6지구 先史遺蹟 追加(3次)發掘調査 현장설명회 자료" (동아대학교 박물관, 1999).

37. 李賢惠, 앞의 논문 (1995); 이현혜, 앞의 책 (1998).

38. 조현종, "우리나라 도작농경(稻作農耕)의 기원(起源)과 도작유형(稻作類型)", 『농업사연구』 Vol. 3 No. 2 (한국농업사학회, 2004).

39. 서울대학교 박물관, 『흔암리주거지』 4 (1978).

40. 곽종철·이진주, "우리나라의 논유구 집성", 『한국의 농경문화』 6 (2003); 곽종철, "우리나라 선사~고대 논밭유구", 『한국 농경문화의 형성』 (학연문화사, 2002).

41. 1990년대 이후 韓國 考古學調査의 最大成果로 논·밭 등 耕作 遺構의 발굴조사를 지목할 수 있다. 이러한 調査의 成果는 文獻記錄이나 穀物分析에 한정되어오던 農耕研究의 水準을 한 단계 끌어올리는 계기가 되었다고 평가된다.

42. 김도헌, "선사·고대 논의 관개시설에 대한 검토", 『호남고고학보』 18 (2003).

43. 경남대학교 박물관·밀양대학교 박물관, "울산 무거동 옥현유적" (1999).

44. 논산 마전리 유적 C지구 발굴조사 성과(손준호, "21세기 한국고고학의 방향", 제24회 한국고고학전국대회 발표문 [한국고고학회, 2000]); 마전리 유적-A지구 발굴조사 보고서(고려대학교 매장문화재연구소·한국도로공사, 2002).

45. 이한상, "청동기시대의 관개시설과 안동 저전리유적", 『한·중·일 고대수리시설 비교연구』, 계명대학교 한국학연구원총서 18 (계명대학교 출판부, 2006).

46. 2008년 8월 25일자 〈매일신문〉 종합 "안동서 청동기시대 대규모 관개수로 첫 발견".

47. 이홍종·강원표, 『관창리유적—B·G구역—』, 고려대학교 매장문화재연구소 연구총서 제7집 (2001).

48. 이한상, "청동기시대의 관개시설과 안동 저전리유적", 『한·중·일 고대수리시설 비교 연구』, 계명대학교 한국학연구원총서 18 (계명대학교 출판부, 2006).

## 2장 고대 농경의 전개와 농업체제의 형성

1. 전덕재, "4~6세기 농업생산력의 발전과 사회변동", 『역사와 현실』 4, 한국역사연구회 (역사비평사, 1990).

2. 김재홍, "철제농기구와 우경", 『한국역사입문』 ①(원시·고대편) (1994); 김재홍, "살포와 鐵鋤를 통해서 본 4-6세기 농업기술의 변화", 『科技考古研究』 2 (1997).

3. 김도헌, "고고자료로 본 고대의 농경", 『선사·고대의 생업경제』, 제9회 복천박물관 학술발표회 (2005).

4. 신석기시대 말에서 청동기시대 초, 한반도에서는 하나의 날을 가진, 굴봉(掘棒) 형태의 따비로 밭을 갈았을 것으로 추정된다. 농경문청동기 속 따비는 두 개의 날을 가진 것이다.

5. 재배 작물이 어떠한 것인지와 토양의 상태에 따라 날 모양과 자루의 각도는 상이했다. 자갈이 많고 단단한 토양에서 자루가 곧고 코끼리 이빨과 같은 형태의 날을 지닌 따비가 선호되었다. 무른 땅에서는 자루가 곡선으로 휘고, 날 끝이 둥근 것이 곧잘 이용되었다.

6. 전덕재, 『한국고대사회경제사』 (태학사, 1996), 242-244쪽.

7. 4세기 초부터 주조와 단조 방법을 적절히 배합했다. 그 결과 충격에 강하고 날 부분이 예리한 농구의 생산도 가능하게 되었다. 경주시 황성동 제철유적은 일련의 과정을 지니는 공정의 모습을 확인할 수 있으며 철제도구가 대량으로 생산된 것이 확인되었다. 전덕재, 앞의 책, 296쪽.

8. 압록강 중류, 두만강 유역 등 초기 철기시대 유적지에서 철제 칼과 낫이 출토되었다. 다호리 고분에서도 출토되었다.

9. 『三國史記』 卷第四, 新羅本紀 第四, 智證 麻立干 三年 春三月; 三月, 分命州郡主勸農, 始用牛耕.

10. 이현혜, 『한국 고대의 생산과 교역』 (일조각, 1998), 250쪽.

11. 전덕재, 『한국고대사회경제사』 (태학사, 2006), 141-145쪽.

12. 신라의 경우 소지마립간 12년(490)에 처음 경주에 시장이 개설되었으며, 지증왕 10년(509)에는 동시를 개설하고 이를 관리하는 시전이 설치됨이 확인된다. 전덕재, "4-6세기 농업생산력의 발달과 사회변동", 『역사와 현실』 4 (한국역사연구회, 1990), 31쪽.

13. 지증왕 15년 아시촌소경이 설치되었다. 전덕재, 위의 논문 (1990), 32쪽.

14. 전덕재, 앞의 책 (2006), 180쪽.

15. 이현혜, "한국 고대의 밭농사", 『진단학보』 84 (진단학회, 1997), 17-18쪽.

16. 송기호, "역사이야기: 밭농사와 논농사" (대한토목학회, 2012. 11), 3쪽.

17. 미사리 유구의 상층과 하층 사진은 다음 논문에서 보인다. 김기흥, "미사리 삼국시기 밭 유구의 농업", 『역사학보』 146 (역사학회, 1995), 5쪽.

18. 밭의 고랑을 일명 '골'이라고도 한다. 작물을 재배할 때 경작지의 땅을 돋우어 높낮이를 만들고 종자를 뿌리거나 모종을 심는데 이때 아래로 움푹 들어간 부분을 지칭하는 말이다. 반면에 불룩하게 솟은 부분을 이랑이라고 하는데 작물에 따라서 또는 지역에 따라서 이랑에 심기도 하고 고랑에 심기도 한다.

19. 서울大學校 博物館, 『美沙里』 4 (1994), 208-214쪽.

20. 미사리 경작유구 발굴 이후 아래와 같은 김용섭의 주장에 대한 재검토가 이루어지고 있다. 김용섭은 조선 전기의 이랑(畝)은 소의 보급이 미흡하여 대형 쟁기를 이용할 수 없었기 때문에 낮았는데[廣畝低畝], 18세기 후반 이후 소의 사육과 대형 쟁기가 보급됨에 따라 높고 좁은 이랑[高畝挾畝]으로 만들어, 조선 전기 한전의 작부체계로 지배적이었던 1년1작 식에서 조선 후기에는 2년3작 식, 2년4작으로 발달되었고 결국 견종법으로 재배하는 것이 심화되었다고 설명하였다.

21. 이현혜, "한국 고대의 밭농사", 『진단학보』 84 (진단학회, 1997), 20쪽.

22. 김기흥, "미사리 삼국시기 밭 유구의 농업", 『역사학보』 146 (역사학회, 1995).

23. 전덕재, "백제 농업 기술 연구", 『한국고대사연구』 15 (한국고대사학회, 1990). 5-17쪽.

24. 국사편찬위원회, "백제의 정치·경제와 사회", 『신편 한국사 5』 (국사편찬위원회, 2002), 212쪽.

25. 신라 천년의 역사와 문화 편찬위원회, 『신라 천년의 역사와 문화 10—신라의 산업과 경제—』 (경상북도문화재연구원, 2016), 28-29쪽.

26. 이현혜, "백제지역의 농경생활", 『한국사시민강좌』 44 (일조각, 2009), 88-90쪽.

27. 『三國史記』 「百濟本紀」 2, 多婁王(다루왕) 六年.

28. 『三國史記』 「百濟本紀」 2, 古爾王(고이왕) 九年.

29. 양기석, 『백제의 경제생활』 (주류성, 2005), 177-179쪽.

30. 담수 상태가 오래되면 세 가지의 철 화합물에서 산소가 이탈하여 두 가지의 철 화합물 $4Fe(OH)_3-O_2=4Fe(OH)_2+H_2O$로 변하는데, 이때 환원태의 철이 환원층에 침전하여 흙색은 적갈색에서 청색, 녹회색, 청회색으로 바뀐다. 이처럼 담수 상태가 오래되어 환원 작용이 강하게 일어나면 황산기가 환원되어 황하수소($H_2S$) 가스를 발생시킨다. 만약에 토양 중에 산화철이 풍부하다면, 산화철이 환원되어 ($Fe^{+++} \rightarrow Fe^{++}$)와 $S^{--}$이 화합하여 불용성의 황화철($FeS$)로 응고되어 침전해버리기 때문에 벼가 그 가스의 피해를 입지 않게 된다. 그러나 산화철이 부족한 경우에 황화수소와 결합할 철이 부족하게 되고, 그렇게 되면 $S^{--}$이 벼 뿌리를 침입하여 썩게 되는 결과를 초래한다.(전덕재, "백제 농업기술 연구", 『한국고대사 연구 15』 [1995], 96쪽.)

31. 한국고고환경연구소 편, 『한국고대의 수전농업과 수리시설』 (서경문화사, 2010), 319-320쪽.

32. 전덕재, 『한국고대사회경제사』 (태학사, 2006), 134쪽.

33. 이현혜, "삼국사회의 농업생산과 철제농기구", 『역사학보』 126 (역사학회, 1990), 50-51쪽.

34. 김광언, "신라시대의 농기구", 『신라문화제학술발표논문집』 8 (동국대학교 신라문화연구소, 1987), 279-282쪽.

35. 신라 천년의 역사와 문화 편찬위원회, 『신라 천년의 역사와 문화 10_신라의 산업과 경제_』 (경상북도문화재연구원, 2016), 50쪽.

36. 노중국, "한국고대 수리시설의 역사성과 의미", 『신라문화』 45 (동국대학교 신라문화연구소, 2015), 129쪽.

37. 곰베(고무래)로 논의 흙덩어리를 분쇄하고 써레로 토양을 평평하게 정지하여 파종처를 곱게 다듬은 다음, 볍씨 1두를 숙분(宿糞)이나 오줌재 1석과 잘 섞어 족종(足種: 발뒤꿈치로 땅을 눌러 구덩이를 만들고 씨를 심음)하는 것을 말한다. 일반적으로 고랑과 이랑을 조성하고, 고랑에 볍씨를 파종하여 밭작물과 같이 키우다가 우기에 빗물을 담아 일반 수도(水稻)와 같이 키웠다고 알려진다(한국고고환경연구소, 『한국고대의 수전농업과 수리시설』 [서경문화사, 2010], 335쪽).

38. 추수를 끝낸 다음, 수원(水原)이 있는 비옥한 수전을 택하여 추경(秋耕)을 한다. 겨울에 시비(施肥)를 하고 2월 상순에 다시 한 번 기경(起耕)을 한다. 써레[木斫]로 토양을 평평하게 정지하고, 쇠스랑을 가지고 흙덩어리를 분쇄한다. 그런 다음 볍씨를 물에 3일 동안 담갔다가 꺼내 섬[空石]에 넣어 싹이 트도록 한다. 싹이 2푼(分) 정도 자랐을 때, 수전에 고르게 뿌리고 번지나 고무래로 볍씨를 흙으로 덮는다. 그리고 물이 흥건하게 담기도록 관개하고 묘가 자라서 올라올 때까지 새가 먹지 못하도록 쫓는다. 묘가 자라면 여러 차례에 걸쳐 김매기를 해준다. 그때마다 배수하고 김매기가 끝나면 관개한다. 또한 관개와 배수가 자유로운 곳에서는 제초 작업을 마칠 때마다 물을 완전히 빼내어 묘근(苗根)을 2일간 햇볕에 쬐어준다. 벼가 익으면 물을 빼서 벼가 빨리 익도록 한다(한국고고환경연구소, 앞의 책 [2010], 336쪽).

39. 노용필, "統一新羅의 논농사", 『진단학보』 107 (진단학회, 2009).

40. 현지에서 살고 있는 토착민으로서, 왕실의 소유지를 관리하는 관리로 보인다.

41. 영천 청제비 정원십사년명(永川 菁堤碑 貞元十四年銘).

42. 노용필, "統一新羅의 논농사", 『진단학보』 107 (진단학회, 2009), 71쪽.

43. 한국고고환경연구소, 『한국고대의 수전농업과 수리시설』 (서경문화사, 2010), 328쪽.

44. 조선총독부, "수리(水利)에 관한 구관(舊慣)".

45. 한국고고환경연구소, 『한국고대의 수전농업과 수리시설』 (서경문화사, 2010), 330-331쪽.

46. 한국고고환경연구소, 위의 책 (2010), 328-329쪽.

47. 신라촌락문서를 검토한 주요 연구논문은 아래와 같다. 金哲埈, "新羅의 村落과 農民生活", 『한국사』 3 (국사편찬위원회, 1978); 李泰鎭, "新羅 統一期의 村落支配와 孔烟", 『韓國史研究』 25 (한국사연구회, 1979); 김기흥, "新羅 '村落文書'에 대한 新考察", 『韓國史研究』 64 (한국사연구회, 1989); 李仁哲, 『新羅村落社會史研究』 (一志社, 1996); 윤선태, "新羅 統一期 王室의 村落支配—新羅 古文書와 木簡의 分析을 中心으로—" (서울대학교 박사학위논문, 2000).

48. 경질(經帙)은 경전(經典)이나 불경(佛經)등의 경권(經卷)을 마는 데 사용되는 구성 부분이다.

49. 내성(內省)은 신라 시대에 대궁(大宮)·양궁(梁宮)·사량궁(沙梁宮)의 3궁 사무를 맡아 보던 관청. 후대의 궁내부(宮內部)와 같은 성격으로서 왕실 고유의 지배영역을 담당하는 매우 방대한 조직이다.

50. 소경(小京)은 신라 때 고구려와 백제의 옛 땅을 합하여 구주(九州)의 행정구역을 설

정함과 함께 정치적·군사적으로 중요한 지방에 왕경(王京)인 경주 외에 설치한 작은 서울. 김해(金海), 충주(忠州), 원주(原州), 청주(淸州). 남원부(南原府) 총 5소경으로 구성되어 있다.

51. 이인철, 『신라촌락사회사연구』 (일지사, 1996), 64쪽.

52. 주사(州司)는 고을의 행정을 맡아 보는 관사를 말한다.

53. 국사편찬위원회, 『한국사 9, 통일신라』 (국사편찬위원회, 2003), 220쪽.

54. 이인철, 위의 책 (1996), 35쪽.

55. 윤선태, "新羅 統一期 王室의 村落支配—新羅 古文書와 木簡의 分析을 中心으로—" (서울대학교 박사학위논문, 2000), 8-19쪽.

56. 촌락문서에는 '下下'를 '下″'로 표현하고 있다.

57. 兼若逸之, "新羅 '均田成冊'의 硏究—이른바 民政文書의 分析을 중심으로—", 『韓國史硏究』 23 (한국사연구회, 1979), 28쪽의 주29 (3).

58. 문서의 연령등급 기록 순서에 의거할 때, 丁婢는 丁女와 小女子 사이에 기록되어야 하는데, 여기에는 小女子 다음에 기록되어 있다. 이를 통해 丁婢一은 문서의 원문이 아니라 추기임을 알 수 있다.

59. 이인철, 앞의 책, 41-53쪽.

60. 李泰鎭, "新羅 統一期의 村落支配와 孔烟", 『韓國史硏究』 25 (한국사연구회, 1979), 43-53쪽.

61. 9등호제(九等戶制)는 신라시대에 호(戶)를 빈부(貧富) 또는 인정(人丁)의 많고 적음을 기준으로 아홉 등급으로 구분한 제도.

62. 국사편찬위원회, 앞의 책, 223쪽 참고.

63. 이인철, 앞의 책, 57쪽.

64. 지목(地目): 토지(土地)의 형상(形狀)·성질(性質)·사용(使用) 목적(目的) 등을 나타내는 명칭.

65. 국사편찬위원회, 앞의 책, 225쪽 참고.

66. 이인철, 앞의 책, 58쪽.

67. 국사편찬위원회, 앞의 책, 226쪽.

68. 李宇泰, "新羅의 量田制—結負制의 成立과 變遷過程을 중심으로", 『국사관논총』 37집 (국사편찬위원회, 1992).

69. 참고로 고려 초기의 전품 규정은 不易, 一易, 再易에 따라 上中下 3등급으로 나누는 것으로 파악하고자 한다. 不易은 연작, 一易은 1년 휴한, 再易은 2년 휴한을 가리킨

다. 이에 대해서는 '3장 고려 농업체제의 전개와 농법의 전환'에서 자세히 서술할 것이다.

70. 이우태, "신라시대의 結負制", 『태동고전연구』 5 (한림대 태동고전연구소, 1989).

71. 전덕재, 앞의 책, 303쪽.

72. 전덕재, 앞의 책, 304쪽.

73. 『삼국사기(三國史記)』 권33 색복(色服): 外眞村主與五品同(지방의 진촌주는 5품과 같다), 次村主與四品同(차촌주는 4품과 같다).

## 3장  고려 농업체제의 전개와 농법의 전환

1. 한정수 외, 『농업과 농민, 천하대본의 길』, (두산동아, 2009); 이정호, 『고려시대의 농업생산과 권농정책』 (경인문화사, 2009).

2. 고려왕조의 유교 정치사상과 농업에 대해서는 다음 책에서 자세한 내용을 볼 수 있다. 한정수, 『한국 중세 유교정치사상과 농업』 (혜안, 2007).

3. 『高麗史』 卷1, 世家1 太祖 元年 辛亥: 詔曰 前主視民如草芥 而惟欲之從 乃信讖緯 遽棄松嶽 還居斧壤 營立宮室 百姓困於土功 三時失於農業 加以饑饉荐臻 疾疫仍起 室家棄背 道殣相望 一匹細布直米五升 至使齊民賣身鬻子爲人奴婢 朕甚悶焉 其令所在 具錄以聞 於是得一千餘口 以內庫布帛 贖還之.

4. 『高麗史』 卷2, 太祖 26年 4月.

5. 『高麗史』 卷3, 世家3 成宗 元年 6月 甲申.

6. 『高麗史』 卷93, 列傳6 崔承老.

7. 『高麗史』 卷3, 世家3 成宗 2年 春正月 辛未·乙亥.

8. 『高麗史』 권79, 지 33 식화 농상, 성종 5년 5월.

9. 이정호, 『고려시대의 농업생산과 권농정책』 (경인문화사, 2009), 192쪽.

10. 이정호, 앞의 책 (2009), 195쪽.

11. 이정호, 앞의 책 (2009), 200쪽.

12. 『高麗史節要』 권4, 정종 2년 6월.

13. 『高麗史節要』 권4, 정종 2년 12월.

14. 이정호, 앞의 책 (2009), 222쪽.

15. 『高麗史』 권79, 식화 2, 농상, 명종 18년 3월.

16. 이정호, 앞의 책 (2009), 234쪽.

17. 이정호, 앞의 책 (2009), 236쪽.

18. 『高麗史』 권24, 고종 41년 12월.

19. 이정호, 앞의 책 (2009), 237쪽.

20. 『高麗史』 권80, 식화지 3 진휼 재면지제: 42년(1255) 3월에 여러 도의 군현(郡縣)들이 난리를 겪어 쇠잔해지고 피폐해졌으므로 3세(三稅) 이외의 잡세(雜稅)를 감면해주었다.

21. 『高麗史簡要』 권 17: 도로가 비로소 통하였다. 전란으로 황폐해진 이래, 해골이 들판을 덮었고 포로가 된 인민이 도망하여 경성에 들어오는 자가 줄을 이었다. 도병마사(都兵馬使)가 하루에 쌀 1되를 지급하여 그들을 구휼하였다. 그래도 죽는 자가 헤아릴 수 없었다.

22. 이정호, 앞의 책 (2009), 239쪽.

23. 『高麗史』 권79, 식화 2, 농상, 고종 30년 2월.

24. 『고려사』 권42, 고종 42년 2월 계미(癸未): 도제고판관(都祭庫判官) 고정매(高鼎梅)를 황려(黃驪)·이천(利川)·천녕(川寧)·양근(楊根)·죽주(竹州)·음죽(陰竹) 등지의 소복별감(蘇復別監)으로 삼았는데, '소복(蘇復)'의 뜻을 생각하지 않고 주색(酒色)에 탐닉하고 백성들을 침탈하여 사리(私利)를 챙겼다.

25. 한정수, "고려시대 농업정책과 농경의례", 『한국중세사연구』 38 (한국중세사학회, 2014), 63쪽.

26. 한정수, "중농 이념과 농경의례", 『농업과 농민, 천하대본의 길』 (두산동아, 2009), 99-100쪽.

27. 한정수, 앞의 책 (2009), 99-100쪽.

28. 한정수, 앞의 책 (2009), 100쪽.

29. 선농단은 농사짓는 법을 가르쳤다고 일컬어지는 고대 중국의 제왕인 신농씨와 후직씨를 주신으로 제사지내던 곳이다.

30. 한정수, 앞의 책 (2009), 102쪽.

31. 한정수, 앞의 논문 (2014), 66-67쪽.

32. 한정수, 앞의 책 (2009), 102쪽.

33. 한정수, 앞의 논문 (2014), 65쪽.

34. 김재홍, "고려시대 鐵製農具와 농경의례", 『한국중세사연구』 46 (한국중세사학회, 2016), 334-335쪽.

35. 성황신은 민간에서 숭배하는 마을의 수호신이다. 고려시대에는 각 고을의 수령(守令)과 향리(鄕吏)로 하여금 관내의 성황신을 제사하도록 제도화하였으며, 제수 비용을 충당하는 위전(位田)을 지급하기도 하였음.

36. 한정수, 앞의 논문 (2014), 68쪽.

37. 김재홍, 앞의 논문 (2016), 14쪽.

38. 김재홍, 앞의 논문 (2016), 11쪽.

39. 김재홍, 앞의 논문 (2016), 15쪽.

40. 김재홍, 앞의 논문 (2016), 16쪽.

41. 全德在, "新羅 祿邑制의 性格과 變動에 관한 연구", 『역사연구』 1 (역사연구소, 1992).

42. 姜晋哲, "建國 직후의 상태와 役分田의 設置", 『高麗土地制度史研究』 (高麗大出版部, 1980), 21쪽.

43. 洪承基, "高麗初期의 祿邑과 勳田_功蔭田柴制度의 背景_", 『史叢』 21·22 합집 (1977), 163쪽.

44. 姜晋哲, "新羅의 祿邑에 대하여", 『李弘稙回甲紀念 韓國史學論叢』 (新丘文化社, 1969), 68-70쪽; 晋哲, "建國 직후의 상태와 役分田의 設置", 『高麗土地制度史研究』 (高麗大出版部, 1980). 22-23쪽.

45. 全德在, "新羅 祿邑制의 性格과 變動에 관한 연구", 『역사연구』 1 (역사연구소, 1992).

46. 『高麗史』 卷78 食貨志 1 田制 田柴科條: 初定役分田 統合時朝臣·軍士 勿論官階 視人性行善惡 功勞大小 給之有差.

47. 姜晋哲, "新羅의 祿邑에 대하여", 『李弘稙博士 回甲紀念 韓國史學論叢』 (1969).

48. 목종 원년 12월 문무양반 및 군인의 전시과를 고쳐 정했다(『高麗史』 권 78 食貨志 1 田柴科).

49. 상장군(上將軍)의 경우 개정전시과에서는 제5과로서 전지 80결, 시지 50결을 지급했으나 경정전시과에서는 제3과로서 전지 85결, 시지 40결을 지급했다.

50. 役分田의 성격을 대부분의 학자들이 收租權의 分給으로 이해하고 있다. 당시 국가가 토지면적에 근거하여 田租를 수취하는 제도를 시행하였던바, 役分田은 토지 자체보다는 收租權의 分給으로 보는 것이 합당할 것으로 보인다.

51. 휴한농법, 연작농법에 대한 설명은 다음 논문을 참고하였다. 김기섭, "고려 전기 농업생산력과 전시과체제", 『한국사』 5 (한길사, 1996).

52. 『高麗史』권 78 食貨志 1 經理 文宗 8년 3월조.

53. 송병건, "농업혁명, 의회 인클로저와 농촌사회의 변화, 1750-1850", 『영국연구』제23 (2010), 95-96쪽.

54. 페루의 태평양 연안에 위치한 진차(Chincha)군도는 천연비료 구아노(Guano)가 대량 생산되는 곳인데, 1840년대부터 유럽에서 건너온 수많은 증기선들이 구아노를 채취하여 유럽으로 실어 날랐다. 이렇게 유럽에 건너온 구아노는 수입산 비료로 커다란 인기를 얻었다. 구아노에는 질소 이외에도 인산 성분이 풍부하게 존재하는 것이 특징이다. 조류의 구아노는 질소 11~16%, 인산 8~12%, 칼리 2~3%로 이루어져 있어 작물에 넣어줄 시비 재료로 안성맞춤이었다. 하지만 1908년 독일에서 하버-보쉬법(Haber-Bosch process)이 개발되어 대기 중의 질소를 비료로 만드는 기술이 실용화되어 화학비료가 광범위하게 사용되면서부터 구아노는 잊힌 자원이 되었다.

55. 베르나르트 슬리허 반 바트, 이기영 옮김, 『서유럽 농업사 500-1850년』(까치, 1977), 89쪽.

56. 콩류 식물이 갖고 있는 질소 고정 능력에 착목하여 Robert C. Allen은 영국 농업 혁명을 콩과식물 재배에 의해 질소의 화학적 반응 과정이 일어나고 이에 따라 곡물 수확량이 증가하였다는 이른바 '질소 가설'로 설명하기에 이르렀다. Robert C. Allen, The Nitrogen Hypothesis and the English Agricultural Revolution: A Biological Analysis, *The Journal of Economic History* Vol. 68, Issue 1 (Economic History Association, 2008), pp. 182-210.

57. 홍성표, 『중세 영국사의 이해』(충북대학교 출판부, 2012), 246-249쪽.

58. 반 바트는 유럽 여러 지역의 사례를 제시하면서 '휴경지의 소멸' 과정을 자세하게 설명하고 있다. 반 바트, 이기영 옮김, 『서유럽 농업사 500-1850년』(까치, 1977), 336-350쪽.

59. 안병우, "농업생산력 발달과 상공업", 『한국역사입문』② (풀빛, 1995).

60. 金容燮, 1975「高麗時期의 量田制」『東方學志』16 (1995) (『韓國中世農業史研究』 [지식산업사, 2000] 재수록).

61. 李泰鎭, "14·15세기 農業技術의 발달과 新興士族", 『東洋學』9 (1979) (『韓國社會史研究』[지식산업사, 1986] 재수록); 魏恩淑, "12세기 농업기술의 발전", 『釜大史學』 12 (1988).

62. 안병우, "고려 전기 지방관아 공해전의 설치와 운영", 『한국사학논총』(이재룡박사환력기념) (한울, 1990).

63. 김용섭, "고려시기의 양전제", 『동방학지』 16 (연세대 국학연구원, 1975).

64. 조선왕조 18세기의 경우 재해를 입은 田畓에 給災를 내리고 부세를 탕감하는 조처 등이 荒政의 일부분으로 시행되었다. 우선 給災는 수령→관찰사→호조→비변사로 이어지는 보고 절차에 따라 農形을 파악하는 것에서부터 시작되었다. 숙종 후반 이후 比摠法이 시행되다가 英祖代에 법제화되면서 앞선 시기와 다른 형태의 給災가 수행되었다. 比摠法은 1760년에 법제화되었지만, 실제로 숙종 후반부터 실행되고 있었다. 比摠法의 시행에 대해서는 다음 논문을 참고할 수 있다. 鄭善男, "18·19세기 田結稅의 收取제도와 그 운영", 『韓國史論』 22 (서울대 국사학과, 1990); 李哲成, "肅宗末葉 庚子量田의 실태와 역사적 성격—比摠制로의 변화", 『史叢』 39 (1991).

65. 결부제에서의 결부는 중국의 경무제(頃畝制)와는 달리 토지생산성을 반영한 용어로서 소출량을 의미한다. 즉, 1결(結)의 생산량은 어느 토지에서나 마찬가지가 되며 따라서 1결의 면적은 토지의 비옥도에 따라 그 절대면적이 달라진다. 그러나 중국의 경우 1경(頃)은 절대면적 단위이기 때문에 토지면적은 비옥도에 관계없이 동일하며, 1경 면적의 생산량은 비옥도에 따라 달랐다.

66. 『度支志』 外編 권4, 版籍司 田制部 二 量田 傳敎: (世宗 25년, 1443年) 其二 向者 分道爲三等 分官爲三等 分田爲三等 實爲未精.

67. 「若木郡淨兜寺五層石塔造成形止記」(석탑 조성 시기는 1031년 현종 22년): 寺之段 司倉上導行審是內乎矣 七十六是去丙辰年 量田使 前守倉部卿藝言 下典奉休 算士千達 等 乙卯二月十五日 宋良卿矣 結審是乎 導行乙用良 顯德三年 內辰 三月日練 立作良中.

68. 김용섭, "고려시대의 양전제", 『동방학지』 16 (연세대 국학연구원, 1975).

69. 강진철, 『고려토지제도사연구』 (고려대 출판부, 1980), 391-392쪽.

70. 김용섭, "고려시대의 양전제", 『동방학지』 16 (연세대 국학연구원, 1975).

71. 여은영, "고려시대의 양전제", 『교남사학』 2 (영남대 국사학과, 1986).

72. 이우태, "신라 『촌락문서』의 촌역에 대한 일고찰", 『김철준박사화갑기념사학논총』 (지식산업사, 1983).

73. 이우태, "신라시대의 결부제", 『태동고전연구』 5 (한림대 태동고전연구소, 1989).

74. 고려의 전시과체제에서는 同積異稅의 量田 收租制가 운용되고 있었던 것이 크게 변화한 것이었다. 김태영, 『朝鮮前期 土地制度史 硏究』 (知識産業社, 1983), 190쪽.

75. 『世宗實錄』 卷49, 世宗 12년 8월 10일 戊寅 (국사편찬위원회 영인본 3책 252쪽: 이하 '책수-쪽수'로 略記함): 摠制河演以爲... 自前朝 只以上中下三等定制 將農夫手二

指計十爲上田尺 二指計五三指計五爲中田尺 三指計十爲下田尺 六尺爲一步 以三步

三寸四方周廻爲一負 二十五步爲一結而打量 其收租則皆取三十斗.

76. 『太宗實錄』 권4, 太宗 7년 7월 己亥 (1-129·130): 戶曹給田司上言 前朝之季 紀綱紊

亂 田制先毁… 故於己巳年間 京畿及五道田 倂行打量作丁 然當其時 算術未熟 刻期

畢事 致有輕重失中 或致遺漏 濱海之地 亦未及量 乞分遣朝官 與諸州守令踏驗 令觀

察使考察 以千字字號作丁 以收其稅 兩界之田 都巡問使 亦以一牛日耕 多少改量.

77. 『世宗實錄』 권49, 世宗 12년 8월 10일 戊寅 (3-253): 參判柳季聞以爲 我國 土地之品

不同… 前朝 但以農夫二指計十爲上田尺 二指計五三指計五爲中田尺 三指計十爲下

田尺 定爲三等 一結收租 並以三十斗定數 有違古制 開國以來 仍此法改量.

78. 고려 철제농구에 대해서는 다음 논문에 의거하였다. 김재홍, "고려시대 鐵製農具와

농경의례", 『한국중세사연구』 46 (한국중세사학회, 2016), 307-343쪽.

79. 『農事直說』 種稻. 稻種 有早有晩 耕種法 有水耕(鄕名 水沙彌) 有乾耕(鄕名 乾沙彌)

又有揷種(鄕名 苗種) 除草之法 則大抵皆同. ○ 早稻 秋收後 擇連水源肥膏水田(凡水

田 上可以引水 下可以決去 旱則灌之 雨則洩之者 爲上 洿下渟水處 次之 然久雨泥渾

則苗腐 高處須雨而耕者 斯爲下矣) 耕之 冬月入糞(正月氷解 耕之 入糞或入新土 亦

得) 二月上旬 又耕之(『農書』 1, 亞細亞文化社 韓國近世社會經濟史叢書, 10쪽: 이하

『農書』 1로 略記함).

80. 閔成基, "동아시아의 古農法上의 耨犁攷__中國과 朝鮮의 耕種法 比較__", 『성곡논

총』 10 (1979).

81. 李鎬澈, "農具 및 水利施設", 『朝鮮前期農業經濟史』 (한길사, 1986).

82. 염정섭, 『조선시대 농법 발달 연구』 (태학사, 2002), 134-135쪽.

83. 김재홍, 위의 논문, 310쪽.

84. 고려시대 農法을 비롯한 農業生産力에 대한 연구사 정리로 다음 논문을 참고할 수

있다. 안병우, "농업생산력 발달과 상공업", 『한국역사입문』 ② (풀빛, 1995); 권영국,

"고려시대 農業生産力 연구사 검토", 『史學硏究』 58·59 (1999); 李正浩, "高麗後期의

農法__농법 발달과 무신정권기 사회변화의 관계를 중심으로__", 『國史館論叢』 98

(國史編纂委員會, 2002).

85. 李奎報, 『東國李相國集』 卷14, 古律詩 得蟬鳴稻: 不欲負其名 趁得蟬鳴日 眼見新穀

升 今年事亦畢.

86. 『高麗史』 卷80, 志34 食貨 賑恤 水旱疫癘賑貸之制: 忠烈王 十七年 六月 元遣海道

萬戶 黃興 張侑 千戶 殷實 唐世雄 以船四十七艘 載江南米十萬石 來賑飢.

87. 魏恩淑, 『高麗後期 農業經濟研究』(혜안, 1998).

88. 『世宗實錄』 卷51, 世宗 13年 正月 癸巳: 且濟州人民 皆厭友隻出陸 高得宗亦言 濟州
馬多牛少 民家專賴牛以糞田 不可出陸 儻勒令出陸則未可也.

89. 鄭道傳, 『三峯集』 卷4, 行狀 高麗國奉翊大夫檢校密直提學寶文刻提學上護軍榮綠大
夫刑部尙書鄭先生行狀(鄭云敬): 僧正曰 予齋布若干疋 入某人家 見糞田役人飮酒 到
某處見人耘田.

90. 『高麗史』 卷82, 兵志2, 屯田 禑王 14年 8月: 自鴨綠以南 大抵皆山 肥膏不易之田 在
於濱海.

91. 고려시대 토지 이용방식에 대한 여러 주장에 대해서는 다음 논문을 참고할 수 있
다. 李正浩, "高麗後期의 農法—농법 발달과 무신정권기 사회변화의 관계를 중심으
로—", 『國史館論叢』 98 (國史編纂委員會, 2002).

92. 『高麗史』 卷78, 食貨志 1 田制 經理 文宗 8年 3月: 判凡田品 不易之地爲上 一易之地
爲中 再易之地爲下 其不易山田一結 准平田一結 一易田二結 准平田一結 再易田三結
准平田一結.

93. 『高麗史』 卷78, 食貨志 1 田制 經理 文宗 23年: 二十三年 定量田步數田一結方
三十三步.

94. 『高麗史』 卷78, 食貨志 1 田制 經理 文宗 8年 3月: 判凡田品 不易之地爲上 一易之地
爲中 再易之地爲下 其不易山田一結 准平田一結 一易田二結 准平田一結 再易田三結
准平田一結.

95. 이태진은 이 判文에서 기준이 되는 것은 平田 중에서도 一易田, 즉 一易平田이라고
보았다. 그에 따르면 平田은 곧 水田이고, 山田은 곧 旱田인데, 농업생산성의 측면에
서 수전 즉 평전이 한전 즉 산전에 비해서 2배 정도 유리한 것으로 평가되고 있다
는 것이다. 이러한 조건을 고려하여 '其不易山田 一結准平田一結'이라는 상관 관계
가 성립하려면, 평전은 不易이 아닌 一易이어야 한다는 설명이다. 그는 고려 문종 8
년의 田品 규정에서 平田 즉 稻田이 1년 휴한을 전제로 한다는 점을 설명하는 근거
의 하나로 성종 11년 公田租의 수취 규정의 소출량이 조선시기에 비해 현저하게 낮
은 점을 제시하고 있다. 李泰鎭, "14·15세기 農業技術의 발달과 新興士族", 『東洋學』
9 (1979) (『韓國社會史研究』 [지식산업사, 1986] 재수록). 그런데 이태진의 주장에서
검토해야 할 논점은 山田과 平田의 성격 문제이다. 특히 平田=水田이고, 山田=旱田
으로 볼 수 있는지에 대해서 살펴보아야 한다. 결론부터 말하자면 平田은 형태-평평
한 밭, 위치-평지의 밭으로 볼 수 있고, 山田은 위치-산간의 밭으로 볼 수 있다. 즉,

평전과 산전은 위치, 형태로 구분되지만 특히 위치로 구분되는 것이고 이것에 논과 밭의 구분과 같은 의미를 부여하기는 어렵다고 생각된다.

96. 『孟子集注』卷5, 滕文公章句上: 夫以百畝之不易爲己憂者 農夫也(夫 音扶 易 去聲 ○ 易 治也).

97. 『周禮』地官 司徒 第二: 大司徒 凡造都鄙 制其地域而封溝之 以其室數制之 不易之地 家百畝 一易之地家二百畝 再易之地家三百畝.

98. 이태진은 이를 강남농법의 도입에 힘입은 것이며 시비법의 발전 단계가 강남농법과 같은 단계를 보이고 있으며, 이때에 와서야 비로소 전면 시비가 가능해졌다고 설명 하였다. 또한 생산력 발달을 촉진한 요인으로 인구 증가를 들고 있다. 14세기에서 16 세기에 이르는 시기에 향약의술의 발달과 신유학의 농정관 및 인구정책의 결과로 인 구 증가가 촉발되었고, 농경지의 확대와 농업기술의 발전을 추동하는 압박 요인으로 파악한다.(이태진-향약의술)

99. 안병우, "농업생산력 발달과 상공업", 『한국역사입문』② (풀빛, 1995).

100. 賈思勰, 『齊民要術』卷2, 水稻第十一: 稻無所緣 唯歲易爲良 選地欲近上流 地無良 薄 水淸則稻美也 三月種者爲上時 四月上旬爲中時 中旬爲下時.
『農書輯要』, 水稻: 色吐連處田地亦 或田或畓 互相耕作爲良 量地品一樣田地乙良 每年回 換水稻耕作爲乎矣 三月內耕種不得爲去等 四月上中旬乙 不違耕種.

101. 賈思勰, 『齊民要術』卷2, 水稻第十一: 北土高原 本無陂澤 隨逐隈曲而田者 二月 冰 解地乾 燒而耕之 仍卽下水 十日 塊旣散液 持木斫平之 納種如前法 旣生七八寸 拔而 栽之 旣非歲易 草稗俱生 苃亦不死 故須栽而薅之 漑灌 收刈 一如前法.
『農書輯要』水稻: 陂澤無在 山谷段 地窄歲易不得 作畓限當庫以 每年耕作爲臥事乎是良 於 二月 解氷地乾爲去等 火燒起耕後入水 十日第 土塊解散爲去等 所訖羅以 平正令 是遣 落種 苗長七八寸是去等 右例以 起耕平正爲乎 他畓庫良中 疎密得中爲只爲 移 苗栽種爲乎矣 須只移苗栽種爲臥乎事段 畓庫乙 每年回換耕作不得爲在如中 雜草茂 盛爲臥乎等用良 移栽爲良沙 易亦除草.

102. 金容燮, "『農書輯要』의 農業技術", 『朝鮮後期農學史硏究』 (一潮閣, 1988).

103. 김기흥, "신라의 '水陸兼種' 농업에 대한 고찰: '回換農法'과 관련하여", 『韓國史硏 究』94 (韓國史硏究會, 1996).

104. 염정섭, "14세기 高麗末, 朝鮮初 농업기술 발달의 추이̵水稻 耕作法을 중심으로", 『농업사연구』제6권 1호 (2007), 97-126쪽.

105. 金泰永, 『朝鮮前期土地制度史硏究』 (知識産業社, 1983).

106. 吳仁澤, "『農書輯要』를 통해서 본 조선 초기의 耕種法", 『지역과 역사』 5 (부경역사연구소, 1999).

107. 『農書輯要』 耕地: 大抵 春耕乙良 起耕爲乎 追于 小推介木以 土塊無只爲 摩平爲齊 秋耕乙良 起耕後 土色乾白爲去沙 同推介以 如前使內.

108. 『農書輯要』 耕地: 凡秋耕乙良 深厚起耕爲齊 春耕乙良 不深亦 使內乎矣.

109. 『高麗史』 卷46, 世家46 恭讓王 3年 9月 甲辰: 諫官 許應等上疏曰... 伏惟殿下 哀此民生 及時放遣 則秋耕拾栗 備荒之計 未爲晚也 願殿下留意焉 命下都堂 擬議施行.

110. 『太祖實錄』 卷14, 太祖 7年 閏5月 6日 辛巳 (1-124): 淸州牧使 金自粹 以年饑 陳書于監司 請免今年麥稅 其書曰... 國家收租 每當六月之初 小麥告熟 便卽收之 以輸京倉 謂之先納 年例也 今年則自三月不雨 以至今月 雖間月一雨 入土未及數寸 尋卽開露 亢陽之烈 日甚一日 以故大小麥實 悉爲損耗 卽今飢民 嗷嗷待哺 尙不能充其腹 況望其秋耕之種乎.

111. 『農書輯要』 耕地: 凡矣 田地乙 品好爲只爲 使內向事段 第一菉豆 之次 小豆胡麻等乙用良 幷只 五六月時 田地良中 散種茂盛爲而叱 反耕爲有如可 開春爲去等 雜穀耕種爲在如中 所出倍倍.

112. 『農書輯要』 耕地: 田地瘠薄庫乙良 須只入糞爲乎矣 糞收貯法段 秋收打作後 場上不用塵滓 及山野雜草乙 春夏節始叱 數多刈取一處積上爲有如可 每日牛馬廐良中 三寸厚式以 入置每日朝間 牛馬糞乙 取出積上爲乎矣 式爲使內如加 十二月始叱 正月至 向前牛馬糞乙 田地良中 入置.

113. 『農書輯要』 大小麥: 兩麥段加于 新舊間寂要穀食是乎等用良 須只 數多入糞.

114. 李宗峯, "고려시기 수전농업의 발달과 이앙법" 『韓國文化硏究』 6 (부산대 한국문화연구소, 1993).

115. 白文寶, 『淡庵逸集』 卷2, 論農桑 (韓國文集叢刊 3輯): 又民得兼務於下種揷秧 則可以備旱不失穀種.

116. 元天錫, 『耘谷行錄』 卷5, 復次李居士所贈詩 (韓國文集叢刊 6輯): 南畝揷秧猶未盡.

117. 李簷, 『雙梅堂萊藏集』 권1, 喜雨 (韓國文集叢刊 6輯): 移秧雖已晚 猶加望西成.

118. 고려 후기에서 조선에 이르는 시기에 발생한 量田法의 변동, 즉 單一量田尺에서 隨等異尺으로의 변화를 休閑農法에서 常耕農法으로 전환한 사정을 반영하는 것으로 보는 견해가 주목된다(金泰永, 『朝鮮前期土地制度史硏究』 [지식산업사, 1983], 191-193쪽).

119. 李泰鎭, 『韓國社會史硏究』 (지식산업사, 1986), 19쪽.

120. 李泰鎭,『의술과 인구 그리고 농업기술』 (태학사, 2002), 50쪽.

121.『高麗史節要』권33, 辛祐 14년 8월: 自鴨綠以南 大抵皆山 肥膏之田 在於濱海 沃野 數千里稻田 陷于倭奴 蒹葭際天 國家旣失魚鹽畜牧之利 又失沃野良田之入.

122.『定宗實錄』권1, 定宗 원년 5월 乙酉 (1-149): '倭寇 爲我國患 幾五十年矣.

123. 조선 전기 低平, 低濕地 개간 상황에 대해서는 다음 논문 참고. 李泰鎭, "15-16세기의 低平 低濕地 開墾 동향",『國史館論叢』2 (국사편찬위원회, 1989).

124. 魏恩淑,『高麗後期 農業經濟硏究』(혜안, 1998).

125.『高麗史』권78, 食貨志 辛禑 14년 趙仁沃 上疏: 全羅慶尙楊廣三道 國家之腹心 倭 奴深入 擄掠我人民 焚蕩我府庫 千里蕭然.

126.『世宗實錄』권49, 세종 12년 8월 戊寅 (3-252): 摠制河演 以爲(중략)如慶尙全羅沿 海邑 種稻一二斗(石의 잘못인 듯) 而所出 或至十餘石 一結所出 多則逾五六十石 小 不下二三十石 旱田亦極膏腴 所出甚多 若京畿江原道 依山州郡 則雖種一二石 所出不 過五六石.

127. 이태진,『조선유교사회사론』(지식산업사, 1989), 114쪽.

128. 고려 말 목면의 도입과 보급에 대해서는 아래 저서를 참고하였다. 魏恩淑,『高麗後 期 農業經濟硏究』(혜안, 1998).

129.『三國史記』권11, 新羅本紀 11, 경문왕 9년 7월:『高麗史』권2 世家 2, 혜종 2년. (위 은숙, 위의 책에서 재인용)

130. 朴性植, "麗末鮮初의 木綿業에 대하여",『大丘史學』17 (대구사학회, 1979), 62쪽.

131. 南美惠, "朝鮮前期 綿業政策과 綿布의 生産",『國史館論叢』80 (국사편찬위원회, 1998), 161쪽.

132. 朴性植, "麗末鮮初의 木綿業에 對하여",『大邱史學』17 (대구사학회, 1979).

133.『太祖實錄』의 기사에 의하면 문익점이 원에서 고려로 돌아와 고향인 진주에서 목 면을 재배하기 시작한 때가 至正 24年 甲辰年(1364)이라고 한다(『太祖實錄』권14, 태조 7년 6월 丁巳).

134. 崔永好, "高麗末 慶尙道地方의 木綿 보급과 그 주도세력",『考古歷史學志』5·6 (東 亞大, 1990), 253쪽.

135. 李鎬澈, "作物栽培範圍",『조선전기농업경제사』(한길사, 1986), 537쪽.

136.『世祖實錄』권6 世祖 3년 1월 甲戌 (7-165).

137. 金容燮, "『農事直說』과『四時簒要』의 木綿耕種法 增補",『조선후기농학사연구』(일 조각, 1988), 103-110쪽.

138. 개간된『四時纂要』에 첨가된 種木綿法을 조선의 농법으로 보는 견해에 대해서는 다음 논문을 참고할 수 있다. 閔成基, "『四時纂要』種木綿法과 朝鮮棉作法",『朝鮮農業史研究』(一潮閣, 1988), 264-293쪽; 金容燮, "『農事直說』과『四時纂要』의 木綿耕種法 增補",『조선후기농학사연구』(일조각, 1988), 107쪽.

139. 특히 목면 재배가 가장 광범하게 보급되어 발달하고 있는 지역은 창평현본『農事直說』이 간행된 호남 지방이었고, 이러한 면작기술이 각 지역에서 수용되고 있었다 (金容燮, "『農事直說』과『四時纂要』의 木綿耕種法 增補",『조선후기농학사연구』[일조각, 1988], 110쪽).

140. 閔成基, "『四時纂要』種木綿法과 朝鮮棉作法",『朝鮮農業史研究』(一潮閣, 1988), 300-311쪽.

141. 閔成基, "『四時纂要』種木綿法과 朝鮮棉作法",『朝鮮農業史研究』(一潮閣, 1988), 300-311쪽.

142. 申洬,『農家集成』「農事直說」種木花法.

143. 農書의 편찬 연대와 농서에 수록된 농법의 실행 시기에 대한 검토에 대해서 심도 있는 논의가 필요하다. 이 점에 대해서는 다음 논문에 자세하게 제시되어 있다. 염정섭, "조선시대 농서 편찬과 농법의 발달", 서울대 박사학위논문, 2000).

144. 申洬,『農家集成』「農事直說」種木花法: ○ 俗人 有間種眞荏靑太 而不知損害木花 專業摘花者 絶不間種(沃川陽山人 行之).

145. 柳彭老,『月坡集』「農家說」鄕土文化硏究資料 第4輯, 129쪽: 木花(중략)間無雜種 則倍收其花.

146. 宋在璇, "16世紀 綿布의 貨幣機能",『邊太燮博士華甲記念史學論叢』(三英社, 1985).

147.『農家集成』「農事直說」種木花法에서는 옥천·양산 지방의 綿農을 專業으로 하는 농민들이 당시 흔히 행해지던 綿田에 眞荏 등을 간종하는 것을 절대로 하지 않고 綿만 專種함으로써 所出을 많이 올리고 있다는 것을 지적하고 있다.

148. 權泰檍, "조선후기 방직기술 개량론",『김철준박사화갑기념사학논총』(1983).

149. 李榮薰, "조선사회의 경제", 정창수 편,『한국사회론』(1995), 225쪽.

150. 權泰檍, "조선후기 방직기술 개량론",『김철준박사화갑기념사학논총』(1983).

1. 15세기 水田耕種法에 대해서는 金容燮의 다음과 같은 선구적인 연구 업적이 있다. 金容燮, "朝鮮後期의 水稻作技術─移秧法의 普及에 대하여", 『亞細亞研究』13 (1964); "朝鮮後期의 水稻作技術─稻·麥二毛作의 普及에 대하여, 『亞細亞研究』16 (1964); "朝鮮後期의 水稻作技術─移秧과 水利問題", 『亞細亞研究』18 (1965); "朝鮮後期의 田作技術─畎種法의 普及에 대하여", 『歷史學報』43 (1969); 『朝鮮後期農業史研究』II─農業變動·農學思潮 (一潮閣, 1971).

2. 旱田農法의 문제를 다룬 주요한 연구 성과로 다음을 참고할 수 있다. 金容燮, 『增補版朝鮮後期農業史研究』II (一潮閣, 1990); 金泰永, 『朝鮮前期土地制度史研究』(知識産業社, 1983); 李春寧, 『李朝農業技術史』(韓國研究院, 1965); 李鎬澈, 『朝鮮前期農業經濟史』(한길사, 1986).

3. 『農事直說』種稻: 稻種 有早有晩 耕種法 有水耕(鄕名 水沙彌) 有乾耕(鄕名 乾沙彌) 又有挿種(鄕名 苗種) 除草之法 則大抵皆同 (『農書』1, 10쪽).

4. 『農書輯要』水稻: 陂澤無在 山谷段 地窄歲易不得 作畓限當庫以 每年耕作爲臥事乎是 良於 二月 解氷地乾爲去等 火燒起耕後入水 十日第 土塊解散爲去等 所訖羅以 平正 令是遣 落種 苗長七八寸是去等 右例以 起耕平正爲乎 他畓庫良中 疎密得中爲只爲 移苗栽種爲乎矣 須只移苗栽種爲臥乎事段 畓庫乙 每年回換耕作不得爲在如中 雜草茂盛爲臥乎等用良 移栽爲良沙 易亦除草.

5. 『成宗實錄』권6, 成宗 원년 6월 임술 (8-510): 道內(경상도)水田 多未播種 又未得移秧; 『中宗實錄』권65, 중종 24년 5월 己未 (17-123): 順孫(領事 張順孫: 인용자)曰… 慶尙左道則 苗種之地 因旱不移苗云.

6. 『中宗實錄』권15, 中宗 7년 5월 丁巳 (14-575): 嶺西各官 水旱雖或不中 水田旱田相半 不至全凶矣 嶺東各官則 水田雖多 土民不業水種 專事苗種 旱澇風災 發作無節 移苗失時 禾稼不實.

7. 丁淳佑·權敬烈, "解題: 草澗日記의 資料的 性格과 意味", 『草澗日記』(한국정신문화연구원, 1997).

8. 柳彭老, 『月坡集』卷2, 農家說(향토문화연구자료 4집, 전라남도, 129쪽): 四月… 秧以芒種爲限 則不早不晩而可合天時矣 村中有憂故者 一村齊力救農 則是亦厚豊也.

9. 柳彭老, 『月坡集』卷2, 農家說.

10. 金容燮, "조선후기의 수도작기술─이앙법의 보급에 대하여", 『증보판조선후기농업사

연구』(Ⅱ) (일조각, 1990), 20-22쪽.

11. 조선 후기에 水利 문제가 빈번하게 제기되고 논의되는 사정은 아직 移秧에서 부딪
   히는 물 문제를 완벽하게 해결하는 수준에 이르지 못하였다는 점을 반증하는 것이
   다. 따라서 수리시설의 개선이라는 점을 이앙법 보급의 근본적인 배경으로 설정하기
   힘든 상황이다(金容燮, "조선후기의 수도작기술_이앙과 수리문제", 『증보판조선후기
   농업사연구』(Ⅱ) [일조각, 1990], 110쪽).

12. 구체적으로 李瀷의 지적에 따르면 이앙법을 채택할 경우 功力을 播種(直播)에 비해
   서 5분의 4를 줄일 수 있었다고 한다(『星湖僿說』 3, 人事門 本政書 上 251쪽).

13. 金容燮, "조선후기의 수도작기술_이앙법의 보급에 대하여", 『증보판조선후기농업사
   연구』(Ⅱ) (일조각, 1990); 金容燮, "조선후기의 수도작기술_도·맥이모작의 보급에
   대하여", 『증보판조선후기농업사연구』(Ⅱ) (일조각, 1990).

14. 주강현에 따르면 두레의 보급은 이앙법의 중심적인 채택 지역인 삼남 지방을 중심
   으로 하고 두레 전파의 경계선은 바로 이앙법의 한계 지역과 일치한다고 한다.

15. 『農事直說』耕地: 耕地宜徐 徐則土軟 牛不疲困 春夏耕宜淺 秋耕宜深 (『農書』 1, 8
   쪽).

16. 高尙顔, 『農家月令』 二月節 驚蟄. 節內 盡播春麰麥 (중략) (擬種大豆田 播麰時 不以
   虎齒 而以木犁淺耕兩間 水荏與糖與麻種 以沙土幷和 疎濶播之 以虎齒同時覆土 則
   此數種先出 而種大豆 似便).

17. 閔成基에 따르면 凍麰 재배 원리는 20세기에 유리셴코라는 사람이 발견한 춘화처리
   이론과 동일한 원리라고 한다(閔成基, "『農家月令』과 16世紀의 農法", 『朝鮮農業史研
   究』 [一潮閣, 1988], 205쪽).

18. 高尙顔, 『農家月令』 五月中 夏至. 根耕 先耕大小豆 次黍粟 次菉豆(菉豆 宜最宜薄田
   種之 則田品稍饒 性又耐旱[원문에는 早로 誤寫]也).

19. 金容燮, "『農家月令』의 農業論", 『朝鮮後期農學史研究』 (一潮閣, 1988), 139쪽.

20. 閔成基, "朝鮮後期旱田 輪作農法의 展開", 『朝鮮農業史研究』 (一潮閣, 1988), 182-
   183쪽.

21. 조선시대에 편찬된 農書에 대한 개괄적인 해제는 다음 논문을 참고할 수 있다. 金
   容燮, "農書小史", 『農書』 1 (아세아문화사, 1983).

22. 중국의 경우 北魏의 賈思勰이 편찬한 『齊民要術』을 비롯하여 元代의 『農桑輯要』등
   이 채소 재배기술 등을 포함하고 있다. 朝鮮에서도 『山林經濟』 이후의 農書들이 종
   합적인 농업생산 활동 전반의 기술 내용을 담고 있다.

23. 19세기 말 安宗洙가 지은 『農政新編』은 西洋과 日本의 農法을 소개하고 보급시키려는 목적으로 편찬된 農書였다(安宗洙, 『農政新編』 序(申箕善) [奎章閣, 一蓑古630-An1n]).

24. 申洬, 『農家集成』 「勸農敎文(世宗)」 (『農書』 1, 139쪽): 且令逮訪州縣 因地已試之驗 輯爲農事直說 務使田野之民 曉然易知.

25. 農書의 地域性 문제는 결국 지역적인 농업생산의 특색, 지역적인 농업기술의 특색을 가리키는 地域的 農法의 문제와 연결된다.

26. 水稻 재배에 대한 항목을 보면 朝鮮의 農法을 고려하여 吏讀文으로 번안한 것이었다.

27. 『太宗實錄』 권28, 太宗 14년 12월 乙亥 (2-47): 尙德(韓尙德 : 인용자)又啓曰 元朝農桑輯要 有益於民 但其文雅 人人未易通曉 願譯以本國俚語 令鄕谷小民無不知之 上從之 命前大提學李行 與檢詳官郭存中 成書板行.

28. 金容燮, 『農書輯要』의 農業技術』, 『朝鮮後期農學史硏究』 (一潮閣, 1988).

29. 『農書輯要』의 연대 추정은 다음 논문을 참고하였다. 이승재는 『農書輯要』에 등장하는 이두와 당대의 다른 문헌의 이두를 비교 연구하여 『農書輯要』의 편찬 연대를 15세기 초반부로 비정하고 있다(李丞宰, 『農書輯要』의 吏讀」, 『震檀學報』 74 [1992]).

30. 『世宗實錄』 권40, 世宗 10년 윤4월 壬辰 (3-128): 上慮平安咸吉兩道農事疎闊 命承政院 每遇兩道人 必問農作之狀 且使知農書.

31. 『世宗實錄』 권44, 世宗 11년 5월 辛酉 (3-181) 農事直說序: 又命臣招(鄭招 : 인용자) 就加詮次 臣與宗簿小尹臣卞孝文 披閱參考 祛其重複 取其切要 撰成一編目 曰農事直說.

32. 『世宗實錄』 권47, 世宗 12년 2월 乙酉 (3-216): 頒農事直說 于諸道監司州郡府縣及京中時散二品以上 上曰 務農重穀 王政之本 故予每惓惓於農事也.

33. 『農事直說』의 項目으로 뽑혀 있는 작물을 보면 麻, 稻, 黍粟, 稷, 大豆, 小豆, 菉豆, 大麥, 小麥, 胡麻, 蕎麥 등 12종이었다.

34. 姜希孟의 本貫은 晉州이고, 字는 景醇이며, 號는 私淑齋였다.

35. 『衿陽雜錄』에 대한 연구로는 다음의 것들이 있다. 金容燮, 『衿陽雜錄』과 『四時纂要抄』의 農業論」, 『겨레문화』 2 (1988); 片山隆三, "衿陽雜錄의 硏究", 『朝鮮學報』 13 (朝鮮學會, 1958).

36. 姜希孟, 『私淑齋集』 권11, 衿陽雜錄 (韓國文集叢刊 12輯).

37. 『農事直說』의 項目으로 뽑혀 있는 작물을 보면 麻, 稻, 黍粟, 稷, 大豆, 小豆, 菉豆,

大麥, 小麥, 胡麻, 蕎麥 등 12종이었다.

38. 李泰鎭, "16세기의 川防(洑) 灌漑의 발달", 『韓沽劢博士停年紀念史學論叢』 (1981).

39. 柳彭老의 『農家說』은 그의 문집인 『月坡集』에 수록되어 있다. 『月坡集』은 1986년에 全羅南道에서 鄕土文化硏究資料 4집으로 영인 간행되었다.

40. 『農家月令』은 다음 논문에 해제와 원문이 소개되어 있다. 洪在烋, "『農家月令』攷", 『東洋文化』 6·7합집 (1968).

41. 『農書輯要』 嶺南農書.

42. 『太宗實錄』 권27, 太宗 14년 2월 乙巳 (2-4). 議政府는 土質에 걸맞은 穀과 播種하기에 적당한 시기를 布告하여 守令에게 착실히 勸農하게 할 것을 주장하였는데, 太宗은 老農들에게 포고할 필요가 없다고 지적하였다.

43. 『世宗實錄』 권44, 世宗 11년 5월 辛酉 (3-181): 命摠制鄭招等撰 農事直說其序曰 農者 天下國家之大本也.

44. 申泂, 『農家集成』 世宗 勸農敎文: 國以民爲本 民以食爲天 農者 衣食之源 而王政之先也(『農書』 1, 139쪽).

45. 『世宗實錄』 권87 世宗 21년 11월 庚戌 (4-250). 『成宗實錄』 권55 成宗 6년 5월 辛酉 (9-224). 『大學』 第十章 釋治國平天下: 生財有大道 生之者衆 食之者寡 爲之者疾 用之者舒 則財恒足矣 (呂氏曰 國無遊民 則生者衆矣 朝無幸位 則食者寡矣 不奪農時 則爲之疾矣 量入爲出 則用之舒矣).

46. 조선시대 국가적 차원에서 실행된 農政策은 구체적으로 勸農과 監農, 荒政 등의 차원에서 수행되고 있었다. 勸農策 개념의 外延을 확대하면 직접 간접적인 농사 권장 이외의 국왕과 중앙정부의 農政에 대한 제반 정책을 포함시킬 수 있다. 조선시대에 국가적인 차원에서 수행된 勸農策의 개략적인 내용은 다음 글에 소개되어 있다. 金容燮, 『韓國中世農業史硏究』 (지식산업사, 2000); 廉定燮, "18세기말 正祖의 '農書大全' 편찬 추진과 의의", 『韓國史硏究』 112 (韓國史硏究會, 2001).

47. 水車 채택을 건의한 安純은 典農寺가 農業과 養蠶을 전담해야 한다는 의견을 피력하기도 하였다(『世宗實錄』 권54, 世宗 13년 10월 辛酉 [3-352]).

48. 세종대 권농 기구에 대한 설명은 다음 논문을 참고할 수 있다. 金容燮, "世宗朝의 農業技術", 『韓國中世農業史硏究』 (知識産業社, 2000).

49. 『世宗實錄』 권27, 世宗 7년 2월 己巳 (2-658).

50. 조선왕조에서 지방관인 守令이 해야 할 일로서 일곱 가지(守令七事)가 내세워져 考課의 기준으로 삼았는데 그중에서 農桑盛이 첫째 사항이었다(李泰鎭, 『朝鮮儒敎社

會史論』[지식산업사, 1989], 39쪽).

51. 『世宗實錄』권38, 世宗 9년 12월 乙丑 (3-104).

52. 1440년 民生 문제로 上書한 書雲 副正 申丁道가 강조한 바가 바로 德行 있는 자를 수령에 임명해야 한다는 것이었다(『世宗實錄』권88, 世宗 22년 1월 丁巳 [4-262]).

53. 1427년 세종에게 흉년 구제책을 올린 예조판서 申商은 守令에 적당한 인물을 얻는 것(得人)이 가장 중요한 방책임을 분명하게 설명하였다(『世宗實錄』권37, 世宗 9년 8월 丙辰 [3-85]).

54. 박진우, "조선초기 面里制와 村落支配의 강화", 『韓國史論』20 (서울대 국사학과, 1988).

55. 『經國大典』에 '每 一面마다 勸農官을 둔다'는 것으로 법제화되어 있었다.

56. 李泰鎮에 따르면 고려에서의 勸農使는 道 단위의 직임으로 按廉使나 監倉使의 兼務였다(李泰鎮, 『朝鮮儒教社會史論』[지식산업사, 1989], 40쪽).

57. 『世宗實錄』권76, 世宗 19년 1월 丁酉 (4-49).

58. 1438년에 의정부는 外方 勸農이 公務를 수행하다가 人命을 상하게 하였을 때 吏典 鄕吏의 예에 따라 처리해야 한다는 건의를 올리고 있다(『世宗實錄』권83, 세종 20년 11월 己丑 [4-172]).

59. 이태진은 及時의 중요성 때문에 天文 曆數에 대한 탐구가 고조되었다고 설명하였다 (李泰鎮, 『朝鮮儒教社會史論』[知識産業社, 1990], 44-45쪽).

60. 『世宗實錄』권43, 世宗 11년 2월 辛丑 (3-169).

61. 『世宗實錄』권32, 世宗 8년 4월 戊辰 (3-17). 種子 分給을 독려한 다음 곧이어 播種 독려가 이어졌다(『世宗實錄』권32, 世宗 8년 4월 庚午 [3-18]).

62. 『世宗實錄』권52, 世宗 13년 6월 丙辰 (3-327).

63. 『世宗實錄』권110, 世宗 27년 10월 癸丑 (4-641).

64. 『世宗實錄』권32, 世宗 8년 6월 甲子 (3-31); 『世宗實錄』권 33, 世宗 8년 7월 甲午 (3-35).

65. 『世宗實錄』권1, 世宗 즉위년 8월 壬辰 (2-262).

66. 『世宗實錄』권61, 世宗 15년 7월 丁丑 (3-496).

67. 세종은 예조에서 하늘에 제사하여 祈雨할 것을 요청하였을 때 圓壇에서 제사지내는 것을 거부하였다(『世宗實錄』권101, 世宗 25년 7월 乙丑 [4-492]).

68. 1419년(세종 1)에는 卞季良의 주장에 따라 가뭄이 심하여 圓壇에서 하늘에 祈雨할 것을 결정하여(『世宗實錄』권4, 世宗 1년 6월 庚辰 [2-320]), 우의정 李原이 圓丘에

서 비를 빌었다(같은 책, 세종 1년 6월 辛巳 [2-231]). 이날부터 비가 오기 시작하여 다음 날까지 이어져 원구에 드리는 기우제가 중지되었다(같은 책, 世宗 1년 6월 壬午 [2-231]). 1425년에도 圓壇에서 하늘에 祈雨하였다(『世宗實錄』 권29, 세종 7년 7월 壬申 [2-680]).

69. 『世宗實錄』 권4, 世宗 1년 5월 己亥 (2-317); 『世宗實錄』 권4, 世宗 1년 5월 丁卯 (2-318).

70. 『世宗實錄』 권101, 세종 25년 9월 癸酉 (4-510).

71. 『世宗實錄』 권105, 세종 26년 윤7월 丁亥 (4-575).

72. 金勳埴, "朝鮮初期 義倉制度硏究"(서울대 대학원 국사학과 박사학위논문, 1993).

73. 『世宗實錄』 권111, 세종 28년 2월 丁卯 (4-657).

74. 『世宗實錄』 권104, 세종 26년 4월 癸卯 (4-551).

75. 조선 초기 農地 開墾, 北方 開拓 등에 대해서는 다음 책이 자세한 내용을 담고 있다. 李景植, 『朝鮮前期土地制度研究』 (Ⅱ) (지식산업사, 1988).

76. 李泰鎭, "조선시대 水牛 · 水車 보급 시도의 농업사적 의의", 『千寬宇선생환력기념 한국사학논총』 (正音文化社, 1985) (『韓國社會史研究__농업기술의 발달과 사회변동__』 [知識産業社, 1986] 재수록).

77. 이호철, "수전농법", 『조선전기농업경제』 (한길사, 1986), 50쪽.

78. 李景植, 앞의 책 (1998), 58쪽.

79. 『經國大典』 권2, 戶典 田宅: 過三年陳田 許人告耕.

80. 『受敎輯錄』, 戶典 諸田: 過三年陳田 許人告耕者 非謂永給 待本主還推間 姑許耕食 (嘉靖丙辰承傳); 『續大典』 권2, 戶典 田宅.

81. 『世宗實錄』 권97, 세종 24년 8월 辛卯 (4-426).

82. 李鍾英, 1964 「鮮初의 屯田制에 대하여」, 『史學會誌』 7, 연세대; 李載□, 1965 「朝鮮初期 屯田考」, 『歷史學報』 29, 歷史學會.

83. 『世宗實錄』 권1, 세종 즉위년 8월 丙申 (2-263).

84. 『世宗實錄』 권7, 세종 2년 윤1월 丙申 (2-371).

85. 李泰鎭, "15 · 6세기의 低平 · 低濕地 開墾 동향", 『國史館論叢』 2 (國史編纂委員會, 1989).

86. 『成宗實錄』 권63, 成宗 7년 1월 庚申 (9-301); 御經筵 講訖……領事曹錫文 啓曰 臣觀 慶尙道一年用度 多於稅數 儲備之策 不可不汲汲也 世祖朝置屯田 又於密陽墾守山池 臣承命往視之 作圖以進 其地肥饒 歲收穀八千餘碩 其後洪允成往視以爲其渠太深

不可耕 遂給民 又罷屯田 臣意以爲 渠之深爲佳 今可復墾 上曰 果然.

87. 『世宗實錄』권92, 세종 23년 1월 乙丑 (4-333).

88. 李泰鎭, "16세기 沿海地域의 堰田 개발", 『韓國社會史研究』(지식산업사, 1986).

89. 이상협, 『朝鮮前期 北方徙民 研究』(경인문화사, 2001), 248쪽.

90. 『世宗實錄』권92, 세종 23년 5월 丁酉 (4-341).

91. 『世宗實錄』권30, 世宗 7년 11월 庚申 (2-702).

92. 『世宗實錄』권148-153, 地理志 (5-615~675).

93. 공법시행을 위한 실천과정으로서 세종 사후인 세조7년(1461)에서 세조 9년까지 경기와 하삼도의 양전이 완성되었고 나머지는 성종19~20년(1488~1489)까지 완료되었다. 공법 시행 후 30여 년만이었다(김태영, 『朝鮮前期土地制度史研究』[지식산업사, 1983], 321쪽; 최윤오, "세종조 貢法의 원리와 그 성격", 『한국사연구』106 [1999], 20-22쪽).

94. 李鎬澈, "토지파악방식과 전결", 『조선전기농업경제사』(한길사, 1986), 264쪽.

95. 『太祖實錄』권8, 太祖 4年 7月 辛酉 (1-82).

96. 『太宗實錄』권17, 太宗 9年 1月 28日 辛未 (1-473).

97. 『太宗實錄』권27, 太宗 14年 6月 庚戌 (2-21).

98. 『太宗實錄』권28, 太宗 14年 9月 丙戌 (2-36).

99. 『太宗實錄』권12, 太宗 6年 12月 乙巳 (1-381).

100. 『世祖實錄』권2, 世祖 1年 9月 15日 丁亥 (7-88).

101. 이태진, "16세기 川防(洑) 灌漑의 발달", 『韓國社會史研究』(지식산업사, 1986); 李樹健, "古文書를 통해 본 朝鮮朝社會史의 一研究", 『韓國史學』9 (한국정신문화연구원, 1992).

102. 『文宗實錄』권4, 文宗 卽位年 10月 庚辰 (6-302), "至若一面山谷一面平野 則山谷之地 猶可川防引水 而備旱嘆 平野之民 非雨澤 固無備旱之策 雖曰一邑鄕 而禾穀之損實 從以賴殊今也."

103. 『文宗實錄』권4, 文宗 卽位年 10月 3日 癸酉 (6-293).

104. 『文宗實錄』권4, 文宗 卽位年 10月 3日 癸酉 (6-293); 『世祖實錄』권2, 世祖 元年 9月 15日 丁亥 (7-88); 『成宗實錄』권70, 成宗 7年 8月 26日 丙申 (9-377).

105. 李泰鎭, "16세기 川防(洑) 灌漑의 발달", 『한국사회사연구』(지식산업사, 1986).

106. 조선 초기 水利政策과 水利施設 현황에 대한 연구 성과로 다음 논저를 참고할 수 있다. 李光麟, 『李朝水利史研究』(韓國研究院, 1961); 金容燮, "朝鮮初期의 勸農政

策”, 『東方學志』42 (1984); 李泰鎭, "15세기의 水利政策과 水利施設", 『의술과 인구 그리고 농업기술—조선 유교국가의 경제발전 모델』(태학사, 2002).

107. 『成宗實錄』권21, 成宗 3年 8月 壬午 (8-681).

108. 『文宗實錄』권5, 文宗 卽位年 12月 乙未 (6-333).

109. 『太祖實錄』권8, 太祖 4年 7월 辛酉 (1-82).

110. 『經國大典』권2, 戶典, 田宅; 堤堰 守令每歲春秋 報觀察使修築 新築處啓聞 諸邑堤 堰內外面 多植雜木 勿令決毀 堤堰及裨補所林藪內 伐木耕田者 杖八十 追利沒官.

111. 李泰鎭, "15·6세기 低平·低濕地 開墾 動向", 『國史館論叢』2 (국사편찬위원회, 1989).

112. 太宗代 堤堰에 관하여 전문적인 지식을 지니고 활약한 禹希烈은 灌漑와 養魚를 堤堰의 효용으로 거론하였다(『太宗實錄』권17, 太宗 9年 3月 乙丑 (1-478).

113. 『世宗實錄』권9, 世宗 2년 8월 丁巳 (2-392).

114. 全羅道 관찰사가 앞서 허물어진 訥堤의 수축을 청하자 의정부와 육조는 풍년을 기다려 수축하도록 지시하고 있다(『世宗實錄』권9, 世宗 2년 9월 己卯 (2-402).

115. 『世宗實錄』권106, 世宗 26년 10월 丙辰 (4-589).

116. 『世宗實錄』권112, 世宗 28년 5월 丁丑 (4-672).

117. 제언과 천방 등 조선 전기 수리시설에 대해서는 다음과 같은 연구업적을 참고할 수 있다. 李光麟, 『李朝水利史硏究』韓國硏究叢書 8 (1961); 李泰鎭, "16세기의 川防 (狀)灌漑의 발달—士林勢力 대두의 經濟的 背景 一端", 『韓㳓劤博士停年紀念史學 論叢』(1981); 李鎬澈, "農具및 水利施設", 『朝鮮前期農業經濟史』(1987); 管野修一, "李朝初期農業水利의 發展", 『朝鮮學報』119·120 (朝鮮學會, 1988).

118. 『成宗實錄』권8, 成宗 元年 10月 甲寅 (8-535).

119. 『經國大典』권2, 戶典 田宅; 堤堰及裨補所 林藪內 伐木耕田者 杖八十追利沒官.

120. 『中宗實錄』卷46, 中宗 18年 正月 庚戌.

121. 『經國大典』권2, 戶典 田宅: 凡訟田宅 過五年則勿聽(盜賣者, 相訟未決者, 父母田 宅合執者, 因幷耕永執者, 賃居永執者 不限年 告狀而不立訟 過五年者 亦不聽(奴婢 同)).

122. 『成宗實錄』권240, 成宗 21년 5월 丁丑: 凡祖業田民 唯傳得者主之 主者 或傳於甲 或傳於乙 惟意所在 公家不得而奪之.

123. 李在洙, "16세기 전답매매의 실태", 『역사교육논집』9 (역사교육학회, 1986), 62쪽.

124. 朴秉濠, 『韓國法制史考』(法文社, 1983).

125. 『經國大典』 권2, 戶典 田宅: 過三年陳田 許人告耕... 無主田 移給他人... 移徙者 五年
內還 則還給 執耕者 元無田 則還給三分之二.

126. 『明宗實錄』 권19, 明宗 10년 11월 21일 壬子 (20-306): 近來 勢連凶歉 歲入不敷
經費不足 汰冗官 省浮費 又減百官之俸 至於職田 乃是古者圭田之遺意 而亦皆減之.
『明宗實錄』 권20, 明宗 12년 2월 23일 丁未 (20-394): 近來 凶歉相仍 歲以益甚 加以
邊境有事 橫費百端 國儲之竭 調度之煩 未有甚於今日 國家 汰官減祿 至如大典所在
朝官職田 並不給之 此乃出於不得已也. 『國朝寶鑑』 정조 9년 8월: 壬辰後 境界紊夷
職田廢.

127. 李景植, "職田制의 施行과 그 推移", 『朝鮮前期土地制度硏究』 (一潮閣, 1986), 265-
279쪽.

128. 李景植, "朝鮮前期 土地의 私的 所有問題", 『東方學志』 85 (延世大 국학연구원,
1994).

129. 金容燮, "量案의 硏究", 『朝鮮後期農業史硏究』 (I) (一潮閣, 1970), 123-134쪽.

130. 金泰永, 『朝鮮前期土地制度史硏究』 (知識産業社, 1983).

131. 金泰永, "조선전기 소농민경영의 추이", 『朝鮮前期土地制度史硏究』 (知識産業社,
1983), 145쪽.

132. 『世祖實錄』 권11, 세조 4년 정월 17일 丙子 (7-249).

133. 金泰永, "朝鮮前期 小農民經營의 推移", 『朝鮮前期土地制度史硏究』 (知識産業社,
1983), 153-160쪽.

134. 李景植, "16세기 地主層의 動向", 『歷史敎育』 19 (역사교육학회, 1976). 139-183쪽.

135. 金建泰, "16~18世紀 兩班地主層의 農業經營과 農民層의 動向" (成均館大 博士學
位論文, 1976).

136. 金容燮, "朝鮮後期의 經營型富農과 商業的農業", 『증보판 조선후기농업사연구』 2
(일조각, 1990), 267쪽.

137. 李景植, "16世紀 場市의 成立과 그 基盤", 『韓國史硏究』 57 (한국사연구회 (1987);
朴平植, "朝鮮前期의 行商과 地方交易", 『東方學志』 77·78·79 (연세대 국학연구원,
1996).

138. 『成宗實錄』 권20, 成宗 3년 7월 27일 壬戌 (8-676).

139. 오종록, "15세기 자연재해의 특성과 대책", 『역사와 현실』 5 (한국역사연구회, 1991).

140. 남원우, "15세기 유통경제와 농민", 『역사와 현실』 5 (한국역사연구회, 1991).

141. 『中宗實錄』 권8, 中宗 4년 6월 4일 甲子 (14-338).

142. 李景植, 앞의 글 (1987), 55-56쪽.

143. 白承哲, "朝鮮後期 商業論과 商業政策" (延世大 博士學位論文, 1996).

144. 韓相權, "18세기말~19세기초의 場市發達에 대한 基礎研究", 『韓國史論』 7 (서울 대 국사학과, 1981), 183-186쪽.

145. 李泰鎭, 앞의 책 (1989), 95-104쪽.

146. 『經國大典』 권2, 戶典 國幣.

147. 高錫珪, "16·17세기 貢納制 개혁의 방향", 『韓國史論』 12 (서울대 국사학과, 1985). 204-205쪽.

148. 16세기 조선 사회에서 면포의 화폐적 기능에 대한 설명은 다음 논문에 자세하다. 宋在璇, "16세기 綿布의 貨幣機能", 『邊太燮博士華甲紀念史學論叢』 (1986).

149. 李泰鎭, 앞의 글, 102-103쪽.

150. 『中宗實錄』 권40, 中宗 15년 9월 16일 庚午 (15-690).

151. 『中宗實錄』 권49, 中宗 18년 10월 22일 戊午 (16-266).

152. 高錫珪, 앞의 글, 205-207쪽.

153. 구산우, "고려전가 향촌지배체제의 성립", 『한국사론』 20 (서울대 국사학과, 1988).

154. 이태진, 『한국사회사연구』 (지식산업사, 1986), 128쪽.

155. 『大東野乘』 卷之二, 『慵齋叢話』 卷之八: 今之風俗, 日漸澆薄, 惟鄕徒(香徒의 誤字로 추정)爲美. 大抵隣里賤人, 皆相聚作會, 少者或七八九, 多者或百餘. 每月相遞飮酒, 人 有遭喪者, 則同徒人或備喪服, 或備棺槨, 或備炬火, 或備飮食給之, 或執紼或造墓, 人 皆服緦麻, 此眞其厚風也.

156. 이태진, 『한국사회사연구』 (지식산업사, 1986), 131쪽.

157. 『經國大典』 권2, 戶典 戶籍: 京外以五戶爲一統 有統主 外則每五統有里正 每一面有 勸農官.

158. 李樹健, 『한국중세사회사연구』 (1984), 398쪽.

159. 박진우, "조선초기 면리제와 촌락지배의 강화", 『한국사론』 20 (서울대 국사학과, 1988).

160. 李海濬, "조선시대 향도와 촌계류 촌락조직", 『역사민속학』 창간호 (역사민속학회, 1991).

161. 李海濬, 『조선시기 촌락사회사』 (민족문화사, 1996).

162. 金仁杰, "조선후기 향촌사회 변동에 관한 연구" (서울대 박사학위논문, 1991).

1. 조선 후기 농업기술의 발달과 특징에 대해서는 다음 연구를 참고하였다. 金容燮, 『朝鮮後期農學史硏究』(一潮閣, 1988); 金容燮, 『增補版朝鮮後期農業史硏究』(Ⅱ) (一潮閣, 1990); 민성기, 『朝鮮農業史硏究』(一潮閣, 1988); 염정섭, 『조선시대 농법 발달 연구』(태학사, 2002).

2. 金容燮, "朝鮮後期의 水稻作技術__移秧法의 普及에 대하여", 『增補版朝鮮後期農業史硏究』(Ⅱ) (一潮閣, 1990); "朝鮮後期의 水稻作技術__稻麥二毛作의 普及에 대하여", 『增補版朝鮮後期農業史硏究』(Ⅱ) (一潮閣, 1990).

3. 『成宗實錄』 권6, 成宗 원년 6월 壬戌 (8-510).

4. 『中宗實錄』 卷41, 中宗 15년 11월 戊辰 (16-3).

5. 金堉, 『潛谷遺稿』 卷4, 應旨陳言箚: 三南之民 業於移秧 而苗已枯矣 今雖得雨 無可及矣.

6. 『度支志』 外篇 권3, 版籍司 勸農 節目. 金容燮도 이 절목을 설명하였는데, 移秧法에 대한 禁令 부분에 강조점을 두고 있었다(金容燮, "朝鮮後期의 水稻作技術의 普及에 대하여", 『증보판 조선후기 농업사 연구』 Ⅱ [1990], 26쪽).

7. 『度支志』 外篇 권3, 版籍司 勸農 節目.

8. 李永鶴, "朝鮮時期 農業生産力 硏究現況", 『韓國中世社會解體期의 諸問題』 下 (한울, 1987); 廉定燮, "농업생산력의 발달", 한국역사연구회 엮음, 『한국역사입문』 ② (풀빛, 1995).

9. 조선 후기에 水利 문제가 빈번하게 제기되고 논의되는 사정은 아직 移秧에서 부딪히는 물 문제를 완벽하게 해결하는 수준에 이르지 못하였다는 점을 반증하는 것이다. 따라서 수리시설의 개선이라는 점을 이앙법 보급의 근본적인 배경으로 설정하기 힘든 상황이다(金容燮, "조선후기의 수도작기술__이앙과 수리문제", 『증보판조선후기농업사연구』(Ⅱ) [일조각, 1990], 110쪽).

10. 李瀷의 지적에 따르면 이앙법을 채택할 경우 구체적으로 功力을 播種(直播)에 비해서 5분의 4를 줄일 수 있었다고 한다(『星湖僿說』 3, 人事門 本政書 上, 251쪽).

11. 金容燮, "朝鮮後期의 水稻作技術__移秧法의 普及에 대하여", 『增補版朝鮮後期農業史硏究』(Ⅱ) (一潮閣, 1990); "朝鮮後期의 水稻作技術__稻·麥二毛作의 普及에 대하여", 『增補版朝鮮後期農業史硏究』(Ⅱ) (一潮閣, 1990).

12. 金容燮, 『增補版朝鮮後期農業史硏究』 Ⅱ (一潮閣, 1990).

13. 『承政院日記』1802책, 正祖 22년 12월 25일 갑인(95-591나) 副司直 申禹相 上疏.

14. 移秧法 보급의 원인에 대하여 旱乾對策 등 이앙법의 결점을 보완하는 농법이 개발된 데 더 비중을 두어야 한다고 주장한 다음의 견해를 참고할 수 있다. 趙世烈, "朝鮮後期 水稻作法의 集約化傾向", 『慶熙史學 朴性鳳教授回甲論叢』 14 (경희대 사학과, 1987).

15. 宮嶋博史, "李朝後期における朝鮮農法の發展", 『朝鮮史研究會論文集』 18 (朝鮮史研究會, 1981); 문중양, "조선후기의 수리학" (서울대 박사학위논문, 1995); 廉定燮, "15~16세기 水田農法의 전개", 『韓國史論』 31 (서울대 국사학과, 1994).

16. 朱剛玄에 따르면 두레의 보급은 이앙법의 중심적인 채택 지역인 삼남 지방을 중심으로 하고 두레 전파의 계선은 바로 이앙법의 한계 지역과 일치한다고 한다(朱剛玄, "두레연구" [경희대학교 대학원 박사학위논문, 1995]).

17. 金容燮, "朝鮮後期의 水稻作技術__移秧法의 普及에 대하여__", 『增補版朝鮮後期農業史研究』 II (1989), 20-21쪽.

18. 金容燮, "『農家月令』의 農業論", 『朝鮮後期農學史研究』 (一潮閣, 1988), 139쪽.

19. 宮嶋博史, "李朝後期における朝鮮農法の發展", 『朝鮮史研究會論文集』 18 (朝鮮史研究會, 1981), 77-78쪽.

20. 宮嶋博史, "朝鮮半島の稻作全開", 『アジア稻作文化の全開: 稻のアジア史 2』 (小学館, 1997).

21. 16세기 下三道 지역 개발과 水田 증가에 대해서는 李載龔, "16세기의 量田과 陳田收稅", 『孫寶基博士停年紀念論叢』 (1988)을 참고.

22. 李景植, "17세기 土地開墾과 地主制의 전개", 『韓國史研究』 9 (한국사연구회, 1973).

23. 徐有榘, 『杏蒲志』 田制 (『農書』 36, 7-57쪽).

24. 徐有榘, 『杏蒲志』 (『農書』 36, 51쪽).

25. 金容燮, "朝鮮後期의 水稻作技術__稻·麥二毛作의 普及에 대하여", 『增補版朝鮮後期農業史研究』 (II) (一潮閣, 1990); 金容燮, "朝鮮後期의 田作技術", 『增補版朝鮮後期農業史研究』 II (一潮閣, 1990).

26. 『山林經濟』 治農 種大麥小麥 (『農書』 3, 118쪽).

27. 金容燮, 『增補版朝鮮後期農業史研究』 II (一潮閣, 1990).

28. 洪萬選, 『山林經濟』 種大小麥.

29. 禹夏永, 『農家總覽』: 旱田作畝之時 良田則濶步而稀 薄田則窄步而稠(下種 亦宜隨其良與薄 或稀或稠 方可).

30. 禹夏永, 『農家總覽』: 水田移秧之際 土沃則少把而濶揷 土薄則多把而稠揷.

31. 雜令에서 浦田의 사례를 설명하는 부분에서도 麰麥의 間種으로 菽粟을 경작하고 있다는 점을 전제로 하고 있다(高尙顔, 『農家月令』雜令: 浦田 多水患 麰麥間所播菽粟 難保成熟 播菽粟時 雜以有毛稷播之 則雖無菽粟 而麥可收矣 [有毛稷 號曰長者稷]).

32. 金容燮, "조선후기의 수도작기술__도·맥이모작의 보급에 대하여", 『증보판 조선후기 농업사연구』(II) (일조각, 1990), 53-54쪽.

33. 『度支田賦考』年分: 旱田 一年再耕 故本無應給災事目 而綿田 則自古多有給災之例.

34. 『六典條例』卷3, 戶典 考驗豊凶: 旱田及反畓 不許給災 而緜田 則有海西給災(他道 或啓聞稟處).

35. 『端宗實錄』권12, 단종 2년 8월 丁未 (6-706): 邑內 則人居稠密 易以糞田 故地品與 四面頓殊.

36. 『農家月令』의 施肥法을 『農事直說』과 계승 관계 속에서 파악한 閔成基의 연구가 많이 참고된다(閔成基, "제7장 朝鮮時代의 施肥技術", 『朝鮮農業史研究』[일조각, 1988]).

37. 閔成基, "朝鮮時代의 施肥技術", 『朝鮮農業史研究』 (一潮閣, 1988), 225쪽.

38. 高尙顔, 『農家月令』三月節 淸明.

39. 『農事直說』種稻 (『農書』1, 10쪽).

40. 閔成基, "朝鮮時代의 施肥技術", 『朝鮮農業史研究』 (一潮閣, 1988), 238-246쪽.

41. 洪萬選, 『山林經濟』治農, 收糞 (『農書』2, 95쪽).

42. 『山林經濟』治農條의 項目 순서를 보면 驗歲, 祈穀, 擇種, 收糞, 耕播, 種稻의 순이었다.

43. 『山林經濟』治農, 種稻. ○ 蘆草甚好 而可欠節晚 然日日苗長 可以計日移秧 (『農書』2, 103쪽).

44. 『增補山林經濟』治農, 收糞. ○ 蘆草甚好 而可欠節晚 然日日苗長 可以計日移秧 (『農書』3, 83쪽).

45. 『增補山林經濟』治農條의 項目 순서를 보면 農家要務, 農談, 驗歲, 祈穀, 荒地辨試法, 耕播, 擇種, 收糞, 種稻의 순이었다.

46. 徐浩修, 『海東農書』권2, 糞田 (『農書』10, 112~117쪽).

47. 朴齊家, 『北學議』外篇 農器六則.

48. 柳馨遠에 따르면 湖西와 湖南은 二牛耕을 하고 京畿와 嶺南은 一牛耕을 하고 있었

다(『磻溪隧錄』권 1, 田制上). 18세기 초에 만들어진 『山林經濟』에 胡犁(單牛犁)가 보이고 있다.

49. 閔成基, "朝鮮犁의 特質과 犁耕法의 展開", 『朝鮮農業史研究』(一潮閣, 1988), 76-77쪽.

50. 徐有榘, 『林園經濟志』 本利志 권4, 「南北耕法」: 『課農小抄』 農器 犁.

51. 柳得恭, 『古芸堂筆記』, 卷之六 農器俗名釋.

52. 『備邊司謄錄』 顯宗 3년 1월 26일 賑恤廳堤堰事目 (2-729).

53. 『度支志』 外篇 권3, 版籍司 田制部一 堤堰 節目: 英宗 8년-壬子(1732년) 正月 備局 堤堰別單.

54. 邑居를 처음 설치할 때 그 風水와 地勢를 보고 빈터에는 나무를 많이 심어서 그 氣를 보강하는 것인데 그러한 곳을 裨補所라 한다(『經國大典註解』 後集 上, 戶典).

55. 『經國大典』 戶典 田宅.

56. 『文宗實錄』 卷4, 文宗 즉위년 10月 3日 癸酉 (6-293).

57. 『續大典』 戶典 田宅.

58. 『度支志』 外篇 권3, 版籍司 田制部一 堤堰 事實.

59. 『續大典』 권1, 吏典 增置正一品衙門 堤堰司.

60. 『新補受教輯錄』 戶典 堤堰.

61. 『續大典』 戶典 田宅.

62. 『度支志』 外篇 권3, 版籍司 田制部一 勸農 節目(肅宗 13, 1687년).

63. 『承政院日記』 1802책, 正祖 22년 12월 16일 乙巳 (95-540다) 洪州 幼學 申在亨 上疏.

64. 宮嶋博史, "李朝後期の農業水利_堤堰(溜池)灌漑を中心に_", 『東洋史研究』 41-4 (1983), 655쪽.

65. 正祖, 『弘齋全書』 권44, 批/兵曹佐郎李宇炯請行水車疏批-乙卯.

66. 禹夏永이 지은 『千一錄』의 내용 분석과 우하영의 사상에 대해서는 다음 논저를 참고할 수 있다. 崔洪奎, 『禹夏永의 實學思想 研究』(一志社, 1995).

67. 조선시대의 農書 편찬에 대해서는 다음 論著를 주요하게 참고할 수 있다. 金容燮, 『朝鮮後期農學史研究』(一潮閣, 1988); 李盛雨, 『韓國食經大全』(鄕文社, 1981); 金榮鎮, 『朝鮮時代前期農書』(韓國農村經濟研究院, 1984); 廉定燮, "조선시대 農書 편찬과 農法의 발달"(서울대학교 대학원 국사학과 박사학위논문, 2000).

68. 洪萬選의 『山林經濟』 편찬에 대한 설명은 다음 연구 성과에 주로 의존하였다. 金

容燮, "2. 『山林經濟』의 編纂과 그 農業論", 『朝鮮後期農學史研究』 (一潮閣, 1988), 213-231쪽; 申承云, "山林經濟", 『民族文化』 8 (민족문화추진회, 1982); 廉定燮, "18 세기 초중반 『山林經濟』와 『增補山林經濟』의 편찬 의의", 『奎章閣』 25 (서울대학교 규장각, 2002), 177-200쪽.

69. 洪萬選, 『山林經濟』 권1, 「治農」 (『農書』 2, 88쪽). 이 叢書에 실린 『山林經濟』는 吳漢根 소장본 本文과 慶北大學校도서관 소장본(도서번호 45401)의 序文을 합쳐서 영인 간행된 것이다.

70. 金容燮, "農書小史", 『農書』 1 (1981), 13쪽.

71. 洪萬選, 『山林經濟』 序(洪萬宗) (『農書』 2, 3쪽).

72. 趙顯命, 『歸鹿集』 권14, 「掌樂正洪公碣銘」(『韓國文集叢刊』 212, 552-553쪽).

73. 洪萬宗, 「山林經濟序」 『山林經濟』 (『農書』 2, 3쪽).

74. 『山林經濟』 「治農」에 대한 설명은 『農書』 2(亞細亞文化社)에 영인되어 있는 필사본에 의거한 것이다.

75. 『農書』 2에 영인되어 있는 筆寫本의 항목 명칭과 洪萬宗의 「山林經濟序」에서 소개한 항목 명칭이 약간 차이가 있다. 괄호 안에 들어 있는 항목 명칭이 「山林經濟序」에 보이는 명칭이다.

76. 『山林經濟』 편찬 이후 여러 가지 '山林經濟增補書'가 편찬되는 사정에 대해서는 다음 논문에 자세한 설명이 나와 있다. 金容燮, "3. 『山林經濟』의 增補와 그 農業論", 『朝鮮後期農學史研究』 (一潮閣, 1983).

77. 柳重臨, 『增補山林經濟』 增補山林經濟序(任希聖) (『農書』 3, 3-6쪽). 한국정신문화연구원에서 편찬한 『韓國民族文化大百科事典』의 柳重臨 항목도 任希聖의 서문에 나온 내용을 소개한 정도에 그치고 있다.

78. 富樫直次郎과 三木榮이 柳重臨의 號를 文城이라고 표시한 것은 "文化 柳氏인 柳重臨의 字는 大而"를 표현한 "文城柳君重臨大而"를 잘못 해독한 결과이다(富樫直次郎·三木榮, "山林經濟考", 『朝鮮』 3월호 262號 拔刷 (1937) (서울대 구관도서 9100-296 참고). 『新增東國輿地勝覽』에 따르면 黃海道 文化의 별칭의 하나가 文城이다.

79. 三木榮, 『朝鮮醫學史及疾病史』 (1962), 225쪽.

80. 『肅宗實錄』 권14, 肅宗 9년 10월 戊午 (38-665); 『肅宗實錄』 권14, 肅宗 9년 11월 甲戌 (38-665); 『肅宗實錄』 권14, 숙종 9년 11월 丁丑 (38-665).

81. 柳重臨, 『增補山林經濟』 增補山林經濟序(任希聖) (『農書』 3, 5쪽): 大而 少嘗以靑衿生 登名上舍間 從棘圍跗注之君子 執事京軍門.

82. 典醫監은『경국대전』이래 醫藥을 內用 및 賜與에 공급하는 임무를 관장하는 아문 이었다. 內醫院과 마찬가지로 正三品 衙門이었다(『大典會通』권1, 吏典, 京官職 典醫監).

83. 柳重臨,『增補山林經濟』增補山林經濟序(任希聖) (『農書』3, 5쪽).

84.『版籍司恩賜謄錄』戊申年(1788년, 정조 12) 9月日(『各司謄錄 81 版籍司謄錄』[국사 편찬위원회, 1995], 819쪽): 啓曰 故醫官 柳重臨 辛巳年(1761년, 영조 37) 差備待令時 恩賜田 十五結 尙未受出矣 黃海道 安岳郡 量外 新築筒田 十結 呈狀願受 故査問該 邑 打量成冊 今已上來 依例折給 何如.

85. 柳重臨,『增補山林經濟』增補山林經濟序(任希聖): 槪觀乎編內所收 莫非是士之窮居 不得志者 安貧食力之要訣 但其爲書 卷帙太少 綱領條目 或多疏漏不盡之數.

86. 富樫直次郞·三木榮, "山林經濟考",『朝鮮』3월호 262號 拔刷 (1937) (서울대 중앙도 서관 구관도서 9100-296).

87. 柳重臨,『增補山林經濟』「治農」, 耕播: 竊考 區田法 大槩 與今之種瓜相類 (중략) 壬 辰戊戌之際 但能區種三五畝者 皆免飢殍云 蓋此法 不耕傍地 庶盡地力.

88.『增補山林經濟』「治農」, 收糞: ○ 蘆草甚好 而可欠節晩 然日日苗長 可以計日移秧.

89.『日省錄』正祖 22년 11월 30일 己丑 (27권 99-101면)「下勸農政求農書綸音」.

90. 正祖의 새로운 農書 편찬 추진 즉 '農書大全' 편찬 추진에 대해서는 다음 논문을 참 고할 수 있다. 金容燮, "十八世紀 農村知識人의 農業觀—正祖末年의 應旨進農書의 分析",『朝鮮後期農業史硏究』I (一潮閣, 1968); 廉定燮, "18세기말 正祖의 '農書大 全' 편찬 추진과 의의",『韓國史硏究』112 (한국사연구회, 2001).

91. 金榮鎭, "應旨農書로 엮은 梁翊濟 農書의 연구—18세기말 전남 보성지방의 농촌문 제",『農村經濟』13-2 (한국농촌경제연구원, 1990).

92.『日省錄』에 실린 應旨農書의 내용을 분류하고 세밀하게 검토한 연구 성과로 金容燮 의 논문을 참고할 수 있다. 金容燮, "十八世紀 農村知識人의 農業觀—正祖末年의 應旨進農書의 分析",『韓國史硏究』12 (한국사연구회, 1968) (『朝鮮後期農業史硏究』 I—農村經濟·社會變動 [一潮閣, 1970] 수록).

93. 金容燮, "十八世紀 農村知識人의 農業觀—正祖末年의 應旨進農書의 分析",『韓國史 硏究』12 (한국사연구회, 1968).

94. 應旨人 구성에 대한 자세한 분석은 다음 논문을 참고할 수 있다. 廉定燮, "正祖末 年 應旨農書를 올린 應旨人의 구성과 성격",『18세기 연구』5·6, (한국18세기학회, 2002).

95. 朴宗采, 『過庭錄』卷3 (김윤조 역주, 『역주 과정록』[태학사, 1997] 168쪽): 上 嘗於筵中 敎曰 近得好經綸文字 以消永日 又曰 農書一部大全 從當屬朴某爲之.

96. 23명에 대한 備邊司의 回啓 내용이 『承政院日記』에는 전혀 보이지 않는다.

97. 『承政院日記』1809책, 정조 23년 5월 24일 辛巳 (95-945나): 上曰 農書 多是陳譚 而其中 亦豈無一二可採 旣已求之 亦不可無信 今之道 看詳抄出 以爲編入之地 似好矣.

98. 李書九, 『惕齋屛居錄』(규장각 古0320-9: 戊午 己未間 聖意惓惓民事 宵旰憂勤 命侍從出宰者 各陳民邑之弊 又以重穡力農 爲敦風正俗之本 頒降綸音 令方伯居留之臣以至士庶 各陳務農之道 將欲編成一農書.

99. 金容燮, 『朝鮮後期 農學의 發達』(한국문화연구소, 1970), 132쪽.

100. 徐有榘, 「淳昌郡守應旨疏」『楓石全集』3, 金華知非集. 지역 단위 농법을 정리하게 하는 방안에 대해서는 다음 논문에서도 지적하였다. 金容燮, 『朝鮮後期 農學의 發達』(한국문화연구소, 1970), 133쪽.

101. 李春寧, 『한국農學史』(1989), 155쪽.

102. 李春寧은 『林園經濟志』에서 抄出한 農書 목록을 정리하면서 "국내외 농서를 많이 섭렵하여 精髓를 모아 종래의 어느 농서보다도 풍부한 항목과 상세한 내용을 담은 전근대 韓中農學의 총정리라고 볼 수도 있다."고 평가하였다(李春寧, 『한국農學史』[1989], 157-158쪽).

103. 金容燮, 『朝鮮後期農學史硏究』(일조각, 1988), 371쪽.

104. 徐有榘, 『林園經濟志』本利志 5.

105. 일반적으로 조선 후기에 田에서 畓으로 지목을 변경하는 작업을 反畓(번답이라고 읽음)으로 불렀다. 反田(번전이라고 읽음)은 徐有榘가 反畓을 가리키는 용어로 특수하게 사용한 것이고 의미는 동일하다. 이러한 밭농사에서 논농사로의 농업경영의 변화 추세는 廣作의 경향과도 관련된 것이었다. 또한 移秧法의 노동력 절감 효과와 밀접한 관련을 맺고 있는 것이었다.

106. 徐有榘, 『杏蒲志』.

107. 徐有榘, 『杏蒲志』권4, 穀名攷(『農書』36 [아세아문화사], 218-235쪽).

108. 『杏蒲志』에 소개된 품종은 그대로 『林園經濟志』木利志 第七 穀名攷에도 수록되어 있다(徐有榘, 『林園經濟志』本利志 第七 穀名攷 (『林園經濟志』一 [보경문화사], 155-159쪽). 표제어로 올라 있는 것은 69종이지만 晚稻 雀稻의 서술 내용 속에 또 하나의 품종이 있음을 명시하고 있어 총 70종이다.

109. 徐有榘, 『杏蒲志』권4, 穀名攷(『農書』36, 219-225쪽).

110. 『憲宗實錄』 권5, 憲宗 4년 6월 己卯 (48-458).

111. 이경식, "16세기 지주층의 동향", 『역사교육』 19 (역사교육연구회, 1976).

112. 宋讚燮, "17, 18세기 신전개간의 확대와 경영형태", 『한국사론』 12 (서울대 국사학과, 1985); 이경식, "17세기 농지개간과 지주제의 전개", 『한국사연구』 9 (한국사연구회, 1973).

113. 전석담·허종호·홍희유, 『조선에서 자본주의적 관계의 발생』 (평양: 사회과학출판사, 1970) (『조선에서 자본주의적 관계의 발생』 [이성과현실, 1989], 105-156쪽).

114. 金容燮, "朝鮮後期의 經營型富農과 商業的農業", 『증보판조선후기농업사연구』 II (일조각, 1990), 267쪽.

115. 박찬승, "동학농민전쟁의 사회·경제적 지향", 『한국민족주의론』 III (창작과비평사, 1985).

116. 지금까지 이러한 방면의 실증은 방대하다. 최근 일부 연구자들이 이러한 농민층 분화 현상을 부정하는 연구를 제시하고 있다(이영훈, 『조선후기사회경제사』 [한길사, 1989]). 그러나 이 가설은 아직 문제 제기의 차원이며, 더 많은 실증을 필요로 한다.

117. 金容燮, "주자의 토지론과 조선후기 유자", 『연세논총』 21 (1985); 김용섭, "조선후기 토지개혁론의 추이", 『동방학지』 62 (연세대 국학연구원, 1989) (두 논문 모두 『증보판 조선후기농업사연구』 II [일조각, 1990]에 재수록).

118. 金容燮, "조선후기의 경영형부농과 상업적농업", 『증보판조선후기농업사연구』 (II) (일조각, 1990), 325-327쪽

119. 金容燮, "朝鮮後期 兩班層의 農業生産", 『증보판조선후기농업사연구』 (II) (일조각, 1990), 247-255쪽.

120. 金容燮, "조선후기의 경영형부농과 상업적농업", 『증보판조선후기농업사연구』 (II) (일조각, 1990), 325-349쪽

121. 정조대에 만들어진 『화성성역의궤』를 살펴보면 성역(城役)에 동원된 일꾼들에게 지급한 임금이 자세하게 기록되어 있다.

122. 김용섭, 『증보판조선후기농업사연구』 II (일조각, 1990).

123. 徭役의 雇立化 현상은 제언의 수축과 같은 국가적인 사업 이외에 工匠을 사역시킬 때에도 雇價를 지급해야 하는 상황 속에서 강화되었다.

124. 金容燮, "조선후기의 경영형부농과 상업적농업", 『증보판조선후기농업사연구』 (II) (일조각, 1990), 341-349쪽.

125. 李世永, "18, 9세기 곡물시장의 형성과 유통구조의 변동", 『韓國史論』 9 (서울대 국

사학과, 1985), 202쪽.

126. 윤용출, "17, 18세기 요역제의 변동과 모립제(募立制)" (서울대 국사학과 박사학위 논문, 1991).

127. 각 지역의 동계에 대한 사례 연구 논문으로 다음 논문을 참고할 수 있다. 정진영, "18-19세기 사족의 촌락지배와 그 해체과정", 『조선후기의 향약연구』 (민음사, 1990) (대구 부인동); 이규대, "19세기 영동지방 동계의 성격", 『조선후기 향약연구』 (민음사, 1990) (영동지방 分洞契); 윤여헌, "공주지방의 동계에 관한 연구", 『백제문화』 제18·19집 (공주사대 백제문화연구소, 1989) (浮田洞 사례).

128. 영암 鳩林里의 경우 구림동계의 범위를 말할 때 '열두 동네'라는 인근 마을이 모두 포함되고 있으며, 대구 夫仁洞의 경우나 영동 지방 助山里의 대동계 사례, 최근 조사된 안동 佳谷里나 素山里의 경우 등이 모두 비슷한 양상이라고 한다. 동계 및 촌계에 대해서는 다음 논저를 참고할 수 있다. 이해준, 『조선 시기 촌락 사회사』 (민족문화사, 1996).

129. 영동 지방 동계를 분석한 다음 논문을 참고할 수 있다. 이규대, "19세기 영동지방 동계의 성격", 『조선후기 향약연구』 (민음사, 1990).

130. 두레 조직의 성격을 이해할 때 그것이 철저하게 마을 단위로 조직되고 있었음은 수많은 사례로써 검증이 되며, 두레의 분화 과정은 형제두레나 두레기 세배 드리기와 같은 잔존 민속으로서도 충분히 확인된다. 주강현, "두레 공동노동의 사적 검토와 생산문화", 『노동과 굿』 (학민사, 1989).

131. 두레의 형성 시기를 조선 후기로 설정하는 것은 다음 논문을 참고할 수 있다. 李泰鎭, "17·8세기 香徒組織의 分化와 두레발생", 『진단학보』 67 (진단학회, 1988); 朱剛玄, "두레연구" (경희대 박사학위논문, 1995), 28-60쪽.

132. 李泰鎭, "17·8세기 香徒組織의 分化와 두레발생", 『진단학보』 67 (진단학회, 1989).

133. 朱剛玄, "두레연구" (경희대 박사학위논문, 1995), 50쪽.

134. 李泰鎭, "17·8세기 香徒組織의 分化와 두레발생", 『진단학보』 67 (진단학회, 1989).

135. 구체적으로 일감에 따라 농사두레, 길쌈두레로 구분되고, 두레의 조직방식에 따라 강제적 두레, 임의적 두레 등으로도 구분되고 있다(주강현, 위의 논문, 98-100쪽).

136. 두레 조직의 자율성과 결속력이 강한 것은 두레 조직 자체가 향상된 경제력을 바탕으로 하였기 때문이라고 해석하기도 한다. 나아가 두레는 조선 후기 변혁운동에서 농민군을 조직하는 기반의 역할을 담당하기도 하였다.

137. 朱剛玄, "두레연구" (경희대 박사학위논문, 1995), 55-57쪽

138. 李泰鎭, "17·8세기 香徒組織의 分化와 두레발생", 『진단학보』 67 (진단학회, 1989).

139. 朱剛玄, "두레연구" (경희대 박사학위논문, 1995), 44쪽.

140. 망원한국사연구실, 『1862년 농민항쟁』 (동녘, 1988); 김인걸, "조선 후기 촌락조직의 변모와 1862년 농민항쟁의 조직기반", 『진단학보』 67 (진단학회, 1989).

141. 김준형, "18세기 里定法의 전개", 『진단학보』 58 (진단학회, 1984), 75쪽.

142. 朱剛玄, "두레연구" (경희대 박사학위논문, 1995), 46쪽.

143. 朱剛玄, "두레연구" (경희대 박사학위논문, 1995), 28-60쪽.

144. 주강현, "두레의 조직적 성격과 운영방식", 『역사민속학』 제5집 (역사민속학회, 1996), 105쪽.

145. 김건태, "17~18세기 전답 소유규모의 영세화와 양반층의 대응", 『한국사학보』 제9호 (고려사학회, 2000).

146. 주강현, "두레공동노동의 사적검토와 생산문화", 『노동과 굿』 (학민사, 1989).

147. 金蓮玉, "朝鮮時代 農書를 통해본 占候", 『문화역사지리』 제7호 (문화역사지리학회, 1995).

148. 金光植, 『알기 쉬운 氣象知識』 (一志社, 1978); 박대홍, 『날씨를 알면 내일이 보인다』 (한겨레신문사, 1995).

149. 17~18세기에 편찬된 농서인 『穡經』, 『穡經增集』, 『山林經濟』, 『增補山林經濟』, 『課農小抄』, 『攷事新書』, 『千一錄』(18세기 말)과 19세기 편찬된 『竹僑便覽』에는 「占候」편이 설정되어 농업은 물론 각종 경제 활동과 생활에서 적극적으로 활용되었다.

150. 金蓮玉, "朝鮮時代 農書를 통해서 본 占候", 『문화역사지리』 제7호 (문화역사지리학회, 1995).

151. 禹夏永, 『千一錄』 「風土」 西關: 平郊廣野 男女遍畝 併力鋤鼓 齊唱農謳況然.

152. 주강현, "두레기 유형" 1 2., 『화성군지역 역사·민속종합학술조사보고서』 1 2.

153. 禹夏永, 『千一錄』 農家總覽: 或雜鋤種之際 男女遍郊 聚跛成隊 齊唱農謳 併力先登 而鳴擊鼓 以慰其勞.

154. 주강현, 『한국의 두레』 1 (집문당, 1997), 290-305쪽.

155. 배영동, "조선후기 호미씻이[洗鋤宴] 형성의 농업사적 배경", 『동아시아농업사학회 학술심포지엄발표문』 (2003).

156. 자연재해에 동반하는 凶荒과 饑饉에 주목하여 그에 대한 朝鮮의 대책을 처음 체계적으로 살핀 연구자는 崔益翰(『朝鮮社會政策史』 [博文出版社, 1947])인데, 다만 社會政策의 차원으로 접근한 것이라는 점에서 아쉬움이 있다.

157. 李相培, "18~19세기 自然災害와 그 對策에 관한 研究", 『국사관논총』 89 (2000).

158. 『肅宗實錄』 권1, 숙종 즉위년 8월 丙辰 (38-208).

159. 『肅宗實錄』 권1, 숙종 즉위년 9월 癸酉 (38-209).

160. 『太宗實錄』 권16, 태종 8년 7월 癸亥 (1-446).

161. 崔鍾成, "國行 무당 祈雨祭의 歷史的 研究", 『震檀學報』 86 (1998), 49-72쪽.

162. 『正祖實錄』 권3, 정조 1년 4월 辛酉 (44-663); 같은 책, 6월 辛丑 (44-673).

163. 『正祖實錄』 권3, 정조 1년 9월 戊辰 (44-693); 같은 책, 10월 乙巳 (44-697).

164. 『正祖實錄』 권3, 정조 1년 9월 丙子 (44-694).

165. 『正祖實錄』 권3, 정조 1년 9월 丙戌 (44-695).

166. 『承政院日記』 1801책, 정조 22년 12월 7일 丙申 (95-514가) 林川 郡守 尹志範 上疏.

167. 『憲宗實錄』 권5, 헌종 4년 6월 己卯 (48-458).

168. 벼농사를 망쳤을 때 蕎麥(메밀) 代播를 지시하거나 권유하는 등의 기록은 조선시대에 편찬된 農書들과 『朝鮮王朝實錄』에서 무수히 찾을 수 있다.

169. 甘藷가 朝鮮에 도입되어 전파되고 耕作法이 정리되는 과정에 대해서는 다음 논문을 참고할 수 있다. 吳壽京, "朝鮮後期 利用厚生學의 展開와 『甘藷譜』의 編纂", 『安東文化』 16집 (안동대학교 안동문화연구소, 1995); 篠田統, "種藷譜と朝鮮の甘藷", 『조선학보』 44 (조선학회, 1967); 孫晋泰, "甘藷전파고", 『진단학보』 13 (1941).

170. 柳馨遠, 『磻溪隨錄』 권3, 田制後錄 上 (영인본 80쪽): 周禮荒政十二 首言散利薄征 散公財之已藏 薄民租之未輸 此荒政之大綱也. 참고로 荒政十二는 散利, 薄征, 緩刑, 弛力, 舍禁, 去幾, 省禮, 殺哀, 蕃樂, 多昏, 索鬼神, 除盜賊 등이다.

171. 『正祖實錄』 권14, 정조 6년 8월 丁丑 (45-324).

172. 鄭亨芝는 租稅蠲減策과 救濟穀의 有償支給 및 無償支給을 하나로 묶어 賑恤政策이라고 하였는데, 이것이 실은 柳馨遠이 정리한 荒政의 두 차원, 즉 薄征과 散利를 가리킨다는 점에서 賑恤의 범주를 과도하게 설정한 것이 아닌가 생각된다. 鄭亨芝, "朝鮮後期 賑恤政策 研究: 18世紀를 중심으로" (梨花女大 大學院 사학과 박사학위논문, 1993).

173. 『正祖實錄』 권41, 정조 18년 10월 戊寅 (46-516).

174. 『正祖實錄』 권22, 正祖 10년 9월 壬辰 (45-596).

175. 『正祖實錄』 권14, 正祖 6년 8월 丁丑 (45-324).

176. 『萬機要覽』 財用編 五, 荒政; 『正祖實錄』 권33, 正祖 15년 12월 己巳 (46-271).

177. 『正祖實錄』 권5, 正祖 2년 2월 乙卯 (45-13).

178. 『正祖實錄』 권33, 正祖 15년 9월 辛卯 (46-243).

179. 鄭善男, "18·19세기 田結稅의 收取제도와 그 운영", 『韓國史論』 22 (서울대 국사학과, 1990); 李哲成, "肅宗末葉 庚子양전의 실태와 역사적 성격__比摠制로의 변화", 『史叢』 39 (1991).

180. 『肅宗實錄』 권60, 肅宗 43년 9월 辛未 (40-676).

181. 『正祖實錄』 권4, 正祖 1년 8월 癸卯 (44-685).

182. 『續大典』 권2, 戶典 收稅.

183. 『正祖實錄』 권2, 正祖 즉위년 8월 戊午 (44-616).

184. 『正祖實錄』 권3, 正祖 1년 8월 壬子 (44-691).

185. 正祖代 荒政의 전체적인 양상을 賑恤政策의 차원으로 접근한 다음 연구를 참고할 수 있다. 정형지, "정조대의 진휼정책", 『正祖思想研究』 4 (正祖思想研究會, 2001).

186. 『正祖實錄』 권3, 正祖 1년 1월 己巳 (44-645).

187. 梁晋碩, "17·18세기 還穀制度의 운영과 機能변화" (서울대 대학원 국사학과 박사학위논문, 1999), 9-41쪽.

188. 鄭亨芝, "朝鮮後期 賑資調達策", 『이화사학연구』 20·21 합집 (이화사학연구소, 1993).

189. 『續大典』 권2, 戶典, 備荒: 以備穀勸分民間者嚴禁.

190. 『續大典』 권2, 戶典 備荒: 私賑飢民濟活多者 出私穀補官賑者 隨其多少 論賞有差.

191. 수령을 중심으로 벌어진 부민층 수탈의 주된 방식 가운데 하나가 勸分이었다. 金仁杰, "조선후기 鄕村社會 변동에 관한 연구__18, 19세기 '鄕權' 담당층의 변화를 중심으로" (서울대학교 박사학위논문, 1991), 201-220쪽.

192. 梁晋碩, "17·18세기 還穀制度의 운영과 機能변화" (서울대 대학원 국사학과 박사학위논문, 1999).

193. 18세기 국가가 還穀을 운영할 때 나타난 주요한 특징으로 賑恤穀의 감소와 取耗補用을 위주로 한 還穀의 증가로 지목되고 있다. 梁晋碩, 앞의 논문 (1999), 153-194쪽.

194. 『弘齋全書』 권166, 日得錄 政事 徐有防 癸卯錄 (5-45).

195. 『仁祖戊寅史草』(규장각 古4254-36) 戊寅 8월 29일 (국사편찬위원회, 『朝鮮時代史草』 I, 韓國史料叢書 第38輯 [1997], 577쪽).

196. 『正祖實錄』 권1, 정조 즉위년, 5월 庚寅 (44-581).

1. 飯沼二郎, "日帝下朝鮮における農業革命", 『朝鮮史叢』第5·6 合倂號 (1982), 102-103 쪽.

2. 加藤末郎, 『韓國農業論』(裳華房, 1904), 127-128쪽.

3. 吉川祐輝, 『韓國農業經營論』, (人日本農會, 1903), 150쪽.

4. 宮島博史, 앞의 논문, 74쪽.

5. 宮島博史, 앞의 논문, 81-87쪽.

6. 金澤夏樹, "農學硏究の推進者" 『農業經營硏究』 17-1 (1979, 8), 1쪽. 여기서 말하는 관학적이라는 것은 두 가지 의미를 포함하고 있다. 그 하나는 연구의 추진 주체가 대부분 관이라는 것, 다른 하나는 연구 테마 자체도 대부분 관이 결정한다는 점이 다(金澤夏樹, "經營硏究と技術開發の總合化", 『農業と經濟』 46-10 [1980. 9], 12쪽).

7. 農務省熱帶農業硏究センタ- (1976), 965쪽. (이하 『熟農硏』으로 줄임.) 이에 대해서는 다음과 같은 식민지 행정관료의 서술에서도 알 수 있다.
"결전(제2차 세계대전_인용자) 하에 국가의 지상명령인 미곡의 급속한 증산을 위하여 기성의 신품종 등을 과감히 보급·촉진함과 아울러 이를 다시 새로운 우량품종으로 하루 빨리 육성, 선정해야 할 필요가 있다."(相川不盡天, "水稻品種の變遷と獎勵への考察", 『朝鮮農會報』 17-6 [1943. 6], 17쪽).

8. 井上則之, 『朝鮮米と共に三十年―湯辰二郎先生の記錄』(米友會, 1956), 113-115쪽. 당시 농림국장이었던 유무라 신지로(湯村辰二郎)는 조선 미곡 증산의 이유로서 ① 농사시험장의 정비와 존중 ② 국영검사의 단행 ③ 우량품종의 개량 ④ 당국자의 열의 를 들고 있다.

9. 예를 들어 小早川九郎, 『朝鮮農業開發史·政策編』(朝鮮農會, 1944), 183쪽 및 『朝鮮農會報』 6-1 (1911. 6), 18-4 (1922. 4).

10. 식민지 농업시험연구의 세 가지 특징은 주봉규·소순열, 『근대 지역농업사 연구』(서울대학교 출판부, 1996), 119-120쪽.

11. 河合和男, 『朝鮮における産米增殖計劃』(未來社, 1986), 141쪽.

12. 熱農硏, 앞의 책, 767쪽.

13. 熱農硏, 앞의 책, 191쪽.

14. 김도형, 『일제의 한국농업정책사연구』(한국연구원, 2009), 380-381쪽.

15. 김영진·김상겸, "한국 농사시험연구의 역사적 고찰_권업모범장을 중심으로", 『농업

사연구』 제9권1호 (2010. 6), 7쪽.

16. 김영진·김상겸, 앞의 논문, 13쪽.

17. 김도형, 앞의 책, 70쪽.

18. 이한기, "개화기 일제시기의 농사시험연구와 지도", 『농업사연구』 창간호 (2002. 12), 89쪽.

19. 이한기, 앞의 논문, 88쪽.

20. 이호철, "식민지기 농업기술의 연구와 그 보급", 『한국농업·농촌 100년사 논문집』 제1집 (2003. 6), 346쪽.

21. 이한기, 앞의 논문, 89쪽.

22. 김도형, 앞의 책, 460-461쪽, 466-467쪽.

23. 주봉규, 소순열, 앞의 책, 121-122쪽.

24. 이두순, "일제하 수도품종보급정책의 성격에 관한 연구", 『농업경영·정책연구』 17-1(1990.6), 116-117쪽.

25. 김도형, 앞의 책, 468-469쪽.

26. 김도형, 앞의 책, 270쪽.

27. 주봉규·소순열, 앞의 책, 125-127쪽.

28. 全羅北道農事試驗場, 『昭和十一年度事業報告』 (1937. 8), 172쪽.

29. 주봉규·소순열, 앞의 책, 122-125쪽.

30. 朝鮮總督府 農事試驗場, 『朝鮮總督府 農事試驗場 25週年 記念誌(上卷)』 (1931), 28쪽.

31. 藤田强, "水稻品種の變還", 『殖産調査月報』, 第5卷 25號 (1940. 5), 4쪽.

32. 橫山要次郎, "全北に於ける水稻銀坊主種の回顧一年", 『朝鮮農會報』 4-11 (1930. 11), 93쪽.

33. 이두순, 앞의 논문, 122-123쪽.

34. 鮮米協會(1935), 앞의 책, 79쪽.

35. 조중식(趙重稙)은 관직(都事)에 있다가 향리인 경기도 여주군 금사면 전북리 442번지로 귀향하여 1886년 가을 이른바 조동지(趙同知)를 발견하였다. 조동지라고 그의 존칭으로 불리었던 이 품종은 무망(無芒) 다수 품종으로서 광택 및 미질, 식미(食米)가 양호하고 성숙기가 빠르며 또한 새끼를 짜는 데 적합하여 당시 경기도, 충남북의 미작지대 농가에서 큰 환영을 받았다(李台鍾, "朝鮮在來水稻品種同知の起源"(雜錄), 『朝鮮總督府勸業模範場彙報』 第2號 [1926], 134쪽 참조).

36. 1893~1921년 동안 일본 庄內 지방에서 민간 육종가가 육성한 수도 우량품종은 42 개에 달한다(盛永俊太郎, "育種の發展", 農業發達史調査會, 『日本農業發達史』第9卷 [1956], 98-103쪽).

37. 鮮米協會, 『朝鮮米の進展』(1935), 144쪽.

38. 飯沼二郎, 앞의 책, 101쪽.

39. 개량쟁기(犁)는 일본 쟁기(犁)의 장점을 살려 재래犁를 개량한 것이다.

40. 자급비료증식계획은 1926년부터 10개년계획으로 퇴비 6,600백만 관, 녹비 777백만 관 증산을 목표로하여 추진되어 1935년 총 7,467백만 관이 생산되어 목표를 초과 달 성하였다(小早千九郎, 『朝鮮農業發達史 政策編』(友邦協會, 1959), 45쪽.

41. 三井榮長, "朝鮮における肥料奬勵の變遷並びに將來方針", 『朝鮮農會報』第1券8号 (1927).

42. 小林房次郎은 이 점을 지적하면서 "현재 조선의 상태에 대해서는 여하히 비배방법 을 설명해도 농가는 시비할 조건이 안 되어 총독부는 장래 비배의 장려와 더불어 비료 자급의 융통을 계획하고 있다."는 것을 주장하고 있다("朝鮮農業の將來と費用 問題", 『朝鮮農會報』第11卷2号 [1916]).

43. 1912년 일본 미곡시장에서 석당 가격은 조선미(현미)가 16엔, 일본미 21원으로 이들 의 격차가 매우 컸다.

44. 적미(赤米)는 현미의 종피(種皮) 부분에 적색 색소가 있는 품종이며, 야생종의 대 부분이 적미이다. 조선의 재래도(在來稻)는 적미 계통이 많았다.

45. 1936년 조선미의 일본 시장가격은 석당 29.36엔으로 일본산 미 29.22엔보다 조금 높 았으며, 1937년에도 33.7엔으로 일본미 32,82엔보다 높았다(鮮米協會, 앞의 책, 50-51 쪽).

46. 小早川千郎, 앞의 책, 45쪽.

47. 이 점에 대해서 총독부 방침은 "미의 건조는 종래 미곡업자가 해야 하는 것으로 되 었기 때문에 생산자의 건조는 불량하다. 백미 검사 실적에 기초하여 생각하면 건조 는 생산자 측이 시행하는 것이 타당하다"("總督府主催農事懇談會", 『朝鮮農會報』第 18卷2号 [1923], 44-45쪽).

48. 飯沼二郎, 앞의 논문, 100-101쪽.

49. 안승택, 『식민지 조선의 근대농업과 재래농법_환경과 기술의 역사인류학』(신구문 화사, 2009), 110-111쪽.

50. 飯沼二郎, 앞의 논문, 100쪽.

51. 蘇淳烈, "1930年代における小作争議と小作経営—熊本争議を通じて", 『アジア経済』 第36卷 第9號 (1995. 9), 11쪽.

52. 熱農研, 앞의 책, 134쪽.

53. 김도형, 앞의 책, 379쪽.

54. 熱農研, 앞의 책, 88-89쪽.

55. 이호철, 앞의 논문, 353쪽.

56. 熱農研, 앞의 책, 294-295쪽.

57. 이호철, 앞의 논문, 360쪽.

58. 河田宏, 『朝鮮全土を歩いた日本人—農學者·高橋昇の生涯』 (日本評論社, 2007), 146-147쪽.

59. 이호철, 『증보개정 농업경제사연구』 (경북대학교 출판부, 1998), 286쪽.

60. 武田總七郞, 『實驗麥作新說』 (明文堂, 1943), 815쪽.

61. 河合和男, 앞의 논문, 16쪽.

62. 向坂幾三郞, "稻作改良の三要素に就て", 『朝鮮農會報』 第13卷2號 (1918), 1-5쪽.

63. 全羅北道, 『小作制度並農家経濟に關する調査書』 (1922), 7쪽.

64. 科學技術廳計劃局, 『朝鮮の米作發達史』 (1967), 153쪽.

65. 久間健一, 『朝鮮農政の課題』 (成美堂, 1943), 6-12쪽.

66. 小早千九郞, 앞의 책, 5-7쪽.

67. 李台種, 앞의 논문, 134쪽.

68. 細川殷德, "チャッチャ稻に關する調査", 『勸業模範場特別調査』 第2號 (1916. 7).

69. 大田遼一郞, "明治前·中期福岡縣農業史", 日本農業發展史調査編, 『日本農業發達史』 第1卷 (中央公論社, 1955), 565-572쪽.

70. 盛永俊太郞, 앞의 논문, 98-103쪽.

## 7장 현대 농업기술의 변화와 전망

1. 조선은행조사부, 『조선경제연보』 (1948), I-3쪽.

2. 해방 후 3년간(1945~47년)의 연평균 생산량은 미곡 1,291만 석, 맥류 480만 석, 잡곡 85만 석, 두류 103만 석 등 모두 1,959만 석으로서 해방 전 5년간(1940~44년)에 남한의 주요 양곡 연평균 생산량인 미곡 1,372만 석, 맥류 945만 석, 잡곡 124만 석,

두류 117만 석 등 2,558만 석에서 모두 줄어들었다.(김재훈, "광복이후 농업생산체계의 재편성", 『한국농업근현대사』 제4권 [농촌진흥청, 2008], 319쪽).

3. 잉여농산물 중 곡물의 경우 1956~66년간 총도입량은 688만 톤에 달하였다. 이것은 같은 기간 곡물 총생산량의 12.7%에 해당되는 것으로 실제 부족량보다 과대한 잉여농산물 도입이었다. 그 결과 같은 기간 곡가 하락으로 농가경제를 피폐시켰다. 1956년을 100으로 할 때 쌀값은 1958년 93.4, 1959년에는 82.5로 폭락하였고, 보리쌀 값은 1959년 73.7로 폭락하였다(한국농촌경제연구원, 『1945~2000 한국농업·농촌 100년사』 하권 [농림부, 2003], 847쪽).

4. 이에 대한 자세한 내용은 황한식, "미군정하의 한국농업", 『농업정책연구』 제8권 제1호 (1981) 참조.

5. 한국농촌경제연구원, 『1945~2000 한국농업·농촌 100년사』 하권 (농림부, 2003), 848쪽.

6. 농촌진흥청, 『농촌진흥 50년사』 (농촌진흥청, 2012), 71쪽.

7. 한국농업기술사발간위원회, 『한국농업기술사』 (1983), 137쪽.

8. 한국농촌경제연구원, 앞의 책, 972쪽.

9. 박정근, "농업성장과 주곡자급", 『1945~2000 한국농업·농촌 100년사』 하권 (한국농촌경제연구원, 2003), 1168쪽.

10. 김재훈, 앞의 논문, 339-340쪽.

11. 조선은행조사부, 앞의 책, I-8쪽.

12. 이명휘, "1950년대 농가경제분석", 『경제사학』 제16호 (1992. 12), 184쪽.

13. 당시 농가경제를 파악하는 자료로 자주 사용하는 것은 1953년 7월부터 조사한 한국은행 조사부의 농가경제조사, 1958년 6월부터의 농업은행 조사부의 농가경제조사 보고서이다. 한국은행 조사는 유의표본조사로 하다가 1958년부터 600호의 임의조사방식으로 바뀌었으며, 농업은행 조사는 630호 표본농가에 대해 조사를 한 것이다.

14. 박성재, "농가경제와 농가계층구조의 변화", 『한국농업·농촌 100년사 논문집』 제2집 (한국농촌경제연구원, 2003), 304쪽.

15. 박정근, "제2장 농업성장과 주곡자급", 『1945-2000 한국농업·농촌 100년사』 하권 (한국농촌경제연구원, 2003), 1179쪽.

16. 박정근, 앞의 논문, 1180-1183쪽.

17. 허문회 외, 『벼의 유전과 육종』 (서울대학교출판부, 1986), 383-385쪽.

18. 이에 대한 구체적인 내용은 다음 책이 좋은 참고가 된다. 김태호, 『근현대 한국 쌀의

사회사』 (들녘, 2017), 114-118쪽.

19. 이두순, "통일계 수도 신품종 개발의 성과와 평가",『한국농업·농촌 100년사 논문집』 제2집 (한국농촌경제연구원, 2003), 527쪽.

20. 박종문, "주곡자급을 위한 농정회고와 대응",『농정비화 한국농업근현대화 100년사』 제12권 (농촌진흥청, 2008), 53쪽.

21. 소순열, "한국에서 근대농업기술의 변용",『농업사연구』 제14권 1호 (2015), 10-11쪽.

22. 김태호,『근현대 한국 쌀의 사회사』 (들녘, 2017), 168쪽.

23. 이두순, 같은 논문, 538쪽.

24. 박정근,『농업연구개발정책』 (박영사, 2007), 38쪽. 한국의 녹색혁명을 가져온 통일벼 개발이 국가주도적 기술개발이라는 버마이스터(Burmeister, 1985)의 주장에 대해 박정근은 유발적 기술개발로 설명할 수 있다고 하고 있다. 이에 대해서는 박정근, "쌀 생산기술의 유발성에 관한 연구",『농업경제연구』 제35호 (1994)를 참조할 것.

25. 이두순, 같은 논문, 553쪽.

26. 한국농업기술사발간위원회,『한국농업기술사』, 157쪽.

27. 소순열, 앞의 논문, 11쪽.

28. 유영봉, "한국농업의 성장과 기술변화의 특성: 1951~2000",『농업경제연구』 제44권 제2호 (2003), 27-28쪽.

29. 김정부, "농업구조의 변화와 발전",『한국농업근현대사』 제4권 (농촌진흥청, 2008), 362쪽.

30. 유영봉, 앞의 논문, 27쪽.

31. 농림부,『한국농정 50년사』 (농촌경제연구원, 1999), 605-606쪽.

32. 농림축산식품부,『농업·농촌 70년』 (한국농촌경제연구원, 2015), 369쪽.

33. 농림부, 앞의 책, 615쪽.

34. 농림부, 앞의 책, 616쪽.

35. 농림축산식품부, 앞의 책, 384쪽.

36. 농림부, 앞의 책, 618쪽.

37. 농림부, 앞의 책, 623쪽.

38. 농림부, 앞의 책, 628쪽.

39. 농림축산식품부, 앞의 책, 454쪽.

40. 농림부, 앞의 책, 630쪽.

41. 농림축산식품부, 앞의 책, 468쪽.

42. 농림축산식품부, 앞의 책, 466쪽.

43. 박정근, 『농업연구개발정책』 (박영사, 2007), 32쪽.

44. 서종혁, 『한국농업 이노베이션』 연구총서 25 (한국농촌경제연구원, 2007), 19쪽.

45. 서종혁, 앞의 책, 32쪽.

46. 농림축산식품부, 앞의 책, 7쪽.

47. 앞의 7장 '현대 농업기술의 변화와 전망' 참조.

48. 농림축산식품부, 앞의 책, 512쪽.

49. 유기농업은 친환경농업의 한 유형으로 분류하지만 유기농업 관련 단체들은 다른 의견을 갖고 있다. 이들은 유기농업이 기술적인 화학물질이나 인공제조물질 수준을 넘은 농업철학, 환경윤리, 사회체계 등 이념 및 실천적 의미를 포함하고 있다고 보기 때문이다.

50. 김성수 외, 『농학원론』 (한국방송통신대학교 출판부, 2002), 249쪽.

51. 농림부, 앞의 책, 1540-1544쪽.

52. 김정호 편, 『전문가들이 보는 2050 농업·농촌의 미래』 D286 (한국농촌경제연구원, 2010).

53. 서종혁 『한국농업기술 이노베이션: 성과와 전략』 연구총서 25 (한국농촌경제연구원, 2007), 170-172쪽.

# 〈표 및 그림 일람〉

## 〈표 일람〉

## 〈그림 일람〉

# 〈참고문헌〉

## 〈 단행본 〉

加藤末郎, 『韓國農業論』 (裳華房, 1904).

강만길 외, 『정다산과 그 시대』 (민음사, 1986).

강재언 저, 정창렬 역, 『한국의 개화사상』 (비봉출판사, 1979).

科學技術廳計劃局, 『朝鮮の米作發達史』 (1967).

久間健一, 『朝鮮農政の課題』 (成美堂, 1943).

權錫奉, 『淸末 對朝鮮政策史硏究』 (一潮閣, 1986).

권태억, 『한국근대면업사연구』 (일조각. 1989).

근대사연구회 편, 『한국중세사회 해체기의 제문제』 (한울, 1987).

金光彦, 『韓國 農器具攷』 (韓國農村經濟硏究院, 1986).

金榮鎭, 『農林水産 古文獻備要』 (韓國農村經濟硏究院, 1983).

金榮鎭, 『朝鮮時代前期農書』 (韓國農村經濟硏究院, 1984).

金榮鎭·李殷雄, 『조선시대 농업과학기술사』 (서울대학교 출판부, 2000).

金容燮, 『朝鮮後期 農學의 發達』, 韓國文化硏究叢書 2 (서울대 한국문화연구소, 1970).

金容燮, 『朝鮮後期農業史硏究』 Ⅰ (一潮閣, 1970).

金容燮, 『朝鮮後期農業史硏究』 Ⅱ (一潮閣, 1971).

金容燮, 『증보판 한국근대농업사연구』 하 (일조각, 1984).

金容燮, 『朝鮮後期農學史硏究』 (一潮閣, 1988).

金容燮, 『增補版朝鮮後期農業史硏究』 Ⅱ (一潮閣, 1990).

金容燮, 『韓國近現代農業史硏究』 (일조각, 1992).

金容燮, 『增補版 朝鮮後期農業史硏究(1)』 (知識産業社, 1995).

金泰永, 『朝鮮前期土地制度史硏究』 (知識産業社, 1983).

吉川祐輝, 『韓國農業經營論』 (大日本農會, 1903).

김도형, 『일제의 한국농업정책사연구』 (한국연구원, 2009).

김명호, 『열하일기 연구』 (창작과비평사, 1990).

김성수 외, 『농학원론』 (한국방송통신대학교 출판부, 2002).

김태호, 『근현대 한국 쌀의 사회사』 (들녘, 2017).

농림부, 『한국농정 50년사』 (농촌경제연구원, 1999).

農林省熱帶農業センタ-, 『舊朝鮮における日本の農業試驗研究の成果』 (農林統計協會, 1976).

농림축산식품부, 『농업·농촌 70년』 (한국농촌경제연구원, 2015).

농촌진흥청, 『농촌진흥 50년사』 (농촌진흥청, 2012).

농촌진흥청, 『농촌진흥청 개청 50주년기념 우리농업의 역사를 새로 쓴 50대 농업기술&사업』 (농촌진흥청, 2012).

망원한국사연구실, 『1862년 농민항쟁』 (동녘, 1988).

망원한국사연구실, 『한국근대민중운동사』 (돌베개, 1989).

武田總七郎, 『實驗麥作新說』 (明文堂, 1943).

문중양, 『朝鮮後期 水利學과 水利담론』 (集文堂, 2000).

閔成基, 『朝鮮農業史研究』 (一潮閣, 1990).

박정근, 『농업연구개발정책』 (박영사, 2007).

서종혁, 『한국농업 이노베이션』 연구총서 25 (한국농촌경제연구원, 2007).

鮮米協會, 『朝鮮米の進展』 (1935).

小早千九郎, 『朝鮮農業發達史 政策編』 (友邦協會, 1959).

안승택, 『식민지 조선의 근대농업과 재래농법―환경과 기술의 역사인류학』 (신구문화사, 2009),

廉定燮, 『조선시대 농법 발달 연구』 (태학사, 2002).

유봉학, 『燕巖一派 北學思想 研究』 (一志社, 1995).

尹用出, 『조선후기의 요역제와 고용노동』 (서울대학교 출판부, 1998).

李光麟, 『李朝水利史研究』 韓國文化叢書 8 (韓國研究院, 1961).

李榮薫, 『朝鮮後期社會經濟史』 (한길사, 1988).

李春寧, 『李朝農業技術史』 (韓國研究院, 1965).

李春寧, 『한국農學史』 (民音社, 1989).

李泰鎭, 『韓國社會史研究―농업기술의 발달과 사회변동―』 (知識産業社, 1986).

이호철, 『증보판 농업경제사연구』 (경북대학교 출판부, 1998).

李鎬澈, 『朝鮮前期農業經濟史』 (한길사, 1986).

日本商業通信社, 『1939年朝鮮經濟統計大鑑』 (1938).

全羅北道, 『小作制度並農家經濟に關する調査書』 (1922).

全羅北道農事試驗場, 『昭和十一年度事業報告』 (1937. 8).

정석종, 『조선후기 사회변동연구』 (일조각, 1983).

조선은행조사부, 『조선경제연보』 (1948).

朝鮮總督府 農事試驗場, 『朝鮮總督府農事試驗場25週年記念誌(上卷)』 (1931).

朝鮮總督府, 『朝鮮の農業』 (1937).

朝鮮總督府, 『昭和15年 農業統計表』 (1941).

朝鮮總督府殖産局農務課, 『水稻在來耕作法ト改良耕作法ノ經濟比較』 (1928).

주강현 엮음, 『북학의 민속학』 (역사비평사, 1989).

주봉규·소순열, 『근대 지역농업사 연구』 (서울대학교출판부, 1996).

井上則之, 『朝鮮米と共に三十年—湯辰二郎先生の記錄』 (米友會, 1956).

천관우, 『근세조선사연구』 (일조각, 1979).

최익한, 『실학파와 정다산』 (평양: 국립출판사, 1955).

崔洪奎, 『禹夏永의 實學思想 研究』 (一志社, 1995).

河田宏, 『朝鮮全土を歩いた日本人—農學者·高橋昇の生涯』 (日本評論社, 2007).

河合和男, 『朝鮮における産米憎殖計劃』 (未來社, 1986).

한국농업기술사발간위원회, 『한국농업기술사』 (1983).

한국농촌경제연구원, 『1945~2000 한국농업·농촌 100년사』 하권 (농림부, 2003).

한국농촌경제연구원, 『한국농정40년사』 (1989).

한국역사연구회 근대사분과 토지대장연구반, 『대한제국의 토지조사사업』 (민음사, 1995).

韓相權, 『朝鮮後期 社會와 訴冤制度』 (一潮閣, 1996).

한영우, 『정조의 화성행차, 그 8일』 (효형출판사, 1998).

韓㳓劤, 『李朝後期의 社會와 思想』 (乙酉文化社, 1961).

한우근, 『한국개항기의 상업연구』 (일조각, 1970).

한우근, 『성호이익연구』 (서울대 출판부, 1980).

허문회 외, 『벼의 유전과 육종』 (서울대학교출판부, 1986).

〈 논문 〉

강만길, "대한제국시기의 상공업문제", 『아세아연구』 50 (고려대 아세아문제연구소, 1973).

高東煥, "조선후기 농민항쟁의 역사적 성격", 『한신』 3 (1987).

고동환, "19세기 부세운영의 변화와 그 성격", 『1894년 농민전쟁연구―농민전쟁의 사회경제적배경』 1 (역사비평사, 1991).

고석규, "19세기 향촌지배세력의 변동과 농민항쟁의 양상" (서울대 국사학과 박사학위논문, 1991).

宮島博史, "土地調査事業の歷史的前提條件の形成", 『朝鮮史研究會論文集』 第12輯 (1975).

宮嶋博史, "朝鮮甲午改革以後の商業的農業", 『近代經濟史研究』 (1974).

宮嶋博史, "土地調査事業の歷史的前提條件の形成", 『朝鮮史研究會論文集』 12 (朝鮮史研究會, 1975).

宮嶋博史, "李朝後期農書の研究", 『人文學報』 43 (東京道立大文學部, 1977) (『봉건사회 해체기의 사회경제구조』 [청아출판사, 1982]에 재수록).

宮嶋博史, "朝鮮農業史上における十五世紀", 『朝鮮史叢』 3 (1980).

宮嶋博史, "李朝後期における朝鮮農法の發展", 『朝鮮史研究會論文集』 18 (1981).

宮嶋博史, "李朝後期の農業水利―堤堰(溜池)灌漑を中心に―", 『東洋史研究』 41-4 (1983).

金建泰, "16~18世紀 兩班地主層의 農業經營과 農民層의 動向" (成均館大學校 博士學位論文, 1996)

金榮鎭, "農書를 통하여 본 朝鮮時代 主要作物의 作付體系", 『農村經濟』 8-2 (韓國農村經濟研究院, 1985).

金泳鎬, "韓末 西洋技術의 受容―近代 西洋의 挑戰에 對한 主體的 對應의 一面―", 『亞細亞研究』 11-3 (1968).

金容燮, "광무년간의 양전·지계사업", 『아세아연구』 31 (1968).

金容燮, "갑신·갑오개혁기 개화파의 농업론", 『동방학지』 15 (연세대 국학연구원, 1974).

金容燮, "哲宗 壬戌年의 應旨三政疏와 그 農業論", 『한국사연구』 10 (1974).

金容燮, "農書小史", 『農書』 1, 韓國近世社會經濟史料叢書 3 (아세아문화사, 1981).

金容燮, "純祖朝의 量田계획과 田政釐正문제", 『김철준박사회갑기념 사학논총』 (1983).

金容燮, "철종기의 삼정수습책", 『韓國近代農業史硏究』 (일조각, 1984).

金容燮, "근대화과정에서의 농업개혁의 두 방향", 『한국근현대농업사연구』 (일조각, 1992).

金仁杰, 1989 "朝鮮後期 村落組織의 變貌와 1862년 農民抗爭의 組織基盤", 『震檀學報』 67 (1989)

金仁杰, "조선후기 향촌사회 변동에 관한 연구__18, 19세기 '향권' 담당층의 변화를 중심으로" (서울대학교 박사학위논문, 1990).

金正起, "1876-1894년 淸의 朝鮮政策 硏究" (서울대 국사학과 박사학위논문, 1994).

金駿錫, "柳馨遠의 變法論과 實理論", 『東方學志』 75 (1992).

金駿錫, "柳馨遠의 政治·國防體制 改革論", 『東方學志』 77·78·79 합집 (1993).

김도형, "대한제국 말기의 국권회복운동과 그 사상" (연세대 사학과 박사학위논문, 1989).

김영진·김상겸, "한국 농사시험연구의 역사적 고찰__권업모범장을 중심으로", 『농업사연구』 제9권 1호 (2010).

김영희, "대한제국시기의 잠업진흥책과 민영잠업", 『대한제국연구』 5 (이화여대 한국문화연구원, 1986).

김용덕, "정유 박제가 연구__박제가의 생애", 『중앙대 논문집』 5 (1961).

김용헌, "朴齊家 기술수용론의 의의와 한계", 『퇴계학』 9 (1997).

김인걸, "조선후기 향촌사회변동에 관한 연구" (서울대 국사학과 박사학위논문, 1991).

김재훈, "광복이후 농업생산체계의 재편성", 『한국농업근현대사』 제4권 (농촌진흥청, 2008).

김정부, "농업구조의 변화와 발전", 『한국농업근현대사』 제4권 (농촌진흥청, 2008).

김정호편, "전문가들이 보는 2050 농업·농촌의 미래" D286 (한국농촌경제연구원, 2010).

金澤夏樹, "經營硏究と技術開發の總合化", 『農業と經濟』 46-10 (1980. 9).

金澤夏樹, "農學硏究の推進者", 『農業經營硏究』 17-1 (1979, 8).

大田遼一郎, "明治前·中期福岡縣農業史", 日本農業發展史調査編, 『日本農業發達史』 第1卷, (1978).

도면회, "갑오개혁 이후 화폐제도의 문란과 그 영향(1894~1905)'", 『한국사론』 21 (서울대 국사학과, 1989).

藤田强, "水稻品種の變遷", 『殖産調査月報』 第5卷 25號 (1940. 5).

柳永益, "興宣大院君", 『韓國史市民講座』 13 (일조각, 1993).

閔成基, "『農家月令』과 16世紀의 農法", 『釜大史學』 9 (1985).

朴廣成, "晉州民亂의 硏究", 『仁川敎育大學論文集』 4 (1969).

박섭, "식민지기 한국농업의 신추계 및 기존추계와의 재검토 1910~1944", 『경제사학』 제
　　39호 (2005. 12).

박성재, "농가경제와 농가계층구조의 변화", 『한국농업·농촌 100년사 논문집』 제2집
　　(한국농촌경제연구원, 2003).

박정근, "농업성장과 주곡자급", 『1945~2000 한국농업·농촌 100년사』 하권 (한국농촌
　　경제연구원, 2003).

박정근, "농업의 생산 및 구조 변화", 『한국농업근현대사』 제4권 (농촌진흥청, 2008).

박정근, "쌀 생산기술의 유발성에 관한 연구", 『농업경제연구』 제35호 (1994).

박종문, "주곡자급을 위한 농정회고와 대응", 『농정비화 한국농업근현대화 100년사』 제
　　12권 (농촌진흥청, 2008).

박준성, "17·18세기 궁방전의 확대와 소유형태의 변화", 『한국사론』 11 (서울대 국사학
　　과, 1984).

박찬승, "한말 역토·둔토에서의 지주경영의 강화와 항조", 『한국사론』 9 (서울대 국사학
　　과, 1983).

박찬승, "조선후기 농민항쟁사 연구현황", 『한국중세사회해체기의 제문제』 하 (한울,
　　1987).

飯沼二郎, "日帝下朝鮮における農業革命", 『朝鮮史叢』 第5·6合倂號 (1982).

배영순, "한말·역둔토조사에 있어서의 소유권분쟁─광무사검시의 분쟁사례에 대한 분
　　석을 중심으로", 『한국사연구』 25 (한국사연구회, 1979).

裵英淳, "韓末·日帝初期의 土地調査와 地稅改正에 관한 硏究" (서울대 박사학위논문,
　　1988).

三井榮長, "朝鮮における肥料奬勵の變遷並びに將來方針", 『朝鮮農會報』 第1券 8号
　　(1927).

相川不盡天, "水稻品種の變遷と奬勵への考察", 『朝鮮農會報』 17-6 (1943. 6).

서영희, "1894~1904년의 정치체제 변동과 궁내부", 『한국사론』 23 (1983).

成大慶, "大院君初期執政期의 勸力構造", 『大東文化硏究』 15 (성균관대 대동문화연구
　　소, 1983).

盛永俊太郎, "育種の發展", 農業發達史調査會, 『日本農業發達史』 第9卷 (1956).

細川殷德, "チャッチャ稻に關する調査", 『勸業模範場特別調査』 第2號 (1916. 7).

小林房次郎, "朝鮮農業の將來と費用問題", 『朝鮮農會報』 第11卷 2号 (1916).

蘇淳烈, "1930年代における小作争議と小作経営̲熊本争議を通じて", 『アジア経済』 第36卷 第9號 (1995. 9).

소순열, "한국에서 근대농업기술의 변용", 『농업사연구』 제14권 1호 (2015).

송병기, "광무년간의 개혁", 『한국사』 19 (국사편찬위원회, 1976).

宋讚燮, "17·18세기 新田 開墾의 확대와 경영형태", 『韓國史論』 12 (서울대 국사학과, 1985).

宋讚燮, "1862년 진주농민항쟁의 조직과 활동", 『韓國史論』 21 (서울대 국사학과, 1989).

신용하, "독립협회의 자주민권자강운동", 『독립협회연구』 (일조각, 1979).

안병욱, "19세기 임술민란에 있어서의 '향회(鄕會)'와 '요호(饒戶)'", 『한국사론』 14 (서울대 국사학과, 1986).

安秉旭, "朝鮮後期 自治와 抵抗組織으로서의 「鄕會」", 『聖心女子大學論文輯』18 (1986)

延甲洙, "大院君 執權期(1863~1873) 西洋勢力에 대한 대응과 軍備增强" (서울대 국사학과 박사논문, 1998).

廉定燮, "正祖 後半 水利施設의 築造와 屯田經營", 『韓國學報』 82집 (一志社, 1996).

廉定燮, "영농기술의 발달과 농촌경제의 변화", 『한국사 30』 (국사편찬위원회, 1999).

永井威三郎·中川泰雄, "朝鮮に於ける水稻の主要品種とその分布狀況", 『朝鮮總督府 勸業模範』. (1930).

오수창, "'홍경래란'의 주도세력과 농민", 『1894년농민전쟁연구』 2 (역사비평사, 1992).

吳仁澤, "17·18세기 量田事業 硏究" (부산대학교 사학과 박사학위논문, 1996).

왕현종, "한말(1894~1904) 지세제도의 개혁에 관한 연구" (연세대 석사학위논문, 1989).

유봉학, "徐有榘의 學問과 農業政策論", 『奎章閣』 9 (서울대학교 규장각, 1985).

유봉학, "正祖代 정국 동향과 華城城役의 추이", 『奎章閣』 19 (서울대 규장각, 1996).

유영봉, "한국농업의 성장과 기술변화의 특성: 1951~2000", 『농업경제연구』 제44권 제2호 (농업경제학회. 2003).

李景植, "17세기 土地開墾과 地主制의 전개", 『韓國史硏究』 9 (1973).

李景植, "16세기 場市의 成立과 그 基盤", 『韓國史硏究』 57 (1987).

李景植, "17세기 土地折受制와 職田復舊論", 『동방학지』 54·55·56합 (1987).

李光麟, "安宗洙와 農政新編", 『(改訂版)韓國開化史硏究』 (일조각, 1969).

李光麟, "統理機務衙門의 組織과 機能", 『開化派와 開化思想硏究』 (一潮閣, 1989).

이두순, "일제하 수도품종보급정책의 성격에 관한 연구", 『농업경영·정책연구』 17-1 (1990. 6).

이두순, "통일계 수도 신품종 개발의 성과와 평가", 『한국농업·농촌 100년사 논문집』 제2집 (한국농촌경제연구원, 2003).

이명휘, "1950년대 농가경제분석", 『경제사학』 제16호 (1992. 12),

이세영, "18·19세기 양반토호의 지주경영", 『한국문화』 6 (서울대 한국문화연구소, 1985).

李世永, "조선시기 농업사 연구동향", 『역사와현실』 창간호 (한국역사연구회, 1989).

李永鶴, "朝鮮時期 農業生産力 硏究現況", 『韓國中世社會解體期의 諸問題』 下 (한울, 1987).

이영학, "한국근대 연초업에 대한 연구" (서울대 국사학과 박사학위논문, 1990).

이영학, "광무양전사업 연구의 동향과 과제", 『역사와 현실』 6 (한국역사연구회, 1991).

李永鶴, 1997 "開港期 朝鮮의 農業政策", 『한국근현대의 민족문제와 신국가건설』 (지식산업사, 1997).

이영호, "18·19세기 지대형태의 변화와 농업경영의 변동", 『한국사론』 11 (서울대 국사학과, 1984).

李榮薰, "朝鮮後期 農民分化의 構造·趨勢 및 그 역사적 性格", 『東洋學』 21 (1992).

이윤상, "일제에 의한 식민지 재정의 형성과정—1894~1910년의 세입구조와 징세기구를 중심으로", 『한국사론』 14 (서울대 국사학과, 1986).

이윤상, "1894-1910년 재정제도와 운영의 변화" (서울대 국사학과 박사학위논문, 1996).

李載浩, "朝鮮備邊司考", 『歷史學報』 50·51合 (역사학회, 1971).

李台鍾, "朝鮮在來水稻品種同知의 起源"(雜錄), 『朝鮮總督府勸業模範場彙報』 第2號 (1926).

李泰鎭, "14·5世紀 農業技術의 발달과 新興士族", 『東洋學』 9 (단국대, 1979).

李泰鎭, "조선 초기의 水利정책과 水利시설", 『李基白古稀紀念 韓國史學論叢(下)』 (一潮閣, 1994).

이한기, "개화기 일세시기의 농사시험연구와 시도", 『농업사연구』 창간호 (2002. 12).

이헌창, "갑오을미개혁기의 산업정책", 『한국사연구』 (한국사연구회, 1995).

이호철, "식민지기 농업기술의 연구와 그 보급", 『한국농업·농촌 100년사 논문집』 제1집 (2003).

李鎬澈, "朝鮮時代의 農業史", 『한국의 사회경제사』 (한길사, 1987).

全遇容, "19世紀末~20世紀初 韓人 會社 연구" (서울대 박사학위논문, 1997).

全海宗, "統理機務衙門 設立의 經緯에 대하여", 『歷史學報』 17·18합집 (1962).

鄭玉子, 1965 "紳士遊覽團考", 『歷史學報』 27 (역사학회, 1965).

鄭震英, "壬戌民亂의 性格" (영남대 석사학위논문, 1981).

주진오, "한국 근대 집권관료 세력의 민족문제 인식과 대응", 『역사와현실』 창간호 (한국역사연구회, 1989).

주진오, 1993 "독립협회와 대한제국의 경제정책 비교연구", 『국사관논총』 52 (국사편찬위원회, 1993).

千寬宇, "磻溪 柳馨遠 研究" 上, 『歷史學報』 2 (1952)

崔元奎, "朝鮮後期 水利기구와 經營문제", 『國史館論叢』 39 (국사편찬위원회, 1992).

최원규, "대한제국 전기 量田과 官契發給事業", 『대한제국의 토지조사사업』 (민음사, 1995).

崔潤晤, "숙종대 方田法 시행의 역사적 성격", 『국사관논총』 38 (1992).

崔賢淑, "開港期 統理機務衙門의 設置와 運營" (고려대 역사교육과 석사학위논문, 1993).

하원호, 1985 "개항후 방곡령실시의 원인에 관한 연구" 상·하, 『한국사연구』 49·50·51 (한국사연구회, 1985).

한국역사연구회 19세기정치사연구반, "정국의 추이", 『조선정치사: 1800~1863』 (청년사, 1990).

韓哲昊, "統理軍國事務衙門(1882~1884)의 組織과 運營", 『李基白先生古稀紀念韓國史學論叢下』 (一潮閣, 1994).

向坂畿三郎, "稻作改良의 三要素에 就て", 『朝鮮農會報』 第13卷 2號 (1918).

許東賢, "1881년 朝鮮 朝士 日本視察團에 관한 硏究", 『韓國史硏究』 52 (한국사연구회, 1986).

許東賢, "1881年 朝士視察團의 明治日本 政治制度 理解__朴定陽의 內務省 『視察記』와 『聞見事件』類 등을 중심으로__", 『韓國史硏究』 86 (한국사연구회, 1994).

許東賢, "1881年 朝士視察團의 활동에 관한 연구", 『國史館論叢』 66 (국사편찬위원회, 1995).

許東賢, "1881年 朝士 魚允中의 日本 經濟政策 認識", 『韓國史硏究』 93 (한국사연구회, 1996).

洪在烋, "『農家月令』攷__附原文, 校註__", 『東洋文化』 6·7合 (1968).

황한식, "미군정하의 한국농업", 『농업정책연구』 제8권 제1호 (1981).

橫山要次郎, "全北に於ける水稻銀坊主種の回顧一年", 『朝鮮農會報』 4-11 (1930. 11).

## Contents in English

## Agricultural Techniques and Korean Civilization

by Yeom, Jeongsup
Professor
Department of History
Hallym University
by Soh, Soonyeol
Honorary professor
Jeonbuk National University